MINISTÈRE

DE L'AGRICULTURE, DU COMMERCE ET DES TRAVAUX PUBLICS.

CONSEIL SUPÉRIEUR

DU COMMERCE, DE L'AGRICULTURE ET DE L'INDUSTRIE.

ENQUÊTE.

TRAITÉ DE COMMERCE AVEC L'ANGLETERRE.

III.

CONSEIL SUPÉRIEUR

DE L'AGRICULTURE, DU COMMERCE ET DE L'INDUSTRIE.

ENQUÊTE.

TRAITÉ DE COMMERCE AVEC L'ANGLETERRE

INDUSTRIES TEXTILES.

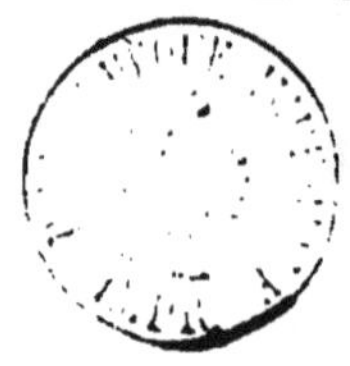

LAINE.

PARIS.

IMPRIMERIE IMPÉRIALE.

M DCCC LX.

1860

INDUSTRIE DE LA LAINE.

TABLE SOMMAIRE

DES

SÉANCES CONTENUES DANS LE TROISIÈME VOLUME.

NUMÉRO D'ORDRE de la séance.	DATE de LA SÉANCE.	NOMS DES DÉPOSANTS.	SOMMAIRE DE LA DÉPOSITION.	PAGES.
1re séance.	9 juillet.	MM. Lanseigne	Industrie de la laine. — Commerce des laines.	1
		Off	*Idem*	22
		Blay, Fromont	Industrie de la laine	27
			Note de M. Fromont	41
		Jules May, Joannès-Moreau	Industrie de la laine. — Filature	45
		Charles Flavigny, Augustin Poussin, Édouard Belleat, Chennevière frères.	Achat et préparation des laines. — Filature, tissage et apprêts. — Fabrication des draps (*Elbeuf*).	67
		Delandemare	Achat et préparation des laines. — Filature, tissage et apprêts. — Fabrication des draps. — Nouveautés (*Elbeuf*).	91
		Normant frères (déposition écrite).	(Note.) — Industrie de la laine	103
2e séance.	12 juillet.	MM. Poitevin, Dannet	Achat et préparation des laines. — Filature, tissage et apprêts. — Fabrication des draps (*Louviers*).	105
		Chennevière, Ollivier, Berrier fils.	Achat et préparation des laines. — Filature (*Louviers*, *Elbeuf*).	129
		Borderel (déposition écrite)	(Note.) — Quotité des droits à établir	157
		De Montagnac	Laines. — Tissage. — Fabrication des draps. — Nouveautés de fantaisie (*Sedan*).	158
		Cunin-Gridaine, Bertèche, David Bacot.	Achat et préparation des laines. — Filature. — Tissage et apprêts. — Fabrication des draps (*Sedan*).	166
		Randoing	Draps fins et nouveautés (*Abbeville*)	189
			Note complémentaire	195

NUMÉRO D'ORDRE de la séance.	DATE de LA SÉANCE.	NOMS DES DÉPOSANTS	SOMMAIRE DE LA DÉPOSITION.	PAGES
5e séance.	13 juillet.	MM. Bœderer, Schwebel, Kuntzer.	Laines. — Filature. — Draperie foulée (*Bischwiller*).	199
		F. Bacot (déposition écrite)...	(Note.) — Quotité et nature du droit à établir.	210
		Henri Lefèvre............	Filature de laine cardée (*Reims*).......	212
		Eugène Desteuque.........	Fils et tissus en laine cardée (*Reims*)...	229
		Bordeaux, Méry-Sanson.....	Achat et préparation des laines. — Filature, tissage et apprêts. — Fabrication des draps (*Lisieux*).	248
		M. le baron Seillière.......	Laines. — Achat, filature, tissage, etc. — Fabrication des draps pour la troupe.	257
		Jubel Desmares...........	Draps communs (*Vire*).............. Note complémentaire...............	265 268
7e séance.	16 juillet.	MM. John Whitworth, Ch. Stead William Morris, Robert Kell, E. Preller (Haussoullier, interprète).	Industrie de la laine (*Halifax* et *Bradford*, Angleterre). Note complémentaire des délégués de Bradford.	271 298
		Balsan, Bouvier, Pascal Lignières.	Achat et préparation des laines. — Filature, tissage et apprêts. — Fabrication des draps (*Châteauroux*, *Vienne*, *Carcassonne*).	303
		Antonin Jourdan, Émile Fournier, Dastis, Cormouls.	Laines. — Filature, tissage, etc. — Draps de troupe. — Draps pour le Levant. — Draps, velours, cuirs de laine, étoupes communes, couvertures. (*Lodève*, Hérault; *Lavelanet*, Ariége; *Mazamet*, Tarn).	316
		J. Dove-Harris, G. Shirley-Harris, Richard Angrave, Thomas-Will. Hodges, Will. Rowlett (Haussoullier, interprète).	Laines. — Articles divers. — Bonneterie. Tissus mélangés de caoutchouc (Production anglaise, *Leicester*). Note complémentaire de M. Dove-Harris.	341 347
		William Wilson, John Paton, John Caverhill, Shiels (Haussoullier, interprète).	Laines. — Fabrication des châles, châles écossais, dits *tartans* (Production anglaise, *Écosse*). Note complémentaire de M. John Wilson.	349 352

NUMÉRO D'ORDRE de la séance.	DATE de LA SÉANCE.	NOMS DES DÉPOSANTS.	SOMMAIRE DE LA DÉPOSITION.	PAGES.
5e séance.	19 juillet.	MM. Albinet, Doudier, Buffault...	Tissus de laine. — Bonneterie orientale. — Couvertures (*Paris et Orléans*).	355
		Franck Crossley, John Henderson, John Brinton (Haussoullier, interprète).	Tissus de laine. — Tapis (*Halifax*, *Durham* et *Kidderminster*, Angleterre).	371
		Mollet jeune	Tissus de laine. — Draps. — Exportation (*Elbeuf*).	378
		Lisé, Charles Piot, Adam, Gilis, Bouflard.	Tissus de laine. — Draps. — Étoffes diverses. — Exportation (*Elbeuf* et *Paris*).	387
		Person	Draperie. — Exportation. — Comparaison entre la fabrication française et les diverses fabrications étrangères.	402
		Croutelle, Lelarge, de Brunet.	Tissus de laine peignée. — Flanelles et mérinos (*Reims*).	407
			Note de M. Lelarge	423
		Warnier	Tissus de laine. — Flanelles, mérinos. — Renseignements généraux sur la fabrique de Reims.	427
		Boulogne	Laines. — Teintures et apprêts (*Reims*).	435
		Ch. Weiss, Ed. Huth, Dyson-Taylor, Samuel Jubb, John Jubb, James Firth, Robert Kell (Haussoullier, interprète).	Draperie. — Tissus divers. — Couvertures. — Laine artificielle (*Huddersfield*, *Batley*, *Hickmondwicke* et *Bradford*, Angleterre).	445
			Notes des déposants de Huddersfield, Batley et Bradford.	459
6e séance.	20 juillet.	MM. Delloue-Stainctq	Laines. — Peignage. — Filature	471
		Holden	Peignage des laines (*Reims, etc.*)	479
		E. de Fourment	Laines. — Peignage et filature (*Pas-de-Calais*).	490
		Édouard Trapp, Kœchlin, Hartmann, Blary, *Léon* Blary.	Filature et peignage. — Laine à tapisserie — Tapisserie à la main et canevas de coton (*Mulhouse* et *Paris*).	494
		De l'Escaille	Commerce des fils de laine (*Paris*)	529
		Soutret, Martenu	Laines. — Mérinos. — Tissus divers. — Importation des laines. — Exportation des tissus (*Reims* et *Bétheniville*, Marne).	536
		Philippot	Laines. — Tissus divers. — Mérinos (*Reims*).	546

NUMÉRO D'ORDRE de la séance.	DATE de la séance	NOMS DES DÉPOSANTS	SOMMAIRE DE LA DÉPOSITION.	PAGES.
7ᵉ séance.	23 juillet.	MM. Gousy, Jules Mali, Victor Debeselle.	Laines. — Filature et tissage. — Flanelles. — Draps (Production en Belgique, Verviers).	549
			Note collective, complémentaire	568
		Sieber	Peignage, filature et tissage. — Tissus de laine peignée (*le Cateau*).	570
			Note complémentaire	586
		Théophile Legrand, Larsonnier, Chenest, Bonjour, Jardin.	Laines. — Peignage et filature. — Tissage. — Apprêts et teinture. — Tissus de laine et mélangés. — Nouveautés, mérinos, etc. (*Fourmies, Saint-Quentin* et *Paris*). — Exportation (*Ribemont*).	589
		Motte-Bossut, Delfosse, Henry Delattre, Lefebvre du Cateau, Louis Mazure.	Laines. — Achat, préparation, filature, tissages et apprêts. — Tissus en pure laine. — Tissus mélangés. — Nouveautés (*Roubaix*).	616
		Louvet, Ferguson	Laines. — Passementerie. — Dentelles (*Paris* et *Amiens*).	633
8ᵉ séance.	26 juillet.	MM. Villeminot-Huard	Laine peignée. — Filature et tissage. — Mérinos (*Reims*).	639
		Kœnig	Tissage et apprêts. — Articles de fantaisie. — Tissus mélangés de laine, de coton, de soie, de poil de chèvre, etc. (*Sainte-Marie-aux-Mines*).	655
		Payen, Baril fils	Velours d'Utrecht (*Amiens*)	665
		Sallandrouze de Lamornaix, Tétard, Braquenié, Maury, Chocqueel.	Tapis. — Tapis en moquette veloutés ou bouclés. — Tapis à points noués. — Tapis veloutés en chenille. — Tapis double face. — Tapis en jute ou chanvre (*Aubusson, Beauvais, Paris, Nîmes* et *Tourcoing*).	677
		A. Gaidan (déposition écrite)	(Note.) — Tapis et étoffes pour meubles (*Nîmes*).	703
		Gallerand	Tapis. — Nouveaux procédés de fabrication mécanique (*Paris*, fabrique à *Meaux*).	705
		Tailbouis, Lavalard, Delacour.	Bonneterie (*Somme, Oise*)	710
		Timmermann, Duché, Andresset, Duverger.	Châles. — Tissus de cachemire filés pour châles (*Paris, Seboncourt, Louviers*).	732
		Constant fils (déposition écrite).	(Note.) — Châles. — Tissus de cachemire.	735
9ᵉ séance.	28 juillet.	MM. Duriez fils, Dusillier, Herbaux-Tibaut.	Laines. — Filature (*Roubaix* et *Tourcoing*).	741
		Le Président de la Chambre Consultative de Tourcoing (déposition écrite).	(Note.) — Filature de la laine	755

INDUSTRIE DE LA LAINE.

QUESTIONNAIRE.

Le régime actuel des douanes pour les laines, les poils, les fils et tissus de laine, les fils et tissus de poil, est le suivant :

TARIF DES LAINES.

DÉNOMINATIONS.			UNITÉS sur lesquelles portent les droits.	TITRES de perception.	DROITS par navires français.	DROITS par navires étrangers.
Laines en masse (1)	par mer	des pays hors d'Europe	100 kil. B.	5 mai 1860.	Exemptes	3f 00c
Laines en masse (1)	par mer	du cru des pays d'Europe	Idem.	Idem.	Exemptes	3 00
Laines en masse (1)	par mer	d'ailleurs	Idem.	Idem.	3f 00	3 00
Laines en masse (1)	par terre	du cru des pays d'Europe	Idem.	Idem.	Exemptes.	
Laines en masse (1)	par terre	Autres	Idem.	Idem.	.	3 00
						Et par terre.
Laines peignées			100 kil. N.	5 nov. 1856.	70 00	80 00
Laines teintes de toutes sortes			100 kil. N.	5 nov. 1856.	100 00	115 00

(1) Sont assimilés à la laine en masse les déchets de laine, la bourre, les blousses, les débourrures de cardes, les laines provenant du défilage et de l'effilochage des étoffes ou tricots, les lisières de draps et les découpures d'étoffes.

TARIF DES POILS.

DÉNOMINATIONS.				UNITÉS sur lesquelles portent les droits.	TITRES de perception.	DROITS par navires français.	DROITS par navires étrangers et par terre.
Poils	de chèvre et de chevreau	Duvet de cachemire	brut	100 kil. B.	10 déc. 1855.	0f 10c	1f 00c
Poils	de chèvre et de chevreau	Duvet de cachemire	peigné	Idem.	Idem.	10 00	11 00
Poils	de chèvre et de chevreau	Poil de chevreau	brut	Idem.	Idem.	0 10	1 00
Poils	de chèvre et de chevreau	Poil de chevreau	peigné	Idem.	Idem.	10 00	11 00
Poils	de chèvre et de chevreau	Autres	bruts	Idem.	Idem.	0 10	1 00
Poils	de chèvre et de chevreau	Autres	peignés	Idem.	Idem.	10 00	11 00
Poils	d'autruche, de chameau, de lapin, de lièvre, de phoque, de porc, de sanglier, de vache et autres poils		bruts	Idem.	Idem.	0 10	1 00
Poils	d'autruche, de chameau, de lapin, de lièvre, de phoque, de porc, de sanglier, de vache et autres poils		peignés	Idem.	Idem.	10 00	11 00
Poils	d'autruche, de chameau, de lapin, de lièvre, de phoque, de porc, de sanglier, de vache et autres poils		en bottes (de longueurs assorties)	Idem.	Idem.	10 00	11 00
Poils	de blaireau, de castor et autres non dénommés		bruts	Idem.	Idem.	0 10	1 00
Poils	de blaireau, de castor et autres non dénommés		peignés	Idem.	Idem.	10 00	11 00
Poils	de blaireau, de castor et autres non dénommés		en bottes (de longueurs assorties)	Idem.	Idem.	10 00	11 00

TARIF DES FILS DE LAINE EN FRANCE.

DÉNOMINATIONS.	UNITÉS sur lesquelles portent les droits.	TITRES de perception.	DROITS par navires français.	DROITS par navires étrangers et par terre.
Fils de laine longue peignée, écrus, retors, à un ou plusieurs bouts, dégraissés et grillés........	1 kil. N.	6 mai 1841.	7f 00c	7f 70c
NOTA. Les fils de poil de vigogne, lama, alpaga, leur sont assimilés et payent le même droit, pourvu qu'ils présentent les mêmes caractères.				
Tous autres........	»	10 brumaire an V.	Prohibés.	

TARIF DES FILS DE LAINE EN ALGÉRIE.

DÉNOMINATIONS.	UNITÉS sur lesquelles portent les droits.	TITRES de perception.	DROITS par navires français.	DROITS par navires étrangers et par terre.
Fils de laine longue, peignés, écrus, retors, à un ou plusieurs bouts, dégraissés et grillés........	1 kil. N.	11 janvier 1851.	7f 00c	7f 70c
NOTA. Les fils de poil de vigogne, lama, alpaga, leur sont assimilés et payent le même droit, pourvu qu'ils présentent les mêmes caractères.				
Tous autres... venant des entrepôts de France........	Valeur.	11 janvier 1851.	20 p. 0/0.	20 p. 0/0.
Tous autres... venant directement de l'étranger........	*Idem.*	*Idem.*	25 p. 0/0.	25 p. 0/0.
Tous autres... importés de la Tunisie et du Maroc par les frontières de terre........	»	16 décembre 1843.	Prohibés.	

TARIF DES TISSUS DE LAINE EN FRANCE.

DÉNOMINATIONS.	UNITÉS sur lesquelles portent les droits.	TITRES de perception.	DROITS par navires français.	DROITS par navires étrangers et par terre.
Couvertures........	100 kil. N.	17 mai 1826.	200f	212f 50c
Tapis de pied — simples — à chaîne, de fil de lin ou de chanvre, dont l'envers présente un canevas uni — Moquettes veloutées, dont le canevas présente dans l'espace d'un décimètre 50 cordons en hauteur et 80 en long. — Par Dunkerque et Lille.	*Idem.*	5 juillet 1836.	250	250 00
Tapis de pied — simples — à chaîne, de fil de lin ou de chanvre, dont l'envers présente un canevas uni — Moquettes veloutées, dont le canevas présente dans l'espace d'un décimètre 50 cordons en hauteur et 80 en long. — Par tous autres pays.	*Idem.*	*Idem.*	300	317 50
Tapis de pied — simples — à chaîne, de fil de lin ou de chanvre, dont l'envers présente un canevas uni — Autres........	*Idem.*	*Idem.*	300	317 50
Tapis de pied — Autres tapis, soit de pure laine, soit mêlée de fil, mais sans canevas à l'envers........	*Idem.*	*Idem.*	300	317 50
Tapis de pied — [illegible] — A chaîne, autres que de fil de lin ou de chanvre........	*Idem.*	*Idem.*	300	317 50
Tapis de pied — [illegible] — A chaîne de fil de lin ou de chanvre........	*Idem.*	*Idem.*	300	317 50

DÉNOMINATIONS.			UNITÉS sur lesquelles portent les droits.	TITRES de perception.	DROITS par navires français.	DROITS par navires étrangers et par terre.
Burail et crêpes de Zurich			100 kil. N.	27 mai 1826.	200f	212f 50c
Toile à bluteau sans couture			Idem.	7 juin 1820.	200	212 50
Bonneterie			»	10 brumaire an V	Prohibée.	
Passementerie et rubanerie	de laine pure,	blanche	100 kil. N.	5 juillet 1836.	190	202 00
		teinte	Idem.	Idem.	220	233 50
	mélangée de fil, laine, poil		Idem.	Idem.	220	233 50
Autre de toute sorte			»	27 mai 1826.	Prohibée.	

TARIF DES TISSUS DE LAINE EN ALGÉRIE.

DÉNOMINATIONS.			UNITÉS sur lesquelles portent les droits.	TITRES de perception.	DROITS par navires français.	DROITS par navires étrangers.
TISSUS DE LAINE.						
Tissus purs, ou mélangés d'autres matières que la soie.	foulés et drapés (draps), valant par mètre	moins de 10 francs	1 kil. N.	11 janvier 1851.	6f 90c	7f 50c
		10 francs inclusivement à 20 francs exclusivement.	Idem.	Idem.	9 15	10 05
		20 francs inclusivement à 30 francs exclusivement.	Idem.	Idem.	11 70	12 80
		30 francs et au-dessus	Idem.	Idem.	16 90	18 50
	foulés, légèrement foulés ou non foulés (casimir, mérinos, mousseline, nouveautés), valant par mètre	moins de 10 francs	Idem.	Idem.	6 60	7 20
		10 francs inclusivement à 20 francs exclusivement.	Idem.	Idem.	6 90	7 30
		20 francs inclusivement à 30 francs exclusivement.	Idem.	Idem.	7 90	8 60
		30 francs et au-dessus	Idem.	Idem.	10 80	11 80
Mélangés de soie			Idem.	Idem.	23 85	25 40
Couvertures		ordinaires	Idem.	Idem.	2 40	2 60
		à raies de couleurs	Idem.	Idem.	4 20	4 60
Bonneterie		orientale	Idem.	Idem.	9 15	10 05
		autre	Idem.	Idem.	6 90	7 50
Châles			Idem.	Idem.	Comme les tissus non foulés, selon l'espèce.	
Passementerie et rubanerie			»	»	Voir le tarif général.	
Tapis						
Burail et crêpes de Zurich						
Toile à bluteau sans couture						
Autres, prohibés à l'entrée en France		des entrepôts de France	Valeur.	11 janvier 1851.	20 p. 0/0.	20 p. 0/0.
		de l'étranger	Idem.	Idem.	25 p. 0/0.	25 p. 0/0.

TARIF DES FILS DE POILS.

DÉNOMINATIONS.		UNITÉS sur lesquelles portent les droits.	TITRES de perception.	DROITS par navires français.	DROITS par navires étrangers et par terre.
Fils de poils	de chèvre	100 kil. B.	28 avril 1816.	20f 00c	22f 00c
	de vache et autres plans	Idem.	Idem.	9 00	9 90
	de chien	Idem.	Idem.	1 60	[illegible]
	tous autres (1)	Idem.	10 brumaire an V.	Prohibés.	

(1) Dans cette classe sont rangés les fils en poils de vigogne, lama, alpaga, etc.

TARIF DES TISSUS DE POILS.

DÉNOMINATIONS.			UNITÉS sur lesquelles portent les droits.	TITRES de perception.	DROITS par navires français.	DROITS par navires étrangers et par terre.
Tissus de poils	de cachemire fabriqués à la main dans les pays hors d'Europe.	Châles longs de toute dimension....	Pièce.	6 mai 1841.	100f 00c	100f 00c
		Châles carrés de 1m,80 et au-dessus.	Idem.	Idem.	100 00	100 00
		Châles carrés de moindre dimension	Idem.	Idem.	50 00	50 00
		Écharpes..........................	Idem.	9 juin 1845.	50 00	50 00
		Autres............................	....	10 brumaire an V 7 juin 1820.	Prohibés.	
	Couvertures ou tapis.................		100 kil. N.	28 avril 1816.	50 00	55 00
	Bonneterie...	de castor.......................	Idem.	Idem.	400 00	417 50
		d'autres poils..................	Idem.	Idem.	200 00	212 50
	Autres de toutes sortes..............		Idem.	10 brumaire an V	Prohibés.	

§ 1er.

ACHAT ET PRÉPARATION DES LAINES.

1. Quelle nature de laine employez-vous? Est-ce de la laine de France ou de la laine étrangère? Quel est le prix des laines dont vous vous servez[1]? Quels sont les frais de commission et de transport des laines achetées à Londres, à Vienne, à Pesth, à Berlin, à Breslau, à Moscou et à Odessa?

2. Les laines que vous employez vous reviennent-elles à un prix plus élevé qu'aux industriels anglais? S'il y a une différence, pouvez-vous en donner les motifs, et dans quelle proportion se trouve-t-elle atténuée par la récente suppression du droit de douane?

3. Opérez-vous directement le lavage de la laine, ou la faites-vous laver à façon? Quels procédés employez-vous à cet effet?

4. Faites-vous teindre vos laines en masse, avant de les faire filer, ou après cette opération? Faites-vous teindre dans vos ateliers ou au dehors? Quels sont les prix de teinture?

§ 2.

FILATURE.

1. Êtes-vous filateur à façon, ou filez-vous des laines que vous

[1] Les prix doivent toujours être indiqués *nets* et sans escompte.

achetez ? Employez-vous la carde ou le peigne, comme préparation à la filature ? Faites-vous du fil dit *peigné mixte ?* Faites-vous du fil écru, teint ou de couleurs mélangées? Faites-vous du fil retors ?

2. De quelles machines vous servez-vous? Sont-elles de fabrication française ou étrangère ? Les possédez-vous depuis longtemps ?

Quel est le prix d'achat, en ce moment, de ces machines, en les évaluant à l'assortiment ou à la broche?

Quel est le prix, en détail, des machines à battre, des peigneuses, des cardes, des machines à étirer, des bancs à broches, des métiers à filer proprement dits? Employez-vous des mull-jenny, des renvideurs, des demi-renvideurs ou des continus ?

3. Employez-vous un moteur hydraulique? Quel est le prix du loyer d'une force de cheval ?

4. Vous servez-vous d'une machine à vapeur? Quel en est le constructeur et quelle force de chevaux peut-elle produire? Quel charbon brûlez-vous? A quel prix vous revient-il? Quelle quantité en consommez-vous par an et par broche?

5. Brûlez-vous du charbon pour le chauffage de vos ateliers ou d'autres usages accessoires?

6. Quels sont les numéros des fils que vous produisez, en les évaluant à raison du nombre de mille mètres par kilogramme?

Quel est le produit annuel de vos métiers par assortiment ou par broche?

Dans quelle proportion ce produit se modifie-t-il, suivant l'élévation du numéro ?

7. Quel est le prix de la main-d'œuvre ? Dans quelle proportion employez-vous les femmes et les enfants? Vos ouvriers travaillent-ils à la journée ou à façon?

Les salaires ont-ils augmenté depuis quelques-années? Les avez-vous réduits dans ces dernières circonstances?

8. Combien d'ouvriers employez-vous ? Pouvez-vous faire le calcul du nombre d'ouvriers, hommes, femmes ou enfants, que vous employez par assortiment ou par broche, et de la part qui représente le prix de la main-d'œuvre dans le produit annuel d'un de ces assortiments, en tenant compte du numéro du fil fabriqué?

9. Filez-vous en gras ou en maigre? Quelle quantité et quelle nature d'huile employez-vous? Dans quelle proportion le mélange d'huile accroît-il le prix de la filature?

10. Quel est le prix courant de la filature pour chaque numéro? Le prix de façon varie-t-il d'après la qualité et la nature de la laine?

11. Vendez-vous de la laine à l'état de *peigné?* Vendez-vous des fils de laine écrus ou teints? En vendez-vous à l'étranger? Sur quels marchés et dans quelle proportion?

12. Quel parti tirez-vous des blousses, des déchets?

13. Quels ont été, dans les six derniers mois qui ont précédé la signature du traité de commerce, les prix moyens des fils de laine en France et en Angleterre, en comparant autant que possible les mêmes qualités de laine entre elles? Quelle est la quotité du droit que vous jugez nécessaire, dans la limite maximum fixée par le traité de commerce, pour vous mettre à même de soutenir la concurrence des filatures étrangères?

14. Quelle est la situation de votre industrie? Quels rapports établissez-vous entre les prix que vous obtenez actuellement et ceux des années précédentes?

§ 3.

TISSAGE ET APPRÊTS.

1. Quelle est la nature de vos produits?

2. Quelle est l'origine, la qualité et le prix des laines que vous employez?

Quels numéros de fils employez-vous? Si vous achetez des fils, quel prix les payez-vous? Ces prix ont-ils varié depuis quelques années?

3. Avez-vous des métiers à tisser mus par la vapeur, ou une force hydraulique? Combien en avez-vous? Depuis quelle époque? Quel en est le constructeur? A quel prix les avez-vous achetés?

4. Faites-vous mouvoir par la vapeur des métiers à marche Jacquart ou demi-Jacquart, avec une ou plusieurs navettes?

Quelle force de vapeur vous est nécessaire pour faire marcher un métier?

5. Quel est le salaire des ouvriers qui conduisent ces métiers? Employez-vous à cet effet des femmes ou des enfants? Un seul ouvrier peut-il conduire plusieurs métiers?

6. Faites-vous tisser sur des métiers à la main? Les métiers sont-ils dans vos ateliers ou chez l'ouvrier? Quel est le prix de façon d'une pièce de tissu que vous produisez?

7. Comment évaluez-vous la différence entre le métier à la main et le métier à la mécanique, en ce qui concerne la rapidité, la perfection et l'économie du travail?

8. Pouvez-vous donner le prix de revient de chacune des opérations de votre fabrication : triage, dégraissage, séchage, battage, cardage, peignage, filature, ourdissage, encollage, bobinage, tissage, dégraissage, foulage, lainage et cardage, presse, épinçage, teinture, décatissage, etc. etc., en vous basant sur des produits de valeur moyenne dans chacune des catégories de votre industrie?

9. Les frais varient-ils en proportion directe de l'augmentation de la valeur de la laine employée et du tissu produit, le mode de fabrication et les machines employées restant à peu près les mêmes?

10. Faites-vous entrer des fils de coton, de chanvre, de lin, de soie, de poil de chèvre ou autre, dans quelques-uns des produits de votre fabrication? Dans quelle proportion entrent-ils dans le poids et la valeur de vos tissus?

11. Quels sont les produits similaires aux vôtres qu'on fabrique en Angleterre? Quels ont été, dans les six mois qui ont précédé la signature du traité de commerce, les prix moyens des différentes catégories de tissus qui peuvent entrer en concurrence avec les vôtres, en comparant autant que possible les mêmes qualités de laine et de produits?

12. Quelle classification peut être adoptée pour les différentes

catégories de vos produits, en prenant leur poids pour base d'appréciation? Se vendent-ils, dans les habitudes du commerce, suivant le nombre de duites, de fils, de croisures, etc.? Ces distinctions sont-elles facilement reconnaissables? La valeur des produits augmente-t-elle d'une manière régulière en raison de ces distinctions apparentes?

13. Vendez-vous vos produits à l'étranger? Sur quels marchés et dans quelle proportion par rapport à votre fabrication?

Quelle est la situation de votre industrie? Quel rapport établissez-vous entre les prix actuels et ceux des années précédentes?

14. Quelles sont les causes qui permettent aux producteurs anglais de vendre à des prix inférieurs aux vôtres? Établissez, autant que possible, vos appréciations à cet égard sur des chiffres et des comparaisons détaillés des prix de revient. Quelle est la quotité du droit qui vous paraît devoir être établie en restant dans les limites du traité de commerce?

CONSEIL SUPÉRIEUR DU COMMERCE.

SÉANCE DU LUNDI 9 JUILLET 1860.

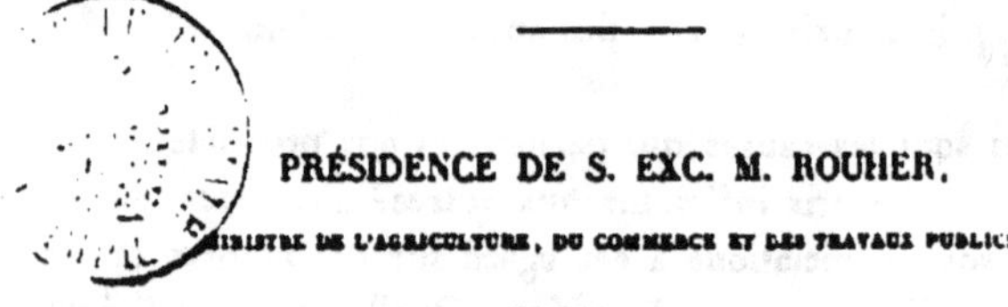

PRÉSIDENCE DE S. EXC. M. ROUHER,

MINISTRE DE L'AGRICULTURE, DU COMMERCE ET DES TRAVAUX PUBLICS.

INDUSTRIE DE LA LAINE.

COMMERCE DES LAINES.

La séance est ouverte à une heure.

Le procès-verbal de la précédente séance, lu par M. OZENNE, *Secrétaire*, est adopté.

Est introduit :

M. LANSEIGNE, marchand de laines à Paris.

M. LANSEIGNE. Un premier point doit être signalé au Conseil Superieur relativement au commerce des laines en lui-même.

Il y a douze ans environ, tous les approvisionnements de laines pour l'industrie française se faisaient encore par les négociants, qui achetaient sur les divers marchés français et étrangers et revendaient ensuite à l'industrie, en subissant les chances de hausse ou de baisse que présente le commerce en général.

Depuis, les industriels se sont mêlés peu à peu aux négociants, sur les divers marchés français et anglais, pour faire directement leurs approvisionnements ; si bien qu'en fait ce sont les industriels consommateurs qui font aujourd'hui le cours de ces laines ; la spéculation n'y touche qu'avec une grande réserve.

Dans ces circonstances, ce commerce proprement dit s'est éloigné

M. Lauvergne. de la France et de l'Angleterre, pour se porter vers l'importation des laines d'Allemagne, d'Espagne, de Russie, d'Australie, de Buénos-Ayres; avec ce qu'il introduit, il alimente une grande partie de la consommation.

J'arrive tout de suite, Messieurs, aux questions pratiques pour les achats, les frais et les transports, quel que soit l'acheteur, commerçant, industriel, français ou étranger.

Un fait hors de contestation, c'est que la laine de France, consommée uniquement par nos industriels français, est la meilleure laine du monde. Sans être la plus fine, elle réunit les propriétés essentielles à tous les genres de fabrication des tissus cardés et peignés: elle est sans similaire.

Inutile de dire que tout industriel est dans une égalité parfaite pour l'acheter. L'étranger qui viendrait faire ses approvisionnements en France, l'Anglais, par exemple, aurait à supporter simplement les frais de commission et de transport.

Par réciprocité, le Français qui achète des laines à Londres supporte des frais semblables; ces frais représentent pour lui, en moyenne, une augmentation de 0f,0861 par kilogramme, sur le prix que paye l'acheteur anglais. Exemple : sur une laine achetée à Londres 5 fr. 75 cent. le kilogramme, ou 57 pence, l'Anglais payera 0f,0423 et le Français, 0f,1284. — Différence en plus pour le dernier, 0f,0861, soit 1 1/2 p. 0/0, conformément au tableau de répartition dont je vais donner lecture.

RÉPARTITION DES FRAIS SUR LES DIFFÉRENTS MARCHÉS.

A Londres, sur une laine évaluée 5 fr. 75 cent. le kilogramme, l'acheteur indigène payera :

Courtage, 1/2 p. 0/0	0f0282
Frais, 1 shelling par lot. Pour mémoire.	
Marquage des balles, 1d par balle. Pour mémoire.	
Commission de banque à Londres, 1/4 p. 0/0	0141
Environ	0 0423

L'acheteur français payera les frais ci-dessus, plus :

Commission de banque pour timbre à Paris, 1/4 p. 0/0.	0141
Port de Londres en France	0420
Droits d'entrée en France	0300
Environ	0 1284

Soit en plus pour le Français, 0f0861 par kilogramme.

La principale cause d'égalité sur les marchés anglais provient de l'usage des enchères publiques. Cette habitude se répand en France, où les négociants importateurs adoptent aussi ce mode de vente. Ainsi, depuis deux ou trois ans, il se fait, à Rouen et au Havre, des ventes très-importantes où des étrangers viennent faire des achats. M. Lanseigne

L'égalité qui est ainsi démontrée entre Français et Anglais, sur leurs marchés réciproques, se rencontre de même sur les autres marchés où s'approvisionne l'importation : en Allemagne, en Russie, en Espagne, à Buénos-Ayres et même en Australie. Cette position d'égalité presque absolue, que l'on rencontre partout, est facile à justifier, si l'on arrive au chiffre des détails.

COMPTE SIMULÉ POUR LAINES ACHETÉES À LONDRES EN VENTE PUBLIQUE.

Lot n° 1.

10 balles (à 3 quintaux environ par balle).		30^{qx}00 00	
Tare, 10 livres par balle.....	0^{qx}3 16	1 00 18	
Bon poids, 1 livre par balle...	0 1 2		
Net................		28 3 10	
ou 3,136 livres, à 25 pence....................			326^{l} 13^{s} 4^{d}

Lot n° 2.

8 balles (à 3 quintaux environ par balle).		24 00 00	
Tare, 10 livres par balle.....	0^{qx}2 24	3 10	
Bon poids, 1 par balle.......	0 0 14		
Net................		23 1 8	
ou 2,576 livres, à 26 pence....................			279 1 4
Ensemble.....................			605 14 8
qui, au change (variable) de 25 fr. 35 cent. par livre, donnent................................			15,355^{f} 35^{c}

Valeur à trois mois.

10 balles ci-dessus pèsent brut.	30^{qx}0 00
8 balles ci-dessus pèsent brut.	24 0 00
Ensemble.......	54 0 00
Tare, 10 livres par balle....	1 2 12
Net..........	52 1 16

Soit, à 240 livres par 100 kilogrammes, 2,665 kilogrammes revenant à 5,762.

A reporter..........	15,355 35

M. Lanseigne

Report.		15,355f 35c

Frais.

A Londres, soit 1 shelling par lot.	2f 50c	
Courtage d'achat, 1/2 p. o/o.	76 75	
Marquage des balles, 1 denier par balle.	1 80	
Commission de banque à Londres, Paris, et timbre, 1/2 p. o/o.	77 10	353 50
Port des docks de Londres au Havre, à 4 fr. 20 cent. les 100 kilogrammes, sur 2,747 kilogrammes (poids brut).	115 40	
Droits d'entrée en France, 3 francs par 100 kilogrammes.	79 95	
Ensemble.		15,708 85

Soit, au Havre, 5 fr. 894 par kilogramme.

L'ensemble de frais est de 13 centimes 2/10 par kilogramme, ou 2 fr. 28 cent. p. o/o.

Nota. La commission est variable de 1/2 à 3 p. o/o.

Ainsi, dans le Wurtemberg, avec commission d'achat de 1 p. o/o :

Le Français et l'Anglais payeront.	0f 2362
Le Wurtembergeois payera.	0962
Différence en plus pour l'Anglais et le Français.	0f 1400 ou 3 p. o/o.

RÉPARTITION DES FRAIS.

En Wurtemberg, sur une laine évaluée 5 francs le kilogramme, l'acheteur indigène payera :

Courtage, 1/3 p. o/o.	0f 0166
Commission de banque, 1/3 p. o/o.	0166
Emballage.	0130
Coût des sacs.	0500
Ensemble.	0 0962

L'Anglais et le Français payeront les frais ci-dessus, plus :

Commission d'achat, 1 p. o/o.	0500
Courtage de banque, 1 p. o/o.	0050
Port d'argent, 1/2 p. o/o.	0025
Droits de sortie.	0250
Voiture à la frontière.	0575
Ensemble.	0 2362

Soit en plus, pour l'Anglais et le Français, par kilogramme, 14 centimes.

M. Lanseigne

FRAIS SUR LES LAINES ACHETÉES EN WURTEMBERG.

Ces laines s'achètent, non emballées, à 5 francs le kilogramme environ, supposant un achat de 100 kilogrammes, soit.................... 500f 00c

Commission d'achat, 1 p. o/o..................	5f 00c	
Courtage, 1/3 p. o/o..........................	1 66	
Commission de banque, 1/3 p. o/o............	1 66	
Courtage, 1 p. o/o............................	50	
Port d'argent, 1/2 p. o/o......................	25	
Frais de voyage.............. Pour mémoire.		
Emballages, menus frais divers, 1 fr. 30 cent. p. o/o..................................	1 30	
Sacs à 5 francs par 100 kilogrammes.........	5 00	
Droits de sortie, 2 fr. 50 cent. par 100 kilog.....	2 50	
Voiture à Strasbourg, 5 fr. 75 cent. par 100 kilog..	5 75	
	23 62	
Ensemble...........................		23 62
Prix de revient à Strasbourg................		523 62

Coût du kilogramme, laine Wurtemberg.......	5f 00c
Frais jusqu'à Strasbourg, environ 4 fr. 80 cent. p. o/o, ou...........................	24
Soit à Strasbourg............	5 24

Nota. Le port de Strasbourg à Paris est d'environ 7 centimes par kilogramme.

A Pesth, avec commission d'achat de 1 p. o/o :

Le Français et l'Anglais payeront......	0f 4380
L'Allemand payera.................	1055
Différence en plus pour l'Anglais et le Français....................	0 3325 ou 6 p. o/o.

RÉPARTITION DES FRAIS.

A Pesth, sur une laine évaluée 5 francs le kilogramme, l'acheteur indigène payera :

Courtage, 1/2 p. o/o........................	0f 0250
Frais de réception..........................	0080
Sacs..	0400
Port d'argent, 1/4 p. o/o....................	0125
Commission de banque, 1/4 p. o/o..........	0125
Courtage de banque et timbre..............	0075
Ensemble (à reporter)..........	0 1055

M. Lavergne — Report. . . . . o^f 1055

L'Anglais et le Français payeront les frais ci-dessus, plus :

Commission d'achat, 1 p. o/o	0500
Commission de banque, 1/4 p. o/o	0125
Voiture de Pesth à Strasbourg.	2700
Ensemble.	o 4380

Soit en plus pour l'Anglais et le Français, o^f 3325 par kilogramme.

FRAIS SUR LES LAINES ACHETÉES À PESTH.

La balle est d'environ 100 kilogrammes, valant environ. . . . . 500^f 00^c
Soit environ 5 francs le kilogramme.

Commission d'achat, 1 p. o/o	5^f 00^c	
Courtage, 1/2 p. o/o	2 50	
Réception, 40^c de florin par balle, soit environ. . .	80	
Frais de voyage. . . . . Pour mémoire.		
Sacs, 2 florins, soit environ	4 00	
Port d'argent, de Vienne à Pesth, 1/4 p. o/o.	1 25	
Commission de banque à Vienne, 1/4 p. o/o.	1 25	
Courtage et timbre, 1 1/2 p. o/o.	75	
Commission de banque à Paris, 1/4 p. o/o	1 25	
Voiture de Pesth à Strasbourg, 27 fr. les 100 kilog.	27 00	
Ensemble.		43 80
Prix de revient à Strasbourg.		543 80

Coût du kilogramme à Pesth.	5^f 00^c
Frais jusqu'à Strasbourg, environ. .	44 (soit environ 8^f 76^c p. o/o)
Soit, à Strasbourg.	5 44

NOTA. Les frais de transport de Strasbourg à Paris sont d'environ 7 centimes par kilogramme. (100 livres de Pesth valent 56 kilogrammes.)

A Vienne, avec commission d'achat de 1 p. o/o :

Le Français et l'Anglais payeront.	o^f 6212
L'Autrichien payera.	3917
Différence en plus pour l'Anglais et le Français	o^f 3295 ou 5 p. o/o.

RÉPARTITION DES FRAIS.

A Vienne, sur une laine évaluée 6 fr. 75 cent. le kilogramme, l'acheteur indigène payera :

Courtage, 1/2 p. o/o	o^f 0337
Frais de réception.	0040
Commission de banque, 1/4 p. o/o.	0170
Environ (à reporter).	o 0547

Report............. 0f 0547 — M. Lanseigne.

L'Anglais et le Français payeront les frais ci-dessus, plus :

Commission d'achat, 1 p. o/o................	0675
Courtage de banque et timbres..............	0080
Commission de banque à Paris, et timbre......	0250
Voiture de Vienne à Strasbourg.............	2300
Environ..........................	0 3852

Soit en plus, pour l'Anglais et le Français, par kilogrammme 0f 3305.

FRAIS SUR LES LAINES ACHETÉES À VIENNE.

La balle est d'à peu près 80 kilogrammes, valant environ......... 550f 00c

Soit 6 fr. 87 cent. le kilogramme.

Commission d'achat, 1 p. o/o................	5f 50c	
Courtage d'achat, 1/2 p. o/o................	2 75	
Réception de 20c de florin par balle, soit environ.	40	
Frais de voyage.............. Pour mémoire.		
Commission de banque à Vienne, 1/4 p. o/o.....	1 40	
Courtage de banque et timbre, 1 1/2 p. oo/oo...	80	
Commission de banque à Paris, 1/4 p. o/o et timbre.	2 00	
Voiture de Vienne à Strasbourg, 23 fr. p. o/o le kil.	18 40	
	31 25	
Ensemble..........................		31 25
Prix de revient à Strasbourg................		581 25

Coût du kilogramme à Vienne............	6f 87c 1/2
Frais jusqu'à Strasbourg (soit environ 5f 67c p. o/o), ou......................	39
Soit à Strasbourg............	7 26 1/2

NOTA. Les frais de transport de Strasbourg à Paris sont de 7 centimes environ par kilogramme. (100 livres de Vienne valent 56 kilogrammes.)

A Breslau et Stettin, avec commission d'achat de 1 p. o/o :

Le Français et l'Anglais payeront.......	0f 3790
Le Prussien payera................	1010
Différence en plus pour l'Anglais et le Français.................	0f 2780 ou 5 p. o/o.

RÉPARTITION DES FRAIS.

A Breslau et à Stettin, sur une laine évaluée 6 francs le kilogramme, l'acheteur indigène payera :

M. Lanseigne.

Courtage, 1/2 p. o/o	0f 0300
Commission de banque, 1/3 p. o/o	0200
Courtage de banque, 1 p. oo/oo	0060
Timbre des traites	0030
Réception et assurance, 2 p. o/o	0120
Entrée de ville, magasinage, 1/2 p. o/o	0300
Ensemble	0 1010

L'Anglais et le Français payeront les frais ci-dessus, plus :

Commission d'achat, 1 p. o/o	0600
Droits de sortie	0300
Pesage en douane	0030
Port de Breslau ou Stettin à Strasbourg	1850
Ensemble	0 3790

Soit en plus pour l'Anglais et le Français, 0f 2780 par kilogramme.

A Berlin, avec commission d'achat de 1 p. o/o :

Le Français et l'Anglais payeront	0f 3390
Le Prussien payera	1010
Différence en plus pour l'Anglais et le Français	0f 2380 ou 4 p. o/o.

RÉPARTITION DES FRAIS.

A Berlin, sur une laine évaluée 6 francs le kilogramme, les frais ne diffèrent avec ceux de Breslau que dans le port jusqu'à Strasbourg, qui n'est pour Berlin que de 14 francs par 100 kilogrammes.

L'acheteur indigène payera donc par kilogramme	0f 1010
L'acheteur étranger	3390

Soit en plus pour l'étranger, 0f 2380 par kilogramme.

FRAIS SUR LES LAINES ACHETÉES EN PRUSSE, À BRESLAU, À BERLIN ET À STETTIN.

La balle est d'environ 140 kilogrammes, valant environ 850f 00c

Soit 6 fr. 07 cent. le kilogramme.

Commission d'achat, 1 p. o/o	8f 50c	
Courtage, 1/2 p. o/o	4 25	
Frais de voyage .... Pour mémoire.		
Commission de banque, 1/3 p. o/o	2 85	
Courtage, 1 p. oo/oo	85	
Timbre des traites, 1/2 p. oo/oo	45	
Réception et assurance, 2 p. oo/oo	1 70	
A reporter	18 60	850 00

Report..................	18f 60c	850f 00c	M. Lanseigne
Entrée en magasin, main-d'œuvre, 1/2 p. o/o...	4 25		
Droits de sortie, 1/2 p. o/o..................	4 25		
Pesage en douane, 1/2 p. oo/oo.............	45		
Port de Breslau ou Stettin à Strasbourg (le port de Berlin est de 14 fr. 50 cent. seulement), à 18 fr. 50 cent. p. o/o......................	25 90		
Ensemble......................		53 45	
Prix de revient à Strasbourg..................		903 45	

Coût du kilogramme en Prusse...	6f 07c	
Frais jusqu'à Strasbourg, environ.	38	(soit environ 6f 28c p. o/o.)
Soit à Strasbourg............	6 45	pour Breslau et Stettin.
Et à Strasbourg...........	6 41	pour Berlin.

NOTA. Le port de Strasbourg à Paris est de 7 centimes par kilogramme. (La livre de Prusse vaut 500 grammes.)

A Moscou, avec commission d'achat de 2 p. o/o :

Le Français et l'Anglais payeront......	0f 7200
Le Russe payera....................	1200
Différence en plus pour l'Anglais et le Français.....................	0 6000 ou 7 p. o/o

RÉPARTITION DES FRAIS.

A Moscou, sur une laine évaluée 8 francs le kilogramme, l'acheteur indigène payera :

Courtage, 1/2 p. o/o...........	1 1/2 p. o/o.	0f 12c
Menus frais, 1/2 p. o/o..........		
Commission et courtage de banque, 1/2 p. o/o..................		

L'acheteur anglais ou français payera les frais ci-dessus, plus :

Commission d'achat, 2 p. o/o.................	16
Commission et courtage de banque, 1/4 p. o/o....	02
Port et frais de Moscou à Saint-Pétersbourg.......	16
Fret et frais jusqu'au Havre...................	18
Assurance de mer, 1 p. o/o....................	08
Ensemble.................	0 72

Soit, en plus, pour l'Anglais et le Français, 60 centimes par kilogramme.

M. Lanseigne

FRAIS CONCERNANT LES ACHATS DE LAINES EN RUSSIE.

Achats à Moscou, venant par la voie du nord :

Commission d'achat, 2 p. o/o. Courtage, 1/2 p. o/o........ Menus frais à Moscou, 1/2 p. o/o. Commissions, courtage de banque et timbre, 3/4 p. o/o..	Ensemble, 3 3/4 p. o/o soit, pour 1 kilog. estimé à 8 francs le kilog.	o f 30
Port et frais de Moscou à Saint-Pétersbourg, par kil.		16
Fret et frais jusqu'au Havre..................		18
Assurance de mer (variable), environ 1 p. o/o, soit pour 1 kilogramme estimé environ à 8 francs...		08
Ensemble des frais..........		o 72

Le transport du Havre à Paris est d'environ 3 centimes par kilogramme.

A Odessa, avec commission d'achat de 2 p. o/o :

Le Français et l'Anglais payeront......	o f 5500
Le Russe payera..................	1200
Différence en plus pour l'Anglais et le Français	o 4300 ou 5 p. o/o.

RÉPARTITION DES FRAIS.

A Odessa, sur une laine évaluée 8 francs le kilogramme, l'acheteur indigène payera :

Courtage, 1/2 p. o/o.............. Menus frais, 1/2 p. o/o............ Commission et courtage de banque, 1/2 p. o/o..................	1 1/2 p. o/o	o f 12 c

L'acheteur anglais ou français payera les frais ci-dessus, plus :

Commission d'achat, 2 p. o/o................	16
Commission de banque, 1/4 p. o/o.	02
Frais d'Odessa à Marseille.................	15
Frais à Marseille.......................	02
Assurance de mer, 1 p. o/o.................	08
Ensemble.....	o 55

Soit en plus, pour l'Anglais et le Français, 43 centimes par kilogramme.

M. Lanseigne.

FRAIS CONCERNANT LES ACHATS DE LAINES EN RUSSIE.

Achats à Odessa venant par Marseille :

Commission d'achat, 2 p. o/o..	Ensemble	
Courtage, 1/2 p. o/o.........	3 3/4 p. o/o,	
Menus frais à Odessa, 1/2 p. o/o.	soit pour 1 kilog.	0f 30c
Commission, courtage de banque	estimé à 8 francs	
et timbre, 3/4 p. o/o......	le kilog. environ.	
Fret d'Odessa à Marseille, par kilogramme........		15
Frais à Marseille..........................		02
Assurance de mer (variable), environ 1 p. o/o, soit pour 1 kilogramme estimé à 8 francs..........		08
Ensemble des frais............		0 55

Le port de Marseille à Paris est d'environ 10 centimes par kilogramme.

A Séville, avec commission d'achat de 2 p. o/o :

Le Français et l'Anglais payeront......	0f 3600
L'Espagnol payera...................	1200
Différence en plus pour l'Anglais et le Français...................	0 2400 ou 10 p. o/o.

RÉPARTITION DES FRAIS.

A Séville, sur une laine évaluée 2 francs le kilogramme, l'acheteur indigène payera..	0f 12c
L'acheteur anglais ou français payera...........	36

Soit, en plus, pour l'Anglais et le Français, 24 centimes par kilogramme.

FRAIS SUR LES LAINES ACHETÉES EN ESPAGNE.

Ces laines s'achètent, non emballées, à 2 francs le kilogramme environ.

Frais, par kilogramme, pour rendre la marchandise à Séville, comprenant :

Port jusqu'à Séville.........		
Coût des sacs et emballage....	ensemble.....	0f 22c
Frais d'embarquement.......		
Commission d'achat, 2 p. o/o.................		04
Frais de Séville à Rouen..................		07
Commission de banque, 1/2 p. o/o.............		01
Assurance de mer, 1 1/4 p. o/o................		02 1/2
Ensemble des frais jusqu'à Rouen......		0 36 1/2

Tous ces frais s'entendent, port compris, jusqu'à la frontière de France et jusqu'aux ports anglais; il est bon de faire observer que la

M. Lanseigne. commission d'achat est variable jusqu'à 3 p. o/o et même jusqu'à 4 p. o/o, selon l'acheteur.

Il résulte de ce qui précède que nous payerons de 1 1/2 à 2 p. o/o de plus que les Anglais sur les laines coloniales à Londres, et que les Français et les Anglais payeront, en moyenne, sur les marchés allemands, russes, espagnols, environ 5 à 6 p. o/o de plus que les habitants de ces pays.

Quant aux marchés de l'Australie et de l'Amérique du Sud, l'égalité entre Français et Anglais sera complète relativement aux achats.

Comme on le voit, nos principaux concurrents, les industriels anglais n'ont, à vrai dire, aucun avantage sérieux dans leur approvisionnement de laines de toutes provenances; car, par la suppression des droits d'entrée, le cours des laines devient européen, et il ne s'agit plus que d'une différence de transports et de menus frais dans les limites que nous venons d'indiquer, transports et frais qui se réduiront encore.

Il faudra sans doute bien des épreuves encore, avant que l'on arrive à désirer une liberté absolue pour le commerce universel; mais en se préoccupant seulement du commerce des laines, et en abordant franchement les détails de chacune des industries qui s'y rattachent, on acquiert la conviction que la levée des droits de douane qui grevaient cet article a été un bienfait pour la France.

M. le Président. Ces observations répondent principalement au premier paragraphe du questionnaire et tendent à établir que la matière première est placée dans des conditions d'égalité en France et en Angleterre. Êtes-vous en position de nous donner des renseignements analogues pour les matières ouvrées, de manière à établir, soit l'égalité, soit la différence qui peut exister à cet égard entre la France et l'Angleterre?

M. Lanseigne. Je ne suis pas industriel, je suis marchand de laines; je ne puis répondre à cette question.

M. le Président. Votre témoignage se borne donc à ce qui concerne la matière première, et vous dites que, relativement à la laine, il y a égalité entre la France et l'Angleterre?

M. Lanseigne. Il y a égalité entre tous les acheteurs, sauf la différence des transports et quelques menus frais.

M. le Président. Avez-vous remarqué si la laine importée était principalement de la laine lavée? Par exemple, les laines qui nous viennent de Russie ne sont-elles pas, plus habituellement qu'autrefois, lavées à dos? M. Lanseigne.

M. Lanseigne. Les laines de Russie sont plutôt vendues après le lavage; elles arrivent ainsi, parce que l'industrie du lavage existe encore en Russie, et qu'il convient au commerce du pays de leur faire subir cette opération; mais généralement, sauf en Russie et sur quelques autres points, comme l'Espagne, les laines sont expédiées de préférence à l'état brut, c'est-à-dire en suint, ou seulement lavées à dos. Nos fabricants aiment mieux acheter la laine ainsi; ils la jugent mieux dans cet état, et ensuite ils ont l'avantage de la classer chez eux, selon leurs besoins.

M. le Président. Appelez-vous laines à l'état brut les laines simplement lavées au dos des moutons?

M. Lanseigne. Oui, Monsieur le Président. Les laines à l'état brut se récoltent sous deux formes distinctes :

1° La laine en suint est celle qui est livrée à l'acheteur telle qu'elle se trouve naturellement sur le dos de l'animal;

2° La laine à dos est celle qui a subi un lavage plus ou moins imparfait sur le dos même du mouton.

M. le Président. Quelle est l'importance des lavoirs établis dans la mer Noire?

M. Lanseigne. Il y a des lavoirs considérables dans les environs d'Odessa; à Kherson, il y en a une dizaine qui produisent énormément. Il y a aussi des lavoirs assez importants à Kharkow. L'industrie du lavage existe encore en Russie; mais cette industrie tend à disparaître complétement, les industriels préférant acheter la laine à l'état brut.

M. le Président. Quelle est, à votre avis, l'importance de cette découverte récente de l'application de la potasse au dégraissage et aux apprêts des laines?

M. Lanseigne. Cela rentre dans l'industrie du dégraisseur et du teinturier, ou du fabricant qui fait les apprêts des laines : c'est de la chimie. Je ne saurais répondre à cette question; je suis simplement marchand de laines.

M. le Président. Vous nous avez dit que les laines de l'Australie étaient livrées aux Français et aux Anglais dans des conditions d'égalité; cependant le mode d'approvisionnement est bien différent pour les uns et pour les autres.

M Lanseigne.

M. LANSEIGNE. La suppression des droits égalise la position de tous les acheteurs. Le Français, comme l'Anglais, peut aller en Australie et acheter dans les mêmes conditions; s'il y a une différence, elle est fort légère ; c'est sur le fret seulement qu'elle porte. L'Anglais ne peut pas acheter à meilleur marché que l'étranger. Le mode d'approvisionnement est le même.

M. LE PRÉSIDENT. Ainsi, au point de vue commercial, la situation est la même; mais au point de vue des frais de surtaxe de pavillon, il peut y avoir des différences.

M. LANSEIGNE. C'est 3 centimes au kilogramme.

M. HERBET, *Commissaire général*. L'Angleterre, grâce au développement de ses relations commerciales et maritimes, peut avoir le fret à meilleur marché.

M. LANSEIGNE. Avant la suppression des droits, le fret, en Australie, présentait une grande différence en faveur de l'Angleterre : il était depuis un demi-denier jusqu'à 3/4 au maximum pour les Anglais; tandis que le fret français était de 1 1/2 à 2 deniers.

M. HERBET. Et vous croyez que cette différence est supprimée?

M. LANSEIGNE. Je crois qu'elle va disparaître; je raisonne dans l'hypothèse de la suppression des droits de pavillon.

M. LE PRÉSIDENT. Pour le Français qui achète en Angleterre, il n'y a que la différence des commissions de banque et du transport de Londres en France?

M. LANSEIGNE. Pour l'achat en Angleterre, l'égalité est parfaite, sauf une différence de 10 centimes en plus pour les Français, ainsi que je l'ai établi.

M. SCHNEIDER. Français et Anglais peuvent acheter des laines au même taux en Australie; mais l'expédition est plus facile d'Australie en Angleterre que d'Australie en France; les laines ont plus de facilités pour s'entreposer en Angleterre que pour arriver sur le marché français. N'arrive-t-il pas, pour les laines d'Australie particulièrement, que les fabricants français soient obligés d'aller acheter dans les entrepôts anglais, et de supporter ainsi la différence des frais de transport de ces entrepôts au marché français?

M. LANSEIGNE. La différence est bien minime, dans tous les cas. Il y a déjà en Australie des comptoirs français qui se consolideront davantage, et je connais d'autres négociants français qui ont le projet d'y créer aussi des relations directes. Les expéditions se feront donc sur nos marchés; et d'ailleurs la position étant égale en Australie, on peut expédier sur la France, sur l'Angleterre, sur Anvers, sur Amsterdam, sur Rotterdam, où se font des ventes publiques de ces laines-là. La différence, s'il y en a une sur le fret, sera à mon avis peu importante. Il me semble que les pavillons anglais et français sont égaux quant aux droits, en ce moment, ou que, du moins, cette égalité est en projet. M. Lanseigne.

M. Ernest Baroche, *Délégué spécial pour les industries textiles.* Il y a 3 centimes de différence au kilogramme.

M. Schneider. Toujours est-il qu'il reste la probabilité que les expéditions d'Australie se dirigeront sur l'Angleterre, et que le fabricant français sera obligé de faire ses achats dans les entrepôts anglais et d'avoir ainsi un certain supplément de frais.

M. le Président. M. Lanseigne laisse en dehors la question de transport; il dit : « Sur le marché notre position est égale; il n'y a, en réalité, qu'une surtaxe de 3 centimes au kilogramme. »

M. Clerc. La législation nouvelle, c'est ma conviction, nous affranchira de l'impôt que nous payons à l'Angleterre, et qui, comme droit de commission, n'est pas moindre de 2 à 3 p. o/o. La mesure la plus favorable à l'industrie qu'on ait pu prendre, c'est d'encourager l'introduction des laines par pavillon français et étranger; elles prendront le chemin du marché français dont les éloignait l'ancienne législation.

M. Schneider. Je voulais constater que, si l'on allait chercher les laines en Angleterre, ce n'est pas seulement 3 francs aux 100 kilogrammes de plus qu'on aurait à payer, mais encore beaucoup d'autres frais. L'un des plus grands bienfaits de notre législation sera de créer des ventes publiques des marchandises apportées dans les entrepôts français par navires français ou par navires étrangers. C'est ce que la dernière loi a cherché à faire; c'est un grand résultat auquel il faut tendre; je suis heureux de constater que cette tendance existe, mais les effets ne se réalisent pas encore.

M. Lanseigne. La suppression des droits est un grand bienfait pour la France. Grâce à cette suppression, la France, je n'en doute pas, deviendra avant peu un marché aux laines de toutes provenances; l'Angleterre elle-même y expédiera des laines, ainsi que les négociants australiens.

M. Ernest Baroche. Dans l'état actuel des choses, et en supposant

M. Lanseigne. que le marché direct ne s'établisse pas entre la France et l'Australie, nous achetons à Londres à 10 centimes de différence au kilogramme, tout compris, droits, transports, supplément de courtage, etc.

M. Lanseigne. Y compris même les droits de 3 centimes.

M. Ernest Baroche. D'où il résulte que, pour que le marché direct s'établisse, il faudra qu'il réalise un avantage sur ces 10 centimes.

M. le Président. Dans les 10 centimes, sont compris, dites-vous, les 3 centimes qui représentent les droits : restent, par conséquent, 7 centimes; et ces 7 centimes sont calculés sur l'état actuel, sur l'état de la législation il y a deux mois, et non pas sur la législation toute récente.

M. Lanseigne. La législation nouvelle supprime les droits, mais elle n'a pas changé les frais de transport ni les autres menus frais.

M. Schneider. Quelle est la valeur à laquelle s'appliquent ces 10 centimes?

M. Lanseigne. C'est sur une valeur de 6 francs, représentant le prix moyen du kilogramme de laine australienne, prise à Londres.

M. Schneider. C'est, par conséquent, de 1 1/2 à 2 p. 0/0?

M. Lanseigne. Mes notes sont calculées sur les prix actuels, qui donnent cette moyenne de 1 1/2 à 2 p. 0/0.

M. le Président. A-t-on fait beaucoup d'achats dans ces derniers temps?

M. Lanseigne. Aux dernières ventes publiques du mois de mai, la France a acheté, dans ces conditions, de 20 à 25 balles à Londres.

M. Ernest Baroche. La hausse du mois de mai n'a-t-elle pas été produite par les demandes françaises sur le marché de Londres ?

M. Lanseigne. Les industriels français, qui fréquentent principalement le marché de Londres, contribuent avec les industriels anglais à établir le cours; ce sont eux qui ont fait les derniers cours.

M. le Président. Quels sont-ils aujourd'hui? Sont-ils inférieurs ou supérieurs aux cours qui ont précédé le traité?

M. Lanseigne. Le cours nominal qui existe aujourd'hui est le même que celui des six derniers mois de 1859. Les cours actuels représentent en hausse la différence des droits; la laine n'a pas baissé, elle a haussé. M. Lansseigne

M. le Président. Le même effet s'est produit en France.

M. d'Eichthal. Y a-t-il la même spéculation sur les laines que sur les cotons?

M. Lanseigne. La spéculation agit peu sur les laines françaises et coloniales de Londres; elle est très-réservée; c'est l'industriel qui achète ces laines. Le commerce de la laine se fait tout autrement que le commerce du coton.

M. Schneider. N'y a-t-il pas, à cet égard, une certaine différence entre les fabricants anglais et les fabricants français? Le nombre des marchands de laines faisant des spéculations considérables est restreint en France, et la plupart du temps, ce sont les industriels qui font leurs achats directement.

M. Lanseigne. Cela est ainsi en France, en Angleterre et même en Allemagne.

M. Schneider. En France, c'est ainsi; mais n'y a-t-il pas en Angleterre de grands dépôts où l'industriel peut constamment, dans le cours de l'année, faire ses approvisionnements, de manière à s'assortir en raison de l'importance de ses commandes et de la nature de sa fabrication? Et le fabricant français, qui n'a à côté de lui ni grands entrepôts dans les ports, ni approvisionnement chez les marchands, ne serait-il pas dans une situation moins avantageuse pour pourvoir à ses besoins? En d'autres termes, les facilités de dépôt à proximité ne seraient-elles pas plus favorables au producteur anglais qu'au producteur français?

M. Lanseigne. Assurément la proximité des dépôts est un avantage et une facilité pour tout industriel; mais, en dehors des grands dépôts, il y a toujours assez de laine chez les marchands du pays pour un assortiment momentané. Les grands dépôts sont sur les marchés étrangers. Celui de Londres est le plus important; il ne s'épuise jamais, et il attire tout le continent. Dans ces circonstances, la position des industriels, comme acheteurs, Français, Anglais, Belges, Prussiens, est la même. Voici pourquoi : les laines coloniales (on entend par là les laines d'Australie et du Cap) se vendent toutes aux enchères. Ce n'est que la spéculation anglaise qui, achetant aux ventes publiques, se livre ensuite à des ventes privées. Mais ce sont là des ventes

M. Lanseigne. exceptionnelles. Les laines coloniales se vendent aux ventes publiques quatre fois l'année, savoir : en février, mai, juillet et octobre. On présente à chacune de ces ventes des quantités considérables de laines, de 60,000 à 90,000 balles. Chaque fabricant anglais ou français attend l'époque des ventes pour faire son approvisionnement selon ses besoins jusqu'à la vente suivante ; il n'y a pas de ventes privées en laines coloniales. Donc Français et Anglais, et industriels de presque tout le continent, sont obligés de se rendre aux ventes publiques pour acheter. Il n'en est pas de même de la laine indigène ; on opère pour elle par vente privée.

M. le Président. Les intermédiaires auxquels on pourrait s'adresser, dans l'intervalle des ventes publiques, font donc peu de chose?

M. Lanseigne. En général, les industriels ne s'adressent à ces intermédiaires que pour rassortiment, ou pour certaines spécialités de laine. En Angleterre, on aime beaucoup les ventes publiques.

M. de Forcade la Roquette. Il me semble qu'on ne va chercher en Angleterre que l'appoint de la fabrication française. Sur une consommation de 120 millions de kilogrammes de laines, il y en a 80 millions provenant de France, et une grande partie du reste est tirée des autres pays d'Europe, de l'Algérie et du Maroc. On ne prend en Angleterre que l'appoint nécessaire à la fabrication en laines d'Australie.

M. Lanseigne. Il est bien évident que la France ne produit pas assez de laines pour sa consommation et qu'elle est obligée d'avoir recours à l'importation. Notre industrie du peignage et du cardage achète des laines d'Australie, d'Allemagne, de Russie, comme spécialité, pour soutenir la concurrence des beaux tissus, et comme appoint, parce que ces laines sont douces et fines ; mais les laines de France sont les meilleures, et si la France produisait assez, les industriels n'iraient chercher ailleurs que les laines surfines.

M. de Forcade la Roquette. Est-ce que la France n'est pas dans de meilleures conditions que l'Angleterre pour se procurer les laines électorales, les laines de l'Allemagne?

M. Lanseigne. La France achète beaucoup de laines d'Allemagne, en concurrence avec les Allemands. L'Angleterre ne se sert presque plus de ces laines. Les plus belles bergeries de l'Allemagne, de la Russie, de l'Australie, sont employées par la France. C'est la France qui fabrique les plus riches tissus.

M. de Forcade la Roquette. Nous sommes, pour l'Allemagne,

dans de meilleures conditions : nous n'avons pas de transports à payer. M. Lanseigne

M. Lanseigne. Pardon; nous avons les transports jusqu'à la frontière ; nous faisons venir plus ordinairement par Hambourg.

M. de Forcade la Roquette. Il vient aussi de la laine par Strasbourg.

M. Lanseigne. Oui, il en vient aussi par là. Jusqu'ici les laines suivaient les lignes des bureaux d'acquittements, et souvent les plus longues; mais les droits étant supprimés, elles vont prendre la ligne la plus courte. Je crois que les frais de transport diminueront encore.

M. de Forcade la Roquette. Il me semble que les laines allemandes peuvent venir par les chemins de fer presque sans rompre charge; tandis que, pour l'Angleterre, il faut qu'elles passent par Hambourg; de sorte qu'il y a des frais plus élevés de chargement et de déchargement, des frais accessoires de manutention, qui me paraissent devoir rendre la livraison plus chère qu'en France.

M. Lanseigne. Il y a économie de temps à faire venir par Hambourg, les chemins de fer ne livrant pas aussi promptement que la navigation par rivière et par mer. Il y a même aussi économie de quelques centimes à faire expédier par Hambourg : l'Angleterre emploie cette voie. Dans mes notes, je donne les prix des laines rendues à la frontière anglaise. Il faut y ajouter les frais pour le transport de la frontière aux districts industriels anglais ou français.

M. Ernest Baroche. Il ressort de ce que vous avez exposé que si la France est à égalité de condition avec l'Angleterre sur le marché allemand, l'Allemagne a un avantage assez notable : 4, 5 et 6 p. o/o.

M. Lanseigne. C'est vrai.

M. Schneider. Les chiffres varient sur les divers marchés d'Allemagne.

M. Ernest Baroche. J'ai sous les yeux un tableau qui est spécial aux villes de Louviers et d'Elbeuf. Je le donne comme exemple. D'après ce tableau, sur une consommation de laines de 44 millions de francs, dans les groupes de Louviers et d'Elbeuf, il y a :

En suint français	13,296,300f
Laines d'Allemagne	8,789,000
A reporter	22,085,300

M. Lanseigne.

Report	22,085,300f
Laines d'Australie	8,579,380
—— de Russie	5,656,320
—— de Buénos-Ayres	3,783,800
—— d'Espagne	1,856,500
—— en laines diverses	2,241,900
—— en blousses	249,100
Total	44,451,900

Je demande à Monsieur Lanseigne si ces proportions lui paraissent assez justes?

M. Lanseigne. C'est exact.

M. Ernest Baroche. Ainsi, sur une consommation de plus de 44 millions, il n'y a que 13 millions de laines françaises à Louviers et à Elbeuf.

M. le Président. Il est impossible d'arriver à une statistique exacte des laines en France; il y a une quantité de laines employées à des usages domestiques, qui n'apparaissent jamais sur le marché. La ménagère qui récolte sa laine la tisse dans l'intérieur du village; il n'y a pas moyen d'avoir une statistique de cette consommation. Cependant, avec les éléments généraux, on arrive à évaluer de 60 à 80 millions la production de la laine française.

M. de Forcade la Roquette. C'est ce qui résulte du rapport de M. de Butenval : la consommation serait d'environ 120 millions de francs, dont 80 millions de laines françaises et 40 millions, comme appoint, de laines étrangères.

M. Lanseigne. Le nombre des moutons en France est d'environ 32 millions; d'après ce nombre, la production en laines lavées à fond serait d'environ 40 à 45 millions de kilogrammes, en comptant 1 kilog. 1/4 ou 1 kilog. 1/2 par tête.

M. Ernest Baroche. La laine brute française, le suint de France, ne donne en général qu'un tiers au lavage, et la différence entre le suint et la laine lavée complétement est d'environ 35 à 40 p. o/o.

M. Lanseigne. Oui, en moyenne, on arrive à ces chiffres. Le suint perd à peu près 70 p. o/o, et la laine lavée à dos, la laine qui a subi un premier lavage, perd 35 p. o/o.

M. Schneider. L'usage du lavage à dos se répand-il en France?

M. Lanseigne. En Bourgogne, en Franche-Comté et sur quelques autres points, on pratique le lavage à dos; mais l'usage a prévalu de vendre beaucoup en suint. M. Lanseigne.

M. Schneider. Vous admettez que, généralement, il y a amélioration au point de vue de la production française?

M. Lanseigne. C'est-à-dire qu'autrefois nos laines étaient plus fines qu'aujourd'hui; mais il y en avait moins. La qualité du mérinos s'est considérablement étendue. La majeure partie de nos laines, en France, se compose de mérinos ou de métisse; c'est presque de la laine fine. On évalue qu'il y a 25 à 26 millions de mérinos ou métis et environ 7 millions de bêtes communes. Mais nous n'avons pas les belles et riches laines de l'Allemagne, les belles laines fines de Russie et de l'Australie. Nos laines sont bien aussi des laines fines, mais elles ne viennent qu'au quatrième rang. Les laines de France ont cet avantage, qu'elles sont assez fines pour faire des tissus pour toutes les classes, et qu'elles sont à un prix peu élevé relativement aux autres laines qui leur sont supérieures en finesse.

M. Schneider. La qualité tend à s'égaliser; on marche vers une bonne moyenne.

M. Lanseigne. Les qualités inférieures tendent à disparaître; les qualités très-exceptionnelles pour leur finesse n'existent presque pas en France.

Il y a, en France, deux troupeaux remarquables : 1° le lot de Naz, appartenant à M. le général Girod (de l'Ain); — ce troupeau, par sa propagation, a rendu d'immenses services en France et à l'étranger pour les laines surfines; — 2° le lot de M. Grau-Mauchamp, dont la laine tient à la fois de la laine et de la soie, et qui a été introduite dans le commerce, avec un succès remarquable, par un industriel aussi honorable que distingué.

M. Ernest Baroche. Il y a des quart-de-sang Mauchamp dans beaucoup de troupeaux, et même des huitième-de-sang Mauchamp, notamment dans les troupeaux du Ministère du Commerce; cette laine, à l'état de huitième-de-sang Mauchamp, a été introduite par M. Yvart.

M. le Président. C'est un produit du hasard qui a pu s'élever et qui, peu à peu, a produit cette belle laine.

Est introduit :

M. OFF, marchand de laines à Sedan.

INDUSTRIE DE LA LAINE.

—

[CO]MMERCE DES LAINES

M. le Président. Achetez-vous des laines françaises ou étrangères ?

M. Off. J'achète des laines françaises et des laines étrangères, des laines d'Australie surtout, èt des laines allemandes.

M. le Président. A quel prix arrivez-vous en moyenne ?

M. Off. Pour les laines d'Allemagne, au prix de 8 francs et de 8 fr. 25 cent.

M. le Président. Sur les marchés allemands vous rencontrez la concurrence anglaise ; achetez-vous aux mêmes conditions ?

M. Off. A peu près.

M. le Président. Achetez-vous aux mêmes conditions que les Allemands ?

M. Off. Aux mêmes conditions.

M. le Président. Cependant vous avez des frais de commission de plus ?

M. Off. C'est très-peu de chose.

M. le Président. Vous considérez qu'il n'y a pas de différence à votre préjudice, au profit des acheteurs allemands ?

M. Off. Il n'y a que la différence du transport.

M. Ozenne, *Secrétaire*. Il y a en Allemagne un droit de sortie, de 2 fr. 50 cent. par 100 kilogrammes, soit 2 centimes 1/2 par kilogramme.

M. Off. C'est compris dans les frais de transport.

M. LE PRÉSIDENT. A combien évaluez-vous les frais de transport et les droits de sortie des laines achetées en Allemagne? M. Off.

M. OFF. De Vienne à Sedan, à 29 centimes les 100 kilogrammes.

M. LE PRÉSIDENT. Quelle voie suivez-vous?

M. OFF. J'emploie les chemins de fer de Vienne à Sedan.

M. LE PRÉSIDENT. Et pour les autres marchés allemands, pour Pesth?

M. OFF. C'est 33 centimes.

M. LE PRÉSIDENT. A Berlin?

M. OFF. 23 à 24 centimes.

M. LE PRÉSIDENT. Achetez-vous aussi à Londres? Quels sont vos frais de transport?

M. OFF. 9 centimes 1/2.

M. LE PRÉSIDENT. A Breslau?

M. OFF. 28 centimes.

M. LE PRÉSIDENT. Faites-vous des acquisitions en Russie?

M. OFF. Oui, Monsieur le Président, à Moscou.

M. LE PRÉSIDENT. Quels sont vos frais?

M. OFF. Par le Havre, mes frais sont de 45 centimes au kilogramme, et quand je suis obligé de faire venir par terre, 65 centimes.

M. LE PRÉSIDENT. Et d'Odessa?

M. OFF. Je n'achète rien à Odessa.

M. LE PRÉSIDENT. Y a-t-il une différence notable entre le prix des laines françaises et le prix des laines étrangères, comme valeur moyenne?

M. OFF. Les laines françaises ne peuvent pas concourir avec les laines d'Allemagne, pour l'usage que nous en faisons.

M. SCHNEIDER. Quelles sont principalement les laines qu'emploie la fabrication de Sedan?

M. OFF. Pour les produits fins, on emploie les laines d'Allemagne;

M. Off pour les produits intermédiaires, on emploie surtout les blousses. Près de la moitié de la fabrication est alimentée avec de la blousse, sauf quelques fortes maisons qui font de la nouveauté et qui consomment des laines d'Australie.

M. Schneider. Dans quelle proportion emploie-t-on la blousse et quels en sont les prix?

M. Off. La blousse qu'on emploie généralement coûte de 7 à 9 francs ; c'est la grande consommation de Sedan. Il y a de la blousse plus fine dont le prix s'élève à 18 francs.

M. Ernest Baroche. C'est particulier à Sedan?

M. Off. Oui; on en emploie peu à Elbeuf.

La blousse faite en France n'a pas de concurrence. La blousse anglaise et la blousse allemande ne sont pas faites de la même façon.

Les laines achetées à l'étranger nous reviennent un peu plus cher qu'aux Anglais, à cause des frais de commission.

M. Ernest Baroche. L'industriel anglais n'a-t-il pas aussi des commissions à payer pour s'assortir?

M. Off. Les marchands de laines français sont obligés de donner des commissions de 2, 3 et jusqu'à 4 p. o/o.

M. Schneider. Vous admettez que les fabricants anglais, opérant sur une échelle plus considérable, peuvent acheter avec des frais moindres que les fabricants français, lesquels n'opèrent que sur de petites quantités.

M. Off. Les fabricants français ne payent pas plus cher, sauf la différence que le marchand de laines prend en leur vendant.

M. le Président. Sauf les intermédiaires.

M. d'Eichthal. Il y a des fabricants de drap français qui achètent directement.

M. Schneider. Ce sont des exceptions; ce sont les grands établissements.

M. d'Eichthal. Il y a aussi de petits fabricants qui le font. Les fabricants de Lodève achètent directement, comme les grands établissements.

M. le Président. La portée de la déposition, c'est que nos industriels ne payent pas plus cher que les industriels anglais; mais si le négociant français intervient, il y a une commission.

M. Ernest Baroche. Est-ce que les maisons anglaises, dans la draperie, sont plus importantes que les maisons françaises? En matière de drap et de nouveauté, les préparations à la carde sont-elles aussi développées en France qu'en Angleterre?

M. Off. Il y a quelques maisons en Angleterre plus importantes qu'en France, comme par exemple à Sedan il y a quatre ou cinq maisons hors ligne; mais la moyenne, en Angleterre, n'a pas plus d'importance qu'à Sedan.

M. le Président. Ainsi la constitution de la fabrication du drap est à peu près la même en France qu'en Angleterre?

M. Off. Sauf les machines.

M. le Président. L'outillage est moins perfectionné chez nous?

M. Off. A Sedan, les fabricants font presque tout faire à façon, au dehors; ils n'ont pas de filatures.

M. Ernest Baroche. Ma question tendait à faire ressortir que nous n'allons pas rencontrer, dans l'industrie de la draperie, la supériorité anglaise, comme dans l'industrie métallurgique: notre draperie est presque aussi considérable que celle de l'Angleterre.

M. le Président. Au moins aussi considérable. Nous vendons des draps en Angleterre.

M. d'Eichthal. L'importation des laines d'Autriche a toujours continué?

M. Off. Oui, les Autrichiens ont toujours importé. En Autriche, on n'emploie guère de laine fine.

M. Herbet, *Commissaire général.* L'Autriche fabrique aujourd'hui davantage et mieux. Les manufactures de Moravie, de Brunn, entre autres, sont en voie de progrès.

M. d'Eichthal. Cependant l'Autriche continue d'importer.

M. Ernest Baroche. La production a augmenté.

M. Schneider. Quel est le prix de revient de la matière première

M. Off. rendue dans les ateliers du fabricant de Sedan et dans les ateliers du fabricant de Brunn? Je prends Brunn comme étant le grand centre de la fabrication autrichienne.

M. Off. En tenant compte de l'avantage qu'il y a à se trouver au milieu du marché des laines, j'estime la différence en faveur de Brunn, de 40 à 50 centimes sur la laine de 8 francs.

M. Schneider. 50 centimes sur 8 francs, c'est 6 p. o/o.

M. Off. On pourrait estimer la différence à 8 p. o/o.

M. Ernest Baroche. Sedan emploie 50 p. o/o de blousses; la proportion des laines d'Autriche n'y peut venir que pour 25 p. o/o au plus.

M. Schneider. Cette différence ne doit pas exister; car on n'emploierait pas ces laines, s'il n'y avait pas équilibre dans les prix.

M. d'Eichthal. C'est une question de qualité. Notre exportation de draps fins est considérable, et la qualité qu'on tire d'Autriche, ce sont les laines fines.

M. Ernest Baroche. Nous exportons 150 millions d'étoffes de laine, y compris les mérinos et les laines peignées.

M. Amé. Nous exportons à peu près pour 20 millions de draps.

Sont introduits :

MM. BLAY, laveur de laine et teinturier à Elbeuf.
FROMONT, *idem*.

M. le Président. Monsieur, vous avez reçu le questionnaire; êtes-vous en mesure d'y répondre?

INDUSTRIE DE LA LAINE.

M. Blay. Les questions imprimées ne sont pas en rapport avec notre industrie.

M. le Président. Alors veuillez répondre à celles que je vais vous poser.

Achetez-vous des laines pour votre compte?

M. Blay. Non, Monsieur le Président; nous ne faisons que les laver et les teindre.

M. le Président. Comment lavez-vous vos laines?

M. Blay. Je lave à la machine et en rivière.

M. le Président. Comment recevez-vous les laines? En suint ou ayant été déjà lavées à dos?

M. Blay. En suint et lavées à dos.

M. le Président. Dans quelles proportions?

M. Blay. Un quart ou un tiers en suint, et les trois quarts ou les deux tiers lavées à dos comme les laines d'Australie ou de Russie. Pour les laines de Russie, il y a une observation à faire, c'est qu'elles sont lavées au rendement de 80 p. o/o.

M. Ernest Baroche. Vous ne recevez guère en suint que les laines françaises?

M. Fromont. Et des laines d'Australie.

4.

MM. Blay, Fromont.

Je reçois un quart de laines en suint contre trois quarts de laines lavées à dos ou à froid, à 40 p. o/o de rendement. La différence entre la laine lavée à dos et la laine lavée à froid, c'est que la laine d'Allemagne, d'Australie, lavée à dos, rend 65 à 70 p. o/o, et que la laine de Russie rend 80 p. o/o.

M. le Président. Dans le commerce français, préfère-t-on recevoir la laine en suint ou lavée à un degré quelconque?

M. Blay. Je ne saurais trop vous répondre.

M. le Président. Un témoin nous a dit qu'on paraissait abandonner un peu le lavage à dos et préférer la laine en suint.

M. Blay. C'est possible. Aujourd'hui la quantité de laines qui arrivent en suint augmente.

M. le Président. Quelles sont les opérations diverses auxquelles vous vous livrez pour le lavage de la laine?

M. Blay. Nous dégraissons d'abord la laine.

M. Ernest Baroche. En rivière?

M. Blay. En rivière et à la machine.
Après le dégraissage, elles subissent un lavage.

M. le Président. Trouvez-vous plus d'avantage à dégraisser en rivière qu'avec les machines?

M. Blay. En rivière ou avec des machines sur place, c'est à peu près la même chose. Seulement, dans l'été, il y a cette différence que, quand les eaux sont un peu chaudes, les lavages sont moins faciles à faire en rivière, les dégraissages sont moins purs. En ce moment-ci, par exemple, les eaux fraiches sont préférables.

Ainsi mon confrère, M. Fromont, a un dégraissage purement mécanique, et il travaille en ce moment beaucoup plus facilement que dans la rivière.

M. le Président. Vous n'utilisez à aucun degré les produits du dégraissage?

M. Blay. On pourrait les employer pour l'agriculture.

M. le Président. Vous n'avez pas cherché à tirer parti des produits chimiques qui pourraient être contenus dans les eaux de dégraissage? MM. Blay, Fromont.

M. Blay. Il y a un inventeur qui, tout récemment, a trouvé 40 p. o/o de potasse dans les eaux de lavage. Il a monté un établissement spécial pour faire de la potasse extraite de ces eaux. Mais la potasse est un produit alcalin un peu abandonné aujourd'hui; on préfère les soudes et les ammoniaques.

M. Ernest Baroche. On a cherché à utiliser les déchets de carde: on a essayé d'en faire du savon.

M. Blay. C'est là un procédé très-intéressant, mais très-dangereux. Celui qui a tenté cet essai a formé un établissement, mais il a été obligé de l'abandonner. Cependant cet établissement a été repris par un autre, et je ne sais pas s'il réussira.

Ce procédé ne pourra jamais servir pour le dégraissage de la laine, mais seulement pour les déchets; car il retire à la laine son huile essentielle, et, pour bien faire, il ne faut pas la lui enlever.

M. Ernest Baroche. Aussi on ne l'emploie que pour les déchets.

M. le Président. Combien prenez-vous pour le dégraissage de la laine?

M. Blay. 25 à 30 francs par 100 kilogrammes.

Mon confrère a trouvé le moyen de blanchir la laine en même temps qu'il la dégraisse. Alors il prend 40 francs.

M. le Président. Savez-vous si, en Angleterre, le prix est plus élevé?

M. Fromont. Le prix est moins élevé. Les Anglais ont des mécaniques plus puissantes; seulement leur dégraissage est moins parfait. Les déchets à la filature sont de 20 jusqu'à 33 p. o/o, tandis qu'en France les déchets ne sont que de 3 à 15 p. o/o.

M. Ernest Baroche. Ainsi, en Angleterre, le déchet à la filature est beaucoup plus considérable qu'en France, à cause du mode trop rapide de lavage?

M. Fromont. Oui, Monsieur le Président.

M. le Président. De sorte qu'en réalité on ne payerait pas meilleur marché pour le lavage. Ce qu'on ne payerait pas en argent, on le payerait en marchandise.

MM. Blay, Fromont.

M. Blay. Les Anglais dégraissent parfaitement les laines fines; mais, pour les laines communes, leur dégraissage est moins parfait.

M. Fromont. Les Anglais ont des mécaniques très-puissantes; mais comme ils ne lavent pas sur les rivières, ils emploient le moins d'eau possible. Notre lavage à nous est bien plus abondant.

M. le Président. Vous ne considéreriez pas comme avantageux pour vous d'introduire ces machines puissantes dans vos ateliers?

M. Fromont. Pardon; je suis en instance pour en faire entrer; mais les droits sont énormes. Sur une machine de 10,000 francs, il y a 3,000 francs de droits à payer.

M. Schneider. S'il y a là un progrès réel et une économie notable à réaliser, est-ce que cette différence de prix de 3,000 francs, résultant du droit, ne serait pas presque insensible, comparativement aux résultats que vous obtiendriez?

M. Fromont. Nous manquons souvent de bras: les machines seraient d'un grand avantage. La fabrique d'Elbeuf emploie, pour le lavage, 600 ouvriers: avec les machines on pourrait en économiser 500 au moins.

M. le Président. Comment! Les machines que vous pourriez substituer à celles que vous avez en ce moment vous économiseraient au moins 500 ouvriers sur 600?

M. Fromont. Oui, Monsieur le Président.

M. Schneider. Combien faudrait-il de machines pour cela?

M. Fromont. Deux pour chacun de nous. Nous sommes 12 ou 15; il faudrait 30 machines.

M. d'Eichthal. Le droit sur ces 30 machines serait de 90,000 fr.

M. Schneider. Il faudrait 390,000 fr. pour se procurer cet ensemble d'outillage qui permettrait d'économiser 500 hommes. Or, au bout d'un an, ces 500 hommes auraient coûté 500,000 francs.

M. Ernest Baroche. Il faut du charbon pour faire marcher les machines.

M. Fromont. Aujourd'hui je manque d'ouvriers. Je chôme au moins d'un bon tiers. J'ai déjà subi plusieurs procès, parce que je suis en retard. Je suis obligé de faire passer les nuits.

MM. Blay. Fromont.

M. le Président. Ainsi vous auriez intérêt à avoir des machines, sinon par un motif d'économie, au moins parce que vous n'auriez pas de chômage dans le cours de votre exploitation?

M. Fromont. Oui, Monsieur le Président.

M. Schneider. Je vois une série de raisons qui établissent l'importance et l'économie que vous donnerait le système des machines; et jusqu'à présent je n'aperçois, dans ce que vous nous avez dit, qu'une seule raison qui ait empêché de l'introduire, c'est le capital qu'il faudrait y consacrer, voire même la différence des droits. Cependant c'est peu de chose eu égard aux grands avantages que vous avez fait ressortir. N'y a-t-il donc pas quelque autre considération qui empêche l'introduction de ces instruments dont vous avez proclamé vous-même l'importance?

M. Fromont. Il faut dire que ces machines ne sont inventées que depuis deux ans. Si je les connais, c'est parce que je suis lié avec l'industriel qui les possède et qui me les a fait voir. Il a fait promettre au constructeur de ne pas en faire de pareilles avant deux ans pour Londres, et je ne pourrai pas non plus en avoir avant ce temps-là.

M. Schneider. Voilà une raison meilleure que les précédentes.

M. Ernest Baroche. Il y a toujours la question du charbon.

M. Fromont. C'est peu de chose.

M. Ernest Baroche. Combien payez-vous votre charbon?

M. Fromont. 30 à 31 francs les 1,000 kilogrammes.

M. Blay. Je viens d'acheter deux navires de charbon. Il me reviendra à 31 fr. 80 cent.

M. Ernest Baroche. Il faut de la vapeur, non-seulement pour faire marcher les machines, mais encore pour faire monter les eaux?

M. Fromont. Oui; en Angleterre, c'est la même chose

M. Ernest Baroche. Il n'est pas difficile de comprendre l'économie que peut produire une machine dans le lavage de la laine. Le lavage s'est longtemps fait dans la Seine, au moyen d'un bâton à l'aide duquel on agitait la laine dans l'eau. On conçoit facilement qu'une machine ait une grande supériorité sur un pareil procédé.

MM. Blay, Fromont.

M. Blay. Cela est vrai pour la laine destinée à de grosses étoffes; mais pour la laine qui doit être employée très-fine, les machines ne vaudront jamais les moyens actuels, c'est-à-dire le lavage à la main.

M. le Président. Vous vous occupez de teinture. Teignez-vous la laine avant ou après la filature?

M. Blay. Avant la filature.

M. le Président. Vous ne teignez pas pour votre compte?

M. Fromont. Non; nous teignons pour les fabricants.

M. Blay. Nous sommes à Elbeuf quinze teinturiers; nous teignons 5 millions de kilogrammes de laines.

M. le Président. Que représente la teinture, comme augmentation de la valeur de la laine?

M. Blay. J'ai dit que le prix du dégraissage était de 25 à 35 et même 40 francs par 100 kilogrammes. La teinture de fantaisie, pour pantalons, gilets et étoffes de fantaisie, coûte à peu près 1 fr. 25 cent. à 1 fr. 50 cent. par kilogramme. Il y a une autre série de couleurs comprenant le bleu uniforme et le rouge garance, qui vaut 2 fr. 50 cent. à 3 fr. 50 cent. Enfin les cramoisis, les rouges vifs coûtent 5 francs et 5 fr. 50 cent.

M. le Président. Vos matières tinctoriales, les achetez-vous plus cher en France qu'on ne les achète en Angleterre?

M. Blay. Je fais des affaires dans l'Inde; j'ai pu comparer la différence, et je crois qu'elle est bien de 10 p. o/o.

M. le Président. A quoi l'attribuez-vous?

M. Blay. Aux commissions, aux transports, aux frais de docks.

M. Schneider. Vous ne prenez pas l'ancien droit?

M. Blay. Non, je prends le droit d'aujourd'hui.

M. de Forcade la Roquette. L'indigo vous coûte plus cher qu'aux Anglais?

M. Blay. Oui, Monsieur.

M. de Forcade la Roquette. Quelle est la quantité d'indigo que l'on emploie en France ?

MM. Blay, Fromont.

M. Blay. Je crois que l'on en emploie 10,000 caisses, qui pèsent 100 kilogrammes en moyenne, et qui valent 20 à 21 francs le kilogramme.

M. de Forcade la Roquette. Il entre plus d'indigo que cela en France.

M. le Président. Nous en réexportons de nos entrepôts, et nous faisons le commerce avec l'Allemagne.

M. Clerc. Surtout avec la Russie, pour les indigos fins.

M. le Président. Votre main-d'œuvre, pour la teinture, est-elle plus chère en France qu'en Angleterre ?

M. Blay. Non : je paye les ouvriers que j'emploie 3 francs en moyenne ; en Angleterre, la main-d'œuvre est à peu près au même prix. En Belgique et en Allemagne, la main-d'œuvre est plus d'un tiers meilleur marché.

M. le Président. Vous admettez qu'en France la teinture se fait dans de bonnes conditions ?

M. Fromont. Oui ; la teinture est arriérée en Angleterre, comparativement à la nôtre. Tous les procédés des Anglais sont anciens.

M. Schneider. Monsieur Blay est-il du même avis ?

M. Blay. Je suis convaincu du contraire.

M. le Président. Croyez-vous que les Anglais soient moins avancés que nous en connaissances chimiques ?

M. Blay. Je crois qu'en chimie, comme en teinture, théoriquement et pratiquement, ils nous sont supérieurs.

M. Fromont. Pour moi, je suis persuadé que la manipulation est beaucoup moins bien faite en Angleterre que chez nous. A Elbeuf, les fabricants ne s'occupent que de leurs tissus, et nous, nous leur préparons des nuances. Nous sommes une quinzaine de concurrents, et nous perfectionnons continuellement nos procédés. En Angleterre, au contraire, tout est réuni dans les mêmes mains, le tissage et la teinture. Les Anglais suivent toujours les mêmes procédés : ils ont une formule pour faire du noir qui est écrite sur leurs livres ; quand ils en ont besoin, ils disent à un ouvrier : « Vous pèserez tant de kilo-

MM. Blay, Fromont. grammes de telle substance, tant de kilogrammes de telle autre, » et l'ouvrier fait le mélange.

M. le Président. Vous avez dit que les matières tinctoriales revenaient à un prix plus élevé en France qu'en Angleterre. Cela ne s'applique pas à toutes ces matières?

M. Fromont. Non, Monsieur le Président.

M. Blay. Presqu'à toutes.

L'indigo sera toujours plus cher en France qu'en Angleterre, à cause du manque de relations commerciales, à cause du fret, des commissions et des droits d'entrée.

M. le Président. Et la cochenille?

M. Blay. La cochenille coûte aujourd'hui 11 francs à Londres; elle vaut 12 francs ici.

M. Fromont. Toutes ces différences viennent du fret, et de ce que nos marchés sont moins considérables. Je suis allé l'autre jour à Liverpool; il s'y est fait une vente d'indigo; il était 20 p. 0/0 meilleur marché qu'au Havre.

En Angleterre, on sait faire un léger sacrifice à propos. En France on a le tort de ne pas comprendre cela. Ainsi, à Rouen, on vend des laines aux enchères; les négociants sont là, et si, à quelques centimes près, on n'arrive pas à leurs prix, ils retirent la marchandise. En Angleterre les négociants sont beaucoup plus raisonnables : ils font un sacrifice de 10, de 20 centimes, et tout se vend.

M. le Président. Il faut espérer que nos mœurs commerciales se transformeront. Les ventes publiques de laines à Rouen sont de création nouvelle.

M. Blay. Au Havre, cela se fait mal. Pour les marchandises à l'état sain, on a souvent annoncé des ventes publiques; les acheteurs se sont déplacés, et par le fait du retrait des marchandises, les ventes ont été annulées.

M. le Président. Je croyais que, dans beaucoup de ces ventes publiques, on posait le principe du non-retrait.

M. Fromont. Si ce principe était posé, ce serait mieux.

M. d'Eichthal. Vous avez la garance qui est meilleur marché en France qu'en Angleterre.

M. Fromont. On en emploie peu. MM. Blay. Fromont.

M. le Président. Est-ce que vous n'avez pas d'autres rouges que le rouge de cochenille ?

M. Fromont. Nous avons le rouge à la laque.

M. Ernest Baroche. Le rouge pourpre de Lyon ?

M. Blay. On en emploie peu.

M. le Président. Et le rouge de houille ?

M. Blay. Son prix élevé et son peu de solidité en empêchent l'emploi.

M. Schneider. Vous nous avez dit qu'il existe une différence radicale entre la France et l'Angleterre, en ce sens qu'en Angleterre la teinture se fait dans les manufactures mêmes, par les manufacturiers qui opèrent toutes les différentes transformations, depuis la laine jusqu'au drap fini; qu'au contraire, à Elbeuf, et je crois qu'il en est de même partout en France, à Reims, à Rouen, il y a des industriels qui travaillent concurremment à perfectionner chacun sa spécialité.

Il me semble que, de cette différence de constitution, devraient naître deux choses : la première, c'est que nous aurions, en France, des produits parfaits au point de vue des diverses teintures, comme qualité et comme variété; la seconde, c'est que les Anglais, au point de vue des fabrications courantes des couleurs qui se reproduisent continuellement, réaliseraient une économie particulière.

M. Fromont. Leurs noirs sont beaucoup plus chers que les nôtres.

M. Blay. En Angleterre, tout se résume dans deux ou trois nuances. Chaque fabricant fait la teinture chez lui, et elle lui revient à meilleur marché qu'à nous, parce qu'il ne fait que ces mêmes nuances. Mais les Anglais ne peuvent entreprendre les teintures de fantaisie, parce qu'ils n'ont pas de contre-maîtres capables de diriger ce travail. Ils ne peuvent pas résumer, sous la direction d'un seul contre-maître, toute une fabrication qui marche le jour et la nuit et qui s'étend à tout.

M. Schneider. Précisément, je croyais reconnaître ceci : que pour toutes les nuances de goût, de luxe, pour toutes ces variétés infinies qui font le caractère distinctif de la fabrication française, nos fabri-

MM Blay. Fromont

cants devraient avoir un avantage marqué au point de vue de la teinture.

M. Blay. Mais la teinture coûte plus cher en France.

M. Schneider. Ce n'est qu'un élément de la question.

Je voulais savoir si les Anglais, de leur côté, n'avaient pas, pour certaines couleurs particulières, l'avantage qui résulte pour un fabricant de faire chez lui toujours la même chose.

Il y a une question de prix qu'il est important de dégager.

Ces Messieurs sont meilleurs teinturiers; nous sommes d'accord sur ce point. Ils reconnaissent cependant que, quoique meilleurs teinturiers, ils arrivent à des prix plus élevés pour des nuances qui donnent, il est vrai, à leurs étoffes, un supplément de valeur qui compense le prix de la teinture. Mais quand il s'agit de noir, de bleu, de vert, de ces couleurs qui se reproduisent toujours, et avec la même nuance, je tiendrais à savoir si le fabricant anglais, qui fait ces couleurs lui-même, ne les fait pas bien et plus avantageusement.

M. Blay. Je ne crois pas être meilleur teinturier que les Anglais. On m'a dit qu'en Angleterre le bleu et le vert étaient de 25 p. o/o moins chers qu'en France.

M. Ernest Baroche. Les témoins sont teinturiers de laines en masse; mais le noir et le bleu se teignent ordinairement en drap.

M. Fromont. Le plus souvent en drap.

M. Ernest Baroche. A Louviers, les noirs se teignent en pièces. On les tisse en blanc et les fabricants les teignent ensuite eux-mêmes.

Les étoffes unies peuvent seules se teindre en pièces. Le noir, le bleu, et quelquefois le vert, je crois, se teignent en drap tout fait: et ces Messieurs ne teignent pas en drap.

M. Blay. Pardon, je teins en pièces.

M. Ernest Baroche. A Elbeuf, les fabricants les plus importants teignent eux-mêmes en drap.

M. le Président. N'est-il pas à votre connaissance que le drap noir français a une grande supériorité sur le drap noir anglais?

M. Fromont. Oui, Monsieur le Président.

M. le Président. Et qu'on en exporte en Angleterre?

M. Blay. Je trouve le drap anglais supérieur. MM. Blay, Fromont.

S. Exc. M. Baroche. Vous ne paraissez pas d'accord. Le fait de l'exportation des draps noirs français en Angleterre est-il vrai?

M. Blay. On en exporte au Brésil et ailleurs. Mais sur 100 draps vendus sur le continent, il y en a 90 anglais contre 10 français. Je parle des draps fins, des draps à 20 francs. Quant aux draps communs, les Allemands les font à si bon marché que nous ne pouvons pas lutter avec eux.

M. le Président. Et vous, Monsieur Fromont, ne considérez-vous pas que, pour les qualités supérieures, la fabrication française l'emporte sur la fabrication anglaise?

M. Fromont. Je considère que les draps français fins sont supérieurs à tout ce qui se fait dans le monde.

M. Michel Chevalier. J'entends toujours dire aux Anglais qu'il n'y a rien de si beau que nos draps d'Elbeuf.

M. Herbet, *Commissaire général.* On est arrivé à de grands perfectionnements, depuis vingt ans, dans la fabrication des draps noirs anglais.

M. Ozenne, *Secrétaire.* L'exportation des draps français en Angleterre, en 1858, a été de 2 millions de francs.

M. Schneider. N'y a-t-il pas un article spécial pour la nouveauté? Les étoffes de Sedan, les étoffes Bonjean sont-elles comprises dans ces 2 millions?

M. Ozenne. Je le pense. Je ne vois pas qu'on ait fait de distinction. Il n'y a que les casimirs qui soient distingués.

M. Amé. Nous avons exporté en Angleterre, en 1858, pour 2,140,000 francs de draps; pour 9,760,000 francs de casimirs et d'étoffes diverses, et pour 5 millions d'étoffes mélangées. Enfin notre exportation totale d'étoffes de laines s'élève, par an, à 27 millions.

M. Clerc. Il faut remarquer une chose, c'est qu'après nous avoir acheté certains produits, les Anglais les exportent ailleurs.

M. le Président. Tous nos tableaux de commerce sont ainsi faits, qu'on ne suit pas les marchandises au-delà de la frontière. Ainsi nous exportons par an, en Belgique, pour 80 millions de nos produits. Il

MM. Blay, Fromont. est évident qu'il y a là un transit : la Belgique ne consomme pas tout cela.

M. Amé. Si l'Angleterre trouve intérêt à exporter nos produits, le résultat est toujours le même pour nous.

M. Schneider. Comme nous n'avons pas de bateaux transatlantiques, beaucoup de nos produits sont obligés de passer par Liverpool pour aller en Amérique.

M. Clerc. Au Plata et au Brésil, le goût français domine. L'exportation française y est plus considérable que l'exportation anglaise.

M. Fromont. L'emploi de la laine d'Allemagne n'existe presque pas en Angleterre; il se fait en Belgique, en Prusse et en France : l'Angleterre en achète très-peu.

M. Ernest Baroche. Est-il plus cher de teindre en masse que de teindre en drap?

M. Fromont. Oui; un bon tiers plus cher.

M Ernest Baroche. D'où cela vient-il?

M. Fromont. De ce que le drap n'absorbe pas autant de matières colorantes que la laine en masse.

Souvent la différence est même beaucoup plus grande que celle que je viens d'indiquer : l'écarlate se teint à 2 fr. 25 cent. le mètre en drap, et la teinture en laine coûte 4 à 5 francs le kilogramme.

M. Ernest Baroche. Le drap bleu uniforme pour la gendarmerie se teint-il en laine ou en drap?

M. Blay. En laine. La maison Dupérier teint tout en laine pour la gendarmerie et pour la garde de Paris : c'est moi qui lui fais ses teintures; c'est tout ce qu'il y a de plus beau et de plus solide.

M. Ernest Baroche. Est-ce qu'on ne pourrait pas teindre cela en drap?

M. Blay. Non; la couleur entrerait très-peu, et au moindre frottement le drap blanchirait. Pour le noir, ce n'est pas la même chose, non plus que pour les écarlates.

M. Schneider. Il serait difficile, je crois, de filer la laine noire?

M. Blay. On la file très-bien maintenant.

M. Schneider. C'est un grand progrès, qui date de quelques années seulement?

MM. Blay, Fromont.

M. Blay. C'est une nouvelle méthode anglaise.

M. Ernest Baroche. Cependant on teint les noirs en drap?

M. Blay. Oui, Monsieur.

M. le Président. N'est-il pas vrai que les procédés de teinture constituent, pour chaque fabricant, des secrets d'atelier qui ne sont livrés à personne; et qu'on n'entre dans le laboratoire de chimie d'un teinturier qu'avec une permission toute spéciale?

M. Blay. Oui, Monsieur. Chacun a ses procédés et ses secrets. Ainsi, c'est en Allemagne qu'on a d'abord employé le bichromate de potasse comme mordant désoxygénant.

M. Fromont. C'est M. Chevreul qui en a, le premier, conseillé l'emploi.

M. Blay. Je connais un des plus forts et des plus capables manufacturiers de France, M. Boutarel, de Clichy, qui ne teint que les mérinos, et qui est le premier teinturier de l'Europe; c'est une exception.

M. Ernest Baroche. Il ne teint pas le drap?

M. Blay. Quelquefois, pour les couleurs écarlates.

M. Ernest Baroche. Tous les beaux draps noirs sont teints en pièces?

M. Blay. Oui, Monsieur.

M. le Président. Vous n'avez plus rien à ajouter, Messieurs?

M. Blay. Le charbon nous coûte de 400 à 500 p. o/o plus cher qu'en Angleterre, selon les qualités; ainsi, nous le payons 31 fr. 90 cent. les 1,000 kilogrammes, et il ne revient aux Anglais que de 5 à 8 francs, suivant la grosseur.

M. Ernest Baroche. Le chemin de fer n'en abaissera pas les prix pour vous, puisque vous êtes sur les bords de la Seine.

M. Blay. Certainement; à moins qu'il ne le transporte pour rien.

M. le Président. Combien employez-vous de charbon pour laver et teindre 100 kilogrammes de laine?

MM. Blay. Fromont.

M. Fromont. A peu près la valeur de 8 à 10 francs. Je consomme par an 25,000 francs de charbon, et je calcule que c'est à peu près 8 p. o/o du prix du lavage et de la teinture.

M. Blay. Je fais 16,000 draps par an; j'emploie 65,000 francs de charbon, et je compte que c'est à peu près 10 p. o/o de la teinture et du lavage.

M. Schneider. Vous nous avez dit que les matières tinctoriales vous coûtaient 10 p. o/o de plus qu'en Angleterre. Quelle est l'importance de la valeur des matières tinctoriales, en général, dans le prix de la teinture?

M. Blay. La moitié ou les deux tiers.

M. Fromont. Cela ne me coûte presque rien, à moi. Mais cela coûte plus cher à M. Blay, parce qu'il emploie beaucoup d'indigo.

J'emploie du santal qui coûte 10 francs les 100 kilogrammes. Les bâtiments qui font la troque le chargent comme lest à la côte d'Afrique, et cela ne coûte pas cher.

M. le Président. Ainsi vous considérez que, pour vous, presque toute la dépense de la teinture consiste dans la main-d'œuvre?

M. Fromont. Oui, Monsieur le Président.

M. le Président. Et M. Blay, qui emploie beaucoup d'indigo, indique que les matières tinctoriales représentent deux tiers du prix de la teinture?

M. Blay. Oui; pour teindre un kilogramme de laine au prix de 3 francs, j'emploie 2 francs d'indigo.

M. Schneider. Ainsi, vous avez 8 p. o/o de plus que les Anglais sur la houille, 6 p. o/o sur le prix des matières tinctoriales; en comptant qu'elles entrent pour deux tiers dans la dépense, cela fait 14 p. o/o; et cependant vous nous dites que le prix de la teinture n'est pas beaucoup plus cher en France qu'en Angleterre, tout compte fait.

Je voudrais savoir comment vous arrivez à compenser cette différence.

M. Blay. Il peut y avoir quelques nuances plus chères en Angleterre; mais, dans l'ensemble, les nuances anglaises sont de 20 à 25 p. o/o meilleur marché que les nôtres. La différence provient sans doute, soit du prix élevé des houilles en France, soit de la différence des prix des substances tinctoriales, soit de la différence des dosages anglais dans la manipulation ou dans l'application des couleurs. MM. Blay, Fromont.

M. Schneider. Tout cela voudrait dire que, quoique vous ayez certains éléments qui sont plus chers, vous parvenez à établir une compensation, soit par une différence sur le prix de la main-d'œuvre, soit par une plus grande habileté dans les procédés.

M. Ernest Baroche. Les prix que vous nous avez indiqués comportent-ils un escompte?

M. Blay. Oui, Monsieur.

M. Ernest Baroche. De combien est cet escompte?

M. Blay. De 10 p. 0/0.

M. Ernest Baroche. Ainsi les prix que vous nous avez donnés doivent être réduits de 10 p. 0/0?

M. Blay. Oui, Monsieur.

M. Ernest Baroche. En général, l'escompte à Elbeuf est très-considérable et très-variable; il est quelquefois de 20 p. 0/0 pour la filature.

M. Fromont. En Angleterre l'escompte n'est que de 2 p. 0/0 pour toute l'industrie en général, pour toutes les marchandises.

M. le Président. N'avez-vous rien à ajouter à votre déposition?

M. Fromont. Pardon, j'ai préparé une note détaillée sur la situation de la teinture à Elbeuf.

M. le Président. Veuillez la remettre; elle sera insérée à la suite et comme complément de votre déposition.

La note remise par M. Fromont est ainsi conçue :

LAINES.

GENRES. — PROVENANCES.

Les laines employées à Elbeuf étaient exclusivement, avant 1848, des laines de France, de Russie et d'Allemagne. Après cette époque, la fabrique a con- M. Fromont. (Note.)

M. Fremont.

Nota.

tinué l'emploi de ces laines en y ajoutant celles d'Australie, de Buénos-Ayres et autres. Ainsi la proportion est d'un tiers pour les laines de France, un tiers pour les laines d'Australie et un tiers pour celles de Buénos-Ayres et autres.

Les laines de France sont toujours employées en suint.

Les laines de Russie et d'Allemagne sont lavées à dos.

Les laines de Buénos-Ayres sont toujours en suint.

Les laines du Cap sont généralement lavées a dos.

Les laines d'Australie sont en suint.

Les fabricants préfèrent les laines de France en suint, parce qu'elles se conservent mieux.

Les laines de Buénos-Ayres sont préférées aussi en suint, ainsi que les laines d'Australie, parce que le lavage fait sur les pays de provenance est très-mal exécuté. De plus, on veut laisser les Anglais acheter les laines qui sont lavées et ne pas leur faire concurrence pour ces qualités qu'ils préfèrent, à raison de la difficulté qu'ils ont, dans leurs grands centres manufacturiers, à se procurer des eaux pour le lavage des laines. Je dois dire que ce manque des eaux nécessaires au lavage explique aussi pourquoi le dégraissage en Angleterre laisse toujours à désirer.

Quant aux rendements des laines après le dégraissage, le classement peut se faire ainsi :

Les laines de France en suint perdent	70	p. 0/0.
——— d'Australie en suint perdent	60	
——— de Buénos-Ayres en suint perdent	60 à 65	
——— de Russie en suint perdent	60	
——— de Russie lavées à dos perdent	20	
——— d'Allemagne lavées à dos perdent	35 à 40	
——— d'Australie lavées à dos perdent	30 à 55	
——— d'Australie lavées à chaud perdent	20 à 25	

Les laines de Buénos-Ayres commencent à se répandre à Elbeuf, depuis l'introduction des machines à nettoyer les chardons qu'elles contiennent.

DÉGRAISSAGE ET LAVAGE.

Le dégraissage se fait ici généralement à la main, excepté dans mon usine. Bientôt le lavage mécanique sera organisé chez mes confrères, vu la difficulté de se procurer des ouvriers. L'eau étant en grande abondance à Elbeuf, par suite de la position de cette ville au bord d'une grande rivière, l'opération du dégraissage et du lavage s'y fait bien. Le contraire a lieu en Angleterre; car j'ai remarqué que les teinturiers avaient toujours un très-petit volume d'eau à dépenser : c'est ce qui les a conduits à rechercher des machines ne nécessitant, pour faire ce travail, qu'une petite consommation d'eau. Outre l'économie de l'eau, ces machines, qui fonctionnent très-bien aujourd'hui, donnent une économie de main-d'œuvre considérable : ainsi deux hommes faisant 80 kilogrammes, feront, avec une des nouvelles machines, 1,000 kilogrammes.

Ces machines ont une grande importance pour nous qui avons l'habitude, pour les exigences de la fabrique, de laver nos laines après la teinture; tandis qu'en Angleterre cette opération n'est pas faite, vu le manque d'eau; c'est une des causes qui fait que la laine mise en fabrique en Angleterre donne un déchet de 25 à 35 p. o/o, tandis qu'à Elbeuf le déchet varie de 10 à 15 p. o/o. Notre laine sortant de nos teintures est évidemment dans un état supérieur.

M. Fromont (Note.)

TEINTURE.

L'aménagement et l'organisation des teintureries à Elbeuf ont progressé à ce point, que je les trouve aujourd'hui égales et mêmes supérieures à celles que j'ai vues en Angleterre; car j'ai vu en Angleterre beaucoup de cuves à teindre en bleu telles qu'elles existaient chez nous il y a une dizaine d'années.

Les chaudières et les chauffages sont parfaits.

J'explique le progrès que nous avons fait à Elbeuf, par ce fait même, que les teintureries sont indépendantes des usines; le contraire a lieu en Angleterre, si bien que la concurrence existe peu.

PRODUITS TINCTORIAUX.

Les matières colorantes que j'emploie sont au nombre de trois :

1° Le bois jaune provenant de Cuba, de Carthagène, de Savanille, de Domingo, de Tuspan, Tampico, etc. Arrivé au Havre, il se vend de 12 à 18 francs les 100 kilogrammes, selon la provenance;

2° Le bois bleu provenant de Saint-Domingue, Cap, Port-au-Prince, Gonaïdes; il se vend au Havre de 10 à 12 francs les 100 kilogrammes. Le bois bleu vient aussi de Campêche, au Mexique, sous deux coupes désignées par *coupe d'Espagne* et *coupe anglaise;* mais il coûte beaucoup plus cher: le prix en est de 20 à 22 francs les 100 kilogrammes, et son rendement n'est pas en proportion de son prix. Seulement, les anciens teinturiers en continuent l'emploi par routine. Ce bois, autrefois reconnu comme très-mauvais pour la teinture, est arrivé aujourd'hui, avec le secours de la science, à donner des nuances très-solides: les étoffes noires de Sedan, d'Elbeuf, si connues et si appréciées, sont teintes avec cette matière;

3° Le bois de santal ou bois rouge provenant des côtes d'Afrique, en majeure partie de Sierra-Leone; il se vend au Havre, à Nantes et à Bordeaux, de 9 à 11 francs les 100 kilogrammes. Le bas prix de ce bois s'explique par la manière dont on l'obtient : tous les navires qui vont faire l'échange le long des côtes d'Afrique, le prennent comme lest à leur retour.

L'emploi à Elbeuf de cette matière première date de 1826, époque à laquelle un négociant de Nantes m'envoya un échantillon de ce bois pour en faire l'essai; j'en tirai bon parti, et peu à peu son usage s'est généralisé. — Aujourd'hui même, ce bois est la base de tous les bleus remontés, opération que j'ai commencé à faire en 1832.

Par ce procédé, on économise deux tiers d'indigo sans altérer la solidité de la couleur, puisque cette nuance est connue dans le commerce sous le nom de *bleu militaire;* elle a l'avantage de ne pas blanchir aux coutures des vêtements, comme le font les bleus par indigo.

Je dois dire que je suis arrivé, après de longues études, à simplifier si bien la teinture en toutes nuances nécessaires à la fabrication, que je n'emploie plus que les trois matières tinctoriales ci-dessus, qui sont la base des trois couleurs primitives, le rouge, le jaune et le bleu. Je n'ai pas vu en Angleterre de teinturiers employant aussi peu de matières premières: les Anglais se servent de curcuma, de quercitron, de fustet, de gaude, etc., etc.

M. Fromont

Suite.

Quant aux mordants employés pour la teinture, je les crois moins soignés en Angleterre qu'en France; les prix sont cependant à peu près les mêmes, excepté pour le carbonate de soude qui est meilleur marché en Angleterre.

Le combustible nous coûte, à Elbeuf, plus cher qu'en Angleterre; ainsi la tonne de charbon coûte de 8 à 11 francs en Angleterre, et ici nous la payons de 25 à 31 francs.

Quant à la main-d'œuvre, je la considère comme la même en Angleterre et en France; seulement je dois faire remarquer que les ouvriers anglais produisent plus de travail que les nôtres.

Il s'est opéré, à Elbeuf, un changement que je dois signaler ici comme un fait assez singulier: ainsi le salaire, de 1826 à 1830, était de 1 fr. 25 cent. à 1 fr. 50 cent. la journée de travail; et aujourd'hui il est de 2 fr. 25 cent. à 3 francs.

J'obtenais, en 1826, de deux ouvriers laveurs, 160 kilogrammes de laine; aujourd'hui j'obtiens seulement 40 kilogrammes. Ce résultat déplorable m'a amené à faire des recherches en Angleterre et en Allemagne pour trouver des machines qui me permissent de produire davantage et plus économiquement. Malgré la petite quantité que produisent nos ouvriers, nous avons de la peine à nous en procurer, et nous sommes quelquefois forcés de chômer.

Les prix des teintures sont à peu près les mêmes en France et en Angleterre, et ce fait est assez remarquable, car la fabrique d'Elbeuf exige des nuances très-variées et donne des parties de laines peu importantes, si bien que nous devons faire des changements assez fréquents pour satisfaire aux besoins.

Le prix de la matière tinctoriale entre pour 20 p. 0/0;

Celui de la main-d'œuvre entre pour 20 p. 0/0;

Celui des frais généraux entre pour 60 p. 0/0.

Sont introduits :

MM. JULES MAY, filateur de laines à Elbeuf.

JOANNES-MOREAU, *idem.*

M. LE PRÉSIDENT. Messieurs, êtes-vous filateurs à façon ou bien achetez-vous les laines que vous filez?

M. MAY. Nous sommes filateurs à façon.

M. LE PRÉSIDENT. Veuillez nous donner des renseignements sur votre industrie, en suivant, autant que possible, l'ordre indiqué par le questionnaire.

M. MAY. Je fais usage de machines françaises et j'ai seize assortiments de cardes dans mon établissement. Parmi ces machines, il y a quelques assortiments qui sont encore d'un ancien système; mais elles ont cependant subi certains changements, certaines améliorations qui les ont mises à peu près dans les mêmes conditions que les machines nouvelles, et elles peuvent être considérées comme nouvelles. En général, le système de cardes employé dans notre établissement est celui de M. Mercier, de Louviers. Le prix de l'assortiment me parait devoir être classé dans les prix fixés par M. Mercier, puisque chaque assortiment a été acheté chez ce constructeur. Je crois qu'il n'a pas changé ses prix de vente depuis trois ou quatre ans. On peut dire qu'un assortiment, c'est-à-dire 3 cardes, vaut 5,000 à 5,500 francs. Sur ces 3 cardes, il y a des rubans pour une valeur de 2,500 francs. Enfin, en appliquant à chaque assortiment les 400 broches indispensables à sa mise en mouvement, et en calculant la valeur de chaque broche à 9 francs, soit 3,600, on voit qu'un assortiment complet revient de 12,000 à 12,500 francs.

M. ERNEST BAROCHE. N'avez-vous que 400 broches par assortiment?

M. MAY. Le nombre réglementaire est 400 broches. Quand nous

MM.
Jules May,
Joannès-Moreau.

avons à filer du fil fin, nous employons des métiers de supplément; mais nous ne marchons avec ces métiers que pendant une certaine partie de l'année. En général, la filature moyenne comporte 400 broches par assortiment.

M. Ernest Baroche. Et vous avez 3 cardes par assortiment?

M. May. Oui, Monsieur: il y a la carde brisoir, la carde repasseuse et la carde à boudin.

M. Schneider. Les machines que vous avez achetées, il y a trois ans, chez M. Mercier, sont probablement de ses machines les plus perfectionnées?

M. May. Je ne pense pas que M. Mercier ait en rien modifié ses assortiments de cardes. Les derniers que j'ai achetés chez lui datent de l'Exposition de 1855, et, depuis cette époque, je ne crois pas qu'il ait ajouté de perfectionnements à ses machines, lesquelles me paraissent, du reste, être dans de très-bonnes conditions.

M. Schneider. Nous avons entendu dire que M. Mercier, tout en conservant le même système, ne mettait pas toujours la même perfection dans la construction de ses machines; que parfois il donnait par le travail même, à un système qui est uniforme, un degré de perfection plus grand; et qu'il vendait alors ses machines plus cher. On nous a dit qu'on lui achetait rarement, en France, ses métiers ainsi perfectionnés par le travail; que c'était surtout aux métiers destinés à l'exportation que se donnaient des soins exceptionnels à l'effet d'obtenir un perfectionnement spécial à ces instruments de filature. Pensez-vous que ce qu'on nous a dit à cet égard soit exact?

M. Joannès-Moreau, *Filateur de laines à Elbeuf*. Ce n'est pas un perfectionnement, c'est simplement un poli que M. Mercier donne à ceux de ses métiers qu'il construit pour l'étranger. Les derniers assortiments que j'ai achetés chez lui étaient polis à la meule; c'était ce qu'il y avait de mieux; mais ce poli ne donnait aucune qualité particulière à la machine. Toutes les pièces de toutes les machines de M. Mercier sont semblables.

M. May. C'est seulement le bâti de la machine qui reçoit un poli.

M. Schneider. Ainsi les machines de M. Mercier, qui sont exportées, ne diffèrent de celles qui sont employées à l'intérieur que par l'ornementation et le poli.

M. Joannès-Moreau. M. Mercier vend des machines polies aussi bien en France qu'à l'étranger.

M. Schneider. Les parties de la machine qui travaillent seraient exécutées avec le même soin, et le travail exceptionnel qui est appliqué à certaines machines n'aurait pour but et pour effet que de donner l'aspect du poli aux pièces qui ne travaillent pas? Vous estimez que les instruments que M. Mercier livre à l'intérieur sont aussi parfaits, comme résultat de filature, que les machines qu'il exporte?

M. May. Je le pense.

M. le Président. Veuillez continuer.

M. May. Nous n'employons ni machines à battre ni peigneuses.

M. Ernest Baroche. Vous employez le *loup?*

M. May. Le *loup* est une machine indispensable dans la filature, et vaut 1,000 à 1,200 francs suivant la construction. Il y a des *loups* plus ou moins énergiques; mais leur prix ne varie guère.

J'ai chez moi deux systèmes de construction pour les métiers de filature; l'ancien système Pihet continué par Trubert, et le système Mercier, de Louviers. Ces deux systèmes ont chacun 200 broches, mais ils ne pourraient remplir ni l'un ni l'autre le même emploi. Ce sont des métiers qu'on appelle *continus*.

M. le Président. Savez-vous si, en Angleterre, on se sert de mull-jenny pour la filature de la laine?

M. May. Quelques amis qui sont allés en Angleterre m'ont parlé d'un métier qu'ils y avaient vu, lequel est de construction récente et me paraîtrait remplir certaines conditions que nous ne remplissons pas dans ce moment-ci chez nous. Mais c'est, m'a-t-on dit, un métier d'un prix très-élevé. Au surplus, je ne l'ai pas vu; je ne puis, à cet égard, entrer dans aucun détail.

M. le Président. Passons à la 3e question.

M. May. Je n'emploie pas de moteur hydraulique : je me sers d'une machine à vapeur d'une force effective de 20 chevaux, qui a été construite par MM. Houdouard et Corbran, de Rouen. J'emploie pour la

MM
Jules May,
Jeannès-Moreau.

faire mouvoir des charbons belges, gailleterie de Mons, qui me reviennent, rendus au pied du fourneau, à 33 francs la tonne.

Je ne saurais vous indiquer combien je consomme de charbon par broche ou par assortiment; seulement je puis dire que je consomme pour 12,000 francs de charbon par an et que j'ai seize assortiments.

M. Ernest Baroche. C'est alors 700 à 800 francs de charbon par assortiment.

M. May. Nous brûlons du charbon pour le chauffage des ateliers. Quant aux autres usages accessoires dont parle le questionnaire, je ne les connais pas.

M. Schneider. Il y a le chauffage du contre-maître et des bureaux.

M. le Président. Nous sommes arrivés à la 6e question.

M. May. Les numéros de fil que nous produisons parcourent une échelle assez large. Ici se présente une question qui demande un certain développement. La filature de laine, surtout la filature de laine à façon, n'est pas uniforme comme la filature de coton: elle suit, dans sa production, les saisons. Il y a deux saisons bien tranchées dans la filature de laine : la saison d'hiver et la saison d'été. Dans la saison d'hiver nous filons des numéros bas, des numéros gros pour le tissage des étoffes épaisses, pesantes; dans la saison d'été, nous filons des numéros élevés, des numéros fins pour le tissage des étoffes légères. A Elbeuf, on fabrique plus généralement des étoffes fines; par conséquent nous filons principalement des numéros fins et moyens, depuis le n° 8 jusqu'au n° 50, en gras.

M. Schneider. Quelle est la longueur des numéros dans les laines cardées ?

M. May. 1,000 mètres. Je traduis par 1,000 mètres au kilogramme; mais, dans l'usage, on calcule sur la livre de compte de 3,600 mètres de longueur. La livre de compte est spéciale à Elbeuf; mais tout le monde opère la réduction aux 1,000 mètres.

M. Schneider. Les filateurs que nous entendrons parleront-ils toujours du numéro aux 1,000 mètres ?

M. May. Ce n'est pas douteux : ils auront tous ramené leurs calculs aux 1,000 mètres.

MM.
Jules May.
Jeannès-Moreau.

M. le Président. Quelles sont les quantités et les proportions de vos produits, annuellement, par assortiment ou par broche ?

M. May. Il est impossible de préciser, surtout dans les établissements comme les nôtres où l'on file à façon, quel est le produit exact d'un assortiment. Nous sommes une annexe de la fabrication, une annexe d'une certaine importance, il est vrai, mais nous n'en sommes pas moins obligés d'en suivre les fluctuations. Quand les affaires sont actives, nous filons beaucoup; quand elles sont languissantes, nous filons moins.

M. le Président. Combien avez vous produit l'année dernière?

M. May. J'ai produit, l'année dernière, pour la saison d'hiver, environ 60 kilogrammes par jour et par assortiment de cardes.

M. le Président. Considérez-vous cette production comme le maximum que vous puissiez atteindre ?

M. May. Oui, Monsieur le Président, pour la saison d'hiver, en cardage.

M. Ernest Baroche. Il y a des filateurs qui ont le travail de jour et le travail de nuit; vous n'avez pas le travail de nuit ?

M. May. Non, Monsieur; je parle d'une journée de douze heures.

M. le Président. A combien évaluez-vous votre production d'été, pour l'année dernière ?

M. May. A 40 kilogrammes seulement, par jour et par assortiment de cardes.

M. le Président. Ainsi votre production courante est de 60 kilogrammes pour la saison d'hiver, et 40 kilogrammes pour la saison d'été, par jour et par assortiment; quand elle est au-dessous de ces chiffres, c'est qu'il y a chômage ou que la marche régulière des affaires est suspendue.

M. Ernest Baroche. On peut évaluer à 20,000 kilogrammes par an le produit d'un assortiment ?

M. Moreau. Si l'on ne faisait que de gros fils, on pourrait arriver à ce chiffre; mais avec les fils courants de la fabrication d'Elbeuf, qui sont des nos 9 à 20, surtout 12 à 16, on ne fait presque rien en cardage, et cela réduit la proportion. Autrement, avec les nos 9 à 12, on arriverait à 20,000 kilogrammes.

MM.
Jules May,
Joannès-Moreau.

M. Ernest Baroche. 18,000 kilogrammes représentent la moyenne pour les assortiments complets.

M. le Président. Quel est le prix de la main-d'œuvre pour la filature de la laine, à Elbeuf ?

M. May. Le prix de la main-d'œuvre à Elbeuf est assez élevé; la population y est très-concentrée et nous payons des salaires très-forts. Nos fileurs ont gagné, dans les six derniers mois de 1859 et dans les six premiers mois de 1860, 4 fr. 10 cent. par jour.

M. le Président. Dans quelle proportion employez-vous les femmes et les enfants?

M. May. Nous employons moitié hommes, un quart de femmes et un quart d'enfants.

M. le Président. Vos ouvriers travaillent-ils à la journée ou à la tâche?

M. May. Nous payons à la journée les ouvriers qui suivent le moteur, les cardiers surtout; puis nous payons les fileurs à la tâche.

M. le Président. Vous calculez que le fileur, à la pièce, gagne 4 fr. 10 cent. par jour : ce prix est-il le résultat d'une augmentation récente ?

M. May. Le salaire des fileurs à la tâche n'a pas varié depuis plusieurs années; mais le salaire des cardiers à la journée a suivi la progression de presque toutes les journées à Elbeuf. En général, tous les ouvriers à la journée ont demandé à être augmentés dans une proportion sensible, dans la proportion de 40 à 50, c'est-à-dire d'un quart.

M. Schneider. Depuis quelle époque?

M. May. Depuis trois ans. Le pain était cher; c'était, pour les ouvriers, un motif sérieux de demander une augmentation; nous la leur avons accordée, et nous n'avons pas réduit les salaires depuis ce temps.

Du reste, il est extrêmement difficile, une fois une base adoptée, de faire revenir la main-d'œuvre en arrière.

M. le Président. Combien d'ouvriers employez-vous?

M. May. Environ 120 dans la filature.

MM.
Jules May,
Jeannès-Moreau.

M. Schneider. Quelle est, chez vous, la proportion entre les ouvriers à la journée et les ouvriers à la tâche?

M. Moreau. Les ouvriers à Elbeuf, ceux qui sont à la journée, gagnent de 2 fr. 50 cent. à 3 fr. 50 cent. Les ouvriers qui gagnent 3 fr. 50 cent. sont les ouvriers essentiels; les autres, qui gagnent de 2 fr. 50 cent. à 3 francs, sont les ouvriers communs. Quant aux ouvriers à la tâche, chez moi du moins, le plus faible gagne 3 fr. 60 cent., le plus fort 5 francs et même un peu plus.

M. Schneider. Cela ne répond pas à la question que j'adressais à M. May. M. May nous disait qu'il employait chez lui 120 ouvriers; je lui demandais quelle était la proportion, sur ces 120 ouvriers, entre ceux à la tâche et ceux à la journée.

M. May. Un tiers seulement est à la tâche.

M. Schneider. Est-ce une proportion générale dans toute votre contrée?

M. May. Je le pense.

M. d'Eichthal. Vous nous avez dit que vous aviez 120 ouvriers dont 60 hommes et 60 femmes et enfants; vous nous avez dit également que les fileurs seuls étaient à la tâche; si le tiers de vos ouvriers est à la tâche, vous avez donc 40 fileurs?

M. May. Oui, Monsieur.

M. Schneider. Dans cette industrie, le travail est ainsi réparti : un tiers des ouvriers travaille à la tâche, deux tiers travaillent à la journée.

S. Exc. M. Baroche. Est-ce le tiers du personnel, sans distinction de sexe ni d'âge?

M. May. En somme, le tiers des ouvriers travaille à la tâche, et les deux autres tiers à la journée. Mais, parmi ces ouvriers travaillant à la journée, il y a des surveillants qui sont plutôt au mois ou à l'année. Il y a, je le répète, véritablement un tiers des ouvriers à la tâche.

M. Schneider. Je suis un peu étonné qu'on n'ait pas cherché à augmenter la proportion des hommes travaillant à la tâche.

S. Exc. M. Baroche. C'est apparemment impossible.

MM. Jules May, Joannès-Moreau.

M. Schneider. J'ai cru que c'était impossible pendant longtemps; je crois même encore qu'il est impossible de réaliser trop rapidement cette augmentation de proportion; mais c'est un progrès auquel on doit tendre pour arriver à un bon résultat final.

M. May. C'est une question très-délicate et très-difficile.

M. Schneider. Je le sais; seulement je constate ici, avec un certain étonnement, qu'on n'ait pas encore été plus loin.

M. Moreau. Nous cherchons à augmenter le nombre des ouvriers à la tâche; nous savons de quelle importance cela peut être au point de vue d'une plus grande production.

M. Clerc. Chez moi je ne pourrais pas prendre d'ouvriers à la tâche.

M. Schneider. Il s'agit de filature ici, et non de sucre; or, dans la filature, on pourrait augmenter très-avantageusement le nombre des ouvriers à la tâche.

M. Moreau. Nous y tendons autant que possible. Ainsi l'ouvrier qui est chargé du travail aux cardes, bien qu'il soit à la journée, reçoit une gratification, en prime, toutes les semaines, en raison du travail qui s'est fait à la filature sur son assortiment. Cet ouvrier, qui a déjà 2 fr. 50 cent. par jour, reçoit quelquefois un supplément de 4 à 6 francs par semaine.

M. Schneider. Puisque l'occasion s'en présente, je me permettrai d'indiquer une formule : des ouvriers qui travaillent à la journée, s'ils ne sont pas surveillés, on n'obtient qu'un quart, et s'ils sont bien surveillés, une demie; des ouvriers qui travaillent à la tâche, sans les surveiller, on obtient trois quarts; en les encourageant très-vivement, en les surexcitant par des primes, on obtient tout. Je n'entends pas poser ici des chiffres absolus, je ne me suis servi de ceux-ci que pour faire comprendre mon raisonnement.

M. Moreau. C'est très-vrai en théorie; mais en pratique cela ne l'est pas autant : si un ouvrier a gagné une très-bonne semaine, c'est pour ne rien faire la semaine suivante.

M. Ernest Baroche. Dans la filature, la proportion des ouvriers travaillant à la journée est considérable; dans le tissage, au contraire, la proportion des ouvriers travaillant à la tâche a la prédominance. Ainsi, si l'on considère la filature comme une simple annexe du tissage, on trouvera que, pour la fabrication complète d'une pièce de drap, le travail à la tâche l'emporte sur le travail à la journée.

MM.
Jules May.
Joannès-Moreau.

M. le Président. Combien employez-vous d'ouvriers, hommes, femmes, enfants, par assortiment?

M. May. C'est variable; cela tient à la nature du travail de chaque filature, au soin que l'on veut apporter à la confection du produit, au degré de perfection que l'on cherche à atteindre. Il y a des filatures dans lesquelles il y a un ouvrier par carde; il y en a d'autres dans lesquelles il n'y a qu'un ouvrier par assortiment : ce qui fait une différence de 1 à 3. Dans mon établissement, il y a deux personnes par assortiment, hommes ou femmes. Quant aux enfants, ils ne sont employés dans la filature que comme rattacheurs.

M. le Président. Quelle est la part du prix de la main-d'œuvre dans le produit d'un assortiment, suivant le numéro filé ?

M. May. Je n'ai pu, avec la meilleure volonté du monde, me rendre compte de cette question.

M. le Président. Vous avez dit qu'un assortiment produisait 60 kilogrammes par jour pour les filés d'hiver, et 40 kilogrammes par jour pour les filés d'été; par conséquent, vous pouvez savoir ce que vous produisez dans le cours d'une année. Eh bien! dans cette production d'une année, que vaut la matière et que vaut la main-d'œuvre ?

M. May. La valeur de la matière ne nous incombe pas, puisque nous sommes façonniers, puisque nous sommes mandataires momentanés pour une opération déterminée de la fabrication des tissus de laine.

M. le Président. Quand vous recevez la laine pour la filer, vous savez bien à quel prix elle revient à celui qui vous la confie?

M. May. Non, Monsieur le Président, je ne le sais pas. J'ai, à cet égard, des appréciations, mais rien de certain.

M. Ernest Baroche. Je réduirai la question à ces termes : combien avez-vous payé de main-d'œuvre, l'année dernière, pour le travail fait sur les seize assortiments que vous avez dans votre établissement ? Nous diviserons ensuite par 16 le chiffre que vous nous indiquerez.

MM.
Jules May,
Joannès-Moreau.

M. May. Ce serait plus facile. Je crois que M. Moreau a fait, à cet égard, des calculs.

M. Moreau. J'ai estimé que la dépense afférente à la production d'un assortiment pendant un an, s'élevait à 13,500 francs.

Je compte, pour le loyer..................	1,700ᶠ
Pour le charbon.........................	1,200
Pour la main-d'œuvre à la journée...........	3,800
Pour la main-d'œuvre à la tâche.............	6,800
Ensemble..........	13,500ᶠ

M. d'Eichthal. La main-d'œuvre proprement dite serait de 65 p. o/o.

M. Moreau. J'applique toutes ces dépenses-là au cardage de la laine, dans la proportion de 60 p. o/o; et à la filature, dans la proportion de 40 p. o/o. Je dis que, pour un assortiment, je porte le loyer à 2,000 fr. Voici la décomposition de la dépense :

Pour le cardage.	Loyer....................	1,000ᶠ	6,450ᶠ	13,500ᶠ
	Charbon..................	700		
	Frais généraux............	1,900		
	Main-d'œuvre spéciale........	2,850		
Pour la filature.	Loyer....................	700	7,050	
	Charbon..................	400		
	Frais généraux............	1,250		
	Main-d'œuvre spéciale.......	4,700		

M. le Président. Monsieur May, adoptez-vous ces chiffres?

M. May. J'avoue franchement que, n'ayant pas compris la question, je ne m'y suis pas attaché. J'aurais besoin d'y réfléchir pour pouvoir la résoudre. Au surplus, j'ai tout lieu de croire que les chiffres de M. Moreau sont exacts; je ne les conteste pas.

M. le Président. Passons à la 9ᵉ question.
Filez-vous en gras ou en maigre?

M. May. En gras, généralement.

M. le Président. Quelles qualités d'huile employez-vous?

M. May. Nous n'employons qu'une seule qualité d'huile d'olive, qui provient d'Espagne ou de Sicile. Pour les quantités de laines sur lesquelles je travaille, j'en ai employé 32,000 kilogrammes en un an.

M le Président. Combien cela fait-il par kilogramme de laine?

M. May. 20 kilogrammes d'huile par 100 kilogrammes de laine mise aux cardes. C'est une base presque générale à Elbeuf. C'est 20 p. 0/0 ou un cinquième.

MM. Jules May. Joannès-Moreau.

M. le Président. Dans quelle proportion le mélange d'huile accroît-il le prix de la filature?

M. May. J'ai calculé, en faisant la part des deux saisons, que le prix du fil se trouve augmenté de 30 à 35 centimes par l'emploi de l'huile d'olive, au prix actuel de cette huile. Depuis quatre mois ce prix a augmenté de 150 à 180 francs, et il menace d'aller jusqu'à 200 francs.

M. le Président. Quel est le prix de la filature par chaque numéro?

M. May. Il y a, à cet égard, une base à Elbeuf. En général, depuis le n° 8 jusqu'au n° 20, c'est un prix uniforme. Pour les numéros élevés, on fait subir aux filés une opération supplémentaire qu'on appelle *surfilage*, qui entraine une augmentation de prix calculée sur la finesse demandée. C'est un ou 2 centimes, suivant qu'on veut du fil plus ou moins fin.

M. le Président. Ce serait une augmentation de 2 centimes par numéro.

M. Moreau. Je prendrai la liberté de faire observer à M. le Président que ce n'est pas une augmentation de 2 centimes par numéro. M. May, en disant que c'est un ou 2 centimes, suivant qu'on veut filer plus ou moins fin, n'a pas pensé qu'il fût question des numéros de 1,000 mètres; il s'est reporté à l'usage de la localité, où, en effet, l'augmentation de prix, suivant la finesse, est de 2 francs par kilogramme de cardage et d'un franc pour le fil, par 900 mètres de finesse de plus au kilogramme.

La différence par numéro de 1,000 mètres n'est pas de plus de 1 à 2 millièmes.

M. Ernest Baroche. Quel est le prix pour les nos 9 à 20?

M. Moreau. Pour les nos 9 à 20, il faut compter de 85 centimes à 1 franc; nos 20 à 24, 1 fr. 40 cent. à 1 fr. 50 cent. le kilogramme; nos 25 à 30, 2 fr. 50 cent. à 2 fr. 80 cent.

M. Ernest Baroche. Y compris l'huile?

MM.
Jules May,
Joannès-Moreau.

M. Moreau. Non, l'huile à part; elle augmente le prix de 30 à 35 centimes.

M. Ernest Baroche. Et le déchet est-il en dehors?

M. Moreau. Le déchet regarde le fabricant.

M. May. Nous sommes les mandataires du fabricant pour une opération déterminée; quand nous avons ouvré sa laine, nous la lui rendons en fil et en déchet.

M. Moreau. Nous mettons 20 kilogrammes d'huile pour 100 kilogrammes de fil; puis nous rendons au fabricant, en nature, tout ce qui est déchet.

M. Ernest Baroche. Vous ne pouvez pas lui rendre tout le déchet; il y en a une partie qu'on ne peut pas retrouver.

M. Moreau. On ne peut pas retrouver le déchet qui résulte de l'évaporation; mais il y a pour cela une convention entre le filateur et le fabricant.

M. le Président. Pour 100 kilogrammes de fil, vous mettez 20 kilogrammes d'huile, cela fait 120 kilogrammes; qu'est-ce que vous comptez pour l'évaporation?

M. Moreau. 10 kilogrammes; l'évaporation proprement dite n'est pas habituellement de plus de 1 à 3; le reste des 10 kilogrammes est représenté par des déchets en nature, comme bouts de fil et débourrages.

M. le Président. Faites-vous des différences suivant la qualité des laines?

M. Moreau. Non, Monsieur le Président, mais suivant la finesse des fils. On nous donne souvent des laines ordinaires pour obtenir les filés fins.

M. le Président. La différence des qualités n'est donc pas considérée dans le prix pour le filé?

M. Moreau. Non; on considère uniquement la finesse. On demande quelquefois du n° 20 et du n° 40 sur la même partie de laine.

M. le Président. Comme vous ne vendez pas, la 11e question ne s'adresse pas à vous.

MM.
Jules May.
Joannès-Moreau.

La 12ᵉ question n'est pas non plus de votre compétence, puisque vous ne gardez pas les blousses, les déchets.

J'arrive donc à la 13ᵉ question.

Connaissez-vous les prix moyens des fils de laine en Angleterre, dans les six derniers mois qui ont précédé la signature du traité de commerce?

M. May. Non, Monsieur le Président.

M. le Président. Êtes-vous en position de nous donner votre sentiment sur la quotité d'un droit protecteur à établir?

M. Moreau. Je n'ai pas d'opinion bien précise. Je crois cependant qu'un droit de 20 p. o/o suffirait.

M. Schneider. Comment est constituée la filature de la laine en Angleterre?

M. May. La filature à façon n'existe qu'exceptionnellement en Angleterre, tandis que chez nous c'est presque la règle.

M. Schneider. Ainsi, en Angleterre, presque tous les fabricants de tissus de laine sont en même temps filateurs; en France, au contraire, il n'y en a que quelques-uns qui réunissent les deux fabrications?

M. May. Oui, Monsieur.

M. Michel Chevalier. Cela se passe ainsi à Elbeuf; mais cette division de la filature et du tissage de la laine existe-t-elle dans les autres villes qui produisent des étoffes de laine?

M. Ernest Baroche. A Sedan et à Reims, c'est la même chose, sauf une ou deux exceptions.

M. Schneider. Bien que ce soit exceptionnel, il y a cependant en Angleterre des filatures de laines qui travaillent à façon. Êtes-vous fixé sur les prix et les conditions de ces filatures?

M. Moreau. Non, Monsieur, je ne sais rien de ces filatures.

M. Ernest Baroche. Il y a une autre question à laquelle ces Messieurs pourraient peut-être répondre, et qui donnerait indirectement satisfaction à M. Schneider sur le point qu'il désire éclaircir : serait-il possible que les fabricants d'Elbeuf allassent chercher des fils en Angleterre, et dans quelles conditions?

M. Moreau. Dans mon opinion, la fabrication spéciale d'Elbeuf ne

MM.
Jules May.
Jeannès-Moreau.

pourrait pas s'accommoder de fils achetés au dehors; mais les fabricants de Reims et de certaines autres villes pourraient peut-être en acheter en Angleterre.

M. Ernest Baroche. Je veux parler d'Elbeuf seulement, et je demande si, pour la fabrication des articles de nouveauté, qui est la spécialité de la ville d'Elbeuf, on s'arrangerait de fils achetés en Angleterre, sans bien connaître la provenance de la laine ?

M. May. M. Moreau ne le pense pas; moi je crois, au contraire, que c'est très-possible; c'est même là une industrie qui peut se créer, en Angleterre, du jour au lendemain. Voici comment on procède à Elbeuf, et, du reste, dans toutes les villes où l'on fabrique les nouveautés : on donne d'abord au filateur une petite quantité de laine qu'on lui fait filer de telle ou telle façon, et avec laquelle on fait quelques échantillons divers sur lesquels on prend des commissions; ensuite, suivant le placement qu'on a effectué ou qu'on espère effectuer de chaque échantillon, on fait filer une quantité proportionnée de tel ou tel numéro de fil. Pourquoi un fabricant d'Elbeuf, une fois qu'il a déterminé les articles de fabrication pour une saison, ne ferait-il pas filer tel ou tel échantillon de fil en Angleterre? Cela se fait bien pour la fabrication des châles.

M. le Président. Ce n'est pas là la question qui a été posée. On ne vous demande pas si vous croyez, ou non, qu'on puisse faire filer les échantillons de laine à un filateur anglais, quand on a la confiance qu'il n'y aura pas substitution de qualité ou tromperie sur la provenance; on sait que cela se fait et peut se faire : on vous demande si vous croyez que les fabricants d'Elbeuf pourraient acheter des fils de laine anglais tout confectionnés, sans savoir si ces fils seraient bien réellement filés avec une laine propre à la destination que ces fabricants se proposeraient de leur donner.

M. Ernest Baroche. Sans sortir de France, on trouve des marchands de fils de laine. Savez-vous si, dans une proportion appréciable, le fabricant, le tisseur d'Elbeuf, au lieu d'acheter de la laine en suint qu'il fait laver et filer à façon, achète des fils tout filés chez des marchands?

M. May. La proportion n'est pas considérable; mais cela a lieu. Je ne sais pas si des fabricants d'Elbeuf ont jamais acheté des fils de laine en Angleterre; mais, à ma connaissance, il y en a qui en achètent à des marchands français, pour certains articles spéciaux seulement.

MM.
Jules May.
Joannès-Moreau

M. Ernest Baroche. Ainsi c'est par exception que des fabricants d'Elbeuf achètent des fils tout filés, et ils les achètent seulement à des marchands français. Le Conseil comprend la portée de cette question; car, suivant certaines personnes, il n'est pas à croire que des fabricants d'Elbeuf puissent acheter des fils tout faits sans parfaitement connaître la qualité et la provenance de la laine, et sans que ces fils aient été travaillés directement et expressément pour la fabrication spéciale de la localité.

M. May. Comment ne pourrait-on pas arriver à connaître des fils comme on connaît de la laine, et choisir les fils convenables pour chaque fabrication spéciale?

M. de Forcade la Roquette. Sauf quelques rares exceptions, d'après vous-même, les achats de fils tout faits n'ont pas lieu en France; et cependant, en France, il y a des productions de fils indépendantes du tissage. Comment irait-on acheter en Angleterre ce qu'on ne juge pas convenable d'acheter en France?

M. Ernest Baroche. M. Moreau ne paraît pas être de la même opinion que M. May sur cette question?

M. Moreau. Ce genre d'affaires ne serait pas facile à réaliser avec les Anglais.

M. May. Sans doute il présente des difficultés; mais il n'est pas impossible.

M. de Forcade la Roquette. Enfin il n'est pas pratiqué, même avec des marchands français, au moins d'une manière générale.

M. Germain Thibaut. Si cela ne se fait pas pour la draperie, cela se fait pour d'autres articles.

M. Ernest Baroche. Nous ne parlons en ce moment que de la draperie.

M. le Président. Combien prenez-vous par kilogramme de filés, pour la façon, suivant les numéros?

M. Moreau. Cela varie depuis 1 franc jusqu'à 4 francs, selon la finesse.

MM. Jules May, Joannès-Moreau

M. le Président. Dans l'état actuel, votre industrie est-elle en prospérité, ou bien a-t-elle subi une dépréciation?

M. May. Dans l'état actuel, la prospérité de notre industrie est liée à celle de la fabrication d'Elbeuf: ce n'est qu'une annexe importante de cette fabrication. Nous avons dû suivre, comme filature, toutes les transformations du goût et de la production. Cette obligation a sans doute eu pour résultat de nous faire réaliser de grands progrès dans notre industrie; mais aussi elle nous a imposé beaucoup de sacrifices. Suivant moi, la situation des filatures est peu prospère. Dans l'industrie de la filature, il se monte beaucoup de petits établissements où l'on voit le chef de maison être son propre contre-maître; c'est, pour ainsi dire, une industrie gagne-petit; et cependant c'est celle qui se ressent le plus vivement, et la première, des crises commerciales, quand elles se produisent. Les prix payés actuellement par les fabricants aux filatures sont à peine rémunérateurs, tant la concurrence est grande.

M. le Président. Les prix actuels sont-ils inférieurs à ceux des années précédentes?

M. May. Oui, Monsieur le Président; ils ont baissé de 15 à 20 p. o/o depuis trois années, par le fait de la concurrence intérieure et de la nécessité, pour les filateurs, de se conformer aux exigences de leur situation.

M. le Président. Vous dites que l'industrie de la filature est très-divisée; les petits établissements sont-ils outillés convenablement.

M. May. Oui, Monsieur le Président, parfaitement; ils ont suivi le mouvement des grands établisseemnts.

M. le Président. Croyez-vous que ces petits établissements aient des frais généraux semblables à ceux des grands établissements, toute proportion gardée?

M. May. A peu près.

M. le Président. Cependant ils peuvent marcher?

M. May. Oui, Monsieur le Président.

M. le Président. Sans doute parce que les hommes qui sont à la tête de ces petits établissements sont, comme vous l'avez dit, leurs propres contre-maîtres et qu'ils se tiennent dans des conditions d'existence, de monde, de famille, différentes de celles où se placent d'ordinaire ceux qui dirigent les grands établissements.

MM.
Jules May.
Joannès-Moreau.

M. Schneider. Ces Messieurs ont paru assez peu renseignés sur ce qui se passe en Angleterre; cependant ne pourraient-ils pas apprécier dans une certaine mesure les conditions des filatures anglaises, par rapport aux conditions des filatures françaises? Ils ne savent pas quel est le prix de la filature à façon en Angleterre; mais ne doivent-ils pas avoir entendu parler des causes qui pouvaient entraîner des différences de prix entre la filature à façon en Angleterre, et la même filature en France?

M. Moreau. La filature doit être moins chère en Angleterre qu'en France, parce qu'on a les machines et le charbon à meilleur marché en Angleterre qu'en France.

M. Ernest Baroche. Je crois que M. May a exporté, dans un temps, en Angleterre.

M. Ozenne, *Secrétaire*. On exporte encore aujourd'hui.

M. May. Bien peu.

M. Ozenne. Dans tous les cas, il est incontestable qu'on y exporte. L'exportation, à destination de l'Angleterre, a été de 5,500,000 francs en 1858.

M. May. Elle a dû sensiblement diminuer depuis cette époque.

M. Ernest Baroche. Vous avez été associé de la maison Victor Grandin?

M. May. Oui, Monsieur.

M. Ernest Baroche. Pourriez-vous nous donner des renseignements sur les importations que cette maison, à une certaine époque, a faites en Angleterre?

M. May. En 1846 ou en 1847, l'établissement de mon associé, M. Victor Grandin, était considérable: il comptait 34 assortiments. La situation d'Elbeuf devint difficile. M. Victor Grandin, qui était un homme à l'affût des affaires, imagina, sous l'empire du système protecteur qui régissait alors l'entrée et la sortie des laines, sous le régime de drawback en vigueur à cette époque, de fonder une maison en Écosse, à Glasgow même, pour y établir un dépôt de ses filés. Cette affaire eut un développement considérable; mais, il faut le dire,

MM
Jules May,
Grandin-Moreau

elle ne présenta jamais que des pertes; elle n'eut qu'un avantage, celui de faire franchir à la maison de France les années difficiles de 1846, 1847, 1848, 1849 et 1850.

M. le Président. Il y a peut-être exagération de votre part à dire que la maison d'Écosse n'a jamais présenté que des pertes; car des pertes ne peuvent pas aider à traverser une époque difficile.

M. Moreau. Si M. Victor Grandin avait laissé chômer son établissement de France, il eût perdu des sommes énormes; il valait mieux pour lui continuer de travailler, en écoulant ses produits en Écosse, même au prix d'une perte de 2, 3 ou 4 p. o/o, que de compromettre d'une manière irrémédiable son grand établissement d'Elbeuf.

M. May. C'était une question de sacrifices à faire pour traverser une crise énorme. Nous avions 10,000 francs de main-d'œuvre par semaine; dans l'intérêt de la classe ouvrière, et en faisant un sacrifice assez lourd résultant de la vente en Angleterre, on maintenait en pleine activité l'établissement de France.

M. Ernest Baroche. Avez-vous cessé d'exporter?

M. May. Complétement. Quand j'ai quitté le marché de Glasgow, deux maisons de Reims ont pris ma place; mais elles l'ont quittée au bout de deux ans, après avoir fait des pertes considérables par suite de faillites qui eurent lieu alors à Glasgow. Je ne crois pas que, depuis, le marché des fils de laine français se soit maintenu en Écosse.

M. Ernest Baroche. Monsieur May, vous qui connaissez cette affaire, pourriez-vous nous dire si les Anglais auraient avantage, en supposant qu'ils trouvassent des acheteurs, à importer des fils de laine en France?

M. May. C'est assez difficile à dire.

M. Schneider. Cela se résume à demander quels sont les avantages des Anglais relativement à l'industrie qui nous occupe, en laissant de côté la question des prix de revient, et en ne prenant que les frais de filature isolément. Pouvez-vous décomposer les frais de la filature en France et ces mêmes frais en Angleterre, et nous dire sur lesquels des divers éléments de ces frais portent les avantages, soit du côté de la France, soit du côté de l'Angleterre?

M. Moreau. Je crois que ces éléments sont à peu près les mêmes dans l'industrie des deux pays.

MM.
Jules May,
Jeannès-Moreau.

M. Schneider. Nous n'avons pas à examiner l'ensemble de l'industrie drapière.

M. le Président. Votre main d'œuvre est-elle aussi chère en France qu'en Angleterre?

M. Moreau. A peu près aussi chère.

M. le Président. De combien vos machines sont-elles plus chères qu'en Angleterre?

M. Moreau. De près du double.

M. Ernest Baroche. M. Mercier ne vend pas ses machines le double du prix des machines anglaises.

M. May. Les métiers pour la filature, qui coûtent plus de 9 francs la broche dans nos ateliers, ne reviennent qu'à 6 fr. 50 cent. en Angleterre.

M. Herbet, *Commissaire général.* A Verviers, le prix des broches est évalué à 7 fr. 50 cent.

M. Moreau. Il y en a à 7 fr. 50 cent. et à 9 francs.

M. le Président. Combien vaudraient vos assortiments en Angleterre?

M. Moreau. Ils vaudraient 7,000 francs, tandis qu'en France ils valent 12,200 francs.

M. le Président. Quant au charbon, la différence est-elle grande?

M. May. Elle est énorme. Un de nos amis, qui a parcouru l'Angleterre, y a vu des charbons à un prix tellement extraordinaire, que j'ose à peine en dire le chiffre : ils ne coûtaient que 3 fr. 75 cent. la tonne.

M. le Président. Vous ne l'avez pas vu vous-même; on vous l'a dit?

M. Herbet. Le prix de 3 fr. 75 cent. la tonne est invraisemblable. Je crois que le charbon revient de 8 à 10 francs dans les villes manufacturières du Royaume-Uni, qui ne sont pas à proximité de houillères.

M. Ernest Baroche. Vous payez le charbon 33 francs actuellement?

M. May. Oui, la gailleterie de Mons.

MM
Jules May,
Joannès-Moreau

M. le Président. Vous avez dit qu'il vous revenait à 33 francs au pied de votre établissement ?

M. May. Le charbon revient même actuellement de 33 fr. 40 cent. à 33 fr. 50 cent. la tonne, au pied des fourneaux.

M. Ernest Baroche. Vous avez constaté que vous payiez 800 francs par assortiment, et que l'assortiment était d'environ 18,000 kilogrammes. Pour se rendre compte de la quantité de combustible consommée par kilogramme, il faudrait diviser 800 par 18,000, ce qui donnerait à peu près 45 centimes.

M. Schneider. Nous nous occupons de la filature ; peut-être pourrait-on arriver à des chiffres plus précis que ceux qui viennent d'être indiqués ; pour mon compte, je désirerais beaucoup savoir comment se décomposent les frais de la filature prise dans son ensemble, en prenant les différentes catégories de dépenses, la houille, la main-d'œuvre, les frais généraux, l'intérêt du capital, etc.

M. le Président. Nous avons déjà rencontré plusieurs de ces éléments. Ainsi, selon ces Messieurs, la main-d'œuvre serait aussi chère en France qu'en Angleterre ; les assortiments coûteraient 7,000 francs en Angleterre et 12,200 francs en France. Ces Messieurs disent, en outre, qu'ils payent 30 et 33 francs la tonne de charbon, et qu'au dire d'un de leurs amis, elle ne coûte que 3 fr. 75 cent. en Angleterre, mais que, malgré cette assertion, ils évaluent à 8 francs par tonne le prix moyen de la houille en Angleterre. Voilà des résultats généraux ; et si nous voulions, pour chacun des établissements de ces Messieurs, arriver à faire la décomposition, nous aurions même là des renseignements de détail plutôt que des renseignements généraux.

M. Moreau. Je puis répondre à la question.

Dans l'ensemble de ma fabrication, j'estime que chaque assortiment m'a coûté 13,000 à 13,500 francs de dépense annuelle, que je divise ainsi :

Pour le loyer de l'établissement et l'outillage......	1,700f
Pour le charbon...........................	1,000
Pour les frais généraux et main-d'œuvre à la journée.	3,500
Pour la main-d'œuvre à la tâche................	6,800
Total................	13,000

Je partage cette dépense entre les deux opérations du cardage et de la filature. J'applique à la dépense du cardage 60 p. o/o (frais généraux, outillage, charbon, etc.), et le reste à la filature, soit 40 p. o/o.

MM. Jules May. Joannès-Moreau.

La dépense se décomposerait donc ainsi pour chaque opération :

CARDAGE.

Loyer, etc.		1,000f	3,550f
Charbon	600 à	650	
Frais généraux de toute nature		1,900	
Main-d'œuvre spéciale		"	

FILATURE.

Loyer, etc.		700	2,450
Charbon	400 à	450	
Frais généraux		1,300	
Main-d'œuvre spéciale		"	

Main-d'œuvre à la tâche pour les deux opérations réunies, de	6,500 à	7,000
Total général		13,000

M. le Président. A quelle quantité de kilogrammes de laine cette dépense s'applique-t-elle?

M. Moreau. A 18,000 kilogrammes par assortiment et par an.

M. Ernest Baroche. D'après les renseignements qui viennent d'être fournis, on pourrait, je crois, pour une fabrique suffisante, estimer le loyer à 12 p. o/o, le charbon, à 7 ou 8 p. o/o, les frais généraux et de main-d'œuvre de journée à 27 p. o/o, et la main-d'œuvre à la tâche à peu près à 48 p. o/o.

Je poserai encore une question sur la manière dont on compte les frais généraux dans une filature : n'est-ce pas un chiffre assez variable?

M. Moreau. Il comprend le loyer, les intérêts du capital roulant, les assurances, les impositions, les contre-maîtres, l'éclairage, etc.

M. Ernest Baroche. A Elbeuf, n'est-il pas d'usage de comprendre aussi dans les frais généraux un certain prélèvement pour la rémunération du chef de la maison, pour son travail personnel?

M. Moreau. Un chef qui s'occupe directement de sa maison peut s'appliquer une somme.

M. le Président. Vous parliez du loyer de l'établissement; cela

MM.
Jules Chay,
Joannès-Moreau.

comprend, sans doute, l'intérêt des machines, de l'outillage. Pouvez-vous nous dire maintenant pour combien vous faites figurer l'amortissement dans vos comptes?

M. Moreau. Je les compte pour 7 à 8 p. o/o.

M. May. Mon amortissement est calculé à 10 p. o/o.

M. Moreau. Pour les écritures, on amortit à 10; mais 7 à 8 p. o/o suffisent pour compléter l'amortissement.

M. le Président. Portez-vous, dans vos comptes, un amortissement distinct pour vos machines, ou bien un amortissement d'ensemble pour toutes celles qui composent votre filature?

M. May. Je porte un amortissement d'ensemble sur toutes les machines. Ainsi, en admettant que le compte des machines soit de 200,000 francs, je porte 20,000 francs : ce n'est plus que 180,000 fr. pour l'année suivante.

M. le Président. Vous portez successivement l'amortissement proportionnel sur les reliquats?

M. May. Oui, Monsieur le Président.

Sont introduits :

MM. CHARLES FLAVIGNY, fabricant de draps à Elbeuf.
AUGUSTIN POUSSIN, *idem.*
ÉDOUARD BELLEST, *idem.*
CHENNEVIÈRE frères, *idem.*

ACHAT ET PRÉPARATION DES LAINES

FILATURE, TISSAGE ET APPRÊTS.

FABRICATION DES DRAPS

M. FLAVIGNY. Voici mes réponses au questionnaire qui m'a été adressé.

§ 1er. — ACHAT ET PRÉPARATION DES LAINES.

1re Question. — Nous employons des laines de France et des laines étrangères. Les prix des laines employées dans les derniers six mois qui ont précédé la signature du traité ont été, suivant les qualités et les finesses, de 8 fr. 50 cent. à 15 francs sans escompte, par kilogramme épuré à fond.

Nous n'excluons aucune provenance ni aucun marché étranger; les nécessités d'une fabrication très-variée règlent nos achats en matière première; toutefois, nous employons en plus grande quantité les laines d'Australie et du Cap.

Les frais de commission et de transport des laines achetées à Londres sont de 5 p. o/o.

Ils sont, pour la Prusse et l'Autriche, de 7 à 8 1/2 p. o/o, suivant les contrées.

Nous n'achetons pas de laines directement en Russie.

2e Question.—Les industriels anglais, qui achètent le plus souvent eux-mêmes aux ventes de Londres, n'ont pas d'intermédiaire autre que le courtier; leurs frais de transport sont moindres et ils n'ont pas de frais d'assurance maritime à payer.

L'atténuation produite par la récente suppression du droit de douane représente, eu égard à nos qualités de laine, une économie de 5 p. o/o.

3e Question. —Pour répondre à cette question, je suis obligé d'indiquer la division de mes établissements.

9.

MM.
Charles Flavigny.
Augustin Poussin.
Édouard Bellest.
Chennevière frères.

L'un, destiné spécialement à la fabrication des tissus façonnés, est dirigé par mes deux fils aînés et par moi, avec l'adjonction d'un coopérateur intéressé. La raison sociale est *Charles Flavigny et fils.*

L'autre, qui a des ateliers spéciaux, qui est séparé du premier, quoiqu'il y soit contigu, sert uniquement au dégraissage, au lavage et à la teinture des laines; ces opérations y sont faites non-seulement pour les besoins de notre maison de fabrique, mais encore pour la généralité des fabricants d'Elbeuf et de Louviers. Sous la raison sociale *Ernest Flavigny, Crabit et Cie*, il est dirigé par mon troisième fils et M. Crabit.

Dans cet établissement, le lavage de la laine est opéré, en partie, par les moyens mécaniques.

Nos machines à laver ont été importées des provinces rhénanes, où M. Crabit et mon fils sont allés les étudier.

Une machine à vapeur de la force nominale de 16 chevaux, avec une chaudière de 30 chevaux, a été spécialement montée pour faire mouvoir ces machines, ainsi que les pompes nécessaires à l'élévation de l'eau et les ustensiles accessoires.

Nous n'avons reculé devant aucune dépense de construction.

La machine à vapeur est sortie des ateliers de MM. Houdouart et Corbran, de Rouen.

4ᵉ Question. — Toutes nos laines sont teintes en masse, avant la filature. Le prix moyen des teintures faites dans l'établissement est : pour les nuances riches, telles que bleue, verte, rouge, etc., de 2 fr. 40 cent.; et, pour les nuances de fantaisie, de 1 franc à 1 fr. 10 cent. le kilogrammme.

§ 2. — FILATURE.

1ʳᵉ Question. — Dans nos ateliers de fabrique, nous filons une partie des laines employées pour nos tissus; le surplus est confié aux filateurs à façon.

2ᵉ Question. — Nos cardes et filatures sont de fabrication française; elles ont été construites à Louviers, une partie par M. Mercier et l'autre partie par M. Mougeot.

Le prix d'un assortiment de 3 cardes, 1 mètre 10 centimètres de diamètre, était, à la fin de l'année dernière, de........ 5,500ᶠ

Sans la couverture, dont le prix est de............ 2,500

Ensemble.............. 8,000

Le prix de la broche de filature, à la même époque, était de 9 fr.

Nos machines à préparer et à battre sont de trois sortes :

La première, construite à Huddersfield par MM. Sykes et Fils, a coûté :

MM.
Charles Flavigny,
Augustin Poussin,
Édouard Bellest,
Chennevière frères.

Achat	5,000f
Port jusqu'à Elbeuf	180
Droit d'entrée et double décime	652
Ensemble	5,832

La seconde, construite aussi à Huddersfield par les mêmes, a coûté :

Achat	1,060f
Port	110
Droits d'entrée	386
Ensemble	1,556

La troisième, dite *loup*, a été construite à Louviers.

3e *Question.* — Nous n'employons pas de moteur hydraulique.

4e *Question.* — Pour notre filature, notre tissage et nos apprêts, nous employons deux machines à vapeur.

L'une d'elles, construite primitivement par MM. J. Hall et Fils, a été renouvelée par MM. Houdouart et Corbran, de Rouen; elle est d'une force nominale de 10 chevaux avec une chaudière de 25 chevaux.

L'autre, construite par MM. Houdouart et Corbran, a une force nominale de 20 chevaux avec une chaudière de 48 chevaux.

Le charbon que nous brûlons est tiré d'Angleterre; il est de première qualité; il nous coûtait, avant l'abaissement du droit, 36 francs la tonne de 1,000 kilogrammes, rendue à domicile; la même quantité, depuis le 1er juillet, coûte 34 francs.

5e *Question.* — Nous employons le charbon, non-seulement pour l'alimentation de nos trois machines à vapeur, mais encore pour celle des fourneaux de notre établissement de teinture, pour le séchage des laines et des étoffes et pour le chauffage des ateliers.

6e *Question.* — La diversité des ustensiles et l'irrégularité forcée de leur travail ne permettent pas de préciser la quantité de charbon consommée pour le mouvement donné à chacun d'eux.

Pour les moteurs, la consommation est, au maximum, de 3 kilogrammes par heure et par force de cheval.

MM.
Charles Flavigny,
Augustin Poussin,
Édouard Bellest,
Chennevière frères.

Présentement, notre consommation totale ne dépasse pas 120,000 kilogrammes par mois.

Les numéros de fils que nous produisons sont très-variés :

Le produit de nos cardes varie, selon que les laines sont plus ou moins fines, de 40 à 60 kilogrammes par jour.

La plus grande partie de nos laines est livrée aux cardes, non pas blanche, mais teinte en toute espèce de couleurs, ce qui rend le cardage et la filature plus difficiles.

7ᵉ *Question.* — Nous faisons travailler à la journée et à la façon. Les salaires sont :

Pour les hommes à la journée, de....................	2f 75c	à	3f 50c
Pour les adultes de quinze à vingt et un ans, à la journée, de	1 75	à	2 25
Pour les femmes à la journée et à la façon, de..........	1 50	à	2 25
Pour les enfants au-dessous de quinze ans, de..........	1 25	à	1 50

Les hommes à la façon gagnent, en moyenne, 4 francs par jour.

Depuis quelques années, les salaires ont augmenté de plus de 25 p. o/o.

Ils n'ont pas été réduits dans ces dernières circonstances, mais la pénurie d'ouvriers ne se fait plus sentir.

8ᵉ *Question.* — Nous nous attachons surtout à produire de très-bons fils, préférant la qualité au bon marché : c'est une conséquence de notre genre de fabrication.

9ᵉ *Question.* — Nous filons en gras, et nous employons seulement l'huile d'olive pour le graissage de nos laines.

La quantité d'huile mélangée à la laine est habituellement de 20 p. o/o.

Le prix de la filature s'en accroît proportionnellement à la finesse très-variée de nos fils.

Les questions nᵒˢ 10, 11, 12, 13 et 14 concernent les filateurs et les peigneurs à façon. Je n'ai pas à m'en occuper.

§ 3. — TISSAGE ET APPRÊTS.

1ʳᵉ *Question.* — Nos produits consistent en tissus foulés et drapés, du genre appelé *façonnés fins;* ils servent pour vêtements d'hommes et de dames.

La plus grande partie de ces tissus est fabriquée sur commission remise, après choix fait parmi nos échantillons qui sont soumis à chaque acheteur commettant.

2ᵉ *Question.* — J'ai déjà répondu en partie à cette question. Les laines d'Allemagne et celles de Russie entrent, avec celles d'Australie, dans la fabrication de nos étoffes de printemps; les laines supérieures de la Plata entrent dans celle de nos tissus d'hiver, où entrent aussi, quelquefois et par exception, les poils de cachemire, de chèvre et d'alpaga.

MM.
Charles Flavigny.
Augustin Poussin.
Édouard Bellest.
Chennevière frères.

Je réponds à la fois aux questions n°s 3, 4, 5, 6 et 7.

Nos tissus doivent être livrés sur une largeur moyenne de 137 à 138 centimètres entre lisières. Pour obtenir cette largeur après foulage, il faut se servir de grands métiers à tisser.

La presque totalité des étoffes que nous fabriquons exige des métiers à plusieurs navettes.

Depuis longtemps, nous avons vu fonctionner avec succès des métiers mus par la vapeur, larges, mais à une seule navette; il nous a donc été impossible, ayant besoin de plusieurs navettes, de profiter de l'avantage que ces métiers à une seule navette peuvent présenter.

J'ai besoin d'entrer ici dans quelques explications.

Le mélange du coton avec la laine, dans l'opération du cardage, n'est pas pratiqué par les fabricants français; ce qui distingue leurs tissus, ce qui fait leur réputation, même à l'extérieur, et leur a valu une part dans les exportations françaises, c'est la scrupuleuse observance de cette règle.

La réputation française actuelle serait promptement perdue par le mélange du coton avec la laine.

Il est constant que le coton, ainsi mêlé à la laine, donne aux fils une résistance beaucoup plus grande.

En Angleterre, ce mélange est devenu presque général.

Le tissage mécanique avec deux navettes, sur la grande largeur, peut donc, à l'aide du coton mélangé avec la laine, avoir été employé en Angleterre; mais pour les métiers à trois navettes et plus, s'il en est qui soient mus par la vapeur ou par la force hydraulique, et qui soient construits sur la largeur nécessaire pour obtenir des tissus comme les nôtres, ils sont encore à l'état d'expérimentation.

Nous aussi, nous expérimentons sur quatre métiers de systèmes différents; et, malgré les soins des constructeurs, les nôtres et ceux de nos ouvriers, nous n'avons encore obtenu aucun résultat satisfaisant.

Les constructeurs sont MM. A. Mercier, de Louviers, et Schneider et Legrand, de Sedan.

M. Ernest Baroche, dans la récente visite qu'il a bien voulu nous faire, est resté une heure près de ces métiers d'essai, pour en étudier la marche; il a pu reconnaître que les difficultés qu'ils présentent ne sont pas victorieusement surmontées.

MM.
Charles Flavigny.
Augustin Poussin.
Édouard Bellest.
Chennevière frères.

La conséquence de ce qui précède est que nous préférons, jusqu'ici, le travail à la main pour le tissage de nos étoffes.

Cette explication s'applique à la ville d'Elbeuf entière; amie du progrès, elle ne recule pas devant les innovations, mais elle les étudie avant de s'y engager.

Qu'il me soit permis d'ajouter un seul mot, qui m'est personnel : fils d'un manufacturier d'Elbeuf qui, un des premiers, si ce n'est le premier, a introduit en Normandie, dans le commencement de ce siècle, les cardes et filatures tirées d'Angleterre, alors que la peine de mort frappait dans ce pays le contumax qui avait aidé à l'exportation de ces machines de construction britannique; père de trois fils voués à l'industrie, c'est-à-dire voués à un travail qui doit être incessant sous peine d'insuccès, je réclame contre le stigmate de retardataire.

8e 9e et 10e Questions. — Les fils de soie, seuls, entrent dans quelques-uns de nos produits, dans la proportion (approximative pour le poids) de 2 p. o/o.

Ces fils, par leurs préparations, leurs déchets et les difficultés d'un tissage plus rétribué qu'ils exigent, augmentent, suivant leur finesse, la valeur du tissu mélangé de 5 à 8 p. o/o.

11e Question. — Je ne puis pas fournir à cet égard des renseignements assez exacts; nous ne connaîtrons véritablement les produits anglais que plus tard, lors de leur introduction en France.

12e Question. — Je vais répondre à cette question en même temps qu'à la quatorzième.

13e Question. — Nos exportations directes sur le marché de New-York n'ont pas dépassé, depuis quelques années, 2 p. o/o du chiffre de notre fabrication. J'ajoute, pour compléter ma réponse, que nous avons fait quelques essais infructueux sur d'autres points.

Nos acheteurs exportent une partie de nos produits, mais nous ignorons quelle quantité.

Pour profiter de la prime d'exportation, qui doit cesser le 7 octobre prochain, ils ont augmenté leurs commissions primitives, mais à la condition que nous soyons prêts dans les limites qu'ils ont fixées.

Les prix des étoffes de printemps ont sensiblement baissé, après l'annonce du traité de commerce.

En général, nos prix de vente sur commission suivent le cours des laines; mais nous sommes prévenus par nos commettants qu'ils vont être fort réservés pour leurs commissions futures, à l'approche de l'époque où commencera l'introduction des produits étrangers.

MM.
Charles Flavigny.
Augustin Poussin,
Edouard Bellest.
Chennevière frères.

14ᵉ Question. — Plusieurs motifs me paraissent pouvoir être invoqués pour justifier le droit protecteur que nous demandons.

Le premier est tiré de la différence qui existe entre les deux pays, pour tous les agents de production, qui sont : la laine, la houille, les ingrédients divers, l'outillage, les matériaux de construction, la valeur du capital, et enfin la main-d'œuvre, qui est plus productive en Angleterre qu'en France.

Le second motif est tiré de la comparaison des législations des deux pays. La division forcée des biens, après la mort du père de famille, entrave l'élan manufacturier dans notre pays.

Le troisième motif est l'existence, en Angleterre, d'immenses établissements créés économiquement et successivement amortis depuis longtemps, tant en ce qui concerne l'outillage, qu'en ce qui concerne les constructions. En France, nous sommes, sous ce rapport, dans une situation toute différente.

Quatrième motif : les industriels anglais ont des relations commerciales parfaitement établies sur tous les points du globe, parce qu'elles sont assises sur des bases anciennes et protégées par une marine formidable et des agents fort intelligents en matière de commerce et d'industrie.

Maintenant, on demande de quelle manière nous croyons qu'il serait convenable d'établir le tarif protecteur en droits spécifiques.

Nous ne sommes pas embarrassés pour dire quel degré de protection est nécessaire, mais il n'en est pas de même relativement aux moyens d'appliquer cette protection.

Mon collègue, M. Poussin, m'a parlé ce matin d'une modification à une partie de mon travail, et je me suis rallié à son amendement.

Nos draps sont unis ou façonnés. Nous avons les tissus fins et les tissus communs. Nous avons, en outre, les tissus légers et les tissus lourds. Il y a, dans les tissus fins, des tissus légers et des tissus lourds. Ainsi les habits que nous portons sont en tissus légers; les paletots d'hiver sont en tissus lourds. Chacun de ces tissus est le plus souvent en laine fine.

Partant de là, nous prions le Conseil Supérieur de remarquer que si, dans l'établissement du droit spécifique (car nous ne nous sommes pas arrêtés au droit à la valeur), on n'admettait pas une différence entre les tissus légers et les tissus lourds, la catégorie des tissus fins ne se trouverait que fort imparfaitement protégée.

MM.
Charles Flavigny,
Augustin Poussin,
Édouard Bellest,
Chennevière frères.

Quant à la quotité des droits, je vais donner lecture au Conseil de nos propositions.

Le fabricant d'étoffes drapées prend la matière première à l'état brut, pour la convertir en tissu terminé. Les moyens qu'il emploie sont très-divers, surtout quand il fabrique des étoffes façonnées dites *de nouveauté;* ces moyens augmentent ou diminuent très-sensiblement le prix de la façon, suivant leur innombrable variété.

Tout fabricant doit approprier sa manière de faire aux besoins de sa vente.

Un seul exemple suffit pour démontrer ce qui en résulte.

Avec la même matière, achetée au même prix, celui-ci fabrique une étoffe revenant à 24 francs le kilogramme, tandis que celui-là en fabrique une qui ne lui revient qu'à 21 francs.

Tous deux sont dans le vrai, s'ils travaillent avec intelligence.

La fabrication de la ville d'Elbeuf qui, dans l'année 1859, s'est élevée à 90 millions de francs, se divise en quatre genres distincts, ainsi que l'indique le tableau ci-après :

GENRES de fabrication.	DÉSIGNATION DES GENRES.	MOYENNE DU PRIX du mètre de tissu, largeur, 137 centimètres.	MOYENNE DU POIDS du mètre de tissu, largeur, 137 centimètres.	VALEUR de 100 kilogrammes de tissu terminé.
		fr. c.	grammes.	fr. c.
Nos 1	Draps unis....................	13 40	0,480	2,791 00
	Étoffes façonnées pour printemps.			
2	Pantalons et paletots..........	10 20	0,375	2,720 00
	Façonnés pour hiver.			
3	Pantalons..................	13 60	0,680	2,000 00
	Façonnés pour hiver.			
4	Paletots et manteaux de dames....	16 00	0,800	2,000 00

La différence qui existe entre le poids de chaque genre de fabrication rend indispensable une protection basée sur l'adoption de plusieurs catégories; je les propose comme il suit :

TISSUS DE LAINE FOULÉE, DRAPS UNIS ET FAÇONNÉS.

PREMIÈRE DIVISION OU CATÉGORIE.

Fins, valant 15 francs et plus le kilogramme.

1re subdivision : *légers*, pesant 350 grammes et moins le mètre carré, ou mesurant 250 mètres et plus entre lisières, 600 francs par 100 kilogrammes.

2e subdivision : *lourds*, pesant plus de 350 grammes le mètre carré, ou mesurant moins de 250 mètres carrés entre lisières, 450 francs par 100 kilogrammes.

MM.
Charles Flavigny,
Augustin Poussin,
Édouard Bellest,
Chennevière frères

DEUXIÈME DIVISION OU CATÉGORIE.

Communs, valant moins de 15 francs le kilogramme.

1re subdivision : *légers*.

2e subdivision : *lourds*.

J'aurais pu déterminer des chiffres pour cette deuxième division; mais il me semble convenable que les fabricants intéressés plus directement à cet égard proposent eux-mêmes les droits qui leur semblent nécessaires comme protection; car la fabrication de la ville d'Elbeuf se compose presque exclusivement d'étoffes valant depuis 15 francs jusqu'à 45 francs le kilogramme; elle est, pour ainsi dire, désintéressée dans la question.

Pour opérer sur la première division, je prends pour bases le poids d'une part et, d'autre part, le mètre carré; car cela est nécessaire à cause de la diversité des largeurs.

Pour opérer sur la deuxième division, je proposais le dépôt au Ministère du Commerce de types cachetés préparés par ses soins; une portion de ces types aurait été remise dans chaque bureau-frontière afin de servir, par leur rapprochement et leur comparaison avec les étoffes étrangères, à faire admettre ces étoffes, si elles étaient reconnues communes, dans la deuxième division ou catégorie, ou à les faire monter, si elles étaient reconnues fines, dans la première division ou catégorie, pour l'acquittement des droits qui leur seraient afférents, dans l'un ou l'autre cas.

L'emploi du compte-fils pour les étoffes communes, tel qu'il a été proposé par mon collègue M. Poussin, m'ayant paru préférable sous la réserve que les fils, à l'état d'un fil retors, ne seraient pas comptés pour un seul fil, je m'y suis rallié.

L'écart entre les prix de revient anglais et français peut, suivant les divers genres de fabrication et leurs qualités, varier de 14 à 18 p. o/o; mais, eu égard aux causes d'infériorité, en dehors du prix de revient, telles que je les ai, pour la plupart, indiquées, il faut, selon moi, ajouter à cet écart, comme chiffre représentatif de ces autres causes d'infériorité, au moins 8 p. o/o.

Par tous ces motifs réunis, j'estime que je suis dans le vrai en demandant 22 à 23 p. o/o de protection sur le prix total de nos étoffes.

Le chiffre du droit protecteur, fixé à 600 francs par 100 kilo-

MM.
Charles Flavigny,
Augustin Poussin,
Edouard Bellest,
Chennevière frères.

grammes pour les tissus légers, représente, pour Elbeuf, dans les genres nos 1 et 2, une moyenne de 22 p. o/o, la protection ne dépassant pas 30 p. o/o sur le prix le plus bas, qui est de 20 francs le kilogramme, et ne donnant que 13 p. o/o du prix le plus élevé, qui est de 45 francs le kilogramme.

De même, pour les tissus lourds, nos 3 et 4, le chiffre de 450 francs par 100 kilogrammes représente aussi une moyenne de 22 à 23 p. o/o, la protection ne dépassant pas 30 p. o/o sur le chiffre de 15 francs, qui est le plus bas, et ne donnant que 18 p. o/o du chiffre le plus élevé, qui est de 25 francs le kilogramme.

Outre ces deux catégories, je demande que les étoffes drapées, unies ou façonnées, qui seraient mélangées, au cardage, de matières autres que la laine, mais dans lesquelles la laine dominerait, supportent le même droit que les étoffes en pure laine.

M. le Président. Vous ne nous avez pas donné votre chiffre pour les filés.

M. Flavigny. La différence énorme qui existe entre nos degrés de filature ne me permet pas de donner, à cet égard, des chiffres qui vous soient utiles. Nous employons des filés depuis les numéros les plus fins jusqu'aux plus gros. J'ai dit dans ma note que, pour nous, il était beaucoup plus important d'avoir un fil de bonne qualité, même avec un prix un peu plus élevé, qu'une qualité médiocre à bas prix. Nos fils étant destinés à être tissés par nos ouvriers, nous savons que, si nous mettons un prix un peu plus élevé à la filature, nous retrouvons cet avantage au tissage.

La facilité du tissage augmente en raison de la bonté du fil. Si le fil n'a pas reçu une torsion suffisante, ou s'il n'a reçu qu'un tordage trop rapidement fait, s'il *s'effile*, — c'est le terme employé en filature, — on a du fil très-mauvais qui ne permet pas d'obtenir un tissage régulier.

M. le Président. Vous nous avez dit que les tissus légers en étoffes de nouveauté se vendaient 10 ou 11 francs à Elbeuf. Pour combien la matière première entre-t-elle dans ce chiffre?

M. Flavigny. Pour environ 42 ou 43 p. o/o, dans l'ensemble de notre fabrication.

M. le Président. Par conséquent, la main-d'œuvre et les autres frais

MM.
Charles Flavigny.
Augustin Poussin.
Édouard Bellest.
Chennevière frères.

généraux ou accessoires, tels que l'amortissement, etc., y figurent pour 57 ou 58 p. o/o. Dans ces 57 p. o/o environ, combien représenterait le droit que vous réclamez?

M. Flavigny. Nous n'avons pas examiné ce point. Je ne pourrais donc pas accepter la question comme vous la posez; nous avons fait notre calcul comme je l'ai présenté.

M. le Président. La meilleure manière de faire un calcul, c'est de le faire de façon à ce qu'il puisse être examiné et discuté. Si vous dites: « Je ne peux pas accepter la question comme vous la posez, » le Conseil à son tour sera autorisé à répondre qu'il ne peut pas accepter la solution que vous proposez. Il ne faut rien négliger pour nous éclairer les uns et les autres; sans cela, nous nous exposerions à ne pas rencontrer la vérité que nous cherchons.

M. Flavigny. Dès qu'il s'agit de convertir les droits *à la valeur* en droits *spécifiques*, la matière première qui a concouru à donner la valeur ne peut en être séparée pour la détermination du droit protecteur.

M. le Président. Je divise les tissus comme vous les avez divisés vous-même, en tissus légers et en tissus lourds. A combien évaluez-vous la matière première dans les tissus légers?

M. Flavigny. Elle vaut de 33 à 35 p. o/o pour les étoffes de nouveauté, et 50 p. o/o environ pour les draps unis, soit, en moyenne, 42 p. o/o.

M. le Président. Et quelle serait la quantité des matières premières dans les tissus lourds?

M. Flavigny. De 43 à 45 p. o/o.

M. le Président. Ce qui ferait en moyenne 45 p. o/o.

M. Flavigny. J'ai trouvé 42 1/2 pour la moyenne générale de toute notre fabrication, parce qu'elle comprend plus de tissus légers que de tissus lourds.

M. le Président. Pour combien, dans les tissus légers, entre la main-d'œuvre proprement dite, c'est-à-dire le travail de l'ouvrier?

M. Flavigny. Je n'ai pas fait cette évaluation particulière; je n'ai fait qu'une appréciation en bloc.

MM.
Charles Flavigny,
Augustin Poussin,
Édouard Bellest,
Chennevière frères.

M. le Président. Pensez-vous que la main-d'œuvre soit plus chère en France qu'en Angleterre?

M. Flavigny. Elle est à peu près au même prix dans les deux pays; mais nous avons reconnu, par l'expérience, que l'ouvrier anglais produit plus que l'ouvrier français.

M. le Président. Oui, mais il ne travaille que pendant dix heures, tandis que l'ouvrier français travaille pendant douze heures.

M. Flavigny. Quoique travaillant moins de temps, l'ouvrier anglais produit davantage, en général.

M. Ernest Baroche. Je suppose un drap nouveauté d'hiver, en une chaîne dix-huit marques, fil filé aux cinq quarts. L'un de vous, Messieurs, pourrait-il, pour un drap dans ces conditions, nous donner les détails indiqués dans la question n° 8?

M. Chennevière. Ces détails sont extrêmement compliqués.

M. Ernest Baroche. Il y a beaucoup de fabricants d'Elbeuf qui ont un compte ouvert à cet égard; j'ai vu un modèle de ce genre de compte imprimé ou lithographié.

Croyez-vous que, dans les conditions que j'indiquais, le prix de 170 francs, comme prix du tissage et des frais qui en sont la conséquence, soit un prix vrai pour un drap de 90 mètres de longueur?

M. Chennevière. Voici une feuille que j'ai détachée de mes livres et qui contient tous ces détails.

M. Ernest Baroche. Pouvez-vous donner le prix moyen de revient d'un kilogramme de l'ensemble de votre fabrication?

M. Chennevière. 6 fr. 47 cent. environ, moins la teinture et moins la filature. A ces 6 fr. 47 cent. on peut ajouter 1 franc de teinture par kilogramme, et 1 fr. 42 cent. à peu près de filature, y compris le triage et le dégraissage.

M. Ernest Baroche. Ainsi 1 fr. 40 cent. ou 1 fr. 50 cent. pour la filature et ce qui la représente, 6 francs de tissage, frais et faux frais, plus 1 franc de teinture, tout cela ferait, pour un kilogramme de nouveauté moyenne, 8 fr. 50 cent.

M. Chennevière. Il n'est question que d'une étoffe d'hiver. Pour l'été, les chiffres changent.

M. ERNEST BAROCHE. M. Poussin fabrique spécialement des draps noirs. Ces chiffres-là sont-ils les mêmes pour lui?

MM. Charles Flavigny, Augustin Poussin, Édouard Bellest, Chennevière frères.

M. POUSSIN. Non, Monsieur; dans nos qualités ordinaires, nous avons 10 francs de frais de toute nature, par kilogramme, en dehors de la laine; et dans nos qualités fines, ces frais s'élèvent à 12 francs.

M. ERNEST BAROCHE. Combien comptez-vous pour la teinture?

M. POUSSIN. Un franc par kilogramme.

M. ERNEST BAROCHE. C'est bien cher pour du noir.

M. POUSSIN. La teinture nous revient à ce prix-là.

M. ERNEST BAROCHE. Un drap de 40 kilogrammes vous revient à 40 francs de teinture?

M. POUSSIN. Oui, Monsieur.

M. ERNEST BAROCHE. C'est un peu cher.
A combien évaluez-vous la façon d'un drap lisse noir de 40 kilogrammes?

M. POUSSIN. De 400 à 500 francs.

M. ERNEST BAROCHE. Un drap de quelle valeur?

M. POUSSIN. Nous faisons des draps depuis 11 fr. 50 cent. jusqu'à 18 francs le mètre, pesant de 450 à 550 grammes, soit, au kilogramme fabriqué, de 22 à 40 francs.

M. ERNEST BAROCHE. Et vous évaluez à 400 ou 500 francs la façon de chacun de vos draps? C'est plus cher que dans la nouveauté.

M. POUSSIN. Ce qui coûte surtout, c'est l'apprêt; c'est le lainage, le tissage et le tondage.

M. ERNEST BAROCHE. Oh! je ne discute pas.

M. D'EICHTHAL. M. Flavigny a dit ce qu'il demandait; mais il s'en est référé, ce me semble, à M. Poussin pour un amendement à sa proposition sur les étoffes lourdes. Nous n'avons pas cet amendement.

M. SCHNEIDER. Ce n'est pas un amendement, c'est un complément.

M. POUSSIN. Nous avons, en effet, divisé les draps en deux caté-

MM.
Charles Flavigny,
Augustin Poussin,
Édouard Bellest,
Chennevière frères.

gories : une catégorie de draps communs de la même qualité que les draps de troupe et une catégorie.....

M. Schneider. Est-ce que vous croyez pouvoir poser des types qui soient appréciables par la douane?

M. Poussin. Nous le pensons; et nous pensons, en outre, qu'on pourrait avoir un mode d'appréciation fondé sur le nombre des fils. Ainsi, un drap nouveauté valant 15 francs et moins par kilogramme. . . .

M. Amé. Comment déterminerait-on que ce drap vaut 15 francs?

M. Poussin. Par le type déposé et la comparaison avec le drap de troupe qui est d'une qualité connue.

M. Amé. Comment la douane établira-t-elle que tel drap vaut 15 francs, lorsque, par exemple, le fabricant anglais viendra déclarer qu'il n'en vaut que 12 ?

M. Poussin. On rangerait dans la catégorie inférieure : 1° les draps et nouveautés ayant toute la chaîne en coton; 2° les draps unis ou croisés ayant moins de 18 fils en chaîne au centimètre, et les draps nouveautés ayant moins de 16 fils en chaîne au centimètre.

M. Ernest Baroche. Est-ce avec l'instrument dit *quart-de-pouce* que l'on peut découvrir le nombre des fils de la chaîne ?

M. Poussin. Il y a une opération bien simple à faire : c'est d'enlever dans la chaîne exactement un centimètre, avec un emporte-pièce, et de compter les fils de chaîne.

M. Ernest Baroche. Avec l'instrument dit *quart-de-pouce ?*

M. Poussin. On le peut aussi avec cet instrument.

M. Ernest Baroche. Cela se ferait difficilement sans brûler.

M. Poussin. Il est facile de brûler avec une pince chauffée mise sur le drap.

M. Amé. Ne croyez-vous pas qu'il y aurait une difficulté sérieuse dans l'appréciation de cet élément de la valeur? Si l'on doit déterminer la valeur au kilogramme, il ne serait pas, je pense, beaucoup plus difficile de la déterminer au mètre.

MM
Charles Flavigny,
Augustin Poussin,
Édouard Bellest,
Chennevière frères

M. le Président. Le chiffre de 15 francs, dont parlait M. Poussin, est le résultat d'une évaluation dans laquelle le nombre des fils entre comme élément d'appréciation.

M. Schneider. Il faut, en effet, quelque chose de saisissable et de tangible.

M. le Président. Monsieur Poussin voudrait-il continuer?

M. Poussin. J'ai dit que nous proposions deux catégories. Dans la première seraient placés les draps valant 15 francs et moins par kilogramme; et dans la seconde les draps valant plus de 15 francs.

Dans chaque catégorie nous demandons deux divisions, *draps légers* et *draps lourds*, basées, l'une et l'autre, sur le poids au mètre carré, parce que nous avons pensé que la largeur anglaise variant beaucoup et n'ayant pas de rapports exacts avec nos dimensions, il valait mieux réduire au mètre carré.

La première division comprendrait les draps pesant plus de 350 grammes au mètre carré.

La deuxième division serait limitée aux draps pesant moins de 350 grammes.

Pour la première catégorie, celle des draps communs, nous demanderons un droit de 2 fr. 50 cent. par kilogramme pour les draps lourds, et de 3 fr. 50 cent. pour les draps légers.

Pour la seconde catégorie, celle des draps fins, nous demandons 4 fr. 50 cent. par kilogramme pour les draps lourds, et 6 francs pour les draps légers.

Les articles mélangés de coton ou autres matières, à la carde, seront comptés comme articles tout laine.

M. Schneider. Ainsi, voilà bien l'ensemble de la combinaison:

Deux catégories d'abord: draps fins et draps communs. Puis, dans chacune de ces catégories, dont nous allons indiquer tout à l'heure le mode de distinction, vous établissez les draps légers et les draps lourds.

Pour les draps fins et légers, vous demandez 600 francs par 100 kilogrammes. Pour les draps fins et lourds, 450 francs. Pour les deux divisions de la catégorie des draps communs, vous demandez 350 francs et 250 francs.

Quant à la division de ces deux catégories, draps communs et draps fins, vous établissez que la distinction serait faite par la douane, sur deux éléments combinés: un élément principal et saisissable, qui est le nombre des fils, et un second élément qui serait l'ap-

MM.
Charles Flavigny,
Augustin Poussin,
Edouard Bellest,
Chennevière frères.

préciation du prix par un pesage. L'élément saisissable pourrait, dans certains cas, ne pas suffire.

M. Flavigny. Dans ce cas, l'appréciation résultera du poids.

M. Schneider. Oui, pour la distinction entre les draps lourds et les draps légers. Mais, quant à la qualité, M. Poussin nous indiquait que le drap serait réputé commun lorsqu'il se composerait d'un certain nombre de fils au centimètre carré, et corrélativement...

M. Poussin. C'est le drap de troupe qui nous servirait de point de départ.

M. Amé. Quant au nombre des fils, on peut l'apprécier à l'œil, et ce n'est pas là que je verrais la plus grande difficulté; mais l'élément de la valeur spéciale est très-vague, et de là naît une difficulté très-grande : car comment faire quand on présentera à la douane un drap; que la douane estimera la valeur de ce drap 15 francs, et que l'importateur lui dira : « Vous vous trompez; il ne vaut que 12 francs. »

M. Poussin. L'appréciation portant sur les degrés compris entre le haut et le bas de l'échelle, quand un drap valant 15 francs, par exemple, se trouverait placé, par l'application du tarif, dans la catégorie de ceux qui en valent moins de 15, il n'y aurait pas là un préjudice considérable; mais ce qu'il faudrait empêcher, ce serait qu'un drap valant 20 francs, je suppose, fût placé dans la catégorie des draps inférieurs à 15 francs. La douane sera toujours obligée d'apprécier; mais elle pourra le faire avec des éléments et des moyens qui l'empêcheront de commettre des erreurs trop considérables.

M. Schneider. On passerait, sur l'échelle, de 3 fr. 50 cent. à 3 fr., si l'on n'était pas fixé par le nombre de fils.

Comment seraient classés les tissus mélangés de coton?

M. Poussin. Les articles mélangés de coton, à la carde, par exemple, seraient comptés comme articles tout laine; quant à ceux dont toute la chaîne serait en coton, ce qui est facile à constater en détissant quelques fils de trame, ils seraient placés dans la catégorie des draps communs, quel que fût le nombre des fils.

M. Amé. Je crois devoir revenir sur mon objection et insister sur les inconvénients que j'entrevois pour l'application de ce système.

Dans l'état actuel, quand il y a difficulté entre la douane et le commerce pour les prix, on prend des échantillons et on les soumet à des experts. Les experts décident en dernier ressort. C'est alors une question jugée. Mais, dans l'application du tarif nouveau, il n'y aura plus d'experts pour déterminer la valeur : c'est un débat qui s'établira entre la douane et l'importateur. Si, lorsque la douane prétendra placer un drap dans une catégorie, l'importateur persiste à soutenir qu'il doit être placé dans une catégorie inférieure, il faudra que la douane accepte ou use du droit de préemption.

MM.
Charles Flavigny.
Augustin Poussin.
Édouard Bellest.
Chennevière frères.

M. Chennevière. On pourrait encore nommer des experts et faire faire une estimation.

M. Amé. Mais non; il n'y a plus d'experts possibles.

M. Chennevière. Dans le cas d'une contestation impossible à régler, l'Administration ne pourrait cependant pas se refuser à laisser juger le différend par un tribunal composé de négociants anglais et français en nombre égal. Le recours à l'expertise sera l'exception et non la règle, car un négociant n'irait pas, sans un grand intérêt, poursuivre une misérable affaire qui lui donnerait, à coup sûr, beaucoup de mal et de tracas.

M. de Forcade la Roquette. C'est l'importateur qui pourra être en difficulté avec la douane; ce n'est pas le négociant français.

M. Chennevière. Aussi le négociant français ne serait-il appelé que comme juge pour contrebalancer l'influence anglaise.

M. Ernest Baroche. Je voudrais faire une question.

Dans quelle catégorie rentrent les draps que fabriquent MM. Chennevière, à Louviers, draps à très-bon marché et qui valent 4 francs ou 4 fr. 50 cent. le mètre de 500 grammes, ou à peu près 9 francs le kilogramme.

M. Poussin. Dans la catégorie frappée du droit de 2 fr. 50 cent.

M. Ernest Baroche. Est-ce qu'ils ne contiennent pas de coton?

M. Poussin. Non; mais ils ont moins de 16 fils au centimètre.

M. le Président. S'ils valent 4 fr. 50 cent. les 500 grammes et le mètre, et, par conséquent, 9 francs le kilogramme, le droit serait de plus de 30 p. o/o.

M. Poussin. Il ne serait que de 28 p. o/o.

MM.
Charles Flavigny,
Augustin Poussin,
Édouard Bellest,
Chennevière frères.

M. LE PRÉSIDENT. Mais tout à l'heure on nous disait que le droit proposé par ces Messieurs ne serait que de 22 1/2 p. o/o.

M. POUSSIN. 22 1/2 p. o/o, c'est la moyenne. Dans notre combinaison, les derniers degrés des catégories auraient une protection de 30 p. o/o, et les degrés supérieurs une protection de 15 p. o/o seulement. Entre ces deux chiffres la moyenne est bien 22 1/2 p. o/o.

M. BELLEST. Avec le tarif proposé par MM. Flavigny et Poussin, notre fabrication n'aura que 15 p. o/o de protection, en moyenne.

M. FLAVIGNY. Ainsi un drap du prix de 13 fr. 25 cent., qui pèse 410 grammes, ne sera protégé que par un droit de 13 p. o/o.

M. LE PRÉSIDENT. Est-ce que vous expédiez des draps de cette qualité en Angleterre?

M. BELLEST. Nous exportons très-peu, et seulement pour les États-Unis.

M. LE PRÉSIDENT. Ce que vous portez aux États-Unis, l'Angleterre ne le leur fournit pas.

M. FLAVIGNY. Tous les tissus qui coûtent, au kilogramme, de 40 à 42 francs, n'auront plus qu'une protection inférieure à 15 p. o/o.

M. SCHNEIDER. N'y aurait-il pas lieu de faire ce qu'indiquait M. Flavigny, c'est-à-dire de tenir compte de la largeur usuelle, mais rapportée à la largeur au mètre carré?

M. LE PRÉSIDENT. Oh! cela, c'est un mode de supputation.

M. FLAVIGNY. Je ne vous ai pas parlé du mètre carré, quoique ce fût la base adoptée par nous, parce que M. Poussin avait à compléter notre travail pour les chiffres relatifs aux étoffes communes. M. le Commissaire général, qui m'a demandé mon travail, et à qui je l'ai remis, peut voir que les indications y sont données au mètre carré.

M. LE PRÉSIDENT. Est-ce que M. Chennevière pense qu'il a besoin d'une protection de 2 fr. 50 cent.?

M. CHENNEVIÈRE. Je crois que MM. Chennevière, de Louviers [1],

[1] Le déposant ne représente pas la maison Delphis Chennevière, de Louviers, dont il est question en ce moment, mais bien la maison Théodore Chennevière, d'Elbeuf.

MM.
Charles Flavigny,
Augustin Poussin,
Edouard Bellest,
Chennevière frères

n'auraient pas besoin de toute cette protection; mais, comme on vous le disait, il y a des degrés dans l'échelle, et, pour certaines étoffes, nous sommes très-peu protégés. Nous n'en avons pas moins cherché à établir une moyenne qui fût de nature à satisfaire tout le monde. Lisieux sera très-favorisé dans notre combinaison de catégories; MM. Delphis Chennevière auront une protection très-large. Nous, au contraire, pour certaines étoffes, nous n'aurons qu'une protection très-limitée.

M. Ernest Baroche. Dans vos habitudes de commerce, vous êtes-vous occupé du mode de constatation par le nombre des fils?

M. Chennevière. Non; dans les habitudes commerciales de la draperie feutrée, on ne raisonne pas du tout sur le nombre des fils; on ne les compte pas.

M. Schneider. Pensez-vous que l'opinion que vous émettez sur le mode d'application du droit soit généralement partagée dans la ville d'Elbeuf?

M. Chennevière. Presque unanimement.

M. Ernest Baroche. Parlez-vous au nom de la ville d'Elbeuf, ou en votre nom personnel?

M. Flavigny. Nous croyons pouvoir parler ainsi au nom d'Elbeuf et de son industrie. La Chambre Consultative a donné son avis; les principaux fabricants ont été consultés; leur avis a été conforme au nôtre, et nous nous regardons comme pouvant, dans cette question, représenter l'industrie d'Elbeuf.

M. Ernest Baroche. Vous croyez être les organes de l'opinion d'Elbeuf quant à la limite du droit; mais en est-il de même quant à la question de classification, quant à ce mode de distinction et de classification par le nombre de fils?

M. Flavigny. Non; c'est une indication qui nous est personnelle.

M. Poussin. C'est notre appréciation particulière.

M. le Président. Ainsi, ces Messieurs croient représenter la ville d'Elbeuf, quand ils affirment qu'ils ont besoin d'une protection de 15 à 30 p. o/o; mais en ce qui touche au mode de distinction des draps et de leur classement en catégories pour l'application des

MM.
Charles Flavigny,
Augustin Poussin,
Édouard Bellest,
Chennevière frères.

droits, ils reconnaissent que leur déposition n'est que l'expression d'une opinion personnelle.

M. Schneider. C'est précisément sur le mode de distinction et de classification qu'a porté ma question.

M. Flavigny. Il y a une distinction à établir. Nous sommes parfaitement d'accord sur ce point : qu'il est de la plus haute importance de diviser les tissus en fins et en communs, et de diviser l'une et l'autre de ces catégories en tissus légers et tissus lourds. Là-dessus, la ville d'Elbeuf tout entière est avec nous, et nous pouvons être, d'avance, certains que Sedan et Louviers ne doivent pas penser autrement, quoique nous n'ayons, à cet égard, l'avis d'aucun des représentants de ces villes.

Quant à ce que disait tout à l'heure M. Ernest Baroche, et en ce qui concerne l'examen à la loupe du nombre des fils, c'est là l'opinion personnelle de M. Poussin, exprimée dans le complément de notre travail. Sur ce point, nous ne pouvons pas dire que nous ayons eu le temps de consulter les Elbeuviens, puisque c'est ce matin même que M. Poussin nous a fait part de son idée. Quant à moi, j'en avais une autre.

M. le Président. Avez-vous, Messieurs, quelque chose à ajouter à vos dépositions?

M. Flavigny. Nous sommes assez embarrassés. Nous voulons, de tout notre cœur, vous aider. M. Ernest Baroche a vu, à Elbeuf, comment nous nous y sommes pris avec lui. Tout ce qu'il a désiré, tout ce qu'il a cru nécessaire pour s'éclairer, nous l'avons mis à sa disposition avec le plus grand empressement et la plus grande bonne foi. Je crois qu'il a pu le reconnaitre. Maintenant, nous venons vous donner nos idées. Nous ferons nos efforts pour vous venir en aide, et nous vous demandons à vous-mêmes de nous aider aussi.

M. le Président. Nous n'avons pas à aider que vous seuls; nous devons aider tout le monde. Voilà pourquoi la question est délicate.

M. Ernest Baroche. Je voudrais que ces Messieurs expliquassent ou tâchassent d'expliquer par des chiffres, si cela leur était possible, la raison de leur infériorité présumée vis-à-vis de l'Angleterre; car c'est là le point important et délicat.

M. Amé. Je les prierai de s'expliquer aussi sur cette question :

Sur un milliard qui est fabriqué en France, nous exportons environ pour 400 millions de lainages. Comment, devant une exportation aussi considérable, la nécessité d'un droit protecteur élevé peut-elle se justifier?

MM. Charles Flavigny, Augustin Poussin, Édouard Bellest, Chennevière frères.

M. Flavigny. Il serait très-important de distinguer entre elles les exportations des différents tissus, savoir : celle des tissus drapés comme les nôtres, et celle des autres tissus. Ce n'est pas nous personnellement qui exportons; ce sont nos acheteurs qui exportent : nous ne pouvons donc savoir les quantités que par les tableaux des douanes.

M. Poussin. L'exportation des draps et nouveautés drapées n'excède pas 60 millions.

M. Chennevière. Depuis trois ou quatre ans, l'Amérique a très-peu acheté à cause des crises financières.

M. Ernest Baroche. En dehors du prix du charbon et du prix des machines, quelles sont les raisons directes, applicables à la question, que vous avez à mettre en avant pour expliquer l'infériorité dont je parlais?

M. Flavigny. Le prix du charbon en Angleterre est d'environ six à sept fois meilleur marché qu'en France.

M. le Président. Vous le payez, a-t-on dit, 30 francs la tonne?

M. Flavigny. Nous l'avons payé 36 francs la tonne rendue à domicile, avant le 1er juillet dernier. Depuis cette époque, nous le payons moins cher. J'en ai payé, mardi dernier, 34 francs.

M. Ernest Baroche. Voilà pour le charbon. Et pour les machines?...Vous nous avez dit, quant aux machines, que vous aviez peu de foi, quant à présent, du moins, dans l'avenir des métiers à la mécanique, et que vous pensiez que longtemps encore les métiers à la main...

M. Chennevière. Nous ne pouvons pas nous prononcer : nous expérimentons, voilà tout.

M. le Président. Croyez-vous que les métiers à la mécanique fassent beaucoup plus économiquement que les métiers à la main? Ils font plus rapidement, c'est reconnu; mais font-ils plus économiquement?

MM
Charles Flavigny,
Augustin Poussin,
Édouard Bellest,
Chennevière frères.

M. Chennevière. En Angleterre, oui; parce que les Anglais sont arrivés à un résultat complet. En France, non; parce que nos métiers sont encore, en quelque sorte, dans l'enfance.

M. le Président. Ainsi, vous considérez que, pour ses métiers à la mécanique, l'Angleterre a réalisé un progrès de rapidité et d'économie?

M. Chennevière. Oui, un progrès considérable au point de vue de l'économie, de la grande production et de la régularité du travail.

M. Flavigny. Pour la nouveauté, le métier mécanique n'est pas encore appliqué.

M. Chennevière. Il ne l'est pas même en Angleterre.

M. Ernest Baroche. Il faut distinguer : le métier mécanique n'est pas encore appliqué, pour la nouveauté; tandis que, pour le drap noir, que fait M. Poussin, il est appliqué dans des proportions assez considérables.

M. Poussin. Nous avons vingt métiers mécaniques.

M. le Président. Combien trouvez-vous d'économie dans l'emploi des métiers à la mécanique?

M. Poussin. Jusqu'à présent, nous ne le savons pas encore. Une grande difficulté en France, c'est le haut prix du charbon, et aussi le prix de la mécanique elle-même. Pour le charbon, vous savez quelle différence de prix nous supportons par rapport aux Anglais; et quant aux métiers mécaniques, ils nous coûtent 1,000 à 1,500 francs, tandis qu'en Angleterre ils ne coûtent que 500 francs.

M. le Président. S'il existe une telle différence, pourquoi ne faites-vous pas venir vos métiers d'Angleterre?

M. Poussin. Parce que le métier anglais n'est pas fait exactement pour le genre d'articles que nous fabriquons. Nos tissus sont montés en comptes plus élevés, et le métier anglais ne fonctionne pas bien pour ces tissus.

M. le Président. Ce n'est donc pas la même nature de métiers?

M. Poussin. Non, pas tout à fait. Dès 1836, mon père avait fait venir six métiers anglais; après les avoir fait fonctionner pendant trois ou quatre ans, il a été obligé de les mettre à la ferraille, parce que les dépenses d'entretien et de combustible qu'entraînaient ces métiers, rendaient le tissage mécanique plus coûteux que le tissage à la main.

MM
Charles Flavigny.
Augustin Poussin.
Édouard Bellest.
Chennevière frères.

M. le Président. Combien dépensez-vous de houille par an ?

M. Poussin. Il m'est difficile de le dire, parce que la plus grande partie de notre force motrice est hydraulique.

M. le Président. Quelle est, en fait, votre dépense de houille par an ?

M. Poussin. 35,000 francs.

M. le Président. Et vous faites pour combien d'affaires ?

M. Poussin. Pour 2,800,000 francs; mais, je le répète, la plus grande partie de notre force est hydraulique. De plus, certaines opérations qui demandent du charbon, entr'autres la teinture en laine et le décatissage, sont faites dans des établissements à façon. Notre dépense en charbon deviendrait également beaucoup plus considérable si nous transformions notre tissage à la main en tissage mécanique.

Je prie, en outre, le Conseil Supérieur de remarquer que les différences sur les prix du fer et du charbon ne sont pas les seules causes d'infériorité pour l'industrie française comparativement à l'industrie anglaise; que les constructions sont, en outre, en Angleterre, dans des conditions beaucoup plus économiques qu'elles ne le sont en France; que le manufacturier anglais obtient encore l'argent à un taux inférieur à celui auquel peut se le procurer l'industriel français; qu'il en résulte que l'Anglais paye son établissement moitié moins environ; que ses machines lui coûtent aussi la moitié de ce qu'elles nous coûtent; que son amortissement est moindre : ce qui, ajouté à la différence du charbon, qui coûte six à sept fois moins, abaisse considérablement son prix de revient. Je prie le Conseil de remarquer aussi que, si l'on peut chiffrer ces différences, il en est qu'on ne saurait chiffrer; qu'il faut tenir compte, par exemple, de la facilité d'écoulement qu'assurent à l'industrie anglaise le développement de son commerce et l'importance de ses colonies, colonies qu'elle n'a point ouvertes au commerce français; qu'il ne faut pas oublier surtout que ses institutions permettent la création et la continuité de ces établissements gigantesques depuis longtemps amortis.

Enfin l'industrie française n'aura pas seulement à lutter contre l'industrie anglaise; elle aura aussi à lutter contre les fabriques de la

MM.
Charles Flavigny,
Augustin Poussin,
Édouard Bellest,
Chennevière frères.

Belgique et de la Prusse, qui payent la houille la moitié du prix qu'elle nous coûte, et qui ont de plus la main-d'œuvre à 30 p. o/o meilleur marché.

Par ces motifs, je crois que les droits protecteurs, tels que nous les demandons, sont indispensables pour maintenir l'industrie drapière; et mon opinion est corroborée par celle de plusieurs fabricants de Verviers et d'Aix-la-Chapelle, avec lesquels j'ai eu dernièrement l'occasion d'établir le compte comparatif de notre industrie, et qui m'ont déclaré que des droits de 20 à 22 p. o/o en moyenne leur paraissaient nécessaires pour compenser les différences qui existent entre les prix de revient anglais et les prix de revient français.

Est introduit

M. DELANDEMARE, fabricant à Elbeuf.

ACHAT ET PRÉPARATION DES LAINES.

FILATURE, TISSAGE ET APPRÊTS.

FABRICATION DES DRAPS NOUVEAUTÉS.

Elbeuf.

M. Delandemare. Je suis fabricant de draps dits *nouveautés*. Notre maison emploie des laines d'Australie, de bonne qualité et très-fines. Nous avons des qualités différentes pour nos étoffes d'hiver et pour nos étoffes d'été ou de printemps.

La laine d'Australie (Sydney, Port-Philippe et divers), dégraissée, coûte de 10 francs à 13 francs le kilogramme;

Les laines d'agneaux diverses, de 10 fr. 50 cent. à 13 francs, en blanc;

Les laines diverses d'Allemagne, de 11 francs à 16 francs, en blanc;

Celles de Russie, de 9 fr. 50 cent. à 13 francs, en blanc;

Enfin, les laines de France (parties fines) coûtent de 9 francs à 11 francs.

Les frais, par rapport au prix de 6 francs par kilogramme payé à Londres, sont de 6 p. o/o.

Voici la décomposition de ces frais :

2 p. o/o....	3 francs les 100 kilogrammes, pour le droit d'entrée. 60 centimes, pour le double décime. 6 francs les 100 kilogrammes, pour le transport de Londres à Elbeuf. Timbre et menus frais. 2 centimes par kilogramme environ pour assurance de mer. 1 shelling 6 pence par lot.
1 p. o/o....	1/2 pour courtage. 1/2 pour commission de banque.
3 p. o/o....	Commission d'achat.
6 p. o/o.	

M. Ernest Baroche. Vous évaluez les frais de commission d'achat à 3 p. o/o?

M. Delandemare. M. Delandemare. Oui, Monsieur.

M. Ernest Baroche. Ce sont des frais qui sont élastiques, en ce sens qu'on peut obtenir des concessions?

M. Delandemare. Je vous demande pardon; ils ne sont pas du tout élastiques : nous sommes obligés de payer 3 p. o/o pour commission, ou de nous déplacer.

M. Ernest Baroche. On ne fait aucune concession sur ces frais?

M. Delandemare. Non, Monsieur.

Je dois ajouter que ce chiffre de 6 p. o/o n'exprime pas exactement la différence qui existe, pour la matière première, entre les fabricants français et les fabricants anglais; il faut en déduire 1 p. o/o que payent ces derniers pour une partie de ces frais, et alors la différence se réduit à 5 p. o/o.

M. Ernest Baroche. Mais les Anglais ont aussi des frais de déplacement et de transport.

M. Delandemare. Leurs frais de déplacement et de transport ne sont pas aussi élevés que les nôtres.

Pour l'Allemagne, nos frais sont de 9 p. o/o et une fraction.

En voici le détail :

4 » p. o/o.	28 centimes (sur le prix de 7 francs en achat).
1 2/3 p. o/o.	3 cent. 1/2 p. o/o pour courtage. 1 centime à 1 cent. 1/2, frais sur place en Allemagne pour pesage et divers. 1 p. o/o, intérêt, deux mois pour l'arrivée des laines à Elbeuf.
2/3 p. o/o.	Commission de banque en Allemagne.
3 » p. o/o.	Commission d'achat.
9 1/3 p. o/o.	

Pour la Russie, les frais sont de 11 à 12 p. o/o. Les laines russes nous viennent par Marseille ou le Havre.

M. Ernest Baroche. Les Anglais supportent les mêmes frais que vous pour l'achat de ces laines?

M. Delandemare. Je ne sais pas si leurs frais de transport sont les mêmes.

M. Ernest Baroche. Ils doivent être au moins les mêmes.

M. Delandemare. Je ne le crois pas. M. Delandemare

M. Michel Chevalier. Le fret d'Odessa à Londres est-il meilleur marché que celui d'Odessa au Havre?

M. Delandemare. Les laines d'Odessa ne sont pas meilleur marché pour les Anglais. Ils ont les mêmes frais que nous.

2ᵉ *Question du 1ᵉʳ paragraphe.* — Nous avons, ainsi que je vous l'ai signalé, 5 p. o/o de frais de plus que les Anglais.

3ᵉ *Question du 1ᵉʳ paragraphe.* — Nous faisons laver la laine à façon.

4ᵉ *Question du 1ᵉʳ paragraphe :*

1° Nous faisons teindre avant de filer;

2° La teinture n'est pas faite par nous;

3° Notre prix moyen est de 1 fr. 25 cent. par kilogramme.

M. Ernest Baroche. Pour la teinture et le lavage?

M. Delandemare. Oui, Monsieur.

M. Ernest Baroche. A quel prix vous revient le bleu supérieur?

M. Delandemare. Le prix varie d'après la nuance. Les teintures en bleu clair coûtent un peu meilleur marché que les teintures en bleu foncé, pur indigo.

M. Ernest Baroche. Enfin, la moyenne est de 1 fr. 25 cent.?

M. Delandemare. Oui; à l'exception des bleus, qui coûtent depuis 2 francs jusqu'à 3 fr. 50 cent. le kilogramme. Nous en employons quelquefois, mais pas dans une grande proportion, relativement à l'importance totale de notre fabrication.

Je passe à la filature. Nous faisons filer nos laines; ce sont des laines cardées. Nous employons généralement les fils en gras.

Nous faisons une assez grande quantité d'étoffes pour employer divers assortiments; nous avons besoin de beaucoup de genres de fils. Nous sommes obligés aussi d'en avoir de grandes quantités à une époque donnée, et il faut que nous les employons très-rapidement. Nous ne pourrions pas disposer nos fils à temps, quand il nous faut livrer beaucoup d'étoffes au bout de deux ou trois mois; c'est une des causes qui nous empêchent de filer nous-mêmes.

J'arrive aux questions du paragraphe 3, qui concernent le tissage et les apprêts.

M. Delandemare. *1re Question.* — Nous fabriquons les nouveautés diverses, pour pantalons, paletots, etc.

2e Question. — Les laines que nous employons, et qui sont de diverses provenances, nous coûtent, pour les étoffes d'hiver, 11 francs en moyenne, et, pour celles de printemps ou d'été, 14 francs.

Les numéros de fils que nous employons sont, au kilogramme, de 5,000 à 40,000 mètres.

Nous n'achetons pas de fils filés.

M. Ernest Baroche. Croyez-vous qu'il vous serait possible d'en acheter?

M. Delandemare. Non, Monsieur.

M. Ernest Baroche. J'appelle l'attention du Conseil sur cette question.

Vous ne croyez pas que, même avec un certain avantage de prix, vous auriez intérêt à acheter vos filés?

M. Delandemare. Nous ne pourrions pas obtenir constamment les qualités de laines dont nous avons besoin.

M. le Président. Ainsi, vous avez un intérêt direct, pour votre tissage, à faire filer à façon?

M. Delandemare. Oui, Monsieur le Président.

M. le Président. Et vous faites vous-mêmes vos approvisionnements de laines?

M. Delandemare. Oui; et c'est ce qui fait le mérite de notre fabrication.

M. Ernest Baroche. Le bon fabricant est celui qui sait bien choisir sa laine?

M. Delandemare. Oui, Monsieur.

M. Schneider. Cela n'est peut-être vrai que pour le genre que fabrique M. Delandemare?

M. Ernest Baroche. Je crois que cela peut s'appliquer à toute la fabrication d'Elbeuf.

M. Delandemare. Oui, à la généralité de cette fabrication. Il s'est monté quelques maisons pour vendre des filés, et elles n'ont pas réussi. Chaque fabricant est bien aise d'employer des laines achetées par lui et travaillées spécialement pour lui. M. Delandemare.

M. Ernest Baroche. Les fabricants d'Elbeuf achètent quelquefois des bergeries connues, dont ils se réservent exclusivement les produits.

M. Delandemare. Oui, Monsieur, cela nous arrive souvent.

Je reprends la suite de mes réponses au questionnaire.

Nous n'avons pas de métiers mécaniques. Le genre de nos étoffes et surtout le genre de nos affaires ne nous permettent pas encore d'en monter.

M. Ernest Baroche. Quel est à peu près le prix de la filature à façon, dans le numéro *dix quarts* ou n° 20?

M. Delandemare. Il est de 1 fr. 25 cent.

M. Ernest Baroche. Y compris l'huile?

M. Delandemare. Oui, Monsieur; seulement, lorsque nous arrivons aux fils *vingt quarts*, nous sommes obligés de les retordre pour les employer, et alors, il y a une différence de 5 francs par kilogramme.

M. Ernest Baroche. Néanmoins, le prix de la filature à façon est pour vous, en moyenne, de 1 fr. 25 cent.

M. Delandemare. Il est, aux *dix quarts*, de 1 fr. 50 cent.; aux *huit quarts*, de 1 fr. 20 cent. seulement. Moyenne : 1 fr. 25 cent. Le prix augmente en raison du déchet.

M. Ernest Baroche. Vous n'avez pas de métiers à vapeur?

M. Delandemare. Non; nous faisons tisser sur des métiers à la main; ces métiers sont chez les ouvriers. Le tissage nous coûte environ 1 fr. 75 cent. par mètre.

M. Ernest Baroche. Et vos pièces sont de 70 mètres?

M. Delandemare. Oui, à peu près.

Je passe à la question n° 8. Il y a deux triages, l'un avant, l'autre après le dégraissage. Le premier est celui dont il s'agit ici; il coûte environ de 3 francs à 3 fr. 50 cent. les 100 kilogrammes.

Quant au dégraissage, il n'est pas fait par nous; il coûte 25 francs les 100 kilogrammes.

M. Delandemare. Je passe au séchage, au battage et au triage des laines teintes. J'ai monté un établissement l'année dernière, et je puis faire faire toutes les opérations qui s'y rattachent, en économisant des frais de main-d'œuvre. J'arrive à faire le séchage, le battage et le triage des laines teintes à 25 francs les 100 kilogrammes.

Ainsi, à présent, je compte, à partir du tissage, 1 fr. 35 cent. pour toutes les opérations, en moyenne.

M. le Président. Voulez-vous dire *avant* le tissage ou *après ?*

M. Delandemare. Après le tissage.

M. Ernest Baroche. Comment se décompose ce chiffre ?

M. Delandemare. On peut le décomposer ainsi : dégraissage et foulage, environ 35 centimes par mètre ; lainage et tondage, 50 à 60 centimes ; épinçage, 20 centimes ; marquage, 1 centime ; rentrayage, 10 à 15 centimes ; pressage, 5 centimes ; décatissage, 5 centimes et divers frais : soit 1 fr. 35 cent.

M. Ernest Baroche. En tout, 1 fr. 35 cent. par mètre ?

M. Delandemare. Oui, Monsieur.

M. Ernest Baroche. Pour établir un compte sur des éléments plus appréciables, ne pourrait-on pas opérer sur des quantités plus grandes, au kilogramme ou au drap, par exemple? — En général, quel est le poids moyen? N'est-ce pas à peu près 40 kilogrammes au drap?

M. Delandemare. Dans nos étoffes d'été, le poids moyen est de 400 grammes au mètre, sur une largeur de 140 centimètres. — J'ai fait la moyenne pour les draps de chaque saison, pour chaque genre d'étoffe.

9e Question. — Les frais ne varient pas en proportion de l'augmentation de la laine, même quand c'est une laine plus fine. Les variations tiennent à la main-d'œuvre et à différentes causes.....

M. Ernest Baroche. Le dessin, par exemple ?

M. Delandemare. Oui. Ce n'est pas toujours la qualité de la laine qui fait qu'un article coûte plus cher : c'est la manipulation, ce sont des fils filés plus fins, ce sont différentes nuances dans un article, c'est la manière de le faire, ce sont les tissus produits et, en un mot, le fini des étoffes.

10e Question. — Nous faisons entrer dans nos étoffes : M. Delandemare.

De la soie,

Du cachemire,

De l'alpaga,

De la cheviotte (laine agneau d'Écosse),

Et du poil de chèvre.

Il est impossible d'apprécier la proportion dans laquelle entrent ces diverses matières, leur emploi étant subordonné au genre de chaque saison. Ainsi, quand nous employons de la soie, nous avons des pièces où il en entre 100 grammes, et d'autres qui en absorbent 1,000 grammes.

M. Ernest Baroche. La valeur de la soie est-elle quelquefois considérable par rapport à la valeur de la laine? Entre-t-elle quelquefois pour 10 et même 20 p. 0/0?

M. Delandemare. Elle entre bien quelquefois pour 20 p. 0/0.

M. Ernest Baroche. Mais, quoi qu'il en soit, c'est toujours la laine qui domine?

M. Delandemare. Assurément. Et, comme poids, c'est tout à fait insignifiant. Nous employons aussi du cachemire, de l'alpaga; mais ce n'est pas dans la généralité des étoffes. La laine domine toujours.

11e Question. — Les produits similaires aux nôtres, fabriqués en Angleterre, sont, pour les qualités fines, tout ce qui sert à la confection des pantalons, des paletots, des jaquettes, et généralement tout tissu fabriqué en laine cardée, employée avec ou sans soie, et avec des poils divers.

Je ne puis préciser les différentes catégories de tissus qui peuvent entrer en concurrence avec les nôtres. Nous avons douze métiers pour faire des échantillons, des dessins divers. Presque tous nos articles sont vendus à différentes maisons, exclusivement pour chaque genre ou chaque dessin.

Jusqu'à présent nous n'avons pas eu la concurrence des articles anglais. La concurrence se fera sentir lorsque la fabrique anglaise pourra offrir ses produits à nos clients. Nous ne savons pas, quant à présent, dans quelles conditions cette concurrence nous placera.

12e Question. — Nos marchandises représentent :

Pour les étoffes de *printemps*, environ 400 grammes par mètre courant, soit 280 grammes au mètre carré. Le prix est en moyenne de 17 francs net le mètre; ce qui fait environ 45 francs le kilogramme.

M. Delandemare. Pour les étoffes d'*hiver*, 700 à 800 grammes par mètre courant, 535 grammes au mètre carré. Le prix en est de 18 fr. 50 cent. à 19 francs net le mètre; ce qui fait environ 25 francs le kilogramme.

M. le Président. Quels droits jugeriez-vous nécessaires pour vous protéger?

M. Delandemare. Quant aux droits protecteurs, j'en ai parlé tout à l'heure, avant d'être introduit devant le Conseil, avec les fabricants que vous avez entendus, et ils m'ont donné des chiffres qui ne constituent pas une grande protection pour moi; mais enfin je m'y suis rallié.

M. Germain Thibaut. Vous les accepteriez ?

M. Delandemare. Je les accepte..... parce que je ne puis pas faire autrement.

M. le Président. Vous n'êtes pas forcé, quant à présent, de les accepter du tout. Si ces chiffres vous paraissent trop faibles, insuffisants, dites-le-nous.

M. Delandemare. Je crois que je pourrai, quoi qu'il en soit, me tirer d'affaire.

M. Ernest Baroche. Et maintenant, comme classification, comment croyez-vous qu'on devrait procéder? Penseriez-vous qu'un droit unique fût applicable ?

M. Delandemare. Non; il est nécessaire d'adopter deux catégories: l'une comprenant les étoffes communes, et l'autre les étoffes fines.

M. le Président. Distingueriez-vous aussi, après cela, les tissus en tissus lourds et tissus légers?

M. Delandemare. On peut toujours arriver à distinguer les tissus lourds et les tissus légers. C'est l'affaire d'une balance.

M. de Forcade la Roquette. Quels pourraient être, suivant vous, les moyens de distinction entre les tissus fins et les tissus communs?

M. Delandemare. On distingue bien la laine commune de la laine fine.

M. le Président. Êtes-vous bien sûr que les agents de la douane lorsqu'on leur présentera des étoffes de laine fine et des étoffes de laine commune, sachent toujours faire la distinction? M. Delandemare.

M. Delandemare. S'il y a d'un côté des qualités fines, de l'autre des qualités communes, il me semble que la comparaison doit permettre.....

M. de Forcade la Roquette. C'est la démarcation qu'il faudrait fixer. Il faudrait un moyen de distinction assez précis pour le cas où l'on arrive sur la limite de ces qualités et de ces prix différents.

Est-ce que, pour les tissus légers, vous n'avez pas pour l'Angleterre une assez grande exportation, et n'est-ce pas surtout pour les tissus communs?

M. Delandemare. Je ne fais pas de tissus communs.

M. le Président. Exportez-vous?

M. Delandemare. Non; mais nous travaillons pour des maisons qui font des exportations pour leur compte.

M. le Président. Enfin vos produits sont exportés?

M. Delandemare. Oui, Monsieur le Président, en partie.

M. le Président. Comment peuvent-ils résister à la concurrence anglaise, sur les marchés étrangers?

M. Delandemare. Jusqu'ici ils ont résisté, grâce à la disposition, grâce au goût.

Notre situation ne va plus être la même. Nous nous adressons généralement aux maisons de Paris pour leur soumettre nos idées. Désormais, au lieu d'avoir affaire à nous, si les fabricants anglais leur offrent à meilleur marché, ces maisons diront : « Nous voulons tel genre et telle qualité; mais c'est aux Anglais que nous allons donner notre commande, parce qu'ils nous la feront à meilleur marché. »

M. le Président. Croyez-vous que cette faculté n'existe pas, et que les exportateurs ne peuvent pas faire ce que vous dites?

M. Delandemare. Ce n'est pas l'exportateur qui commande, c'est la maison de Paris avec laquelle nous nous entendons sur les dessins et le genre des étoffes.

M. Delandemare.

M. d'Eichthal. Mais on peut prendre les dessins et donner un ordre. Si le fabricant anglais pouvait faire à meilleur marché les mêmes dessins, on les lui ferait faire; on ferait ensuite expédier les tissus ainsi fabriqués, directement à Southampton, où nous sommes nous-mêmes obligés d'envoyer les marchandises que nous expédions en Amérique, par exemple. Si cela ne se fait pas dès à présent, il faut en conclure, suivant moi, que vous faites, non-seulement mieux, mais encore à meilleur marché que les Anglais.

M. Delandemare. Si l'Américain, qui vient acheter des étoffes, trouvait à Londres les mêmes dessins qu'à Paris et à Elbeuf, il les achèterait à Londres.

M. le Président. Croyez-vous que le fabricant anglais ne pourrait pas se procurer vos dessins en achetant un échantillon?

M. Delandemare. Oui; mais quand il peut le faire, il est trop tard : nos étoffes sont déjà faites, et nous avons l'avance sur lui.

Ce qui se passe actuellement, le voici :

Nous faisons un échantillon; c'est un petit morceau que nous avons fait préparer d'après une idée conçue. Cette idée, ce spécimen de tissu, nous le soumettons à notre client, c'est-à-dire à la maison de Paris qui nous *commet* ses ordres, parce qu'elle ne peut pas, quant à présent, les faire exécuter en Angleterre. Cette maison ne sait pas, quand elle nous fait sa commande, si elle pourra vendre en Allemagne ou en Italie plutôt qu'à Paris. Elle nous commande la fabrication de ses marchandises dans les conditions que je viens d'indiquer. Mais, le jour où le fabricant anglais sera placé dans les mêmes conditions que nous, il fera ses offres à cette maison de Paris, et la maison de Paris lui dira : « Faites-moi ce dessin, ce genre d'étoffe à tel prix; » et quand le fabricant français fera, à son tour, ses offres, elle lui dira : « J'ai commandé au fabricant anglais. Vous vouliez me faire telle étoffe à 19 francs, le fabricant anglais me la fait pour 18; je lui ai donné la préférence. »

M. Schneider. La disposition n'est pas l'œuvre du fabricant seul; c'est presque toujours une œuvre complexe.

M. Delandemare. Oui; nous nous entendons avec nos clients. Nous travaillons, nous préparons une idée, un genre; mais il faut, avant de l'exécuter, que ce genre convienne à la maison pour laquelle nous fabriquons.

M. d'Eichthal. Mais, permettez. Voici, je suppose, une étoffe qu'on veut avoir; c'est un dessin spécial. Si les Anglais faisaient aussi bien et à aussi bon marché que nous, au lieu de nous donner à faire ce dessin, on l'enverrait à Londres. Londres n'est pas bien loin; on peut avoir une réponse en quarante-huit heures. On discuterait ce dessin, et on le ferait exécuter à Londres. Eh bien! au lieu de cela, on vous le fait faire ici. Vous avez donc une supériorité, et une supériorité qui vous restera. M. Delandemare

M. Schneider. C'est que le dessin n'appartient pas uniquement à l'exportateur; c'est une œuvre complexe.

M. d'Eichthal. Oui; mais c'est le fabricant qui y ajoute. La part du commissionnaire français restera la même. Ou l'exécution du commissionnaire anglais est inférieure, et le dessin nous restera, ou elle est égale, et vous pouvez encore le faire comme lui.

M. Delandemare. Du moment que le fabricant anglais pourra se mettre en rapport avec le commerçant de Paris, cela constituera pour lui un avantage.

M. d'Eichthal. Et qui l'empêche aujourd'hui de le faire?

M. Delandemare. Le marchand, lorsqu'il fait exécuter une commande, ne sait pas s'il la vendra ici ou là, au nord ou au midi. Nous avons des marchands à Paris, avec lesquels nous faisons beaucoup d'affaires et qui ne font pas d'exportation.

M. le Président. Mais vous en avez dont les opérations ont pour objet principal l'exportation.

M. Delandemare. Oui; je suis en rapport avec une maison qui fait une partie, le tiers peut-être de ses affaires en exportation.

M. d'Eichthal. Je vais vous citer un exemple.
Je connais une maison qui exporte beaucoup pour le Chili....

M. Delandemare. Dans notre genre?

M. d'Eichthal. Oui.

Cette maison donne des dessins et commande chez vous. Eh bien! si elle trouvait en Angleterre des conditions d'exécution équivalentes aux vôtres, elle ferait faire en Angleterre; car il faut, lorsque sa marchandise est fabriquée, qu'elle l'envoie à Southampton, pour, de là, l'expédier au pays de destination.

M. Delandemare

M. Delandemare. Si cette maison ne fait pas faire en Angleterre, c'est que, peut-être, elle n'y trouve pas les éléments nécessaires pour la fabrication qu'elle désire. Souvent on n'est pas organisé et l'on ne se monte pas pour une seule affaire, parce que cela n'en vaut pas la peine, et parce qu'on ne trouverait pas dans l'opération la rémunération des frais qu'on serait obligé de faire pour fabriquer suivant les dispositions françaises. Lorsqu'on monte une affaire, il faut pouvoir trouver le placement de la marchandise pour couvrir les frais qu'on a faits. Mais si une fabrique anglaise, ayant des communications sur la place de Paris, veut connaître nos dispositions, nos genres et s'y initier, elle le pourra bien plus facilement que par le passé, dans les conditions nouvelles qui vont être faites.

M. le Président. Il faut espérer que, dans cet enseignement mutuel, vous pourrez prendre votre part, et que, les Anglais s'initiant à vos dispositions et à vos genres, vous vous initierez, de votre côté, à leurs améliorations.

M. Delandemare. Du moment qu'ils pourront venir faire leurs offres à nos clients, peut-être les préférera-t-on à nous. Déjà cela leur a réussi pour certaines dispositions. Ce n'était pas à cause du prix de l'étoffe; mais il s'agissait d'un genre anglais qu'on ne pouvait pas se procurer chez les fabricants français.

M. Ernest Baroche. Est-ce que dans les articles que vous fabriquez le succès des dessins n'entre pas quelquefois pour une part assez notable?

M. Delandemare. Oui, Monsieur.

M. le Président. Pour combien la valeur du dessin entre-t-elle?

M. Delandemare. Dans une proportion qui est très-variable. Il y a des moments où les dessins rendent l'étoffe très-chère.

M. le Président. Nous en avons des exemples, en effet. Cela s'est vu, l'année dernière, pour les robes de dessous que portent les femmes, pour les jupons rayés : le dessin a réussi, et l'on vendait 18 et 20 francs, sur le boulevard des Italiens, ce qui revenait à 9 francs.

M. Delandemare. Nous ne marchons pas dans ces conditions-là; nous avons une série de tissus connus de nos clients, et nous leur vendons presque toujours le même prix, ou à peu près. C'est notre client qui profite, si le dessin est bon; par la même raison, c'est lui qui perd si le dessin est mauvais et s'il ne réussit pas. M. Delandemare.

M. Ernest Baroche. Une dernière question : Combien estimez-vous le prix de la façon d'un kilogramme de vos produits, en moyenne?

M. Delandemare. Tout compris, la laine comprise?

M. Ernest Baroche. Non compris la laine; on nous a parlé tout à l'heure de 6 à 7 francs.

M. Delandemare. Nos articles de printemps coûtent beaucoup plus de 6 à 7 francs de façon.

(M. Delandemare se retire.)

M. Herbet, *Commissaire général*. MM. Normant frères, fabricants de draps à Elbeuf et à Romorantin, n'ont pas pu se rendre à la convocation qu'ils avaient reçue; ils m'ont adressé la note suivante dont je crois utile de donner lecture : MM. Normant frères. (Note.)

Nous employons des laines de toute provenance. Les laines étrangères, qui nous coûtent, par rapport aux frais de toute nature, 6 p. o/o plus cher qu'aux Anglais, représentent nos laines indigènes: conséquemment pour le traité c'est 6 p. o/o plus cher que les étrangers.

Nous opérons directement le lavage des laines, et nous nous servons des alcalis pour neutraliser la graisse animale.

Nous teignons les laines en masse avant de les faire filer; le prix de la teinture est indéfini; il dépend des nuances, etc.

Nous filons les laines que nous employons; le tout est cardé. Toutes nos machines sont celles employées depuis longtemps dans la fabrication des draps en France; elles sont de construction française.

Nos moteurs sont l'eau et le feu. La vapeur n'est pas plus chère que l'eau, vu les déplacements et les interruptions; elle nous coûte trois ou quatre fois plus qu'en Angleterre, à cause du prix du charbon, des transports et des droits.

Le bois nous revient encore plus cher que le charbon.

Nous employons un tiers d'hommes, un tiers de femmes, un tiers d'enfants. Les salaires ont augmenté depuis quelques années sans réduction, et reviennent à production égale aux prix d'Elbeuf.

Nous filons en gras, et nous employons les huiles de colza et d'olive, à raison de 20,90 d'huile p. o/o de laine.

Nous ne vendons pas de laine ni de fils; nous ne faisons pas de blousses et nous vendons une partie de nos déchets.

MM. Normant frères.

Note.

La situation de notre industrie est mauvaise depuis plusieurs années, à tel point que nous sommes à la veille de réduire considérablement notre production.

Nous n'employons que le métier ordinaire à tisser.

Pour adopter le tissage mécanique, il nous faudrait dépenser 300,000 francs.

Nous avons les métiers chez nous. Un bon tisserand gagne de 3 à 4 francs quand il travaille douze heures.

Nous ne faisons entrer ni fils de coton, ni fils de chanvre dans nos produits.

Nous ne connaissons pas les tissus anglais.

Ces différents renseignements émanent de notre fabrique de Romorantin.

Nous produisons encore à Elbeuf, mais en moins grande quantité. Pour cette place nous nous trouvons dans la condition des Elbeuviens.

LA SÉANCE EST LEVÉE.

SÉANCE DU JEUDI 12 JUILLET 1860.

PRÉSIDENCE DE S. EXC. M. ROUHER,

MINISTRE DE L'AGRICULTURE, DU COMMERCE ET DES TRAVAUX PUBLICS.

ACHAT ET PRÉPARATION DES LAINES.

FILATURE.

TISSAGE ET APPRÊTS.

FABRICATION DES DRAPS.

LOUVIERS.

La séance est ouverte à une heure.

Le procès-verbal de la précédente séance, lu par M. OZENNE, *Secrétaire*, est adopté.

(M. SCHNEIDER, au début de la séance, occupe le fauteuil de la présidence en l'absence de S. Exc. M. le Ministre de l'Agriculture, du Commerce et des Travaux Publics.)

Sont introduits :

MM. POITEVIN, fabricant de draps et président de la Chambre Consultative des Arts et Manufactures de Louviers.

DANNET, fabricant de draps et membre de la Chambre Consultative des Arts et Manufactures de Louviers.

M. SCHNEIDER. L'un de vous, Messieurs, est-il chargé plus spécialement de répondre au questionnaire?

M. DANNET. Nous ne nous sommes pas entendus à ce sujet.

M. SCHNEIDER. Vous êtes-vous concertés, pour vos réponses, avec la fabrique de Louviers?

M. POITEVIN. Il y a quelques points que nous avons examinés au sein de la Chambre Consultative.

M. SCHNEIDER. Vous comprenez que, sur ces points, vos réponses

MM. Poitevin, Danset.

ont un caractère semi-officiel; sans doute votre opinion individuelle a un très-grand poids; mais l'opinion collective d'une Chambre est plus décisive pour le Conseil.

Monsieur Poitevin, vous avez la parole.

M. Poitevin. Le premier paragraphe du questionnaire concerne l'achat et la préparation des laines.

Ici, je parle pour mon compte particulier.

Je n'emploie que du suint de France, et très-exceptionnellement des laines étrangères. Ces laines me reviennent à 9 francs, 9 fr. 50 cent. dans l'état actuel des cours.

Je dégraisse moi-même les laines que j'emploie.

M. Schneider. Achetez-vous ces laines directement ou par commissionnaires?

M. Poitevin. Je les achète par commissionnaires aux cultivateurs de France, mes laines étant presque exclusivement des laines françaises.

M. Schneider. Quels sont vos moyens de dégraissage?

M. Poitevin. Le sel de soude, le bicarbonate de soude et les chlorures.

M. Schneider. Quelles machines employez-vous?

M. Poitevin. J'emploie, pour le lavage, des machines mues par la vapeur.

M. Ernest Baroche. Sont-elles analogues à celles de M. Fromont?

M. Poitevin. Je ne le crois pas.

M. Ernest Baroche. Sont-elles d'origine anglaise?

M. Poitevin. Elles sont d'origine française; c'est M. Lequeu, de Louviers, qui me les a faites.

M. Ernest Baroche. Quelle différence faites-vous entre le lavage à la main et le lavage à la machine?

M. Poitevin. Le lavage mécanique remplace complétement le lavage à la main. Il y a cette différence, qu'avec la machine on produit davantage et régulièrement; on est bien plus sûr de la machine que de l'ouvrier, qui peut se déranger.

M. Ernest Baroche. Il nous avait été dit que le lavage à la main devait être conservé pour certaines sortes de laines?

MM. Poitevin, Dannet.

M. POITEVIN. Je ne saurais le dire. Mes machines conviennent aux laines fines et non aux laines fortes.

M. ERNEST BAROCHE. Voulez-vous nous donner les prix moyens de la teinture?

M. POITEVIN. Le prix moyen du bleu est de 2 fr. 10 cent. le kilogramme. Le prix moyen des couleurs claires est de 60 à 70 centimes, sans bleu. Lorsqu'on met un peu de bleu dessus, le prix s'élève de 80 centimes à 1 franc, pour les nuances grises, noisette, etc. Le prix des bronzes est de 80 à 90 centimes le kilogramme, sans bleu, et de 1 fr. 50 cent. à 1 fr. 60 cent., avec pied de bleu.

M. SCHNEIDER. Pourriez-vous nous dire ce que vous savez de la teinture anglaise, et quelle est la différence de prix entre les produits français et anglais, pour les mêmes qualités?

M. POITEVIN. J'ai vu très-rarement de la teinture anglaise, et je n'en ai vu qu'en pièces, lorsque l'étoffe était fabriquée; je n'aurais pas de renseignements à donner à cet égard.

Je n'ai que peu de chose à dire sur la filature.

Le questionnaire pose la question des moteurs hydrauliques; je n'ai pas de moteurs de ce genre.

M. SCHNEIDER. Vous avez un moteur à vapeur?

M. POITEVIN. Oui, pour faire marcher mes machines à dégraisser.

M. SCHNEIDER. Et pour la filature?

M. POITEVIN. Je fais filer au dehors.

Seulement, sur la question de prix de la force de cheval, sur laquelle mon confrère, M. Dannet, pourra vous donner des renseignements plus précis, je puis dire que nous évaluons la force d'un cheval-vapeur à 1,000 francs, et, pour l'eau, de 600 à 700 francs.

M. HERBET, *Commissaire général*. C'est une condition spéciale à Louviers?

M. POITEVIN. Je vous parle de Louviers; dans les vallées voisines, c'est meilleur marché.

M. GUILLAUME PETIT, *Délégué spécial pour les industries textiles*. Dans les vallées voisines de Louviers, le prix d'une force de cheval varie, selon les circonstances, de 300 francs jusqu'à 800 francs. Pour

MM. Poitevin, Dannet. les grandes usines, on loue la force de cheval beaucoup moins cher que dans les usines de 8 à 10 chevaux.

M. Schneider. Y a-t-il, à Louviers, des établissements où se fassent toutes les opérations sur la laine, depuis la laine brute jusqu'à l'étoffe teinte? Ou bien faites-vous comme dans beaucoup de pays de fabrique, où le fabricant achète sa laine et fait faire à façon les opérations de filature et de teinture?

M. Poitevin. Il y a très-peu d'établissements qui soient complets, dans toute l'acception du mot. Je connais un établissement qui a tout chez lui; mais le propriétaire n'emploie pas tout lui-même : il loue une partie de son matériel à d'autres fabricants.

M. Schneider. Ainsi, c'est une exception que d'avoir l'ensemble des opérations dans un même établissement?

M. Ernest Baroche. M. Poussin fait tout dans ses ateliers.

M. Poitevin. Mais il est un peu d'Elbeuf et de Louviers.

Il y a aussi MM. Duperrier et Chennevière.

M. Schneider. Les établissements de filature et de teinture sont-ils considérables? Combien, par exemple, y a-t-il d'assortiments pour la filature?

M. Poitevin. L'établissement le plus considérable de filature renferme de 12 à 14 assortiments.

M. Schneider. C'est encore une petite filature.

M. Poitevin. Il y en a beaucoup d'autres qui sont de 5, 6 et 7 assortiments. Les établissements, à Louviers, produisent beaucoup en général.

M. Ernest Baroche. On peut faire à peu près 300,000 kilog. de fil avec 14 assortiments.

M. Poitevin. Cela dépend de la finesse. Il faudrait faire un compte. Je ne pourrais pas répondre sur le chiffre dont vous me parlez.

Quant au combustible, j'emploie, pour ma teinture, du charbon anglais, qui me revient, rendu à l'usine, à 35 francs la tonne.

La 6ᵉ question, relative à la filature, s'occupe des numéros de fils et du produit des métiers. Je n'ai pas de renseignements à donner à cet égard : je ne file pas moi-même.

(S. Exc. M. Rouher, *Ministre de l'Agriculture, du Commerce et des Travaux Publics*, prend place au fauteuil de la présidence.)

MM. Poitevin, Dannet.

M. le Président. Si vous n'avez pas de renseignements particuliers sur la filature, arrivons de suite au tissage.

Quelle est la nature de vos produits?

M. Poitevin. Des draps lisses, bleus et cuirs-laine, paletots drapés et frisés.

M. le Président. Quels sont les numéros de fils que vous employez pour la fabrication de vos draps?

M. Poitevin. Cela varie beaucoup. Pour mes draps lisses, j'emploie les n°s 7 et 8; pour les articles que j'appelle paletots frisés, j'emploie des fils beaucoup plus gros et qui vont dans les 3,000 à 4,000 mètres au kilogramme.

M. le Président. Vos métiers sont-ils mus par la vapeur ou à la main?

M. Poitevin. Ils sont mus à la main, sauf un métier mécanique que j'ai acheté, il y a six semaines, à M. Mercier, au prix de 1,100 fr.

M. Schneider. Les résultats de cet essai ont-ils été bons?

M. Poitevin. Très-bons.

M. Schneider. C'est pour les draps ordinaires?

M. Poitevin. Je ne fais que des draps lisses; je ne fais pas d'articles à deux boîtes.

M. Ernest Baroche. Vous filez en blanc?

M. Poitevin. Je file en bleu et en couleurs; la laine est teinte avant le tissage.

M. le Président. Quel est le salaire des ouvriers?

M. Poitevin. De 2 fr. 50 cent. à 3 fr. 50 cent. par métier mécanique.

M. le Président. Et pour le métier à la main?

M. Poitevin. La façon me revient à 70 centimes le mètre foulé.

M. le Président. Avez-vous calculé combien un ouvrier peut gagner par jour?

MM. Poisevin, Dannet.

M. Poitevin. Il peut gagner par jour de 3 à 4 francs.

M. le Président. Quelle différence avez-vous pu constater entre le métier mécanique et le métier à la main?

M. Poitevin. Le peu d'essais que j'ai faits jusqu'à présent est très-favorable au métier mécanique. La perfection du tissu est plus grande; mais il faut dire que l'ouvrier qui conduit mon métier est très-habile et très-intelligent.

M. le Président. Combien avez-vous d'ouvriers?

M. Poitevin. Je n'en ai qu'un pour le tissage mécanique. Il ne s'agit encore que d'un essai. L'économie qui peut résulter du métier mécanique est surtout dans le temps qu'on gagne.

M. le Président. Cela vous permet d'accepter des commandes à court terme, et d'être certain de pouvoir les livrer.

M. Poitevin. Précisément; c'est la certitude du prompt résultat, qui est un des grands avantages du métier mécanique.

M. le Président. Vous avez, dans la question n° 8 du 3e paragraphe, de nombreux éléments de réponse; veuillez nous dire les prix de revient des opérations diverses de votre fabrication.

M. Poitevin. C'est bien compliqué.

Voici mes évaluations :

Triage, 5 à 6 francs les 100 kilogrammes;

Égrateronnage, 30 francs les 100 kilogrammes;

Dégraissage, 20 francs les 100 kilogrammes;

Séchage et battage, 15 francs les 100 kilogrammes;

Ourdissage, 10 francs les 100 kilogrammes;

Dégraissage du tissu, 4 francs les 60 à 70 mètres foulés, ou 100 à 105 mètres en écru;

Foulage, 12 à 16 francs les 60 à 70 mètres foulés, ou 100 à 105 mètres en écru;

Lainage et tonte, de 50 centimes à 1 franc par mètre foulé;

Presses apprêts, de 3 à 4 centimes le mètre foulé;

Teinture noire, 50 à 60 centimes le mètre foulé;

Décatissage, 3 à 4 centimes le mètre foulé.

M. Ernest Baroche. Sur la pièce de drape de 60 mètres, à combien montent ces frais?

M. Poitevin. Pour les miennes, qui ont 70 mètres, le prix est de 35 à 42 francs, pour la teinture noire et les divers dégorgeages nécessités pour la teinture en pièce.

MM. Poitevin, Dannet.

M. le Président. Ces frais sont-ils proportionnels à la valeur de la laine employée et des draps que vous produisez?

M. Poitevin. Ils varient suivant la laine et suivant les articles produits. Voici, comme exemple, un chiffre que je puis indiquer : une laine de 8 à 9 francs me coûte 2 francs d'apprêts, et une laine de 12 francs me coûte environ 3 francs d'apprêts.

M. le Président. Ainsi, les opérations énumérées dans le paragraphe 8 du questionnaire sur le tissage, s'élèvent de prix proportionnellement à la valeur des tissus que vous faites?

M. Poitevin. Pour moi, oui.

M. le Président. Faites-vous entrer, dans vos étoffes, d'autres éléments que la laine?

M. Poitevin. Non, mes produits sont pure laine; il n'y a pas même de poils de chèvre.

M. le Président. Considérez-vous que l'introduction du coton dans cette fabrication pourrait être avantageuse pour les classes inférieures?

M. Poitevin. Je le crois.

M. le Président. Est-ce que cela n'est pas pratiqué sur une grande échelle en Angleterre?

M. Poitevin. Je l'ai entendu dire.

M. le Président. Vous n'avez pas eu la pensée de l'essayer, vous ou certains fabricants de Louviers?

M. Poitevin. Il est possible que quelques fabricants aient eu la pensée de l'essayer, mais je n'y ai pas encore songé.

M. Herbet, *Commissaire général*. On dit que, dans quelques fabriques du Midi, on a essayé cette introduction du coton?

Vous avez pu voir des échantillons à la Direction du Commerce extérieur?. . . . .

MM. Poitevin, Dannet.

M. Poitevin. Oui, j'ai vu quelques échantillons qu'on a rapportés de Londres; mais c'étaient des échantillons bien petits; je ne pouvais pas suffisamment juger.

M. Ernest Baroche. Faites-vous des draps fins?

M. Poitevin. Pas au-dessus de 11 francs.

M. le Président. Veuillez nous donner votre opinion sur la classification qui peut être adoptée pour les différentes catégories de vos produits ?

M. Poitevin. Je comprends que vous voulez me demander le prix du kilogramme de mes étoffes. Le prix de mes étoffes est, en général, de 18 francs le kilogramme.

M. Herbet. Et au mètre, en moyenne?

M. Poitevin. De 11 à 13 francs, en moyenne.

M. le Président. D'après quelles bases faites-vous vos ventes? Est-ce sur échantillons ou sur le nombre de fils et de croisures?

M. Poitevin. C'est sur échantillons.

M. le Président. Le reste est un élément accessoire; c'est un élément pour l'acheteur.

M. Poitevin. Oui, Monsieur le Président; mais cela n'entre pas dans l'élément commercial.

M. le Président. Exportez-vous?

M. Poitevin. Un peu, depuis un an.

M. le Président. Dans quels pays?

M. Poitevin. A Turin.

M. le Président. Quels sont les droits que vous payez?

M. Poitevin. 150 francs les 100 kilogrammes.

M. le Président. Pourriez-vous déterminer les causes qui permettent au producteur anglais de vendre à des prix inférieurs aux vôtres?

M. Poitevin. Je crois qu'il y a beaucoup de motifs : d'abord le capital, puis les comptoirs que les Anglais ont sur presque tous les points du globe; ensuite leurs établissements qui marchent depuis longtemps et qui sont amortis; il y a aussi la législation, et enfin l'esprit d'association, que nous n'avons pas.

MM. Poitevin, Dannet.

M. le Président. Avez-vous quelques autres renseignements à donner au Conseil?

M. Poitevin. Relativement à la question des droits protecteurs, je crois qu'il serait très-important d'établir deux catégories, parce que nous avons des étoffes de qualités différentes. Il y a bien plus de main-d'œuvre sur certaines étoffes que sur d'autres. J'aurais, à cet égard, à produire au Conseil un tableau qui a paru satisfaire la Chambre Consultative de Louviers. Ce tableau se divise en plusieurs catégories.

La première catégorie comprend les étoffes communes et lourdes au-dessous de 8 francs le mètre carré, et pesant plus de 400 grammes; pour ces étoffes, la protection devrait être, selon nous, de 2 francs le kilogramme.

Une seconde catégorie comprend les étoffes communes encore, mais légères et pesant moins de 400 grammes; la protection serait de 4 francs.

La troisième catégorie comprend les étoffes fines qui pèsent plus de 400 grammes; pour cette catégorie, nous demandons la protection de 4 francs.

Enfin la quatrième catégorie comprend les étoffes fines et légères, pesant moins de 400 grammes, pour lesquelles nous demandons 8 francs de protection.

Voilà des chiffres qui pourraient être modifiés, parce qu'ils sont faits sur le pied de 30 p. 0/0; mais ce sont des chiffres qui ont paru répondre aux vœux de la fabrique de Louviers.

M. le Président. Ainsi, la fabrique de Louviers indique ces chiffres comme représentant le droit de 30 p. 0/0, indiqué au traité comme maximum, et elle considère ce droit comme nécessaire?

M. Poitevin. Oui, comme nécessaire. Le droit de 30 p. 0/0 a servi de base; mais toutes les étoffes ne sont pas protégées par 30 p. 0/0, ce problème étant impossible à résoudre dans beaucoup de catégories.

M. Ernest Baroche. Pour les draps unis, serait-il nécessaire de faire un aussi grand nombre de catégories que pour la nouveauté?

M. Poitevin. Chacune de mes catégories renferme toutes les étoffes.

MM. Poitevin, Dannet.

Au surplus, M. Dannet, auteur du tarif et membre de la Chambre, ayant plus particulièrement étudié le projet, pourra entrer dans beaucoup plus de détails.

En résumé, Messieurs, nous avons besoin d'une protection élevée; donnez-la forte en commençant; vous pourrez toujours l'abaisser si vous le jugez nécessaire.

M. le Président. Monsieur Dannet, vous avez préparé des notes pour répondre au questionnaire, voulez-vous en faire part au Conseil?

M. Dannet, *Fabricant de draps et membre de la Chambre Consultative de Louviers.* Je ne parlerai que du tissage. Nous sommes bien filateurs aussi, mais nous ne filons que pour nous.

Nous faisons des tissus pour pantalons et paletots, des tissus de fantaisie seulement; nous ne faisons pas de draperies unies. Nos tissus de fantaisie sont de deux espèces : les étoffes lourdes pour la saison d'hiver, et les étoffes légères pour la saison d'été.

2e *Question.* — Quant à l'origine et au prix des laines que nous employons, la laine de Russie lavée à dos nous revient à 10 fr. 50 cent.; celle d'Australie lavée à chaud et à dos, à 10 francs; celle d'Allemagne lavée à dos, de 13 à 14 francs.

M. Ernest Baroche. Vous n'employez pas de laines de France?

M. Dannet. Pas du tout. Nous en avons employé longtemps; mais maintenant nous ne nous en servons plus.

Comme je l'ai dit tout à l'heure, nous filons nous-mêmes, et nous employons tous les numéros de fils.

3e *Question.* — Nous commençons à nous servir de métiers mécaniques à tisser, depuis quatre mois seulement; ce sont les premiers qui aient fonctionné à plus de deux navettes. Nous en avons six de diverses espèces, à deux boîtes, à trois boîtes et plus encore. Ils ont été construits par M. Mercier, constructeur à Louviers. Ils sont de différents systèmes; il y en a surtout deux : l'un est préférable à l'autre pour trois boîtes; au-dessus de ce nombre, le moins bon devient indispensable. Le plus simple métier est de deux boîtes de chaque côté, pouvant faire marcher deux navettes; le prix de ce métier, sans armure ni accessoires, est de 1,250 francs. Le métier à trois boîtes est de 1,500 francs, et le métier à plus de trois boîtes est de 1,800 francs.

4e *Question.* — Ces métiers marchent à l'armure ou demi-jacquart, mais ils sont susceptibles de faire marcher des jacquarts à-coups plein, aussi compliqués qu'on voudra, bien entendu en y ajoutant des jacquarts.

MM. Poitevin, Dannet.

La force motrice pour faire marcher un métier est d'un cinquième à un quart de cheval.

5e Question. — Nous payons 3 fr. 50 cent. par jour l'homme qui surveille ces métiers; nous avons été obligés de prendre pour cela des ouvriers un peu hors ligne; il y avait des études à faire; il y avait aussi un peu de malveillance de la part de l'ouvrier en général. Nous avons dû choisir des espèces de contre-maîtres pour cette surveillance. Il faut un homme intelligent par métier, et un mécanicien par dix à quinze métiers.

6e Question. — La presque totalité du tissage se fait à la main, la majorité en dehors de l'établissement, et une grande partie même dans la campagne. Le prix d'une pièce est tellement variable qu'il est difficile d'en tirer une conséquence quelconque. Nous payons, en moyenne, 25 centimes pour pousser 1,000 mètres de trame; ce qui donne, en moyenne, pour la journée de l'ouvrier, savoir : pour les étoffes en nouveautés, 3 fr. 50 cent.; et pour les étoffes en lisse, 2 fr. 25 cent. C'est une moyenne bien vague; nous avons des ouvriers qui gagnent 5 francs. Mais enfin, en prenant nos livres de tissage, nous trouvons cette moyenne de 3 fr. 50 cent., y compris le chômage, c'est-à-dire deux journées, environ, que l'ouvrier emploie à monter la chaîne et à la disposer.

M. Ernest Baroche. A combien estimez-vous le tissage d'une pièce de drap de nouveauté, en moyenne?

M. Dannet. De 70 à 80 francs; c'est à peu près 1 fr. 25 cent. par mètre. La lisse est bien meilleur marché, parce que les femmes et les enfants peuvent en faire.

7e Question. — Le métier mécanique donne une exécution plus prompte et plus de perfection dans le travail; il évite les détournements auxquels nous sommes exposés par suite du tissage à la main, dans les campagnes. L'économie est incontestable, mais elle ne peut pas être encore appréciée, par la raison que ce sont des essais que nous faisons; aussi aura-t-on, sous ce rapport, des déclarations très-diverses. Nous avons employé des hommes choisis pour la surveillance; et nous croyons que, par la suite, il y aura encore plus d'économie que nous n'en réalisons aujourd'hui.

M. le Président. Pourquoi n'avez-vous pas cherché antérieurement à faire emploi des métiers mécaniques?

MM. Poitevin, Dannet.

M. Dannet. Parce qu'il n'y en avait pas.

M. Herbet, *Commissaire général.* Vous avez vu des métiers mécaniques à Verviers, chez M. Lieutenant-Peltzer?

M. Dannet. J'ai vu l'établissement de M. Lieutenant-Peltzer; il y avait 400 métiers; 100 seulement marchaient mécaniquement, et dans ceux-ci, pas un seul ne faisait alors autre chose que du lisse et du satin.

M. Ernest Baroche. La grande difficulté est de trouver un métier mécanique qui facilite l'emploi de plusieurs navettes.

M. Dannet. Un de mes amis est allé en Angleterre visiter des métiers; il n'a rien trouvé de mieux que le métier à deux boîtes. Notre métier à six boîtes est le premier qui ait été fait sur le métier modèle; il est un peu plus cher : il coûte 1,800 francs.

M. Ernest Baroche. Avez-vous confiance dans le métier mécanique? Croyez-vous qu'il ait de l'avenir?

M. Dannet. Pour nous, l'expérience est faite et le problème résolu : l'économie est incontestable.

8e Question. — Voici les prix de revient des opérations de notre fabrication :

Séchage à chaux	0f 15c	le kilogramme.
Battage	10	
Triage	05	
Dégraissage, laine dégraissée	20	
Teinture	1 50	
Cardage, laine grasse	30	
Encollage	10	
Bobinage à la main	1 00	les 1,000 mètres.
Filature	2 00	
Tissage	25	
Dégraissage	06	le mètre.
Foulage lisse	30	
Nouveauté	12	
Presse	20	
Épinçage	17	
Décatissage	10	
Lainage lisse	75	
Nouveauté	20	
Tondage lisse	50	
Nouveauté	20	

APPRÊTS MONTAGNAC.

MM. Poitevin, Dannet.

Redevance......................	0f 50c	le mètre.
Main-d'œuvre....................	50	

A propos de ces prix de revient, il y a une chose dont nous croyons pouvoir nous plaindre, c'est le droit que nous payons à M. de Montagnac.

En Angleterre, on fait le velours sans payer de droit, et nous, nous payons 50 centimes le mètre à M. de Montagnac.

M. Herbet, *Commissaire général.* C'est une question jugée par les tribunaux.

M. Dannet. Nous nous soumettons à la décision des tribunaux; mais je vous dis, en passant, que c'est une charge que n'ont pas les Anglais : ils font des velours sans payer de droit.

M. le Président. La position a été réglée par les tribunaux pour la durée du brevet d'invention.

M. Dannet. C'est comme mémoire seulement que nous vous soumettons cette observation.

9e Question. — Je crois que dans l'uni les frais varient en proportion directe de l'augmentation de la laine employée; mais dans la fantaisie cela n'a aucune influence : ainsi on fait une étoffe très-chère avec de gros fil, et une étoffe très-bon marché avec du fil fin.

M. d'Eichthal. Vous dites qu'on peut faire des étoffes communes avec du fil très-fin?

M. Dannet. Pas communes, mais bon marché. Ainsi on fera des draps à 8 francs avec des fils dix fois plus fins que ceux qu'on emploiera pour une nouveauté de 22 francs, dans certaines circonstances.

M. Ernest Baroche. Pour les velours, par exemple.

M. Dannet. Pour les étoffes à pantalons, les gros jaspés, on emploie des fils qui portent le no 2.

10e Question. — Nous employons, outre la laine, un peu de soie qui n'a aucune valeur appréciable comme poids.

11e Question. — Nous n'avons rien de bien similaire à ce que font les Anglais, et je ne pourrais pas trop répondre à cette question-là.

M. Ernest Baroche. Vous ne connaissez pas la fabrication anglaise?

MM. Poitevin, Dannet.

M. Dannet. On nous rapporte quelquefois des échantillons d'Angleterre, et nous sommes tous très-étonnés de voir que ce sont les nôtres.

M. Herbet. Vous pourrez voir, au Ministère de l'Agriculture, du Commerce et des Travaux Publics, des échantillons de tissus vraiment anglais, avec des indications de prix que je crois sincères.

M. Ernest Baroche. Vous n'êtes jamais allé en Angleterre?

M. Dannet. Pardon; mais j'ai été mal dirigé et je n'en ai rien rapporté de bien concluant.

En définitive, je crois que les étoffes anglaises sont un peu meilleur marché que les nôtres; mais comme il faut au Conseil des renseignements précis, je ne puis pas lui donner de réponse à cet égard.

12e Question. — Cette question est relative à la classification; j'y reviendrai tout à l'heure.

13e Question. — Nos produits sont absorbés moitié par la France, moitié par l'Amérique du Nord, l'Espagne, l'Italie, l'Allemagne et la Russie; il en va très-peu en Angleterre.

M. Ernest Baroche. Ainsi, la moitié de vos produits s'exporte.

M. Dannet. Oui, la moitié. J'ai ces renseignements-là par les maisons qui nous donnent des commissions.

M. Amé. Est-ce une indication spéciale à votre propre fabrication, ou qui s'applique à toute la fabrique locale?

M. Dannet. Je ne parle ici que de ce qui m'est personnel.

Le prix de la main-d'œuvre augmente sensiblement, sans que nous puissions bien nous en expliquer les raisons; la laine a plutôt augmenté aussi depuis six mois; de sorte qu'il n'y a pas eu baisse dans nos prix.

M. le Président. Si les métiers mécaniques venaient à remplacer les métiers à la main, cela ne vous donnerait-il pas une certaine diminution dans les frais de main-d'œuvre?

M. Dannet. L'ouvrier produira davantage; mais on ne le payera pas moins.

M. le Président. Assurément. Je dirai même plus : les ouvriers seront payés plus cher individuellement; mais il en faudra beaucoup moins.

M. Dannet. *14e Question.* — Nous tirons nos laines de Londres, pour la plus grande partie, et c'est là une des causes d'infériorité qui nous frappent : le marché des laines est en Angleterre. MM. Poitevin, Dannet.

M. Ernest Baroche. Des laines coloniales.

M. Dannet. Pour les laines de Russie et d'Australie, on n'en trouve qu'à Londres. Le même effet se représente pour les laines d'Allemagne, dans le pays de production.

Comme je vous le disais, le marché des laines est en Angleterre. Il est fâcheux que nous n'ayons pas de marché en France; mais enfin il faut prendre les choses comme elles sont.

Eh bien! à Londres, nous avons une différence de 4 1/2 p. o/o sur la laine, comparativement aux Anglais. Voici comment je l'établis, et je pourrais le prouver par nos livres.

Nous payons d'abord une commission de 3 p. o/o.

Pourquoi en payez-vous une, me direz-vous? Je vais l'expliquer.

Si le marché était à Rouen ou au Havre, nous nous déplacerions un jour, deux jours, cela n'empêcherait pas nos affaires de marcher; mais le marché est à Londres, et nous avons là des ventes qui durent un mois. Il faut donc passer un mois à Londres. Si nous n'y passons que deux ou trois jours, ou huit jours, nous ne trouverons peut-être pas ce qui nous convient. Il faut donc avoir un homme à poste fixe, qui reste là pendant tout le mois de la vente. Nous lui donnons 3 p. o/o de commission.

Nous avons ensuite 1 p. o/o de frais divers à Londres, et 1/2 p. o/o de fret et d'assurance; ce qui fait en tout 4 1/2 p. o/o.

M. Ernest Baroche. Le gros chiffre est celui de la commission, qui est une commission commerciale.

M. Dannet. A cette première cause d'infériorité j'ajouterai:

Pour le combustible..............................	» 1/2 p. o/o
Pour le matériel..................................	» 1/2
Et pour les capitaux..............................	2 »
Avec les 4 1/2 p. o/o ci-dessus indiqués............	4 1/2
Cela fait un total de.............................	7 1/2

Vous me direz que, dans quelque temps, nous aurons les machines à bon marché; mais nous ne les avons pas encore, et il faut attendre qu'elles arrivent.

Quant aux 2 p. o/o que je compte pour les capitaux, je crois que tout le monde est d'accord là-dessus. Notre législation, nos arran-

MM. Poitevin, Dannet. gements intérieurs font que les capitaux, en Angleterre, restent dans les affaires; tandis qu'il n'en est pas de même en France.

Ainsi je trouve une différence matérielle de 7 1/2 p. 0/0 au profit de l'Angleterre. Et, puisque vous avez bien voulu employer le mot *protection*, et que protection veut dire faveur, je crois que vous devez nous accorder quelque chose en plus de ces 7 1/2 p. 0/0.

M. le Président. Ainsi vous seriez à égalité de conditions si l'on vous donnait 7 1/2 p. 0/0?

M. Dannet. A égalité seulement.

M. le Président. Remarquez qu'outre les droits il y a, pour les Anglais, les frais de transport, et, en second lieu, la nécessité d'avoir des représentants, de payer des droits de commission, de se créer des débouchés; ils n'ont pas la connaissance entière du marché, comme les Français, ni des relations aussi complétement établies.

Enfin, selon vous, ces 7 1/2 p. 0/0 représenteraient l'écart entre vos conditions de productions respectives?

M. Dannet. Oui, Monsieur le Président, mathématiquement.

M. le Président. En supposant, toutefois, que le droit sur les machines reste ce qu'il est, et que le loyer des capitaux soit supérieur de 2 p. 0/0 en France à ce qu'il est en Angleterre.

M. Dannet. Oui; mais nous demanderions une protection.

M. le Président. J'ai bien compris votre raisonnement.

Vous ajoutez que, qui dit protection dit faveur, et que par conséquent il y aurait quelque chose à vous donner au delà de ces 7 1/2 p. 0/0.

M. Schneider. Je ne vois, dans les calculs de M. Dannet, aucune différence tirée de la teinture ou de la filature. Est-ce qu'il admet que ces deux éléments-là sont absolument semblables dans les deux pays?

M. Dannet. Quant à la teinture, c'est une omission de ma part; mais nous ne sommes pas teinturiers, et je ne sais pas quelle peut être la différence.

Quant à la filature, j'admets une différence de 1/2 p. 0/0.

M. Schneider. Vous admettez que les filateurs anglais produisent à 1/2 p. 0/0 meilleur marché que vous. Tous les filateurs français ne sont pas de cet avis. Il y en a qui établissent une plus grande différence.

MM. Peltevin, Dannet.

M. Dannet. De quoi se compose la filature? De matériel, de combustible. Je les compte : 1/2 p. o/o pour le combustible, 1/2 p. o/o pour le matériel, 2 p. o/o pour les capitaux. De main-d'œuvre, je ne sais pas si je me trompe, mais je crois que la main-d'œuvre est égale en France et en Angleterre. De loyer....

M. Schneider. Je ne discute pas la question ; seulement, je crois devoir y faire réserve en présence d'autres appréciations qui semblent différentes de la vôtre.

M. Ernest Baroche. Je crois qu'il importe de faire remarquer que la différence de 1/2 p. o/o porte sur la valeur du fil produit, et non pas sur la façon. Sur un kilogramme de fil de 10 francs, il y a 1 fr. 20 cent., je suppose, pour la façon : 1/2 p. o/o sur 10 francs, c'est 5 centimes; et 5 centimes sur 1 fr. 20 cent., c'est près de 5 p. o/o.

M. Dannet. Je suis allé à Verviers et en Prusse; on y travaille mieux que nous, mais beaucoup plus cher, parce qu'on y charge moins les cardes.

M. le Président. N'avez-vous pas été amené à appliquer à la fabrication à laquelle vous vous livrez, un procédé nouveau pour le feutrage du fil?

M. Dannet. Oui, Monsieur le Président.

Si vous voulez le permettre, je vais vous en dire quelques mots; je puis même vous faire voir des échantillons que l'on vient de me remettre à l'instant même.

Jusqu'à présent, le fil, après avoir été cardé, était filé au moyen de l'étirage et d'une torsion; cela donnait au fil de la roideur, et, avec un poids égal, on obtenait moins de grosseur; conséquemment c'était une laine perdue, en apparence du moins.

Un de mes amis, M. Vouillon, a trouvé le moyen de feutrer le fil comme on feutre une étoffe, ce qui est très difficile, attendu qu'en sortant de la carde le fil est tellement peu solide que la moindre flexion doit le briser. La difficulté était de le prendre et de le rouler de manière à le rendre fil.

M. Vouillon en est arrivé là; et vous pouvez voir, par ces échantillons, le résultat qu'il a obtenu.

M. le Président. Quelle différence cela peut-il produire dans les conditions de votre fabrication?

MM. Poitevin, Dannet.

M. Dannet. Ce fil est susceptible d'une tout autre fabrication. Comme il est plus *veule*, la teinture l'atteint plus facilement.

M. le Président. Ce serait là une première économie?

M. Dannet. Je ne dis pas que ce soit plus économique; mais la teinture se fixe mieux.

Il y a d'autres avantages :

Le fil ordinaire est entouré de petits poils qui font que, quand on le teint en écheveau, les fils se collent les uns contre les autres et causent un déchet notable. Avec le fil feutré, cela n'arrive pas; et, on le comprend, le feutrage est fait avant la teinture.

Ensuite ce fil est beaucoup plus beau, il est uni; tandis que le fil ordinaire est comme une chenille, entouré de poils.

Si l'on veut faire des étoffes rasées, griller les tissus, l'opération est presque faite d'avance; si l'on veut les échardonner, les mettre à poils, comme le fil n'est pas renfermé dans une espèce de corde, l'opération se fait très-bien.

M. le Président. Ainsi pour l'opération de la tondeuse, comme pour l'opération de l'échardonnage, vous arrivez à de meilleurs résultats?

M. Dannet. Oui, Monsieur le Président; mais il ne faut pas que ce fil soit destiné à un emploi spécial. On a cru, dans la fabrique, que M. Vouillon avait eu l'idée de remplacer le fil filé par celui-ci, pour le drap lisse. Telle n'était pas son intention. On pourra faire avec ce fil des étoffes de fantaisie très-légères.

Puis ce fil étant très-propre à être teint, on obtient des chinés qui n'avaient pu être faits jusqu'à ce jour.

Enfin, le plus grand mérite de cette découverte est de permettre d'employer des déchets presque sans valeur, et même des produits que la filature avait rejetés comme impropres à faire un bon fil, et qui deviennent aptes à faire des étoffes d'une grande consommation.

M. Schneider. Et la ténacité?

M. Dannet. Elle serait moindre, si l'on n'y veillait pas.

M. Schneider. Ainsi ce serait un progrès tournant au détriment u consommateur.

M. Dannet. On appliquerait ce fil à la fabrication qui doit bien s'en trouver.

M. Ernest Baroche. En employant des chaînes fortes, des

chaînes de coton, par exemple, avec ce fil, on ferait des étoffes très-solides.

MM. Poitevin. Dannet.

M. Dannet. Oui, cela a été fait. Le grand inconvénient, c'est qu'on n'a pas encore pu trouver une machine convenable pour fabriquer le fil à bon compte. Mais on est sur la voie; cela ne peut tarder.

M. Ozenne, *Secrétaire*. On ne pourrait pas faire de drap lisse avec cela?

M. Dannet. L'inventeur le croit; mais moi je ne le pense pas.

M. le Président. Veuillez vous expliquer sur la question des droits.

M. Dannet. L'établissement du droit à la valeur me paraît une chose impossible, à cause de la fraude. Pour l'établir au poids, il y a trop d'écart entre les étoffes légères et les étoffes lourdes.

Il m'a semblé qu'il était facile de faire deux catégories, en prenant le prix pour base : l'une au-dessus, l'autre au-dessous d'un chiffre fixé comme zéro de l'échelle, comme point de repère.

Je prends le prix de 8 francs par mètre carré. Les étoffes étant de toutes largeurs, j'ai pris pour unité de mesure le mètre carré.

J'ai donc d'abord deux catégories : les étoffes au-dessus de 8 francs le mètre carré, et les étoffes au-dessous de 8 francs.

Je subdivise ensuite chaque catégorie en étoffes lourdes et en étoffes légères, suivant qu'elles pèsent plus ou moins de 400 grammes le mètre carré.

J'arrive ainsi à une seule estimation à faire par le douanier, celle du prix au-dessus ou au-dessous de 8 francs; car la détermination des poids n'est pas une difficulté.

Ainsi on aurait quatre catégories :

Les étoffes communes (au-dessous de 8 francs) et lourdes;

Les étoffes communes (au-dessous de 8 francs) et légères;

Les étoffes fines (au-dessus de 8 francs) et lourdes;

Les étoffes fines (au-dessus de 8 francs) et légères.

M. le Président. Ces catégories ainsi faites, à quels droits arriveriez-vous par kilogramme?

M. Dannet. A 2 francs pour la première catégorie, celle des étoffes communes et lourdes, c'est-à-dire pesant plus de 400 grammes et valant moins de 8 francs le mètre carré.

MM. Poitevin, Dannet.

M. le Président. 2 francs le kilogramme, ou 2 francs le mètre carré?

M. Dannet. 2 francs le kilogramme, au mètre carré.

M. le Président. Dans une étoffe commune, combien le kilogramme représente-t-il de mètres carrés?

M. Dannet. J'ai pris divers exemples dans chaque catégorie.

Ainsi le premier exemple, pour la première catégorie, est celui-ci :

Une étoffe de 11 francs, en 140 centimètres, coûterait par conséquent 7 fr. 85 cent. le mètre carré. Je suppose qu'elle pèse 588 grammes les 140 centimètres, cela ferait 420 grammes le mètre. A raison de 2 francs de droit par kilogramme, elle payerait 84 centimes de droit d'entrée par mètre carré valant 7 fr. 85 cent., soit 10 p. o/o.

M. le Président. C'est la catégorie la moins protégée?

M. Dannet. Oui, Monsieur le Président.

M. le Président. Et pour les autres, la protection s'élève?

M. Dannet. Elle va à 15, 20, 25 et 30 p. o/o. Si, par exception, on trouve une étoffe hors ligne, pour laquelle la combinaison donne plus de 30 p. o/o, il est bien évident qu'il faudra s'arrêter à 30 p. o/o.

M. Ernest Baroche. Ce système me paraît compliqué.

M. Dannet. La difficulté est d'en trouver un meilleur.

M. Amé. Si votre système ne comportait que des catégories, on pourrait, en cas de différence dans les appréciations, sortir d'embarras en prélevant des échantillons et en faisant appel à des experts. Mais il y a un élément de valeur...

M. Dannet. J'admettrais la préemption.

M. Amé. C'est là une grande difficulté.

M. Dannet. Sans doute. Mais, dans cette question-là, vous en trouverez d'insurmontables.

C'est la quatrième catégorie qui donne le plus d'écart.

Je trouve au minimum 6 p. o/o de protection, et le haut de l'échelle est à 30 p. o/o. Il est malheureux que, chez le même fabricant, il y ait une étoffe protégée de 6 p. o/o et une autre protégée de 30 p. o/o.

M. le Président. D'autant plus que l'étoffe protégée de 6 p. o/o est celle qui est destinée aux classes supérieures, et que l'étoffe protégée de 30 p. o/o est celle qui est destinée à la plus grande masse.

MM. Poitevin, Dannet.

M. Dannet. C'est vrai; mais vous avez dû remarquer, je crois, que les produits bon marché avaient plus besoin de protection que les produits chers.

M. le Président. Vous exportez la moitié de vos produits sur divers marchés.

Dans les pays où vous exportez, avez-vous examiné les procédés de douane qui étaient pratiqués? Rencontrez-vous dans les pays étrangers des difficultés ou des facilités qu'on pourrait éviter ou importer en France?

M. Dannet. Je n'en sais rien, car nous n'exportons pas nous-mêmes. Si j'avais prévu la question, j'aurais pu facilement me procurer des renseignements à cet égard.

M. Ernest Baroche. Le Conseil entendra des exportateurs.

M. Schneider. M. Dannet vient de nous expliquer le système de droits qu'il propose d'adopter: il forme quatre catégories, et il nous dit que pour la première catégorie, celle des étoffes communes et lourdes, il propose un droit de 200 francs par 100 kilogrammes. Quels sont les chiffres qu'il affecte aux trois autres catégories?

M. Dannet. La seconde catégorie, celle des tissus communs et légers, payera 400 francs.

M. Clerc Combien cela ferait-il pour cent?

M. Dannet. Cela varie suivant les cas. Cela va jusqu'à 30 p. o/o.

M. Clerc. Mais alors l'écart de 7 1/2 p. o/o entre les conditions respectives de production, est bien dépassé.

M. Dannet. Il y a un système à prendre et un chiffre à débattre. Si mon chiffre vous paraît trop élevé, vous pourrez le réduire; mais cela ne veut pas dire que mon système soit mauvais.

M. le Président. M. Dannet nous a expliqué que son système consistait d'abord à diviser les étoffes en deux classes, les étoffes communes, et les étoffes fines; puis à subdiviser chacune de ces deux classes en deux autres, les étoffes lourdes et les étoffes légères. Il forme ainsi quatre catégories, et, pour chacune de ces quatre caté-

MM. Poitevin, Dannet. gories, il propose un droit qui représente, suivant les cas, un certain degré de protection. M. Dannet ajoute : « Le Conseil aura premièrement à se fixer sur le mérite de la classification que je propose, à l'adopter ou à le rejeter; et secondement, s'il l'adopte, à rechercher le degré de protection qu'il croira devoir accorder pour chaque catégorie. Je propose des chiffres; le Conseil pourra en adopter d'autres. »

M. Dannet. Précisément. Je puis me tromper sur le chiffre de 8 francs, que je prends pour le zéro de mon échelle des prix; je puis me tromper sur le chiffre de 400 grammes, que je prends pour le zéro de mon échelle des poids; je puis me tromper sur les chiffres de droit que je propose. Mais en me trompant sur tous ces chiffres-là, je pourrais encore avoir raison sur la méthode de classification que je présente.

M. le Président. Veuillez répondre à la question de M. Schneider. Vous avez fait connaître le droit que vous proposez pour la première catégorie, pour celle des étoffes communes et lourdes. Combien demandez-vous pour les autres catégories?

M. Dannet. Pour la deuxième catégorie, celle des étoffes communes et légères, c'est-à-dire valant moins de 8 francs et pesant moins de 400 grammes le mètre carré: 4 francs le kilogramme.

Pour la troisième catégorie, celle des étoffes fines et lourdes, c'est-à-dire valant plus de 8 francs et pesant plus de 400 grammes, le mètre carré : 4 francs.

Pour la quatrième catégorie, celle des étoffes fines et légères, c'est-à-dire valant plus de 8 francs et pesant moins de 400 grammes, le mètre carré : 8 francs.

M. le Président. De sorte qu'il y a deux catégories qui se confondent, qui ont le même droit de 4 francs?

M. Dannet. Oui, Monsieur le Président.

M. le Président. En somme, les droits que vous proposez varient depuis 200 francs jusqu'à 800 francs les 100 kilogrammes.

Vous avez entendu M. Poitevin nous dire tout à l'heure que les draps qu'il exporte en Sardaigne supportent un droit de 150 francs, au maximum.

M. Ozenne, *Secrétaire*. Je crois que c'est une erreur de la part de M. Poitevin. En Allemagne le droit est de 150 francs; mais en Sardaigne il est de 200 francs, suivant le tarif du 1er janvier 1860.

MM. Poitevin. Dannet.

M. Schneider. Monsieur Dannet a-t-il étudié ses chiffres par rapport aux produits allemands et belges? Croit-il que les droits qu'il propose d'appliquer aux produits anglais pourraient être appliqués aux produits des autres nations? Sait-il quelle est la valeur relative des produits anglais, allemands et belges?

Je crois que les produits allemands sont encore plus à craindre pour nous que les produits anglais.

M. Poitevin. La différence est énorme entre la main-d'œuvre en France et la main-d'œuvre en Allemagne.

En Saxe, par exemple, un tisserand gagne par semaine 3 thalers ou 11 fr. 25 cent.; en France il gagne 25 francs.

M. Herbet, *Commissaire général*. Et en Moravie, à Brunn?

M. Poitevin. Je ne sais pas. J'ai là une série de prix pour les salaires comparés des enfants, des femmes et des hommes. Ce qui vaut en Saxe 47 fr. 50 cent. représente en France 94 fr. 80 cent., c'est-à-dire le double.

M. le Président. Je crois que si la Saxe et la Moravie étaient appelées à exporter beaucoup, la main-d'œuvre y prendrait bien vite de l'élan.

M. Poitevin. J'étais bien aise de signaler ce fait. Nous ne savons pas ce qui arrivera dans un temps donné. S'il était question de faire un traité de commerce avec le Zollverein et la Belgique, j'appellerais l'attention du Conseil sur ce point.

M. Schneider. Les fabricants prussiens et saxons ont la laine chez eux à bien meilleur marché. Je crois que cette différence-là est encore plus notable que celle de la main-d'œuvre.

M. Herbet. Je crois me rappeler que le maximum des droits réclamés par les fabricants d'Elbeuf n'est que de 600 francs, tandis que M. Dannet demande 800 francs.

M. Ozenne. Le point de départ des fabricants d'Elbeuf était de 250 francs et leur maximum de 600 francs.

M. le Président. Sont-ce les mêmes produits?

M. Poitevin. C'est à peu près la même classe de produits.

M. Amé. Je crois qu'il sera presque aussi difficile, pour la douane,

MM. Poitevin, Dannet.

de distinguer si un tissu est fin ou commun, que de distinguer s'il vaut tel prix ou tel autre prix.

M. Ernest Baroche. Dans le commerce, on compte souvent par kilogramme ; on dit : du drap valant 10 francs, valant 20 francs le kilogramme. Est-ce qu'il ne serait pas plus facile, dans votre système de droits, pour le drap qui doit servir de point de départ, d'appliquer la valeur au kilogramme que de l'appliquer au mètre?

M. Dannet. Ce serait toujours la valeur qui servirait de base d'appréciation.

M. Ernest Baroche. Est-ce que ce ne serait pas plus simple?

M. Dannet. Vous auriez à faire l'estimation de chaque produit; vous auriez une série d'estimations; tandis que, dans mon système, vous n'avez qu'une estimation à faire.

Sont introduits :

MM. CHENNEVIÈRE, fabricant de draps à Louviers.
OLLIVIER, fabricant de draps à Elbeuf.
BERRIER fils, fabricant de draps à Elbeuf.

ACHAT ET PRÉPARATION DES LAINES.

FILATURE.

Louviers, Elbeuf.

M. LE PRÉSIDENT. Monsieur Chennevière, quelle est la nature de votre fabrication?

M. CHENNEVIÈRE. Je fabrique des draps intermédiaires et communs.

M. LE PRÉSIDENT. Et vous, Monsieur Ollivier?

M. OLLIVIER. Des draps de fantaisie; des nouveautés pour pantalons et paletots.

M. LE PRÉSIDENT. Vous avez reçu le questionnaire. Veuillez y répondre.

M. CHENNEVIÈRE :

ACHAT ET PRÉPARATION DES LAINES.

1re Question. — Nous employons des laines de Buénos-Ayres, de 3 à 6 francs, lavées et échardonnées.

Nos achats sont faits au Havre, fret payé, 1 p. 0/0 de commission.

2e Question. — Les laines de Buénos-Ayres touchent les ports français, comme les ports anglais, avec les mêmes frais. Dans certaines circonstances, les Anglais et les Belges viennent même s'approvisionner au Havre.

3e Question. — Nous opérons directement le lavage des laines au moyen d'un dégraissage aux cristaux, d'une presse pour exprimer le suint et d'un lavage mécanique.

4e Question. — Nous faisons teindre nos laines avant de les faire filer, à l'exception des noirs qui sont teints en pièces.

MM. Chennevière Ollivier, Berrier fils.

Les laines que nous employons sont teintes chez nous dans des cuves chauffées par la vapeur.

Le prix de la teinture, dite *petit teint*, varie de 50 centimes à 75 centimes le kilogramme, suivant la finesse des laines et les couleurs que l'on veut obtenir; et celui de la teinture, dite *bon teint*, varie de 1 fr. 30 cent. à 2 francs, suivant la quantité d'indigo employée.

FILATURE.

1re Question. — Nous ne filons que les laines destinées à notre fabrication.

Nous n'employons que la carde.

Nous faisons des fils écrus, teints, mélangés et retors, mais seulement pour les besoins de notre fabrication.

2e Question. — Nous employons la machine à filer, système Mercier, fabriquée à Louviers.

Nos machines datent d'une quinzaine d'années, mais nous leur avons fait éprouver successivement toutes les améliorations qui se sont présentées jusqu'à ce jour.

Le prix d'achat d'un assortiment moderne, composé de trois cardes et de 400 ou 500 broches, est d'environ 10,000 francs, sans les accessoires qui s'y rattachent.

Le prix de la machine à battre varie de 600 à 800 francs, suivant la construction; quant aux autres machines énumérées dans la 2e question, nous ne les employons pas, et il nous serait difficile d'en déterminer la valeur exacte.

3e Question. — L'un de nos établissements, situé sur la rivière d'Iton, est mû par un moteur hydraulique et une machine à vapeur, dont les forces réunies peuvent s'estimer à 500 francs par cheval.

L'autre établissement, situé à Louviers, est mû par une machine à vapeur, construite par M. Houdouart, de Rouen, de la force de quinze chevaux, mais pouvant en produire vingt, et établie au prix de 1,000 francs le cheval.

4e Question. — Nous brûlons indistinctement les charbons tout venants, anglais et belges, suivant les cours plus ou moins avantageux de chacun de ces deux pays.

Les prix varient de 26 à 30 francs, pour le charbon rendu dans notre établissement.

5e Question. — La quantité de charbon brûlé, seulement pour ce qui se rapporte à la filature, peut s'estimer à 10,000 francs.

Nous employons en outre le charbon :

MM. Chennevière, Ollivier, Barrier fils.

1° Pour nos ateliers qui sont canalisés et chauffés à la vapeur;

2° Pour nos cuves de teinture et de dégraissage;

3° Pour les apprêts, pour l'encollage et autres éléments de fabrication;

4° Pour la machine à vapeur attachée à l'établissement de la campagne.

Cette dernière quantité peut être estimée à 8,000 ou 10,000 francs.

M. le Président. Pour quelle importance d'affaires ?

M. Chennevière. Pour cent et quelques mille mètres de draps fabriqués, qui, à raison de 5 ou 6 francs le mètre, valent 500,000 ou 600,000 francs, nets d'escompte.

M. le Président. Pas plus que cela?

M. Chennevière. 800,000 francs tout au plus. Mes produits sont très-bon marché, et je parle des prix nets, sans escompte.

M. le Président. Ainsi, pour une production de 800,000 francs vous employez 20,000 francs de charbon.

M. Chennevière. Oui, Monsieur le Président.

6e Question. — En général, nos laines sont filées de 7,000 à 10,000 mètres au kilogramme, en gras.

Le produit de notre filature est d'environ 100,000 kilogrammes, soit 14,280 kilogrammes environ par assortiment.

A mesure que la finesse du fil augmente, le produit varie peu pour le cardage, mais diminue d'une manière très-sensible pour la filature.

7e Question. — Pour la main-d'œuvre, le salaire d'un homme varie de 2 fr. 50 cent. à 3 fr. 50 cent.; celui d'une femme, de 1 fr. 50 cent. à 2 francs; celui des enfants, de 1 franc 25 cent. à 1 fr. 75 cent.

Nous employons environ trois sixièmes d'hommes, deux sixièmes de femmes, un sixième d'enfants. Les ouvriers travaillent à la journée ou à la tâche, suivant les diverses opérations de la fabrique.

Les salaires ont augmenté, depuis quelques années, de 25 à 30 p. o/o. Dans ces dernières circonstances, il y a eu encore une augmentation assez sensible.

M. le Président. Ainsi, depuis le traité de commerce, il y a eu une augmentation dans la main-d'œuvre?

MM. Chennevière, Ollivier, Berrier fils.

M. Chennevière. Très-peu de chse. Depuis deux ou trois mois, il y a eu une petite augmentation, à cause sans doute de la reprise des travaux agricoles. Mais enfin, il y a plutôt une tendance à l'augmentation qu'à la diminution des salaires.

8e Question. — Nous employons environ 300 ouvriers. Chaque assortiment occupe ordinairement deux femmes pour les cardes, deux ou trois fileurs suivant la finesse du fil, deux enfants ou rattacheurs et deux dévideuses.

Le prix de la main-d'œuvre, pour un assortiment, varie suivant les fils employés; mais on peut l'évaluer de 4,000 à 5,000 francs pour des fils ordinaires.

9e Question. — Nous filons en gras.

Les huiles que nous employons ordinairement sont les huiles d'arachide et l'acide oléique.

La quantité d'huile employée pour carder 100 kilogrammes de laine varie de 15 à 20 kilogrammes, suivant la finesse que l'on veut obtenir et la nature des laines.

10e Question. — Le prix de l'huile augmente celui de la filature de 12 à 25 centimes, suivant la quantité d'huile employée dans l'ensimage et la nature de l'huile dont on se sert.

Le prix courant de la filature ordinaire est de 30 centimes pour le cardage d'un kilogramme de laine sèche, et de 30 centimes pour la filature d'un kilogramme à 7,200 mètres. Ce prix augmente en proportion de la finesse du fil, avec un escompte qui varie de 15 à 20 p. o/o, suivant les circonstances.

Lorsque les fils doivent obtenir une finesse qui nécessite le surfilage, le prix du cardage et de la filature augmente avec la finesse.

11e Question. — Nous ne vendons pas de laine peignée, ni de fils écrus ou teints.

Les *corons* ou déchets de cardes sont repassés dans les laines, comme les déchets de fils ou bouts tors.

Ne vendant pas de fils, nous ne pourrions déterminer le prix moyen des fils en France et en Angleterre, pendant les six mois qui ont précédé la signature du traité de commerce.

TISSAGE ET APPRÊTS.

1re Question. — Nous produisons des nouveautés communes et ordinaires, et des draps ordinaires.

2e Question. — Les laines que nous employons proviennent le plus ordinairement de Buénos-Ayres; ce sont les qualités ordinaires; leur prix varie de 3, 4 à 6 francs le kilogramme dégraissé.

MM. Chennevière. Ollivier. Barrier fils.

Le numéro de nos fils varie de 7,000 à 10,000 mètres au kilogramme. Nous n'achetons point de fils.

3e Question. — Les métiers à tisser mécaniques ont laissé jusqu'ici beaucoup à désirer; nous n'en avons que cinq, à titre d'essai, achetés successivement depuis deux ans dans les ateliers de M. Mercier, et du prix de 1,100 à 1,200 francs.

4e Question. — L'un de nos métiers, de construction toute nouvelle, fonctionne avec trois navettes.

On compte ordinairement la force d'un cheval pour faire mouvoir quatre métiers à tisser ordinaires.

5e Question. — Ces métiers sont ordinairement conduits par des jeunes gens ou des femmes. Le prix de la journée varie de 2 francs à 2 fr. 50 cent. Il est impossible à un ouvrier de conduire plusieurs métiers.

6e Question. — La plus grande partie de nos étoffes sont fabriquées avec des métiers à la main; ces métiers se trouvent chez l'ouvrier. Le prix d'un mètre de drap varie de 50 à 75 centimes.

7e Question. — Un métier mécanique à une seule navette, bien monté, peut produire au moins un tiers en plus que le métier à la main, et donne une étoffe mieux tissée et plus régulière. Je crois que la question est maintenant résolue, que les métiers mécaniques travaillent très-bien, que nous devons nous hâter d'en faire un usage général, et que c'est là un des éléments qui peuvent nous permettre de lutter avec avantage.

Il faut ajouter que nous avons les métiers mécaniques sous la main, que nous les dirigeons; il y aura donc, grâce à l'emploi de ces métiers, beaucoup plus d'économie, moins de déchets, moins de soustractions, s'il faut le dire : il en résultera un bénéfice réel dans la fabrication.

8e Question. — Le prix moyen de chaque kilogramme est :

1° Pour le triage avec échardonnage..........		0f 25c
2° Pour le dégraissage..........................		12
3° Pour la teinture, de............	0f 50c à	75
4° Pour le séchage............................		06
5° Pour le cardage............................		30
6° Pour la filature, de.............	0f 30c à	40

Le prix moyen pour chaque chaîne est :

1° Pour l'ourdissage...........................	3 00c
2° Pour l'encollage............................	6 00

MM.
Chennevière,
Ollivier,
Herrier fils.

Le prix moyen pour chaque mètre d'étoffe est :

1° Tissage, de....................	0f 50c	à	0f 75c
2° Dégraissage et foulage, de........	18	à	20
3° Apprêt des draps comprenant lainage, tonte, épinçage, décatissage, etc., de	12	à	20

9e Question. — Les frais de fabrication ne varient pas en proportion directe de l'augmentation de la valeur de la laine; toutefois, la laine fine, étant destinée à produire des articles d'un prix élevé, nécessite souvent plus de main-d'œuvre que les draps ordinaires.

10e Question. — Nous n'employons dans nos tissus ni coton, ni chanvre, ni autre matière étrangère à la laine.

11e Question. — Nous ne connaissons pas, en Angleterre, de produits similaires aux nôtres; les étoffes de même prix sont mélangées de coton. Je crois qu'il faudra essayer de faire de même. Avec les métiers anglais on peut faire des kilomètres d'étoffes. Les chaînes de coton ne cassent pas; je crois qu'il y aura un grand avantage à les employer, et que l'opération devenant très-facile, la main-d'œuvre du tissage pourra diminuer.

12e Question. — Je ne suis pas à même de répondre.

13e Question. — Nos produits sont vendus à l'étranger, ordinairement dans l'Amérique du Sud, par l'intermédiaire de commissionnaires exportateurs, dans la proportion de moitié environ.

La position n'est pas très-satisfaisante en ce moment : la transition qui doit s'opérer et l'incertitude de l'avenir arrêtent un peu les affaires.

Fabriquant toujours les mêmes genres, nous vendons nos draps à peu près aux mêmes prix que les années précédentes; mais les achats se font avec moins d'empressement.

Je dois ici reconnaître avec plaisir que les affaires n'ont pas diminué, comme on l'avait craint dans les villes de fabrique; seulement il y a eu un peu de tiraillements. En définitive la fabrique a marché; les établissements ne se sont pas arrêtés. On achète des laines dans ce moment-ci. Il y a eu quelques craintes, mais il est vrai de dire qu'elles disparaissent.

M. le Président. Ne croyez-vous pas que la crainte qui s'est manifestée, au début, a été un des éléments qui ont fait languir les affaires?

M. Chennevière. C'est la crainte d'abord qui a ralenti les affaires.

M. le Président. Il est de toute évidence que si les fabricants ont affiché une très-grande crainte, ils ont fait naître, chez les consommateurs, d'assez grandes espérances d'un abaissement de prix.

MM. Chennevière, Ollivier, Berrier fils.

M. Chennevière. Cela s'est produit; mais la raison a succédé à la première panique. Tous les industriels, tous les fabricants doivent serrer les rangs, se rassurer et rassurer les classes ouvrières qui s'effrayeraient comme nous.

Sans dissimuler les craintes que nous avons sur la transition qui se prépare, nous devons dire que les choses ne sont pas aussi mauvaises que quelques personnes l'ont prétendu. Nous ne fermerons pas nos ateliers, et en définitive nous tâcherons de lutter. Il y a beaucoup d'inconnu dans ce qui va arriver; mais j'espère ne pas succomber.

M. le Président. C'est là un excellent langage, que vous pouvez d'autant plus tenir, que vous le tenez avec plus d'autorité. Je suis convaincu que si vous manifestez de la confiance dans l'avenir, d'autres en éprouveront et en manifesteront comme vous. C'est le meilleur sentiment que puissent avoir les manufacturiers : ils n'ont qu'à vouloir pour pouvoir.

M. Chennevière. Personne ne discute le principe maintenant; c'est un fait acquis. Mais le Gouvernement peut nous aider, et nous pouvons aussi aider le Gouvernement dans les humbles limites qui nous sont réservées. Il n'y a pas de doute que le Gouvernement doive nous protéger et nous mettre à même de soutenir la concurrence. Il n'a pas d'intérêt à ce que nous fermions nos ateliers. A notre tour nous devons répondre à ses encouragements, en montrant de la confiance et en nous rassurant réciproquement. Il sera toujours temps de se plaindre lorsqu'on aura la conviction qu'on ne pourra pas lutter. Mais je crois que cela n'arrivera pas, parce que le Gouvernement ne voudra pas nous placer dans une pareille situation.

14e Question. — Les causes qui permettraient aux producteurs anglais de vendre à des prix inférieurs seraient celles-ci :

1° La puissance du capital;

2° Le taux de l'argent;

3° Les comptoirs dans les pays de provenance pour l'achat des laines, et le bénéfice résultant du change dans certaines occasions;

4° Le charbon qui se trouve sur le lieu de production.

Il est encore à remarquer que, pour protéger la fabrique française,

MM. Chennevière, Ollivier, Berrier fils.

il faudra tenir compte du prix des marchandises provenant des autres pays de l'Europe, et particulièrement de la Belgique, de la Saxe et de la Prusse, où la main-d'œuvre est beaucoup moins chère qu'en France, et dont les produits arriveront chez nous, en passant par l'Angleterre.

M. le Président. Pourriez-vous nous dire, en chiffres, quelles seraient ces différences?

M. Chennevière. J'ai fait la comparaison entre le prix de revient des nouveautés françaises et des nouveautés anglaises, en ce qui regarde notre fabrication, et j'ai estimé que pour une fabrication de 100,000 mètres, les différences seraient celles-ci :

1° Nous employons du charbon de terre pour 20,000 francs;

Différence en faveur des Anglais : 10,000 francs.

2° Sur l'achat de 400,000 francs de laine, différence 6 p. o/o, soit 24,000 francs.

Cette dernière différence provient de ce que les maisons anglaises possèdent en Australie, à Buénos-Ayres, des comptoirs avec des agents spéciaux qui évitent les intermédiaires, soit à cause des changes qui, dans certaines circonstances, sont assez considérables, soit enfin à cause d'un fret moins élevé obtenu sur les navires anglais qui sont toujours chargés à l'aller et au retour;

3° Sur un capital de 500,000 francs employé dans les affaires, il faut compter 2 p. o/o en moins, en faveur des prix anglais, à cause du taux de l'intérêt à 3 p. o/o dont se contentent les maisons anglaises, qui ont de grands capitaux à leur disposition et qui fabriquent sur une très-large échelle.

Différence : 10,000 francs.

4° Sur 200,000 francs de main-d'œuvre environ, 15 p. o/o en moins peuvent être attribués soit aux grandes affaires des maisons anglaises, ce qui diminue les frais généraux, soit aux draps de provenance étrangère à l'Angleterre, comme ceux de Belgique, de Prusse, de Saxe, qui pourraient arriver en France après avoir passé par l'Angleterre.

Différence en faveur des Anglais : 30,000 francs.

En récapitulant, nous voyons que, pour protéger efficacement notre industrie, il nous faudrait au moins 94 centimes par mètre; et comme chaque mètre pèse en moyenne 500 grammes, ce serait une protection de 1 fr. 88 cent. par kilogramme de drap.

Quant aux machines, personne n'ignore qu'elles sont à bien meilleur marché en Angleterre qu'en France.

Pour mémoire, nous joindrons aux considérations que nous venons d'énoncer : MM. Chennevière, Ollivier, Berrier fils.

1° La fraude qui pourrait se produire;

2° L'engouement pour les marchandises étrangères dans les premiers moments;

3° L'augmentation sur le prix de la laine, qui nous prive du bénéfice de la suppression des droits;

4° Le retrait du drawback, dont les exportateurs tireront parti pour diminuer le prix de la marchandise.

Il est nécessaire de tenir compte de ces dernières considérations, dans l'établissement du droit protecteur, bien qu'on ne puisse guère déterminer leur importance en chiffres, si ce n'est peut-être pour le drawback. Ainsi, par exemple, les exportateurs auxquels nous vendons nous disent : « Je vous paye encore aujourd'hui tel article 4 fr. 50 cent.; mais quand les drawbacks seront retirés, je ne vous le payerai plus que 4 francs. »

En résumé, nous pensons qu'un droit de 25 à 30 p. o/o serait nécessaire en ce moment pour protéger notre industrie, sauf à modifier plus tard ce droit suivant les circonstances. En admettant ce chiffre, cela donnerait, au kilogramme, une protection de 2 fr. 10 cent. à 2 fr. 20 cent.

M. le Président. Vous admettez l'égalité du prix de la main-d'œuvre ou à peu près en France et en Angleterre; mais vous dites que, pour les draps saxons, prussiens, belges, il y a une main-d'œuvre de 30 p. o/o moins élevée qu'en France et en Angleterre, et vous craignez que ces étoffes n'entrent chez nous par navires anglais. Aujourd'hui, l'importation de draps allemands est prohibée en France; mais elle est franche de tous droits en Angleterre; et cependant cette importation est peu de chose en Angleterre. Il n'est donc pas bien à craindre que les draps allemands nous arrivent en grande quantité par l'Angleterre, surtout si l'on considère que la marchandise allemande, pour passer par les ports anglais, se trouverait grevée de frais de transport assez considérables.

M. Chennevière. Je ne sais pas quelle peut être l'importance des draps allemands en Angleterre, mais ce que je sais, c'est qu'il pourrait y avoir intérêt, pour les Anglais, à introduire ces draps en France sous leur pavillon; car la différence de main-d'œuvre étant de 30 p. o/o, malgré les frais de transport dont serait chargée la marchandise allemande, il y aurait encore, à faire ce commerce, un bénéfice moyen

MM. Chennevière, Ollivier, Berrier fils.

de 10 à 15 p. o/o, résultant de ce qui resterait de différence de main-d'œuvre. Si cela se produisait, nous serions débordés.

M. le Président. Bien que le traité de commerce n'accepte que les marchandises anglaises, vous avez raison de dire que des draps allemands, dans une proportion quelconque, pourraient entrer indirectement en France, en empruntant le pavillon anglais et en se présentant comme marchandise anglaise. Assurément, la substitution est possible. Mais des traités de commerce pourraient avoir lieu entre la France et les diverses nations de l'Allemagne. Alors on éviterait un fait important dont ne paraissent pas se préoccuper assez les gouvernements allemands : c'est que si l'on arrivait à pouvoir faire passer les marchandises allemandes, russes, belges, comme marchandises anglaises, on constituerait l'Angleterre en entrepôt général de tous les produits de l'Europe à importer en France. Or je ne crois pas que les autres puissances soient jalouses de créer cette position commerciale à l'Angleterre.

M. Chennevière. Il est certain qu'en traitant avec les autres puissances, le danger possible que j'indiquais tout à l'heure disparaîtrait.

M. d'Eichthal. Vous disiez, Monsieur, que les maisons anglaises possédaient sur vous un avantage, parce qu'ayant, pour la plupart, des comptoirs à Buénos-Ayres ou en Australie, elles n'avaient pas à payer, comme vous, un droit de commission de 3 p. o/o pour l'achat de leurs laines. Croyez-vous donc que les comptoirs des maisons anglaises ne coûtent pas au moins 3 p. o/o? Quand on envoie, pour tenir ces comptoirs, des hommes intelligents hors d'Europe, il faut les payer très-cher.

Ainsi, sous ce rapport, la différence, s'il y en a une, est certainement beaucoup au-dessous de 3 p. o/o, taux maximum du droit de commission.

Vous dites encore que le taux de l'intérêt est moins élevé de 2 p. o/o en Angleterre qu'en France. Cela peut être contesté. Qu'il soit plus facile pour un manufacturier de trouver de l'argent en Angleterre qu'en France, c'est possible; mais enfin il y a une partie de l'intérêt de l'argent qui est fixée par le taux de l'escompte. En Angleterre, comme en France, les fabricants donnent leurs traites sur leurs acheteurs à un banquier, lequel les donne à la banque de son pays; or, depuis dix ans, s'il y a eu une différence entre l'escompte de la Banque d'Angleterre et celui de la Banque de France, il est assez difficile de dire de quel côté a été l'avantage.

MM. Chennevière, Ollivier, Berrier fils.

Ainsi donc, cette différence que vous avez signalée dans le taux de l'intérêt de l'argent, entre les deux pays, n'est pas à considérer comme un élément qui doive se faire sentir bien sensiblement dans le prix de revient.

Quant à la crainte que semble vous inspirer la présence possible des draps allemands ou belges sur nos marchés, vous avez un moyen bien simple de vous rassurer, c'est de vous rendre compte de la concurrence que ces draps vous font sur les marchés étrangers où ils rencontrent les vôtres, à New-York, à Valparaiso, à Lima. Eh bien! là, il se revèle un fait qui doit vous ôter toute crainte, c'est que, bien que vos produits et les produits allemands s'appellent les uns et les autres du *drap*, ils sont très-loin d'être identiques; les vôtres ont une supériorité très-marquée pour le goût de certaines classes. Si l'on importait en France des draps très-légers de Saxe, de Prusse, de Belgique, il y a sans doute quelques personnes qui en prendraient, mais il y en a certainement beaucoup qui n'en prendraient pas.

Les faits eux-mêmes doivent donc rassurer complétement la fabrication française.

M. Chennevière. Pas complétement, car il y aura toujours quelque chose qui entrera; il entrera, par exemple, certains draps saxons qui coûteront moins cher que les draps anglais et qui trouveront certainement des acheteurs.

M. d'Eichthal. Je ne prétends pas dire qu'il n'entrera absolument rien et que ce qui entrera ne sera pas acheté; mais ce ne sera pas pour vous une concurrence très-redoutable. Ce n'est que sur les étoffes bon marché que le prix plus ou moins élevé de la main-d'œuvre a de l'influence; et cependant vous faites des draps communs, et vous reconnaissez que vous exportez la moitié de vos produits.

M. Chennevière. On exportera moins lorsque le traité sera mis à exécution; car, tout naturellement, on retirera les drawbacks; or, comme je l'ai dit, les exportateurs qui, aujourd'hui encore, me payent une étoffe 4 fr. 50 cent. parce qu'on leur rend 50 centimes à la sortie, ne voudront plus la payer, après le retrait des drawbacks, que 4 francs; et si je ne puis la leur livrer à ce prix, ma vente pour l'exportation diminuera nécessairement. Il est cependant bien certain que je ne pourrai pas diminuer le prix de mes produits en présence de la hausse qui s'est produite sur les marchés des laines.

MM. Chenneviêre, Ollivier, Berrier fils.

M. d'Eichthal. La laine a partout haussé de prix; c'est un fait qui est indépendant du régime des douanes.

M. le Président. Il y a un régime transitoire à l'occasion du drawback.

Maintenant, Monsieur Chennevière, je vous demanderai si vous nous avez bien présenté toutes vos observations sur les classifications qu'il y aurait à faire dans les tarifs, relativement aux tissus.

M. Chennevière. J'ai dit déjà quelle devrait être, suivant moi, la quotité du droit protecteur. Il serait plus juste d'établir le droit à la valeur qu'au poids; mais il serait bien difficile, je l'avoue, aux agents de la douane, de reconnaître la véritable valeur d'un drap; il faudrait pour cela des hommes spéciaux, surtout pour l'article *nouveauté*. Reste donc le droit spécifique, qui ne peut être qu'un droit moyen, et qui, par cela même, a l'inconvénient d'être trop protecteur pour les qualités inférieures, et de ne pas l'être assez pour les qualités supérieures.

En somme, ce qu'il y aurait de plus simple, ce serait de déterminer un droit unique : on pèserait la balle, et l'affaire serait faite. Mais les draps fins ne seront pas protégés du tout. Cependant, si l'on arrivait à faire beaucoup de catégories, on tomberait, à la fois, dans les difficultés de la valeur et du poids, et les droits seraient doublement difficiles à déterminer. Il faut donc limiter, autant que possible, les catégories.

M. le Président. Ainsi le droit *ad valorem*, quoique le plus juste de tous, à vos yeux, vous paraît d'une application trop difficile pour devoir être adopté. Quant au droit spécifique, vous pensez qu'il pourrait être unique; mais qu'étant unique, par conséquent moyen, il aurait l'inconvénient de ne pas protéger les produits fins de qualité supérieure. Enfin vous pensez que, si l'on croyait devoir établir des catégories, il faudrait les simplifier autant que possible, laissant au Conseil Supérieur le soin d'examiner dans quelle mesure il faudrait le faire.

M. Chennevière. Oui, Monsieur le Président.

M. Ernest Baroche. Vous avez des draps dont la valeur, au kilogramme, arrive à 9 ou 10 francs?

M. Chennevière. Nous avons des étoffes à 4 fr. 50 cent. le mètre, qui arrivent, en effet, à 9 ou 10 francs le kilogramme.

M. Clerc. Relativement aux laines de Buénos-Ayres, que M. Chennevière emploie, je ferai remarquer qu'elles ne doivent pas être plus chères au Havre qu'à Londres; car la moitié au moins de ces laines qui arrivent au Havre, est vendue à la Belgique. Si la fabrication étrangère vient s'approvisionner au Havre, c'est bien certainement parce qu'elle ne peut pas se fournir à meilleur marché ailleurs.

MM. Chennevière. Ollivier. Berrier fils.

M. le Président. M. Chennevière, à cet égard, a plutôt posé un point d'interrogation que fait une affirmation.

M. Schneider. J'ai remarqué, sur ce point, une contradiction dans la déposition de M. Chennevière. Dans la première partie de sa déposition, il a dit qu'en somme les laines de Buénos-Ayres n'étaient pas plus chères pour lui que pour les Anglais; et, dans la deuxième partie, quand il est entré dans les détails, il a dit que ces laines coûtaient un prix moins élevé aux Anglais qu'à lui-même.

M. Chennevière. J'ai répondu, dans le commencement de ma déposition, sur une question générale, que les laines de Buénos-Ayres n'étaient pas plus chères au Havre qu'à Liverpool, parce que ce n'était pas le moment de répondre autrement sur ce point; mais quand je suis arrivé aux considérations particulières, j'ai dit que les manufacturiers anglais pouvaient avoir les laines de Buénos-Ayres à meilleur marché que nous sur les lieux, parce qu'ils avaient là des comptoirs, des agents, qui leur permettaient d'économiser les commissions et d'acheter dans les moments les plus opportuns.

M. Clerc. Je crois pouvoir rassurer M. Chennevière sur ce point : il y a des maisons françaises qui ont aussi des comptoirs dans la Plata. L'importation des laines de Buénos-Ayres est considérable en France. Ce n'est pas le marché de Liverpool qui peut faire concurrence au marché du Havre; ce serait plutôt le marché d'Anvers; cependant, malgré ce dernier marché, les Belges achètent au Havre la moitié des laines qui y arrivent.

M. Chennevière. Je connais, en effet, un fabricant belge de Verviers qui achète des laines de Buénos-Ayres au Havre. Il arrive quelquefois que les laines sont moins chères au Havre que dans le pays de production; mais cela n'empêche pas que ce fabricant belge, dans certaines années, ne trouve des avantages énormes à acheter ses laines là-bas. En général, il faut convenir que quand on supprime un rouage, on trouve de l'économie; par conséquent, en supprimant le rouage de l'intermédiaire, on gagne la commission.

MM. Chennevière, Ollivier, Berrier fils.

M. LE PRÉSIDENT. Monsieur Ollivier, vous avez entendu les observations que vient de présenter M. Chennevière; vous y ralliez-vous complétement, ou bien avez-vous quelque chose à y ajouter en ce qui vous concerne?

M. OLLIVIER, *Fabricant de draps à Elbeuf.* Je ne suis pas dans la même position que M. Chennevière. M. Chennevière a sa teinturerie et sa filature; moi, je n'ai rien de tout cela; par conséquent, j'aurais quelques observations particulières à présenter.

M. LE PRÉSIDENT. Parlez, nous vous écoutons.

M. OLLIVIER. *1re Question.* — J'emploie de la laine de France pour un tiers de ma fabrication. Les deux autres tiers se divisent tantôt sur une sorte, tantôt sur une autre, mais généralement sur des laines d'Espagne et de Buénos-Ayres. J'achète mes laines étrangères dans les ports français. Je ne connais donc pas les prix de transport ni les commissions sur ces laines, jusqu'à leur entrée.

Les prix varient. L'an passé, par exemple, j'établissais mes laines étrangères, en Espagne et à Buénos-Ayres, à 12 p. o/o au-dessous du prix de cette année. Ce qui me revenait à 7 francs l'an passé me revient cette année à 8 francs, et ce qui me revenait de 7 fr. 50 cent. à 8 francs me revient à 9 francs.

J'emploie aussi, dans la fabrication de mes draps d'hiver, afin d'amoindrir mes prix, des effilochages de laines, dont le prix moyen est de 3 francs le kilogramme.

M. ERNEST BAROCHE. La laine a augmenté de 12 p. o/o depuis l'année dernière?

M. LE PRÉSIDENT. Elle a augmenté, sur certains marchés, de 20 p. o/o.

M. OLLIVIER. *2e Question.* — J'emploie peu de laines venant d'Angleterre. Il est positif que les Anglais ont sur nous un assez grand avantage relativement aux laines que nous sommes obligés d'acheter chez eux, puisque ces mêmes laines, dont ils emploient des quantités considérables, sont grevées, pour nous, en sus du prix d'achat, d'une commission de 3 p. o/o et des frais de transport.

3e Question. — Je fais laver à façon et je confie mes laines à un dégraisseur public, ce qui me place dans une mauvaise condition. La laine peut être chargée depuis 5 p. o/o jusqu'à 75 p. o/o : ce sont les deux extrêmes. Généralement la laine en suint, par exemple, peut perdre 65 à 75 p. o/o; à 2 p. o/o, à 3 p. o/o près, nous ne pouvons nous rendre compte.

MM. Chennevière, Ollivier, Berrier fils.

4ᵉ *Question.* — Je fais teindre mes laines avant de les faire filer. Je fais teindre au dehors, ce qui représente pour moi le même désavantage que pour le dégraissage et le lavage. Je fabrique des draps d'hiver, dans les prix de 8 à 12 francs le mètre, sans escompte; la plus grande quantité est de 10 à 11 francs le mètre.

Le prix de la teinture pour nuances à pantalon est de 80 centimes au kilogramme, en moyenne.

Maintenant je passe au paragraphe 2 du questionnaire concernant la filature.

1ʳᵉ *Question.* — Je fais filer à façon.

2ᵉ *Question.* — J'emploie la carde.

3ᵉ *Question.* — J'emploie un moteur hydraulique pour mes machines à dégraisser et à fouler les draps.

Pour mes autres machines, j'emploie un moteur à vapeur.

Le moteur hydraulique se loue ordinairement 500 francs l'an, par force de cheval; et le moteur à vapeur, 1,000 francs; mais les machines que l'usage a classées comme absorbant la force d'un cheval ou plus, n'absorbent réellement qu'une force moindre de presque moitié pour plusieurs, telles que laineries et machines à trier la laine; de sorte que le prix nominal de 1,000 francs représente un prix réel de 1,500 francs par cheval.

4ᵉ *Question.* — Je loue à un tiers le moteur qui m'est nécessaire.

5ᵉ *Question.* — Je brûle du charbon pour le chauffage de mes ateliers.

6ᵉ *Question.* — Les fils que j'emploie se divisent comme suit : un cinquième de 5,000 à 6,000 mètres au kilogramme, et quatre cinquièmes de 13,000 mètres au kilogramme. Dans cette dernière partie se trouvent 5 à 10 p. o/o de fils fins, filés de 25,000 à 30,000 mètres au kilogramme.

7ᵉ *Question.* — Les ouvriers à la journée reçoivent 2 fr. 25 cent. à 3 francs par jour; la moyenne pour les femmes est de 1 fr. 50 cent. à 1 fr. 60 cent. pour un travail de 8 à 10 heures; celles qui travaillent 12 heures sont payées à raison de 2 francs, en moyenne.

J'emploie 12 à 15 garçons de douze à quinze ans; ils sont payés, en moyenne, 1 fr. 50 cent. par jour.

MM. Chennevière, Ollivier, Berrier fils.

J'occupe dans mes ateliers 200 femmes et jeunes filles depuis douze ans, dont la plus grande partie travaille à façon.

Le salaire a beaucoup augmenté depuis quelques années, et il n'a pas été réduit dans ces dernières circonstances; de plus, on trouve difficilement des ouvriers.

8e Question. — J'emploie annuellement, sans y comprendre la teinture, la filature et le décatissage, que je fais faire à façon, 700 ouvriers, hommes et femmes.

9e Question. — Je file en gras, avec 20 p. o/o d'huile. J'emploie l'huile d'olive ou l'huile d'arachide.

L'huile d'olive, à 170 francs les 100 kilogrammes, augmente le fil de 34 centimes par kilogramme; et l'huile d'arachide, à 130 francs les 100 kilogrammes, de 26 centimes seulement.

10e Question. — Le prix de la filature augmente suivant la finesse du fil; c'est-à-dire que la filature se paye à la longueur et non au poids, sauf quelques exceptions.

Je n'ai rien à répondre à la 11e question.

M. le Président. Et sur la 12e question?

M. Ollivier. J'emploie mes déchets.

Je n'ai rien à dire sur la 13e et sur la 14e question.

M. le Président. Passons au tissage et aux apprêts.

M. Ollivier. *1re Question.* — Je fabrique des nouveautés pour pantalons et paletots.

2e Question. — Les laines que j'emploie sont d'origine française, espagnole, américaine, etc., comme il est expliqué au n° 1 du 1er paragraphe du questionnaire n° 7.

Leur qualité est le bon ordinaire.

Leur prix est de 7 à 9 francs le kilogramme.

Je n'ai rien à répondre aux 3e, 4e et 5e questions.

6e Question. — Je fais tisser à la main.

Mes métiers sont chez les ouvriers.

Une pièce de 30 à 32 mètres me coûte, en moyenne, 40 francs de tissage.

N'ayant pas de métiers mécaniques, je n'ai rien à dire sur la 7e question.

8e Question. — Voici les prix de revient des diverses opérations de ma fabrication, par pièce de 30 à 32 mètres, pour les étoffes d'hiver de 10 à 11 francs.

Dégraissage et teinture, 26 kilogrammes à 80 centimes; | MM. Chennevière, Ollivier, Berrier fils.

Séchage, 26 kilogrammes à 8 centimes;

Battage, 26 kilogrammes à 3 fr. 50 cent. les 100 kilogrammes;

Triage, 26 kilogrammes à 10 centimes;

Cardage, 26 kilogrammes à 30 centimes;

Filature, fil 6/4 en moyenne, 26 kilog. 780 à 15 centimes;

Bobinage (supprimé);

Ourdissage, 1 fr. 50 cent.;

Encollage, 26 kilogrammes à 16 centimes;

Tissage, 40 kilogrammes à 1 franc le kilogramme;

Dégraissage du drap tissé et foulage, pour une pièce, 4 fr. 50 cent.;

Épinçage, 6 francs par pièce écrue;

Apprêt, 2 francs;

Rentrayage écru, 2 francs;

Apprêt, 1 franc;

Lainage et tondage, par pièce, 5 francs;

Presse, 50 centimes;

Décatissage, 1 fr. 25 cent.

9e Question.— Généralement, les frais de fabrication sont proportionnels à la qualité de la matière employée.

10e Question. — Quelquefois je fais des fils de poils de chèvre, mais par exception.

J'emploie souvent de la soie. Cette matière augmente, suivant la quantité, le prix de l'étoffe de 25 centimes à 2 francs par mètre; en moyenne, 1 franc sur le prix de mes draps.

Pour les poils de chèvre, l'alpaga et le cachemire, cela varie beaucoup.

Je n'ai rien à dire sur la 11e question.

12e Question.— Les différentes catégories de mes produits se divisent en deux articles distincts : celui de printemps et celui d'hiver.

L'article de printemps se vend de 7 francs à 8 fr. 50 cent. le mètre, et l'article d'hiver de 9 à 12 francs le mètre. Ces prix sont généralement basés sur le poids, la qualité des matières employées, la quantité de fils et les croisures.

Les bases indiquées ci-dessus sont généralement reconnaissables.

Elles augmentent la marchandise d'une manière assez régulière, sauf les exceptions de goût.

13e Question. — Je vends mes produits chez moi.

Jusqu'à présent, mon industrie a été prospère. Seulement, depuis

MM. Chennevière, Ollivier, Berrier fils.

la lettre de l'Empereur relative au nouveau traité de commerce, j'ai éprouvé beaucoup de difficultés dans l'écoulement de mes produits de printemps. Les acheteurs se sont montrés très-réservés et très-difficiles. Je n'ai pu vendre cet article qu'avec une perte de 10 p. o/o. Mais on n'y pense plus, je dois l'avouer.

La vente de l'hiver venant seulement d'ouvrir, je n'en puis prévoir les résultats.

14e Question. — Les causes qui permettent aux producteurs anglais de vendre à des prix inférieurs, sont celles-ci :

L'importance de leurs capitaux et la facilité qu'ils ont de s'en procurer à de faibles intérêts, leur permettent de monter de grands établissements où tout se fait sous leurs yeux : la laine y entre à l'état brut et s'y trouve transformée en marchandise qui y est vendue.

Chez moi, au contraire, malgré l'importance de ma fabrication, je suis obligé de confier ma laine à des teinturiers-dégraisseurs, à des sécheurs et à des filateurs publics; puis ma marchandise à un presseur-décatisseur.

Tous ces industriels ont des frais généraux et font un bénéfice qui pèse sur mon prix de revient.

Je fais tisser à la main. Je n'ai pas pu encore monter de métiers mécaniques, d'abord à cause de leur prix trop élevé, et ensuite parce qu'il n'y en a pas qui marchent bien avec plusieurs navettes.

Le fabricant anglais, ayant tout chez lui, n'a à charger son prix de revient que du bénéfice qu'il doit faire.

Ne connaissant pas les prix de revient anglais, je ne puis établir la comparaison demandée. Cependant je puis vous faire remarquer que les différences sur la teinture, la filature et le tissage, etc., augmentent considérablement le prix de mes marchandises, relativement à ce qu'il serait, si je pouvais tout réunir dans un seul établissement. Reste ensuite, en plus, la différence d'une matière traitée par son propriétaire à celle traitée par un tiers qui n'a que l'intérêt de sa main-d'œuvre.

M. le Président. Monsieur Berrier, avez-vous quelque chose à ajouter à ce que viennent de dire ces deux Messieurs.

M. Berrier, *Fabricant de draps à Elbeuf.* Je ne suis pas de leur avis; je pense que je puis marcher sans protection, ou avec très-peu de protection.

M. Chennevière. C'est radical.

M. le Président. Avez-vous préparé quelques notes dans ce sens ?

MM. Chennevière, Ollivier, Berrier fils.

M. Berrier. Oui, Monsieur le Président.

M. le Président. Veuillez les communiquer au Conseil.

M. Ernest Baroche. Vous êtes allé récemment en Angleterre?

M. Berrier. Oui, Monsieur; mais on n'est pas plus renseigné en y allant qu'en n'y allant pas : il faudrait y rester au moins deux ou trois mois, pour se rendre un compte exact de la fabrication anglaise et de ses prix de revient.

M. Chennevière. On n'a pas besoin de tant de temps.

M. Berrier. Pardon. Vous-même, tout intelligent que vous êtes, vous ne pourriez vous en rendre compte en moins de deux mois : il faut suivre toutes les opérations pas à pas pour pouvoir en bien juger, et cela demande du temps.

M. le Président. Veuillez nous présenter, comme vous l'entendrez, toutes vos observations sur les points du questionnaire qui vous touchent; nous vous écoutons.

M. Berrier. Je répondrai d'abord aux questions du premier paragraphe.

ACHAT ET PRÉPARATION DE LA LAINE.

1re Question. — Nous employons environ 120,000 toisons de laine de France, chaque année, soit de la Beauce, soit de la Brie, toisons dont le prix a varié, depuis deux ans, de 7 fr. 75 cent. à 8 fr. 50 cent. le kilogramme en laine blanche lavée à fond. Nous joignons à cela quelques laines d'Australie, de 8 fr. 50 cent. à 9 fr. 50 cent., et quelques laines d'Espagne, lorsque nous pouvons les acheter, pour faire du blanc, de 7 francs à 7 fr. 50 cent. le kilogramme.

Les frais de transport, de commission et de courtage sont les mêmes pour les Anglais que pour nous. Les laines que nous achetons à Londres nous coûtent, de transport jusqu'à Elbeuf, 6 francs les 100 kilogrammes. Pour les villes qui nous font concurrence, Leeds et Huddersfield, les frais de transport sont au moins de 5 francs. Cette minime différence ne signifie presque rien dans le prix de l'étoffe. Au contraire, pour les autres provenances, les Anglais payent plus cher que nous, puisque de Vienne nous payons 28 francs les 100 kilogrammes; de Pesth, 33 francs; de Breslau, 25 fr. 26 cent.; de Berlin, 26 fr. 26 cent.

Les laines de ces provenances, venant généralement par Hambourg,

MM. Chennevière, Ollivier, Berrier fils.

la distance étant plus grande de ce dernier point à Londres que pour venir à notre port du Havre, il doit y avoir une augmentation de fret; en outre, à Londres, les frais dans les docks sont beaucoup plus élevés que chez nous.

2ᵉ *Question*. — Achetant nos laines sur les mêmes marchés que les Anglais, supportant les mêmes frais et n'ayant pas plus de droits à payer, nous sommes dans les mêmes conditions. Nous signalerons même qu'aux enchères de Londres, les belles et bonnes laines sont enlevées par la France; ce qui fait qu'il ne reste aux Anglais que les laines inférieures. Nous dirions presque que ces mauvaises laines doivent leur revenir, à peu de chose près, aussi cher que les laines de premier choix, et cela d'après l'expérience que nous en avons faite.

M. Chennevière. J'admire l'intelligence française. Ainsi, nous achetons mieux que les Anglais; nous trouvons toutes les bonnes laines, et nous leur laissons payer les mauvaises le même prix?

M. Ernest Baroche. Il n'est pas contestable que les meilleures laines sont achetées par les fabricants français.

M. le Président. Le sens de l'observation que présente M. Berrier est celui-ci: nous payons plus cher; mais nous avons l'avantage d'enlever les meilleures qualités.

M. Chennevière. S'il y a supériorité de qualité et supériorité de prix, c'est différent; mais ce n'est pas ainsi que j'avais compris l'observation de M. Berrier.

M. Berrier. En résultat, cela revient à meilleur marché, à raison de la bonne qualité.

M. le Président. Pour combien de laines achetez-vous par an?

M. Berrier. Pour 1,100,000 à 1,200,000 francs.

M. le Président. Quelle est l'importance de votre production annuelle?

M. Berrier. 2,500,000 francs.

M. le Président. A combien évaluez-vous la proportion dans laquelle la matière première entre dans le prix de vos tissus? Fabriquez-vous des tissus fins ou communs?

M. Berrier. Je fabrique des tissus intermédiaires. Dans un article de printemps de 600 francs, nous mettons à peu près pour 300 à 350 francs de laine.

MM Chennevière. Ollivier. Berrier fils.

M. Ollivier. Moi, j'achète pour 1,200,000 francs de laines, et je vends pour 2,600,000 francs de marchandises.

M. le Président. Continuez, Monsieur Berrier.

M. Berrier. 3e *Question.* — Nous faisons laver nos laines à façon.

4e *Question.*— Nous faisons choisir nos laines en suint, telles qu'elles sont après le dépouillement du mouton. Lorsqu'elles sont classées par qualités, nous les faisons teindre à façon. Le prix moyen de nos teintures, y compris le dégraissage et le lavage, est de 75 centimes par kilogramme de laine sèche; à ce prix, nous obtenons toute teinture de première qualité et faite sur pied de bleu. (Il se fait, en petit teint, des teintures pour 50 à 55 centimes au kilogramme.) De même, pour quelques fournitures de bleu et vert uniforme, ou pour quelques nuances de fantaisie, nous payons de 1 fr. 50 cent. à 3 francs le kilogramme; mais cela ne se fait qu'en très-petite quantité.

Pour nos draps noirs, nous faisons dégraisser la laine à raison de 20 centimes le kilogramme, et teindre le drap en pièce à raison de 30 centimes le mètre.

Je passe à la filature.

1re *Question.*— Nous filons dans notre établissement une partie des laines que nous employons; nous faisons filer l'autre partie, à façon, à Elbeuf, à Louviers ou à Darnétal. Nous employons à cet effet la carde ordinaire.

Nos fils retors sont faits chez nous, mais avec des machines autres que celles qui nous servent à filer.

2e *Question.* — Nous nous servons de cardes et machines françaises, construites chez M. Mercier, de Louviers. Nous les avons fait monter en avril 1857. Chaque assortiment, y compris le ruban, nous a coûté 8,000 francs; et les métiers à fils de 175 broches, 1,400 francs chacun.

Chaque assortiment se compose de trois cardes, savoir :

1° La carde briseuse	1,700f	5,700f	8,000f
2° La carde repasseuse	1,600		
3° La carde boudineuse	2,400		
Il faut ajouter à ces chiffres le prix du ruban pour les trois cardes, soit		2,300	

MM. Chennevière, Ollivier, Berrier fils.

Les métiers à filer, disposés pour faire toutes les espèces de numéros fins, nous coûtent 8 francs la broche; ce qui fait 1,400 francs pour chaque métier de 175 broches.

3e Question. — Je n'ai rien à répondre à cette question.

4e Question. — Nous avons une machine à vapeur construite par MM. Hall et Scott, de Rouen; elle est de 12 chevaux, et timbrée à 7 atmosphères. Elle est mue par une chaudière à vapeur de la force de 45 chevaux, et mène journellement une charge de plus de 25 chevaux.

Nous brûlons des charbons anglais des mines de Grimsby; nous les payons 33 francs les 1,000 kilogrammes; nous en consommons chaque année pour 9,800 à 10,000 francs; ce qui fait 3 kilog. 30 à 33 par heure et par cheval.

Nous consommons pour 500 francs environ du même charbon pour le chauffage des ateliers.

6e Question. — Nous produisons des fils de 7,000 mètres à 30,000 mètres de longueur au kilogramme.

Le produit de l'année qui vient de s'écouler a été, pour nos trois assortiments, de 68,198 kilogrammes, cardage en laine sèche, qui nous ont donné 214,269 livres de fil au compte de 3,600 mètres à la livre. Le résultat est donc, par assortiment, de 22,732 kilog. 50 de cardage par année, représentant 75 kilog. 50 par jour; et de 2,448 mètres de longueur de fil filé par broche et par jour : ce qui nous donne, pour 175 broches, 428,400 mètres.

7e Question. — Un assortiment se compose de trois cardes. Pour chaque assortiment, nous employons un homme qui gagne 2 fr. 50 cent. par jour, et deux jeunes gens de quatorze à quinze ans, qui gagnent chacun 1 fr. 75 cent. Pour la filature, les ouvriers sont à leurs pièces. Nous les payons, en moyenne, pour des fils de 4/4 à 10/4, basse torsion et grande torsion, 1 centime 1/9 par 1,000 mètres de longueur. Avec nos métiers de 175 broches, ils gagnent 4 fr. 75 cent. par jour; de cette somme, ils ont à défalquer le salaire de leur rattacheur, enfant de dix à douze ans, qu'ils payent de 75 centimes à 1 fr. 25 cent.

8e Question. — Nous employons, tant dans notre établissement qu'au dehors, par nos tisserands, environ 500 ouvriers.

9e Question. — Nous employons des huiles d'olive de Provence, de Portugal, de Gallipoli, d'Alger et de Malaga. Nous donnons la préférence à l'huile de cette dernière provenance, et nous en consommous, chaque année, de 25,000 à 28,000 kilogrammes pour l'ensimage de nos laines, qui s'opère généralement au cinquième.

MM. Chennevière. Ollivier. Berrier fils.

10e, 11e, 12e et 13e Questions. — Je n'ai rien à répondre, si ce n'est que nous vendons nos déchets à la Société des déchets d'Elbeuf.

14e Question. — La situation de notre industrie est bonne. Notre place n'est pas encombrée de marchandises fabriquées, ce qui nous permet d'obtenir des prix plus élevés de 5 à 6 p. o/o que ceux de l'année dernière. Cette différence comble largement l'augmentation des prix de la main-d'œuvre et de la laine.

Je passe au tissage et aux apprêts :

1re Question. — Nous produisons aujourd'hui :

En drap noir uni et en cuir-laine et satin noir, depuis le prix de 7 francs jusqu'à celui de 11 francs le mètre...	1,000 pièces.
En articles de fantaisie, dits *nouveautés*, depuis le prix de 6 francs jusqu'à celui de 12 francs.....	6,500
Total par année.....	7,500

Nous employons, presque en totalité, la laine de provenance française, qui nous revient de 7 fr. 75 cent. à 8 fr. 50 cent. le kilogramme, en blanc.

3e, 4e et 5e Questions. — Je n'ai rien à répondre.

6e Question. — Nous faisons tisser à la main. Tous nos métiers sont dans la campagne, aux environs d'Elbeuf. Le prix de nos tissages est de 15 francs pour une pièce de drap lisse, donnant 30 mètres au magasin; ce prix varie peu. Il n'en est pas de même de nos articles *nouveautés*, dont le prix varie de 25 à 40 francs, suivant la nature de l'article et la quantité de navettes. Les ouvriers qui tissent le drap gagnent 3 francs par jour. Pour la nouveauté, ils gagnent en moyenne 4 francs.

7e Question. — Je n'ai rien à répondre.

8e Question. — Voici le détail des opérations de la fabrique, avec les prix de revient d'une bonne nouveauté été, ordinaire, fabriquée avec une laine de Beauce :

40 kilogrammes laine, à 8 fr. 50 cent. le kilogramme sans escompte.	340f 00c
Teinture pour un drap de 40 kilogrammes.....	30 00
Séchage de la laine teinte.....	3 00
A reporter.....	373 00

MM.
Chennevière,
Ollivier,
Berrier fils.

Report	373f 00c
Battage	1 20
Huile à ensimer au cinquième, 8 kilogrammes à 1 fr. 60 cent.	12 80
Cardage fait dans nos établissements, 40 kilog.	8 40
Filature faite dans nos établissements, 170 livres.	18 70
Bobinage	3 50
Ourdissage	1 50
Colle	3 00
Lame	4 05
Tissage pour 80 livres	80 00
Marquage	25
Dégraissage	4 00
Épinçage écru	10 00
Rentrayage écru	4 00
Foulage	5 00
Lainage	6 00
Tondage	4 00
Rames à sécher à l'air	2 00
Épinçage d'apprêts	2 00
Rentrayage d'apprêts	2 00
Presse à chaud	1 00
Décatissage	2 00
Triage de la laine	1 20
Lisières	3 00
Pour loyers et frais généraux	10 00
Total	562 60

pour 86 mètres, et, par conséquent, 6 fr. 54 cent. par mètre.

Avec la même matière, nous pouvons faire de l'étoffe solide, coûtant 75 centimes de moins par mètre.

9e Question. — Il y a beaucoup de frais de fabrication qui varient peu ou même qui ne varient pas. Les opérations dont les frais sont variables sont la filature et le tissage. J'ajoute que, pour une *nouveauté hiver,* comme il faut beaucoup plus de laine, les frais de teinture augmentent, et d'autres frais également.

10e Question. — Nous faisons entrer dans nos nouveautés des soies organsins et d'autres soies inférieures dites *soies fantaisie;* il en entre, dans certains articles, pour 50 centimes, et, dans d'autres, pour 1 fr. 50 cent. le mètre.

11e Question. — Les produits anglais, similaires aux nôtres, ou du moins se vendant le même prix, sont fabriqués à Leeds et à Huddersfield.

MM. Chasseviêre, Ollivier, Berrier fils.

12e Question. — Nos draps se vendent à l'épaisseur, à la qualité, à la finesse du grain. Ainsi, nos draps de 9 francs pèsent 450 grammes le mètre, en moyenne, sur une largeur de 135 centimètres; notre *drap-été* pèse de 360 à 380 grammes; notre *drap-hiver*, de 600 à 620 grammes.

Quant à nos articles *nouveautés*, c'est le genre qui détermine la facilité de la vente et le prix : un article entrant dans le goût de la consommation se vend quelquefois 1 franc de plus qu'un autre qui coûte même plus cher à fabriquer.

13e Question. — Jusqu'à la fin d'octobre 1857, nous vendions plus de la moitié de nos produits aux grandes maisons qui font l'exportation. L'exportation s'étant ralentie alors, nous avons fabriqué pour l'intérieur, et nous avons trouvé, comme par le passé, un écoulement facile de nos produits, puisque nous avons augmenté notre chiffre d'affaires de plus de 600,000 francs, depuis cette époque.

Depuis 1851 que nous sommes établis, les prix de la matière première et de la main-d'œuvre ayant augmenté, nous vendons nos produits au moins 20 p. o/o de plus que pendant les premières années de notre établissement.

14e Question. — Suivant nous, les causes qui permettaient aux industriels anglais de vendre à meilleur marché que nous, étaient les droits perçus sur les huiles, le charbon, le bois, les drogues de teinture et le fer. Maintenant que ces droits sont nivelés, il n'y a plus, pour les matières qu'ils grevaient, de différence qu'en ce qui concerne les charbons, que les Anglais ont à bien meilleur compte que nous.

Ainsi nous croyons qu'en Angleterre on ferait marcher nos établissements en dépensant pour 2,000 francs de charbon, tandis que nous en dépensons pour 10,000 francs; de plus, nous avons pour 100,000 francs d'ustensiles, et l'on peut admettre que les Anglais monteraient le même matériel avec 90,000 francs.

Voilà donc deux différences, l'une de............ 8,000f
l'autre de.................................... 10,000
Ajoutons pour loyer et autres frais............... 7,000

Cela ne fait, en tout, que....................... 25,000f

C'est à peu près 1 p. o/o de notre chiffre d'affaires.

M. Schneider. Il résulte de la déposition de M. Berrier qu'il y a fort peu de différence entre ses prix et les prix anglais, et que, par conséquent, un droit minime le couvrirait suffisamment contre

MM. Chennevière, Ollivier, Berrier fils.

la concurrence anglaise. Mais que penserait M. Berrier de la concurrence allemande et belge?

M. Berrier. Les Provinces-Rhénanes vendraient meilleur marché que la Belgique et que l'Angleterre, et, comme nous sommes à même de fabriquer au même prix que la Belgique, tous les marchés étant ouverts, les choses se nivelleraient partout. La principale, la grande affaire pour la France, c'est le prix qu'elle est obligée de mettre au charbon; il est plus élevé pour elle que pour ses concurrents. Quant à la main-d'œuvre, elle est moins chère en Allemagne et en Belgique qu'en France; mais cela ne fait pas une énorme différence sur le prix général de revient. D'ailleurs, le prix de la main-d'œuvre augmentera dans ces pays et pourra s'améliorer en France.

M. Schneider. Que pensez-vous de la fabrication de la Moravie?

M. Berrier. Je ne sais rien à cet égard.

M. Chennevière. M. Berrier dit que le prix de la main-d'œuvre se modifiera; c'est vrai, je crois qu'il augmentera partout. Mais ces modifications dans la main-d'œuvre ne se feront sentir que dans quatre, cinq, six, sept et même huit ans, et, d'ici là, il y a un temps de transition à passer, et il ne faut pas nier qu'il sera pénible. Je ne me fais pas un fantôme de cette transition, mais enfin il faut bien admettre qu'il y en aura une plus ou moins forte, et quand M. Berrier dit qu'avec 2 p. o/o il soutiendra, dès à présent, la concurrence, je suis étonné.

M. Berrier. Je n'en demande pas du tout pour moi.

M. Chennevière. Le Gouvernement, suivant moi, devra prendre en considération tout ce qui va se passer. Je ne suis pas pessimiste, je n'ai pas bien peur; mais je ne crois pas qu'une protection de 2 p. o/o suffise pour la transition. Nous avons de la bonne volonté; nous ne voulons pas toucher au salaire de nos ouvriers; nous voulons qu'ils continuent à sentir le progrès du bien-être général; mais cela nous imposera des sacrifices pendant la transition, sacrifices dont il me semble juste qu'on nous tienne compte dans l'établissement de la quotité des droits protecteurs. Et puis, dans les premiers temps, il y aura engouement chez le consommateur pour les produits anglais; nous-mêmes, pour autre chose que du drap, nous aimerons à acheter quelques produits anglais dont nous avons été privés jusqu'à présent. Il faut bien avoir égard au préjudice, au moins momentané, que nous causera cet engouement. Sans doute, tout le monde, dans l'intérêt national, ne devrait acheter que des produits français; mais on ne le fera pas : on voudra, au moins, essayer des produits anglais.

MM. Chenneviève, Ollivier, Berrier fils.

J'admire M. Berrier; je connais sa force et son énergie; mais, si l'on suivait ses indications, on courrait grand risque, suivant moi, de se tromper. Le traité laisse au Gouvernement la possibilité de se mouvoir sur une échelle de droits, dans la limite d'un maximum de 30 p. o/o; il me paraît juste et prudent de profiter de cette latitude pour aider l'industrie française à franchir la crise difficile de la transition.

Je crois que si M. Berrier s'était bien rendu compte de toutes les circonstances qui peuvent se produire, il n'aurait pas risqué de dire, et je me sers de ce mot à dessein, que l'industrie française peut se défendre avec un droit de 2 p. o/o.

M. Berrier. J'ai parlé de mon industrie.

M. le Président. Il ne peut y avoir ici de discussion entre les témoins. Vous nous apportez chacun votre témoignage; c'est ce que nous vous demandions. Il résulte de vos dépositions que vous représentez trois opinions bien caractérisées. M. Ollivier pense qu'une protection très-haute et permanente serait nécessaire. M. Chennevière est inquiet seulement des difficultés de la transition d'un régime à l'autre; aussi ne demande-t-il une protection qu'à titre transitoire. Quant à M. Berrier, il croit que la protection peut être tellement minime, dès le début, qu'autant vaudrait qu'il n'y eût pas de protection du tout. Voilà les trois nuances d'opinions qui viennent de se produire.

Je dirai maintenant à M. Chennevière qu'en fixant, par le traité de commerce, un maximum de droit de 30 p. o/o, on n'avait pas uniquement en vue les seuls intérêts des manufacturiers anglais et français. Un plus grand intérêt dominait la pensée du négociateur du traité, c'était celui du consommateur. Tout droit protecteur a pour résultat d'élever, dans une proportion plus ou moins forte, le prix de la marchandise sur laquelle il est établi; et c'est le régnicole, le compatriote du manufacturier qui fait, en grande partie, les frais de la protection qu'on accorde, quand cette protection est exagérée. Voilà ce qu'il ne faut pas perdre de vue. Si la question était exclusivement entre les manufacturiers anglais et les manufacturiers français, vous pouvez être bien convaincus que l'intérêt du Gouvernement ne ferait pas défaut à ces derniers : il leur donnerait bien volontiers trop, plutôt que de risquer de ne pas leur donner assez; et ainsi ses solutions seraient faciles. Mais toutes ces questions de douane se com-

MM. Chenevière, Ollivier, Herrier fils.

pliquent d'un élément de bon marché au profit de celui qui consomme, c'est-à-dire du plus grand nombre; et c'est là ce qui fait qu'elles sont difficiles et appellent toute l'attention et toute la sollicitude des membres du Conseil Supérieur.

M. Ollivier. Nous n'avons à Elbeuf qu'un seul établissement capable de lutter, dès à présent, contre la concurrence anglaise, c'est celui de M. Charles Flavigny.

M. le Président. Ce n'est pas l'avis de M. Flavigny, que nous avons entendu.

M. Ollivier. Il réunit tout chez lui; il fait filer à façon, avec un avantage de 20 p. o/o sur les autres fabricants. Il a aussi un avantage de 20 p. o/o sur la teinture. Si nous avions un établissement de teinture, nous éviterions bien des frais.

M. le Président. Vous savez qu'en Angleterre les opérations de teinture et les autres opérations accessoires étaient séparées. Une usine s'est créée, qui a réuni dans ses bâtiments toutes les opérations successives de transformation de la matière première; elle est arrivée à prendre la laine en masse et à la faire sortir de ses ateliers à l'état de tissu; et elle a réalisé ainsi des conditions de bon marché que n'offrent pas les autres usines.

M. Ollivier. Nous y arriverons également avec le temps. Mais si les produits anglais entraient maintenant moyennant un droit de 2 p. o/o, je ne pourrais plus fabriquer, pour mon compte.

Les draps que nous fabriquerons avec les laines que nous achetons en ce moment ne pourront être vendus que dans un an. Il y a peu de maisons à Elbeuf qui soient en état de dépenser immédiatement de 500,000 à 600,000 francs pour monter un établissement comme celui dont M. le Président vient de parler.

M. d'Eichthal. On nous a dit que les Anglais vous sont inférieurs, précisément parce qu'ils font leur teinture eux-mêmes; et cela semble très-naturel : car c'est une condition générale de l'industrie, que la division du travail procure des progrès et des économies. Il n'est donc pas bien certain que la réunion ait le résultat économique que vous supposez; elle a sans doute d'autres avantages, mais ce n'est pas celui-là.

J'ajoute que, si vous aviez, sous certains rapports, une infériorité de 8 p. o/o vis-à-vis des Anglais, il faudrait qu'elle fût compensée, et au delà, par une supériorité sous d'autres rapports : car vous exportez à New-York, au Chili, à Lima, et, sur ces marchés, vos produits obtiennent la préférence sur les produits anglais.

MM. Chennevière. Ollivier. Berrier fils.

M. Ollivier. Je maintiens qu'il y a une grande différence entre les Anglais et nous. Si j'avais monté ma teinture, elle ne me coûterait que quelques mille francs de plus, et elle me procurerait une grande économie; mais je n'ai pas pu la monter. Je le répète : à Elbeuf, il n'y a que M. Flavigny qui ait tout chez lui. S'il y avait un certain nombre de fabriques comme la sienne, les autres ne feraient rien.

M. Berrier. Cependant les autres marchent.

M. le Président. Il est à croire que, comme la fabrique de M. Flavigny, les autres se perfectionneront.

M. Chennevière. Il faut faire comme M. Flavigny; mais cela demande un peu de temps.

M. Ollivier. Nous ne pouvons pas lutter avec les Anglais, nous n'avons pas l'outillage nécessaire.

(MM. les témoins se retirent.)

M. Herbet, *Commissaire général.* M. Borderel jeune, fabricant de draps à Sedan, m'a écrit pour s'excuser de ne pouvoir se rendre à la convocation qui lui avait été adressée; mais il donne son opinion sur la quotité des droits à établir.

M. le Président. Veuillez, Monsieur le Commissaire général, donner lecture de ce passage de sa lettre.

M. Herbet, lisant :

M. Borderel.

(Note.)

« Comme il pourrait être utile de connaître mon avis sur le dernier paragraphe de l'article 14 du questionnaire, qui me paraît être le principal, je crois devoir vous dire que, pour moi, je ne désirerais pas un droit protecteur correspondant à plus de 10 à 12 p. o/o de la valeur; je m'appuie sur ces deux motifs :

« 1° L'article façonné noir et paletot, que je fabrique exclusivement et en grand, ne me paraît pas, à beaucoup près, aussi bien compris par les Anglais que par nous;

« 2° Plus on est soutenu par le droit protecteur, moins on fait d'efforts pour lutter et plus on perd.

« Telle est ma manière de voir, etc. »

Est introduit :

M. DE MONTAGNAC, Député au Corps législatif, fabricant de draps à Sedan.

TISSAGE.

FABRICATION DES DRAPS.

NOUVEAUTÉS DE FANTAISIE.

SEDAN.

M. LE PRÉSIDENT. Veuillez, Monsieur, suivre le questionnaire et y répondre, comme vous le jugerez à propos.

M. DE MONTAGNAC. Comme je n'ai pas de filature, j'arrive directement à ce qui concerne le tissage.

Pour mon article d'hiver, j'emploie généralement des laines d'Australie et de Buénos-Ayres. Ces laines, dégraissées, coûtent de 10 à 11 francs le kilogramme.

Pour mon article de printemps léger, j'emploie des laines d'Allemagne, dont le prix, lorsqu'elles sont dégraissées, est de 12 à 14 francs le kilogramme.

J'ai une fabrique de nouveautés de fantaisie, qui nécessite l'emploi d'un grand nombre de laines d'espèces différentes. Je ne suis pas toujours à même d'aller acheter mes laines à Londres, parce que je n'ai pas besoin d'une grande quantité de certaines sortes; et puis, je suis retenu chez moi par les détails de ma fabrication. Les laines qui me sont envoyées par intermédiaires me reviennent, en France, à 6 p. o/o de plus que ce qu'elles peuvent coûter aux fabricants anglais, sur les marchés qui présentent les grands assortiments.

Quant aux laines d'Allemagne, j'estime que celles qui me viennent par intermédiaires me coûtent 10 p. o/o environ plus cher qu'aux fabricants allemands, qui sont sur les lieux et qui connaissent les troupeaux.

M. LE PRÉSIDENT. Teignez-vous en masse?

M. DE MONTAGNAC. Toutes mes laines se teignent en masse; je fais très-peu d'étoffes teintes en pièces.

J'arrive aux tissus.

Mes produits sont exclusivement des étoffes de fantaisie. Ce sont des étoffes, avec un apprêt particulier, pour pantalons, paletots, et toute espèce de fantaisie servant à faire les vêtements de femmes. M. de Montagnac.

J'emploie de 12,000 à 15,000 kilogrammes de cachemire et d'alpaga, par an.

Ma fabrication roule sur un ensemble de laines de 90,000 kilogrammes environ.

Le chiffre de mes affaires est d'environ 2 millions.

Les numéros des fils que j'emploie sont très-nombreux à cause de la diversité de mes produits. J'emploie des fils de 9,000, 15,000 et 20,000 mètres au kilogramme.

Le tissage mécanique est, en ce moment, chez moi, comme à Sedan en général, à l'état d'essai. J'ai deux métiers à tisser, qui ont été construits à Verviers, et dont la simplicité me paraît présenter certains avantages. Ils sont dépourvus de toute espèce de mécanisme compliqué, et ils coûtent meilleur marché que les autres. Je fais construire des métiers de cette sorte; ils sont en bois et fonctionnent très-bien chez moi. J'évalue qu'ils coûteront à peu près la moitié du prix des autres.

M. Ernest Baroche. Combien comptez-vous de navettes par métier?

M. de Montagnac. Je ne fais marcher que deux navettes; je cherche le moyen d'en faire marcher trois avec une machine Jacquart modifiée. Puisque je puis faire fonctionner deux, trois, quatre navettes sur un métier à la main, il n'y a pas de raison pour que je n'obtienne pas le même résultat sur un métier mécanique.

Je fais mouvoir ces métiers par la vapeur.

Je calcule qu'une force de cheval peut faire marcher quatre métiers.

Mes métiers à tisser à la main sont tous au dehors; je n'en ai pas un seul chez moi. Je paye 1 franc à 1 fr. 50 cent. par mètre.

Dans notre fabrication, nous ne tirons pas tout le parti possible du métier mécanique; nous ne pouvons pas lui donner une très-grande vitesse à cause de la difficulté du tissage. Cependant, comme ce métier marche constamment, comme il n'est pas arrêté par la fatigue de l'ouvrier, il peut, quand il est comme les miens, faire le double de ce que fait un métier à la main.

Quant à la question n° 8, M. Cunin-Gridaine vous donnera les renseignements qu'il est chargé de fournir par la Chambre Consultative de Sedan. Sur les détails, je n'ai que peu de chose à dire: je paye les prix qu'on paye généralement.

J'emploie une certaine quantité de savon, parce que mes étoffes sont quelquefois très-lourdes.

M. de Montagnac. J'évalue le prix des apprêts à 40 francs. Généralement on apprête les étoffes en raison de leur finesse, les métiers et outils restant les mêmes. Plus une laine est fine, plus l'apprêt doit être long.

Je ne fais entrer ni fil de coton, ni fil de lin, ni fil de soie dans mes étoffes. Quelquefois, pour donner de la solidité à mes chaînes j'emploie des déchets de soie, mais c'est dans une proportion très-petite, qui n'a aucune influence sur la valeur de l'étoffe, puisque la chaîne a complétement disparu dans le tissu.

Les articles anglais m'ont paru fort avantageux, eu égard à leur prix. Ils sont d'une fabrication très-régulière, parce que les Anglais emploient le métier mécanique depuis longtemps, et que ce métier donne une régularité plus grande que le métier à la main.

M. le Président. Vendez-vous vos produits à l'étranger?

M. de Montagnac. Non; ils se vendent tous à Paris. Cependant je crois qu'il s'en exporte en Europe, mais je ne saurais dire dans quelle proportion. Je fais des échantillons d'étoffes nouvelles et je les présente à des maisons de Paris; on me remet des commissions et je les exécute.

M. le Président. Quelle protection croyez-vous nécessaire à votre industrie?

M. de Montagnac. A cet égard, j'ai fait le travail que voici :

Je suppose qu'on veuille créer, en France, un établissement produisant des tissus drapés pour une valeur d'un million, dans les mêmes conditions qu'en Angleterre, et réunissant toutes les opérations de la fabrication, y compris le tissage mécanique : il faudra 500,000 francs pour capital roulant, et 500,000 francs pour les constructions et l'outillage complet.

Or les constructions et l'outillage d'un établissement semblable en Angleterre ne valent plus, par suite de leur dépréciation successive depuis plusieurs années, que 200,000 francs.

La dépréciation annuelle de ce matériel, qui est de 10 p. o/o, sera donc :

Pour l'Angleterre, de	20,000f	
Pour la France, de	50,000	
Différence	30,000	— 3f 00c p. o/o

M. le Président. Permettez-moi de vous dire, Monsieur, qu'il est très-grave de déclarer, comme témoin, qu'il existe une différence de 500,000 à 200,000 francs entre les deux pays, sous le rapport des conditions industrielles et des frais de premier établissement. M. de Montagnac.

M. de Montagnac. Si j'avais dépensé 500,000 francs il y a vingt ans, ils ne représenteraient plus aujourd'hui que 200,000 francs.

M. le Président. Si vous aviez monté alors, comme les Anglais, des métiers mécaniques, prétendez-vous qu'ils ne vaudraient aujourd'hui que 200,000 francs?

M. de Montagnac. Si je n'en ai pas, c'est parce que le temps m'a manqué.

M. le Président. Je parle en général, et non de vous en particulier. L'observation que je vous fais vous paraît-elle juste?

M. de Montagnac. Je la considère comme juste jusqu'à un certain point.

M. le Président. Le vice de votre raisonnement tient à ce que vous comparez un établissement amorti en partie, à un établissement qui débute. Il y a des débuts en Angleterre comme en France.

M. de Montagnac. L'industrie des draps en Angleterre est plus ancienne que la nôtre. Cette industrie est très-compliquée; elle exige des opérations et des outils très-variés. C'est pour cela qu'en France il y a peu d'établissements fondés dans les mêmes conditions. Les capitaux sont craintifs, dans notre pays : le père de famille pense à ce que deviendra son établissement; il n'aime pas à laisser des outils, des machines à ses enfants.

Nos établissements sont plus récents que ceux des Anglais, et nous n'avons pas tous leurs outils. J'ai pris ce fait pour base, c'est une appréciation que j'ai faite.

Je continue.

J'ai énoncé précédemment une différence de........................	30,000f —	3f 00c p. o/o
Pour un établissement comme celui dont il s'agit, ayant des machines de 50 chevaux, brûlant, sur le pied de 3 kilogrammes par heure et par force de		
A reporter......	30,000 —	3 00 p. o/o

M. de Montagnac.

Report.	30,000f —	3f 00c p. o/o
cheval, 600,000 kilogrammes de charbon, la dépense est :		
A Sedan, à 30 francs les 1,000 kilogrammes. 18,000f		
En Angleterre, à 5 francs les 1,000 kilogrammes. 3,000		
Différence. 15,000	15,000 —	1 50
Séchage dans l'intérieur, au moyen de la vapeur, pour les laines, les chardons et les étoffes, 2 kilogrammes par jour et par force de cheval :		
200,000 kilogrammes de charbon à 30 francs, à Sedan. 6,000f		
200,000 kilogrammes de charbon à 5 francs, en Angleterre. 1,000		
Différence. 5,000	5,000 —	50
Les affaires se faisant en fabrique, sur une plus large échelle en Angleterre qu'en France, la vente y est plus rapide et un capital moindre y suffit, et les Anglais n'ont besoin que de 300,000 francs là où il nous en faut. . . . . . 500,000.		
Intérêt de 6 p. o/o, en France, sur 500,000 francs. 30,000f		
Intérêt de 4 p. o/o, en Angleterre, sur 300,000 francs. 12,000		
Différence. 18,000	18,000 —	1 80
500,000 francs de laine coûtent en France 6 p. o/o de plus qu'en Angleterre. Différence.	30,000 —	3 00
50,000 kilogrammes de laines dégraissées et teintes, au prix moyen de 2 francs le kilogramme. Différence sur les ma-		
A reporter.	98,000 —	9 80 p. o/o

Reports...........	98,000f —	9f 80c p. o/o	M. de Montagnac
tières tinctoriales et les agents de dégraissage de la laine, 10 p. o/o sur 100,000 francs.			
Différence..............	10,000 —	1 00	
Différence sur les sels employés dans la fabrication du savon, dans le dégraissage des laines et sur les builes.......	5,000 —	50	
Sur 50,000 kilogrammes de laines dégraissées et teintes, il est employé 300,000 kilogrammes de houille, à 30 francs, d'un côté........ 9,000f			
Houille à 5 francs, de l'autre. 1,500			
Différence........ 7,500			
Ou en nombre rond.............	8,000 —	80	
Les étoffes de fantaisie qui aujourd'hui représentent les trois quarts de la production française, par l'immense division des nuances, et les pertes que le morcellement des tissus occasionne, les restes de filatures qui en résultent, la dépréciation continuelle que doivent subir les marchandises qui n'ont pas été vendues au moment de la saison, établissent avec l'Angleterre, qui a une fabrication beaucoup plus stable et moins variée, une différence qu'on peut évaluer à plus de 10 p. o/o. Il faut donc ajouter, de ce chef............................	100,000 —	10 00	
Total...............	221,000 —	22	10 p. o/o

M. le Président. Votre différence de 10 p. o/o entre les établissements anglais et les établissements français ne comprend même pas l'élément houille?

M. de Montagnac. Je ne la fais porter que sur les matières tinctoriales, et les agents pour le dégraissage. J'ai calculé que, pour teindre 50,000 kilogrammes de matière, il fallait 300,000 kilo-

M. de Montagnac. grammes de houille à 30 francs; ce qui fait 9,000 francs en France, et en Angleterre 1,500 francs seulement.

Il faut tenir compte de la position de l'industrie de la nouveauté en France.

La nouveauté, comme nous la faisons, présente de grandes chances de pertes, en ce sens, que nous sommes obligés de morceler notre fabrication, d'avoir une infinité de matières différentes, lesquelles nous occasionnent des restes qui demeurent invendus à la fin des saisons, et que nous sommes forcés de solder à des prix très-bas, relativement aux prix du commencement des saisons.

M. Herbet, *Commissaire général*. Les Anglais ont également des restes de marchandises à la fin des saisons.

M. de Montagnac. Ils en ont peu. Ils font leurs soldes à l'étranger plutôt que nous.

M. le Président. Êtes-vous fixé sur la classification à faire des marchandises dans le tarif?

M. de Montagnac. Voici la classification que je proposerais :

Produits fins, en deux catégories de poids :

Légers, de 300 à 700 grammes, représentant une valeur supérieure à 2,000 francs les 100 kilogrammes : droit, 600 francs.

Forts, de 700 à 1,000 grammes, représentant une valeur supérieure à 2,000 francs les 100 kilogrammes : droit, 400 francs.

Produits communs, en deux catégories de poids :

Légers, de 300 à 700 grammes, représentant une valeur inférieure à 2,000 francs les 100 kilogrammes : droit, 300 francs.

Forts, de 700 à 1,000 grammes, représentant une valeur inférieure à 2,000 francs les 100 kilogrammes : droit, 200 francs.

La différence entre les deux catégories d'étoffes, fines et communes, sera fixée par un type que le Gouvernement pourra faire fabriquer avec une laine valant au maximum 6 francs, dégraissée.

Tout ce qui sera au-dessous de ce type sera classé dans la catégorie valant moins de 2,000 francs les 100 kilogrammes.

Tout ce qui sera au-dessus sera classé dans la catégorie valant plus de 2,000 francs les 100 kilogrammes.

Seront comprises dans la catégorie commune, les étoffes foulées, avec chaîne coton, ou dans lesquelles le coton est mêlé à la laine par le cardage, et qui sont vendues pour les usages de la draperie et comme draperie.

Il y a les laines communes, les laines moyennes et les laines fines. En traitant les laines moyennes avec un soin particulier, on peut en faire des étoffes assez apparentes; tandis que les laines communes, les laines des côtes d'Afrique et d'Algérie ont un cachet de rudesse et de grosseur qui fait que les tissus en provenant sont toujours très-reconnaissables. Je crois qu'il serait très-facile de reconnaître les étoffes faites avec ces laines et de les classer comme je viens de l'indiquer. M. de Montagnac.

Sont introduits :

MM. CUNIN-GRIDAINE, Président de la Chambre Consultative des Arts et Manufactures, fabricant de draps à Sedan.

BERTÈCHE, fabricant de draps à Sedan.

DAVID BACOT, fabricant de draps à Sedan.

ACHAT ET PRÉPARATION DES LAINES.

—

FILATURE, TISSAGE ET APPRÊTS.

—

FABRICATION DES DRAPS

—

SEDAN.

M. CUNIN-GRIDAINE. Voici nos réponses aux questionnaires :

§ 1er. — ACHAT ET PRÉPARATION DES LAINES.

Ire Question. — Nous employons des laines de France, de Russie, d'Australie, de Buénos-Ayres et d'Allemagne, dont les prix varient de 9 à 20 francs le kilogramme, dégraissées à fond.

Les frais de commission et de transport des laines achetées à Londres sont :

2 p. o/o de commission aux maisons qui font nos achats;

1/2 p. o/o de courtage;

1 p. o/o de change et de commission de banque.

M. LE PRÉSIDENT. Est-ce que vous avez toujours un droit de 1 p. o/o de change?

M. CUNIN-GRIDAINE. Nous avons toujours à payer 1/2 p. o/o de commission de banque; mais le change est variable.

M. BERTÈCHE. Pour les achats en Allemagne, il y a deux commissions à payer.

M. LE PRÉSIDENT. M. Cunin-Gridaine répond d'abord pour sa maison.

M. CUNIN-GRIDAINE. Il n'est question que de Londres. M. le Président a raison, le change varie; la commission de banque reste seule toujours la même :

3 centimes de droit par kilogramme.

MM. Cunin-Gridaine, Bertèche, David Bacot

Nous devons ensuite compter :

10 francs par 100 kilogrammes pour le transport de Londres à Sedan.

Nos achats à Vienne nous occasionnent les frais suivants :

4 p. o/o de commission d'achat;

1/2 p. o/o de courtage;

1 1/2 p. o/o de commission de banque;

1/4 p. o/o de frais de pesage;

28 fr. 15 cent. par 100 kilogrammes pour le transport de Vienne à Sedan;

2 fr. 62 cent. d'assurance.

A Pesth, les frais sont les mêmes, à l'exception du transport qui est de 36 francs.

A Berlin, mêmes frais. Le transport est de 25 francs, et il faut y ajouter, pour droit de sortie, 3 francs.

A Breslau, mêmes frais. Le transport est de 28 francs, plus le droit de sortie de 3 francs.

Pour Moscou, je n'ai aucun renseignement à fournir.

Quant aux laines achetées à Odessa, il faut compter 8 francs par 100 kilogrammes pour la permission de charger, les frais de chargement, le transport à la marine, le pesage, etc., plus 1/2 p. o/o de courtage.

Ceci a été régulièrement payé; je le porte, sous ma responsabilité, après vérification, à la connaissance du Conseil.

M. le Président. Ce serait là un fait commun à l'Angleterre et à vous.

M. Cunin-Gridaine. Je n'en doute pas.

Nous payons en outre :

4 p. o/o de commission aux maisons qui font nos achats;

15 francs par 100 kilogrammes pour le transport jusqu'à Marseille;

1/2 p. o/o de frais d'agence à Marseille;

13 francs par 100 kilogrammes pour le transport de Marseille à Sedan.

2e *Question.* — Les laines d'Australie et de Buénos-Ayres coûtent meilleur marché aux Anglais. La différence du transport est au moins de 7 francs par 100 kilogrammes. Ils n'ont ni commission ni change à payer. Ces trois articles font une bonification de 4 p. o/o. Mais la différence est bien plus grande encore, si l'on considère que Londres est un grand marché permanent qui offre un choix considérable et facile aux Anglais; aucun droit ne pèse sur leurs laines; ils ont l'avantage de les laisser dans les docks, de les retirer au fur et à mesure de

MM. Cunin-Gridaine, Bertèche, [illegible]

leurs besoins, et de faire usage des warrants; tandis que nous devons payer comptant l'ensemble de nos achats.

Les grands industriels qui ont des comptoirs en Australie et à Buénos-Ayres sont dans des conditions bien plus favorables encore : ils achètent leurs laines directement sans aucun intermédiaire.

Je ne connais aucun fabricant français qui ait un comptoir en Australie ou à Buénos-Ayres.

M. le Président. Croyez-vous que la situation, pour nos achats à Buénos-Ayres, soit identiquement la même que pour nos achats en Australie? Y sommes-nous dans la même situation pour le fret, par exemple?

M. Cunin-Gridaine. Pour le fret, les Anglais ont un avantage, même à Buénos-Ayres.

M. le Président. Est-ce un avantage considérable?

M. Cunin-Gridaine. Je ne pourrais pas le préciser. Je tiens à ne citer que des chiffres que je puisse garantir. Le fait sur lequel je m'appuie est qu'aucune maison française n'a de comptoir à Sydney, à Melbourne, ou à Buénos-Ayres, pour les laines de la Plata; tandis que les maisons anglaises, qui y ont des succursales, reçoivent leurs laines directement, sans passer par des intermédiaires. Chaque intermédiaire percevant une commission, les Anglais ont, de ce chef, un avantage sur nous.

M. Clerc. Le Havre reçoit directement, et en quantité considérable, des laines de Buénos-Ayres. La France ne fait pas moins d'affaires que l'Angleterre avec cette place, à tel point que les maisons étrangères, et particulièrement les fabricants belges, viennent acheter au Havre au moins la moitié des laines venant de Buénos-Ayres.

M. Cunin-Gridaine. Depuis un certain nombre d'années, les laines de Buénos-Ayres entrent, en effet, pour une large part dans la consommation des fabriques belges. Quel que soit le marché des laines de Buénos-Ayres à Anvers, les approvisionnements ne suffisent pas pour les fabriques belges; c'est pourquoi elles viennent acheter au Havre et à Rouen. L'honorable membre sait probablement mieux que moi que les marchés du Havre et de Rouen sont tout nouvellement établis; qu'il n'y a pas encore de maisons françaises, et j'insiste sur ce point, qui aient des comptoirs à Buénos-Ayres et en fassent venir leurs laines sans passer par des intermédiaires; tandis que je pourrais citer de grandes maisons anglaises et belges qui ont des succursales, à Buénos-Ayres ainsi qu'à Sydney et à Melbourne. Ces maisons-là ne se servent pas d'intermédiaires; elles reçoivent leurs laines directement.

MM. Cunin-Gridaine, Bertèche, David Barot.

M. Clerc. Pour les laines d'Australie, vous avez raison; mais pour les laines de la Plata, soit de Montevideo, soit de Buénos-Ayres, les maisons françaises les ont à aussi bon marché que les Anglais; la preuve en est que, non-seulement il y a des importations suffisantes pour le marché français, mais que la moitié des laines importées dans les ports français se réexporte pour les ports étrangers. Il est bien évident que, si, sur le port d'Anvers, qui est plus fort importateur que celui de Londres, il y avait un avantage, les Belges ne viendraient pas prendre la plus grande partie des laines qui arrivent au Havre.

M. Cunin-Gridaine. En France, nous employons très-peu de laines de Buénos-Ayres, par la raison que ces laines sont singulièrement chargées de graterons, et que la machine à égrateronner, qui est d'un grand usage en Angleterre et en Belgique, ne s'est pas encore vulgarisée en France; il est donc naturel que ces laines soient recherchées sur notre marché par des fabriques étrangères qui en tirent un excellent parti.

M. Clerc. Ce n'est pas cela que j'ai voulu contester. Je voulais dire simplement que les laines de Buénos-Ayres, que vous considériez comme importées bien davantage sur d'autres points que la France, parce que la France n'a pas de rapports directs avec Buénos-Ayres...

M. Cunin-Gridaine. Je vous demande pardon, je n'ai pas dit cela...

M. Clerc. J'ai voulu constater que nous avions là des relations importantes.

M. Cunin-Gridaine. Je me serai bien mal fait comprendre, si l'on a pu induire de mes paroles que je prétendais que nous n'avions pas de relations avec Buénos-Ayres.

M. le Président. La question n'était pas de constater l'existence des relations, mais bien l'existence de comptoirs de la part de maisons françaises, aussi bien que de maisons anglaises. Or M. Clerc sait que nous avons là des comptoirs.

M. Clerc. Parfaitement.

MM. Cunin-Gridaine, Bertèche, David Bacot.

M. Cunin-Gridaine. Je fais des affaires assez considérables à Buénos-Ayres; je ne connais pas un seul fabricant français qui y soit représenté directement, tandis que les grands industriels anglais y ont une succursale de leur maison, et reçoivent leurs laines sans passer par des intermédiaires.

M. Clerc. J'avais cru que vous parliez de maisons de commerce.

M. Cunin-Gridaine. Du tout, Monsieur; j'ai toujours entendu comparer la situation des producteurs français et anglais.

M. le Président. Veuillez continuer votre lecture.

M. Cunin-Gridaine. La suppression du droit de douane n'a produit aucun effet sur le prix des laines. Les cours se sont immédiatement élevés, et nous payons tout aussi cher qu'auparavant.

3ᵉ *Question.* — Nous dégraissons nous-mêmes nos laines. Nous employons le natron. Nous le tirons d'Anvers. Il y coûte 25 francs les 100 kilogrammes. Les droits d'entrée en doublent le prix; ils sont de 23 fr. 60 cent. Les Anglais et les Belges le reçoivent sans droit.

4ᵉ *Question.* — Excepté pour les draps noirs, nos laines sont teintes en masse. Le prix de teinture est :

Nuances diverses bon teint sur pied de bleu.	2ᶠ 00ᶜ	le kilogramme.
——— petit teint	1 00	
Bleu à l'indigo	de 3 à 3 50	
Vert dragon, impérial, etc.	2 75	
Cramoisi, amarante, groseille, etc.	de 3 à 3 50	

§ 2. — FILATURE.

1ʳᵉ *Question.* — Nous ne sommes pas filateurs à façon.

Nous filons dans nos établissements la moitié des laines que nous employons.

Toutes nos filatures sont cardées.

Nous faisons du fil écru, teint, de couleurs mélangées, retors en écru et en couleurs.

2ᵉ *Question.* — Nous nous servons de machines continues et de machines à ploques ou boudins. Elles sont de fabrication française, de construction assez récente.

Un assortiment continu se compose de :

1 Briseuse	1,500ᶠ
1 Repasseuse	1,500
1 Carde continue	2,500
A reporter	5,500

MM.
Cunin-Gridaine,
Bertèche,
David Bacot.

Report	5,500f
La garniture des trois machines	2,500
2 Métiers en fin de 200 broches	2,800
1 Bobinoir	400
1 Dévidoir	100
1 Loup	500
1 Tour	200
1 Cylindre à émeri, broches, canelles, accessoires divers	400
Total	12,400

ou, par broche, 31 francs.

Nous employons des mull-jenny à chariots, de 250 à 300 broches.

3e Question. — Nous n'avons pas de moteur hydraulique.

4e Question. — Nous avons deux machines à vapeur : l'une, de 30 chevaux, construite à Seraing, par la société John Cockerill; l'autre, de 20 chevaux, construite à Sedan. Elles sont à double cylindre, avec détente, à condensation et avec balancier. Celle de 20 chevaux fonctionne jour et nuit.

Nous brûlons du charbon de Charleroi.

Il nous coûte :

13f 50c	la tonne sur bateau à Charleroi;
14 00	pour le transport et droit d'entrée;
50	de débarquage;
80	de voiturage;
70	pour le pesage et l'octroi;
40	de remisage.
29 90	

Nous en consommons 1,300,000 kilogrammes par an.

Par broche, la dépense est de 5 francs environ par an, parce que, dans notre filature, on travaille chaque jour 21 heures. Si l'on ne travaillait que 12 heures, cette même dépense ne serait que de 2 fr. 70 cent., et la quantité de charbon consommée de 90 kilogrammes.

5e Question. — Nous en usons pour le chauffage de nos ateliers, le séchage des laines et des draps et le décatissage.

M. Schneider. Le chauffage et les opérations diverses dont vous parlez sont-ils compris dans la consommation de 1,300,000 kilogrammes que vous venez d'indiquer?

M. Cunin-Gridaine. Oui, Monsieur.

MM.
[illegible],
[illegible],
[illegible]

6ᵉ *Question.* — Nous produisons des fils depuis 9,000 mètres au kilogramme jusqu'à 36,000 mètres.

Notre production, par an et par broche, est de 450,000 mètres.

Les filatures très-fines et les filatures très-grosses coûtent plus cher que les taux moyens. Ainsi, le taux de 18,000 mètres à 24,000 mètres au kilogramme coûte 6 centimes par 1,000 mètres.

Au-dessus de 24,000 mètres, le prix est de 7 centimes; et de 10,500 mètres et au-dessous, il est de 8 centimes par 1,000 mètres.

7ᵉ *Question.* — Les hommes gagnent de 3 francs à 3 fr. 50 cent. par journée de douze heures.

Les femmes gagnent 1 fr. 50 cent., et les enfants 1 franc.

Nos ouvriers se répartissent ainsi par assortiment :

3 hommes,

3 femmes,

2 enfants.

Les fileurs, les enfants, les bobineuses, les dévideuses, les tordeuses de déchets, sont payés à façon; les autres sont au mois.

Les salaires sont augmentés depuis 1848. Nous payons, aujourd'hui, la journée de douze heures plus que nous ne payions, à cette époque, la journée de quatorze heures.

8ᵉ *Question.* — Nous employons, pour huit assortiments, 75 personnes, y compris les contre-maitres, surveillants, auxiliaires de nuit et portiers.

Un assortiment occupe :

Batteur	1 1/2
Drousseuse	1
Fileurs	2
Rattacheurs	2 1/2
Dévideuse	1
Bobineuse	1/2
Contre-maitres, journaliers, etc.	1/2
Pour machines continues	8

Pour la machine à ploques, il faut ajouter 2 enfants, soit 10 personnes.

La main-d'œuvre varie, suivant le numéro du fil, de 2 centimes 1/4 à 4 centimes par 1,000 mètres. Elle s'élève même, pour les retors, à 10 centimes.

9ᵉ *Question.* — Nous filons tout en gras. Nous graissons avec l'huile d'olive ou l'acide oléique, dans la proportion de 17 p. 0/0 pour les laines blanches, et de 20 p. 0/0 pour les laines teintes. MM. Cunin-Gridaine. Bertèche. David Barot.

Le graissage augmente le prix de la filature de 2 p. 0/0 environ. Cela varie suivant qu'on emploie l'huile d'olive ou l'acide oléique.

10e Question. — La réponse est faite à la question n° 6.

La qualité et la nature de la laine ont peu d'influence sur le prix de façon, qui est en raison du numéro du fil et surtout du retors.

11e Question. — Nous ne peignons pas. Nous ne vendons pas de fils de laine cardée.

12e Question. — Nous ne produisons pas de blousses. Nous en achetons pour notre fabrication. Nous employons nos déchets.

13e Question. — Ne vendant pas de fils, nous ignorons leurs cours, et nous ne pouvons déterminer, par conséquent, la quotité du droit nécessaire à leur protection.

14e Question. — Quoique la filature soit peu active dans ce moment, les prix restent les mêmes que ceux des années précédentes.

§ 3. — TISSAGE ET APPRÊTS.

1re Question. — Nous fabriquons des draps noirs et des draps de couleurs diverses;

Des édredons et des étoffes dites à paletots;

Des façonnés noirs pour l'été et pour l'hiver;

Des nouveautés pour l'été et pour l'hiver;

Des casimirs et des satins noirs forts et zéphyrs.

2e Question. — La réponse est faite au paragraphe 1er, n° 1 du questionnaire.

Nous n'achetons pas de fils.

3e Question. — Nous sommes en essais de différents systèmes. Nous n'avons qu'un métier dans ce moment. C'est un demi-jacquart, à deux navettes, qui nous coûte 1,100 francs; il ne nous satisfait pas complétement. Nous l'avons fait venir de Belgique. La force de vapeur nécessaire pour un métier est d'un quart de cheval.

L'homme qui le dirige est payé 4 francs par jour; mais ce prix ne peut pas servir de base pour un atelier. Il s'agit ici d'un ouvrier très-intelligent, qui ferait un contre-maître de tissage.

6e Question. — Tous nos tisseurs travaillent sur des métiers à la main.

MM. Cunin-Gridaine, Bertèche, David Bacot.

Les métiers leur appartiennent

Cette classe d'ouvriers habite la campagne.

Nous payons au mètre tissé :

50 à 60 centimes pour les draps écrus;

1 franc pour les façonnés écrus;

1 fr. 50 cent. pour les nouveautés de couleur;

75 centimes pour les casimirs zéphyrs, demi-largeur;

50 centimes pour les satins, demi-largeur.

Je dois faire remarquer que cette façon est payée, non pas sur la longueur de l'étoffe apprêtée, mais sur la longueur de la chaîne sur le métier.

M. Ernest Baroche. Cette longueur est celle de l'étoffe avant le foulage?

M. Cunin-Gridaine. Oui, Monsieur.

7e *Question*. — Un tisseur à la main produit 3 mètres par jour. Un métier mécanique bien monté, bien dirigé, peut produire 8 mètres. Le tissage à la mécanique est infiniment plus régulier.

8e *Question*. — Prix de revient de chaque opération de notre fabrication :

Triage des laines, 8 francs les 100 kilogrammes;

Dégraissage, 15 francs les 100 kilogrammes, au natron;

Séchage, 5 francs les 100 kilogrammes;

Battage. 3 francs les 100 kilogrammes;

Plusage, 11 francs les 100 kilogrammes;

Ourdissage, 1 franc par chaîne;

Encollage, 3 fr. 50 cent. par chaîne;

Nopage-draps, 5 francs pour 80 mètres tissés, soit 55 mètres finis;

Nopage-nouveautés, 6 francs pour 40 mètres tissés, soit 35 mètres finis;

Lavage en gras, 2 francs;

Foulage des draps, 16 francs, y compris 6 francs de savon;

Foulage des draps teints, 20 francs, y compris 8 francs de savon;

Apprêt-lainage, 30 francs, en moyenne;

Tonte, 25 francs;

Décatissage, 4 francs;

Rentrayage, 2 fr. 50 cent.;

Rentrayage-nouveautés, 5 francs;

Presse, 5 francs;

Teinture bon teint, noir, 70 centimes le mètre pour draps;

Teinture bon teint, noir, 80 centimes le mètre pour draps façonnés;

MM. Cunin-Gridaine, Bertèche, David Bacot.

Teinture petit teint, noir, 55 centimes le mètre:

Lavage en noir, 4 francs;

Séchages en diverses opérations, 5 francs.

9e Question. — Les frais varient beaucoup en raison de la valeur de la laine employée, de la finesse, de la légèreté des tissus, de la perfection des apprêts.

10e Question. — Nous employons la bourre de soie, le cachemire, l'alpaga, dans l'envers de certains tissus.

La bourre de soie y entre, en poids, pour 17 kilogrammes, et en valeur, pour 83 francs;

Le cachemire, en poids, pour 22 kilogrammes, et en valeur, pour 255 francs;

L'alpaga, en poids, pour 23 kilogrammes, et en valeur, pour 161 francs.

11e Question. — Nous n'avons pas assez l'expérience des produits anglais et de leurs cours, pour répondre à la question.

12e Question. — Nos produits peuvent être classés dans deux catégories : fins et communs; en faisant deux divisions dans chaque catégorie : lourds, légers.

Les articles fins commenceraient au-dessus de 10 francs le mètre carré en 1 mètre 39 de large.

Les articles communs commenceraient au-dessous de 10 francs le mètre carré en 1 mètre 39 de large.

Les articles lourds commenceraient au-dessus de 400 grammes.

Les articles légers s'arrêteraient à 400 grammes.

Nos articles ne se vendent ni au nombre de fils, ni au nombre de duites, ni à la croisure. Ces distinctions nous semblent impraticables pour des étoffes feutrées.

13e Question. — Nous écoulons une partie de notre fabrication en Espagne, en Portugal, à New-York et dans l'Amérique du Sud. La proportion est variable.

Notre industrie est peu active; les acheteurs sont très-réservés; ils ne veulent pas faire de forts approvisionnements, afin de se trouver sans stock au moment où entreront les produits étrangers.

Malgré le prix toujours croissant des laines, le cours de la draperie n'a pas varié dans ces dernières années.

MM. Cunin-Gridaine, Bertèche, David Bacot.

14e Question. — Les Anglais produisent à meilleur marché que nous pour des causes de diverse nature.

1° Les laines d'Australie et de l'Amérique du Sud entrent en très-grande partie dans leur consommation. Elles leur coûtent 6 p. o/o de moins qu'à nous; soit 3 p. o/o sur le produit fabriqué.

2° Ils ont la houille à un prix infiniment plus bas, 5 francs la tonne de 1,015 kilogrammes, au lieu de 30 francs la tonne de 1,000 kilogrammes. Les matières tinctoriales et oléagineuses ne sont frappées d'aucun droit en Angleterre; tandis que nos huiles et l'acide oléique payent 15 francs par hectolitre. Le natron voit son prix doublé par le droit. Le sel de soude nous coûte 46 francs et vaut 21 francs en Angleterre. Nous estimons ces différences à 6 p. o/o.

3° Les constructions coûtent moins cher aux Anglais; ils emploient la brique, la fonte et le fer. Le prix de ces deux dernières matières nous en interdit l'usage; et cependant il diminuerait le taux de l'assurance de nos filatures, qui est de 6 1/2 p. 1,000.

4° Les moteurs, l'outillage sont à un prix presque moindre de moitié en Angleterre qu'en France. Les Anglais peuvent changer leurs machines quand nous reculons devant la dépense, et consacrer en améliorations l'économie qu'ils réalisent sur l'achat primitif. Les Anglais ont donc perfectionné leurs établissements, et leur outillage si avancé a permis de substituer la machine à l'homme, et, dans beaucoup de cas, de remplacer la main de l'homme par celle des femmes et des enfants. Le prix du travail a été réduit, et la somme de salaires payés est bien moindre en Angleterre qu'en France pour une production égale.

5° L'industrie se perpétue en Angleterre; chez nous, elle est viagere : le décès d'un grand industriel amène une liquidation. Tandis que les capitaux s'immobilisent dans les établissements anglais, en s'y accumulant, en France ils se divisent par le partage, et le capital vient à manquer ou à être insuffisant, quand l'industrie, en voie de prospérité, aurait besoin de toutes ses ressources.

Grâce à leurs débouchés, les Anglais peuvent produire d'immenses quantités d'articles toujours les mêmes; ceci leur permet de tirer un incontestable profit d'outils merveilleux dans ces conditions de production, tels que le *self-acting* et le métier mécanique.

Nous estimons que, de l'ensemble de ces faits il résulte, en faveur des Anglais, un avantage de 6 p. o/o au minimum. Nous ajoutons 1 p. o/o pour la différence dans l'amortissement des machines.

Enfin le loyer des capitaux est meilleur marché en Angleterre de 2 p. o/o.

MM.
Cunin-Gridaine,
Bertèche,
David Bacot.

Telles sont les causes du bas prix de la production anglaise. Quand nous donnons le chiffre de 18 p. o/o, nous restons évidemment au-dessous de la vérité.

Nous joignons à ces renseignements le travail auquel nous nous sommes livrés pour établir la quotité du droit protecteur. Nous avons cherché notre appui dans la modération, et repoussant toute espèce d'exagération, nous sommes restés au-dessous des limites posées dans le traité de commerce.

En conséquence, voici ce que nous avons l'honneur de proposer :

Qu'il y ait deux divisions pour les tissus de laine foulés, draps et façonnés :

La première, composée de tissus fins au-dessus de 10 francs le mètre carré ;

La deuxième, composée de tissus communs au-dessous de 10 fr. le mètre carré ;

Que deux catégories soient établies dans chacune de ces divisions.

Les tissus fins se classeraient :

En tissus légers, mesurant 250 mètres carrés ou plus entre lisières pour 100 kilogrammes, soit 400 grammes et au-dessous par mètre carré ; ils payeraient, pour 100 kilogrammes, 600 francs ;

En tissus lourds, mesurant moins de 250 mètres carrés entre lisières pour 100 kilogrammes, ou pesant plus de 400 grammes au mètre carré ; ils payeraient, par 100 kilogrammes, 450 francs.

Les tissus communs se classeraient :

En tissus légers, mesurant 250 mètres carrés ou plus entre lisières pour 100 kilogrammes, soit 400 grammes et au-dessous par mètre carré ; ils payeraient, par 100 kilogrammes, 350 francs ;

En tissus lourds, mesurant moins de 250 mètres carrés entre lisières pour 100 kilogrammes, ou pesant plus de 400 grammes au mètre carré ; ils payeraient, par 100 kilogrammes, 250 francs.

L'appréciation des tissus communs se ferait à l'aide d'échantillons cachetés, déposés dans les bureaux d'entrée de la douane, de manière que tous les tissus qui seraient d'une valeur moindre de 10 francs le mètre carré, fussent considérés comme tissus communs et classés comme tels.

Tous les tissus foulés et mélangés de coton, soie, etc., dans lesquels la laine dominerait, seraient soumis aux mêmes droits que ceux de laine pure.

Voici quelques exemples, d'une application constante, usuelle, qui expliqueront les motifs qui nous ont portés à adopter les bases que nous proposons :

MM.
Cunin Gridaine,
Bertèche,
Pavet Bacon

1re DIVISION. — 1re CATÉGORIE.

1 mètre carré de tissu fin léger, valant 10 francs le mètre carré et pesant 400 grammes, payerait à l'entrée :

$400^g \times 600^f = 2^f\,40^c$ pour 10^f, soit *ad valorem* 24 p. o/o.

1 mètre carré de tissu très-fin léger, valant 15 francs le mètre carré et pesant 300 grammes, payerait à l'entrée :

$300^g \times 600^f = 1^f\,80^c$ pour 15^f, soit *ad valorem* 12 p. o/o.

24 p. o/o dans le premier cas, et 12 p. o/o dans le deuxième cas; cela fait :

36 : 2 = 18 p. o/o, moyenne.

1re DIVISION. — 2e CATÉGORIE.

1 mètre carré tissu fin, lourd, valant 10 francs le mètre carré et pesant 500 grammes, payerait à l'entrée :

$500^g \times 450^f = 2^f\,25^c$ pour 10^f, soit *ad valorem* 22 1/2 p. o/o.

1 mètre carré tissu très-fin et lourd, valant 15 francs le mètre carré et pesant 400 grammes, payerait à l'entrée :

$400^g \times 450^f = 1^f\,80^c$ pour 15^f, soit *ad valorem* 12 p. o/o.

34 1/2 : 2 = 17 1/4 p. o/o, moyenne.

2e DIVISION. — 1re CATÉGORIE.

1 mètre carré de tissu commun léger, valant moins de 10 francs, soit 9 fr. 99 cent. le mètre carré, pesant 400 grammes, payerait à l'entrée :

$400^g \times 350^f = 1^f\,40^c$ pour $9^f\,99^c$, soit *ad valorem* 14 p. o/o.

1 mètre carré de tissu commun léger, valant 5 francs le mètre carré et pesant 300 grammes, payerait à l'entrée :

$300^g \times 350^f = 1^f05$ pour 5^f, soit *ad valorem* 21 p. o/o.

35 : 2 = 17 1/2 p. o/o, moyenne.

2e DIVISION. — 2e CATÉGORIE.

1 mètre carré de tissu commun lourd, valant moins de 10 francs,

soit 9 fr. 99 cent. le mètre carré, pesant 400 grammes, payerait à l'entrée :

MM. Cunin-Gridaine, Bertèche, David Barot.

$400^g \times 250^f = 1^f$ pour $9^f\,99^c$, soit *ad valorem* 10 p. o/o.

1 mètre carré de tissu commun et lourd, valant 5 francs le mètre carré et pesant 500 grammes, payerait à l'entrée :

$500^g \times 250^f = 1^f\,25^c$ pour 5^f, soit *ad valorem* 25 p. o/o.

35 : 2 = 17 1/2 p. o/o, moyenne.

M. le Président. Vous n'avez rien à ajouter?

M. Cunin-Gridaine. Si vous le permettez, Monsieur le Président, j'insisterai auprès du Conseil Supérieur sur la nécessité d'établir un droit spécifique : c'est un point capital pour notre industrie.

Le droit *ad valorem* est complétement inadmissible. Il cesserait de nous protéger quand nous aurions besoin de la plus grande somme de protection, c'est-à-dire dans ces crises périodiques dont l'industrie anglaise offre le triste spectacle.

Nous cherchons vainement, d'ailleurs, des garanties contre les fausses déclarations. Le traité n'a pas d'autre sanction pénale que la préemption, et tout le monde est bien convaincu que le Gouvernement ne peut pas ouvrir des magasins pour vendre les marchandises qu'il préempterait.

Un droit unique et au poids est, il faut le dire, une solution qui paraît, au premier abord, bien séduisante. J'ose affirmer au Conseil Supérieur que j'ai fait des montagnes de chiffres pour chercher une solution satisfaisante avec un droit spécifique unique; je n'ai jamais pu arriver, avec la meilleure volonté, à me tenir dans les limites fixées par le traité. Il se produisait toujours ceci : certains articles, ceux qui sont lourds, avaient un droit protecteur qui excédait de beaucoup les 30 p. o/o, pendant que les draps fins et légers arrivaient rarement à un droit de 11 p. o/o. Quand je réussissais à créer une catégorie qui ne s'élevât pour aucune étoffe lourde au-dessus de 30 p. o/o, j'avais deux ou trois produits, faisant partie de ma moyenne, qui n'obtenaient aucune espèce de protection.

Le droit unique a de très-graves inconvénients. Il va diamétralement à l'encontre de la pensée que S. M. l'Empereur a manifestée dans sa lettre à M. le Ministre d'État. L'Empereur veut que les classes les plus nombreuses aient leurs vêtements à bon marché. Eh bien! il est certain qu'avec le droit spécifique unique les marchandises communes et lourdes, qui ne sont pas chargées de frais de

MM. Cunin-Gridaine, Bertèche, Paul Bacot

main-d'œuvre, seront protégées par un droit équivalant à la prohibition, alors que les étoffes fines et légères, qui donnent beaucoup de travail, n'auront pas de protection.

Voici, Messieurs, un fait que je demande la permission de vous citer.

La Belgique avait acquis une grande, et je le reconnais, une très-légitime réputation dans la fabrication des draps fins. Un droit protecteur spécifique, unique, a été établi. Les produits lourds ont été protégés dans une proportion excessive, et les produits fins dans une proportion insuffisante. La conséquence s'est bientôt fait sentir; une grande transformation a eu lieu dans la production de Verviers. Je pourrais citer des chefs notables de cette industrie qui ont complétement renoncé à fabriquer les *draps de tailleurs*, c'est-à-dire les draps fins et légers. Ils ne produisent plus que des étoffes, non pas positivement communes, mais moyennes.

Si un pareil fait avait lieu en France, ce serait au grand détriment de nos classes ouvrières. La production de la draperie est estimée à 240 millions; ce chiffre me paraît au-dessous de la vérité; quoi qu'il en soit, la draperie fine entre pour les deux tiers dans cette production.

L'Espagne a aussi le droit spécifique unique. Nous n'y introduisons plus de draps communs, que ses fabriques réussissent parfaitement; mais nous y sommes restés en possession du marché pour les étoffes fines.

Le droit qui nous semble devoir être adopté et que nous proposons, repose sur des bases équitables, des bases parfaitement justes, qu'on peut discuter, qu'on peut examiner, mais qui, en définitive, prouvent la loyauté de nos demandes, puisque, dans tous les cas, nous n'arrivons qu'à 18 p. o/o dans nos moyennes, quand l'écart, entre la production anglaise et la production française, est de 20 p. o/o.

Nous avons voulu nous tenir en dehors de toute exagération; en hommes consciencieux, nous ne demandons que des choses loyales et pratiques. Nous pouvions, en nous renfermant dans les limites du traité, poser des chiffres qui vous auraient effrayés, et qu'il nous était cependant facile de justifier; nous avons préféré ne pas sortir de la modération. Nous espérons, Messieurs, que vous nous en tiendrez compte.

Je demande à M. le Président la permission de déposer sur le bureau les notes et les tableaux que je viens, au nom de mes collègues et au mien, de porter à la connaissance du Conseil.

MM.
Cunin-Gridaine
Bertèche.
David Bacot.

M. le Président. Veuillez, Monsieur, les remettre à M. le Commissaire général pour qu'ils prennent place dans les documents de l'Enquête.

Messieurs les fabricants qui vous accompagnent ont-ils quelque chose à ajouter?

M. Bertèche. Mes calculs se rapportent presque entièrement à ceux de M. Cunin-Gridaine. Le Conseil me dispensera de les lui lire; je me bornerai à les déposer.

M. le Président. Déposez-les, Monsieur.

Nous ne pourrons pas faire imprimer toutes les pièces qui sont déposées, car nous arriverions à un trop grand nombre de volumes. Mais les pièces déposées serviront toujours comme documents pour l'Enquête.

Vous acceptez ce qu'a dit M. Cunin-Gridaine?

M. Bertèche. Parfaitement.

M. Ernest Baroche. Je voudrais, à propos de l'exemple que M. Cunin-Gridaine vient de citer pour Verviers, faire remarquer que les précédents témoins ont fait une déclaration que je rapporte à M. Cunin-Gridaine, parce qu'il ne l'a pas entendue : ils ont dit au Conseil que, suivant eux, on fabriquait à meilleur marché à Verviers qu'en Angleterre, et que la concurrence possible, probable, des fabriques de Verviers, soit par la voie détournée de l'Angleterre, soit par la voie directe, si elle venait à s'établir, serait plus redoutable que la concurrence anglaise.

Je ne m'explique donc pas comment la fabrication anglaise, produisant plus chèrement, aurait pu, malgré un droit protecteur considérable, nuire à la fabrication de Verviers.

M. Cunin-Gridaine. Je ne dis pas que la fabrique de Verviers produise aujourd'hui un chiffre moindre qu'elle ne produisait quand elle faisait une grande quantité de drap fin : je dis qu'une transformation s'est faite dans cette fabrique, que les draps lourds entrent peu en Belgique, par suite de la protection résultant du droit unique de 300 francs, et que, si ce droit suffit pour protéger les draps lourds, il ne suffit pas pour protéger les draps fins : d'où il résulte que ni les Anglais ni les Français n'envoient en Belgique d'étoffes moyennes, mais qu'ils y envoient des étoffes légères, fines, et que, sous ce rapport, la fabrication de Verviers s'est singulièrement modifiée.

M. Ernest Baroche. J'insiste, et je demande à M. Cunin-Gridaine

MM. Cunin-Gridaine, Bertèche, David Bacot

son opinion sur cette question : croit-il qu'à Verviers on se trouve dans de meilleures conditions de fabrication qu'en Angleterre, et, notamment, qu'à Verviers la main-d'œuvre soit meilleur marché qu'en Angleterre?

M. Cunin-Gridaine. Cela est extrêmement vrai : la main-d'œuvre est meilleur marché à Verviers qu'en Angleterre. Mais cela ne détruit pas ce fait, que les Belges, ayant craint de n'être pas suffisamment protégés pour leurs draps fins, se sont jetés dans une fabrication de draps lourds et moyens, laissant aux Anglais le soin de les approvisionner de draps de tailleurs, de draps fins.

M. Ernest Baroche. Est-ce qu'en fait les Anglais introduisent en Belgique la majeure partie des draps fins?

M. Cunin-Gridaine. Je puis vous citer le nom d'un des grands industriels de Belgique, M. Peltzer. Il produisait, il y a quelques années, des draps fins. Eh bien! sa fabrique s'est transformée : M. Bacot, qui est présent, et qui est allié de M. Peltzer, peut vous le certifier.

M. d'Eichthal. Je voudrais savoir s'il est vrai que l'introduction des draps fins anglais ait augmenté en Belgique?

M. Cunin-Gridaine. Oui, Monsieur.

M. d'Eichthal. D'une manière sensible?

M. Cunin-Gridaine. Oui, Monsieur.

M. d'Eichthal. Et l'exportation des draps belges a-t-elle diminué?

M. Cunin-Gridaine. Elle a diminué, en ce qui concerne l'ensemble de la fabrication de Verviers; elle n'a peut-être pas diminué, en ce qui concerne les maisons Simonis et Biolley, qui ont leurs comptoirs aux États-Unis. Ces maisons, comme exception, ont continué leur fabrication de draps fins.

M. d'Eichthal. Ainsi il se produirait, d'après vous, ce fait singulier : c'est que les draps anglais chasseraient les draps belges des marchés belges et ne les chasseraient pas des marchés extérieurs?

M. Cunin-Gridaine. C'est facile à expliquer : MM. Simonis et Biolley produisent des draps fins fabriqués spécialement dans le goût des États-Unis.

M. d'Eichthal. Est-ce que les Anglais ne peuvent pas les faire également?

MM. Cunin-Gridaine, Bertèche, David Bacot.

M. Cunin-Gridaine. Je ne dis pas que les Anglais ne pourraient pas les faire aussi ; mais ils ne changent pas leur fabrication du jour au lendemain. Quand les Anglais ont une fabrication réglée, suivie, d'un écoulement assuré, ils n'ont aucun motif de la modifier.

Veuillez remarquer qu'à la différence de ce qui se passe en France, un grand établissement anglais se maintient dans une ou deux classes de produits, et que, lorsqu'il a le débouché de ces produits-là, il n'y a pour lui aucune raison de changer sa fabrication. En France, au contraire, nous ne pouvons faire de grosses affaires qu'à une condition, celle d'avoir une variété infinie dans nos produits; et je vous étonnerais bien si je vous disais que, pour arriver à une production de 3 millions, je suis forcé d'avoir 70 qualités distinctes, variant soit de genres, soit de prix. Rien de semblable n'a lieu en Angleterre : pendant que le fabricant français modifie sans cesse ses produits suivant les exigences du goût et de la mode, le fabricant anglais s'en tient à un ou deux genres qu'il perfectionne toujours.

M. d'Eichthal. Alors vous croyez que, si les Anglais offraient les produits de leur fabrication en France, la France serait beaucoup moins exigeante envers eux qu'envers vous.

M. le Président. Est-ce que vous croyez que la fabrication des draps est beaucoup plus centralisée en Angleterre qu'en France?

M. Cunin-Gridaine. Plus centralisée, non; mais chez nous elle est plus démocratisée, et c'est là ce qui m'effrayerait pour elle, si nous n'avions pas de droits protecteurs. Nous avons un grand nombre de maisons, mais il n'y en a pas qui puissent résister à une crise prolongée pendant deux ou trois ans ; or qui peut nous garantir de cette crise quand le marché de 36 millions d'hommes sera partagé ?..... La protection seule.

M. Bertèche. Je voudrais citer un fait : les maisons Biolley et Simonis ont récemment modifié leur fabrication, l'exportation des draps fins s'étant réduite sur le marché américain qu'ils fournissaient ordinairement. Ces maisons ont dû produire des marchandises de consommation inférieure, et suppléer à l'exportation qui leur manquait.

Je puis citer ce fait, parce qu'il est à ma connaissance personnelle; et je dois ajouter, pour que le Conseil sache la vérité, que les maisons Biolley et Simonis ont dû réduire leurs envois sur le marché américain, non par l'effet de la concurrence anglaise, mais par l'effet de la concurrence allemande.

MM Cunin-Gridaine, Bertèche, David Barré.

M. Schneider. Je demanderai, puisque le mot de concurrence allemande a été prononcé, si les chiffres qui ont été posés par ces Messieurs l'ont été en vue de l'Angleterre seulement, ou en vue également de la concurrence qui pourrait être faite ultérieurement, soit par voie détournée, soit par voie directe, par la Belgique et l'Allemagne. Croyez-vous que les mêmes chiffres suffiraient contre la concurrence des deux pays dont je viens de parler?

M. Cunin-Gridaine. Nous avons posé nos chiffres en vue de l'Angleterre. Nous ne nous dissimulons pas que la conséquence probable du traité avec l'Angleterre sera un traité avec la Belgique et avec l'Allemagne.

Nos chiffres s'appliqueraient, dans ce cas, *a fortiori*. S'il s'agit de l'Allemagne, je dirai qu'en Saxe, notamment, l'industrie paye la main-d'œuvre à des prix tels, que je ne connais aucun pays industriel qui puisse lutter sur les marchés où se rencontrent les produits saxons.

M. le Président. Voudriez-vous me permettre de clore l'interrogatoire par une simple question?

Croyez-vous que, pour les classifications que vous avez proposées, il soit possible d'établir des types que les agents de la douane pourraient consulter afin de fixer les droits, sauf, peut-être, à renouveler fréquemment ces types?

M. Cunin-Gridaine. J'en suis, pour mon compte, entièrement convaincu. J'ai vu de très-près ce qui se passait pour les laines, et j'ai pu remarquer que les agents de la douane sur la frontière étaient arrivés à les connaître parfaitement. Je ne crois pas m'écarter de la vérité en disant qu'ils étaient parvenus à les apprécier assez bien pour n'avoir presque jamais fait de préemption infructueuse. Pourquoi donc, quand ils sont arrivés à apprécier la laine, chose si difficile à connaître, n'arriveraient-ils pas à apprécier aussi des types, à les rapprocher d'un article qui leur serait soumis et à voir s'il y a, ou non, une différence? Ces types pourraient, pour les articles communs, être fabriqués par ordre de M. le Ministre de l'Agriculture, du Commerce et des Travaux Publics, dans les fabriques qui travaillent exclusivement ou du moins plus spécialement pour l'État. On les produirait, pour les articles communs, avec des laines d'un prix déterminé.

M. Ernest Baroche. Ce serait, je crois, difficile.

MM. Cunin-Gridaine, Bertèche, David Bacot.

M. Cunin-Gridaine. Je suis convaincu que ce n'est pas aussi difficile qu'on le pense.

M. Ernest Baroche. Croyez-vous que ce soit facile, même pour la nouveauté, à raison de la variété des produits?

M. Cunin-Gridaine. Remarquez que la nouveauté entrera presque toujours dans les catégories fines.

M. Ernest Baroche. Cependant les draps à meilleur marché, peut-être, dont il ait été question dans l'Enquête, sont des draps nouveautés. Nous avons entendu parler de draps à 9 francs le kilogramme, qui sont des draps nouveautés, en ce sens que ce ne sont pas des draps lisses, mais bien des draps à disposition.

M. Cunin-Gridaine. Quand on vous en a parlé, on aurait même pu vous dire que ces draps ne valaient que 8 francs le kilogramme; mais il n'y a qu'un seul fabricant qui fasse cette sorte de draps.

M. Ernest Baroche. Je crois qu'il y en a plusieurs à Louviers.

M. Cunin-Gridaine. Je crois être certain que ce genre de produits est une très-rare exception à Elbeuf et à Louviers. Je pourrais citer le nom du fabricant qui a déposé du fait qui le concerne; c'est, je crois, M. Chennevière.

M. Ernest Baroche. Il y en a d'autres qui, sans faire à aussi bon marché, font pourtant des draps qui ne dépassent pas 14 et 15 fr. le kilogramme, en nouveauté assez ordinaire et en assez grande quantité.

M. Bertèche. L'élément important à déterminer, dans les types qui seraient donnés à la douane, ce serait la qualité de la laine entrant dans la confection du drap. Or je crois que, dans les fabriques travaillant pour l'État, on pourrait faire établir des nouveautés à bas prix avec des laines du prix desquelles on se serait assuré, de manière que les étalons, faits avec les moyennes communes, représentassent, autant que possible, les étoffes que l'on classerait au plus bas prix. Et remarquez qu'il serait peu important que ces étalons eussent tel ou tel dessin.

M. Ernest Baroche. Permettez. La nouveaute a pour objet, non pas seulement de changer les dessins, mais de changer même les apparences des étoffes. Il y a des enchevêtrements de fils qui pro-

MM.
Cunin-Gridaine,
Bertèche,
David Barot.

duisent des différences d'aspect susceptibles de dérouter les plus habiles.

M. de Forcade la Roquette. Dans le système de ces Messieurs, il y aurait quatre types : types communs et types fins, types légers et types lourds.

M. Schneider. Il pourrait y avoir des variétés de chaque type.

M. le Président. Voici ce qui est proposé : il y aurait deux classes principales et dans chaque classe deux catégories. Maintenant combien de types seraient nécessaires pour représenter les subdivisions; ce serait là une étude à faire.

M. Schneider. On pourrait multiplier les types de manière à correspondre aux éventualités de fabrication qui se produiraient.

M. de Forcade la Roquette. Il ne s'agirait plus alors de quatre types, mais de la possibilité d'un nombre indéfini de types correspondant aux draps fins et aux draps communs.

M. Schneider. Il n'y a qu'un point délicat, c'est la limite de qualité entre les produits communs et les produits fins. C'est là qu'il faut un spécimen pour savoir si le drap est réellement commun ou fin. S'il n'y avait que la question de poids, elle se viderait toujours par la balance.

M. Cunin-Gridaine. Cela est parfaitement juste; la difficulté de déterminer le point de jonction ou de séparation existera dans tout système. Chaque système aura ses inconvénients. Je suis profondément convaincu, et j'oserais l'affirmer au Conseil Supérieur, que le nôtre est celui qui en présente le moins. A Dieu ne plaise que je dise : il est parfait! Non, ce ne serait pas l'expression franche de ma pensée; mais je dis qu'il est pratique, et qu'il ne se heurte à aucune difficulté sérieuse dans l'exécution. Les types dont nous demanderions la création seraient fabriqués pour constater la finesse de la laine, abstraction faite du dessin.

M. Ernest Baroche. Le droit que vous avez proposé pour la catégorie la plus basse est, je crois, de 2 fr. 50 cent. Quel *quantum* de protection ce droit de 2 fr. 50 cent. représenterait-il, appliqué aux tissus les plus chers?

M. Bertèche. Aux tissus de cette catégorie-là?

M. Ernest Baroche. Non. Je suppose que le droit de 2 fr. 50 cent.

ne sera jamais au-dessous de la limite fixée par le traité, au-dessus de 30 p. o/o...

MM. Cunin-Gridaine, Bertèche, David Bacot.

M. Cunin-Gridaine. Oh! il ne l'atteint jamais.

M. Ernest Baroche. Eh bien! ce droit, combien représenterait-il pour cent de protection, par rapport à des draps très chers?

M. Bacot. Au mètre de longueur?

M. Ernest Baroche. Non, au kilogramme, puisque vous avez dit : « 2 fr. 50 c. au kilogramme d'étoffe bon marché, d'étoffe à 10 francs probablement. » Eh bien! ce droit de 2 fr. 50 cent. représente-t-il 25 p. o/o, ou plus ou moins, par rapport aux étoffes chères que vous fabriquez généralement?

M. Cunin-Gridaine. Il faudrait faire le calcul. C'est assez difficile à dire immédiatement.

M. Ernest Baroche. Y a-t-il communément à Sedan, dans la fabrication que vous voudrez, y a-t-il en grande quantité des draps valant plus de 40 francs le kilogramme?

M. Bertèche. Oui, chez moi; j'arrive même jusqu'à 50 francs le kilogramme.

M. Ernest Baroche. Comme exception?

M. Bertèche. Non; c'est une fabrication qui est encore assez considérable.

M. Ernest Baroche. Le droit dont je parle représenterait 7 1/2 p. o/o sur la catégorie des draps d'un prix élevé?

M. Ozenne. Mais dans le système proposé, le droit de 2 fr. 50 cent. ne s'appliquerait pas à cette catégorie.

M. Ernest Baroche. Je le sais, mais je suppose qu'on l'y applique. Je raisonne donc dans l'hypothèse d'un droit unique, et je demande combien, en ce cas, le droit de 2 fr. 50 cent. représenterait par rapport aux étoffes de la catégorie la plus élevée. — Il représenterait probablement quelque chose comme 7 à 8 p. o/o?

M. Cunin-Gridaine. Oui, environ.

M. Ernest Baroche. La moyenne de la fabrication de Sedan, si le maximum est 40 francs, serait de 25 francs le kilogramme.

MM.
Cunin-Gridaine,
Bertèche,
David Bacot.

M. Bertèche. 250 francs par 100 kilogrammes pour des étoffes de 15 francs le mètre carré ne donneraient que 6 fr. 66 cent. p. o/o.

Le même droit, pour des étoffes de 10 francs pesant le même poids, donnerait 10 p. o/o, ce qui serait loin de rendre notre position égale à celle des producteurs anglais.

M. Bacot. Cela représenterait peut-être bien 10 à 12 p. o/o de protection en moyenne.

M. Ernest Baroche. Ainsi, et c'est ce que je voulais simplement constater, par rapport au prix actuel, 2 fr. 50 cent. représenteraient une moyenne de 10 à 12 p. o/o par kilogramme.

M. Cunin-Gridaine. Il faut alors ajouter ceci : que l'écart entre la production sedanaise et la production anglaise est de près de 20 p. o/o.

M. Bacot. Nous pouvons le prouver.

M. le Président. Nous pourrions discuter ainsi cinq à six mois sans arriver à nous convaincre.

Dans votre conviction l'écart est de 20 p. o/o.....

M. Cunin-Gridaine. Oui, Monsieur le Président.

M. le Président..... et à l'aide des éléments insérés dans votre note, vous croyez l'avoir démontré?

M. Cunin-Gridaine. Oui, Monsieur le Président.

M. le Président. Nous vous remercions de vos communications.

Est introduit :

M. RANDOING, Député au Corps législatif, fabricant de draps à Abbeville.

DRAPS FINS ET NOUVEAUTÉS.

ABBEVILLE.

M. le Président. Vous avez, Monsieur, le questionnaire? Si vous avez des notes rédigées et écrites à l'avance, peut-être serait-il plus simple de les réserver pour M. le Commissaire général, afin qu'elles soient ultérieurement jointes aux documents de l'Enquête, et que, quant à présent, vous vous borniez à traiter la question finale, relative à la fixation du droit?

M. Randoing. Très-volontiers. Cela me convient à tous les points de vue.

M. le Président. Eh bien! quels sont les droits que vous jugez nécessaires pour protéger l'industrie des draps en France?

M. Randoing. Lorsque j'ai été nommé membre du jury de l'Exposition, et que, à titre de rapporteur, je suis allé à Londres, j'ai visité les grands centres manufacturiers de l'Angleterre, entre autres, Glasgow, Manchester, etc. Me préoccupant particulièrement de ce qui concernait mon industrie, je me suis appliqué à étudier, à Leeds, les établissements d'un manufacturier qui, depuis, est devenu membre du parlement, et j'ai pu le faire avec assez de facilité, parce que j'avais été recommandé.

Eh bien! j'ai pu remarquer les grands avantages que ces établissements avaient sur les nôtres, et, au nombre de ces avantages, il y a pour les manufacturiers anglais ceux que je vais énumérer.

Il y a d'abord l'avantage de pouvoir se procurer les laines à meilleur marché que nous. Et cela ne tient pas seulement à la différence des prix de transport, mais à d'autres causes encore ; en même temps qu'ils tirent leurs laines de leurs colonies, les Anglais ont de vastes débouchés pour leurs produits; ce qui leur procure un avantage que nous ne pouvons avoir, nous qui n'avons pas de semblables ressources.

M. Baudoing. Il y a ensuite l'avantage du prix et de l'établissement des machines. Vous savez combien, relativement à nous, les Anglais les ont à bon marché. Dans toutes les cours des manufactures anglaises, j'ai vu des amas de débris de tout genre : c'étaient des débris de machines mises au rebut. Pourquoi? Parce qu'aussitôt qu'une idée éclôt dans la tête d'un manufacturier anglais, il remplace ou modifie ses mécanismes, et, sans s'inquiéter de la dépense, se livre à des essais. C'est grâce à ces essais que les Anglais arrivent parfois à des perfectionnements remarquables et dont, plus tard, nous pouvons apprécier l'importance.

Une autre cause de supériorité pour l'industrie anglaise, c'est le charbon de terre. Le charbon de terre y joue un rôle plus considérable encore qu'on ne suppose. Il sert non-seulement pour les machines, non-seulement pour le chauffage des usines; mais un emploi qu'on lui donne et qui semblerait n'avoir pas d'importance, c'est celui-ci, que j'ai observé à Leeds en visitant des manufactures en plein mois de juillet : les manufacturiers y faisaient sécher leurs draps dans des sécheries alimentées par le charbon de terre; c'est là, je n'hésite pas à le dire, un avantage énorme. En France, le prix du charbon ne permettrait pas de songer à se procurer cet avantage; on y reste, par suite du haut prix du combustible, soumis à toutes les intempéries de saison. Cela vient de m'arriver, à moi, cette année, à raison du mauvais temps et de la malheureuse saison que nous avons eu à traverser. Aussi ai-je été obligé de faire subir des retards à la livraison des commandes auxquelles j'avais à satisfaire.

Si vous ne voulez considérer cela qu'à un certain point de vue, c'est peu de chose; mais pour nous c'est beaucoup.

Je ne parlerai pas des différences qui peuvent résulter de la situation de la classe ouvrière dans les deux pays. Les ouvriers sont ce qu'on les fait, et à Sedan, à Louviers, comme ailleurs, comme dans mon établissement, un ouvrier bien dressé est aussi habile qu'un ouvrier anglais. Seulement j'ai vu que les ouvriers anglais se nourrissaient mieux que nos ouvriers; conséquemment, ils avaient plus de force et pouvaient supporter plus longtemps les fatigues du travail.

Il est un point de vue qui m'amène à donner des renseignements que j'ai recueillis comme maire de ma localité.

Depuis trois ans que je suis maire d'Abbeville, j'ai pu constater, pour la consommation de la viande, un fait qu'il n'est pas inutile de faire connaître.

J'ai vu, la première année de mon administration, en 1857, la consommation de la viande augmenter de 90,000 kilogrammes, dont 45,000 de porc, constituant en presque totalité la consommation de la classe ouvrière. L'année suivante, il y a eu en plus 73,000 kilogrammes. M. Randoing.

Ainsi, en deux années, la consommation de la viande, à Abbeville, s'est accrue de 163,000 kilogrammes.

Si je donne, Monsieur le Président, ces renseignements qui sembleraient étrangers à la question, et qui ne le sont pas....

M. le Président. Je ne prétends pas qu'ils le soient.

M. Randoing..... c'est que je veux constater que cette différence de consommation n'est due qu'à une chose : l'amélioration du sort de la classe ouvrière.

Eh bien! cette différence de consommation, — je ne prétends pas attribuer cela à des causes que j'exagérerais; je ne suis pas un pessimiste, — cette différence de consommation, elle n'existe plus aujourd'hui.

J'ai vu de près les Anglais; je connais leurs immenses ressources, leurs ressources en capitaux, par exemple, dont la supériorité ressort suffisamment de la différence du taux de la rente dans leur pays et dans le nôtre; j'ai entendu tout ce qu'on peut entendre là-bas; et, si vous voulez me permettre de dire le résultat de mes observations, d'observations que j'ai faites, un peu en prévision de l'avenir, je vous l'avouerai, je suis préoccupé d'une chose, c'est des crises qui nous attendent, après celles auxquelles nous avons pu échapper dans notre industrie.

Si je parle ainsi, c'est que j'ai vu ce qui se passe en ce moment-ci à Elbeuf.

Pour la nouveauté, savez-vous à quel prix vous pourriez acheter les produits faits, en janvier et février, à Elbeuf, produits valant jusqu'à 17 et 18 francs?

Vous les auriez pour 12 francs

M. le Président. Pour quelle raison?

M. Randoing. C'est que, quand il y a un manque de vente à un moment donné....

M. Ernest Baroche. Mais les manufacturiers d'Elbeuf, que le Conseil a entendus ne se sont pas plaints de cela.

M. le Président. MM. les fabricants d'Elbeuf ont dit qu'après le traité de commerce, et en égard aux appréhensions exagérées qui

M. Randoing. s'étaient produites, il y avait eu une baisse de 10 p. 0/0, mais que cette baisse avait disparu.

M. Randoing. M. Ernest Baroche est allé à Elbeuf.....

M. Ernest Baroche. Quand je dis que MM. les fabricants d'Elbeuf ne se sont pas plaints de ce que vous dites, je ne parle pas des renseignements que j'ai recueillis à Elbeuf; je parle, je le répète, des déclarations faites ici devant le Conseil.

M. Randoing. Vous êtes lié avec M. Lanseigne; je le suis aussi. Vous pouvez vous renseigner auprès de lui.

M. Ernest Baroche. Je ne conteste pas vos renseignements; mais je dis que les fabricants d'Elbeuf n'ont pas exprimé les mêmes plaintes que vous.

M. Randoing. J'ai appris avec plaisir votre voyage à Elbeuf. On a toujours besoin de voir les choses de près. Mais je dis que mes assertions sont de la plus grande exactitude, et que vous pourriez vous en convaincre, si vous vouliez consulter, sinon M. Lanseigne, au moins les chefs de plusieurs maisons de nouveautés, que je pourrais citer.

Eh bien! je dis que, si cette différence, très-forte même chez nous, s'est produite sans concurrence anglaise; on doit s'attendre à la voir se produire encore plus naturellement quand les Anglais introduiront leurs étoffes sur notre marché. Nous le saurons, non pas immédiatement, parce que, chez eux, l'inventaire ne se fait point par année, mais sur une période; nous le saurons, car nous en aurons le contre-coup.

Maintenant mes appréciations sont-elles en harmonie avec celles des autres? Un des fabricants que vous avez entendus, M. Flavigny, est venu me voir. J'ai trouvé, d'après ce qui m'a été dit, qu'on avait été assez raisonnable. J'avais peut-être un point de vue isolé; mais je me suis dit : il faut que je me conforme à ce que nos grands centres proposent de faire.

Mes chiffres, si vous voulez me permettre de vous les communiquer, vont peut-être vous paraître un peu élevés; mais j'ai cru qu'il fallait aller droit au but. Je ne m'occupe pas de l'Angleterre.

Le traité de commerce, on ne peut pas l'empêcher : le mouvement y est; il faut en subir la loi. Mais, un jour ou l'autre, nous sommes menacés pour notre industrie. Et quand je dis cela, Monsieur le Président, ce n'est pas que je ne vous rende justice, ainsi qu'à

M. Baroche. J'ai été heureux même de la manière dont on a su reconnaître mes efforts, et je le dis, parce qu'après tout il faut voir les choses au point de vue général, et que, lorsqu'on m'adresse un appel de confiance, je saurai toujours mettre de côté mon intérêt particulier. M. Randoing.

Je le déclare, je suis un peu effrayé, parce que, si le traité doit être suivi d'autres traités, je ne sais pas si l'on pourra les faire avec une différence sur le traité anglais. A cet égard, je crois qu'il faut prendre des précautions. Il y a la Belgique, il y a la Prusse, et ensuite il y a le moment de crise. Je crois qu'il faut songer à tout cela.

Pour en revenir à la question spéciale, je ne suis pas d'accord sur un point avec M. de Montagnac que vous avez entendu. Il prend un chiffre pour base; il divise en deux catégories: étoffes fines et étoffes communes. Je reconnais qu'il faut simplifier autant que possible pour faciliter la tâche des douaniers. Ces deux catégories me paraissent suffisantes. Seulement, M. de Montagnac adopte la base de 6 francs; et aujourd'hui cette base n'est pas assez élevée. Elle nous fait descendre dans la catégorie des draps de troupes, qui n'ont rien à démêler avec les autres étoffes : ce n'est pas une marchandise courante.

Je prends, moi, une autre base, et voici comment je procède.

Je suis partisan de deux catégories pour simplifier. J'établis la catégorie commune sur un type de laine ayant coûté 7 francs. M. de Montagnac met 6 francs. Je ne crois pas qu'il ait raison, parce que dans ce système, nous tombons, comme je viens de le dire, dans le drap de troupes; et il faut bien considérer une chose, c'est que, de bien longtemps, la laine ne sera pas un produit à bon marché. Voyez ce qui se passe : dans l'été même on porte des étoffes de laine. La consommation de la flanelle a pris un développement remarquable.

La base de 7 francs, que j'adopte, me paraît une base très-raisonnable, et nous arrivons ainsi, pour une valeur de 300 francs les 100 kilogrammes, de 300 à 700 grammes au-dessous d'une valeur de 2,000 francs, et, pour une valeur de 250 francs les 100 kilogrammes, de 700 à 1,000 au-dessous d'une valeur de 2,000 francs.

Pour la catégorie fine, ce serait de 300 à 700 grammes valant plus de 2,000 francs, les 100 kilogrammes, 600 francs; puis de 700 à 1,000 valant plus de 2,000 francs, les 100 kilogrammes, 400 francs.

Je crois qu'en examinant ces chiffres on reconnaîtra que nous aurons là des droits pouvant varier de 20 à 25, et quelquefois 30 p. o/o.

Je pars de 600 francs pour descendre à 400 francs pour la catégorie fine, et ensuite, j'ai 300 et 250 pour la catégorie commune.

M. Randoing. Voilà la classification que je crois utile pour nous. Vous examinerez.

M. Ernest Baroche. Permettez-moi encore une question. Pour combien comptez-vous votre charbon?

M. Randoing. Mon charbon, je le prends en Angleterre. La quantité que j'emploie est nécessairement assez considérable dans mon établissement; car j'y fais tout, en ce sens que la laine entre en suint chez moi, et en sort toute prête à être employée par le tailleur. Je paye le charbon 3 fr. 50 cent.

M. Ernest Baroche. Quelle quantité, 100 kilogrammes?

M. Randoing. Pardon. Je ne raisonne pas comme il faudrait raisonner : c'est 80 kilogrammes que je paye 3 fr. 50 cent.

M. Ernest Baroche. C'est donc 40 francs la tonne?

M. Randoing. A peu près.

M. Ernest Baroche. De combien est donc le fret?

M. Randoing. Il n'est pas encore très-considérable.

M. le Président. On compte que le fret est de 15 francs. Vous achèteriez donc votre charbon 25 francs en Angleterre?

M. Ernest Baroche. On nous a dit plusieurs fois ici qu'il ne valait que 5 francs en Angleterre.

M. Herbet, *Commissaire général*. Et 5 francs dans les villes de fabrique encore!

M. Ernest Baroche. Enfin combien vaut-il?

M. Randoing. Je n'ai pas là d'éléments exacts d'appréciation.

M. Ernest Baroche. Pouvez-vous le dire à peu près?

M. Randoing. Je paye le charbon anglais 3 fr. 50 cent.[1], rendu chez moi, et le charbon d'Aniche, 1 fr. 92 cent.

M. Ernest Baroche. 1 fr. 92 cent., cela ferait 19 à 20 francs la tonne.

M. le Président. Pour combien en consommez-vous?

[1] Voir la note ci-après, où M. Randoing déclare qu'il a commis une erreur en indiquant, devant le Conseil, ce chiffre de 3 fr. 50 cent. Le prix énoncé dans ladite note est celui de 2 fr. 40 cent.

M. Randoing. Pour 16,000 à 18,000 francs environ. M. Randoing.

M. Ernest Baroche. Et le charbon que vous payez 35 à 40 francs la tonne, pour combien entre-t-il dans votre consommation?

M. Randoing. Pour les trois cinquièmes.

M. le Président. Vous aurez la bonté de laisser ou d'envoyer vos notes.

(M. Randoing a fait remettre la note suivante, comme complément de sa déposition.)

M. Randoing.

(Note complémentaire.)

ACHAT ET PRÉPARATION DES LAINES.

1re *Question.* — Nous employons la laine d'Allemagne, d'Australie, et les bons suints ou laine lavée de France:

La laine d'Allemagne, de 6 fr. 50 cent. à 8 fr. 50 cent. brute, ou 10 à 13 francs en blanc ou dégraissée;

La laine d'Australie, de 6 à 7 fr. 50 cent. brute, ou 9 fr. 50 cent. à 12 francs en blanc ou dégraissée;

Les suints de France, de 2 fr. 40 cent. à 2 fr. 80 cent. bruts, ou 9 fr. 75 cent. à 11 francs en blanc ou dégraissés;

Frais de commission et de transport des laines achetées à Londres: commission, 3 p. 0/0, et frais de transport à Abbeville, 6 p. 0/0;

Breslau: commission, 4 p. 0/0, et frais de transport à Abbeville, 26 p. 0/0;

Berlin: commission, 4 p. 0/0, et frais de transport à Abbeville, 23 p. 0/0.

2e *Question.* — L'opération du lavage de nos laines, comme toutes les opérations de fabrication, se fait dans l'intérieur de notre établissement.

Le lavage s'opère au moyen de cristaux de soude et de sel de soude, dans des proportions plus ou moins fortes, selon les laines.

3e *Question.* — Nous avons également nos teintureries dans notre établissement. Tous nos draps noirs sont teints en pièces et en deux catégories: bons teints et petits teints.

Le bon teint, c'est-à-dire avec pied de bleu, se paye 75 centimes à 1 franc; le petit teint se paye 45 à 55 centimes.

Les nuances bleu naturel, bleu vif, vert et bronzes divers, se teignent généralement en laines.

On paye le bleu naturel, de 2 fr. 10 cent. à 2 fr. 40 cent. le kilogramme; le bleu vif, de 2 fr. 40 cent. à 2 fr. 80 cent. le kilogramme; le vert russe, à 1 fr. 75 cent. le kilogramme; le vert impérial, à 2 fr. 40 cent. le kilogramme;

M. Randoing.

(Note.)

les bronzes bons teints, à 1 fr. 75 cent. le kilogramme, les bronzes petits teints, de 1 franc à 1 fr. 25 cent. le kilogramme.

FILATURE.

1re *Question.* — Nous filons toutes nos laines pour notre fabrication de draps fins et nouveautés, et nous employons conséquemment la carde.

Nous faisons également les fils retors pour nouveautés.

2e *Question.* — Nos machines sont de fabrication française, système Mercier, de Louviers.

Le prix d'un assortiment (3 cardes) est de 9,000 à 9,500 francs, prêt a fonctionner.

Le prix d'un métier de filature, 160 broches, est de 1,600 à 1,700 francs.

4e *Question.* — Nous nous servons d'une machine à vapeur d'une force de 40 chevaux, mais pouvant, sans inconvénient, aller jusqu'à 60 chevaux. C'est un nouveau système, à trois cylindres, donnant une très-grande régularité. L'inventeur et le constructeur est M. Le Gavrian, de Lille.

Nous employons le charbon anglais pour le tiers environ de notre consommation, et le charbon d'Aniche pour les deux tiers.

Le charbon anglais nous coûte 2 fr. 40 cent. les 100 kilogrammes (et non 3 fr. 50 cent., comme je l'ai dit par erreur dans ma déposition orale), et le charbon d'Aniche, 1 fr. 92 cent.

5e *Question.* — Pour le chauffage de nos ateliers et sécheries, nous brûlons le coke pour les neuf dixièmes, et le charbon anglais pour un dixième.

7e *et* 8e *Questions.* — Nombre d'ouvriers employés : 481, dans les proportions suivantes :

Hommes, cinq dixièmes	241
Femmes, quatre dixièmes	192
Enfants (n'ayant pas moins de quatorze ans), un dixième	48
Total	481

Les hommes gagnent de 1 fr. 50 cent. à 4 francs par jour; les femmes gagnent de 70 centimes à 2 francs par jour; les enfants gagnent de 60 centimes à 1 franc par jour.

9e *Question.* — Nous ne pouvons carder et filer nos laines qu'après ensimage à l'huile, et nous employons l'huile d'olive de préférence; par suite de l'ensimage, la filature se trouve chargée de 33 centimes au kilogramme.

TISSAGE ET APPRÊTS.

1re *Question.* — Fabrication de draps fins, satins et nouveautés.

2e *Question.* — Réponse est faite au 1er article.

M. Baudouin.

—

(Note)

8e Question. — Triage de la laine, de 4 fr. 50 cent. à 6 francs les 100 kilogrammes;

Dégraissage, 20 à 30 centimes le kilogramme;

Séchage, 6 à 10 centimes le kilogramme;

Battage, 3 fr. 50 cent. les 100 kilogrammes;

Cardage, 30 à 40 centimes le kilogramme;

Filature, 18 à 20 centimes par kilogramme de carde;

Ourdissage, 1 centime 1/2 à 2 centimes 1/2 la livre de carde;

Encollage, 10 centimes le kilogramme;

Bobinage, 4 centimes la livre de carde;

Tissage, de 35 centimes à 1 fr. 20 cent.;

Dégraissage des toiles (1 pièce 60 mètres), 4 francs à 4 fr. 50 cent.;

Foulage des toiles (1 pièce 60 mètres), 12 à 20 francs;

Lainage et tondage des toiles (1 pièce 60 mètres), 10 à 16 francs;

Presse des toiles (1 pièce 60 mètres), 4 à 5 francs;

Épinçage des toiles (1 pièce 60 mètres), 4 à 6 francs;

Décatissage des toiles (1 pièce 60 mètres), 3 à 4 francs.

10e Question. — Nous employons la soie dans la fabrication de la nouveauté, et elle y entre pour une valeur de 60 centimes à 1 fr. 40 cent. au mètre.

LA SÉANCE EST LEVÉE.

SÉANCE DU VENDREDI 13 JUILLET 1860.

PRÉSIDENCE DE S. EXC. M. ROUHER,

MINISTRE DE L'AGRICULTURE, DU COMMERCE ET DES TRAVAUX PUBLICS;

PUIS DE M. SCHNEIDER,

VICE-PRÉSIDENT DU CORPS LÉGISLATIF.

FILATURE.

—

DRAPERIE FOULÉE

—

BISCHWILLER.

La séance est ouverte à deux heures.

Le procès-verbal de la précédente séance, lu par M. OZENNE, *Secrétaire*, est adopté.

Sont introduits :

MM. ROEDERER, fabricant de draps à Bischwiller (Bas-Rhin).
SCHWEBEL, *idem.*
KUNTZER, *idem.*

M. LE PRÉSIDENT. Vous appartenez, Messieurs, à la même industrie et à la même cité; vous êtes-vous entendus pour faire au Conseil Supérieur des réponses communes?

M. ROEDERER. Nous avons discuté ensemble les différentes questions, et j'ai mis en marge du questionnaire les réponses concertées entre nous.

M. LE PRÉSIDENT. Veuillez nous en donner connaissance.

M. ROEDERER. Je réponds d'abord sur l'achat et la préparation des laines.

1re Question. — Cette question se rapporte à la nature des laines

MM. Gœrdeler, Schwebel, Kuntzer.

dont on fait usage dans la fabrique de Bischwiller. Ces laines sont tirées de Prusse, d'Autriche et de Hongrie, dans la proportion d'environ 80 à 85 p. o/o du total de la fabrication; elles nous reviennent au prix de 7 francs et jusqu'à 9 francs le kilogramme, à l'état brut; lavées, elles valent de 9 à 16 francs.

Nous employons, en outre, les laines de France et d'Australie, dans la proportion de 20 à 25 p. o/o. Ces laines reviennent, les premières lavées, de 8 à 10 francs; celles d'Australie, de 12 à 15 francs. Les frais de transport pour les laines d'Australie venant de Londres sont de 12 p. o/o, plus 3 p. o/o de commission.

2ᵉ *Question.* — Les laines d'Australie nous reviennent plus cher qu'aux Anglais, parce qu'elles sont chargées des frais de transport et de la commission des intermédiaires. Quant aux laines d'Allemagne, de Prusse et d'Autriche, les Anglais sont obligés de les payer aussi cher que nous depuis la réduction des droits. Jusqu'à présent, cet état de choses établissait, quant au poids, une différence de 2 1/2 à 3 p. o/o sur la valeur des produits fabriqués.

3ᵉ *Question.* — Le lavage de la laine se fait, dans nos ateliers, au moyen de solutions de potasse et autres ingrédients qui en enlèvent la graisse.

4ᵉ *Question.* — Les laines pour la draperie sont teintes avant la filature, et la teinture s'opère dans nos ateliers.

Je passe à la filature.

1ʳᵉ *Question.* — Nos ateliers sont montés pour filer tout ce qui sert à la production de la draperie. Et ici je réponds à la première question du programme sur la filature. Nous filons à façon et pour notre propre emploi.

2ᵉ *Question.* — Nous employons des machines françaises. Dans le principe, nous avons employé des machines saxonnes; on les imite aujourd'hui très-bien chez nous. Le prix d'un assortiment monté est de 11,000 à 12,000 francs; il se compose de 3 cardes et d'un certain nombre de broches. Ce prix de 11,000 francs se décompose de la manière suivante :

2 cardes	3,000ᶠ
1 carde à fil continu	2,400
400 broches	3,600
Garnitures	2,000
Ensemble	11,000

Je dirai que ces prix sont modérés, et qu'il y a plutôt lieu de les augmenter que de les réduire.

MM. Rœderer, Schwebel, Kuntzer.

M. le Président. Ce sont apparemment les prix réels; il n'y a lieu ni de les augmenter, ni de les diminuer.

M. Ernest Baroche, *Délégué spécial pour les industries textiles.* Vos machines sont-elles faites sur le modèle saxon?

M. Rœderer. Ce sont des machines perfectionnées, d'après le type saxon.

M. Schwebel. Nous avons payé les appareils continus jusqu'à 11,000 francs, sans les garnitures.

M. Ernest Baroche. A quelle époque?

M. Schwebel. Il y a quinze ans environ.

M. Rœderer. Quant aux métiers à filer, ce sont des mull-jenny.

3ᵉ *Question.* — Nous employons principalement des moteurs à vapeur. Il y a peu d'usines hydrauliques; le loyer d'un moteur hydraulique est de 700 francs par force de cheval. Pour les moteurs à vapeur, le loyer d'une force de cheval est de 800 francs à 1,000 francs environ.

M. le Président. Comment! vous payez 1,000 francs par force de cheval?

M. Rœderer. Oui, Monsieur le Président; ainsi les fabricants qui n'ont pas de moteurs chez eux, font placer leurs machines près d'un moteur et payent 1,000 francs, tout compris, le charbon, l'entretien.

M. le Président. Est-ce que c'est général?

M. Kuntzer. Oui, pour les petits fabricants.

M. Ernest Baroche. Ce système est également en pratique à Elbeuf.

M. Rœderer. Les machines à vapeur sont construites dans les environs et non dans la localité.

4ᵉ *Question.* — Nous tirons le combustible de Sarrebruck. La houille de Sarrebruck nous revient à 32 francs la tonne, soit 3 fr. 20 cent. le quintal. Nous employons la houille pour le chauffage des

MM. Rœderer, Schwebel, Kuntzer

ateliers au moyen de calorifères, et pour différents autres usages, tels que le séchage des draps, le dégraissage et même la presse.

M. le Président. Vous trouvez un grand avantage à employer la houille à tous ces usages?

M. Rœderer. Oui, en raison des accidents atmosphériques : en hiver, on ne peut pas faire sécher dehors.

M. le Président. Et en été?

M. Rœderer. Quand il fait un temps convenable, on n'emploie pas la houille.

6e Question. — Les numéros des fils produits se rapportant exclusivement à la draperie, vont de 7 à 35; un assortiment peut produire de 6,000 à 7,000 kilogrammes par an.

En général, on produit moins dans les numéros fins que dans les qualités plus communes. La draperie de Bischwiller emploie en majeure partie les laines fines, et par conséquent il lui faut une filature plus fine.

7e Question. — Pour le prix de la main-d'œuvre, nous comptons : par journée d'homme travaillant à façon, environ 3 francs; et par journée de femme, de 1 fr. 20 cent. à 1 fr. 50 cent., selon la nature du travail. Les fileurs sont à la façon. Les ouvriers employés à la carderie sont à la journée.

M. le Président. Employez-vous des enfants?

M. Rœderer. Oui, pour attacher les fils.

M. Kuntzer. Ils vont à l'école deux heures par jour.

M. le Président. C'est l'obligation légale.

M. Schwebel. On n'emploie plus beaucoup les enfants.

M. le Président. Les salaires sont-ils tombés depuis quelques années?

M. Rœderer. Le prix des salaires des ouvriers fileurs n'a pas augmenté dans ces derniers temps; mais il n'a pas non plus été réduit. Seulement, je dois dire qu'il y a quelques années, les salaires n'étaient pas si élevés qu'aujourd'hui; c'est par suite des années de cherté de grains, qu'en 1854 on s'est résigné à payer davantage.

MM. Rœderer, Schwebel, Kuntzer.

M. Kuntzer. L'augmentation des salaires, pour les femmes, a été de 30 à 50 p. o/o.

M. Rœderer. 8e *Question.* — Par assortiment, on emploie quatre hommes et trois enfants, ou trois hommes, une femme et trois enfants. La part du prix de la main-d'œuvre, dans le produit annuel de la filature, peut être évaluée à 33 p. o/o environ.

9e *Question.* — La filature se fait en gros; on emploie généralement l'huile d'olive dans la proportion de 18 à 20 p. o/o. L'accroissement du prix de la filature, par suite du graissage, peut être estimé de 15 à 20 p. o/o. Cela dépend de la pureté de la laine. Lorsque les laines sont chargées et mal lavées, il faut, en général, beaucoup de graisse pour les nettoyer.

10e *Question.* — Le prix courant de la filature, pour chaque numéro, est approximativement de .5 centimes par 1,000 mètres, sans compter la dépense d'huile.

11e, 12e, 13e et 14e *Questions.* — Ces questions ne s'appliquent pas à notre industrie.

M. le Président. Voulez-vous passer au paragraphe relatif aux tissage et apprêts.

M. Rœderer. 1re *Question.* — Les produits de la fabrique de Bischwiller consistent en articles de draperie foulée en tous genres, principalement dans le genre noir.

2e *Question.* — Les laines employées par notre industrie sont, comme je l'ai dit, tirées en grande partie de Hongrie et de Prusse.

3e *Question.* — Les numéros de fil que nous employons sont les nos 8 à 35.

4e *Question.* — Nous n'avons pas encore de métiers à tisser mus par la vapeur; cependant on a commencé à faire des essais. Plusieurs métiers de ce genre ont été établis dans la localité; jusqu'à présent, ce n'est pas général. Ils coûtent beaucoup trop cher pour qu'il s'en établisse sur une grande échelle. Les métiers en usage jusqu'ici sont encore des métiers du système saxon.

M. Ernest Baroche. Fabriqués en Saxe?

M. Kuntzer. Fabriqués en France.

M. Rœderer. La force de vapeur nécessaire pour faire marcher un métier, est à peu près de 1/4 ou 1/5 de cheval.

MM. Rœderer, Schwebel, Kuntzer. *5ᵉ Question.* — Les ouvriers n'étant pas encore bien familiarisés avec l'emploi de ces métiers, sont payés jusqu'ici au prix de 2 fr. 50 cent. par jour. On ne peut y employer ni femme ni enfant. Un ouvrier ne peut mener qu'un seul métier.

6ᵉ Question. — La généralité des fabricants fait tisser à la main, et les métiers se trouvent tous à peu près placés dans les ateliers mêmes du fabricant. Le prix de façon d'une pièce de tissu est extrêmement variable et dépend de la nature du tissu. Les articles unis se payent de 40 à 80 francs pour une chaîne de 100 mètres. Les articles façonnés vont de 80 jusqu'à 150 et même jusqu'à 180 pour une même longueur. La différence provient de ce que les seconds exigent beaucoup plus de temps. Le salaire de l'ouvrier est à peu près toujours calculé de manière qu'il puisse gagner de 3 francs jusqu'à 5 francs par jour.

M. Ernest Baroche. Il résulte de ce que vous venez de dire qu'un tisseur à la main gagne plus qu'un tisseur à la mécanique. Je m'étonne que vous trouviez des ouvriers qui consentent à tisser à la mécanique.

M. Rœderer. Aussi on en change perpétuellement.

M. Schwebel. Il y a pour ainsi dire des conspirations d'ouvriers.

M. le Président. Dans d'autres pays, on prend, pour les métiers mécaniques, des contre-maîtres qui sont bien rétribués; vous paraissez, au contraire, n'employer que les mauvais ouvriers.

M. Kuntzer. C'est l'amour-propre et l'envie qui éloignent les bons; un tisserand capable ne viendrait pas travailler à la mécanique.

M. le Président. Ils le feront un jour.

M. Rœderer. *7ᵉ Question.* — Jusqu'à présent nous ne pouvons pas juger de la différence qui existe entre le métier mécanique et le métier à la main, en ce qui concerne la rapidité, la perfection et l'économie du travail, parce que, chez nous, le nombre des métiers mécaniques n'est pas encore assez considérable.

M. Schwebel. Il y a quelques métiers, hors de la localité, qui marchent mieux que ceux de la localité même. Là les ouvriers sont séparés.

M. Rœderer. *8ᵉ Question.* — Voici les prix de revient, en moyenne, de chacune des opérations de notre fabrication :

Triage	15[f]	pour 100 kilog.	MM. Rœderer. Schwebel. Kuntzer.
Dégraissage	10		
Séchage	10		
Battage	5		
Cardage et filature	150		
Ourdissage	18		
Encollage	20		
Bobinage	10		
Tissage pour une chaîne de 100 mètres. 40 à	180		
Dégraissage et foulage, *idem* 18 à	20		
Lainage, également pour 100 mètres. 25 à	75		
Tondage, *idem* 10 à	30		
Presse et décatissage, *idem*	8		
Épinçage, *idem* 10 à	15		
Teinture noire, *idem* 18 à	30		
Les draps unis 18 à	20		
Les articles façonnés épais	30		

9ᵉ Question. — Les frais augmentent en proportion de la finesse et de la légèreté des articles. Il faut, en général, un plus grand nombre de machines et un travail plus prolongé pour les articles fins que pour les articles communs.

10ᵉ Question. — Nous ne faisons entrer jusqu'à présent ni coton, ni chanvre, ni lin dans nos articles. On n'emploie la soie que pour les articles façonnés.

11ᵉ Question. — Quant aux articles similaires aux nôtres qu'on fabrique en Angleterre, nous ne les connaissons pas d'une manière assez précise pour pouvoir répondre à la question. Nous ne pouvons pas répondre non plus sur les variations de prix des différents tissus anglais qui peuvent entrer en concurrence avec les nôtres.

12ᵉ Question. — Pour ce qui concerne la classification à adopter, il faut considérer que Bischwiller n'emploie que des laines fines. Nous ne pouvons donc ranger nos articles que dans les articles de draperie fine. Nous pouvons admettre deux classes : les articles fins légers et les articles fins lourds.

D'après un examen comparatif, nous devons classer dans les articles fins légers ceux qui, par 100 kilogrammes, atteignent plus de 250 mètres carrés; et dans les articles fins lourds, ceux qui restent au-dessous de 250 mètres carrés, par 100 kilogrammes.

Quant aux distinctions plus ou moins facilement reconnaissables dont parle la 12ᵉ question, je dois dire qu'elles ne sont admises ni admissibles dans les habitudes du commerce, vu qu'elles ne donnent point la connaissance exacte et marchande des qualités. Elles ne

MM. Rœderer, Schwabel, Kuntzer.

peuvent être admises que comme moyen de contrôle pour l'administration des douanes.

La valeur des produits augmente d'une manière assez régulière en proportion de l'augmentation du métrage pour 100 kilogrammes.

13e Question. — Nous devons dire que Bischwiller vend rarement à l'étranger, et que le peu qui se traite pour l'exportation se fait surtout par les maisons de Paris.

La situation de l'industrie est, en général, peu favorable. D'une part, le prix des laines est toujours en hausse de 15 p. o/o; tandis que de l'autre, à la suite des modifications annoncées dans le régime douanier, les produits fabriqués subissent jusqu'à 10 p. o/o de baisse sur les prix de l'année dernière.

Il s'est fait, il y a quelques années, une exportation sur une assez vaste échelle des produits de Bischwiller, surtout dans les articles légers, pour l'Italie et les Amériques du Nord et du Sud. Mais, à partir des années de cherté, depuis que le prix de la main-d'œuvre s'est sensiblement élevé, nous ne pouvons plus concourir avec les fabriques étrangères; je ne parle pas des fabriques anglaises, mais principalement de celles des pays voisins. Sur les marchés étrangers, ce sont principalement les articles de fabrication belge et allemande, ainsi que les produits autrichiens de Brunn, qui dominent et empêchent l'écoulement de nos fabriques.

M. le Président. Ce ne sont pas des articles similaires?

M. Rœderer. Pardon, Monsieur le Président, ce sont des articles similaires.

M. Clerc. Est-ce que ces draps ne sont pas plus légers?

M. Kuntzer. C'est la même chose.

Ce qui a arrêté notre développement, c'est l'élévation de 30 p. o/o sur les salaires, après 1848.

M. Rœderer. Elle s'est principalement produite depuis cinq à six ans.

M. Schneider. Cette augmentation suit-elle une progression constante?

M. Rœderer. Non, et même aujourd'hui il y a plutôt réduction; les affaires s'étant ralenties, on peut s'attendre à voir réduire les salaires.

M. le Président. Vous avez dit tout à l'heure qu'il n'y avait pas eu réduction.

M. Rœderer. Oui, pour la filature, mais pas pour ce qui concerne le tissage dont nous parlons maintenant.

MM. Rœderer, Schwebel, Kuntzer.

M. Kuntzer. Le prix du tissage est assez mobile, pour la nouveauté surtout.

M. Herbet, *Commissaire général*. Vous m'avez fait l'honneur de me dire, il n'y a pas longtemps, que vous étiez embarrassé à Bischwiller pour trouver des ouvriers; qu'ils devenaient de plus en plus rares. J'avoue qu'il m'est difficile de concilier ce fait de la rareté de la main-d'œuvre avec la réduction actuelle ou du moins imminente dans le taux des salaires, dont vous parlez maintenant.

M. Rœderer. La situation présente n'est pas normale, elle est telle que nous n'en avons pas vu de pareille depuis dix ans.

M. Herbet. C'est un état de transition.

M. Rœderer. Je veux le croire; mais nous ne le savons pas.

M. d'Eichthal. Pour combien cette exportation, que les Belges et les Allemands vous ont enlevée, entrait-elle dans votre production?

M. Rœderer. Pour les trois quarts.

M. d'Eichthal. Et comment avez-vous remplacé ces articles?

M. Rœderer. Par d'autres articles qui se consomment presque généralement en France.

M. d'Eichthal. En somme, votre fabrication a changé; mais elle n'est pas réduite.

M. Schwebel. On nous fait, à l'instant, l'observation que nous avons dit manquer d'ouvriers. Si vraiment il y a eu, pendant quelque temps, pénurie d'ouvriers, cette pénurie est venue à la suite d'une augmentation sensible du nombre des fabriques à Bischwiller. Notre ville attirait, des environs et de l'étranger, des ouvriers qui y cherchent du travail avec l'assurance d'une rétribution plus lucrative que celle qu'ils avaient chez eux; mais ces ouvriers sont, en général, peu au courant du travail et ne valent pas une proportion moindre d'anciens ouvriers bien expérimentés.

Malheureusement, en ce moment, nous n'avons que trop d'ouvriers auxquels nous serions heureux de pouvoir fournir le travail qui nous manque.

MM. Rœderer, Schwebel, Kuntzer.

M. le Président. Savez-vous si les Belges, qui vous font concurrence, emploient d'une manière plus large les métiers mécaniques?

M. Rœderer. Oui, ils en emploient beaucoup.

M. le Président. Est-ce que cela ne vous a pas déterminé à changer un peu vos conditions de production?

M. Rœderer. On ne peut pas changer un mode de production en peu de temps. Un changement de cette nature demande de grands capitaux; l'industrie de Bischwiller est généralement dans de mauvaises conditions et mal organisée; il s'y trouve principalement un grand nombre de petits fabricants qui travaillent avec deux, trois, quatre, dix métiers à la main, et qui ne pourraient pas les remplacer par des métiers mécaniques.

M. Schwebel. Et même pour les grands fabricants, les modifications que cette mesure entrainerait seraient complètes; il faudrait d'abord changer de moteurs.

M. le Président. C'est précisément comme cela qu'ont fait vos concurrents.

M. Schwebel. Pour faire des améliorations, il faut en posséder les moyens; on n'avance que peu à peu; et je puis assurer que Bischwiller a employé ses bénéfices à des améliorations de machines. S'il fallait réaliser à l'heure qu'il est, on trouverait dans les bénéfices plus de machines qu'autre chose.

M. Rœderer. *14e Question.* — Nous ne pouvons pas répondre d'une manière exacte à la 14e question. Nous croyons que les Anglais peuvent vendre à des prix inférieurs aux nôtres, puisqu'ils ont des moyens de production plus étendus. Leurs établissements sont organisés sur une plus grande échelle; ils ont de plus gros capitaux à un intérêt infiniment moindre; le combustible est à meilleur marché chez eux; les machines leur coûtent beaucoup moins cher : toutes ces causes réunies doivent produire une différence sur les prix de revient.

M. le Président. A combien établiriez-vous la différence, et quel droit de protection demanderiez-vous?

M. Rœderer. Je ne crois pas pouvoir répondre d'une manière précise à cette question plus qu'à l'autre. J'estime que, pour pouvoir travailler avec une rémunération satisfaisante, nos produits devraient

MM. Rœderer, Schwebel, Kuntzer.

trouver, je ne dis pas vis-à-vis de l'Angleterre, mais vis-à-vis de la Belgique et du Zollverein, une protection de 25 à 30 p. o/o, en moyenne.

M. Schwebel. Oui, pour le commencement. Nous avons peut-être des appréhensions plus grandes qu'elles ne le seraient si l'on était en voie de prospérité.

M. Rœderer. Dans ce moment, on est découragé. L'industrie de notre localité est jeune; il n'y a pas encore vingt ans qu'elle marche d'une manière assurée et progressive.

M. Ernest Baroche. Quelle est la valeur moyenne d'un mètre de drap noir fabriqué à Bischwiller?

M. Rœderer. 12 francs. C'est un drap qui doit avoir 250 mètres par 100 kilogrammes; ce qui fait une valeur moyenne de 30 francs le kilogramme. Mais il y a des articles *amazone* et *géorgienne* qui ont jusqu'à 360 et 380 mètres par 100 kilogrammes.

M. Ernest Baroche. Vous avez parlé d'un prix de laine de 15 francs : c'est bien cher?

M. Rœderer. Je puis vous décomposer ce prix facilement : la laine brute de Silésie perd 40 p. o/o au lavage.

M. Ernest Baroche. Mais ce prix est exceptionnel à Bischwiller.

M. Rœderer. Je vous demande pardon.

M. Schwebel. Ce n'est pas précisément le prix moyen de la laine; c'est celui d'une qualité supérieure de laine d'Allemagne que nous employons.

M. le Président. Vous êtes d'accord pour penser qu'il faut une protection de 25 à 30 p. o/o?

M. Rœderer. Nous croyons que, sans cette protection, l'industrie de Bischwiller ne pourrait pas marcher d'une manière satisfaisante.

M. Schwebel. Nous espérons qu'un jour cette protection pourra diminuer peu à peu.

M. Herbet. Vos idées se sont du reste modifiées, et je le constate avec plaisir, depuis vos premières réclamations. J'ai sous les yeux une lettre du mois de juin, par laquelle vous demandiez, d'une manière absolue, une protection de 30 p. o/o.

MM. Rœderer, Schwebel, Kuntzer.

M. le Président. M. Rœderer vient de dire de 25 à 30 p. o/o. Le Conseil vous remercie, Messieurs, des renseignements que vous lui avez communiqués.

(MM. Rœderer, Schwebel et Kuntzer se retirent.)

M. Herbet, *Commissaire général.* Avant qu'un nouveau témoin soit introduit, je demanderai à M. le Président la permission de lire un passage de la déposition écrite que m'a adressée M. Frédéric Bacot, de Sedan, qui n'a pu se rendre à l'invitation du Conseil. Après avoir énuméré les avantages dont jouit la production anglaise, M. Frédéric Bacot conclut ainsi :

M. F. Bacot. Note.

« Nous pensons que nous devons, dans la lutte qui va s'ouvrir, être protégés par un droit spécifique, c'est-à-dire par un droit basé sur le poids de l'étoffe, de manière à rendre toute fausse déclaration impossible; et non pas par un droit *ad valorem*. Dans des moments de crise en Angleterre, ce dernier mode de taxation serait trop dangereux pour nous; nous serions inondés de produits anglais à vil prix, dans les moments surtout où nous aurions le plus besoin de protection. Il nous paraît difficile d'établir un droit spécifique réellement protecteur, sans créer deux catégories : 1° articles lourds; 2° articles légers; en fixant pour chacune de ces catégories un droit qui nous donne 20 à 25 p. o/o de protection. »

M. le Président. M. Clerc m'a exprimé le désir de compléter une observation relative aux laines de Buénos-Ayres. A la séance d'hier, certains renseignements ont été donnés par quelques-uns des témoins, sur le régime fait à l'industrie française, en ce qui concerne les laines de Buénos-Ayres. M. Clerc qui, par sa situation d'affaires et ses relations commerciales, connaît bien ces questions, désire donner au Conseil une explication à ce sujet, afin qu'elle soit, dès à présent, consignée dans l'enquête.

M. Clerc. Je voudrais compléter ce que j'ai avancé sans avoir sous les yeux les chiffres sur les laines. J'ai vérifié et je puis déclarer que les faits correspondent parfaitement à ce que j'ai eu l'honneur de dire. Voici le relevé de l'année 1858, pour les importations de laines en suint de la Plata en France :

Buénos-Ayres.	6,126,179k
Montevideo.	612,171

On a acquitté :

De Buénos-Ayres.	4,667,003
De Montevideo.	377,601

On a exporté pour la Belgique 1,786,233 kilogrammes, dont 34,633 d'origine française.

Anvers a importé, en 1858, 16,516 balles de la Plata, pesant environ 7 millions de kilogrammes.

L'Angleterre importe, dans une faible proportion, la laine de la Plata. Sur 124,050,590 livres importées en 1858, il y a :

28,624,819 des villes Anséatiques (Allemagne);
16,597,504 de l'Afrique méridionale;
17,333,507 des Indes orientales;
51,104,560 de l'Australie;
10,390,200 d'autres contrées.

C'est dans cette dernière nomenclature que se trouve la laine de la Plata, du Chili, de l'Amérique centrale, etc.; le chiffre particulier à la provenance de la Plata doit aller au plus au tiers, soit environ 1,500,000 kilogrammes.

Il résulte de ces documents pris à source officielle, que la France et la Belgique sont les pays qui reçoivent le plus de laines de la Plata.

M. le Président. M. Cunin-Gridaine a dit, dans sa déposition, que depuis que la Belgique a un droit unique, elle a dû renoncer à la fabrication des draps fins, qui lui sont apportés par l'Angleterre. M. Ozenne a fait le relevé des importations et des exportations en Belgique, il a vérifié les chiffres; je le prie de communiquer au Conseil le résultat de cette recherche.

M. Ozenne, *Secrétaire*. L'Angleterre a importé en Belgique, en 1854, 7,943 kilogrammes de drap; en 1855, 8,569 kilogrammes; en 1856, 10,358 kilogrammes; en 1857, 14,332 kilogrammes; en 1858, 21,656 kilogrammes; en 1859, 21,162 kilogrammes.

Pour compléter ce document, nous avons recherché ce qui était entré, par la voie d'Allemagne et d'ailleurs, en Belgique; nous avons trouvé :

En 1854, 8,854 kilogrammes; en 1855, 7,673 kilogrammes; en 1856, 7,470 kilogrammes; en 1857, 6,981 kilogrammes; en 1858, 6,331 kilogrammes; en 1859, 7,313 kilogrammes.

En définitive, le total des importations en Belgique, en 1854, en y comprenant l'importation française, qui figure pour 14,585 kilogrammes, a été de 48,060 kilogrammes; et le total des exportations a été de 1,618,402 kilogrammes.

(A la reprise de l'audition des témoins, M. Schneider remplace au fauteuil S. Exc. M. Rouher.)

Est introduit :

M. Henri LEFÈVRE, filateur de laine cardée à Reims.

FILATURE E LAINE CARDÉE.

Reims.

M. le Président. Monsieur Lefèvre, vous êtes filateur de laine cardée à Reims?

M. Lefèvre. Oui, Monsieur le Président.

M. le Président. Filateur à façon?

M. Lefèvre. Filateur pour mon compte; et, en outre, je fais filer : c'est-à-dire que je suis à la fois filateur et négociant en fils.

M. le Président. Veuillez répondre aux différentes demandes du questionnaire qui concernent votre industrie.

M. Lefèvre :

ACHAT ET PRÉPARATION DES LAINES.

1re Question. — J'emploie, pour ma fabrication de fils, des laines d'agneaux, des écouailles ou pelures, et quelquefois des laines mères.

En général, je préfère les laines de France, dont les prix varient, suivant leur finesse et l'état dans lequel elles se trouvent au moment de l'achat; soit, par exemple :

Pour les suints, de 2 fr. à 2 fr. 50 cent. avec rendement de 30 p. o/o.
Les laines à dos, de 5 fr. à 5 fr. 75 cent. avec rendement de 70 p. o/o.
Les laines lavées, de 7 francs à 8 francs.

Lorsque j'emploie des laines étrangères, je les achète à des intermédiaires, et alors je n'entre pas dans le détail des frais de commission, transport, etc., etc. Le prix s'établit à forfait sur la vue de la marchandise.

M. le Président. Y a-t-il encore à Reims, aujourd'hui, des marchands de laines d'une importance suffisante pour vous fournir un aliment constant et un assortiment complet?

M. Henri Lefèvre

M. Lefèvre. Oui, nous avons des négociants en laines, des commissionnaires aux achats qui font des opérations à l'étranger, et qui nous amènent des laines de Moscou, de Vienne et d'ailleurs.

M. le Président. C'est à Reims même que vous trouvez votre approvisionnement?

M. Lefèvre. A Reims, à Paris ou au Havre.

Je n'achète généralement que de la laine importée; je ne fais pas d'achats directs.

2e *Question.* — Je ne sais si le genre de laine dont je me sers me revient à un prix plus élevé qu'aux industriels anglais, car n'ayant pas été prévenu longtemps à l'avance que j'aurais l'honneur d'être appelé pour répondre aux questions du Conseil Supérieur, je n'ai pas eu le temps de me procurer les renseignements nécessaires pour répondre à cette demande.

La différence qui peut exister aujourd'hui entre le prix de revient des laines employées par les industriels anglais et le prix de revient des laines dont je me sers, est certainement atténuée de tout le quantum du droit de douane récemment supprimé.

3e *Question.* — Je fais laver mes laines à façon. Mon laveur emploie tantôt les sels de soude avec un rinçage à l'eau froide et courante, tantôt le savon pur avec rinçage à l'eau tiède, suivant les besoins de ma fabrication.

4e *Question.* — Je fais teindre une partie de mes laines en masse avant de les filer, et je me sers de teinturiers à façon pour ce travail.

Souvent aussi, je fais teindre mes fils écrus suivant la demande de ma clientèle.

Les prix de teinture sont très-variables; ils varient, en raison des nuances demandées, de 50 centimes à 5 francs.

M. le Président. Savez-vous si les prix de teinture, à Reims, sont supérieurs à ceux de Sedan et d'Elbeuf?

M. Lefèvre. Je ne le sais pas. Je crois que la fabrique de Reims, pour certains articles, n'a pas besoin d'une teinture aussi solide.

M. le Président. Je parle des qualités similaires.

M. Lefèvre. Les articles d'Elbeuf ne sont pas comparables à ceux de Reims. A Elbeuf, il y a des articles foulés pour lesquels il faut une teinture très-solide. Au contraire, à Reims, on fait souvent des

M. Henri Lefèvre. articles demi-foulés qui ne reçoivent quelquefois même qu'un simple apprêt, et alors la teinture n'a pas besoin d'être aussi solide.

FILATURE.

1re Question. — Je file pour mon compte, et je fais filer à façon, par plusieurs de mes confrères, une grande partie des laines de ma fabrication.

Comme je vous l'ai dit en commençant, je suis tout à la fois filateur et négociant en fils.

J'emploie la carde comme préparation à la filature.

Je ne fais pas moi-même le fil peigné mixte; je le fais filer à façon.

Je fais des fils écrus, teints, ou de couleurs mélangées; je fais également des retors.

2e Question. —Je me sers des machines propres à la filature cardée, telles que batteuse, loups, batteuse anglaise, égratteronneuses anglaises, cardes, machines à rubans, réunisseuse, fileuses, métiers gros, métiers fins, dévidoirs.

A part mes égratteronneuses et batteuses, qui sont de construction anglaise, toutes mes autres machines sont de fabrication française.

M. Michel Chevalier. Qu'est-ce qu'une égratteronneuse?

M. Lefèvre. C'est une machine qui est faite pour retier les petits chardons qui se trouvent dans certaines laines.

M. Michel Chevalier. Dans les laines de la Plata?

M. Lefèvre. Oui, précisément, et aussi dans les laines de l'Australie, qui en contiennent beaucoup.

Mes machines anglaises sont chez moi depuis un an.

Un tiers de mes machines françaises date de vingt à vingt-cinq ans; mais elles ont subi toutes les améliorations qui se sont introduites dans la filature cardée depuis cette époque.

Le deuxième tiers date de quinze ans et a subi, comme le précédent, toutes les modifications reconnues bonnes par l'usage.

Enfin, le reste a été installé par moi depuis deux ans.

Si j'évalue le prix actuel des machines nécessaires dans un établissement de [illegible]oo broches ou 8 assortiments, je trouve, pour la broche, 22 fr. 99 cent., et pour l'assortiment 11,497 fr. 50 cent., et cela, bien entendu, sans parler de la force motrice, ni des bâtiments dont il sera question plus loin.

Les prix détaillés de ces machines peuvent s'établir ainsi : M. Henri Lefèvre.

Batteuse française	600f
1 petit loup	550
1 gros loup	600
Machine à émeri	500
25 cardes garnies à 1,630 francs	40,750
8 machines à rubans à 250 francs	2,000
8 machines fileuses à 500 francs	4,000
1 réunisseuse	250
9 porte-canuelles, 100 francs	900
1,000 broches en gros à 8 fr. 75 cent	8,750
4,000 broches en gros à 7 fr. 50 cent	30,000
9 dévidoirs	1,080
Montage de toutes ces machines	2,000
	91,980

Je mets en dehors des chiffres ci-dessus : 1 batteuse anglaise à ventilateur et 2 égratteronneuses anglaises, dont je me sers non-seulement pour préparer mes laines, mais encore pour préparer celles de plusieurs fabricants qui me les donnent à façon.

Je considère donc le produit de ces machines anglaises comme formant une industrie à part dans mon établissement.

Les prix d'achat de ces machines ont été, il y a deux ans, de :

Pour 2 égratteronneuses, frais de port et d'entrée compris.	11,740f 10c
Pour 1 batteuse à ventilateur, frais de port et d'entrée compris	1,603 15
Ensemble	13,343 25

Les métiers dont je me sers sont des mull-jenny. Je n'emploie ni renvideurs, ni demi-renvideurs, ni continus.

M. le Président. Les machines que vous employez remontent, pour un tiers, à vingt-cinq ans, et, pour un autre tiers, à quinze ans. Vous nous avez dit qu'il avait été fait à ces machines des améliorations successives. Est-ce que vous croyez que, grâce à ces améliorations, elles sont arrivées à la perfection qu'ont atteinte les dernières machines, notamment celles qui ont été faites par M. Mercier?

M. Lefèvre. Oui, Monsieur le Président, elles sont exactement pareilles; seulement celles de M. Mercier ont un diamètre plus grand.

M. le Président. Ne peuvent-elles pas, à cause de cela, travailler plus vite?

M. Lefèvre. Oui; mais les avis des filateurs sont partagés sur la

M. Henri Lefèvre. nature du travail de ces deux genres de machines : les uns préfèrent le travail de la petite machine; tandis que d'autres aiment mieux le travail de la grande.

Quant à moi, j'ai monté le troisième tiers de mes machines depuis deux ans, et je me suis attaché à conserver le petit modèle. Comme je suis filateur pour mon compte, je suis obligé de tirer de la laine toute sa quintessence ; et les petites machines, selon moi, travaillent mieux dans ce but. J'arrive plus aisément au numéro.

Quant aux métiers à filer, ils étaient autrefois de 60 broches; on en a fait ensuite de 120 broches, de 200, de 260 et même de 300 broches. En général, on ne dépasse pas ce dernier chiffre. Mes métiers, à moi, sont de 200, 260 et 300 broches.

M. le Président. Êtes-vous allé en Angleterre, et avez-vous pu y examiner des filatures en laine cardée?

M. Lefèvre. Non, Monsieur le Président.

M. le Président. Croyez-vous qu'au point de vue des cardes et des métiers, il y ait, en Angleterre, quelques perfectionnements qui n'existent pas chez vous?

M. Lefèvre. Je ne le pense pas.

3e Question. — Mon moteur est un moteur hydraulique de 16 à 18 chevaux.

La force hydraulique d'un cheval, avec engrenages et transmissions, reviendrait à établir aujourd'hui, à environ 5,059 francs.

Le prix de revient de la broche couverte, à établir aujourd'hui dans les meilleures conditions possibles, serait, pour un établissement hydraulique de 16 à 18 chevaux et composé de 8 assortiments, soit 4,000 broches, de :

Machines dont les prix détaillés ont été donnés plus haut.	91,980f 00c
Cours d'eau de 16 à 18 chevaux payé par le Gouvernement à M. Lantein de Tinqueux, après l'incendie de sa filature..............................	48,000 00
Roue et vanne....................................	27,344 55
Transmissions et engrenages....................	15,723 93
1 bâtiment de 14 mètres de large sur 36 mètres de long, soit 504 mètres superficiels, sur pilotis avec rez-de-chaussée, 1 étage et comble, à 100 francs le mètre superficiel..............................	50,400 00
Magasin et logement de portier et de directeur, 14 mètres	
A reporter...........	233,448 48

M. Henri Lefèvre.

Report	233,448f 48c
de large sur 20 mètres de long à 30 francs le mètre superficiel	8,400 00
Terrain à 1 franc le mètre superficiel, 3,000 mètres	3,000 00
2 calorifères	3,000 00
	247,848 48

Soit pour la broche couverte 61 fr. 96 cent.; et cela sans compter les frais nombreux de la mise en œuvre d'un établissement de ce genre.

4e Question. — Je me sers, comme force supplémentaire, d'une machine à vapeur de 15 à 16 chevaux.

Cette machine, qui est à haute pression, n'a été posée dans mon établissement que pour subvenir provisoirement à l'insuffisance des eaux qui sont prises par le canal de l'Aisne à la Marne, et pour attendre le règlement des indemnités que le Gouvernement doit allouer aux établissements qui sont sur la Vesle.

Le constructeur de ma machine est M. Granger, de Rouen.

Je brûle du charbon belge; il me revient à 36 francs la tonne. Je consomme 4 kilog. 50 par force de cheval.

M. le Président. Est-ce que le charbon belge revient, à Reims, à plus de 30 francs?

M. Lefèvre. Oui; la qualité que j'emploie, et qu'on appelle la *gailleterie*, revient à 35 et 36 francs.

M. Michel Chevalier. Le canal de l'Aisne à la Marne est-il fini?

M. Lefèvre. Pas encore complétement; on est en train de le bétonner.

M. Michel Chevalier. Est-ce que vous n'en attendez pas des résultats avantageux pour vous?

M. Lefèvre. Les résultats seront de nous mettre en communication avec Paris, l'Est et le Nord.

M. le Président. Est-ce que Reims n'est pas approvisionné en charbons par le chemin de fer de Laon?

M. Lefèvre. Oui, Monsieur le Président; c'est le chemin de fer qui fait nos transports de houilles; mais les tarifs sont malheureusement très-élevés. On nous avait promis une diminution sur les

M. Henri Lefèvre transports; mais voici ce qui est arrivé : au mois d'octobre dernier, j'ai payé, pour transport d'une partie de laine qui me venait de Rouen, 2 fr. 70 cent.; et, en février, on me faisait payer le transport de la même quantité de laine 3 fr. 40 cent.

M. Clerc. Combien payez-vous, par kilomètre, pour le charbon?

M. Lefèvre. Je n'en ai pas fait le calcul. J'achète 36 francs à des correspondants des houillères belges. Je ne suis pas fixé sur le détail des prix.

M. le Président. Comme sa consommation est très-faible, M. Lefèvre s'adresse à des intermédiaires.

M. Lefèvre. Je ne puis pas apprécier la quantité brûlée par an, parce qu'elle varie suivant les prises d'eau faites pour le canal de l'Aisne à la Marne. Lorsque je manque d'eau, je suis obligé d'avoir recours à la houille; dans d'autres moments, au contraire, je n'en emploie pas.

M. Ernest Baroche. Y a-t-il des saisons où vous ne vous serviez pas du tout de votre machine à vapeur?

M. Lefèvre. Oui; cette année, par exemple, qui est une année pluvieuse, je ne m'en suis pas encore servi.

5e Question. — Je brûle, pour le chauffage de mes ateliers, environ 160 kilogrammes de charbon par jour; ce qui, à raison de 36 francs les 1,000 kilogrammes et de 120 jours d'hiver, fait une somme de 864 francs.

6e Question. — Je produis dans mon établissement des numéros de 18,000 mètres à 24,000 mètres : en moyenne, 22,000 mètres.

Le produit annuel d'un établissement de 4,000 broches et de 8 assortiments peut être évalué à 225,000 échées de 22,000 mètres pour un assortiment, et à 450 échées de 22,000 mètres par broche; soit environ 1,800,000 échées de 22,000 mètres.

Ce produit se modifie en raison inverse de l'élévation du numéro; car, plus il faut filer fin, plus l'ouvrier éprouve de difficultés.

M. Ernest Baroche. Combien filez-vous de kilogrammes, en moyenne, par assortiment, en un an?

M. Lefèvre. Environ 10,000 kilogrammes par assortiment; soit 80,000 kilogrammes pour mes huit assortiments.

M. Schneider. Il y a peut être une cause pour laquelle vous marchez un peu moins vite : c'est qu'en votre qualité de marchand de laine filée, vous surfilez un peu la laine et la menez à la dernière limite de finesse que comporte chaque numéro? M. Henri Lefèvre.

M. Lefèvre. Je crois que lorsqu'on produit 1,800,000 échées de 22,000 mètres pour 8 assortiments, c'est déjà un produit considérable; et je ne crois pas qu'en somme on dépasse beaucoup ce chiffre-là.

7e Question. — Le prix de la main-d'œuvre est en moyenne de :

3f 00c à 4f 00c pour les fileurs;
1 00 à 1 25 pour les rattacheurs;
1 50 à 1 60 pour les femmes;
2 25 à 3 00 pour les manouvriers.

J'emploie :

14 femmes;
25 fileurs gros et fileurs fins;
20 rattacheurs, enfants de douze à dix-huit ans;
11 manouvriers.

Les fileurs et rattacheurs travaillent à la façon, les autres à la journée.

Les salaires des ouvriers à la journée ont augmenté de 40 à 50 p. 0/0 depuis douze ans.

Je ne les ai pas réduits dans ces dernières circonstances.

Les salaires des ouvriers à façon ont augmenté dans la même proportion, par suite des améliorations apportées dans les métiers et machines dont ils se servent.

M. le Président. C'est le salaire qui a été augmenté; mais la production n'a pas été augmentée dans la même proportion?

M. Lefèvre. L'amélioration des machines a fait que l'ouvrier qui gagnait auparavant 2 francs ou 2 fr. 50 cent. est arrivé à une moyenne de 3 fr. 50 cent.

M. le Président. Il en résulterait que les améliorations que vous avez fait subir à vos machines auraient profité à l'ouvrier, mais n'auraient pas eu pour résultat de diminuer le prix de vente de la laine.

M. d'Eichthal. Elles ont empêché la progression, en permettant l'emploi d'un moins grand nombre d'ouvriers.

M. le Président. Généralement il se fait deux parts, dans le bénéfice produit par ces perfectionnements : une part pour la main-d'œuvre, et une part pour le fabricant.

M. Henri Lefèvre.

M. Lefèvre. Depuis vingt ans la réduction de la façon a été très-minime.

8e Question. — J'emploie 70 ouvriers pour 8 assortiments et 4,000 broches.

C'est donc, pour un assortiment, 8 ouvriers 75, qui se divisent ainsi :

Femmes	1 75
Rattacheurs	2 50
Fileurs	3 13
Manouvriers	1 37
	8 75

Ou encore, ce sera 57 broches pour un ouvrier.

La part du prix de la main-d'œuvre dans le produit annuel d'un assortiment, en tenant compte du numéro du fil fabriqué, soit 22,000 mètres, peut se calculer ainsi :

Femmes	175	Salaire moyen.	1f 55c	2f 71c
Rattacheurs	250	———	1 12	2 80
Fileurs	313	———	3 50	10 95
Manouvriers	137	———	2 62	3 30
				19 76

pour un jour de travail, ou 118 fr. 56 cent. par semaine, c'est donc par an 6,165 fr. 10 cent. pour un assortiment, ou 2 cent. 73 à l'échée de 1,000 mètres.

M. le Président. Vous n'avez pas de renseignements sur ce que peut être la main-d'œuvre en Angleterre ou dans les pays qui vous font concurrence?

M. Lefèvre. Non, Monsieur le Président.

9e Question. — Je file en gras. J'emploie l'huile d'olive de Malaga. Je graisse, en moyenne, à 18 p. 0/0 du poids de la laine mise sur les machines pour écrus et couleurs.

Le mélange d'huile accroît le prix de façon du fil d'environ 20 p. 0/0, soit 1 cent. 25 de l'échée de 1,000 mètres, en comptant l'huile à 155 francs pour 100 kilogrammes en moyenne.

10e Question. — Je compte invariablement tous mes numéros de fil à 0f,0625 de façon, huile comprise; soit 1 fr. 37 cent. par kilogramme pour fils écrus et mélangés.

Chez les filateurs à façon, les prix varient suivant l'offre et la demande, de 1 à 2 centimes, et sont, en moyenne, à peu de chose près conformes à celui que je porte chez moi, soit 0f,0625. M. Henri Lefèvre

Je regarde ma filature comme une filature à façon. Je considère que j'ai chez moi deux maisons : l'une, la filature, et l'autre, la maison de négoce. Alors je charge de la laine dans mon établissement, comme je chargerais dans un établissement à façon.

M. le Président. Vous êtes par là parfaitement à même de juger si l'industrie de la filature, à Reims, donne des produits assez larges par rapport au capital employé.

M. Lefèvre. Je connais bien positivement mes résultats, et ils sont très-minimes; ils ne sont vraiment pas assez rémunérateurs.

Je marche dans ces conditions-là. Mais je vous assure que si je n'avais pas reçu de mon père une filature, je n'en achèterais certainement pas une.

M. le Président. En supposant qu'on établisse une filature à nouveau avec tous les perfectionnements que l'on pourrait rechercher et en se procurant les meilleurs métiers, croyez-vous qu'on y trouve des avantages?

M. Lefèvre. Il vaudrait mieux en acheter une; car le prix d'achat d'une filature faite n'est pas en rapport avec le revient d'une filature à construire. Une filature comme la mienne se vendrait 150,000 fr., je suppose; et, à construire, elle reviendrait à 247,000 francs, d'après le calcul que je viens de vous soumettre.

M. le Président. Vous n'admettez pas qu'il y aurait dans les perfectionnements introduits en dernier lieu, dans la construction et dans l'ensemble de l'agencement, une compensation à cette différence de capital?

M. Lefèvre. Non, Monsieur le Président.

Le prix que je vous indique n'est pas le prix de revient d'une ancienne filature, mais le prix de revient d'une filature que l'on construirait aujourd'hui, avec toutes les améliorations et tous les perfectionnements connus en ce moment. C'est dans ces conditions que j'arrive, pour une filature semblable à la mienne, à un total de 247,000 francs; ce qui donne 61 fr. 96 cent. de la broche.

Je ne crois pas qu'il soit possible de la construire à meilleur marché.

M. le Président. Un établissement nouveau coûterait, suivant

M. Henri Lefèvre. vous, 61 fr. 96 cent. la broche. Supposez qu'un établissement ancien coûte 30 à 40 francs. Ne pensez-vous pas que l'établissement nouveau présenterait une supériorité telle que, eu égard au travail produit, à l'économie, à la perfection, il y aurait plus d'avantage à acheter un établissement nouveau à 61 fr. 96 cent. qu'un établissement ancien à 40 francs?

M. Lefèvre. J'aimerais mieux acheter un établissement ancien à 40 francs.

M. Michel Chevalier. La conséquence de ce que vous dites, c'est qu'on ne construirait pas de filatures nouvelles?

M. Lefèvre. J'en connais une, celle de Strasbourg; elle n'a pas été très-heureuse.

M. Ernest Baroche. Je crois que l'industrie de la filature de la laine cardée est une industrie qui n'a pas un très-grand développement. Le nombre des acheteurs de fils de laine est restreint.

M. Lefèvre. Il y a encore plus d'avantage à filer pour son compte comme vendeur de fils cardés, qu'à travailler à façon. Le filateur à façon qui travaille pour les fabriques de Reims, est certainement dans de moins bonnes conditions que nous.

Voici pourquoi :

Le filateur à façon reçoit une quantité de laine déterminée. Le grand but pour lui est d'arriver à produire vite et à rendre à ses fabricants le plus de fil possible dans un temps donné.

Nous, au contraire, notre intérêt est d'arriver à tirer tout le parti possible de la laine, et surtout à avoir un rendement plus considérable que celui qui est obtenu chez les façonniers.

Il y a, entre mon établissement et les établissements à façon, une très-grande différence de rendement. Il y a plus de déchet chez les façonniers que chez moi.

M. le Président. Pour bien préciser la réponse très-importante que vous faisiez tout à l'heure, vous établissiez que les filateurs, soit à façon, soit pour leur compte, avaient eu, dans les dernières années, des avantages assez peu considérables pour qu'ils ne fussent pas de nature à beaucoup encourager à la construction de nouvelles filatures, et qu'il en est résulté, pour les filatures anciennes, une dépréciation telle, qu'il y aurait un avantage plus grand à acheter une filature ancienne, qu'à en construire une nouvelle.

C'est bien là votre opinion?

M. Lefèvre. Oui, Monsieur le Président, et je la maintiens. M. Henri Lefèvre.

11e Question. — Je vends mes fils écrus, ou teints en laine, ou mélangés de diverses couleurs.

J'ai vendu, dans ces derniers temps, des fils écrus et mélangés de couleurs, en Suisse.

M. le Président. Quel avantage les Suisses trouvaient-ils en s'adressant à vous plutôt qu'aux filateurs des autres pays?

M. Lefèvre. Je ne puis pas vous le dire exactement.

Jusqu'à présent je n'avais pu exporter, parce que je rencontrais une très-grande concurrence de la part des filateurs belges, surtout pour les numéros communs. Je crois qu'en général ils produisent à meilleur marché que nous.

M. Ernest Baroche. Croyez-vous qu'on file mieux la laine cardée en France qu'en Angleterre?

M. Lefèvre. Je crois que, jusqu'à présent, Reims est resté à la tête de cette industrie.

M. Ernest Baroche. La Belgique a fait beaucoup de progrès.

M. Lefèvre. Je n'ai pas encore pu les apprécier.

M. Herbet, *Commissaire général.* La Belgique exporte beaucoup pour l'Angleterre.

M. Guillaume Petit. La France exporte également.

M. Lefèvre. Avant 1856, elle exportait beaucoup; mais, depuis 1856, elle exporte bien moins.

M. Petit. Pour quelles raisons?

M. Lefèvre. Je crois que c'est à cause de la diminution de la prime de sortie.

M. Michel Chevalier. Savez-vous quels sont les droits sur les filés?

M. Ozenne, *Secrétaire.* Le droit d'entrée est de 120 francs par 100 kilogrammes, en Belgique, pour les fils de laine écrus; de 144 francs pour les fils blanchis, et de 168 francs pour les fils tors ou teints.

M. Henri Lefèvre

M. Amé. Nous exportons à peu près pour 5 millions de fils de laine.

M. Lefèvre. Reims exportait beaucoup avant la réduction de la prime de sortie, en 1856. Nous avions deux maisons qui faisaient ce commerce. Depuis la réduction de la prime, il y en a une qui l'a complétement abandonné. L'autre continue, parce qu'elle avait une succursale établie à Glasgow; mais je doute qu'elle y trouve de grands avantages.

13e Question. — Je ne sais quels ont été, dans les six mois qui ont précédé la signature du traité de commerce, les prix moyens des fils cardés en Angleterre; je sais seulement qu'en France ils ont été d'environ 50 centimes plus élevés que ceux qu'on obtient aujourd'hui.

Je crois que, pour protéger les intérêts des filateurs de cardé français, il serait nécessaire de fixer un droit de 6 à 7 p. o/o sur le fil gras et le fil dégraissé; soit en moyenne, par kilogramme, 55 centimes pour le gras et 70 centimes pour le dégraissé.

Le droit spécifique doit être préféré au droit à la valeur, parce qu'avec le premier mode de perception on évitera tous les inconvénients du second :

1° La difficulté de trouver des employés de douane assez connaisseurs pour juger toute espèce de marchandise;

2° Les fausses déclarations et les préemptions;

3° Les influences et les variations de hausse ou de baisse de la marchandise, qui ne pourront en rien modifier la perception du droit au poids, puisqu'il est invariable.

M. le Président. Vous venez de nous dire, avant de parler de la question des droits, que, dans les six mois qui ont précédé le traité de commerce, les fils cardés se vendaient 50 centimes le kilogramme plus cher qu'aujourd'hui, et vous nous avez dit aussi qu'en moyenne vous n'estimiez pas que votre industrie soit prospère.

D'un autre côté, les laines ont augmenté.

Cumulant cette baisse sur les fils avec cette augmentation de prix de la matière première, nous trouvons une différence considérable entre les deux époques.

Y en a-t-il une qui ait été très-prospère, ou l'autre est-elle très-malheureuse?

M. Lefèvre. Entre deux établissements de filature cardée, il peut y avoir de très-grandes différences.

D'abord il y a les achats. Les laines sont en suint, à dos, ou lavées. Les appréciations varient; il peut résulter, de la plus ou moins bonne appréciation de l'acheteur, une différence de 4, 5 ou 6 p. 0/0, quelquefois même de 10 p. 0/0 sur les suints. Tout cela dépend de l'habitude et de l'expérience de l'acheteur. M. Henri Lefèvre.

M. LE PRÉSIDENT. Ce que je désire savoir est ceci : dans les six derniers mois antérieurs au traité, la filature de laine cardée était-elle dans un état prospère?

M. LEFÈVRE. Je ne puis pas dire qu'il y avait prospérité; cependant on a travaillé beaucoup plus avantageusement qu'aujourd'hui.

M. LE PRÉSIDENT. Est-ce qu'aujourd'hui vous vous trouvez dans une situation mauvaise?

M. LEFÈVRE. Très-mauvaise quant à présent, à cause du cours de la laine.

M. LE PRÉSIDENT. Remarquez que nous ne tirons de tout cela aucune conséquence. Il y a là des circonstances accidentelles.

M. LEFÈVRE. Je le comprends très-bien.

De mon côté, je vous donne les choses telles qu'elles sont, telles que je les apprécie. Je ne prétends pas du tout vous influencer.

Je dis seulement ceci : au moment de la réduction des droits sur l'entrée de la laine en France, les détenteurs étrangers ont tenu des prix très-élevés. Les approvisionnements manquaient en France, et les industriels, pour éviter le chômage et conserver leurs ouvriers, ont été forcés de subir la hausse sur la matière première, tout en ne trouvant pas un écoulement facile ni avantageux de leurs produits.

M. LE PRÉSIDENT. Vous proposez un droit de 6 à 7 p. 0/0 sur le fil gras et le fil dégraissé; vous êtes d'avis de l'établir au poids; ce qui ferait 55 centimes pour le gras, et 70 centimes pour le dégraissé, par kilogramme.

Demandez-vous ce droit comme compensation d'une différence qui existerait sur la matière première entre la France et l'Angleterre, ou d'une différence qui s'appliquerait spécialement à la filature?

Admettez-vous que les laines soient au même prix en France et en Angleterre?

M. LEFÈVRE. Oui, à peu de chose près; mais nous avons en plus le transport et une commission; soit 3 à 3 1/2 p. 0/0.

M. Henri Lefèvre.

M. Ernest Baroche. Pour les laines coloniales?

M. Lefèvre. Oui, Monsieur. Quant à moi, j'emploie plutôt la laine de France. J'ai employé, dans un temps, beaucoup de laine de la Plata, parce que les prix étaient avantageux; mais ces prix étaient la conséquence d'une panique commerciale qui ne doit avoir aucune influence sur un prix de revient comme celui dont nous nous occupons.

M. Ernest Baroche. Je crois qu'à Reims, tant qu'on trouve de la laine de France, on en achète.

M. Lefèvre. Cela est vrai.

M. le Président. C'est une question de qualité?

M. Lefèvre. Oui, Monsieur le Président.

M. le Président. Le chiffre de 6 à 7 p. 0/0, que vous proposez d'établir comme droit, se décomposerait ainsi dans votre pensée: 3 1/2 p. 0/0 pour combler la différence de prix de revient de la laine, et 3 1/2 p. 0/0 pour la protection de la filature?

M. Lefèvre. Précisément.

M. le Président. Ce sont là les chiffres que vous appliquez à la concurrence anglaise. Mais si l'on vous posait la question autrement, et si l'on vous demandait ce que vous croyez que doive être la protection à l'égard des filés de la Belgique et de l'Allemagne, quelle serait votre réponse?

M. Lefèvre. Pour pouvoir répondre, il faudrait que je fusse renseigné sur la main-d'œuvre en Belgique et en Allemagne.

Quant aux machines, je les crois les mêmes partout.

L'Angleterre a peut-être une meilleure situation que la nôtre, en ce sens que les établissements s'y transmettent dans les familles, et que les capitaux s'y portent volontiers vers l'industrie et le commerce. Chez nous, au contraire, il arrive très-souvent que le fils ne succède pas à son père. Les placements industriels ne sont pas très-recherchés en France. Il en résulte une grande différence de situation entre l'industrie anglaise et la nôtre.

M. le Président. Cette différence, par rapport aux Anglais, vous l'avez chiffrée. Je désirerais savoir ce que vous feriez par rapport aux Belges?

M. Lefèvre. Je ne puis pas vous le dire; je n'ai pas de renseignements à cet égard.

M. le Président. Si vous pouviez recueillir quelques informations sur ce point, nous vous prierions de nous les transmettre. M. Henri Lefèvre.

M. Ernest Baroche. Dans la valeur d'un kilogramme de fil, pour combien entre la façon ?

M. Lefèvre. Pour 1 fr. 37 cent., en gras. C'est le chiffre que j'ai indiqué pour le n° 22 de fils écrus et mélangés, comme résultant de ma fabrication.

M. Ernest Baroche. Et combien vaudrait un kilogramme de fil de ce numéro-là, en laine d'Australie, par exemple?

M. Lefèvre. 9 francs, en écru.

M. Ernest Baroche. Et en laine d'Allemagne ?

M. Lefèvre. Ce serait le même prix.

Il s'agit d'un numéro de 22,000 mètres: la laine n'y fait rien. C'est 22,000 mètres qu'il faut fournir pour vendre 9 francs. Je ne tiens pas compte de la provenance de la laine.

M. Ernest Baroche. Ainsi l'acheteur ne sait pas avec quelle laine son fil a été fait ?

M. Lefèvre. Aucunement.

M. Ernest Baroche. Cela simplifie beaucoup la question.

Le kilogramme de fil, qui coûte 1 fr. 37 cent. à filer, vaut 9 francs?

M. Lefèvre. En 22,000 mètres.

M. Ernest Baroche. Ainsi, la façon entrerait dans le prix pour un septième environ.

M. Lefèvre. Oui, Monsieur.

14e Question. — La situation de notre industrie est précaire en ce moment, puisque nous avons perdu 50 centimes par kilogramme sur les prix de vente obtenus précédemment.

Du reste, ce malaise s'explique par les craintes, peut-être exagérées, que nous rencontrons chez les acheteurs de nos fils, qui sont influencés par les négociants en tissus.

Nos fils sont employés comme trame sur chaîne coton, et la fabrique, à tort ou à raison, s'effraye de la concurrence que pourra lui faire l'industrie anglaise.

M. Henri Lefèvre. Au reste, il faut le dire, la fabrique ne suit en cela que les impressions qu'elle reçoit du négociant, qui garde vis-à-vis d'elle, en ce moment, la plus grande réserve.

Le meilleur moyen de faire cesser cet état de choses, qui pourrait se prolonger, serait de mettre en vigueur le traité de commerce dans un très-bref délai.

M. le Président. Pensez-vous qu'il y ait beaucoup de fabricants à Reims qui soient de cet avis?

M. Lefèvre. Oui; je crois que nous sommes tous du même avis.

Est introduit :

M. Eugène DESTEUQUE, fabricant de tissus en laine cardée à Reims.

FILS ET TISSUS EN LAINE CARDÉE

Reims.

M. Desteuque. Il y a, dans le questionnaire, notamment en ce qui concerne la filature, des questions auxquelles je ne suis pas en position de répondre. Je passerai ces questions.

ACHAT ET PRÉPARATION DES LAINES.

1re Question. — Nous employons des laines de France et d'Allemagne. Nous donnons autant que possible la préférence aux laines françaises : elles sont de meilleure nature que les laines étrangères. Les frais de transport, pour les laines d'Australie achetées aux ventes de Londres, sont de 1 à 1 1/2 p. 0/0.

2e Question. — Depuis la suppression des droits de douane, les laines d'Australie nous reviennent au même prix qu'aux industriels anglais.

Ces laines se vendant aux enchères dans les docks de Londres, Anglais et Français payent le même prix ; la commission est la même pour chacun, il n'y a de différence que dans les frais de transport.

M. le Président. Achetez-vous vous-mêmes ?

M. Desteuque. Non ; nous avons des commissionnaires qui se chargent des achats.

M. le Président. Les négociants anglais ne vont-ils pas aux ventes eux-mêmes ?

M. Desteuque. Oui, quelquefois ; mais, de notre côté, nous allons aux ventes françaises, ce qui fait compensation. De même que nous, les Anglais se servent, en général, de commissionnaires. Il y a quelques maisons qui achètent directement ; nous-mêmes, nous achetons directement aussi, quand nos affaires nous permettent de nous absenter.

M. Eugène Desteuque.

3ᵉ Question. — Nous faisons laver la laine à façon dans des établissements spéciaux. Le lavage se fait à la main. Depuis quelque temps on essaye d'un nouveau mode de lavage à la mécanique; il est de beaucoup préférable à l'ancien.

M. le Président. On nous a dit déjà que, sous le rapport du prix, il y avait avantage, mais que, relativement aux résultats, on n'obtenait pas la même perfection.

M. Desteuque. Nous l'avons fait, et nous avons obtenu une perfection plus grande. On lave au savon; c'est infiniment préférable; seulement le prix est un peu plus élevé : de 6 centimes environ par kilogramme.

4ᵉ Question. — Nos laines sont filées avant teinture ou bien après, selon le genre de fabrication auquel elles doivent servir. Nous les faisons teindre dans des établissements particuliers

Les prix de teinture varient selon la nuance.

On peut compter, comme maximum, 3 francs le kilogramme, et 50 centimes comme minimum.

En raison des nuances que nous faisons, on peut établir une moyenne de 1 franc à 1 fr. 25 cent. par kilogramme.

FILATURE.

1ʳᵉ Question. — Nous ne sommes pas filateurs.

Nous faisons filer nos laines dans des établissements spéciaux. Nous employons du fil cardé, très-peu de peigné mixte, et moins encore de peigné. Nos fils sont écrus, teints, mélangés de deux ou trois couleurs. Nous employons également des fils retors.

9ᵉ Question. — Toutes nos filatures cardées se font en gras.

Les laines blanches se graissent à 20 p. 0/0; les laines de couleur et les laines blanches mélangées avec couleurs se graissent à 25 p. 0/0.

Les filateurs emploient généralement de l'huile d'olive; elle augmente le prix de filature de 1 à 2 centimes 1/2 l'échée de 1,000 mètres.

10ᵉ Question. — Les prix de filature cardée, pour les numéros de 15,000 à 30,000 mètres au kilogramme, sont, pour la trame, de 5 centimes l'échée au maximum, et de 3 centimes au minimum; les fils de couleur ou mélangés se payent 1 centime de plus l'échée, et la chaîne un demi-centime de plus que la trame. Quant aux fils retors, leur prix varie en moyenne de 14 à 18 centimes. Les numéros au-dessous de 15,000 mètres, de même que ceux au-dessus

M. Eugène Desteuque.

de 30,000 mètres se payent un prix plus élevé. On peut estimer que la moyenne des prix de filature est de 4 à 4 centimes 1/2 par échée.

Ni la nature ni la qualité de la laine ne font varier les prix des façons.

13e Question. — Le traité de commerce avec l'Angleterre n'a influé en rien sur les façons de la filature cardée.

La France expédie des fils cardés en Angleterre, principalement des fils fins; pour ces numéros, nous sommes supérieurs aux Anglais. Ces derniers, ainsi que les Allemands, filent les gros numéros beaucoup mieux que nous.

On peut établir que la moyenne de la filature cardée, en gros numéros, est d'une valeur de 10 francs le kilogramme. Nous pensons qu'un droit de 5 p. 0/0 suffirait pour protéger les filateurs de laine cardée. Pour simplifier la perception de ce droit, on peut le rendre spécifique, et percevoir 50 centimes par kilogramme.

M. le Président. Vous vivez au milieu d'un assez grand nombre de filateurs de laine cardée. Avez-vous remarqué que cette industrie ait été prospère dans les dernières années?

M. Desteuque. Je ne l'ai pas vue se développer beaucoup : depuis dix ans on n'a pas monté une seule broche en cardé dans le rayon de Reims.

Du reste, je réponds à cette question au n° 14, auquel je passe maintenant.

14e Question. — La filature cardée progresse lentement, le filateur à façon ne pouvant ni faire des essais, ni améliorer ses machines, comme le filateur qui travaille pour son compte.

Cependant nous avons la conviction que, si les fabricants employaient de gros numéros, nos filateurs ne tarderaient pas à rivaliser avec ceux des autres nations; ce qui permettrait au fabricant français de pouvoir lutter avec avantage pour les tissus communs venant d'Angleterre.

M. Ernest Baroche. Ne pensez-vous pas que la situation un peu critique de l'ensemble de la filature provient de ce que la tendance de l'industrie est de réunir la filature au tissage dans un même établissement ?

M. Desteuque. Oui, Monsieur; il y a tendance à réunir tout sur un même point.

M. Eugène Desteuque

M. le Président. Cette tendance est-elle assez marquée pour qu'on puisse la constater?

M. Desteuque. Elle n'est pas encore bien marquée; mais il y a, sur notre place, des maisons qui dirigent tous leurs efforts dans le sens de la réunion de la filature et du tissage.

Je passe aux questions du paragraphe 3, relatif au tissage et aux apprêts.

1re Question. — Nous fabriquons de la draperie d'été, qui se divise en foulés (articles pour hommes), demi-foulés (articles pour femmes), et *bolivars* fantaisie remplissant l'usage de la flanelle de santé. Tous ces articles sortent de nos magasins, prêts à être vendus aux consommateurs.

2e Question. — Nous employons des laines de France, principalement les écouailles fines, agneaux mère-laine, provenant des marchés d'Étampes, de Chartres et de Paris; nous employons également des laines d'Australie et peu de laines d'Allemagne. Ces laines sont en suint, lavées à dos, lavées à chaud comme les écouailles. Les prix d'achat sont très-variables : ils dépendent principalement de la quantité plus ou moins grande de suint que ces laines contiennent. Ces laines, tout épurées, reviennent de 8 à 12 francs. Les prix ont toujours été en augmentant depuis dix ans.

Nous employons des numéros de filature depuis 16 jusqu'à 30 au kilogramme.

3e Question. — Nous ne sommes encore qu'à l'essai du tissage mécanique, pour l'article *nouveauté*.

M. le Président. Vous dites que vous n'êtes qu'à l'essai du tissage mécanique. Depuis combien de temps?

M. Desteuque. Depuis deux ou trois ans. Nous mettons peu à peu quelques tisserands à la main à des métiers mécaniques. Jusqu'à présent nous n'avons pas obtenu un résultat très-satisfaisant. Cela dépend probablement des métiers que nous avons.

M. le Président. Il y a d'autres fabricants qui ont fait des essais comme vous : par exemple, M. Villeminot.

M. Desteuque. Oui, pour le mérinos. Ici je ne parle que de l'article *nouveauté*.

M. le Président. Pour le mérinos, c'est un fait tout à fait accompli.

M. Desteuque. Oui, Monsieur le Président; ainsi que pour la flanelle; mais pour les articles à plusieurs navettes, nous n'avons pas complétement réussi. M. Eugène Desteuque.

M. le Président. Combien y a-t-il de métiers mécaniques à Reims?

M. Desteuque. Il y en a très-peu : de 20 à 30, travaillant pour les fabricants de nouveautés.

6e Question. — Nous faisons tisser à la main, soit dans les ateliers dirigés par des contre-maîtres, soit par des tisseurs travaillant chez eux, en ville, ou dans les campagnes environnantes.

Nous divisons nos métiers en trois catégories :

1° Les métiers *à la Jacquart*, qui donnent aux ouvriers un gain de 3 à 4 francs par jour; 2° ceux dits *à l'armure*, dont les ouvriers sont payés de 2 fr. 50 cent. à 3 fr. 50 cent. par jour; 3° enfin les métiers *à la marche*, pour lesquels le prix de la journée n'est que de 1 fr. 75 cent. à 2 fr. 50 cent.

8e Question. — Le prix de revient de chacune des opérations de fabrique peut se résumer ainsi :

Triage, de 4 à 6 centimes par kilogramme;

Dégraissage, 15 centimes par kilogramme;

Séchage, 5 centimes par kilogramme;

Battage, de 5 à 10 centimes par kilogramme;

Filature, de 1 à 3 francs le kilogramme;

Bobinage et ourdissage, de 5 à 10 centimes par mètre;

Encollage, tissage et frais accessoires, estimés de 30 centimes à 3 francs par mètre;

Foulage, lainage et apprêts, de 25 centimes à 1 fr. 50 cent. par mètre.

9e Question. — Le mode de fabrication et les machines employées restant à peu près les mêmes, les frais varient suivant le tissu produit, mais non pas en proportion directe de la valeur de la laine employée.

10e Question. — Nous mettons quelquefois un peu de soie dans nos articles draperies; ce qui augmente d'environ 1 franc le prix du mètre. Nous employons rarement du coton.

M. le Président. L'emploi du coton, quelle qu'en soit la proportion, existe-t-il depuis longtemps dans la fabrication de Reims? Tend-il à prendre quelque développement?

M. Eugène Destenque.

M. Desteuque. Nous employons peu de coton pour la draperie; cela tient à ce que nos acheteurs, vendant à l'étranger une partie de nos produits et ne sachant pas à l'avance ceux qui leur seront demandés, préfèrent, pour jouir de la prime accordée à l'exportation, les tissus tout laine. De plus, le consommateur français n'aime pas beaucoup les tissus mélangés de laine et coton.

M. le Président. En Angleterre, l'usage du mélange du coton avec la laine est-il assez étendu pour que les acheteurs s'y soient habitués?

M. Desteuque. Oui, Monsieur le Président; l'acheteur et le consommateur y sont habitués. En France, généralement, nous achetons bon marché des cotons que nous employons pour la chaine, et, sur cette chaine, nous mettons une trame de laine de qualité inférieure; cela fait d'assez mauvais tissus. Au contraire, en Angleterre, la chaine en coton et la trame en laine sont de très-bonne qualité, et l'étoffe est excellente.

M. le Président. Est-elle aussi d'un bon usage?

M. Desteuque. Oui; elle est très-solide. En somme, nous ne savons pas bien encore employer le mélange laine et coton.

M. le Président. Au point de vue de la permanence de la couleur, ce mélange présente-t-il de bonnes conditions?

M. Desteuque. La science n'a pas dit son dernier mot à cet égard. J'espère qu'on finira par obtenir une aussi bonne teinture sur le coton que sur la laine; mais, dans l'état actuel, elle n'est pas aussi bonne sur l'un que sur l'autre. Les Anglais, en mélangeant le coton avec la laine, savent faire disparaître, en grande partie, les inconvénients que présentent les étoffes mixtes, au point de vue de la teinture.

11e Question. — Il y a quelques jours, nous avons pu nous procurer une collection d'échantillons de tissus similaires aux nôtres, provenant de fabriques anglaises, belges et allemandes. Il nous a été affirmé que les prix étaient exacts; que l'on pouvait remettre des commissions aux prix indiqués, et qu'elles seraient exécutées par les fabricants ayant fait les échantillons que nous avions sous les yeux.

Il résulte de notre examen que nous pouvons lutter facilement avec les Anglais pour les articles fins; nous avons même remarqué que quelques-uns de ces articles étaient d'un prix plus élevé que les nôtres, et que d'autres, qui nous étaient donnés comme d'origine anglaise, venaient de notre propre fabrique, avec une augmentation de prix d'environ 20 p. o/o. M. Eugène Desteuque

Mais il nous faut reconnaître notre infériorité dans les articles communs mélangés de coton, déchets de laine ou toute autre espèce. Nous comprenons moins bien l'emploi de ces matières communes. Toutefois, du jour où nous pourrons acheter aux Anglais leurs fils mélangés, nous nous exercerons dans ce genre de fabrication, et nous soutiendrons la concurrence avec avantage.

Les Allemands et les Belges ont une fabrication belle et bien comprise, et c'est de leur côté que la concurrence est le plus à craindre. En général, leurs produits sont à meilleur marché que les nôtres. Cela tient, selon nous, à l'emploi qu'ils font de plus gros fils, et aussi à l'emploi du peigné mixte, dont nous avons peu fait usage jusqu'à présent pour les articles foulés et fantaisie.

M. le Président. Avez-vous été à même de formuler, par un chiffre, cette différence de prix entre les produits belges et les produits français? Vous dites que les produits belges sont meilleur marché que les produits français : est-ce de beaucoup ou de peu?

M. Desteuque. Nous n'avons pas formulé de chiffre; mais nous estimons que la différence, en faveur des produits belges ou allemands, est d'environ 8 à 10 p. o/o.

12e Question. — A la suite de l'examen des échantillons de tissus dont nous avons parlé plus haut, nous avons reconnu qu'un seul mode de perception de droit était possible, celui dont la base serait le poids. Les tissus se vendent toujours au mètre, il est vrai; mais le prix en est trop variable pour pouvoir servir de base à la perception. En effet, ces variations de prix dépendent, pour la draperie comme pour tous les articles, de la largeur de l'étoffe, du genre de tissu, de la qualité de la laine, du dessin, de l'épaisseur, des offres ou demandes, etc., etc., toutes choses fort difficiles à apprécier, même pour le négociant le plus exercé; tandis qu'en adoptant le droit spécifique, toutes les difficultés en douane sont écartées, et la préemption disparaît de nos codes.

13e Question. — Nos produits se vendent en France et à l'étranger. Paris nous achète presque toute notre draperie, et en exporte une grande partie en Italie et en Amérique.

Il nous a été possible de nous procurer dernièrement le prix des salaires belges et allemands; seulement, nous avons regretté de ne les avoir que d'une seule source. En admettant ces prix comme vrais,

M. Eugène Desteuque. les salaires belges sont inférieurs aux nôtres de 10 p. o/o, et les salaires allemands de 26 à 30 p. o/o. Maintenant nous ne savons pas si l'ouvrier belge et l'ouvrier allemand, dans le même temps donné, font autant de besogne que l'ouvrier français.

D'après toutes les données qui précèdent, nous croyons avoir démontré :

Que, depuis le dégrèvement des droits sur les matières premières, nous pouvions, à une très-petite différence près, nous procurer ces matières premières au même prix que les fabriques étrangères;

Que nous n'avons reconnu d'autre différence que celle résultant du transport, que nous estimons, pour les laines venues d'Angleterre, de 1 p. o/o à 1 1/2 p. o/o;

Que, si les Anglais et les Allemands nous étaient supérieurs dans la filature des gros numéros, soit en laine cardée ou peignée, soit en mélanges de laine avec des déchets, par contre, nous leur étions supérieurs pour les numéros fins; en un mot, que nous savions mieux qu'eux tirer parti de la laine fine, — et la preuve de ce que nous avançons, c'est que Reims produit l'article mérinos, qui ne rencontre aucune concurrence sur les marchés étrangers;

Que la main-d'œuvre nous coûtait, en moyenne, 20 p. o/o plus cher qu'aux Allemands et aux Belges;

Que le droit spécifique basé sur le poids était le mode qu'il fallait choisir de préférence à tout autre.

Il nous restait donc à rechercher ce qu'il entre de laine et de main-d'œuvre dans un kilogramme, et de plus, quelle valeur il fallait donner au kilogramme.

Nous avons reconnu que la laine y entrait pour une moitié, et la main-d'œuvre pour l'autre moitié.

Nous avons reconnu également que la moyenne des prix au kilogramme était, pour les articles draperie, de la fabrique de Reims, de 14 francs au minimum, de 30 francs au maximum; et qu'il fallait prendre pour moyenne 20 francs, attendu que nous avons bon nombre d'articles au-dessous de ce prix.

Pour compenser la main-d'œuvre, qui est chez nous plus élevée qu'en Allemagne, nous proposons un droit fixe de 3 francs au kilogramme; ce qui fait 15 p. o/o, en adoptant le prix de 20 francs.

En adoptant ce droit, nous protégeons les articles communs un peu plus que les articles fins, dont la concurrence est, selon nous, moins à craindre; et nous protégeons, en même temps, la production nationale contre l'engouement que peut avoir la mode française pour les tissus étrangers.

M. le Président. Ainsi vous proposez 15 p. o/o de protection pour toute la fabrique de Reims? M. Eugène Desteuque.

M. Desteuque. Oui, Monsieur le Président; pour tous les articles légers que Reims produit.

M. le Président. Mais Reims produit des paletots de femme, des châles, des cache-nez?

M. Desteuque. Je comprends tout cela dans les articles légers.

M. le Président. La proposition que vous faites ici, la faites-vous au nom d'un certain nombre de fabricants, ou seulement en votre nom?

M. Desteuque. Je la fais en mon nom d'abord, et ensuite pour quelques autres fabricants, si ce n'est pour tous.

M. Herbet, *Commissaire général.* Ainsi M. Lochet et M. Paroissien, qui ne sont pas venus, seraient de votre avis sur ce point?

M. Desteuque. Oui, Monsieur.

M. Ernest Baroche. Vous proposez un droit protecteur de 3 francs par kilogramme, équivalant à 15 p. o/o de protection, comme étant celui qui serait le plus convenablement établi pour le moment actuel; mais vous admettez sans doute qu'il pourrait être réduit ultérieurement?

M. Desteuque. Oui, Monsieur; c'est du moins mon avis personnel. Je crois que la fabrique de Reims pourra très-bien produire les articles mélangés laine et coton que l'on remarque en Angleterre; mais, pour cela, il faut, avant tout, que nous ayons les fils anglais. Quand nous les aurons, nous les étudierons, et nos filateurs, qui sont intelligents, pourront en filer de pareils.

M. Ernest Baroche. On pourrait établir une échelle divisée par périodes : dans la première période, je suppose, le droit serait de 3 francs; dans la deuxième, de 2 francs; et ainsi de suite, jusqu'à une certaine limite?

M. Desteuque. Oui, Monsieur; le droit de 3 francs serait le maximum.

M. le Président. Vous admettez que, dans quatre ans, par exemple, le droit de 3 francs pourrait être réduit dans une certaine proportion?

M. Desteuque. Je pense que, dans quatre ans, même plus tôt, ce

M. Eugène Desteuque. droit pourrait être réduit à 2 fr. 50 cent. ou à 2 francs. J'ai indiqué le droit de 3 francs comme droit maximum, car il y a certains de nos articles qui n'auraient pas besoin de plus de 10 p. o/o de protection, ou 2 francs par kilogramme.

M. le Président. Pour quelques-uns de vos articles, le droit de 3 francs dépasserait-il le maximum de 30 p. o/o ?

M. Desteuque. Non, Monsieur le Président.

Voici un travail que j'ai fait et qui vous donnera la proportion du droit protecteur pour chacun des articles *nouveautés* de la fabrique de Reims.

NATURE DES TISSUS	PRIX de vente, le mètre.	POIDS d'un mètre de tissu.	PROTECTION p. o/o accordée au vendeur.	DROIT ordinaire par mètre.	PRIX de vente, le kilog. tissé.
	fr. c.	kilog.	p. o/o.	fr. c.	fr. c.
Pantalon pour saison d'hiver..........	12 00	0. 900	22. 50	2 70	13 33
Pantalon pour saison d'été, dont une grande partie s'emploie pour confections et paletots de femme :					
Pantalon demi-fin mérinos, à 140 centimètres de largeur..........	6 30	0. 282	13. 45	0 85	22 35
——— armure, à 140 *idem*..........	8 00	0. 298	11. 16	0 89	26 87
——— trifle anglais, à 140 *idem*.....	11 00	0. 382	10. 42	1 15	28 76
——— fin mérinos, à 140 *idem*......	7 00	0. 305	13. 08	0 92	22 91
——— Jacquart..................	10 00	0. 338	10. 15	1 01	29 54
——— twiné ordinaire.............	7 50	0. 373	14. 92	1 12	20 09
——— twiné fin..................	9 00	0. 344	11. 45	1 03	26 18
——— twiné chaîne coton..........	6 00	0. 323	16. 15	0 97	18 57
Manteau cannelé....................	3 75	0. 168	13. 44	0 50	22 32
——— Jacquart, à 110 centimètres de largeur..................	3 40	0. 180	15. 88	0 54	18 85
——— robe de chambre à 120 *idem*...	7 00	0. 376	16. 11	1 13	18 62
——— uni (fort), à 110 *idem*........	3 50	0. 198	16. 10	0 59	17 66
——— *bolivar* écossais, à 75 *idem*.....	2 20	0. 115	15. 64	0 34	19 16
——— flanelle à carreaux, à 72 *idem*..	2 80	0. 153	16. 39	0 46	18 28
——— irlandais..................	6 00	0. 307	15. 35	0 92	19 53
——— tartanelle.................	3 40	0. 242	21. 35	0 73	14 04
——— bain de mer................	6 00	0. 358	17. 90	1 07	16 74

D'après ce tableau, aucun article n'est protégé au delà de 22 p. o/o, et nous en avons qui ne le sont que de 10 p. o/o.

M. Ozenne, *Secrétaire*. M. Desteuque s'est-il rendu compte des prix anglais ?

M. le Président. M. Desteuque suppose qu'il y aura parité avec

15 p. o/o, entre les prix français et les prix anglais. Ainsi le maximum de 30 p. o/o ne se trouverait pas atteint. M. Eugène Desteuque.

M. Ernest Baroche. Je ne croyais pas que, pour les articles similaires à ceux de Reims, l'Angleterre vendît meilleur marché.

M. Desteuque. Quand nous demandons 3 francs, c'est plutôt en vue des articles belges et allemands, qui pourraient nous arriver par l'Angleterre, qu'en vue des articles anglais.

Maintenant, à toutes ces réponses faites au questionnaire, j'ajouterai, si vous voulez bien le permettre, une dernière observation sur l'exécution du traité de commerce avec l'Angleterre.

D'après ce traité, les fils entreront en juillet 1861 et les tissus en octobre 1861; ce serait, à mon avis, une grave erreur que d'attendre ces époques.

En effet, le négociant français profitera de cet intervalle de temps pour diminuer les achats, afin de pouvoir opérer librement dans le mois d'octobre 1861; il remettra même aux négociants anglais des commissions à livrer pour cette époque.

Le fabricant français tiendra un raisonnement semblable: il produira moins, en prévision des marchandises anglaises qui peuvent arriver sur nos marchés. De là, malaise dans le monde commercial, et ce malaise peut même compromettre tout le bien que le pays doit retirer des réformes douanières qui sont à l'ordre du jour en ce moment.

De son côté, l'industriel anglais achètera et fabriquera d'autant plus, qu'il voudra satisfaire aux nombreuses demandes suscitées par la nouvelle loi. Tandis que si la mise en vigueur du traité avait lieu aussitôt la signature, les fabricants anglais ne seraient plus en mesure de répondre aux désirs de leurs clients français; leurs produits augmenteraient donc, et la transition s'opérerait insensiblement, et l'on atteindrait plus sûrement, et sans aucune secousse, le but indiqué dans la lettre de l'Empereur.

M. Ernest Baroche. L'opinion que vous venez d'exprimer à l'instant résulte-t-elle d'une délibération des fabricants de Reims?

M. Desteuque. Non, Monsieur; c'est mon opinion personnelle; mais je l'ai communiquée à beaucoup de négociants de Reims qui l'ont approuvée. A mon avis, plus vite on mettra le traité à exécution, mieux cela vaudra.

M. le Président. Vous passerez toujours par une transition.

M. Eugène Desteuque.

M. Desteuque. Je crois qu'elle sera moins brusque, si le traité est mis à exécution immédiatement, que s'il n'y est mis que dans dix-huit mois.

M. Ernest Baroche. Les bolivars que vous fabriquez, ce sont des flanelles?

M. Desteuque. Oui, Monsieur; ils s'emploient au même usage que la flanelle de santé, et même comme chemises de couleur.

M. Ernest Baroche. En exportez-vous beaucoup?

M. Desteuque. Oui, Monsieur, par l'entremise de commissionnaires.

M. Ernest Baroche. En l'absence de M. Lochet et de M. Paroissien, pouvez-vous, Monsieur Desteuque, nous donner quelques explications sur l'article châle; car, vos deux compatriotes n'étant pas venus, le Conseil n'entendra pas de fabricants de châles.

M. Desteuque. Depuis quelques années, la fabrication des châles, à Reims, a subi bien des variations de hausse et de baisse, malgré le mérite incontestable et la perfection que les producteurs ont apportés à cet article. Cela a tenu à une question de mode : le châle a a été remplacé par les confections ou manteaux pour femmes.

M. Ernest Baroche. Les renseignements techniques que vous avez donnés sur la draperie ne s'appliquent-ils pas également aux châles?

M. Desteuque. Oui, Monsieur, en grande partie.

M. Ernest Baroche. Les châles sont fabriqués avec de la laine cardée ou peignée, sur des métiers à la Jacquart; par conséquent, ce que vous avez dit sur les étoffes légères doit s'appliquer aux châles.

La protection que vous demandez pour les étoffes légères serait-elle applicable aux châles?

M. Desteuque. Oui, Monsieur.

M. Amé. M. Desteuque dit qu'il ne demande de protection que contre les Allemands et les Belges, et non contre les Anglais qu'il ne redoute pas?

M. Desteuque. Oui, Monsieur.

M. Ernest Baroche. Faites-vous des articles pour robes, à Reims?

M. Desteuque. Oui, Monsieur. On en fait peu relativement à ce qu'on en faisait autrefois; pourtant, depuis trois ans environ, on fabrique un nouvel article manteau, chaine coton, trame laine, qui se vend principalement à la campagne; mais cet article est d'un aspect si commun, qu'il ne devra pas plaire longtemps. M. Eugène Desteuque.

M. LE PRÉSIDENT. Vos chiffres s'appliquent-ils à la flanelle?

M. DESTEUQUE. Je ne fabrique pas cet article.

M. ERNEST BAROCHE. Quelle différence y a-t-il donc entre le *bolivar* et la flanelle?

M. DESTEUQUE. On introduit des fils de couleur dans l'un et pas dans l'autre; mais c'est le même tissu. Fait en laine cardée, cet article, qui ne date que de quatre ans, a pris de grands développements; l'exportation en demande beaucoup.

Sont introduits :

MM. BORDEAUX, fabricant de draps, président du Tribunal de commerce de Lisieux (Calvados).

MÉRY-SANSON, fabricant de draps à Lisieux.

ACHAT ET PRÉPARATION DES LAINES.

FILATURE, TISSAGE ET APPRÊTS.

FABRICATION DES DRAPS

Lisieux.

M. LE PRÉSIDENT. Monsieur Bordeaux, veuillez bien prendre la parole.

M. BORDEAUX. Je vais, puisque le Conseil le permet, lui donner des renseignements sur notre industrie, en suivant l'ordre indiqué dans le questionnaire.

1re Question. — Les laines généralement employées dans la fabrication des draps de Lisieux sont des mères-laines de provenance française, de Caux, du Roumois et de la Beauce. En laines étrangères, nous employons des laines de Buénos-Ayres principalement, et quelques laines d'Allemagne.

Les laines de Caux et du Roumois, lavées à dos, coûtent, année commune, 5 francs le kilogramme; les laines en suint de la Beauce, de 2 fr. 50 cent. à 2 fr. 75 cent.; les laines de Buénos-Ayres en suint reviennent de 2 fr. 25 cent. à 2 fr. 75 cent., selon les qualités; et les laines d'Allemagne, lavées à dos, à 6 francs en moyenne.

Nous ne pouvons pas indiquer les frais de commission et de transport des laines achetées à Londres, à Vienne, etc.; car nous ne faisons rien acheter à l'étranger : nous achetons aux ventes publiques, en France, les laines étrangères dont nous avons besoin.

2e Question.—Les laines que nous employons nous reviennent plus cher qu'aux industriels anglais, par les raisons suivantes : 1° les laines françaises, qui entrent pour les trois quarts, au moins, dans notre fabrication, sont comparativement plus chères que les laines étrangères; 2° les grandes ventes publiques de Londres ont donné aux fabricants anglais la facilité d'opérer à plus bas prix, sans frais de déplacement, pour tous les genres et toutes les quantités dont ils ont besoin; 3° grâce à la suppression du droit de douane, les fabricants français pourront acheter aux mêmes prix que les Anglais; mais les frais de transport, de commission, d'achat, de courtage, de change, etc. absorberont, en majeure partie, l'avantage résultant de l'admission en franchise.

3e Question. — Nous lavons directement nous-mêmes les laines en suint que nous employons, et celles qui sont destinées à être teintes avant d'être filées; quant aux laines lavées à dos, qui sont destinées généralement aux draps teints en pièces, elles ne sont pas relavées.

Nous employons les anciens procédés pour le dégraissage des laines. Notre seule innovation consiste dans le lavage : il s'opère maintenant dans nos ateliers, au moyen de machines qui produisent deux fois plus que le lavage à la main.

4e Question. — Nous faisons teindre plus en pièces qu'en masse; les trois quarts de nos produits sont teints après avoir été foulés; un quart seulement est teint en masse avant la filature.

Tout se teint dans nos ateliers.

Les prix de revient de la teinture en pièces sont, en moyenne, pour toutes les couleurs, sauf le bleu, en petites pièces de 50 centimètres à 70 centimètres de largeur et de 40 mètres de longueur, 5 francs, et pour le bleu, 9 francs; en draps de 40 mètres (deux coupes), pour toutes les couleurs, sauf le bleu, 14 francs, et pour le bleu, 22 francs. La teinture en laine revient: pour les draps de 40 kilogrammes de toutes couleurs, sauf le bleu, 30 francs; pour le bleu, 80 francs.

M. le Président. Quelle est la destination des draps de Lisieux ?

M. Bordeaux. Les draps de Lisieux sont destinés à la marine et à la commission. Toutes ces petites laizes que je viens d'indiquer n'ont pas d'autre destination. Autrefois, les produits de la fabrique de Lisieux n'étaient consommés qu'en Normandie, en Bretagne, dans le Maine, dans l'Anjou; mais depuis qu'elle a produit de grandes laizes, elle a vendu partout, même à Paris.

M. Guillaume Petit. Pourquoi la fabrication des petites laizes s'est-elle maintenue de préférence à celle des grandes ?

M. Bordeaux. Je crois qu'il y a avantage à employer les petites laizes; et puis les petites laizes s'écoulent toujours là où elles s'écoulaient autrefois.

M. Guillaume Petit. Si la petite laize disparaissait, il y aurait moins de main-d'œuvre ?

MM. Bordeaux, Méry-Sanson.

M. Bordeaux. J'indiquerai tout à l'heure les prix de la main-d'œuvre pour les petites et pour les grandes laizes.

Je passe à la filature.

1re Question. — Nous filons les laines que nous achetons. C'est la carde que nous employons pour la préparation à la filature. Nous ne faisons point de fil peigné mixte, mais du fil écru teint et quelques fils retors pour nouveautés.

M. le Président. Vous filez vous-même, dites-vous, les laines que vous achetez ; cela vous est-il spécial, ou bien plusieurs fabricants de Lisieux font-ils comme vous?

M. Bordeaux. Il y a plusieurs fabricants de Lisieux qui réunissent, comme nous, la filature et le tissage. M. Méry-Sanson, ici présent, a aussi une filature.

M. Méry-Sanson. Je suis filateur pour la moitié.

M. le Président. Il y a donc à Lisieux des filatures divisées?

M. Méry-Sanson. Oui, Monsieur le Président.

M. le Président. Continuez, Monsieur Bordeaux.

M. Bordeaux :

2e Question. —Les machines dont nous nous servons sont de fabrication française; elles sortent des ateliers de M. Mercier, de Louviers; nous en possédons une partie depuis 1834, et l'autre depuis 1853.

Nous évaluons à 12,000 francs les machines nécessaires pour un assortiment dont les cardes ont 1 mètre 10 d'arasement; cet assortiment est composé ainsi qu'il suit :

1 machine à battre, 600 francs; 1/3 pour un assortiment.	200f
1 loup, 1,100 francs; 1/3 pour un assortiment	350
1 carde briseuse	1,400
1 carde repasseuse	1,400
1 carde boudineuse continue	2,300
3 couvertures de carde à 600 francs	1,800
2 métiers à filer de 200 broches à 1,850 francs.......	3,700
Divers accessoires	850
Total	12,000

Nous nous servons de mull-jenny et de demi-renvideurs.

3e Question. — Nous employons un moteur hydraulique.

Le prix du loyer d'une force de cheval est en moyenne, à Lisieux, de 650 francs (force, bâtiment, commande, en un mot, tout, moins les machines).

4e Question. — Nous nous servons aussi d'une machine à vapeur; elle a été construite par MM. Windsor et Cie, de Rouen; elle est de la force de 12 chevaux. MM. Bordeaux, Méry-Sanson.

Nous brûlons du charbon de Cardiff, qui nous revient, rendu à domicile, à 34 francs les 1,000 kilogrammes. Nous en brûlons environ pour 4,000 francs par année. La même chaudière produisant, dans notre établissement, de la vapeur pour la filature et pour les préparations d'apprêts, il ne nous est pas possible d'indiquer la part revenant à la filature et, par conséquent, la consommation par broche.

5e Question. — Nous ne brûlons pas de charbon pour le chauffage de nos ateliers; mais nous en brûlons pour les préparations d'apprêts, ainsi que je l'ai énoncé dans ma réponse à la question précédente.

6e Question. — Nos fils sont filés de 6,000 à 12,000 mètres au kilogramme. Un assortiment dont les cardes ont 85 centimètres d'arasement, produit, par jour de douze heures de travail, 60 kilogrammes; ce qui, pour 300 jours ouvrables par année, donne 18,000 kilogrammes. Un assortiment de 1 mètre 10 d'arasement produit, par jour, 80 kilogrammes, et, par an, 24,000 kilogrammes.

Mais il y a lieu de tenir compte des chômages et des temps d'arrêt pour réparations, et de réduire, pour ces causes, d'un huitième les chiffres ci-dessus; on a donc le calcul suivant :

L'assortiment de 0m,85 d'arasement produit annuellement.	18,000k
L'assortiment de 1m,10 produit annuellement.........	24,000
	42,000
A déduire le huitième, ce qui donne en chiffres ronds...	5,000
Produit net...................	37,000

dont la moitié est de 18,500 kilogrammes; ce qui établit la moyenne annuelle entre la production des deux assortiments ci-dessus.

La carde qui fait la laine fine produit moins que la carde qui fait la laine commune; il faut la charger moins fort. Pour les genres de laine que nous employons, cela peut établir, du fin au commun, une différence de 10 à 15 kilogrammes par jour.

7e Question. — Le prix de la main-d'œuvre est élevé à Lisieux : les hommes gagnent en moyenne, par jour (douze heures de travail), 3 francs; les femmes, 1 fr. 50 cent.; les enfants, 1 franc. La majeure partie de nos ouvriers travaillent à façon; une faible partie est à la journée.

MM. Bordeaux, Méry-Sanson.

Les salaires ont augmenté depuis quelques années; nous n'avons pas pu les réduire dans ces dernières circonstances.

M. LE PRÉSIDENT. Dans quelle proportion les salaires ont-ils augmenté?

M. BORDEAUX. Dans la proportion d'un dixième au moins.

M. MÉRY-SANSON. On pourrait bien dire du tiers, à bien peu de chose près.

M. BORDEAUX. Pas tout à fait. L'augmentation a été de 25 centimes par jour : pour les femmes, elle a été de 1 fr. 50 cent. à 1 fr. 75 cent.; et, pour les hommes, de 2 fr. 25 cent. à 2 fr. 75 cent.

M. LE PRÉSIDENT. M. Méry-Sanson se reporte probablement à une époque antérieure à celle à laquelle vous vous reportez vous même, pour apprécier la proportion de l'augmentation.

M. MÉRY-SANSON. Je me reporte à dix ans.

M. BORDEAUX. S'il en est ainsi, nous sommes d'accord; moi, je me reportais à trois ans seulement.

M. LE PRÉSIDENT. Ainsi l'augmentation des salaires aurait été de 15 p. 0/0 depuis dix ans, et de 10 p. 0/0 environ depuis trois ans?

M. BORDEAUX. Oui, Monsieur le Président.
Je reprends ma lecture.

8e Question. — Nous employons huit personnes par assortiment, hommes, femmes et enfants. Pour avoir le prix de revient, par assortiment et par année, il faut faire le calcul suivant :

5 hommes à 3 francs	15f 00c
1 femme à 1 fr. 50 cent.	1 50
2 enfants à 1 franc	2 00
Total	18 50

ce qui, pour 300 jours, donne 5,550 francs.

C'est donc 5,550 francs de main-d'œuvre payés par assortiment et par année, pour le numéro de fil moyen de 9,000 mètres.

A ce prix, il faut ajouter les frais généraux, le salaire des contremaîtres, les frais d'éclairage, de réparations, etc., etc.

Le calcul détaillé du prix de revient des différentes opérations de la filature, qui est donné au n° 8 du paragraphe 3, *Tissage et Apprêts,* justifie l'exactitude du calcul ci-dessus : [illegible] == 30 centimes par kilogramme. MM. Bordeaux, Méry-Sanson.

9ᵉ Question. — Nous filons en gras et graissons nos laines au cinquième, soit à 20 p. o/o. Nous employons les huiles d'olive, d'arachide et de colza. Le mélange d'huile accroît le prix de la filature de 25 centimes environ par kilogramme.

10ᵉ Question. — Le prix courant de la filature, pour les numéros filés à Lisieux, est de 60 centimes au kilogramme, huile non comprise. Dans la fabrique de Lisieux, le prix de la filature varie peu, soit pour la longueur ou le numéro du fil, soit pour la nature des laines remises au filateur.

Cela est assez bizarre et assez peu rationnel, et même cela ne devrait pas être : le prix de la filature devrait varier suivant la finesse et la longueur du fil.

Il est vrai qu'à Lisieux le numéro du fil varie peu.

11ᵉ Question. — Nous ne faisons rien à l'état de peigné. Nous ne vendons aucuns fils de laine écrus ou teints, ni en France ni à l'étranger.

12ᵉ Question. — Il n'est pas employé de blousses dans la fabrique de Lisieux; mais il est employé des déchets de laine de diverse nature, dont on a tiré bon parti; ce qui a permis d'abaisser le prix des draps.

13ᵉ Question. — Nous ne pouvons répondre à cette question, parce que nous n'achetons ni ne vendons de filés.

14ᵉ Question. — La situation de l'industrie drapière à Lisieux est loin d'être satisfaisante; les prix ne sont pas rémunérateurs; on vendait plus cher les années précédentes, et les prix des matières premières et de la main-d'œuvre étaient moins élevés.

Je passe maintenant au tissage.

1ʳᵉ Question. — Nos produits sont des étoffes de laine de 50 centimètres à 70 centimètres de largeur et des draps communs de 40 centimètres.

2ᵉ Question. — Nous avons répondu à cette question, concernant l'origine des laines employées par nous, au nᵒ 1 du paragraphe 1ᵉʳ, et au nᵒ 6 du paragraphe 2, relatif à la longueur de nos filés.

3ᵉ Question. — Nous n'avons pas de métiers à tisser mus par la vapeur ou par force hydraulique.

Vous pourrez, Messieurs, avoir des renseignements sur ces métiers par M. Méry-Sanson, qui en a dans ses ateliers.

MM. Bordeaux, Méry-Sanson.

4ᵉ Question. — Nous n'avons pas de métiers à marche Jacquart; seulement cinquante de nos métiers sont munis chacun d'une armure pour le mouvement des cartons, ce qui permet de tisser à une ou plusieurs navettes.

5ᵉ Question. — N'ayant pas de métiers mécaniques, nous ne pouvons indiquer le salaire des ouvriers sur ces sortes de métiers.

6ᵉ Question. — Tous nos produits sont tissés sur des métiers à la main ordinaires ou à l'armure; ces derniers sont dans nos ateliers, et ceux à la main ordinaires sont chez l'ouvrier.

Le prix de façon des petites pièces, de 50 centimètres à 70 centimètres de largeur et de 53 mètres de longueur en toile, varie, suivant la laize, de 6 fr. 50 cent. à 13 fr. 50 cent., chaînes ourdies par nous. Le prix de façon des draps ordinaires, 140 centimètres de largeur, 58 mètres de longueur en toile 2 (coupes), est de 20 à 28 francs, selon les qualités. Les draps tissés à l'armure, de 72 mètres de longueur en toile (2 coupes), coûtent de 50 à 70 francs de façon, selon les dessins.

7ᵉ Question. — N'employant pas de métiers mécaniques, nous ne pouvons pas répondre à cette question.

8ᵉ Question. — Nous diviserons en six parties le prix de revient de chacune des opérations de notre fabrication:

1° PRÉPARATIONS.

Triage de la laine	10ᶜ	le kilog.
Dégraissage	07	
Séchage	03	
Total	20	

2° FILATURE.

Battage, égratteronnage	05ᶜ	le kilog.
Louvage	05	
Cardage	06	
Filature	12	
Dévidage	02	
Total	30	

3° TISSAGE.

Bobinage	07ᶜ	le kilog.
Ourdissage	08	
Encollage	10	
Tissage	60	
Total	85	

MM.
Bordeaux,
Méry-Sanson.

4° FOULAGE.

Dégraissage	10°	le kilog.
Foulage	25	
Total	35	

5° TEINTURE.

En pièces, toutes couleurs, sauf bleu, 2/3	35°	le kilog.
Bleu, 1/3	60	

En moyenne, 43 centimes par kilogramme.

En laine, toutes couleurs, sauf bleu, 2/3	0f 75°	le kilog.
Bleu, 1/3	2 00	

En moyenne, 1 fr. 13 cent. par kilogramme.

6° APPRÊTS.

Séchage	05°	le kilog.
Épincetage	05	
Lainage	15	
Tondage	20	
Presse	10	
Décatissage	05	
Total	60	

Dans ces catégories de prix de revient, il faut ajouter l'huile, qui accroît le prix de la filature de 25 centimes par kilogramme, et tous les frais généraux dans toutes les opérations de la production.

9° Question.—Les frais varient, pour presque toutes les opérations ci-dessus détaillées, en raison de la finesse de la laine employée et du tissu produit : ainsi une laine fine exige plus de temps pour être bien dégraissée qu'une laine commune; elle est cardée par pesées moins fortes, et le drap produit reçoit plus de voies de lame, plus de tonte, etc., si le tissu est fin, que s'il est commun.

10° Question. — Aucun fil ou mélange de coton, chanvre, lin, soie, etc., ne figure dans les produits de notre fabrication.

M. LE PRÉSIDENT. Ainsi vous n'avez pas essayé l'emploi du coton avec la laine?

M. BORDEAUX. Non, Monsieur le Président.

MM. Bordeaux, Méry-Sanson.

M. le Président. Avez-vous examiné quelques produits anglais où le coton se trouve mélangé avec la laine?

M. Bordeaux. Oui, Monsieur le Président, et je pourrais donner quelques éclaircissements à cet égard. Les échantillons que j'ai vus à la Direction du Commerce extérieur ne suffisent pas pour bien renseigner; mais j'en ai vu d'autres en pièces, qui ont été rapportés d'Angleterre par M. Méry-Sanson, et qui m'ont véritablement effrayé.

M. le Président. Croyez-vous que les produits mélangés de laine et de coton puissent être plus avantageux pour les consommateurs peu riches, que les produits tout laine de Lisieux? L'objection qu'on fait le plus généralement au mélange du coton avec la laine, c'est que les étoffes mixtes conservent moins la couleur que les étoffes dans lesquelles il n'entre que de la laine, et, par conséquent, qu'elles ne gardent pas bien la couleur à l'usage; mais comme une notable partie de votre fabrication est teinte en pièce, peut-être cette objection faite à l'emploi du coton n'existerait-elle pas autant par rapport à des produits faits dans vos conditions de teinture et de fabrication?

M. Bordeaux. Je ferai remarquer que, jusqu'à ce jour, la consommation française s'est refusée, pour ainsi dire, à acheter les produits mélangés de coton. Il est vrai de dire que les essais qui ont été faits en France ont été loin de donner des produits aussi perfectionnés que les produits anglais que j'ai été à même d'examiner. Nul doute que les produits anglais, laine et coton, dont j'ai vu les échantillons, ne soient adoptés par la consommation française, surtout par les marchands d'habits tout faits, par la confection. La confection tend à tout envahir; elle demande des produits à bon marché, et elle trouvera, assurément, dans les produits anglais dont je parle, ce qu'elle désire et ce qu'elle demande. Je dois ajouter que ces produits anglais m'ont paru de très-bonne qualité. Il s'agira seulement d'amener le goût français à l'emploi de ces étoffes, et je crois qu'on y parviendra.

M. le Président. Ces étoffes s'introduiront surtout dans la consommation des personnes peu riches; mais il faut, je le reconnais, que vous teniez compte de ce fait dans votre fabrication; car si la tendance est à l'emploi de ce genre de produit, vous serez bien obligé de vous en occuper.

M. Bordeaux. Il y aurait, dans ce cas, beaucoup de modifications à à faire notre outillage.

M. Ernest Baroche. Quelles seraient ces modifications?

MM. Bordeaux, Méry-Samson.

M. Bordeaux. Je n'ai pas encore étudié ce genre de fabrication; mais je sais qu'il faudrait changer notre outillage dans certaines parties.

M. Ernest Baroche. Je laisse de côté la question de la filature. Je suppose que les fabricants qui se serviraient de chaînes de coton, achèteraient ces chaînes. Je ne m'occupe, je le répète, que de la question de tissage. Est-ce que, pour le tissage, il faudrait changer l'outillage actuel? S'il le fallait, ce changement présenterait-il de grandes difficultés?

M. Bordeaux. Pas de grandes difficultés. Mais, pour la foule, il faudrait changer les instruments. J'ai vu des échantillons de produits anglais de deux natures : dans les uns, il y avait la chaîne en coton et la trame en laine; dans les autres, il y avait un mélange de coton et de laine fait à la carde.

M. Ernest Baroche. Le mélange du coton et de la laine fait à la carde n'est pas une fraude qu'on dissimule; mais c'est une opération qu'on n'avoue pas. Je ne veux pas parler des produits interlopes; je parle seulement des produits dont la chaîne est en coton et la trame en laine. Pour la fabrication de ces produits, les modifications dans l'outillage seraient-elles nombreuses et difficiles?

M. Bordeaux. Pour la fabrication de ces produits, chaîne coton et trame laine, des modifications dans la foule seraient indispensables. Mais je reviens au mélange du coton et de la laine fait à la trame, et je dis que c'est une grosse question.

M. le Président. C'est, en effet, une grosse question, sur laquelle je voulais appeler votre attention et celle du Conseil.

M. Bordeaux. Je vous remercie, Monsieur le Président. Nous nous étions, du reste, déjà préoccupés de cette question; car ce sont ces étoffes mixtes, laine et coton, qui nous feront la plus grande concurrence.

M. le Président. Quant aux transformations que cette concurrence vous imposera, c'est la loi générale de l'industrie.

M. Ernest Baroche. Peut-on apprécier les proportions de la laine et du coton dans le mélange fait à la carde?

MM. Bordeaux, Méry-Sanson.

M. Bordeaux. Dans les échantillons que j'ai vus, l'œil le plus exercé ne l'apercevrait pas.

M. Ernest Barocue. Je suis de votre avis.

M. Bordeaux. J'ajouterai que, pour arriver à filer une matière végétale comme le coton, avec une matière animale comme la laine, il faut que la proportion de la laine l'emporte de beaucoup sur celle du coton.

11e Question. — N'ayant pas, jusqu'à ce jour, rencontré dans notre clientèle la concurrence des produits anglais similaires aux nôtres, nous ne pouvons répondre à cette question.

12e Question.—Nous pensons que quatre catégories sont nécessaires pour la classification de nos produits : deux pour les draps ordinaires, et deux pour les nouveautés.

La draperie, qui est un tissu foulé, ne se vend pas, comme la toile, suivant le nombre de duites, de fils, de croisures; ces distinctions ne seront pas facilement reconnaissables; la valeur des produits augmente pourtant d'une manière assez régulière en raison de ces distinctions réelles mais non apparentes.

13e Question. — Les produits de la fabrication de Lisieux sont vendus et consommés en France; et, si quelques-uns vont à l'étranger, c'est en très-faible quantité et par la voie des intermédiaires.

Nous répétons ici, pour répondre à cette seconde partie de la question posée dans le n° 13, ce que nous avons dit en réponse au n° 14 du paragraphe 2; que notre industrie est loin d'être florissante; que les prix actuels de la draperie sont plus bas que ceux des années précédentes, quoique les matières premières soient plus chères et le prix de la main-d'œuvre plus élevé.

14e Question. — En comparant à nos produits les échantillons anglais qui nous ont été soumis, nous trouvons une différence de plus de 30 p. o/o. Pour répondre par des chiffres et des comparaisons détaillées des prix de revient, il faudrait être initiés plus que nous ne le sommes aux prix de revient anglais. Mais, par les aperçus généraux que nous avons, on peut dire que les prix de la fonte, du fer, de la houille, et par conséquent des machines et de l'alimentation du moteur, sont à meilleur marché en Angleterre qu'en France; que le premier de tous les moteurs, l'argent, est également à meilleur marché; que les établissements anglais, montés sur une grande échelle, ont des frais généraux moins élevés que les établissements français; que l'ouvrier anglais, s'il est payé aussi cher que l'ouvrier français pour le même temps de travail, produit un tiers de plus de travail que ce dernier, parce qu'il est mieux nourri, plus robuste et plus assidu; que les machines sont substituées à la main de l'homme, plus généralement qu'en France, dans toutes les opérations de la production; que peu d'hommes, dont le salaire est plus élevé que celui des femmes et des enfants, sont employés dans les établissements anglais; que ce sont plutôt des femmes et des enfants, ce qui est souvent le contraire en France. Par ces motifs et par beaucoup d'autres qui nous échappent ou que nous ignorons, nous demanderions donc que la quotité *maxima* de 30 p. o/o fût établie sur les produits anglais introduits en France, soit en pure laine, soit en laine mélangée de coton.

MM. Bordeaux. Méry-Samson.

A cet égard, nous présenterons une dernière observation.

En france, jusqu'à ce jour, les produits avec mélange de coton ont eu peu de faveur; le seul motif qui ait pu les faire parfois accepter, c'est le prix auquel ils étaient établis. Mais maintenant que les Anglais sont arrivés à mélanger la laine et le coton avec une perfection remarquable, au point que l'œil le plus exercé ne reconnaît pas, le plus souvent, ce mélange, il y a pour l'industrie drapière, et surtout pour celle des draps communs, comme la nôtre, un très-grand danger.

Nous demanderions donc que les draps laine et coton payassent, dans tous les cas, le droit maximum.

M. Ernest Baroche. Comment reconnaît-on le mélange, surtout le mélange fait à la carde?

M. Bordeaux. Quand je dis que le mélange ne peut pas se reconnaître, je réponds à la question qui m'était posée : « L'acheteur pourra-t-il le reconnaître? » — Non, il ne le pourra pas pour les échantillons que j'ai vus. Mais la douane peut reconnaître s'il y a mélange, soit en brûlant un morceau d'étoffe, soit en le soumettant à l'action de certains acides.

M. Amé. C'est ce qui se pratique tous les jours à la douane, quand il s'agit de savoir si une étoffe est en pure laine, ou si elle contient du coton.

M. le Président. Veuillez, Monsieur, entrer dans quelques détails sur ce point. Vous avez indiqué qu'il y avait lieu de classer vos produits en quatre catégories. Cependant vous ne fabriquez guère que des produits communs. Quelle est la nécessité, suivant vous, d'établir ces quatre catégories, pour des produits qui sont renfermés dans

MM. Bordeaux, Méry-Sanson

des limites assez étroites de qualités diverses? Veuillez nous dire surtout comment on distinguerait ces qualités.

M. Bordeaux. Je crois que les produits de Lisieux devraient être divisés en deux catégories, lesquelles pourraient avoir des subdivisions. On fait généralement à Lisieux des draps de 6 à 12 francs Je demanderais que tous les draps de 6 à 9 francs, et même ceux d'un prix inférieur, fussent placés dans une catégorie, et les draps de 9 à 12 francs dans une autre.

Je demanderais la même chose pour les façonnés.

M. le Président. Demanderiez-vous aussi le droit au poids?

M. Bordeaux. Le droit *ad valorem* est plus juste; mais il est si difficile à appliquer!

M. d'Eichthal. Avez-vous pu remarquer, pour les draps communs, une sorte de relation, de lien, entre le prix de ces draps, là où ils se consomment, et la cherté ou le bon marché du pain? Ainsi, dans ces trois dernières années, le blé ayant été très-bon marché, la consommation des draps a-t-elle augmenté?

M. Bordeaux. Il n'y a pas d'induction plus exacte que la cherté du pain pour la vente de nos produits. Comme nous vendons nos produits en majeure partie à la classe peu aisée de la société, — à cette classe qui consomme soit en nourriture, soit en habillements, tout ce qu'elle gagne, — plus la nourriture est chère, moins nous vendons avantageusement.

M. d'Eichthal. N'est-ce pas un fait que, cette année, la baisse de vos produits peut être attribuée en grande partie à la hausse du prix du pain?

M. Bordeaux. J'attribue la baisse de nos produits, pour cette année, au premier moment d'émoi qu'a causé le traité de commerce avec l'Angleterre.

M. d'Eichthal. Mais si toutefois, et de votre aveu même, le prix du blé influe, n'a-t-il pas influé cette année-ci?

M. Bordeaux. Certainement, il a influé pour tous les draps communs.

M. Ernest Baroche. Le traité de commerce aurait, d'après vous, produit un grand émoi.

M. Bordeaux. Peut-être n'apprécie-t-on pas bien les conséquences du traité, lequel, du reste, n'aura d'effet pour nous que dans un an. MM. Bordeaux, Méry-Sanson.

M. le Président. Monsieur Méry-Sanson, vous êtes parfaitement d'accord avec M. Bordeaux ?

M. Méry-Sanson. Oui, Monsieur le Président.

M. le Président. Vous avez plusieurs métiers mécaniques; veuillez nous donner quelques renseignements sur le tissage mécanique.

M. Méry-Sanson. Le tissage mécanique existe presque partout en Angleterre. En France, il est encore à l'état d'essai; quand il sera répandu, ce sera une bonne chose: il en résultera une économie que j'évalue à près de 2 p. o/o sur la valeur du drap fini.

J'ai une centaine de métiers montés, et je ne fais que commencer. Je citerai un fait : en Angleterre, à Rochdale, j'ai vu un atelier dans lequel un ouvrier conduisant deux métiers tissait huit petites pièces à la fois; cet ouvrier gagnait à peu près le même prix que nos ouvriers français; mais comme, avec ce meilleur outillage, il pouvait produire davantage, le prix de revient se trouvait abaissé.

M. le Président. Croyez-vous qu'il y aurait économie à se servir de cet outillage, même en payant la houille 30 francs, comme vous la payez chez vous?

M. Méry-Sanson. Oui, Monsieur le Président.

M. le Président. Ainsi l'emploi du métier mécanique, même avec la houille à 30 francs, même avec les frais de construction, de bâtiments, de moteurs, de métiers, produirait encore une économie de 2 p. o/o sur le produit fini?

M. Méry-Sanson. J'ai calculé ces 2 p. o/o en comptant la houille à 34 francs, prix que nous payons à Lisieux. Il y aura un grand avantage sur le prix de revient français, quand nous ferons l'article qu'on appelle *article-union*, la chaîne coton.

M. le Président. Depuis combien de temps vous servez-vous de métiers mécaniques?

M. Méry-Sanson. Il y a deux ans, j'en ai monté quelques-uns. Je me suis arrêté au métier de M. Bruneaux, de Rethel, qui a fait quelques métiers pour Reims, et je m'en suis bien trouvé. Ces métiers conviennent très-bien pour tisser la draperie noire, le drap lisse; ils

MM. Bordeaux, Méry-Sanson.

ne sont pas à la Jacquart. Actuellement, j'en ai 115 qui marchent par la vapeur. Quatre petits métiers représentent à peu près la force d'un cheval.

M. le Président. Comment votre exemple, qui semble vous réussir, n'a-t-il pas été suivi par vos voisins?

M. Méry-Sanson. Il faut du temps pour opérer ce changement. Il n'y a guère qu'un an que mes métiers sont organisés.

(S. Exc. M. le Ministre de l'Agriculture, du Commerce et des Travaux Publics rentre en séance et prend place au fauteuil de la présidence.)

Est introduit :

M. le baron SEILLIÈRE, manufacturier à Pierrepont (Moselle).

LAINES.

ACHAT, FILATURE, TISSAGE, ETC.

FABRICATION DES DRAPS POUR LA TROUPE.

M. LE PRÉSIDENT. Vous avez entre les mains le questionnaire indiquant les points sur lesquels le Conseil Supérieur désirerait avoir des renseignements. Êtes-vous en position de répondre à chacune des questions séparément, ou préférez-vous ne répondre au questionnaire que par des observations générales?

M. le baron SEILLIÈRE. Il serait peut-être trop long de répondre à chacune des questions en détail. Si vous le voulez bien, je résumerai mes observations.

M. LE PRÉSIDENT. En thèse générale, croyez-vous que les conditions de l'industrie française soient inférieures à celles des industries anglaise, belge ou allemande? S'il en était ainsi, quel serait, dans votre appréciation, ce degré d'infériorité, et, par suite, quelle quotité de protection vous paraîtrait nécessaire relativement à l'importation des draps étrangers en France?

M. le baron SEILLIÈRE. Je répondrai pour mon industrie spéciale. Je possède, dans la Moselle, une manufacture qui occupe généralement de 1,200 à 1,800 ouvriers; actuellement elle en emploie 1,500.

Les produits de mon industrie sont destinés à l'habillement des troupes. Elle n'a absolument rien à craindre de la concurrence étrangère. Je crois faire des draps à aussi bon marché qu'on en fait en Angleterre, en Belgique et ailleurs. J'ai toujours eu à lutter contre la législation qui régissait les matières premières, et qui, à mon sens, était funeste pour tout ce qui avait trait à la laine, à la filature et au drap. Encore maintenant, bien qu'on ait changé cette législation, il y a trois choses qui me sont excessivement onéreuses : 1° je ne puis me servir de machines étrangères, et celles que j'achète en France me coûtent plus cher; 2° du droit sur l'introduction des houilles, résulte pour moi une assez forte surcharge; car je ne puis consommer que

M. le baron Seillière. des houilles étrangères; 3° la surtaxe de pavillon fait que la laine arrive difficilement en France, même quand elle ne paye pas de droit à l'entrée.

M. le Président. A combien, eu égard à votre production, évaluez-vous ces trois causes d'infériorité?

M. le baron Seillière. Il m'est presque impossible de faire cette évaluation.

En industrie, il faut nécessairement des matières premières. Le régime maintenu jusqu'à présent avait chassé de la France tous les marchands de laine étrangère. Pour trouver de la laine et m'assortir, j'étais obligé d'aller à Liverpool, à Londres et même plus loin. Je ne puis dire le tort que cela m'a causé; bien souvent j'ai dû renoncer à des affaires, faute de matière première.

Je suis, quant au poids, le plus gros consommateur de laine. Par mois, j'en consomme 70,000 kilogrammes. M. Paturle en consomme plus que moi en argent; mais, en poids, je le répète, je suis le premier consommateur du pays.

70,000 kilogrammes par mois, cela fait, par journée de travail, y compris les dimanches, plus de 2,000 kilogrammes.

Je fais tout chez moi, depuis la filature jusqu'aux machines mêmes.

M. le Président. Ainsi la laine entre en masse chez vous et en sort à l'état de drap?

M. le baron Seillière. Il y a plus; je fais encore les outils que j'emploie pour le drap.

M. le Président. Ainsi, vous considérez que si demain l'importation en franchise des draps étrangers était autorisée, vous n'auriez rien à redouter de la concurrence des autres pays?

M. le baron Seillière. Je n'aurais rien à en redouter; et, pour le démontrer, je citerai un exemple :

En ce moment, le Piémont organise une armée considérable; pour habiller ses soldats, il a recouru à la concurrence, à l'adjudication publique, afin d'obtenir économiquement les fournitures de draps dont il avait besoin. A peu d'exceptions près, les draps du Piémont sont, comme qualité, identiquement les mêmes que ceux employés pour l'armée française; seulement, ils ont 10 centimètres de plus en largeur. J'avais du travail; mais je n'avais pas mon plein; car, pour l'avoir, il me faut fabriquer pour 400,000 ou 500,000 francs par mois.

Un de mes agents a soumissionné pour moi la fourniture à faire au Piémont, en offrant un rabais. M. le baron Seillière.

J'ai obtenu tout ce que j'ai demandé, et cependant les draps n'entrent sur le territoire piémontais qu'en payant 2 francs de droit par mètre ou par kilogramme. Les draps de troupes dont on se sert en Piémont étant identiques à ceux adoptés en France, sauf la largeur, je n'ai rien eu à changer à mon outillage.

M. Schneider. Vous aviez des concurrents?

M. le baron Seillière. Oui; beaucoup de concurrents français. Je ne sais s'il y en avait d'allemands.

M. le Président. Et quant à l'Angleterre?

M. le baron Seillière. Quant à l'Angleterre, je citerai encore un fait spécial, pour ne pas rester dans des généralités.

Lors de la guerre de Crimée, les manufacturiers spéciaux pour les troupes et les manufacturiers du commerce n'ont pas pu suffire aux fournitures de l'armée française. On a passé, en Angleterre, des marchés pour 600,000 à 800,000 mètres de drap. On a concédé aux fabricants anglais les nuances qui leur ont convenu; la réception des draps a eu lieu à Londres par des agents du Gouvernement français, de façon que les Anglais n'avaient pas à craindre que leurs draps leur restassent sur les bras, comme cela aurait pu arriver s'ils avaient été refusés à Paris. Dans ces conditions, le Gouvernement a débattu ses prix, et, si l'on compte tout, il a payé aux Anglais 1 franc par mètre plus cher qu'à moi et à mes collègues. Cependant, à cette époque, l'Angleterre avait les laines en franchise, et nous, nous avions à payer 10 p. o/o de droits. Nous étions, en outre, dans des conditions d'infériorité complète, sous le rapport des ouvriers et des machines; car, je crois pouvoir le dire ici, nos ouvriers ne valent pas les ouvriers anglais, et, de longtemps encore, ils ne les vaudront pas. Malgré tout cela, je me suis tiré d'affaire.

Je dois dire que nos établissements, qui sont répandus dans la Moselle sur une surface de 30 à 48 kilomètres, sont depuis plus de cent ans dans ma famille. En sorte que le fonds ne me coûte pas très-cher. Si j'avais été obligé, comme beaucoup d'autres industriels, de créer ces établissements avec mon propre argent, je n'aurais pu y parvenir.

M. Schneider. Dans votre pays, la main-d'œuvre n'est-elle pas meilleur marché qu'ailleurs?

M. le baron Seillière

M. le baron Seillière. Non, elle nous coûte aussi cher que dans d'autres contrées. En ce moment, on construit un chemin de fer chez nous, et les ouvriers gagnent à ces travaux, qui maintiennent la hausse dans le prix de la main-d'œuvre.

M. d'Eichthal. Mais ne renouvelez-vous pas, tous les ans, une grande partie de votre outillage?

M. le baron Seillière. Non; je le répare, je l'entretiens et je l'augmente. Mais, si nous pouvions introduire les machines anglaises, belges ou américaines, sans droits, avant six mois d'ici j'aurais acheté pour 600,000 à 800,000 francs de ces machines, et j'aurais mis les miennes au rebut.

Avec nos lois de douane, nous sommes dans la position de gens dont la montre retarde de plusieurs heures; nous ne pouvons arriver à temps. Pendant que nous faisons une machine et que nous la faisons médiocre, nos voisins en font une meilleure. Nous arrivons toujours trop tard. A l'abri des lois françaises sur les douanes, Verviers, en Belgique, qui n'était qu'un composé de quelques rochers et d'un peu de charbon de terre, est devenu une ville de 70,000 âmes, et a gagné des centaines de millions.

Nos ouvriers valent certainement les ouvriers belges; mais ils ne valent pas les ouvriers anglais.

M. le Président. Vous considérez que la concurrence est, pour l'industrie, une condition de développement et de force?

M. le baron Seillière. J'en suis sûr.

Je ne parle que de ma spécialité : je ne fais que des draps pour la troupe et des couvertures de campement; pour l'Amérique du Nord, c'est le même genre de couvertures.

Je suis certain que si j'avais la houille et les machines à meilleur compte, et si la surtaxe de pavillon était abolie, je pourrais, non pas seulement soutenir en France la concurrence des étrangers, — car je la soutiens parfaitement déjà, — mais bien aller trouver les étrangers et lutter avec eux sur leur propre marché; ce que je ne cherche pas à faire en ce moment.

En industrie, il faut beaucoup d'argent. Je ne sais comment font les autres industriels; mais, malgré toute l'énergie que je déploie, il me faut souvent attendre plus d'un an la rentrée de mon capital argent. J'ai dit que je pouvais fabriquer pour 500,000 francs par mois; par conséquent, il me faut, quand je vais à pleines voiles, plus de 6 millions de francs de fonds de roulement.

C'est une situation que je cherche à combattre. Sous ce rapport, les Anglais sont au-dessus de nous, ils vont plus vite. Je n'en peux trouver le motif que dans la supériorité de leur outillage. M. le baron Seillière.

M. Schneider. On nous a dit, surtout à propos des filatures de laine cardée, que les machines étaient aussi parfaites en France qu'en Angleterre, et qu'il y avait même certains fabricants français qui en exportaient. Je comprends qu'elles coûtent plus cher; mais au point de vue de la qualité, à laquelle vous faites allusion, il y aurait égalité entre les deux pays. Aussi M. Mercier, de Louviers, exporte-t-il des machines.

M. le baron Seillière. C'est vrai jusqu'à un certain point. J'ai des machines de M. Mercier; elles sont bien établies et extrêmement solides; mais elles coûtent beaucoup d'argent et elles ne sont que d'une espèce. M. Mercier ne fait que des cardes et des drousses pour produire des fils qu'il faut remettre sur le métier. Il y a bien d'autres espèces de machines.

Pour le tissage, j'ai à peu près 250 métiers mécaniques marchant à l'aide de la vapeur. Je les crois bons; ils viennent d'être construits. Je suis convaincu que, eu égard aux métiers qui existent maintenant, il y aurait de bonnes raisons pour mettre mes deux cents métiers à la ferraille. Je ne le fais pas, parce que je ne peux pas faire entrer deux cents métiers perfectionnés, à cause du droit. A cet égard, nous sommes dans un état d'infériorité.

M. le Président. Cette infériorité, vous en placez essentiellement la cause dans le régime douanier?

M. le baron Seillière. Où serait-elle?... Puisque, de mes établissements, j'entends tirer le canon à Luxembourg, et que là je trouverais des machines qui me coûteraient presque moitié prix.

M. d'Eichthal. Vous disiez qu'il vous faut souvent plus d'un an pour rentrer dans votre capital. Cela ne tient-il pas à ce que vous vendez à un acheteur spécial qui paye quand il le veut?

M. le baron Seillière. Personne ne paye mieux que le Gouvernement; il n'y a pas de meilleur débiteur que lui; mais il prend du temps, et il a raison. Le commerce, il est vrai, donne du papier. Mais cela ne suffit pas; car il faut acheter la matière première et la payer quand elle arrive; avant qu'elle soit sortie, il s'écoule parfois beaucoup de temps; et puis nos ouvriers ne valent pas les ouvriers anglais.

M. Schneider. Vous avez dit qu'au moment de la guerre de

 Crimée on avait dû acheter des draps pour l'armée française et qu'on s'était adressé à l'Angleterre qui les avait vendus plus cher que les fabricants français. Ne s'est-on pas aussi adressé à l'industrie française, qui n'a pu faire les fournitures qu'avec des différences de prix encore plus grandes?

M. le baron Seillière. Les commerçants de Sedan, de Louviers, d'Elbeuf et ceux du Midi ont été mis en demeure aussi de faire des draps pour l'administration de la guerre; car on ne savait pas quelle quantité serait nécessaire. Ils ont livré à peu près aux mêmes prix que nous, peut-être à des prix un peu plus élevés; ils ont eu les largeurs et les nuances qu'ils ont voulu; mais ils ne sont pas parvenus à livrer aux époques pour lesquelles ils s'étaient engagés. De sorte que, si la guerre s'était prolongée et qu'on leur eût demandé une certaine quantité de produits pour des époques déterminées, ils n'auraient pas pu les livrer en temps utile. Nous, nous avons livré au moment fixé.

M. Schneider. Il résulterait de là, que vous produisez à meilleur marché, non-seulement que les Anglais, mais que tous les fabricants français.

M. le baron Seillière. C'est incontestable; nous avons une spécialité.

M. Schneider. Il y a une centaine d'années que, dans votre fabrique, on fait toujours la même chose; par conséquent, pour l'assortiment des laines, pour la façon de les acheter, pour les ouvriers, en un mot pour tout l'ensemble des conditions de fabrication, on y est arrivé à cette habileté, à ce bon marché que le temps seul donne et consacre.

M. le baron Seillière. Bien que mon établissement existe depuis plus de cent ans, j'ai encore fait, il y a dix ou douze ans, des dépenses énormes. C'est le premier établissement que Cockerill est venu outiller de 1789 à 1801, à l'époque où l'on commençait à mettre les laines sur les machines.

Depuis ce temps, mes machines ont été renouvelées peut-être cinq ou six fois; elles viennent de l'être encore dernièrement, et, si je pouvais, je les renouvellerais encore toutes.

M. le Président. Ce qu'il y a de plus frappant dans votre témoignage, qui a une importance et une autorité extrêmes, c'est que vous nous indiquez que vous avez pu soutenir la lutte, alors même que les matières que vous employiez étaient grevées d'un droit de 10 p. 0/0, et exporter vos produits en Piémont. M. le baron Seillière.

Avez-vous obtenu le drawback?

M. le baron Seillière. Je l'ai obtenu; on le donnait, mais il était extrêmement gênant.

M. le Président. Les 2 francs que vous payiez, à l'importation en Piémont, étaient-ils de beaucoup inférieurs au bénéfice que vous donnait le drawback?

M. le baron Seillière. C'est 20 p. 0/0, le double. Actuellement je paye 2 francs par mètre de drap. Si par hasard j'avais étendu ma soumission, les autres fabricants ne faisaient pas un mètre de drap.

M. Schneider. Auriez-vous pu livrer avec le même avantage en Allemagne, en Angleterre? Car il n'y a pas de fabrication en Piémont...

M. le baron Seillière. Pardon, il y en avait une pour l'ancienne armée de 30,000 à 40,000 hommes, que le Piémont avait avant l'annexion; mais, pour la nouvelle armée de 200,000 hommes, il n'y en a pas.

M. le Président. Croyez-vous que les fabrications belge et allemande soient dans des conditions de supériorité, je ne dirai pas vis-à-vis de votre fabrication, mais vis-à-vis du reste de la fabrication française?

M. le baron Seillière. Je puis vous affirmer que les fabricants français font aussi bien que les fabricants allemands, et même mieux; pour ce qui est du goût, ils peuvent lutter parfaitement.

M. le Président. Le goût, pour vos produits, n'est-il pas un passe-port très-puissant sur les marchés étrangers?

M. le baron Seillière. C'est un passe-port de premier ordre. Quand on présente un pantalon, on regarde d'abord s'il est de mode; s'il est de mode, on n'en demande pas le prix.

M. Ernest Baroche. Quels sont les lieux de provenance des laines que vous employez?

M. le baron Seillière. L'univers entier nous les fournit: le golfe Persique, la Nouvelle-Hollande, l'Algérie, l'Allemagne, les Amériques, la Russie. Il m'en faut 70,000 kilogrammes par mois. J'ai des agents

M. le baron Seillière. partout. J'achète tout quand je peux. Notre établissement a été tellement remanié, refondu, renouvelé, qu'aujourd'hui personne ne peut lutter contre moi ; vous venez d'en avoir la preuve, puisque je livre des draps au Piémont, en payant 2 francs par mètre à la douane de ce pays.

M. le Président. Nous savons que vous êtes très-occupé. Cependant, comme vous apportez la plus loyale sincérité dans tout ce que vous dites, les renseignements que vous pourriez nous faire donner par vos contre-maîtres, sur les questions de détail, seraient des éléments précieux pour le Conseil, parce qu'ils serviraient de correctif à d'autres renseignements qui ne nous inspireraient pas une confiance absolue.

Vous voudriez bien nous adresser ces renseignements?

M. le baron Seillière. Très-volontiers. Je me mets à la disposition du Conseil.

Est introduit :

M. JUHEL DESMARES, de la maison Jules Juhel Desmares et Gohin aîné, fabricants de draps, à Vire (Calvados).

M. Herbet, *Commissaire général.* M. Juhel Desmares représente la fabrique de Vire. DRAPS COMMUNS. Vire.

MM. Levergeois, Le Breton et Adrien Lenormand, de la même ville, que j'avais également convoqués, se sont excusés.

M. le Président. Monsieur Juhel Desmares, vous avez entre les mains le questionnaire; veuillez nous donner des renseignements sur l'industrie que vous représentez.

M. Juhel Desmares. Nos établissements sont situés à sept heures du chemin de fer le plus rapproché; cette position nuit à la célérité des affaires et nous occasionne un surcroît de frais. La houille, pour venir de la station la plus voisine, subit ainsi une augmentation de 18 à 20 francs par tonne.

La Chambre Consultative de Vire, dont je fais partie, a estimé que, chaque année, nous avions un septième de chômage par suite de la faiblesse des cours d'eau qui servent à transmettre le mouvement à nos machines. Cela, joint à la différence de prix du combustible et à la perte de temps que je signalais, augmente le prix de la main-d'œuvre, les frais généraux et, par conséquent, les prix de revient.

M. le Président. Quelle est la quotité du droit que vous croyez nécessaire pour protéger l'industrie de Vire?

M. Juhel Desmares. 25 à 30 p. o/o. Nous avons 3 p. o/o de différence pour les capitaux; 4 p. o/o pour les transports; 4 p. o/o par suite des frais de voyage, pertes de temps, etc.; enfin nos frais généraux sont encore augmentés, à cause de l'impossibilité où nous sommes, à cause de son prix, d'employer la houille pour combler les chômages actuels du septième environ du temps et de la production, chômages ruineux en industrie.

M. Juhel Desmares.

M. LE PRÉSIDENT. Supposez que les 30 p. o/o que vous demandez soient convertis en droit spécifique, combien de classes feriez-vous pour vos produits?

M. JUHEL DESMARES. Deux classes : les tissus légers et les tissus lourds.

M. LE PRÉSIDENT. Quelle est la nature des produits de la fabrique de Vire?

M. JUHEL DESMARES. Ce sont des draps communs, dont le prix ne varie guère entre 8 et 12 francs.

M. ERNEST BAROCHE. Ce sont à peu près les draps les plus communs qu'on fasse en pure laine, dans l'Ouest.

M. LE PRÉSIDENT. Est-ce bien de la pure laine?

M. JUHEL DESMARES. Oui, Monsieur le Président.

M. ERNEST BAROCHE. La différence qu'il y a avec la fabrique de Lisieux, c'est qu'à Vire on emploie de la laine toute pure.

M. LE PRÉSIDENT. Vous voudriez, avez-vous dit, deux classifications.

Combien de grammes pèse le mètre de drap léger?

M. JUHEL DESMARES. Le drap ordinaire pèse 500 grammes, et le drap surfoulé 620 grammes.

M. LE PRÉSIDENT. Ainsi vous considérez comme tissus légers ceux qui ne pèsent pas 500 grammes au mètre, et comme tissus lourds ceux qui pèsent plus de 500 grammes.

M. JUHEL DESMARES. Oui, Monsieur le Président; je dois considérer comme tissus légers ceux du poids de 500 grammes et au-dessous. Ce tissu valant 8 à 9 francs le mètre, le kilogramme est donc de 16 à 18 francs, soit en moyenne 17 francs ou 1,700 francs les 100 kilogrammes. Si le droit est de 30 p. o/o, il représenterait 510 francs par 100 kilogrammes.

Pour la deuxième classification, tissus de 500 à 620 grammes, et du prix de 11 à 12 francs, c'est en moyenne 2 centimes le gramme ou 2,000 francs les 100 kilogrammes. Si le droit est de 30 p. o/o, cela ferait 600 francs par 100 kilogrammes, ou, par gramme, 6/10 de centime.

M. LE PRÉSIDENT. Ce sont là les droits que vous demanderiez?

M. Juhel Desmares. Oui, Monsieur le Président : 510 francs par 100 kilogrammes, pour les articles communs de 8 à 9 francs et au-dessous; 600 francs par 100 kilogrammes, pour les articles de la deuxième classification, de 10 à 12 francs. M. Juhel Desmares

M. Ernest Baroche. Quelle est l'importance de la fabrication de Vire?

M. Juhel Desmares. Elle a augmenté considérablement depuis sept à huit ans; cette année, l'augmentation s'est arrêtée. L'importance de la fabrication de Vire est à peu près de 8 millions de francs.

M. le Président. Tout votre tissage se fait encore à la main?

M. Juhel Desmares. Je n'ai pas de métiers mécaniques; mais il y en a quelques-uns dans plusieurs établissements récemment montés.

M. le Président. Considérez-vous que l'emploi du tissage mécanique améliore beaucoup les conditions de la fabrication?

M. Juhel Desmares. Oui, il y a une grande amélioration. J'ai fait des essais; mais les métiers n'étaient pas convenables; depuis lors, ils ont été perfectionnés.

M. le Président. Considérez-vous le problème comme résolu pour le tissage mécanique?

M. Juhel Desmares. Je le crois.

M. Ernest Baroche. Quels produits faites-vous, et quelles sont les laines que vous employez?

M. Juhel Desmares. Nous faisons la nouveauté et surtout les draps unis et forts. Nous employons les laines de France et un peu les laines d'Allemagne et d'Australie. Nous commençons à employer les laines de Buénos-Ayres; une machine tout récemment venue dans notre pays sert pour travailler ces lai nes

M. le Président. Vous voudrez bien rédiger une note en réponse à chacune des questions, et la transmettre à M. le Commissaire général. Il serait utile d'indiquer le nombre d'ouvriers que vous employez, hommes et femmes, et la quotité de leurs salaires.

M. Juhel Desmares. Les salaires ont doublé chez nous depuis six ans.

Je transmettrai la note que vous me demandez.

M. Jubel Desmares.

(La note suivante a été envoyée par M. Jubel Desmares.)

Vire, chef-lieu d'arrondissement du Calvados, possède une soixantaine d'usines occupées à la fabrication du drap, employant 3,600 ouvriers environ, dont deux tiers, ou 2,500 femmes et filles, trouvent un salaire de 1 à 3 francs par jour; 900 hommes gagnent de 1 fr. 75 cent. à 3 francs, quelques-uns davantage encore; enfin 200 enfants environ gagnent de 75 centimes à 1 franc par jour.

Les laines qu'on y emploie sont, pour les sept huitièmes, des laines pures de France, coûtant de 8 à 9 francs, lavées à fond. Le dernier huitième se compose de laines d'Allemagne, revenant de 11 à 12 francs le kilogramme dégraissé à fond; de laines d'Italie et de Buénos-Ayres, du prix moyen de 8 fr. à 8 fr. 25 cent.

Bon nombre d'usines sont complètes à Vire, c'est-à-dire qu'elles possèdent tous les ateliers nécessaires à la fabrication du drap.

Les moteurs hydrauliques sont exclusivement employés. L'emploi de la vapeur est à peu près impossible; car le charbon, pour venir de la station ou du port le plus rapproché, supporte l'augmentation, énorme pour ce transport, de 18 à 20 francs par tonne. Aussi les ouvriers et les manufacturiers sont-ils, chaque année, frappés d'un chômage désastreux de plus du huitième du temps et de la production annuelle : 45 journées pour l'ouvrier et plus d'un million pour le manufacturier; ce qui doit évidemment charger les frais généraux de fabrication.

Le salaire de l'ouvrier a presque doublé depuis 1852. Depuis six mois, un grand ralentissement s'est opéré dans les transactions; nos usines en éprouvent le fatal contre-coup.

Voici le prix de la main-d'œuvre pour chacune des opérations de notre fabrication :

Triage	0f 10c	le kilog.
Dégraissage	10	
Séchage	15	
Battage	01	
Cardage	05	
Filature	15	
Ourdissage	10	
Encollage	10	
Bobinage	10	
Tissage. (Pour la nouveauté ce prix est doublé.)	1 10	
Dégraissage (par drap)	5 00	
Foulage	10 00	
Lainage, tondage	25 00	
Presse	4 00	
Épinçage	6 00	
Teinture (en noir)	16 00	
Décatissage	2 00	

A Vire, on ne fabrique que des laines pures.

Je ne connais pas le drap anglais et sa fabrication; mais j'ai habité l'Allemagne, j'ai vu la Belgique. Voici mon opinion sur les draps d'Allemagne qui nous viendront par l'Angleterre :

Les draps de ce pays, du prix de 12 francs, sont aussi bien faits et aussi beaux que les draps de Sedan de 14 et 15 francs;

M. Juhel Desmares.

Ceux de 10 francs valent les draps d'Elbeuf de 13 francs;

Ceux de 8 francs valent les draps de Vire de 11 francs;

Ceux de 6 et 7 francs valent les produits de Bischwiller de 8 francs;

Ceux de 5 francs n'ont pas de similaires en France.

Les draps de Verviers sont dans un rapport au moins aussi élevé.

A Vire, le prix du drap moyen est de 8 à 9 fr. le mètre; il pèse 500 grammes. La qualité supérieure est de 11 à 12 francs et pèse 620 grammes. Il existe quelques fabriques d'exception, qui font des draps de 7 francs à 7 fr. 50 cent.; et d'autres qui font les qualités supérieures jusqu'à 13 et 14 francs.

Les causes qui permettent aux Anglais de vendre à des prix inférieurs aux nôtres sont :

1° La différence de la valeur de l'argent;

2° L'avantage du fort contre le faible, des grandes opérations contre les petites;

3° Les marchés qu'ils possèdent et la facilité de s'y transporter immédiatement;

4° L'économie sur le transport et la célérité qu'ils obtiennent au moyen de leurs canaux, de leurs voies ferrées, etc., dont tous les centres manufacturiers sont dotés, tandis qu'en France c'est le petit nombre et par exception;

5° Enfin leurs vastes, leurs immenses établissements et leurs ouvriers consommés, avec lesquels ils peuvent produire plus économiquement et davantage.

Je pense que le maximum du droit est la quotité qui doit protéger nos usines.

LA SÉANCE EST LEVÉE.

SÉANCE DU LUNDI 16 JUILLET 1860.

PRÉSIDENCE DE S. EXC. M. ROUHER,

MINISTRE DE L'AGRICULTURE, DU COMMERCE ET DES TRAVAUX PUBLICS.

INDUSTRIE DE LA LAINE.

HALIFAX ET BRADFORD (Angleterre).

La séance est ouverte à une heure.

Le procès-verbal de la précédente séance, lu par M. OZENNE, *Secrétaire*, est adopté.

Sont introduits:

Les Délégués de la Chambre de commerce de Bradford:

MM. JOHN WHITWORTH, filateur et manufacturier à Halifax. (Laines peignées.)

CHARLES STEAD, de la maison Titus Salt fils et Cie, filateur et manufacturier à Saltaire. (Alpaga, poil de chèvre et laine peignée.)

WILLIAM MORRIS, filateur à Halifax. (Laines peignées.)

ROBERT KELL, négociant à Bradford.

(Ces Messieurs font partie du Comité Consultatif de la Chambre de commerce de Bradford.)

E. PRELLER, négociant à Bradford (membre de la Chambre de commerce de Bradford).

(Ces Messieurs sont accompagnés de M. HAUSSOULLIER, interprète.)

M. LE PRÉSIDENT. Monsieur Robert Kell, quelle est l'industrie à laquelle vous vous livrez spécialement?

M. ROBERT KELL. Je ne suis pas fabricant, je suis négociant, membre

MM. John Whitworth, Charles Stead, William Morris, Robert Kell, E. Preller, Haussoullier.

du Conseil de la Chambre de commerce de Bradford, négociant commissionnaire dans les articles de laine peignée et cardée; car les deux industries se confondent, et il est difficile de distinguer l'une de l'autre.

M. le Président. Vous exportez en quantités considérables?

M. Robert Kell. Oui, Monsieur le Président; je fais presque exclusivement l'exportation.

M. le Président. Et vous, Monsieur Preller, vous êtes aussi membre de la Chambre de commerce de Bradford?

M. Preller. Oui, Monsieur le Président, et je fais l'exportation des fils de laine.

M. le Président. Vous n'exportez pas de tissus?

M. Preller. Non, Monsieur le Président. Je fais l'exportation des fils dans les Pays-Bas, l'Allemagne et la France.

M. le Président. Monsieur Haussoullier, vous êtes l'interprète de MM. Whitworth, Ch. Stead et William Morris, veuillez nous dire la position industrielle de ces Messieurs.

M. Haussoullier. M. J. Whitworth a environ 30,000 broches laine, et 27,000 broches coton, qui sont comme auxiliaires à sa fabrication. Il a 800 métiers mécaniques et emploie environ 2,000 ouvriers.

M. Ch. Stead, de la maison Titus Salt fils et Cie, a environ 45,000 broches, pour laine, alpaga et poil de chèvre; mais surtout pour ces deux derniers articles. Il occupe 1,230 métiers mécaniques; la maison à laquelle il appartient emploie environ 3,000 ouvriers.

M. William Morris a 7,000 broches et ne file que de gros numéros.

M. le Président. Si vous voulez nous donner lecture de l'opinion de ces Messieurs, le Conseil est prêt à vous entendre.

M. Haussoullier, *au nom des délégués de la Chambre de commerce de Bradford*, donne lecture de la note suivante :

FILS DE LAINE.

Le terme générique de fils de laine (*worsted*), par lequel on désigne les fils fabriqués en Angleterre et presque exclusivement à Bradford et dans le voisinage, s'applique à tous les fils dans lesquels entre la laine, soit peignée, soit cardée, soit peignée cardée. Sous la dénomination de laine, on comprend la laine de mouton, le poil de chèvre, l'alpaga, en un mot, toutes les espèces de laines ou de poils qui peuvent être filés.

MM.
John Whitworth,
Charles Stead,
William Morris,
Robert Kell,
E. Preller,
Haussoullier.

On fait des fils avec les laines et poils dont nous venons de parler, soit purs, soit mélangés entre eux, soit mélangés avec de la soie, du coton ou toute autre matière textile, végétale ou non. Les fils sont livrés au fabricant en écheveaux dévidés sur bobines, prêts pour la navette, ou montés en chaine; ils sont lavés ou non, blanchis ou soufrés, teints, imprimés, grillés sur plaques chaudes ou au gaz, etc.; en un mot, ils reçoivent toutes les préparations nécessaires pour pouvoir entrer dans la consommation.

De même que la matière première, le fil n'a de valeur que lorsqu'il est passé à l'état de tissu; il est donc de l'intérêt du manufacturier et du consommateur que le fil soit, comme la matière première, admis en franchise ou tout au moins moyennant un droit presque nominal; car, pour être à même de livrer sa marchandise à bon marché au consommateur, tout en faisant un bénéfice rémunérateur, le manufacturier doit pouvoir s'approvisionner facilement, abondamment.

Le nombre d'ouvriers employés dans les filatures est bien moindre que le nombre des ouvriers employés dans les manufactures où l'on transforme le fil en tissu. Cette différence serait bien plus considérable encore, si l'on permettait l'introduction des filés de laine.

La position de la France et celle des États du Zollverein n'est pas sans offrir quelques points de ressemblance, en ce qui touche la fabrication des fils de laine. Les deux pays produisent une laine d'excellente qualité; les filateurs ont atteint un haut degré de perfection dans les numéros fins et dans les fils de laine douce, si bien qu'ils en envoient de fortes parties en Angleterre.

Par contre, les Anglais se sont adonnés à la fabrication des fils plus gros, plus brillants, qu'ils font tant avec les laines de l'Angleterre qu'avec la laine des autres pays. La France et l'Allemagne se sont beaucoup moins occupées de filer ces gros numéros.

Au lieu de chercher à développer cette production dans leur pays, les États du Zollverein ont établi un droit de 15 *silbergroschen* par quintal, ce qui revient à un sixième de penny par livre anglaise ou à moins de 4 centimes par kilogramme. Il en est résulté que leurs manufacturiers ont été abondamment approvisionnés de fil, à un prix presque semblable à celui que payent les manufacturiers anglais.

Les documents du *Board of trade* montrent que, dans les cinq

MM.
John Whitworth,
Charles Stead,
William Morris,
Robert Kell,
E. Praller,
Haussoullier.

premiers mois de 1860, l'Angleterre a exporté dans le Zollverein 167,920 kilogrammes de fils, d'une valeur de 2,252,930 francs.

Nous devons ajouter que, grâce à cet abondant approvisionnement de fil, les industriels allemands fabriquent des marchandises qu'ils exportent en grandes quantités dans l'Amérique du Sud et du Nord, ainsi qu'en Angleterre. Il n'est pas un seul pays où les Allemands n'envoient de ces produits. Il n'est pas, dans n'importe quelle contrée, un marchand de nouveautés à l'étalage duquel on ne puisse voir de ces articles fabriqués en Allemagne avec du fil anglais.

Les Anglais expédient déjà en France certaines espèces de fils :

1° Les fils de poils de chèvre teints, lavés ou non; ils sont frappés d'un droit de 20 centimes par kilogramme, ce qui, avec le double décime, représente 24 centimes par kilogramme, soit un peu plus d'un penny par livre anglaise.

2° Des fils de laine de mouton, lavés, grillés, teints ou non; ces fils sont désignés sous le nom de *fils de Genappe*, et, dans le tarif des douanes françaises, ils sont dénommés *fils de laine lisse*. Ils sont frappés d'un droit de 7 francs par kilogramme, ce qui, avec le double décime, porte le droit à 8 fr. 40 cent. ou environ 3 shellings par livre anglaise. On ne peut introduire ces fils que par la douane de Paris.

Le droit réduit, qui frappe les fils de poils de chèvre, a contribué à la prospérité d'Amiens; tandis que le droit prohibitif, qui pèse sur les fils de laine lisse, a favorisé le fabricant allemand de passementeries, au détriment du fabricant français produisant le même article.

Les passementeries d'Allemagne sont admises en France moyennant un droit de 220 francs par 100 kilogrammes, qui, avec le double décime, représente 2 fr. 64 cent. par kilogramme, ou environ 11 pence et demi par livre anglaise. Ces articles sont fabriqués avec toute espèce de fils anglais. Les fils de laine lisse entrent largement dans cette fabrication; sur ces derniers, les industriels français payent un droit de 8 fr. 40 cent. par kilogramme, tandis que les industriels allemands ne payent que 4 centimes. De plus, après que ces fils ont été travaillés et, par conséquent, ont acquis plus de valeur, ils ne payent plus, à leur entrée en France, qu'un droit de 2 fr. 64 cent. par kilogramme; ce qui est une anomalie assez étrange.

En se rendant compte de l'excessive variété de fils qu'on peut produire en mélangeant les substances que nous avons énumérées plus haut, on verra qu'il est impossible d'établir des catégories, de manière que ces divisions puissent servir de base à la fixation d'un droit devant frapper la marchandise à son entrée en France.

MM. John Whitworth, Charles Stead, William Morris, Robert Kell, E. Preller, Hausoullier.

Pour que le commerce de cet article prenne une certaine extension favorable et à la France et à l'Angleterre, il faut que le droit soit un droit *ad valorem;* et si l'on préfère un droit spécifique, que ce soit au moins un droit spécifique au poids, uniforme, excessivement léger, en quelque sorte nominal.

Le filateur anglais n'a aucun avantage sur le filateur français, en ce qui regarde les contributions, impôts, assurances : leur taux est aussi élevé, sinon plus, en Angleterre qu'en France. Le capital est immobilisé (machines et matériel) et les ouvriers travaillent un cinquième de plus en France qu'en Angleterre; ce qui donne un avantage au filateur français sur le filateur anglais.

Il faut se rappeler (prenons par exemple le coût actuel des n°s 30 anglais, trame simple), il faut se rappeler, disons-nous, que la matière première représente 88 à 90 p. o/o de la valeur du fil, et que la transformation de la laine en fil ne représente par conséquent que 10 à 12 p. o/o; or les frais et la main-d'œuvre, excepté toutefois les machines et le charbon, sont aussi bon marché en France qu'en Angleterre.

Nous allons examiner quelle augmentation cette différence dans le coût du charbon, des machines et des métiers, peut produire relativement au prix du fil.

Le charbon nécessaire pour convertir une *gross* (2 kilog. 151) de laine en fil, coûte environ 7 centimes et demi ou 1/2 p. o/o.

L'intérêt sur le coût de nos machines, pour cette même opération, n'est pas de plus de 10 centimes, ce qui est un peu plus de 3/5 p. o/o.

Supposons que le charbon coûte en France trois fois autant, et les machines deux fois autant qu'en Angleterre (nous avons appris que cette différence pour les houilles n'est réellement que du double).

Ceci admis, il résulte clairement que 25 centimes par 2 kilog. 151 (*gross*), ou 5 centimes par 453 grammes, ou 1 fr. 50 cent. p. o/o sont toute la protection qu'on puisse réclamer à cause du charbon et des machines.

Il est bien entendu qu'en faisant le traité nouveau, le Gouvernement français n'a pas l'intention d'augmenter, sur aucun article, les droits existant actuellement.

Le droit actuel sur les fils de poil de chèvre est de 24 centimes le kilogramme, ou d'environ un penny (10 centimes) par livre anglaise (453 grammes). La livre anglaise de fils de poil de chèvre coûte

MM.
John Whitworth,
Charles Stead,
William Morris,
Robert Kell,
E. Preller,
Haussoullier.

environ 8 fr. 75 cent. Le droit actuel représente donc un droit *ad valorem* de 1,25 p. o/o.

Dans la partie de l'exposé qui a trait aux tissus, on montre l'impossibilité de distinguer le poil de chèvre des autres laines; il est excessivement difficile de reconnaître les laines les unes des autres quand elles sont mélangées dans les fils.

De tout ce que nous venons de dire, on peut tirer cette conclusion, irréfutable, que tout droit supérieur à 1,25 p. o/o serait contraire à l'esprit même du traité.

ARTICLES DE BRADFORD. — NATURE DES TISSUS.

Ce sont les articles généralement dénommés *articles de laine* (*worsted*); ils comprennent les nombreux articles fabriqués à Bradford et dans son voisinage immédiat, tels que:

1° Articles de laine peignée pure;

2° Articles de laine peignée, mélangée de coton ou d'autres matières textiles;

3° Articles de laine cardée, combinée avec du coton ou d'autres matières textiles.

La dénomination française d'*articles de laine peignée* n'embrassant pas assez complétement tous les articles de notre district, nous proposons, pour les distinguer des autres articles de laine (draps et draperie), de les désigner comme des articles dont la laine ou le poil forme un des éléments, articles n'ayant d'ailleurs pas été foulés.

Dans le rapport présenté au Corps législatif, on se sert, en parlant des articles de Roubaix (page 6), de l'expression de *fabrication de laine peignée*, et de l'expression de *laine foulée*, en parlant des articles d'Elbeuf; la distinction que nous désirons faire est donc bien établie dans ce rapport. Mais, plus loin (page 38), les tissus de laine cardée et foulée sont dans la même catégorie, ce qui pourrait causer quelque incertitude si nous ne présentions pas tout d'abord l'explication que nous venons de donner.

Il est impossible de distinguer les tissus de laine cardée, des tissus de laine peignée; on emploie souvent les deux procédés pour la même laine; il est donc nécessaire de s'expliquer clairement à ce sujet pour éviter tout malentendu.

DROIT À ÉTABLIR.

Il s'agit maintenant de savoir quel sera le taux du droit que la douane devra percevoir.

Si nous avons bien compris, les protectionnistes demandent des droits, parce que, disent-ils, le coût de la fabrication est moindre en Angleterre qu'en France.

MM.
John Whitworth,
Charles Stead,
William Morris,
Robert Kell.
E. Preller,
Haussoullier.

Les droits sur la matière première étant abolis, les Français se trouveront dans une position identique à celle des Anglais (dans quelques cas peut-être, ils auront un peu plus de transports à payer).

Le coût de la fabrication se compose :

1° De l'intérêt, de la dépréciation du matériel, de l'amortissement du capital immobilisé;

2° Du combustible;

3° Du salaire des ouvriers.

Nous avons, dans les pièces à l'appui, des tableaux indiquant le salaire des ouvriers, le prix du combustible et des machines, etc.; ils permettront de comparer le coût de la fabrication anglaise avec le coût de la fabrication française; ils mettront à même de s'assurer si la différence qu'on prétend exister en faveur de l'Angleterre existe réellement.

Le rapport présenté au Corps législatif dit (page 8) que l'industrie de la laine (*worsted*) est une industrie nationale, et qu'il n'est en France aucune industrie qui ait fait d'aussi grands progrès.

Une industrie dans un état aussi florissant doit se contenter d'un droit minime, d'autant plus qu'un droit de 10 p. o/o *ad valorem* représenterait un droit de 30 à 50 p. o/o sur le coût de la main-d'œuvre et des frais nécessaires à la transformation de la matière brute en tissus.

CLASSIFICATION DES TISSUS.

Les articles fabriqués dans le district de Bradford se divisent naturellement en deux catégories, suivant la matière première employée. Ces deux catégories sont:

1° Articles de laine pure, articles de laine et soie;

2° Articles de laine et coton, articles de laine, coton et soie.

(Le terme *laine* comprend la laine proprement dite, l'alpaga, le poil de chèvre, en un mot toute espèce de laine ou de poil pouvant être filée; le terme *coton* comprend toute espèce de fibre végétale susceptible d'être filée.)

Les raisons qui font comprendre l'alpaga et le poil sous la dénomination de laine, sont que la différence qui existe dans la formation naturelle des poils de chèvre, d'alpaga ou de mouton, sont si insensibles, qu'il faut une personne très-habile à se servir du microscope pour pouvoir les distinguer les uns des autres, dans leur état naturel; une telle personne se trouverait peut-être dans l'impossibilité

MM
John Whitworth,
Charles Stead,
William Morris,
Robert Kell,
L. Preller,
Haussoullier.

de formuler un jugement décisif, si l'on soumettait à son examen un mélange de poil de chèvre et d'alpaga dans lequel on aurait introduit de nos plus brillantes laines de l'Angleterre.

Si ces matières premières sont déjà si difficiles à distinguer dans leur état naturel, combien le sont-elles quand elles sont filées dans des proportions de mélange excessivement variables; personne ne s'aviserait jamais, pensons-nous, de prétendre les distinguer les unes des autres, quand elles seront tissées, teintes et apprêtées.

Le tableau qui se trouve dans les pièces à l'appui montre la quantité d'alpaga et de poil de chèvre importée en Angleterre; il fait voir que la quantité de ces matières consommée en Angleterre ne représente que 1,60 p. o/o de la quantité de laine indigène et étrangère travaillée dans la Grande-Bretagne.

Sur la masse totale des fils et tissus de laine, cela ne peut donc produire que 1,60 p. o/o, sur la différence du prix entre les articles les plus chers et le prix des articles du prix le moins élevé.

Nous avons réuni la laine et la soie dans la même division, parce que nos filateurs sont arrivés à les combiner si habilement, qu'il est impossible de dire s'il y a de la soie dans un tissu, quand il est apprêté ou teint.

Il est donc évident que ce serait un non-sens que d'établir des droits différentiels sur des articles de laine, parce qu'ils seraient ou ne seraient pas mélangés de soie; surtout alors que l'impossibilité de découvrir l'introduction de la soie dans un tissu est si manifeste.

Ayant démontré :

1° Que, par suite de l'impossibilité de les distinguer les uns des autres, il fallait placer tous les poils d'animaux sous la dénomination de *laine;*

2° Que l'on mélange si habilement la soie avec la laine, qu'on ne saurait la distinguer dans une pièce de marchandise apprêtée ou teinte,

Il en résulte que les mélanges de laine et de soie doivent entrer dans la division des articles de laine pure.

D'autre part :

Ayant établi qu'il fallait placer toutes les fibres végétales sous la dénomination de *coton,*

Il en résulte que tous les mélanges laine et coton, laine, soie et coton, doivent entrer dans la même division.

D'autres divisions que celles-ci, se basant sur la nature de la matière employée, sont tout à fait hors de question.

Des subdivisions, se basant sur la qualité de la matière employée ou sur la finesse des tissus, sont tout aussi impossibles, ainsi que nous le prouverons plus loin.

MM.
John Whitworth,
Charles Stead,
William Morris,
Robert Kell,
E. Preller,
Haussoullier.

Comme il se fabrique en France des articles qui ressemblent plus ou moins aux nôtres, il faut les examiner à part pour déterminer si les fabricants français peuvent réclamer, pour chacune de ces divisions, la même protection.

Si l'on peut prouver qu'un des deux pays possède des avantages naturels plus favorables à la production de certains articles que l'autre pays, on ne sera pas étonné de voir demander une protection temporaire pour certains intérêts créés par un système particulier de législation.

ARTICLES LAINE PURE, ET LAINE ET SOIE.

Ces articles ne semblent pas devoir exiger de protection; car, en France, on les a toujours faits mieux et à meilleur marché qu'en Angleterre.

Le rapport de la Chambre de commerce de Bradford, sur l'Exposition de l'Industrie de Paris en 1855, reconnaît franchement cette supériorité; et bien que les délégués aient avoué qu'il n'y avait rien qui pût nous empêcher d'étendre et de cultiver cette importante branche de notre industrie, il n'en est pas moins vrai que nous n'avons jamais réussi à faire aussi bien que les Français les articles dont il est question, et que la fabrication d'articles pure laine est généralement restreinte aux articles pesants, tels que moirés, lastings, et quelques autres articles de peu d'importance, et la plupart de basse qualité.

Les articles soie et laine se fabriquent peu dans notre district; ce sont, pour la plupart, des imitations d'articles français, contre lesquels ils ne peuvent lutter sur les marchés étrangers où ils se présentent en concurrence avec ceux-ci.

D'après le discours de M. de Forcade la Roquette au Corps législatif, la France, en 1858, a exporté en Angleterre :

9,500,000 francs de mérinos;

9,073,000 francs d'étoffes diverses;

5 millions de francs d'étoffes mélangées.

Ce qui prouve que les Français font ces articles au moins aussi bien et à aussi bon marché que les Anglais.

Un droit quelconque équivaudrait à une prohibition pour le plus grand nombre de nos articles. Un droit de 5 p. o/o pourrait peut-être permettre l'introduction de certains articles inférieurs, à l'usage des classes ouvrières; mais ce droit permettrait peu, ou plutôt ne per-

MM
John Whitworth,
Charles Stead,
William Morris,
Robert Kell,
E. Preller,
Hausoullier.

mettrait point aux qualités supérieures de lutter contre les mérinos français, les satins unis et façonnés, et tous autres articles du même genre.

Les articles qu'on nous suppose produire à meilleur marché que les Français sont les articles laine et coton, laine soie et coton.

Les seuls avantages naturels que le fabricant anglais possède sur le fabricant français sont dans le prix de la houille et du fer.

Examinons quel est le résultat de cette différence, en faveur de l'industriel anglais.

La dépense totale du charbon nécessaire à faire les fils, chaîne et trame, ainsi que le tissage d'une pièce d'*orléans* valant 25 francs, ne dépasse pas 12 centimes et demi; l'intérêt sur les machines à filer et à tisser est de 22 centimes et demi.

Supposant qu'en France le charbon coûte trois fois autant, — et, ainsi que nous l'avons appris, il ne coûte réellement que le double, — supposant que les machines à filer et à tisser coûtent deux fois autant qu'en Angleterre, cette différence ne constituera qu'une somme de 47 centimes et demi, ou environ 2 p. o/o.

Les manufacturiers et les teinturiers des environs de Roubaix nous enlèvent nos meilleurs contre-maîtres pour former leurs ouvriers; le salaire inférieur (comparé au salaire des ouvriers anglais) qu'on paye en France aux ouvriers, combiné avec les heures de travail, qui sont en plus grand nombre, compensent largement la différence qui existe dans le prix du fer et du charbon.

Les Français font de grands progrès dans cette fabrication, surtout dans les environs de Roubaix, et ainsi que l'a établi M. de Forcade la Roquette, l'exportation de ces articles s'est élevée, en 1858, à la somme de 5 millions de francs.

Nous pensons donc que ce n'est qu'avec des droits excessivement modérés, que le commerce de ces articles pourra prendre un développement avantageux aux deux pays.

Les preuves à l'appui sont dans un document ci-joint. Ce document consiste dans les réponses faites au *Board of trade*, le 7 avril 1860, par la Chambre de commerce de Bradford.

Comme il est stipulé que, dans un tarif *ad valorem*, la douane française aura la faculté de préemption, c'est-à-dire la faculté d'acheter les articles qu'elle croira avoir été déclarés au-dessous de leur valeur, moyennant une augmentation de 5 p. o/o sur le prix déclaré, il sera nécessaire, pour des raisons faciles à comprendre, de limiter ce droit de rachat à une courte période, qui serait de trois jours à cinq jours au maximum.

MM.
John Whitworth,
Charles Stead,
William Morris,
Robert Kell,
E. Preller,
Haussoullier.

DROITS *AD VALOREM* ET DROITS SPÉCIFIQUES.

Il est tant d'éléments qui, en dehors du poids, constituent la valeur des articles de Bradford, qu'il est presque impossible d'en faire une classification qui puisse servir à établir un droit spécifique au poids, équivalant à un tant pour cent quelconque.

Pour établir un droit au poids, il serait nécessaire de diviser ces articles en un grand nombre de classes, divisions déjà excessivement difficiles. Une fois ces divisions établies, il faudrait les subdiviser en catégories. Il serait souvent impossible d'établir ces subdivisions; il en résulterait naturellement des contestations et des difficultés en douane.

Les articles de Bradford varient continuellement, tantôt par suite de l'emploi de nouvelles matières, tantôt par suite de nouvelles combinaisons des matières déjà employées. Les agents de la douane et les industriels eux-mêmes seraient embarrassés de savoir dans quelle classification faire entrer ces articles nouveaux ou simplement modifiés. Ces difficultés se présenteraient presque chaque jour, et souvent l'admission ou la prohibition de tel ou tel article dépendrait de l'interprétation donnée à la loi.

Le tarif espagnol, qui frappe les marchandises de droits spécifiques, vient confirmer ce que nous avançons : nous sommes souvent obligés, avant d'expédier en Espagne des parties de marchandises, d'envoyer en douane des échantillons de nos nouvelles étoffes, pour savoir dans quelle classification on les fera entrer.

Nous avons fréquemment reçu des réponses complétement différentes, quant au droit qui devait peser sur elles, suivant l'endroit d'où venait la réponse; souvent les employés de la douane nous ont répondu qu'ils ne pouvaient nous dire quel droit pèserait sur tel ou tel article. Il y a quelques mois, nous avons reçu de Barcelone une réponse nous disant que le seul moyen de s'assurer du droit qui frapperait un article dont nous avions envoyé échantillon, serait d'expédier quelques pièces de l'article en question pour voir ce qu'on déciderait.

L'établissement de droits spécifiques donne lieu à différentes interprétations de la même loi, dans les différentes localités du même pays, ce qui résulte de l'impossibilité d'établir des classifications rigoureuses. Ainsi des articles identiquement les mêmes ont souvent, et pendant longtemps, payé des droits différents dans les différentes parties de l'Espagne; bien plus, on a souvent, dans un port, frappé certains produits d'amende et de confiscation, pour des déclarations

MM.
John Whitworth,
Charles Stead,
William Morris,
Robert Kell,
E. Pellier,
Haussoullier.

en douane qui, dans un port voisin, situé dans la même province, avaient été considérées comme parfaitement justes et régulières.

L'établissement d'un droit spécifique au poids, équivalant à un tant pour cent *ad valorem* quelconque, entraînerait à trois opérations :

1° Division en classes;

2° Subdivision en catégories, ce qu'il faudrait faire en comptant les fils;

3° Pesage de chaque catégorie.

Ces opérations emploieraient beaucoup de temps, nécessiteraient de nombreuses manipulations et une grande exactitude de la part des employés de la douane; elles donneraient beaucoup de travail et d'ennui au négociant; elles pourraient faire surgir des contestations et des difficultés, et ouvriraient une porte à la fraude et aux abus.

Une classification qui voudrait combiner le poids et la valeur serait infinie; en effet :

1° Il est des articles qui conservent presque le même poids dans toute la série des qualités;

2° Il en est d'autres qui, à mesure qu'ils avancent en qualité, augmentent en poids et pèsent presque le double des mêmes articles de qualité inférieure;

3° Il en est qui ont moins de poids dans les belles qualités que dans les qualités inférieures;

4° Enfin il en est dont les qualités fines et inférieures ont moins de poids que les qualités moyennes.

Nous avons donc ici quatre classes distinctes. Chacune d'elles pourrait se subdiviser en dix-huit à vingt qualités, avec des prix variant de 12 fr. 50 cent. à 125 francs par pièce. Comment établir le droit au poids, de manière à arriver à un taux fixe quelconque *ad valorem?*

En les divisant en catégories, combien faudrait-il en établir?

Prenons par exemple les lastings, dont les diverses qualités ne diffèrent pas beaucoup de poids; le plus beau lasting ne pesant guère par pièce que 920 grammes de plus que la qualité la plus commune.

Le lasting se fait :

Chaîne et trame de laine.

Chaîne de laine et trame de coton.

Chaîne de laine et trame de lin;

Chaîne de laine et trame de soie;

Chaîne de laine et trame de coton et lin;

Chaîne de laine et trame de lin et soie;

Chaîne de laine et trame de soie et coton.

Le lasting avec trame de laine ou de fil a, quand il est de finesse égale, à peu près la même valeur et le même poids.

MM. John Whitworth, Charles Stead, William Morris, Robert Kell, E. Preller, Haussoullier.

Avec trame de coton, quoique conservant environ le même poids, la pièce vaut 8 fr. 75 cent. de moins;

Tandis que, lorsque la trame est en soie, la pièce vaut de 18 fr. 75 cent. à 22 fr. 50 cent. de plus, et pèse sensiblement moins.

La valeur et le poids des lastings des trois dernières modifications varient de prix suivant la proportion dans laquelle ces éléments divers entrent dans la confection du tissu.

Quand on vient à penser que le lasting peut se fabriquer de dix-huit à vingt qualités dans chacune des sept modifications dont nous avons parlé ci-dessus, on se demande quelles divisions par catégories il faudrait faire pour arriver à établir un droit spécifique équivalant à un tant pour cent quelconque *ad valorem*.

Quelles que soient les divisions qu'on fasse, on imposera un droit plus élevé à certaines catégories, on empêchera l'introduction des qualités inférieures et on ne laissera entrer que les qualités supérieures.

Le tarif espagnol pour les toiles s'applique exactement au cas actuel.

Les droits sont perçus au poids, et l'on a établi les divisions suivantes :

Au dessous de 13 fils par 6 millimètres un quart.
———— 13 à 18 millimètres.
———— 19 à 24 millimètres.
———— 25 millimètres et au-dessus.

Qu'en est-il resulté? C'est que la plus grande partie des toiles envoyées en Espagne sont celles de 13, de 18 et de 24 fils, c'est-à-dire les numéros les plus élevés de chaque catégorie.

On n'y introduit qu'une quantité excessivement minime de toiles au-dessous de 13 fils. On arrivera certainement au même résultat en France, si l'on adopte les droits spécifiques basés sur une classification par catégories.

On n'importera que les qualités supérieures de chaque catégorie, parce que le droit qui frappera ces qualités sera moindre, par rapport à leur valeur, qu'il ne le sera sur la valeur des qualités inférieures qui se trouveront probibées de fait.

Ce résultat est inévitable avec une division par catégories; mais nous avons à peine abordé la difficulté; comment classer les nombreuses variétés des articles suivants?

MM.
John Whitworth,
Charles Stead,
William Morris,
Robert Kell,
E. Preller,
Haussoullier.

Coton et laine;
—— et alpaga;
—— et poil de chèvre;
—— et herbe de Chine (*urtica nivea, tenacissima*);
—— et lin;
—— et soie;
—— poil de chèvre, soie et laine;
—— alpaga, soie et laine;
—— poil de chèvre, alpaga et soie;
—— poil de chèvre, alpaga, soie et laine;
—— poil de chèvre et alpaga;
—— laine et soie;
—— alpaga et soie;
—— poil de chèvre et soie;
—— laine et lin;
—— laine et alpaga;
—— laine et poil de chèvre;
Soie et laine;
—— et alpaga;
—— et poil de chèvre;
—— et herbe de Chine;

Et tous les tissus de coton, tels que les *gambroons*, les crêpes et les tissus lourds de coton dans lesquels il entre une certaine quantité de laine.

Il est impossible de ne faire qu'un petit nombre de catégories, si l'on veut les imposer au poids d'un droit équivalant à un tant pour cent quelconque *ad valorem*.

A peine une classification sera-t-elle terminée, qu'on verra surgir à l'infini de nouveaux articles dont le poids augmentera ou diminuera, et dont la valeur au poids augmentera ou diminuera; il faudra alors recommencer les classifications, sous peine d'exclure des séries tout entières d'articles; les combinaisons et les modifications étant incessantes, on sera toujours occupé à modifier les classifications et les tarifs.

Par exemple, pendant plusieurs saisons consécutives, nos étoffes pour vêtements de femme ont eu une tendance à avoir peu de poids; il n'y avait guère de différence de poids entre les étoffes d'été et celles d'hiver. Mais dernièrement on a fabriqué des articles renfermant une grande quantité de coton lourd; la pièce pèse beaucoup, cependant elle n'a pas grande valeur.

Les droits spécifiques qui auraient été établis il y a quelques

MM.
John Whitworth,
Charles Stead,
William Morris,
Robert Kell,
E. Preller,
Hargoullier.

mois, se basant sur la fabrication courante à cette époque, équivaudraient à une prohibition des articles lourds fabriqués aujourd'hui. Il faudrait demander un nouveau tarif. Ce cas se reproduira continuellement.

Voyons de quelle manière les droits spécifiques au poids agiraient sur quelques-uns de ces articles à chaine de coton.

Prenons par exemple :

1° L'orléans, chaine coton et trame laine; la laine vaut maintenant 2 fr. 15 cent. les 453 grammes;

2° L'alpaga, chaîne coton, trame alpaga; l'alpaga vaut 2 fr. 90 cent. à 3 fr. 10 cent. les 453 grammes;

3° Le poil de chèvre, chaine coton, trame poil de chèvre; le poil de chèvre vaut environ 3 fr. 85 cent. les 453 grammes.

Tel est environ le prix actuel des éléments qui composent ces tissus; toutefois, les prix de la laine et du poil de chèvre sont très-élevés : la laine pour orléans n'a valu, en moyenne, pendant les vingt années qui ont précédé 1856, que 1 fr. 35 cent. les 453 grammes; en 1848, son prix n'était que de 90 centimes.

Il est évident que, pour percevoir un droit équivalant à un tant pour cent quelconque *ad valorem*, il faudrait que chacun de ces articles formât une classe à part, et chaque classe devrait elle-même être subdivisée; car il y a de nombreuses qualités dont les prix varient, par pièce de 25 mètres 60 centimètres :

Orléans, de 12 fr. 50 cent. à 50 francs;

Alpaga, de 30 francs à 112 fr. 50 cent.;

Poil de chèvre, de 35 francs à 125 francs.

Admettant qu'on puisse établir cette classification de manière à ce que le droit spécifique représente un tant pour cent *ad valorem* quelconque, comment l'employé de la douane pourra-t-il distinguer une pièce d'orléans bien soignée d'une pièce d'alpaga, et une pièce d'alpaga d'une pièce de poil de chèvre?

Là ne s'arrête pas la difficulté : on fabrique des articles hybrides, tels que les lustrines, mélanges de trames de laine et de trames de poil de chèvre, qui varient dans la proportion suivante :

1/8, 1/6, 1/4, ou 1/2 de poil de chèvre,
Contre 7/8, 5/6, 3/4, ou 1/2 de laine.

Le prix change suivant la proportion des éléments employés sans que le poids varie. On fait ces mêmes articles en laine mélangée d'alpaga, ou en alpaga mélangé de poil de chèvre; ceci s'applique aux lustrines teintes en noir.

MM.
John Whitworth,
Charles Stead,
William Morris,
Robert Kell,
E. Preller,
Haussoullier.

Les lustrines mélangées ou moulinées ont toujours la chaîne en coton.

Dans les qualités inférieures, la trame est en laine.

Dans les qualités moyennes, la trame est un mélange de laine et d'alpaga, de laine et de poil de chèvre; souvent même un mélange des trois.

Dans les belles qualités, la trame est en alpaga ou en poil de chèvre, ou en un mélange des deux; dernièrement on y a même ajouté de la soie, pour augmenter le brillant du tissu.

Ces modifications changent la valeur de l'article, mais non son poids.

Quelle classification adopter pour faire peser sur ces tissus un droit équivalant à un tant pour cent *ad valorem?*

Nous ne montrons ici que quelques-unes des difficultés d'un droit spécifique devant reposer sur une classification par catégories; mais voici d'autres difficultés dépendant de la teinture.

Une pièce de lasting coûte à teindre :

En noir	3f 40c
En couleurs ordinaires	5 50
En indigo	6 85
En bleu royal	8 75
En écarlate	12 50

Entre le noir et l'écarlate, il y a un écart de 9 fr. 10 cent.; ce qui représente sur les qualités inférieures une différence de prix de 20 à 25 p. o/o, et, sur les qualités supérieures, une différence de 4 à 5 p. o/o. Le prix a varié, le poids n'a pas changé.

Une pièce d'orléans coûte à teindre :

En noir	1f 55c
En couleurs ordinaires	4 05
En indigo	5 55
En bleu royal	5 60
En écarlate	8 10
En magenta	10 60

Entre le noir et le magenta, c'est un écart de 9 fr. 05 cent.; ce qui, sur des articles dont le prix varie de 12 fr. 50 cent. à 50 francs, représente, pour les qualités inférieures, environ 75 p. o/o, et, pour les qualités supérieures, 17 1/2 p. o/o.

Toutes les observations que nous venons de faire ne s'appliquent qu'aux articles unis. Si la classification de ces articles, au point de vue des droits spécifiques, présente déjà de telles difficultés, nous pouvons affirmer que la classification des articles de fantaisie, dont les éléments sont si nombreux et si divers, offre des difficultés insurmontables.

MM.
John Whitworth.
Charles Stead.
William Morris.
Robert Kell.
E. Preller.
Haussoullier.

La question des articles de fantaisie est si étendue, si complexe, qu'il nous faut renoncer à l'aborder; nous ne pourrions la faire clairement comprendre. Nous sommes prêts à donner au Conseil Supérieur toutes les explications orales qu'il peut désirer, en lui soumettant des échantillons à l'appui de nos explications.

Il est à désirer, avant qu'on s'arrête à un système douanier, qu'on nous mette à même de prouver, par des explications verbales, qu'on ne peut trouver aucun moyen qui permette d'établir des droits spécifiques, et que tout système proposé atteindra le traité dans cet article fondamental, d'après lequel, en aucun cas, les droits ne doivent dépasser 30 p. o/o *ad valorem*.

Les termes du traité de commerce semblent impliquer qu'on établira des droits spécifiques, basés sur le prix des marchandises pendant les six mois qui ont précédé la signature de ce traité.

S'il en est ainsi, le droit qui frappera les articles de Bradford sera de beaucoup plus de 30 p. o/o *ad valorem* que ne le comporte la moyenne ordinaire des prix de ces articles, prix qui ont été, depuis plusieurs mois, beaucoup plus élevés qu'ils ne l'ont été, en moyenne, pendant une longue suite d'années. Ce résultat provient d'un état de choses exceptionnel et qui ne peut durer longtemps.

Nous avons dit plus haut que les prix actuels étaient, pour les 453 grammes :

La laine anglaise, environ 2 fr. 15 cent.;

L'alpaga, 2 fr. 90 cent.;

Le poil de chèvre, 3 fr. 85 cent.

Si l'on établissait des droits spécifiques sur la moyenne des prix pendant les six mois qui ont précédé le traité, les chiffres ci-dessus serviraient de régulateurs pour établir le prix des marchandises faites avec ces matières premières.

L'orléans étant fait avec de la *laine*, payerait tant au kilogramme;

L'alpaga payerait un droit plus élevé;

Le poil de chèvre un droit plus élevé encore.

Pour montrer les inconvénients d'une telle classification devant servir à l'établissement de droits spécifiques permanents équivalant à un droit *ad valorem* quelconque, il nous suffira de faire remarquer que le prix de ces matières premières varie continuellement.

Nous donnons ci-après le prix de ces diverses matières pendant huit ans (mois de janvier de chaque année).

MM
John Whitworth,
Charles Stead,
William Morris,
Robert Kell,
E. Preller,
Haussoullier.

Prix par 453 grammes.

ANNÉES.	LAINE ANGLAISE.	POIL DE CHÈVRE.	ALPAGA.
Janvier 1853	1f 55c	2f 80c	3f 40c
—— 1854	1 45	2 50	2 70
—— 1855	1 30	2 25	2 80
—— 1856	1 50	2 60	3 15
—— 1857	2 05	2 90	3 45
—— 1858	1 75	2 70	3 10
—— 1859	2 05	3 95	2 80
—— 1860	2 05	3 90	2 85

Ce tableau montre que la laine et le poil de chèvre, et par conséquent les tissus dont ces matières premières sont un des éléments, ont atteint leur maximum de prix quelque temps avant la signature du traité. (L'alpaga fait exception, probablement parce que la demande de cet article a été plus régulière, et que le prix n'a varié que par suite des quantités importées.)

Jusqu'en 1859, l'alpaga a toujours été plus cher de 20 à 60 cent. par 453 grammes que le poil de chèvre; mais en 1859 et 1860, la position des deux articles a complétement changé, et le poil de chèvre vaut actuellement 1 fr. 10 cent. par 453 grammes de plus que l'alpaga.

L'alpaga a valu jusqu'à 3 fr. 45 cent. les 453 grammes, il est descendu jusqu'à 2 fr. 70 cent.; le poil de chèvre a varié de 3 fr. 95 cent., son prix le plus élevé, à 2 fr. 25 cent., son prix le plus bas. De sorte que le poil de chèvre a été de 1 fr. 20 cent. au-dessus de l'alpaga, et de 1 fr. 25 cent. au-dessous.

Comment pourrait-on établir des droits spécifiques sur des articles qui, l'un par rapport à l'autre, sont sujets à des variations et à des différences aussi considérables?

Tout droit spécifique basé sur le prix de l'alpaga en 1857 représenterait un droit bien supérieur à 30 p. o/o comparé au prix actuel. Un droit spécifique basé sur le prix actuel du poil de chèvre représentera plutôt un droit de 50 p. o/o qu'un droit de 30 p. o/o sur le prix de cette matière, quand elle sera redescendue au niveau des prix des dix années antérieures à 1859.

Toutes les objections que nous venons de faire peuvent, presque sans exception, s'appliquer aux droits spécifiques par superficie, aussi bien qu'aux droits spécifiques au poids.

Nous avons clairement prouvé l'impossibilité d'établir un droit spécifique au poids, basé sur une classification, d'ailleurs impraticable, des articles de notre district.

Nous croyons que le seul moyen de satisfaire à l'esprit même du traité de commerce, est l'établissement d'un droit *ad valorem*, droit qui, au point de vue théorique, est juste et uniforme, et qui, au point de vue pratique, peut parfaitement fonctionner, ainsi que le prouve le tarif *ad valorem* depuis longtemps en vigueur aux États-Unis.

MM.
John Whitworth,
Charles Stead,
William Morris,
Robert Kell,
E. Preller,
Haussoullier

M. LE PRÉSIDENT. Messieurs les délégués de la Chambre de commerce de Bradford ont-ils quelques explications à ajouter aux notes qui viennent d'être lues par l'interprète?

M. ROBERT KELL. Non, Monsieur le Président; mais nous sommes prêts à répondre à toutes les questions. MM. Preller et moi, nous parlons le français et nous servirons d'interprètes à nos collègues.

M. ERNEST BAROCHE. Vous ne filez pas spécialement des fils cardés pour la draperie et la nouveauté; vous filez pour les étoffes qu'on appelle lastings, mérinos, orléans?

M. ROBERT KELL. Nos laines sont quelquefois cardées, quelquefois peignées, quelquefois cardées peignées.

M. HERBET, *Commissaire général*. Les étoffes que vous nommez *worsted* sont-elles exclusivement faites avec des fils de laine peignée?

M. ROBERT KELL. Ces laines sont quelquefois combinées ensemble; on ne peut répondre si ce sont des fils de laine cardée ou peignée, ni établir une distinction entre ces deux manières de travailler.

M. ERNEST BAROCHE. Malgré les 7 francs de droits par kilogramme qui frappent vos fils anglais, il en est entré en France une certaine quantité; mais il faut dire que ce sont des fils d'un usage spécial pour la popeline. Maintenant, sur la question de chiffre et de prix, il est difficile d'établir une contestation quelconque, après une simple lecture; je me bornerai à vous faire observer que la valeur première de la laine me paraît avoir été estimée trop bas, dans les calculs qui ont été donnés.

M. HAUSSOULLIER. Elle a été évaluée à 2 fr. 25 c. les 453 grammes.

M. ERNEST BAROCHE. C'est un prix assez bas. Est-ce le prix de la laine à l'état brut?

MM.
John Whitworth,
Charles Stead,
William Morris,
Robert Kell,
E. Preller,
Haussoullier

M. Robert Kell. C'est de la laine brute, qui vaut aujourd'hui 1 shelling 10 pence par livre anglaise (453 grammes).

M. d'Eichthal. 2 fr. 25 cent. par 453 grammes, cela fait environ 4 fr. 94 cent. par kilogramme.

M. Ernest Baroche. Combien la laine anglaise perd-elle au lavage ?

M. Robert Kell. 6 à 8 p. o/o.

M. le Président. Combien la laine en suint perd-elle par le lavage et le dégraissage à fond, enfin pour être rendue propre aux emplois industriels ?

M. Robert Kell. 6 à 8 p. o/o.

M. le Président. Prenons la laine sur le dos des moutons : elle est lavée; combien perd-elle par cette opération?

M. Natalis Rondot. Les laines anglaises sont presque toujours lavées à dos.

M. Robert Kell. Les moutons sont toujours lavés avant que la tonte soit faite.

M. Seydoux. Il y a une différence essentielle entre les laines anglaises et les autres laines : ce sont des laines longues de 12 à 15 centimètres. Il est vrai de dire qu'en France la perte qu'éprouve la laine lavée à dos est de 35 à 40 p. o/o.

M. Robert Kell. Ces Messieurs me disent que, sur le mouton, la laine perd environ 20 p. o/o; après, elle subit un autre lavage dans lequel elle perd 6 à 8 p. o/o; cela fait 28 p. o/o.

M. Ernest Baroche. Combien compte-t-on le prix de la filature pour filer le n° 30 anglais?

M. le Président. En posant la question d'une manière plus absolue, combien coûte, en Angleterre, la façon d'un kilogramme de fil au n° 30 anglais ?

M. Robert Kell. C'est environ 65 centimes pour un kilogramme.

M. le Président. C'est le prix de la filature. Maintenant le prix du kilogramme lui-même ?

M. Robert Kell. 2 shellings 8 pence et demi par livre anglaise, soit 3 fr. 35 centimes par 453 grammes.

MM
John Whitworth,
Charles Stead,
William Morris,
Robert Kell,
E. Preller,
Haussoullier

M. Michel Chevalier. Ces calculs, ainsi faits, n'ont pas l'exactitude de ceux qu'on peut déduire des notes.

M. Haussoullier. Il n'a pas encore été livré au Conseil de documents anglais aussi complets que ceux de Bradford et Halifax, qui sont déposés aujourd'hui.

M. Ernest Baroche. Les mêmes numéros de fil n'ont pas toujours la même valeur; cela varie selon la qualité de la laine. Cela varie-t-il dans des proportions considérables?

M. Robert Kell. Oui, très-considérables.

M. William Morris. Cela varie de 100 p. 0/0 et plus.

M. Ernest Baroche. Vous employez d'autres laines que les laines de Kent; vous employez les laines d'Australie d'une certaine qualité? Elles vous coûtent beaucoup plus cher?

M. Robert Kell. Oui, elles sont plus chères; nous en employons peu dans notre district.

M. Ernest Baroche. A quel usage employez-vous principalement les laines anglaises?

M. Robert Kell. Pour les tissus mélangés, pour l'orléans, pour tout ce qui est laine et coton, pour quelques articles tout laine, comme le lasting, le damas; nous les employons encore pour moirés, pour quelques qualités de mérinos. Nous consommons très-peu de laine d'Australie.

M. Ernest Baroche. Dans la fabrique de MM. Titus Salt fils et Cie, quelle est la consommation de laine anglaise, et la proportion de laine d'Australie? Est-ce moitié l'une et moitié l'autre?

M. Robert Kell. Je doute même qu'on y emploie la laine d'Australie dans les tissus. M. Salt file de la laine d'Australie, qu'il vend à l'état de filé; mais il n'en emploie pas : sa fabrication est presque entièrement en alpaga et en poil de chèvre.

M. Ernest Baroche. Pour les fils de poils, est-ce que le tarif actuel français parait trop élevé?

M. le Président. La note de ces Messieurs pose en principe que

MM.
John Whitworth,
Charles Stead,
William Morris,
Robert Kell,
E. Preller,
Haussoullier

les fils de poils de chèvre entrent à un droit qu'ils évaluent à 1 ou 1 1/4 p. o/o; et ils ajoutent que, comme on ne peut pas distinguer le poil d'alpaga, une fois filé, du poil de chèvre ou de la laine, tout ce qu'on aurait à faire, ce serait d'établir sur les fils de laine les mêmes droits que sur les fils de poils de chèvre.

Ces Messieurs vont plus loin; ils disent que, si l'on ne veut pas prendre cette assimilation pour point de départ, et examiner directement les conditions naturelles d'infériorité (pour me servir de leur expression) qui peuvent exister entre les filateurs français et les filateurs anglais, l'évaluation de ces conditions naturelles, consistant, soit dans la plus grande cherté du combustible, soit dans la valeur plus élevée des machines et mécaniques, seuls points de différence qu'ils reconnaissent, constituerait un chiffre de 1 à 1 1/4 p. o/o; d'où la conséquence que la tarification des fils de laine devrait être identiquement la même que la tarification des fils de poils de chèvre.

C'est ainsi que j'ai compris la note.

M. Preller. C'est parfaitement cela.

M. Ernest Baroche. Vous n'élevez pas de réclamations contre le droit de 20 centimes par kilogramme sur les fils de poils de chèvre?

M. Preller. Non; on ne le trouve pas trop élevé.

M. Ernest Baroche. Il faut dire que, jusqu'à présent, ce droit a un caractère purement fiscal : il n'y a pas de filature de poils de chèvre en France; tout le fil de poil de chèvre vient d'Angleterre.

M. le Président. Jamais la filature des poils de chèvre n'a été organisée en France.

M. Preller. On a essayé; mais on n'a pas réussi.

M. le Président. Il y avait un établissement à Amiens. Les fondateurs de cet établissement avaient demandé une protection plus élevée; mais les fabricants d'Amiens ont réclamé; ils ont dit que le fil de poil de chèvre était leur matière première, et qu'ils ne devaient pas être gênés dans leur tissage par une élévation de droit.

M. Robert Kell. J'ai dit que la laine d'Australie s'employait à Bradford; mais je dois ajouter que c'est en petite quantité, pour la fabrication de quelques articles satinés, de certains mérinos chaîne coton.

M. Ernest Baroche. On pense qu'en dehors des questions de filature, la supériorité des mérinos français provient du tissage à la main. Mais ne croyez-vous pas que, lorsque le métier mécanique sera appliqué en Angleterre au tissage des mérinos, vous arriverez à les faire aussi bien qu'en France?

MM.
John Whitworth.
Charles Stead.
William Morris.
Robert Kell.
E. Preller.
Haussoullier.

M. Robert Kell. Nous avons fait venir de France de la chaine et de la trame de mérinos toutes préparées; nous les avons mises sur les métiers mécaniques, — puisque nous n'en avons pas d'autres, — et nous les avons fait tisser. Nous n'avons jamais réussi. Il y a plus de dix ou quinze fabricants de Bradford qui l'ont essayé. Nous avons envoyé des échantillons de mérinos en Allemagne, en Suisse, en Italie, en Espagne; nous n'avons jamais reçu d'ordres pour une seule pièce.

M. Ernest Baroche. Depuis cette époque, la perfection des métiers mécaniques a augmenté.

M. Robert Kell. Les essais dont nous parlons ont eu lieu dans ces dernières années. Nous n'avons jamais réussi.

M. Ernest Baroche. A quoi attribuez-vous cela?

M. Robert Kell Je n'en sais rien.

M. Michel Chevalier. Vous avez dû voir des produits français de votre genre de fabrication. Y en a-t-il d'analogues aux vôtres?

M. Robert Kell. Oui; on fait, à Roubaix, des orléans, des alpagas, des étoffes en poils de chèvre; il y a beaucoup de rapports entre ces produits et les nôtres.

M. Michel Chevalier. Fait-on des tissus en chaine coton, comme à Bradford?

M. Robert Kell. Oui, Monsieur.

M. Michel Chevalier. Alors la similitude est complète.

M. Robert Kell. Ce dont on manquait jusqu'à présent en France, c'était de notre laine anglaise. Maintenant les fabricants français vont être tout-à-fait dans la même position que nous.

M. le Président. Avez-vous pu remarquer si l'outillage et les machines étaient aussi perfectionnés en France qu'en Angleterre?

M. Robert Kell. Je n'ai pas visité de fabriques françaises.

MM.
John Whitworth,
Charles Stead,
William Morris,
Robert Kell,
L. Preller,
Jaussoullier

M. Preller. Je crois qu'il y a, à Roubaix, des fabricants qui, comme les nôtres, possèdent toutes les améliorations.

M. le Président. Oui ; mais en général ?

M. Preller. En général, je crois que la grande différence vient de ce qu'en France on file sur des mull-jenny, au lieu de filer sur des métiers continus, comme chez nous. Cela peut donner une autre nature, une autre apparence au fil.

M. le Président. Filez-vous en gras?

M. Preller. Oui. En France, au contraire, on file en maigre.

M. le Président. Pour quelles raisons file-t-on en gras en Angleterre?

M. Preller. Mes collègues, MM. Stead, Whitworth et Morris, qui sont filateurs, disent que c'est pour rendre le travail plus facile; qu'il y a moins de déchets; que le fil est plus lisse, plus uni.

M. Michel Chevalier. Savez-vous quelle est la raison pour laquelle en France on file en sec, pendant qu'en Angleterre on file en gras?

M. Robert Kell. La laine est plus maniable, plus souple, plus douce. Quand la laine n'est pas graissée, elle est trop dure, il y a plus de déchets, les poils ne rentrent pas dans le fil.

M. Michel Chevalier. Les fabricants français doivent le savoir. Pourquoi font-ils autrement?

M. Germain Thibaut. En général, en France, on file en gras les laines longues, en sec les laines courtes.

M. Seydoux. En France, on file sur des métiers Mull-Jenny. En Angleterre, on emploie des métiers continus. Lorsqu'on graisse la laine, le fil est beaucoup plus uni, tous les poils sont renfermés dans ce fil. On a adopté, dans certaines fabriques françaises, une combinaison qui réunit les deux méthodes.

M. Ernest Baroche. A Roubaix, il y a quelques filateurs qui ont des métiers continus concurremment avec des mull-jenny, pour faire la comparaison; et le résultat de leur comparaison est que, pour certains numéros et certains emplois, le métier continu est meilleur, tandis que le mull-jenny est préférable pour beaucoup d'autres.

MM.
John Whitworth,
Charles Stead,
William Morris
Robert Kell,
E. Preller,
Hauwoollier.

M. Seydoux. On emploie le métier continu pour la chaîne, et le mull-jenny pour la trame.

M. Preller. On tire plus de numéros de la laine, en la filant sur le mull-jenny.

M. Ernest Baroche. Pour le mérinos, on ne peut pas employer le métier continu.

M. Preller. Pour le mérinos, on ne peut pas employer la graisse; parce qu'alors le fil ne prendrait pas, à la teinture, la même beauté de couleur que s'il était filé en maigre.

M. Robert Kell. Il est certain que le fil préparé en gras ne prend pas aussi bien les couleurs claires et vives.

M. Ernest Baroche. C'est pour cela que la laine peignée en Angleterre n'a jamais pu se vendre en France. Depuis cinq ans, elle pouvait entrer à 70 francs les 100 kilogrammes, et jamais il n'en est entré.

M. Preller. Parce qu'avec ce droit-là nous n'avons pas de bénéfice à introduire nos laines peignées en France.

M. Ernest Baroche. Et aussi, je crois, parce que la qualité que vous faites ne convient pas à l'industrie française.

M. Preller. Je connais bien les personnes qui sont chargées de ce commerce. On ne nous achète pas de laines peignées pour la France, parce que nos laines sont trop chères. On peigne à aussi bon marché en France qu'en Angleterre.

M. Ernest Baroche. Cependant il y a toujours la différence des machines et du charbon.

M. Preller. Cela ne donne pas assez de bénéfice.

M. Ernest Baroche. Le droit de 70 centimes par kilogramme sur les peignés n'était pas trop élevé, eu égard à ce que la laine brute payait un droit qui était compris dans ces 70 centimes. Le droit de la laine brute était de 37 centimes 1/2; de sorte que le droit additionnel destiné à protéger l'opération du peignage n'était que de 32 centimes 1/2.

On voit que ce n'était pas un droit considérable.

M. Ozenne, *Secrétaire*. Il est entré 71,000 kilogrammes de laines peignées anglaises.

MM.
John Whitworth,
Charles Stead,
William Morris,
Robert Kell
L. Preller.
Houssoullier

M. le Président. Il nous a été expliqué, dans l'enquête sur les peignés, que la transformation de la filature en sec en filature en gras, était une question très-insignifiante; que cette transformation pouvait se faire du jour au lendemain; et que, si on ne l'a pas faite, c'est parce qu'on n'y avait pas d'intérêt.

En général, le commerce des fils de laine, en France, est très-peu considérable. Chacun file sa laine pour son tissage, plus volontiers qu'il ne l'achète.

M. Preller. Un peigneur de laine de Bradford, qui avait un établissement dans les environs de Paris, nous a dit qu'il pouvait peigner à aussi bon marché en France qu'en Angleterre.

M. Ernest Baroche. C'est M. Holden. Il a des établissements à Saint-Denis, à Roubaix et à Reims. Mais c'est un procédé particulier qu'il emploie.

Je ferai à ces Messieurs une dernière question.

Il est certain, en fait, qu'en Angleterre les orléans qui se composent d'une chaîne coton et d'une trame laine, se vendent bien meilleur marché qu'en France, pour des motifs divers. Je voudrais savoir quelle est l'opinion de ces Messieurs sur cette différence de prix. Pourquoi vend-on, en France, les orléans, cette généralité d'étoffes laine et coton, plus cher, beaucoup plus cher qu'en Angleterre?

M. Robert Kell. Il y a beaucoup de raisons.

D'abord les fabricants français n'ont jamais eu de concurrence; et, quand on monopolise, on vend cher.

Ensuite ils n'avaient pas nos filés de laine.

Je dirai encore que la fabrique française n'est pas considérable. A Roubaix, pour la fabrication des alpagas, orléans, il n'y a que 2,500 métiers, tandis que la fabrique de M. Salt renferme 13,000 métiers à elle seule, et que quelques autres fabricants de Bradford, en se réunissant, auraient plus de métiers que tout Roubaix ensemble.

Comme on fabrique peu, il n'est pas étonnant qu'on vende cher à Roubaix.

M. Ernest Baroche. Quelle est la différence entre le prix des orléans, en France et en Angleterre, depuis six mois? Cette différence est-elle de 20, de 25 p. 0/0?

M. Robert Kell. Je ne puis pas vous le dire exactement.

Notre supériorité sur les Français n'est pas aussi marquée dans les qualités inférieures que dans les qualités supérieures. Les Français rivalisent presque avec nous dans les qualités ordinaires. Avec un droit élevé nous ne pouvons pas faire entrer en France d'orléans de basse qualité.

MM. John Whitworth, Charles Stead, William Morris, Robert Kell, E. Preller, Haussoullier.

M. Ernest Baroche. Ainsi vous estimez que, pour ce genre de fabrication, c'est surtout dans les qualités supérieures que vous avez de l'avantage ?

M. Robert Kell. Dans les qualités moyennes et supérieures.

Nous nous attachons à faire des qualités suivies et régulières, à employer toujours les mêmes sortes de laine et de coton.

En France, au contraire, la qualité est inégale et souvent irrégulière. Les fabricants continuent à travailler quand ils n'ont pas d'ordres; ils font des *stocks;* de sorte qu'il n'y a pas de prix régulier : aujourd'hui les prix sont élevés, demain ils sont bas, parce que les fabricants sont obligés de réaliser leur *stock*.

M. Ernest Baroche. Y a-t-il beaucoup de fabricants qui fasse des alpagas purs à Bradford ?

M. Robert Kell. On ne fait pas d'alpaga pur. La chaîne est toujours en coton.

M. Ernest Baroche. Y a-t-il beaucoup de fabricants de ce genre d'étoffe à Bradford ?

M. Robert Kell. Pas beaucoup.

M. Ernest Baroche. M. Salt en est un ?

M. Robert Kell. Oui, Monsieur, c'est, avec MM. Foster, un des plus importants ; il y en a encore quelques autres.

M. Ernest Baroche. Pourquoi en France fabrique-t-on peu d'alpagas ?

M. Robert Kell. On en fabrique de noir et même de couleur. J'en ai vu dans une quinzaine de maisons de gros à Paris; il n'y a pas de maison tenant les articles de Roubaix, qui n'ait des alpagas français. Mais cet article n'a jamais été exploité en France au même degré qu'en Angleterre.

M. Ernest Baroche. Tirez-vous toutes vos laines d'alpaga du Pérou ?

M. Robert Kell. Oui, toutes; il n'y a pas d'autres pays de production.

MM.
John Whitworth,
Charles Stead,
William Morris,
Robert Kell,
L. Preller,
Haussoullier.

M. Ernest Baroche. Vous avez des agents pour faire vos achats?

M. Robert Kell. Non; il y a des négociants qui sont en relations d'affaires avec la côte ouest de l'Amérique; ils font leurs retours en laines du Pérou.

Une des raisons pour lesquelles on fabrique peu d'étoffes d'alpaga en France, c'est que, jusqu'à présent, le fil d'alpaga a été prohibé et qu'on n'est pas encore parvenu à filer la laine d'alpaga avec autant de perfection qu'en Angleterre.

M. Ernest Baroche. Pour quelle proportion de valeur le coton entre-t-il dans les étoffes mélangées où la chaine est en coton?

M. Robert Kell (*après avoir consulté ses collègues*). Pour un cinquième.

M. Seydoux. Cela doit varier suivant les articles. Dans les orléans la chaine est toute entière en coton; mais dans d'autres étoffes, la proportion est différente.

Je demanderai à ces Messieurs si, pour la fabrication des orléans, ils emploient exclusivement la laine longue anglaise, ou bien s'ils emploient de la laine d'Australie ou d'Allemagne?

M. Robert Kell. Rien que la laine anglaise, parce qu'elle donne plus de brillant que toute autre espèce de laine.

(MM. les délégués de Bradford ont déposé les documents ci-après, comme complément de leurs dépositions.)

Assurances des usines (laines, alpaga, poil de chèvre).

USINES NON A L'ÉPREUVE DU FEU.	USINES à plusieurs étages (*mill*).	[illegible] ne consistant qu'en un rez-de-chaussée (*shed*).
1. En pierres et en briques, couvertes en ardoises		
2. Avec un seul locataire		
3. Chauffées à la vapeur		
4. Éclairées au gaz	pas moins de	pas moins de
5. Où, en dehors du filage, on ne fait pas d'autre opération que l'étirage et le boudinage (*roving*), soit dans l'usine elle-même, soit dans un bâtiment attenant	5 p. o/o	4 p. o/o
6. Employées seulement à faire des unis, sans mélange aucun de coton.		
7. Où l'on ne fait aucune teinture à chaud, non plus que dans un bâtiment attenant		

MM
John Whitworth,
Charles Stead,
William Morris,
Robert Kell,
E. Preller,
Haussoullier.

TAUX ADDITIONNEL.	USINES à plusieurs étages (mill).	ATELIERS ne consistant qu'en un rez-de-chaussée (shed).
	pas moins de	pas moins de
Usines avec plusieurs locataires	1 p. o/o	1 p. o/o
—— chauffées autrement que par la vapeur —— éclairées autrement que par le gaz	1 p. o/o	1 p. o/o
—— où l'on fait le cardage et le battage —— en dehors du filage, du peignage, de l'étirage	2 p. o/o	1 p. o/o
—— où l'on ne fait que le peignage (soit à la main, soit à la mécanique). L'usine n'a pas de taux additionnel à payer si elle est déjà sujette au droit extra pour le cardage et le battage.	1/2 p. o/o	1/2 p. o/o
—— où l'on retord des fils de cotons ou des fils de laine et de coton. —— où l'on emploie ou prépare des fils de chaîne coton ou des fils chaîne coton et soie	1 p. o/o	1 p. o/o
(*Coton*. On doit garantir qu'il n'entre de coton à l'usine qu'à l'état de filé; s'il en entre en laine, l'usine sera réglée par le tarif des usines à coton.)		
—— où l'on emploie des métiers Jacquart, l'armure étant garantie du contact des lumières par des appareils en métal construits *ad hoc*	1 p. o/o	1 p. o/o
—— où l'armure n'est pas garantie	3 p. o/o	3 p. o/o
—— où l'on sèche par l'emploi de la chaleur artificielle	2 p. o/o	2 p. o/o
(On ne permet aucun séchage dans l'endroit où se trouve la chaudière; on ne permet aucun séchoir chauffé par des tuyaux.)		

L'atelier de mécanicien ne doit servir qu'aux réparations de l'usine.

Déchets. — On s'engage à faire sortir chaque jour de l'usine ou de tout bâtiment y attenant les déchets de graisse provenant des procédés employés ou du nettoyage des machines. On en fera autant pour tous les autres déchets, au moins une fois par semaine.

Les assurés ont en plus une prime à payer à l'État.

USINES À L'ÉPREUVE DU FEU.

On désigne sous le nom d'usines à l'épreuve du feu celles dans la construction desquelles il n'entre pas de charpente, excepté dans la toiture.

Chaque étage est tarifé comme servant au même usage.

Si quelque partie de l'usine a un plancher de bois, cet étage et celui qui est au-dessous payent l'assurance au taux d'une usine ordinaire, et si d'autres étages communiquent par des trappes ou toutes autres ouvertures avec cet étage planchéié, lesdits étages payeront comme usine ordinaire.

Les sommes assurées dans les constructions, ou les objets que ces bâtiments renferment doivent être divisés par étage, ou l'assurance totale sera soumise à la moyenne, cas dans lequel elle serait de 7 fr. 50 cent. p. o/o.

N. B. Toutes constructions communiquant avec l'usine autrement que par des portes en fer forgé, une de chaque côté du mur de séparation, ces portes assujetties et ajustées sans appareil de bois d'aucune sorte (les panneaux desdites portes n'ayant pas moins de 6 millimètres d'épaisseur, et l'écartement des portes devant être de toute l'épaisseur du mur de séparation) payeront l'assurance au même taux que l'usine.

Si deux ou plusieurs usines communiquent autrement que par les portes

MM.
John Whitworth,
Charles Stead,
William Morris,
Robert Kell,
E. Preller,
Haussoullier.

ci-dessus, le taux de l'assurance sera l'assurance normale, avec le tarif additionnel qui pèserait sur une, plusieurs, ou toutes ces usines, et le tout sera assuré comme un seul risque; mais si un bâtiment communique avec l'usine, le taux de l'assurance sera le tarif le plus élevé auquel chacun d'eux aurait été soumis.

Bradford et le district, salaires en 1860.

DÉSIGNATION.	FILATEURS DE LAINE, par journée de 10 heures.		FILATEURS DE LAINE ET FABRICANTS, par journée de 10 heures.		PEIGNAGE DE LA LAINE à la mécanique, par journée de 10 heures.	
Contre-maîtres	3f 75c à	5f 50c	3f 75c à	8f 10c	5f 20c à	8f 75c
Mécaniciens	"	11 25	5 00	8 75	5 00	8 75
Chauffeurs	"	"	2 70	3 75	2 70	3 75
Hommes, adultes	2 50	5 60	2 90	5 60	2 15	3 70
—— tisserands	"	"	1 85	4 15	"	"
—— teinturiers	"	"	2 70	4 35	"	"
Femmes, adultes	1 75	2 05	1 55	2 50	1 65	2 15
—— tisserands	"	"	1 65	3 50	"	"
Hommes et femmes de 13 à 18 ans	1 00	1 95	"	"	"	"
Filles au-dessous de 13 ans	0 40	0 60	0 40	0 60	"	"
Garçons au-dessous de 13 ans	0 40	0 60	0 40	0 60	"	"
Garde-magasin	2 50	7 50	2 90	5 60	2 90	5 60
Assortisseurs de laine	3 75	5 60	3 75	5 60	3 75	5 60
Laveurs de laine	2 50	3 95	2 50	3 95	"	"

Le taux des salaires ci-dessus est en moyenne de 15 p. o/o plus élevé qu'il ne l'était en 1857.

Tableau des impôts locaux (local rates) *et des contributions* (taxes) *de Bradford, pour les années 1858, 1859, 1860.*

DÉSIGNATION DES IMPÔTS.	L'ANNÉE FINISSANT LE 25 MARS. 1858.	1859.	1860.
Impôt des pauvres (*poor rate*) par 25 francs	2f 40c	2f 225m	2f 125m
Tous autres impôts par chaque 25 francs	3 30	4 25	5 10
TOTAL	5 70	6 475	7 225

TRANSPORTS.

De Bradford à Londres.. Distance 354 kilom. 32f 50 } par tonne.
———— à Liverpool. ———— 114 kilom. 34 40
———— à Hull.... ———— 115 kilom. 16 65

De Bradford à Londres par le chemin de fer du *Great-Northern*:

Tissus........................ 3f 10c } par 50 kilog.
Fils.......................... 2 80
Laine......................... 2 50
Pierre, par chargement de 5,000 kilog...... 12 50
———— de 4,000 kilog...... 15 60

MM.
John Whitworth,
Charles Stead,
William Morris,
Robert Kell,
E. Preller,
Hanssoullier.

De Bradford à Southampton :

Ballots et caisses pour exportation .... 3f 40c } par 50 kilog.
Laine .... 3 60 }

Prix des charbons par 1,000 kilogrammes.

	1857.	1858.	1859.	OBSERVATIONS.
MM. M. et S	5f 00c	5f 00c	5f 60c	En 1860, le prix de la tonne de charbon a augmenté d'environ 60c.
S. W. G. et Cie	5 25	5 35	6 075m	
W. G. et M	6 00	6 00	6 25c	
J. J.	5 90	6 25	8 10	
J. et J. C. et Cie	8 85	8 50	9 45	
W. A.	6 95	6 95	7 90	
J. A. et fils	9 35	9 35	10 60	
J. B. et Cie	6 75	6 45	6 85	
W. K. et Ce	8 00	8 60	9 25	
G. et J. T.	6 25	6 25	7 50	

MOYENNE DES TROIS ANNÉES.

MM. T. S. fils et Cie	8f 10c
G. M	6 85
J H.	8 50
W. H. et fils	10 00
J. H. et fils	8 05

Tableau montrant la quantité de mérinos français *exportée de France en Angleterre, de 1845 à 1856. (Tiré des documents français officiels.)*

ANNÉES.	QUANTITÉS.
1845	91,537k
1846	97,229
1847	143,355
1848	262,426
1849	235,135
1850	196,292
1851	324,515
1852	259,658
1853	294,368
1854	359,808
1855	369,027
1856	445,102

Nota. Avant 1845, les documents des douanes françaises ne séparaient pas le mérinos des autres articles de même nature.

MM.
John Whitworth,
Charles Stead,
William Morris,
Robert Kell,
C. Preller,
Hausoullier.

Quantité de laine, de poil de chèvre et d'alpaga mise en œuvre dans la Grande-Bretagne. (Extrait des rapports du Board of Trade, *et de l'histoire de l'industrie linière de James.)*

	1857.	1858.	1859.
	kilog.	kilog.	kilog.
Production de laine indigène............	108,720,000	113,250,000	117,780,000
Quantité de laine indigène exportée......	6,859,725	6,095,560	4,092,937
Consommation de la Grande-Bretagne.....	101,860,275	107,154,440	113,687,063
Importation de laines étrangères.........	57,708,070	56,194,917	59,285,469
Exportation de laines étrangères.........	16,469,425	12,044,104	13,059,980
Consommation de la Grande-Bretagne.....	41,238,645	44,150,813	46,225,489
Importation de poil de chèvre...........	1,360,929	1,716,988	1,092,560
Importation d'alpaga....	1,068,632	1,217,724	1,133,240
Ensemble.................	2,429,061	2,934,712	2,225,800
Exportation	59,284	51,694	125,376
	2,370,377	2,883,018	2,100,424
Laine anglaise......................	101,860,275	107,154,440	113,687,063
Laine étrangère......................	41,238,645	44,150,813	46,225,489
Ensemble	143,098,920	151,305,253	159,912,552
Alpaga et poil de chèvre..............	2,370,377	2,883,018	2,100,424
Consommation totale de la Grande-Bretagne	145,469,297	154,188,271	162,012,976
Proportion de laine..................	98 37	98 13	98 70
Proportion d'alpaga et de poil de chèvre...	1 63	1 87	1 30
	Moyenne { 98 40 1 60		

C'est-à-dire que, sur la quantité totale de laine filée en Angleterre, l'alpaga et le poil de chèvre ne représentent que............................ 1 60 } 100 00
La laine.. 98 40 }

Calcul pour établir de combien les fils d'alpaga et de poil de chèvre augmentent le prix des filés de laine.

En 1859, dans chaque 100 livres anglaises de fil, il y avait nécessairement 98 livres 7/10 de filé de laine qui, au prix de 4 fr. 55 cent. par livre anglaise de fil, font.. 399f 73c

1 livre 3/10 de filé alpaga et poil de chèvre qui, au prix de 6 fr. 55 cent. par livre anglaise de fil, font.......... 8 51

Ensemble, pour 100 livres anglaises...... 408 24

En moyenne 4 fr. 08 cent. par livre; ce qui augmente le prix de la livre anglaise de filé de laine de 0f,0324 sur la moyenne de tous les filés.

Sont introduits :

MM. BALSAN, fabricant de draps à Châteauroux (Indre).

BOUVIER, fabricant de draps à Vienne (Isère).

PASCAL LIGNIÈRES, fabricant de draps, président de la Chambre de commerce de Carcassonne.

M. BALSAN :

ACHAT ET PRÉPARATION DES LAINES.

FILATURE, TISSAGE ET APPRÊTS.

FABRICATION DES DRAPS.

Châteauroux, Vienne, Carcassonne.

ACHAT ET PRÉPARATION DES LAINES.

1re Question. — Nous employons principalement de la laine de France; et, suivant les cours, des laines du Maroc, de Buénos-Ayres et d'Allemagne.

Les prix varient de 4 fr. 50 cent. à 9 francs le kilogramme lavé.

2e Question.—Les laines venant de l'étranger, que nous employons, ne nous coûtent pas plus cher qu'aux industriels anglais.

Au Maroc, nous avons une maison d'achat en participation avec quelques autres fabricants.

A Buénos-Ayres, nous payons 5 p. o/o de commission; à Montévidéo, 3 p. o/o.

En Allemagne, nous achetons nous-mêmes; nous n'avons qu'un courtage de 1/2 p. o/o.

3e Question. — Nous faisons laver dans notre usine, à chaud.

4e Question. — Nous faisons teindre dans nos ateliers presque toutes nos laines avant la filature.

Les prix de teinture sont très-variables : la moyenne est de 1 fr. 90 cent. le kilogramme.

M. MICHEL CHEVALIER. C'est la moyenne pour toutes les couleurs ?

M. BALSAN. Oui, Monsieur.

M. LE PRÉSIDENT. Quel est le prix le plus élevé, et quel est le prix le plus bas ?

MM Balsan, Bouvier, Pascal Lignières.

M. Balsan. Le prix le plus bas est de 1 franc, et le prix le plus élevé est de 2 fr. 50 cent.

M. le Président. Vous ne faites pas de draps noirs?

M. Balsan. Nous faisons des draps noirs et gris.

FILATURE.

1re *Question.* — Nous ne filons que la laine que nous fabriquons, et seulement du fil cardé.

2e *Question.* — Nous n'employons que des machines françaises. Il y en a qui servent depuis trente ans, au moyen de réparations. La majeure partie est nouvelle.

Un assortiment de filature, composé de trois machines à carder ou à boudiner la laine, vaut, en 1 mètre 10, 5,500 francs.

3e *Question.* — Nous employons des moteurs hydrauliques.

Un cheval de force vaut, suivant la position, environ 300 francs. On ne loue pas, à Châteauroux, de portions de force. C'est sur la valeur des usines que j'établis ce prix de 300 francs.

4e *Question.* — Comme force supplémentaire, nous nous servons d'une machine à vapeur de M. Cavé.

Le charbon que nous employons provient des bassins de Montluçon et de Blanzy; il nous revient à 32 francs la tonne.

Notre consommation est de 500 à 1,000 tonnes, suivant l'abondance des eaux; ainsi, l'année dernière, nous avons employé beaucoup de charbon, et cette année très-peu.

5e *Question.* — Nous employons du charbon pour les besoins industriels, et du bois pour le chauffage en hiver et pour la presse.

6e *Question.* — Du no 6 au no 15, soit de 6,000 à 15,000 mètres au kilogramme.

Le produit est de 75 kilogrammes environ, par broche et par an.

La production en poids diminue dans la proportion de l'augmentation de la finesse.

7e *Question.* — Le cardeur gagne de 1 fr. 75 cent. à 2 francs, à la journée.

La cardière, de 1 franc à 1 fr. 50 cent.;

Les fileurs, de 3 fr. 50 cent. à 5 fr. 50 cent. à la façon;

Les rattacheurs (enfants), payés par les fileurs, 50 centimes; 1 franc les grands.

Voici la proportion des ouvriers employés :

MM.
Balsan,
Bouvier,
Pascal Lignières.

20 hommes cardeurs;
25 cardières;
15 fileurs;
20 rattacheurs payés par les fileurs.

80 à 90 pour 3,000 broches.

Les salaires ont augmenté d'environ 10 p. o/o depuis trois à quatre ans.

Nous ne les avons pas diminués cette année.

8e Question. — Nous employons environ 80 ouvriers fileurs, soit un ouvrier par 30 broches.

Un assortiment produit 20,000 kilogrammes par 300 jours de travail. Le prix est de 80 francs les 100 kilogrammes chaîne et trame, se décomposant ainsi :

Main-d'œuvre	25f
Huile	15
Industrie, etc.	40
	80

9e Question. — Nous filons en gras. Nous employons de l'oléine, 16 p. o/o environ; ce qui accroît le prix de la filature d'environ 20 à 25 p. o/o.

10e Question. — Le prix est, en moyenne, de 80 francs les 100 kilogrammes.

Ce prix varie suivant le degré de finesse.

11e Question. — Nous ne vendons ni peignés ni fils cardés.

12e Question. — Nous n'avons pas de blousses. Nous employons ordinairement les déchets. Quand nous les vendons, c'est au prix de 1 fr. 10 cent. le kilogramme; les déchets de filature, les bourgeons gras, se vendent 3 francs le kilogramme.

13e Question. — Nous n'avons pas pu remarquer l'influence produite sur la valeur des fils de laine, puisque nous n'en exportons ni n'en importons.

14e Question. — Notre travail n'a pas subi d'influence fâcheuse; la marche de nos affaires ne s'est pas ralentie, presque toutes nos ventes étant opérées sur marchés. Une fraction seule de notre production s'écoule difficilement, par suite de l'incertitude qui règne.

MM.
Balsan.
Bouvier.
Pascal Liguières.

TISSAGE, APPRÊTS.

1re Question. — Nos produits sont des draps de 8 à 15 francs pour l'habillement de l'armée, terre et marine, douanes, administrations publiques, chemins de fer, et pour le commerce dans une faible proportion.

2e Question. — Nos laines viennent de France, du Maroc, de Buénos-Ayres et de l'Allemagne.

Nous n'achetons pas de fils.

3e Question. — Nous avons des métiers à la mécanique, mus par la force hydraulique et par la vapeur, savoir :

2 saxons, depuis quinze ans;

8 Lacroix, à 1,100 francs, depuis un an ;

1 Mercier, à 1,050 francs, *idem ;*

1 anglais, à 800 francs, *idem ;*

1 Muller, à 1,570 francs, qui date de cette année.

Les saxons emploient la force d'un cheval pour 8 métiers, et les autres la force d'un cheval pour 5 métiers.

4e Question. — Nous ne faisons mouvoir par la vapeur aucun métier à marche Jacquart ou demi-Jacquart, avec une ou plusieurs navettes.

5e Question. — Nous employons une femme par métier. Le prix de la journée est de 1 fr. 25 cent.

6e Question. — Les métiers sont dans nos ateliers.

Nos draps communs coûtent 25 centimes le mètre de chaine tissée à la main.

Les mi-fins coûtent 28 centimes, *idem.*

Les fins, 31 centimes, *idem.*

7e Question. — Nous sommes en train de perfectionner le tissage mécanique, jusqu'ici imparfait chez nous.

8e Question. -- Nos prix de revient sont les suivants :

Triage en suint Dégraissage, séchage	25f	les 100 kilogrammes de laine lavée.
Filature	80	les 100 kilogrammes de laine teinte.
Ourdissage, encollage, tissage	43	
Foulage et apprêts	57	
Teinture	200	

9e Question. — Les frais généraux ne varient que suivant l'importance relative de la fabrication.

MM.
Balsan,
Bouvier,
Pascal Liguières.

10e Question. — Nous n'employons que de la laine.

11e Question. — La production anglaise est ordinairement toute différente de la nôtre. Le bon marché du mètre de drap, que recherche avant tout l'industriel anglais, exclut une fabrication dans laquelle ne peut entrer que de la laine-mère; et, dans les draps de troupe, on tient avant tout à la solidité, secondairement à l'apparence.

12e Question. — Nos produits peuvent se classer en trois catégories : communs, mi-fins, fins; la finesse, la force et la largeur seules en établissent le prix.

13e Question. — Nous vendons nos produits en Italie, en Suisse et dans l'Amérique du Sud. Cette exportation comprend le dixième de notre fabrication en moyenne.

Les prix n'ont pas sensiblement varié.

14e Question. — Les produits anglais ne sont généralement pas semblables aux nôtres. Les Anglais ne recherchent pas la fabrication des draps de pure laine et très-forts, genre troupe; aussi, sur presque tous les points du globe où l'on ne produit pas suffisamment cette espèce de drap, ceux d'origine française sont préférés, parce que presque partout nos nuances sont adoptées. Si les Anglais ne se livrent pas à cette fabrication, c'est encore parce qu'elle est trop éventuelle. La prime à l'exportation, que les fabricants de ces sortes de draps recevaient sur leurs produits, réduisait le prix de vente d'environ 6 à 7 p. o/o. Cette bonification contribuait beaucoup à assurer la préférence.

Selon moi, dans une situation commerciale normale, un droit de 20 p. o/o est suffisamment protecteur. Il ne le sera pas dans un moment de crise en Angleterre. Le trop plein des Anglais se dirigera de préférence sur le marché français, et se vendra n'importe à quel prix. Les Anglais agiront ainsi que le fait, tous les ans, le fabricant de nouveautés français : il solde à la fin de chaque saison son trop plein, n'importe à quel prix, et il ne se ruine pas, parce qu'il a vendu à de bons prix la plus grande proportion de sa fabrication.

L'industriel anglais pourvoit presque exclusivement aux besoins en draps d'environ 200 millions d'individus répartis dans les possessions anglaises; le monopole lui en est en quelque sorte assuré, d'abord par les habitudes locales, et puis par une navigation active, et enfin par des relations établies généralement au moyen de succursales des maisons de la métropole.

En France, en fait de possessions lointaines réservées aux industriels français, nous avons fort peu de besoins à satisfaire extérieure-

MM.
Balsan,
Bouvier,
Pascal Lignières.

ment; mais la prohibition nous assurait le marché intérieur, qui a suffi au développement, relativement considérable, de l'industrie drapière. Notre ancienne législation a, de fait, crée notre industrie; elle a permis que nous obtenions plus de perfection qu'ailleurs pour les qualités fines.

Si nous n'avons pas produit plus, et surtout dans les qualités inférieures, c'est que le débouché nous a manqué.

Et si nous n'avons pas concouru avec les Anglais, c'est qu'il n'existe pas en France de très-grandes usines pouvant lutter contre les immenses fortunes industrielles anglaises, contre le bas prix de la houille et des frais de transport.

Nos machines sont généralement aussi parfaites que celles de fabrication anglaise; mais elles sont beaucoup plus chères: 1/3 à 1/2 en plus.

Nos lois civiles, qui aident à la division des fortunes, et l'habitude, à peine entrée dans l'existence des familles riches, de se livrer à l'industrie, sont deux causes, qui, jointes à notre manque de houille à bas prix, à la cherté des transports et des machines, surtout au manque de débouchés extérieurs, rendent difficile la concurrence avec les Anglais, et impossible la création de grandes usines propres à faciliter la lutte.

M. Michel Chevalier. Vous n'avez pas exprimé votre opinion sur la convenance qu'il y aurait d'attendre au 1er octobre 1861, pour la mise à exécution du traité, ou d'accélérer cette mise à exécution.

M. Balsan. Je préférerais que le traité fût retardé jusqu'en 1861, afin d'avoir le temps d'écouler nos marchandises.

M. Herbet, *Commissaire général.* Ainsi vous ne demandez pas le rapprochement de la mise à exécution?

M. Balsan. Bien au contraire; j'en demanderai plutôt l'éloignement.

M. Herbet. Vous ne le pouvez pas.

M. Balsan. Nous avons des affaires en cours d'exécution, qui doivent durer quelques années encore avec l'étranger, et pour lesquelles nous avons compté sur la prime que nous recevons aujourd'hui. Évidemment, le rapprochement de l'époque de l'exécution du traité nous causerait un préjudice considérable.

MM. Balsan, Bouvier Pascal Lignières.

M. Michel Chevalier. Je ne comprends pas votre argument en ce qui concerne vos affaires avec l'extérieur.

A cet égard vous ne recevrez qu'une prime qui cessera d'ici à quelques mois. Dès lors, au mois d'octobre 1860, vous vous trouverez placé, par rapport à l'étranger, dans la même position qu'en 1861.

M. Balsan. Si l'exécution du traité n'est pas avancée, nous aurons toujours joui, pendant une année de plus, des avantages que l'ancien état de choses nous assurait.

M. Michel Chevalier. A l'intérieur, oui; mais pas à l'étranger.

M. Balsan. Nous nous proposons de demander que la prime soit maintenue.

M. Pascal Lignières, *Fabricant de draps, Président de la Chambre de commerce de Carcassonne.* J'appartiens à une industrie toute différente de celle de M. Balsan. Je demande donc la permission de présenter quelques observations qu'il n'a pas faites.

Nous faisons des draps noirs, unis, croisés et satinés.

Nous employons, pour la confection de nos produits, de la laine de France, quand nous en trouvons suffisamment; et, au besoin, des laines étrangères, de la Plata, de l'Australie et de la Russie.

Nous ne vendons pas de fils, et nous n'en achetons jamais.

Nous avons des métiers à tisser; ils ne marchent pas à la vapeur; ils sont tous mus par des roues hydrauliques. Ils sont de la fabrique de M. Muller, de Mulhouse.

Nous n'avons pas trouvé un grand avantage à employer des métiers mécaniques.

Notre fabrique a presque tous ses métiers disséminés dans la campagne, chez les tisserands eux-mêmes. Le tisserand, travaillant au milieu de sa famille et se faisant aider par ses enfants, profite d'un certain avantage sur la main-d'œuvre, avantage qui nous échappe; car nous ne pouvons pas obtenir les mêmes résultats dans nos ateliers, même en payant plus cher.

Le tissage mécanique ne donne donc pas d'économie. Il présente seulement l'avantage d'une plus grande rapidité, que j'estime à 20 ou 25 p. 0/0, et peut-être d'un peu plus de perfection.

Mais cette manière de tisser exige une laine particulière, d'une filature facile. Et comme, dans la fabrication que je représente, on emploie souvent de petites laines, de basses laines, et même des dé-

MM. Balsan, Bouvier, Pascal Lignières.

chets, il en résulte que les métiers mécaniques ne rendent pas, pour nos fabriques, les services qu'ils peuvent rendre pour d'autres.

Je ne vous donnerai pas en détail le prix de revient du lavage et de toutes les opérations de la fabrication, je vous dirai seulement que le prix de la main-d'œuvre, pour la fabrication du drap, s'élève à 40 p. o/o. Ce prix varie bien un peu ; on ne peut pas dire qu'il soit le même pour un drap de 10 francs que pour un drap de 8 francs; mais la différence est imperceptible. Ce qui fait la différence dans le prix général du drap, c'est la valeur et la qualité de la laine.

Nous n'employons ni soie, ni coton, ni poil de chèvre dans la fabrication de nos produits.

Les Anglais fabriquent du drap noir, et les Belges aussi. Ce sont ces derniers qui nous ont enlevé les marchés assez considérables de la rivière de Gènes, de Nice, du Piémont, sur lesquels nous ne vendons plus rien depuis quatre ou cinq ans. J'attribue cette exclusion de nos produits, non à l'infériorité de leur qualité, mais à l'élévation de leur prix, comparativement au prix des produits rivaux.

En général, nous vendons peu de nos produits à l'étranger; cependant une certaine quantité de marchandises provenant de notre fabrication s'écoule au dehors; mais comme elle s'y écoule par l'entremise de commissionnaires, je ne puis pas vous dire vers quels pays elle est expédiée.

M. Michel Chevalier. Est-ce que la fabrique de Carcassonne n'exporte pas pour le Levant ?

M. P. Lignières. Autrefois elle exportait pour le Levant; mais aujourd'hui elle a à peu près complétement perdu ce marché : ce sont encore les Belges et les Anglais qui nous ont supplantés. Carcassonne ne produit guère maintenant que pour la consommation intérieure.

Si vous me demandez les raisons de notre exclusion des marchés des Échelles du Levant, je vous dirai que la fabrique de Carcassonne vendait son drap par l'intermédiaire des négociants de Marseille qui, naturellement, prenaient une rétribution, ce qui augmentait d'autant le prix de la marchandise; et puis les ventes dans les Échelles du Levant se faisaient à long terme, ce qui n'était pas compatible avec le peu de richesse de cette fabrique, qui était obligée de prendre sur ses expéditions et voyait ainsi diminuer son bénéfice; de sorte que quand il est arrivé une industrie un peu plus puissante par les capitaux, elle a pu facilement nous remplacer.

Vous me demandez, enfin, si je crois qu'il faille un droit protecteur, et à quel taux je le fixerais. MM. Balsan, Bouvier, Pascal Lignières.

Je pense que le taux de 25 p. o/o ne serait pas trop élevé. Je me base, à cet égard, sur ce que notre fabrique est faible, quant aux ressources. A la vérité, il se fait dans notre ville 20,000 pièces de drap qui se vendent bien; mais comme cette production sort de trente mains qui n'ont pas assez de capitaux pour exploiter les débouchés étrangers, il est, suivant moi, nécessaire que l'industrie de notre contrée soit au moins protégée, sur le marché intérieur, contre la concurrence belge et anglaise, par un droit que j'estime devoir être fixé à 25 p. o/o.

M. le Président. Monsieur Bouvier, veuillez, à votre tour, vous expliquer sur votre fabrication.

M. Bouvier, *Fabricant de draps à Vienne (Isère).*

1re Question. — Sur le premier paragraphe, qui est relatif à l'achat et à la préparation des laines, je dirai que nous employons des laines des Alpes, de Buénos-Ayres, d'Australie et d'Allemagne; que ces laines nous reviennent à 6 francs et jusqu'à 8 fr. 50 cent., lavées à fond; et que nous les achetons en France.

3e Question. — Nous faisons laver à façon.

Pour les laines en suint, le lavage s'opère à la vapeur; pour les laines à dos, il s'opère au moyen du suint, et quelquefois de la soude.

4e Question. — Nous faisons teindre en masse avant de filer.

Nous n'avons pas d'ateliers de teinture; nous faisons teindre à façon.

Le prix moyen des couleurs ordinaires est de 35 centimes. Le prix des couleurs fines varie de 1 à 2 francs.

Je passe à la filature.

1re Question. — Nous filons toutes les laines nécessaires à notre fabrique de draperie.

Nous ne faisons que de la filature cardée, blanche ou teinte.

Nous faisons du fil écru et beaucoup de fils retors.

2e Question. — Les machines que nous employons sont de fabrication française et, la plupart, de constructeurs viennois. Quelques-unes sont de M. Mercier, de Louviers.

Le prix d'une machine à battre est de 500 francs.

Un assortiment de cardes, composé de trois machines, garnies de leurs plaques, nous coûte 6,800 francs.

MM. Balsan, Bouvier, Pascal Lignières.

Un mull-jenny coûte 6 fr. 50 cent. la broche, plus 400 francs la tête. Chez un constructeur viennois, une machine du même genre coûte 6 francs la broche et 300 francs la tête.

3e Question. — Nous employons un moteur hydraulique. La force se loue 800 francs, y compris le local pour loger les machines.

4e Question. — Le charbon que nous brûlons nous coûte 2 fr. 25 cent. les 100 kilogrammes.

5e Question. — Ce charbon provient du bassin de la Loire, et nous l'employons pour le chauffage des ateliers et pour le calorifère de la sécherie.

6e Question.—Nous produisons des fils de 10,000 à 25,000 mètres au kilogramme. En prenant pour base de la laine qui doit être filée à 10,000 mètres, un assortiment produit à peu près 14,000 kilogrammes, si l'on suppose trois cents jours de travail de douze heures chacun. Le produit est diminué de près d'un tiers, lorsque la laine doit être filée à 25,000 mètres.

Il faut environ 350 broches par assortiment.

7e Question. — La journée moyenne des hommes est de 3 fr. 50 cent.;

Celle des enfants, aides-fileurs, de 75 centimes;

Celle des femmes, garnisseuses de carde, de 1 fr. 50 cent. à 1 fr. 75 cent.

Les hommes travaillent à façon; les femmes travaillent à la journée.

Les salaires ont augmenté depuis quelques années, et nous ne les avons pas réduits dans les dernières circonstances.

8e Question. — Nous employons, par assortiment, deux femmes pour les cardes, trois fileurs et trois aides-fileurs. Nous avons quatre assortiments. En prenant pour base de la filature le numéro qui donne 10,000 mètres au kilogramme, la main-d'œuvre par assortiment revient à 5,000 francs par an.

9e Question. — Nous filons en gras, et nous employons l'oléine, dont le mélange avec la laine accroît le prix de celle-ci de 15 centimes par kilogramme.

10e Question. — Les prix de la filature ne varient pas suivant la qualité de la laine; ils varient suivant le numéro.

Nous n'avons pas à répondre à la 11e question.

MM. Balsan, Boussier, Pascal Lignières.

12ᵉ Question. — Nous employons avec avantage les déchets de fileurs et de tisseurs, provenant des fabriques de laines peignées.

Nous ne sommes pas en mesure de répondre aux 13ᵉ et 14ᵉ questions.

J'arrive au 3ᵉ paragraphe relatif au tissage et aux apprêts.

1ʳᵉ Question. — Nous produisons des nouveautés, hiver et été, pour manteaux de dames et pour pantalons. Le prix de ces articles varie de 10 à 14 francs.

J'ai répondu déjà à la 2ᵉ question du paragraphe 3, en répondant tout à l'heure à la 1ʳᵉ question du paragraphe 1ᵉʳ et à la 6ᵉ question du paragraphe 2.

3ᵉ Question. — Nous faisons fonctionner, depuis quelques semaines seulement, à titre d'essai, par une force hydraulique, un métier mécanique de M. Mercier, de Louviers.

4ᵉ Question. — Le métier que nous essayons est à la Jacquart, avec plusieurs navettes; il emploie environ la force d'un quart de cheval.

Nous n'avons rien à répondre à la 5ᵉ question.

6ᵉ Question. — Nous faisons tisser sur des métiers à la main, dont la moitié environ est chez les ouvriers, l'autre moitié dans nos ateliers.

Nous donnons, pour le tissage d'une pièce de drap de 40 mètres, 45 à 50 francs.

Nous n'avons rien à répondre à la 7ᵉ question.

8ᵉ Question. — En prenant pour base nos qualités ordinaires, les prix des diverses opérations de notre fabrication sont les suivants :

Triage, 15 centimes par kilogramme; par pièce, environ.	6ᶠ 00ᶜ
Dégraissage, 10 centimes, *idem*	4 00
Séchage, 3 centimes, *idem*	1 20
Battage, 4 centimes, *idem*	1 60
Cardage, 40 centimes, *idem*	16 00
Filature, 35 centimes, *idem*	14 00
Ourdissage	1 25
Encollage	1 80
Tissage	55 00
Foulage et dégraissage	7 00
Lainage et tondage	12 00
Presse	1 75
Décatissage	3 00

MM Balsan, Bouvier Pascal Lignières.

Épinçage	5f 00c
Teinture de nos articles	7 00

9e Question. — Les frais n'augmentent pas, à beaucoup près, en proportion directe de l'augmentation de la valeur de la laine.

10e Question. — Nous employons du poil de chèvre, du coton, de la soie en faible quantité, dans le but seulement de donner du cachet à certains de nos articles.

Nos articles se vendent surtout en raison de leur aspect, comme articles de goût. Cependant il est toujours tenu compte, dans certaines limites, de la valeur intrinsèque de la marchandise, que l'on peut toujours apprécier par la finesse de la laine employée, l'épaisseur de l'étoffe et la difficulté du travail.

Nous n'avons pas recueilli de renseignements suffisants pour répondre aux 11e, 12e et 13e questions.

14e Question. — Les capitaux que l'industrie anglaise possède en abondance, le taux de l'intérêt qui est, en Angleterre, bien inférieur à celui qui existe en France, le bas prix du combustible et surtout la substitution du travail mécanique au travail à la main, sont, à mon avis, des causes qui permettent aux producteurs anglais de vendre à des prix inférieurs aux nôtres.

A ce propos, nous émettons le vœu que le Gouvernement, prenant en sérieuse considération la position des industriels qui, par suite du traité de commerce, se trouvent dans la nécessité d'améliorer leur matériel, fasse le prêt de 40 millions à l'industrie, et n'exige que des garanties morales, les seules que les industriels puissent donner.

Les difficultés de se procurer des produits anglais ne nous permettent pas d'établir, par des comparaisons et des chiffres détaillés, les différences qu'il y a, entre les prix de revient anglais et français; mais, par suite de nombreux renseignements que nous avons pris, et vu la difficulté que présente la vente de nos marchandises en Suisse et en Allemagne, en concurrence avec celles des fabricants anglais, tout en tenant compte de la prime qui diminue nos prix, nous n'hésitons pas à dire que le Gouvernement doit admettre le maximum fixé par le traité de commerce, ou au moins 25 p. 0/0.

M. le Président. Vous exportez vos produits en Suisse et en Allemagne?

M. Bouvier. Oui, Monsieur le Président, une partie; mais, ainsi

MM. Balsan, Bouvier, Pascal Lignières.

que je viens de le dire, nous soutenons très-difficilement la concurrence des Anglais dans ces pays.

M. le Président. Soit; mais enfin vous exportez une partie quelconque de vos produits en Suisse et en Allemagne. Comment se fait-il qu'étant à Vienne, et exportant en Suisse, en Allemagne, où vous soutenez, de quelque façon que ce soit, la concurrence avec les Anglais, vous ayez besoin, pour le marché intérieur, d'une protection de 25 p. o/o?

M. Bouvier. C'est parce que, comme je l'ai dit, nous vendons nos articles en raison de leur cachet et non pas de leur valeur intrinsèque.

M. le Président. Mais les Anglais ne vendent pas plus que vous leurs produits suivant la valeur intrinsèque. Le goût dans leurs articles joue aussi un grand rôle, je suppose?

M. Bouvier. Si les Anglais sont mis sur le même pied que nous, ils copieront nos dessins, ils les produiront à meilleur marché; puis ils viendront chez nous nous faire concurrence. Il est certain, d'après les quelques renseignements que nous avons obtenus, qu'ils produisent à meilleur marché que nous, et nous attribuons cela aux causes que nous venons d'indiquer tout à l'heure au Conseil.

Sont introduits :

MM Antonin JOURDAN, de la maison Jourdan frères et Cie, fabricants de draps et de couvertures, à Lodève (Hérault).

Émile FOURNIER, de la maison Puech, Salaville et André, fabricants de draps, à Lodève.

DASTIS, fabricant de draps à Lavelanet (Ariège).

CORMOULS, de la maison Houlès et Cormouls, fabricants de draps à Mazamet (Tarn).

LAINES.

FILATURE, TISSAGE, ETC.

DRAPS DE TROUPE,
DRAPS POUR LE LEVANT,
DRAPS, VELOURS,
CUIRS DE LAINE,
ÉTOFFES COMMUNES,
COUVERTURES.

Lodève (Hérault),
Lavelanet (Ariège),
Mazamet (Tarn).

M. le Président. Monsieur Jourdan, si vous voulez commencer, le Conseil vous écoute.

M. Jourdan, *lisant :*

1re Question. — Nous employons des laines étrangères et indigènes achetées sur les marchés de France, dont le prix varie de 3 francs à 8 francs le kilogramme, selon le genre de produits que nous fabriquons.

Les laines qui entrent dans la fabrication des draps d'exportation, sur lesquelles l'Enquête doit principalement porter, sont dans les prix de 6 à 8 francs le kilogramme.

2e Question. — Nous ignorons si nos laines nous reviennent à des prix plus élevés qu'aux industriels anglais.

La suppression des droits de douane n'a fait baisser de prix que les laines fines; les laines intermédiaires sont plus chères, par suite de la grande consommation.

3e Question. — Notre manufacture étant complète, nous faisons chez nous toutes les opérations. Le lavage des laines communes ou moyennes s'opère simplement à l'eau chaude et au suint.

On lave les laines fines à l'aide d'un mélange de soude et d'ammoniaque.

4e Question. — Nous ne teignons les laines en masse que pour les

MM.
Antonin Jourdan,
Émile Fournier,
Dasin,
Cormouls.

draps de troupe, ce qui est sans intérêt pour l'Enquête. Les prix varient selon les couleurs et les nuances.

Je passe maintenant à ce qui concerne la filature.

1re Question. — Fabricants de draps, nous ne filons que les laines à notre usage; ces laines sont cardées. Nos fils sont sans mélange de couleur ni d'autres matières que la laine.

2e Question. — Le cardage est fait par des cardes boudineuses, et le fil par des mull-jenny construits dans notre localité; les cardes sont anciennes, mais modifiées suivant le nouveau système. L'assortiment, c'est-à-dire la drousse et la carde boudineuse, largeur de 80 centimètres, se paye 1,200 francs. Les mull-jenny simples, sans renvideurs, sont du prix de 7 fr. 25 cent. par broche. Les machines à battre valent 300 francs.

3e Question. — Nos moteurs sont tous hydrauliques.

Propriétaires de la manufacture, nous ne pouvons préciser le prix de la force d'un cheval; nous l'estimons approximativement à une valeur de 400 francs.

4e Question. — La précédente réponse peut s'appliquer aussi à cette question.

5e Question. — Nous ne brûlons de charbon que pour nos chaudières de teinture et notre chauffage; le prix de la houille est de 3 fr. 25 cent. les 100 kilogrammes, première qualité. Les mines de Graissesac sont distantes de 35 kilomètres seulement de notre localité; elles nous fourniraient les charbons à des prix beaucoup moins élevés, s'il existait une voie ferrée pour les transporter, et si les mines étaient mieux exploitées.

6e Question. — Nous produisons trois genres de tissus : les couvertures, les draps de troupe et les draps destinés à l'exportation.

Les couvertures nécessitent un titre de filature de 2,000 à 3,000 mètres par kilogramme; les draps de soldat, de 8,500 à 9,000 mètres; et les étoffes à destination du Levant, de 15,000 à 20,000 mètres, suivant la qualité.

La production d'un assortiment, dans une année de 285 jours de travail constant, est, pour les laines de couvertures, de 17,000 kilogrammes; pour le drap de troupe, de 10,000 kilogrammes; et pour ceux du Levant, de 5,000 kilogrammes seulement.

7e Question. — Tous les ouvriers travaillent à façon, et gagnent de 2 fr. 50 cent. à 4 francs par journée de 12 heures, suivant la qualité de la laine qu'ils travaillent. Les femmes gagnent de 1 franc à 1 fr.

MM.
Antoine Jourdan,
Émile Fournier,
Dastis,
Cormouls.

75 cent., et les enfants de quinze ans, de 75 centimes à 1 fr. 25 c. L'assortiment nécessite l'emploi d'un homme, d'une femme et d'un jeune garçon. Dans une période de trente ans, les prix se sont progressivement élevés de 25 à 35 p. 0/0; mais le coût réel pour le fabricant a diminué par le fait de l'introduction des nouvelles machines.

8e Question. — Notre atelier de filature a 14 assortiments; il occupe 50 ouvriers : 21 hommes, 12 femmes et 17 garçons. Les prix de façon sont établis de manière à ce que chacun d'eux obtienne par journée le salaire spécifié dans la réponse à la 7e question.

Le produit de l'assortiment est subordonné à la qualité du produit et à la finesse du numéro; la réponse à la 6e question ci-dessus en établit la proportion.

9e Question. — Toutes nos laines sont filées en gras; l'huile d'olive pure est le seul graissage employé par nous. Le prix de l'huile fait augmenter celui du kilogramme de laine de 10 centimes pour les couvertures, 20 centimes pour le drap de troupe, et 30 centimes pour le drap du Levant. Celui qui vend ses filatures en gras bénéficie, sur la quantité d'huile introduite, de la différence du prix de ces deux matières, puisque l'huile est payée au prix de la laine.

10e Question. — Le prix de façon varie selon le numéro. La couverture coûte de 25 à 35 centimes par kilogramme; le drap de soldat, de 50 à 75 centimes; et le drap du Levant, de 75 centimes à 1 fr. 10 cent.

11e Question. — Nous ne vendons rien en fil.

12e Question. — Les déchets sont employés dans les qualités secondaires : ainsi ceux des draps du Levant sont mélangés avec les qualités inférieures de même couleur; ceux provenant des laines pour draps de troupe sont employés avec les laines propres à la couverture; et ceux des couvertures sont utilisés pour les lisières.

13e Question. — Même réponse que pour la 11e question.

J'arrive maintenant aux tissage et apprêts :

1re Question. — Nos produits sont, ainsi que cela a déjà été expliqué : 1° les couvertures; 2° les draps de troupe; 3° les draps à destination du Levant.

2e Question. — Les laines sont étrangères ou indigènes; les prix varient de 3 à 8 francs le kilogramme, suivant la qualité; le fil provenant de ces matières est employé pour les étoffes fabriquées.

MM.
Antonin Jourdan,
Émile Fournier,
Dastis,
Cormouls.

3e Question. — Nous n'avons pas de métiers mécaniques; tous nos métiers sont encore à la main.

4e Question. — Nous n'avons jamais fabriqué d'étoffes avec les métiers à la Jacquart.

5e Question. — Ne faisant pas usage des métiers mécaniques, nous ne pouvons préciser quel est le salaire accordé aux ouvriers, hommes, femmes ou enfants qui y sont employés.

6e Question. — Tous les métiers à bras se trouvent dans nos ateliers.

Le prix de la chaine (soit deux pièces) varie suivant la qualité et le nombre de fils. La chaine pour couvertures, qui en compte 30 de 3 mètres chacune, est payée 25 fr. 50 cent.; celle pour drap de soldat, mesurant 66 mètres, est payée de 17 à 19 francs, suivant la couleur; et celle destinée aux draps du Levant, de 24 à 28 francs pour 81 mètres en toile.

7e Question. — Les métiers mécaniques, établis et conduits dans de bonnes conditions, produisent un travail plus uni, plus serré, et conséquemment plus parfait. Leur production annuelle est cependant moindre que celle des métiers à bras, à cause de leur construction compliquée qui amène de nombreux dérangements, pendant lesquels ils sont toujours au repos.

Les réparations qu'ils nécessitent sont souvent assez longues et coûteuses.

Le métier à bras produit plus, et le prix de revient de la chaine, pour l'un et pour l'autre, est à peu de chose près le même, si l'on tient compte de la valeur de la force motrice, du coût du métier qui est de 600 francs, du salaire d'un contre-maître et des réparations: dépenses que l'on évite avec le métier à bras.

Les métiers mécaniques pourront être extrêmement avantageux, lorsque le prix d'achat en sera diminué, et surtout quand, par des perfectionnements mécaniques, on arrivera à ce qu'une même personne en conduise deux; ce qui chez nous serait actuellement impossible, sans amener des coalitions.

Le métier mécanique nécessite des fils de chaine très-résistants, pour qu'ils ne cassent pas sous une pression constamment très-forte. S'il en est autrement, le métier est toujours au repos, et il produit peu et mal. Au contraire, les métiers à bras, se trouvant dirigés par les ouvriers, ménagent le travail comme il convient, et donnent un bien meilleur résultat.

MM.
Antonin Jourdan,
Emile Fournier,
Bastie,
Carmouls

8e Question. — Voici le compte de fabrication pour les quatre genres :

Couvertures;
Drap de soldat;
Manteaux pour les Orientaux;
Tentures et habits pour les Orientaux.

COUVERTURES GRISES POUR CAMPEMENT.

Poids réglementaire : de 3 kilogrammes à 3 kilog. 250.

Laine nécessaire pour obtenir la couverture dans les conditions exigées: 4 kilog. 200 après le lavage.

Lavage et séchage, 4 kilog. 200 à 1 fr. 25 cent. les 100 kilogrammes	0f 06c
Délampourdage et triage, 4 kilog. 200 à 10 francs les 100 kilogrammes	05
Huile sur les 4 kilog. 200,20 centièmes à 145 francs les 100 kilogrammes	29
Cardage, filature et ourdissage, chaîne et trame	1 20
Plus-value de la laine brevetée des bandes	10
Bobinage et tissage (3 mètres de longueur, 1,800 fils de chaîne)	85
Marque, 7 centimes la couverture; épinçage, 5 centimes la couverture	12
Remplissage des vides, coutures et séchage	10
Foulage et dégraissage à la terre glaise	24
Garnissage de la couverture (20 voies sur les 40), pour une.	25
Emballage	24

Perte au dégraissage, au foulage et aux autres opérations, 27 p. o/o. La couverture, d'un poids de 4 kilog. 200 brut, se réduit à 3 kilog. 200.

DRAPS POUR LA TROUPE.

Laine nécessaire pour 43 mètres d'étoffes, 40 kilogrammes.

Coût de la teinture en bleu, les 100 kilogrammes	185f 00c
Coût de la teinture en bleu clair, les 100 kilogrammes	75 00
Coût de la teinture en garance, les 100 kilogrammes	90 00
Drap bleu, 40 kilogrammes de laine à 1 fr. 85 cent	74 00
Triage en blanc et en couleur, 40 kilogrammes à 10 francs les 100 kilogrammes	4 00
Lavage en blanc et en couleur, 40 kilogrammes à 72 francs.	80
Séchage et battage, 40 kilogrammes à 1 franc	40

Cardage, filature et ourdissage de la chaîne, 14 kilogrammes à 60 francs	8f 40c	MM. Antonin Jourdan, Émile Fournier, Bastis, Cormouls.
Cardage, filature et bobinage de la trame, 26 kilogrammes à 45 francs	11 70	
Huile employée sur 40 kilogrammes, à 1 fr. 45 cent. les 100 kilogrammes	5 80	
Lisières, 1 kilogramme à 2 fr. 50 cent. (filature comprise).	2 50	
Collage de la chaîne, 1 fr. 20 cent.; tissage, 19 francs	20 20	
Dégraissage de l'étoffe à la terre glaise	2 00	
Épinçage en toile et dégraissé	8 00	
Foulage, 2 francs; savon, 9 kilogrammes à 65 centimes, 5 fr 85 cent. Ensemble	7 85	
Lainage, 20 voies (y compris le dépérissement du chardon), à 20 centimes	4 00	
Rame, menus frais de couture et brodage des chefs	1 00	
Tonte, 4 coupes à 30 centimes, 1 fr. 20 cent., soit pour 2 pièces	2 40	
Brossage, 40 centimes; rentrayage, 70 centimes; presse, 2 francs. Ensemble	3 10	
Décatissage, 75 centimes, soit pour 2 pièces 1 fr. 50 cent.; emballage, 1 franc. Ensemble	2 50	

Perte au dégraissage, au foulage et aux diverses opérations, 25 p. 0/0. Les 41 kilogrammes se réduisent donc à 30 kilogrammes.

DRAPS DITS *STAMBOUL* OU *SAYA* POUR MANTEAUX DES ORIENTAUX.

Laine nécessaire pour 50 mètres d'étoffes, 44 kilogrammes.

Couleur moyenne, prix de revient	30f 00c
Assortissage, désuintage et lavage en deux fois, 44 kilogrammes, à 17 francs les 100 kilogrammes	7 50
Battage, délampourdage et triage, à 24 francs les 100 kilogrammes	10 55
Huile pour graissage, 6 kilogrammes à 145 francs les 100 kilogrammes	8 70
Cardage, filature et ourdissage de la chaîne, 18 kilogrammes à 70 francs les 100 kilogrammes	12 60
Cardage, filature et bobinage de la trame, 26 kilogrammes à 55 francs les 100 kilogrammes	14 30
Lisières, 2 kilog. 500, couleur brevetée, à 2 fr. 50 cent. le kilogramme	6 25
Collage, 1 fr. 50 cent.; tissage, 26 francs pour 81 mètres	27 50
Dégraissage des deux pièces à la terre glaise	2 00
Épinçage en toile et dégraissé (deux pièces)	9 00
Foulage, 2 francs; savon, 11 kilogrammes à 65 francs, 7 fr. 15 cent. Ensemble	9 15
Garnissage ou lainage, 100 voies à 20 centimes	20 00
Tonte, 28 coupes à 30 centimes (deux pièces)	8 40

MM.
Antonin Jourdan,
Émile Fournier,
Dastis,
Cormouls.

Épinçage en blanc et en couleur	3f 00c
Marque, rame, séchage	1 00
Lustrage et presse nécessaire	2 50
Rentrayage, 2 francs; presse, 2 francs	4 00
Toilette nécessaire aux deux pièces	3 00
Papiers ornés et décoration des chefs	1 50
Emballage, papier, cordes, paille, toile et plateaux	3 70

Perte au dégraissage, au foulage et aux autres opérations, 21 p. o/o. Ces 44 kilogrammes se réduisent donc à 35 kilogrammes.

DRAPS DITS *MAHOUTS* POUR VÊTEMENTS DES ORIENTAUX.

Laine nécessaire pour 60 mètres d'étoffes, 37 kilogrammes.

Couleur moyenne	30f 00c
Assortissage, désuintage et lavage en deux fois, 37 kilogrammes à 17 francs les 100 kilogrammes	6 00
Battage, délampourdage et triage, 37 kilogrammes à 24 francs les 100 kilogrammes	8 90
Huile pour graissage, 5 kilogrammes à 145 francs les 100 kilogrammes	7 25
Cardage, filature et ourdissage de la chaîne, 14 kilogrammes à 100 francs les 100 kilogrammes	14 00
Cardage, filature et bobinage de la trame, 23 kilogrammes à 80 francs les 100 kilogrammes	18 40
Lisières brevetées, couleur naturelle, 2 kilogrammes à 2 fr. 50 cent.	5 00
Collage, 1 fr. 50 cent.; tissage, 30 francs pour 81 mètres. Ensemble	31 50
Dégraissage des deux pièces à la terre glaise	2 00
Épinçage en toile, dégraissé (3 pièces)	10 00
Foulage, 2 francs; savon, 8 kilogrammes à 65 centimes, 5 fr. 20 cent. Ensemble	7 00
Lainage, 120 voies à 20 centimes	24 00
Tonte des 3 pièces, 30 coupes à 30 centimes	9 00
Épinçage en blanc ou en couleur	4 56
Brodage, rame et divers séchages	1 50
Lustrage et presse nécessaire	2 50
Rentrayage, 3 francs; presse, 3 francs. Ensemble	6 00
Toilette nécessaire aux trois pièces	4 00
Ornementation des chefs	2 25
Emballage, papier, cordes, paille, toile et plateaux	3 50

Perte aux opérations, 23 p. o/o. Les 37 kilogrammes se réduisent donc à 28 kilogrammes.

9e *Question.* — Oui, les frais varient en raison de l'augmentation de la valeur de la laine; les prix de revient en sont la preuve.

10e Question. — Il n'entre jamais dans nos produits que des fils de laine. MM. Antonin Jourdan, Émile Fournier, Dastis, Cormouls.

11e Question. — L'Angleterre ne fabrique pas généralement les draps que nous exportons dans le Levant. Nous n'avons jamais trouvé ses produits similaires sur les côtes de la Méditerranée. Cependant, au Maroc, les Anglais fournissaient seuls, à des prix élevés, les villes de Rabat, Casabianca et Mazagan, places de petite consommation; mais ils ont cédé la place à notre industrie et n'ont plus reparu depuis trois ans que nous opérons des ventes de ces draps. Nous n'entendons pas dire pour cela qu'ils ne pourraient pas nous en évincer également, s'ils faisaient le sacrifice de tout ou partie de leur bénéfice; mais, soit à cause du peu d'importance de leurs débouchés sur ce point, soit par suite de la facilité qu'ils ont d'écouler ces mêmes produits sur les nombreux marchés qu'ils possèdent presque seuls sur tout le globe, ils paraissent avoir renoncé à ces pays.

12e Question. — Cette question a probablement rapport aux ventes en France, et dès lors elle nous est étrangère, parce que nous ne fabriquons que des draps lisses.

13e Question. — Nos draps s'écoulent au Maroc et dans toutes les Échelles du Levant. Quelquefois nos produits ont été jusqu'en Perse; mais là les relations sont difficiles, lorsqu'elles ne nous manquent pas complétement. Le percement de l'isthme de Suez faciliterait beaucoup notre commerce et nous mettrait en communication presque directe avec les bords de la mer Rouge, qui consomment ce genre de draps.

Nous vendons au Levant le tiers de nos produits.

Les nations que nous y rencontrons en concurrence sont la Belgique et surtout l'Allemagne; ce dernier pays produit bien et à bas prix; il est en possession presque exclusive de la vente de toutes les belles qualités.

Les Levantins ont des habitudes invétérées; ils acceptent difficilement d'autres produits que ceux qu'ils achètent depuis un temps immémorial; ce qui fait dire qu'ils s'attachent plutôt à la marque de fabrique qu'à la qualité de la marchandise.

Nous faisons cependant concurrence aux fabricants allemands, pour la draperie de qualité moyenne, et notre débouché grandit.

Nous croyons pouvoir continuer avec la suppression de la prime de sortie, persuadés que nous obtiendrons à la vente une augmentation à peu près égale à cette prime. La prime de sortie existant encore, le prix de nos étoffes, sur les marchés étrangers, est resté le même.

MM.
Antonin Jourdan,
Émile Fournier,
Dastis,
Cormouls.

14ᵉ Question. — Comme nous ne vendons pas à l'intérieur, cette question n'est pas très-appréciable pour nous; mais nous pensons qu'un droit protecteur modéré permettrait aux producteurs français de lutter avec avantage contre l'Angleterre.

Maintenant, Messieurs, je crois devoir vous dire qu'au lieu d'établir un droit protecteur modéré, il serait encore plus avantageux de limiter la quantité des produits anglais qui pourraient être introduits mensuellement en France.

M. le Président. Qu'entendez-vous par droit protecteur modéré ?

M. Jourdan. Un droit de 10 p. 0/0.

M. le Président. Vous estimez que ce serait, pour notre industrie, une protection suffisante?

M. Jourdan. Oui, Monsieur le Président. Mais, je le répète, je crois qu'il serait plus avantageux, pour ne pas jeter la perturbation dans l'industrie et le commerce français, d'établir des limites à l'introduction des produits anglais.

M. Ernest Baroche. Cela n'est pas autorisé par le traité.

M. Jourdan. En résumé, nous concluons en disant qu'un droit protecteur est nécessaire sur l'introduction de la draperie anglaise en France. Nous basons notre opinion sur l'expérience que nous a fournie notre commerce d'exportation. La prime que nous accorde le Gouvernement français est actuellement de 8 à 10 p. 0/0; elle nous permet de lutter avantageusement à l'extérieur avec les produits anglais, dans les Échelles du Levant et au Maroc. Il est dès lors presque certain que les mêmes faits qui se produisent à l'extérieur doivent se reproduire sur le marché français; en accordant à notre industrie drapière un droit protecteur de 10 p. 0/0, surtout avec la libre entrée en France des machines anglaises, nous ne voyons pas d'inconvénient à devancer l'exécution du traité de commerce avec l'Angleterre.

M. le Président. A défaut de la possibilité d'établir ces limites que, tout à l'heure, vous proposiez d'établir dans l'introduction des marchandises anglaises, vous considérez qu'un droit de 10 p. 0/0 serait suffisant pour vous protéger, vous; mais pensez-vous que ce droit serait suffisant pour protéger les autres?

M. Jourdan. Je le pense.

MM.
Antonin Jourdan.
Émile Fournier.
Bastis.
Cormouls.

Sur les marchés étrangers, les Anglais ne nous sont pas supérieurs; ils nous cèdent même le pas, soit parce qu'ils produisent à moins bon marché que nous, soit parce qu'ils ne se contentent pas, comme nous, d'un bénéfice modeste.

M. Ernest Baroche. Savez-vous si la fabrique de Carcassonne a renoncé à faire des expéditions dans les Échelles du Levant? Un fabricant de Carcassonne nous disait tout à l'heure que lui et ses confrères avaient été chassés par les Anglais et surtout par les Belges des marchés de ce pays.

M. Jourdan. Je ne le sais pas.

M. Michel Chevalier. Vous dites que c'est vous, au contraire, qui chassez les Anglais de ces marchés?

M. Jourdan. Nous nous y maintenons, au moins, avec eux.

M. Herbet, *Commissaire général*. Et avec les Allemands aussi?

M. Jourdan. Les Allemands ont une perfection et un bon marché de fabrication qui leur donnent l'avantage sur nous.

M. le Président. En résumé, ce sont les Allemands et non pas les Anglais qui vous chassent des Échelles du Levant, et même, en présence des Anglais, votre commerce d'exportation y grandit.

M. Jourdan. Il en est de même au Maroc. Les Anglais ont renoncé à y envoyer des marchandises, soit parce qu'ils ne produisent pas à aussi bon marché que nous, soit parce qu'ils ne trouvent pas assez de bénéfice sur le marché.

M. Ernest Baroche. Rencontrez-vous, dans le Levant et au Maroc, d'autres fabricants français que vous?

M. Jourdan. Oui, Monsieur; nous y rencontrons d'autres fabricants du Midi.

M. Michel Chevalier. Vous croyez, avez-vous dit, qu'il serait plus convenable, pour votre industrie, de mettre le traité de commerce immédiatement à exécution, que d'attendre jusqu'en 1861 pour l'appliquer.

M. Jourdan. Pour moi, je ne vois pas d'inconvénient à appliquer le traité dès cette année: on a été prévenu suffisamment.

M. le Président. Monsieur Fournier, avez-vous quelques obser-

MM. Antonin Jourdan, Emile Fournier, Destrs, Gesmonts.

vations à ajouter à celles qui viennent d'être présentées par ces Messieurs?

M. Émile Fournier, *Représentant de la maison Puech, Salaville et André, fabricants de draps à Lodève.* Je suis à peu près d'accord avec ces Messieurs sur le taux des salaires et des frais de fabrication. Cependant la maison que je représente se trouve dans des conditions différentes de celles de ces Messieurs, sous le rapport de l'outillage: j'aurais donc quelques explications à soumettre au Conseil.

M. le Président. Vous avez la parole.

M. Fournier. Notre manufacture possède l'outillage nécessaire à l'entière fabrication des draps et couvertures: lavage, filature, tissage, foulage et apprêts.

Nous employons un moteur hydraulique de la force de 40 chevaux, et une machine à vapeur de la force de 50 chevaux (système Farcot). Nous estimons que le prix d'un cheval-vapeur est de 515 fr. par an.

Nous avons 60 métiers mécaniques à tisser, depuis 1850.

Ces métiers ont été construits par les manufacturiers eux-mêmes. On ne trouvait pas, à cette époque, en France, de constructeurs sérieux de ce genre de machines propres aux draps. Aujourd'hui encore, l'industrie française de la construction des métiers mécaniques à tisser les draps est dans un état très-sensible d'infériorité vis-à-vis de l'étranger. Ainsi les industriels français payent 1,200 francs un métier qu'on obtient pour la moitié de ce prix en Angleterre; et ce dernier fonctionne mieux. La même observation peut s'appliquer à d'autres machines.

Si, en France, certains métiers à tisser mécaniques sont vendus à bas prix, la confection et la matière en sont si mauvaises, que leur emploi n'est d'aucun avantage.

Par exemple, les machines à nettoyer la laine, qui sont très-utiles, et qui coûtent à Verviers 1,600 ou 1,800 francs, nous reviennent à 3,000 francs en France. Cette différence est énorme et constitue une infériorité pour le manufacturier français.

La houille coûte, à Lodève, 32 fr. 50 cent. la tonne. En Angleterre elle coûte 8 francs seulement, en moyenne.

Notre maison consomme pour 25,000 à 30,000 francs de houille par an.

Cependant le bassin houiller de Graissesac est seulement à 35 kilomètres de distance.

MM
Antonin Jourdan
Émile Fournier,
Dastis,
Cormouls

En nous résumant, nous dirons que l'industrie lainière, dans le midi de la France, ne peut soutenir la concurrence anglaise, belge ou allemande, qu'aux conditions suivantes:

1° Suppression des droits sur la houille;

2° Diminution des droits sur la fonte et les fers;

3° Sur les machines en général, réduction des droits à 6 ou 7 p. o/o;

4° Suppression totale des droits sur les métiers à tisser mécaniques;

5° Libre entrée des matières tinctoriales;

6° Suppression du droit différentiel en faveur du pavillon français;

7° Obligation imposée aux compagnies de chemins de fer français d'accélérer les transports des marchandises.

Il serait à désirer, en outre, qu'on rétablît la prime de sortie pendant une année, afin de permettre l'exécution des engagements contractés et de faciliter la transition vers un régime nouveau que, du reste, j'approuve sous tous les rapports, et qui, sagement appliqué, doit développer largement l'industrie française.

Enfin nous appelons l'attention de M. le Ministre de l'Agriculture, du Commerce et des Travaux Publics sur la nécessité de négocier auprès du Gouvernement piémontais pour que cet État diminue le droit d'entrée sur la draperie, qui est aujourd'hui de 2 francs par kilogramme.

Je demande au Conseil la permission d'insister tout particulièrement sur deux points que je viens d'indiquer : le premier est relatif aux chemins de fer; le deuxième, aux droits dont la draperie française est frappée à l'entrée en Piémont.

Les délais que les chemins de fer français apportent dans l'expédition des marchandises qui leur sont confiées, sont énormes. C'est une question qui, pour paraître secondaire, n'est pas néanmoins sans importance. Ces longs délais amènent souvent des difficultés très-considérables dans nos rapports avec l'étranger, pour l'expédition des marchandises. Ainsi, alors qu'un voyageur peut aller de Lodève à Marseille en neuf heures au plus, la Compagnie demande six jours pour transporter des marchandises de l'un de ces points à l'autre : cela me paraît très-exagéré. De même, pour le trajet entre Lodève et Reims, qu'on peut parcourir en vingt-huit heures, le chemin de fer demande un délai de trente jours; c'est-à-dire qu'à la place des heures, la Compagnie met des jours. Je le répète, cela me paraît très-exagéré.

Quant au droit de 2 francs par kilogramme, qui frappe la draperie française à l'entrée en Piémont, il serait bien désirable qu'il fût réduit à des proportions plus modérées. Ce droit-là subsistant, la suppression des primes rend impossibles toutes nos relations avec l'Italie.

MM.
Antonin Jourdan,
Émile Fournier,
Dastis,
Cormouls.

Nous avons eu des transactions considérables avec l'Italie pour des fournitures de draps de troupe; aujourd'hui que la prime est supprimée à la sortie, ces transactions sont tout à fait arrêtées. J'appelle toute l'attention de M. le Ministre et du Conseil sur ce fait.

M. le Président. Quelle est votre opinion relativement au droit protecteur à établir?

M. Fournier. Les conditions que je viens d'énumérer étant accordées à notre industrie, je pense qu'un droit protecteur de 10 ou 12 p. o/o serait suffisant. Elle luttera alors glorieusement et regagnera tout ce que la prohibition lui a fait perdre.

M. le Président. Vous êtes-vous préoccupé de la classification qui pourrait convenir à vos produits, pour établir soit un droit spécifique, soit un droit *ad valorem?*

M. Fournier. Je crois que pour nous le droit spécifique serait le plus convenable. Nos draps sont, en général, très-communs, et par conséquent très-pesants; ils ne pourraient pas supporter les mêmes droits que des draps fins, et par conséquent très-légers; il serait bon d'établir des catégories.

M. E. Baroche. Quel est le prix le moins élevé de vos draps, en l'évaluant au kilogramme?

M. Fournier. A Lodève, il y a peu de maisons qui s'occupent du drap nouveauté. Notre établissement cependant produit, dans ce genre, une quantité considérable. Les plus communs de ces derniers valent de 4 à 5 francs le mètre; les plus fins, dans ce genre, valent 9 francs le mètre; soit 7 francs à peu près, en moyenne, le kilogramme.

M. E. Baroche. M. Jourdan accepte-t-il ces chiffres?

M. Jourdan. Je ne fais pas le même genre que M. Fournier.

M. E. Baroche. Vous avez parlé des droits différentiels accordés au pavillon français; ces droits sont de 3 centimes; c'est peu considérable, et je n'entrevois pas quel grand intérêt il y aurait à les supprimer, comme vous le demandez.

M. Fournier. C'est important, surtout pour les indigos. Dans ce moment, les indigos sont à un taux très-élevé à Bordeaux. Je ne sais pas pourquoi on priverait l'industrie française de l'avantage qu'elle pourrait avoir à s'approvisionner sur le marché de Londres, qui est le plus important pour les indigos et les laines. Il est impossible de faire arriver des laines et des indigos à bon marché, en France, avec le fret élevé qui y existe. Les droits qui frappent les indigos provenant des marchés d'Europe sont aussi très-élevés. C'est encore là un objet dont il serait bon de se préoccuper, dans le sens d'une modération notable de ces droits.

MM.
Antonin Jourdan,
Émile Fournier,
Dastis,
Cormouls.

Je ferai une observation semblable pour la garance; je ne vois pas pourquoi on n'a pas établi, dans la nomenclature nouvelle, une exemption de droits pour cette matière tinctoriale. Ce serait cependant important; car il y a certaines nuances qui sont obtenues difficilement avec la garance d'Avignon. Ce pays ne ferait, je pense, aucune objection à ce qu'une certaine quantité de garance nous arrivât en franchise de la Perse ou d'autres pays.

M. le Président. Avez-vous commencé quelques tentatives, dans la fabrique du Midi, pour la production des draps en chaîne de coton? Je crois qu'on a essayé de faire de ces draps à Mazamet?

M. Fournier. Je n'ai pas de notions spéciales à ce sujet.

M. Herbet, *Commissaire général*. Est-ce que M. Dastis ne fait pas ce genre de draps?

M. Dastis, *Fabricant de draps à Lavelanet (Ariége)*. J'ai fait des articles en coton; mais je n'ai pas fait de draps mélangés de coton.

M. Fournier. Je me suis trouvé en rapport avec des Anglais, à l'occasion de fournitures de couvertures en Italie; ils fournissaient des couvertures contenant un tiers de coton, et ils nous ont évincés. La fabrique française pourra faire de ces articles; mais il faut un peu de temps et d'expérience pour cela; par conséquent, il faut momentanément lui accorder des délais et une protection.

M. Seydoux. Est-ce que vous faites des draps à 5 francs le mètre avec de la laine-mère?

M. Fournier. Oui, Monsieur.

M. le Président. Monsieur Dastis, vous pouvez prendre la parole.

M. Dastis:

§ 1er. — ACHAT ET PRÉPARATION DES LAINES.

1re Question. — J'emploie des laines françaises et étrangères dont le prix varie de 4 francs à 8 francs le kilogramme.

MM.
Antonin Jourdan,
Emile Fournier,
Dastis,
Cormouls.

2ᵉ *Question.* — Je n'ai jamais eu de point de comparaison, pour pouvoir apprécier si j'achète ces matières à un prix plus ou moins élevé que les Anglais.

3ᵉ *Question.* — Je fais relaver les laines dans mon établissement. J'emploie habituellement des cristaux de soude pour cette opération. La proportion varie de 5 à 10 p. o/o.

4ᵉ *Question.* — Je fais teindre les laines en masse avant la filature. Je teins dans mes ateliers. La moyenne des prix de teinture est de 50 à 60 centimes le kilogramme.

§ 2. — FILATURE.

1ʳᵉ *Question.* — Je file des laines que j'achète. J'emploie la carde. La plupart des couleurs que je file sont mélangées.

2ᵉ *Question.* — Je me sers de machines de fabrication étrangère et de fabrication française. Les premières ont été achetées il y a environ quarante-cinq ans; elles sont belges, système *Cockerill;* les autres ont été achetées il y a environ vingt-cinq ans.

Je ne suis pas fixé sur le prix d'achat actuel de ces machines.

Les machines à battre les laines coûtent de 400 à 500 francs.

3ᵉ *Question.* — J'emploie un moteur hydraulique. Le prix du loyer d'une force de cheval est d'environ 300 francs par an.

4ᵉ *Question.* — Je n'ai pas de moteur à vapeur.

5ᵉ *Question.* — J'emploie du charbon de terre pour la teinture et le chauffage; il me revient à 4 francs environ les 100 kilogrammes. Ce prix très-élevé provient des frais de transport; car on emploie toujours la charrette dans le Midi.

6ᵉ *Question.* — Les numéros de fil que je produis sont de 5,000 à 12,000 mètres par kilogramme. Chaque assortiment produit annuellement de 10,000 à 12,000 kilogrammes de fil.

7ᵉ *Question.* — Le prix de la main-d'œuvre est de 1 à 2 francs pour les hommes, de 60 à 75 centimes pour les femmes, et de 30 à 50 centimes pour les enfants.

Les hommes figurent dans le nombre de mes ouvriers pour 2 cinquièmes; les femmes dans la même proportion, et les enfants pour un cinquième. Mes ouvriers travaillent à la journée et à la façon; ceux à la tâche gagnent, en moyenne, un quart de plus.

Ainsi les journaliers, les hommes qu'on emploie le plus habituellement, gagnent 1 franc par jour, et les tisseurs 1 fr. 50 cent. à 2 francs.

MM. Antonin Jourdan, Émile Fournier, Dastis, Cormouls.

Les salaires des ouvriers ont subi peu d'augmentation depuis quelques années, et je maintiens toujours les mêmes prix.

8e Question. — J'ai de 300 à 350 ouvriers, pour toutes les opérations concernant la fabrication. J'emploie 2 hommes, 4 femmes et 3 enfans par assortiment. Le prix de la façon de la filature me revient de 5 à 6 centimes les 1,000 mètres.

9e Question. — Je file en gras; j'emploie plus particulièrement l'oléine (acide oléique); je graisse dans la proportion de 10 à 15 p. o/o.

Le graissage de la matière augmente la filature de 10 centimes environ par kilogramme.

10e Question. — La filature, dans les numéros de 5,000 mètres à 8,000 mètres, est de 50 à 60 centimes environ le kilogramme; et dans les numéros de 8,000 à 12,000 mètres, de 55 à 60 centimes le kilogramme; graissage compris.

11e Question. — Je ne vends aucune espèce de matière ni de fil. Je les emploie.

12e Question. — Avec les blousses et les déchets, je fabrique des produits pour vêtements d'hiver, à très-bon marché.

Le prix de ces produits varie de 5 à 6 francs, et le poids de 850 à 1,000 grammes le mètre.

M. Seydoux. Quelle est la largeur de ces étoffes?

M. Dastis. Elle est de 135 à 138 centimètres.

13e Question. — Je n'ai aucune notion pour pouvoir déterminer les prix moyens des fils de laine, en France ou en Angleterre, dans les six derniers mois de l'année 1859.

14e Question. — Les affaires sont plus difficiles que l'année dernière : les matières premières sont plus chères et les produits tendent à la baisse.

§ 3. — TISSAGE ET APPRÊTS.

1re Question. — Je fabrique de la draperie.

2e Question. — J'emploie des laines françaises et étrangères, provenant d'Espagne et de Buénos-Ayres, dans les prix de 4 à 8 francs le kilogramme.

J'emploie du fil de 7,000 à 10,000 mètres pour chaîne, et de 5,000 à 9,000 mètres pour trame.

MM.
Antonin Jourdan,
Emile Fournier,
Dastis,
Cormouls.

3ᵉ Question. — Je n'ai pas de métiers mécaniques.

4ᵉ Question. — Je n'ai pas non plus de métiers à la Jacquart.

5ᵉ Question. — Par conséquent je n'ai pas d'ouvriers qui soient employés à faire marcher ces métiers.

6ᵉ Question. — Je fais tisser sur des métiers à la main; presque tous ces métiers sont chez les ouvriers. La façon des tissus varie de 30 à 75 centimes par mètre.

7ᵉ Question. — Je ne puis répondre à la 7ᵉ question, puisque je ne fais usage que des métiers à la main.

8ᵉ Question. — Voici les prix de revient de chacune de nos opérations :

Opération	Prix	
Triage	10ᶜ	par kilogramme.
Dégraissage	10	par kilogramme.
Séchage	02	par kilogramme.
Battage	02	par kilogramme.
Cardage	10	par kilogramme.
Filature	20 à 30	par kilogramme.
Ourdissage	08	par mètre environ.
Encollage, séchage, etc.	08	par mètre.
Tissage	30 à 75	par mètre.
Dégraissage	03	par kilogramme.
——— par le savon	04	par kilogramme.
Foulage (selon la force)	15	par kilogramme.
——— savon	10	par kilogramme.
Lavage, selon le nombre d'eaux	01 à 20	par mètre.
Tondage	10	par mètre.
Presse	05	par mètre.
Épinçage	05	par mètre.
Teinture	50	par mètre.

9ᵉ Question. — Non, les frais ne suivent pas cette proportion.

10ᵉ Question. — Je n'emploie que la laine.

11ᵉ Question. — J'ignore complétement quels sont les produits similaires aux miens, que l'on fabrique en Angleterre.

12ᵉ Question. — Je n'ai rien à dire sur la 12ᵉ question relative à la classification.

13ᵉ Question. — Non, je ne vends pas à l'étranger.

Les affaires sont plus difficiles que l'année dernière: les matières premières sont plus chères et les produits sont en baisse.

14ᵉ Question. — Il m'est impossible d'apprécier les causes qui permettent aux producteurs anglais de vendre à des prix inférieurs aux produits français; je n'ai aucun document pour apprécier la différence qui peut exister dans les prix de revient : je ne puis, par conséquent, déterminer rationnellement la quotité des droits qui devraient être établis sur les produits anglais.

MM. Antonin Jourdan. Émile Fournier. Dastis. Cormouls.

M. le Président. Vous n'avez même pas d'impressions à cet égard?

M. Dastis. Je n'ai eu aucun document ni aucun échantillon anglais entre les mains, et véritablement je ne suis pas en état de dire quelle devrait être la quotité du droit protecteur.

M. Ernest Baroche. Croyez-vous qu'on pourrait n'établir aucun droit?

M. Dastis. Je ne pourrais répondre d'une manière satisfaisante à la question que si j'avais vu des échantillons de produits anglais et si j'avais pu, sur ces échantillons, me rendre compte des prix probables de vente soit en gros, soit en détail. Tout ce que je puis dire, c'est que, d'après les échantillons que j'ai vus au Ministère de l'Agriculture, du Commerce et des Travaux Publics, je crois que les Anglais sont plus avancés que nous pour la fabrication de certains articles.

M. Herbet, *Commissaire général.* On a reçu ce matin au Ministère une collection d'échantillons de tissus belges que ces Messieurs pourront aller examiner, s'ils pensent y trouver quelque intérêt.

M. le Président. Maintenant, Monsieur Cormouls, le Conseil est prêt à vous entendre.
La fabrication est-elle importante à Mazamet?

M. Cormouls, *Fabricant de draps à Mazamet (Tarn).* Sur 12,000 âmes que la ville renferme, il y a de 4,000 à 6,000 ouvriers.

M. le Président. Quelle est environ la production de cette fabrication?

M. Cormouls. 12 millions.

M. le Président. Quels genres d'étoffes produit-on le plus généralement dans votre ville?

M. Cormouls. Principalement de grosses étoffes pour la marine et les campagnes; mais on commence à prendre des habitudes de fabrication industrielle, et l'on fait, dans cette localité, des étoffes dans le genre de celles d'Elbeuf et de Sedan, mais dans des proportions éloignées.

MM.
Antonin Jourdan,
Émile Fournier,
Daste,
Cormouls.

M. LE PRÉSIDENT. Vous faites aussi des couvertures?

M. CORMOULS. Oui, Monsieur le Président. Je suis fournisseur pour le Ministère de la Guerre : j'ai un lot et demi de fournitures depuis 1830; cela me permet d'employer un plus grand nombre d'ouvriers, et d'avoir une fabrication plus étendue que mes collègues.

M. LE PRÉSIDENT. Maintenant, Monsieur, veuillez bien répondre au questionnaire en suivant l'ordre qu'il indique.

M. CORMOULS :

§ 1er. — ACHAT ET PRÉPARATION DES LAINES.

1re Question.—Nous employons les laines du midi de la France, du nord de l'Espagne, du Maroc, de la Russie, de l'Algérie et de l'Amérique (Buénos-Ayres).

Les prix de nos laines varient depuis 3 francs jusqu'à 9 francs le kilogramme.

Nous n'achetons point de laines dans les villes indiquées par le questionnaire.

2e Question. — Nous ignorons si les laines nous reviennent à un prix plus élevé qu'aux fabricants anglais.

3e Question. — Nous lavons nous-mêmes nos laines; nous employons l'eau chaude pour les laines ordinaires et communes, avec addition d'un peu de soude pour les laines fines..

4e Question.—Nous teignons nos laines avant de les filer, et nous teignons dans nos ateliers. Le prix de nos teintures varie depuis 40 centimes le kilogramme jusqu'à 3 francs; la moyenne peut être portée entre 70 et 80 centimes le kilogramme.

§ 2. — FILATURE.

1re Question. — Nous ne filons point à façon; nous nous servons au contraire de la filature à façon pour à peu près la moitié de nos produits.

Nous filons les laines que nous achetons.

Nous employons la carde exclusivement.

Nous ne faisons ni mixte ni peigné.

Nous faisons des fils teints et mélangés.

Nous faisons du fil retors.

2e Question. — Nous nous servons de cardes et de fileuses, toutes de construction française.

MM.
Antonin Jourdan.
Émile Fournier.
Dastis.
Cornoul.

Les deux tiers de ces cardes existent depuis vingt ans, et le dernier tiers depuis cinq ans; quelques-unes des anciennes ont été modifiées suivant le nouveau système.

Les derniers assortiments que nous avons achetés, composés de trois machines et de deux mull-jenny de 200 broches chacun, nous sont revenus à 14,000 francs l'un. Le nombre de broches, pour un assortiment, doit être plus ou moins grand, suivant le degré de la filature.

La broche de nos métiers à filer Mull-Jenny nous a coûté 8 fr. 50 cent.

Nous n'avons que des métiers Mull-Jenny.

3e Question. — Tous nos moteurs sont hydrauliques.

Le loyer de la force d'un cheval est de 200 à 250 francs.

4e Question. — Nous ne nous servons point de machine à vapeur.

5e Question. — Le charbon que nous brûlons pour chauffage et séchage est tiré des mines de Graissesac et de Carmaux. Ces charbons nous reviennent, à Mazamet, à 3 fr. 75 cent. les 100 kilogrammes; ce prix élevé tient à ce que nous sommes privés d'une ligne ferrée, et à ce que tous nos frais de transport sont exorbitants.

Nous consommons environ 70,000 kilogrammes de charbon par an, soit pour 2,600 francs.

6e Question. — Nos filatures varient de 5,000 mètres à 20,000 mètres au kilogramme.

Chaque assortiment produit 200,000 écheveaux de 750 mètres chacun, soit 150 millions de mètres, ou 375,000 mètres par broche, l'assortiment étant ordinairement composé de 400 broches.

Avec un degré quatre fois plus fin, on produirait deux fois plus de longueur.

7e Question. — Le prix de la main-d'œuvre varie de 60 centimes à 1 fr. 25 cent. par jour pour les femmes et les enfants; et, pour les hommes, de 1 fr. 50 cent. à 3 francs.

Dans les ouvriers que nous employons, les hommes figurent à peu près pour la moitié, et les femmes et les enfants pour l'autre moitié.

Les tisserands et les fileurs sont à la façon; tous nos autres ouvriers sont à la journée.

Les salaires ont augmenté depuis quelques années. Ils n'ont pas été réduits dans ces dernières circonstances.

8e Question. — Nous employons de 1,500 à 2,000 ouvriers.

Chaque assortiment nécessite 3 hommes, 5 femmes, et 2 enfants.

MM.
Antonin Jourdan,
Émile Fournier,
Dastis,
Cormouls.

Pour un fil moyen, la main-d'œuvre annuelle, par assortiment, est de 4,000 francs.

9e Question. — Nous filons toujours en gras.

Nous employons environ de 30,000 à 35,000 kilogrammes d'huile d'olive pure, provenant du Roussillon.

L'huile augmente le prix de la filature de 20 à 25 centimes par kilogramme.

10e Question. — Pour la filature au-dessous de 7,000 mètres au kilogramme, nous payons, au poids, 50 centimes par kilogramme; pour les filatures au-dessus de ce degré, nous payons 6 cent. 1/2 pour 1,000 mètres.

11e Question. — Nous ne vendons ni laine ni fil; nous employons tout ce que nous produisons.

12e Question. — Nous employons nos déchets dans des marchandises inférieures.

13e et 14e Questions. — Nous n'avons rien à répondre à ces deux questions, puisque nous ne vendons pas de filature.

§ 3. — TISSAGE ET APPRÊTS.

1re Question. — Nous fabriquons des draps de soldat, cuirs de laine, draps-velours, nouveautés pour hommes et pour femmes, étoffes d'hiver et d'été.

M. HERBET, *Commissaire général.* Vous n'employez pas de coton?

M. CORMOULS. Nous n'employons jamais que de la laine pure.

M. HERBET. Croyez-vous que vos confrères n'emploient également que de la laine pure?

M. CORMOULS. Je ne connais pas de fabrique qui ait encore commencé à employer autre chose que de la laine. Nous serons peut-être obligés d'en venir à employer le coton.

2e Question. — Les laines que nous employons proviennent du midi de la France, du nord de l'Espagne, du Maroc, de l'Algérie, de la Russie et de Buénos-Ayres. Le prix de nos laines est de 3 francs à 9 francs le kilogramme. Nous produisons les fils employés par nous; ils sont de 5,000 mètres à 20,000 mètres au kilogramme.

3e Question. — Nous avons 5 métiers mécaniques à tisser, mus par la force hydraulique; nous les avons depuis huit ans; M. Brunel, de Lodève, en est le constructeur; nous les avons payés 550 francs pièce.

MM. Antonin Jourdan, Émile Fournier, Dastis, Cormouls.

4ᵉ Question. — Nous n'avons pas de métiers Jacquart mus par la vapeur ni par force hydraulique.

Pour faire marcher un de nos métiers mécaniques à tisser, nous comptons environ un tiers de cheval de force.

5ᵉ Question. — Le salaire de l'ouvrier qui conduit le métier mécanique à tisser est d'environ 1 fr. 25 cent. Nous employons à ces métiers des femmes ou des enfants.

Un seul individu ne conduit qu'un métier.

6ᵉ Question. — Presque tous nos tissus sont faits sur métiers à la main.

Nous avons 150 métiers dans nos ateliers; nous en occupons deux ou trois fois autant au dehors.

Le prix de la façon du tissage varie de 10 francs à 30 francs par pièce; soit de 55 centimes à 1 fr. 10 cent. par mètre d'étoffe prête.

7ᵉ Question. — Nos métiers mécaniques ne font guère plus de travail que la moyenne de nos métiers à la main.

Le tissu est plus régulier; l'économie est de 2 francs par pièce.

8ᵉ Question. — Voici la moyenne, au kilogramme, des dépenses qu'entrainent les différentes opérations de notre fabrication, pour la main-d'œuvre seulement :

Triage	15ᶜ
Dégraissage	05
Séchage	03
Battage	01
Cardage	08
Filature	18
Bobinage et ourdissage de la chaine	20
Encollage	01 1/2
Bobinage de la trame	20
Tissage	75
Dégraissage	00 1/2
Foulage	01
Tonte	04
Presse	01
Épinçage en gros	02
Teinture indiquée en moyenne de	70 à 80

9ᵉ Question. — Les frais n'augmentent pas tout à fait en proportion de l'augmentation directe de la laine employée.

MM.
Antonin Jourdan,
Emile Fournier,
Bastis,
Cormouls.

10ᵉ Question. — Nous n'employons que la laine pure, sans aucun mélange.

11ᵉ Question. — Nous ignorons quels sont les produits similaires aux nôtres, fabriqués en Angleterre.

12ᵉ Question. — Cette question n'a pas de rapport avec notre genre de fabrication: nos produits ne peuvent être appréciés ni par le poids, ni par le compte des fils.

13ᵉ Question. — Nous vendons environ un dixième de notre production à l'étranger; nous expédions nos produits:

En Suisse principalement;

En Piémont et dans l'île de Sardaigne;

En Corse;

En Algérie;

A Londres.

Mais jusqu'ici la majeure partie de nos ventes à l'étranger s'est appliquée aux articles de nouveautés.

Nos articles courants ont peu varié depuis quelques années; il en est même qui n'ont pas varié.

Quant à la nouveauté, dont la vente dépend de la réussite plus ou moins heureuse des genres, on ne peut guère établir de points de comparaison.

14ᵉ Question. — Connaissant fort peu, et même presque pas, les produits anglais, il nous serait fort difficile de vous fixer un chiffre pour le droit protecteur.

Cependant, comme nous avons tout lieu de considérer les Anglais comme nos aînés en fabrication, nous croyons qu'il est indispensable d'établir un droit assez protecteur.

Pour justifier cette supposition de notre part, nous croyons pouvoir certifier que notre maison d'aujourd'hui lutterait avec notre maison d'il y a trente ans avec une différence assez sensible.

Quant à la manière d'établir les droits protecteurs, nous croyons qu'il est nécessaire de faire trois catégories de qualités :

1° Marchandise commune, fabriquée avec de la laine du prix de 2 fr. 50 cent. à 4 fr. 50 cent. le kilogramme;

2° Marchandise intermédiaire, fabriquée avec de la laine du prix de 4 fr. 50 cent. à 7 francs le kilogramme;

3° Marchandise fine, fabriquée avec de la laine du prix de 7 francs et au-dessus.

MM. Antonin Jourdan, Emile Fournier, Dastis, Cormouls.

M. LE PRÉSIDENT. Vous n'avez pas formulé le chiffre *ad valorem* de la protection que vous croyez nécessaire ?

M. CORMOULS. Ma conviction est que, pour tout ce qui sera nouveauté, nous aurons le dessus. J'en ai fait l'expérience par nos voyageurs et par moi-même. Je suis allé à Gênes, à Bâle, à Genève, et ailleurs; lorsqu'il s'est agi de ces grosses étoffes de Paris, valant 4 francs le mètre, que nous vendons en France à la marine, j'ai dû baisser pavillon, comme on dit; c'était peut-être plus mal fait que ce que nous produisons, mais enfin on m'offrait à 4 francs des produits pour lesquels je ne pouvais pas prendre d'ordres, à moins de vendre pour rien. Dans toutes ces contrées, en Suisse, en Piémont, mes marchandises ont eu le dessus.

M. LE PRÉSIDENT. Elles l'ont aussi autre part, et la preuve, c'est que vous vendez à Londres.

M. CORMOULS. Oui, Monsieur le Président; j'ai eu des correspondants à Londres auxquels je vendais à 8 p. o/o plus cher qu'à mes clients de Paris. Lorsque j'avais mon dépôt de la rue des Bourdonnais, je faisais des manteaux que je vendais à Paris 7 francs, et que j'expédiais à Londres à 7 fr. 50 cent., 7 fr. 60 cent. C'est une étoffe nouveauté qui s'est perdue. J'ai envoyé mon fils à Londres, pour reprendre cette sorte d'affaire de nouveauté; il a reçu des commissions dans les étoffes proprement dites de nouveauté pour paletots, pantalons, et quelques velours dans le genre de ceux que fabrique M. de Montagnac, de qui j'ai pris une licence.

Quant aux villes comme Cagliari, Rome, Genève, Lausanne, Bâle, et à la Corse, où nous sommes en concurrence avec beaucoup de fabriques, nous avons obtenu jusqu'ici de très-grands succès. Mais, pour les étoffes où il n'entre aucun art, aucune intelligence, j'ai dû y renoncer; j'ai été battu complétement dans toutes ces contrées.

M. LE PRÉSIDENT. Vous avez été battu sur les articles qui se vendent le moins cher, et vainqueur sur ceux dont le prix est élevé.

M. CORMOULS. Oui, Monsieur le Président.

M. MICHEL CHEVALIER. Que pensez-vous au sujet de l'époque où le traité sera mis en vigueur? Serait-il nécessaire d'attendre jusqu'au 31 octobre 1861; ou y aurait-il inconvénient pour votre industrie, à votre point de vue, à l'avancer?

MM.
Antonin Jourdan,
Émile Fournier,
Bastis,
Cormouls.

M. Cormouls. Mon opinion a toujours été que le progrès ne pouvait se développer en France qu'avec le libre échange; mais je pense qu'il faut y arriver sagement. Je puis faire erreur.

M. le Président. Combien y a t-il de temps que vous êtes fabricant?

M. Cormouls. Il y a quarante ans.

Sont introduits :

Les Délégués de la Chambre de commerce de Leicester.

MM. J. DOVE-HARRIS, ex-membre du Parlement pour Leicester.

G. SHIRLEY-HARRIS, représentant la maison R. HARRIS ET FILS, fabricants de bonneterie de laine et de fantaisie.

RICHARD ANGRAVE, représentant la maison RICHARD ANGRAVE ET FRÈRES, fabricants de bonneterie de laine (gilets et autres vêtements de corps).

THOMAS-WILL. HODGES, membre du Conseil municipal de Leicester; représentant la maison HODGES ET TURNER, fabricants de tissus élastiques (caoutchouc combiné avec des matières textiles).

WILL. ROWLETT jeune, membre du Conseil municipal de Leicester et secrétaire honoraire de la Chambre de commerce, représentant la maison ROWLETT ET RUSSELL, fabricants de bonneterie de fantaisie.

Ces Messieurs sont accompagnés de M. HAUSSOULLIER, interprète.

LAINES.

ARTICLES DIVERS : BONNETERIE : TISSUS MÉLANGÉS DE CAOUTCHOUC.

PRODUCTION ANGLAISE.

LEICESTER.

M. LE PRÉSIDENT. Monsieur l'interprète, veuillez demander à ces Messieurs quelle est l'importance de leur fabrication.

M. HAUSSOULLIER. La maison Harris emploie environ 2,500 ouvriers;

M. Angrave, 700 ouvriers;

M. Hodges, environ 700 ouvriers, hommes et enfants;

M. Rowlett jeune, de 500 à 1,000 ouvriers, hommes, femmes et enfants.

M. LE PRÉSIDENT. Veuillez nous donner connaissance du mémoire de ces Messieurs.

M. HAUSSOULLIER, *lisant :*

Les articles qui se fabriquent dans le district manufacturier de Leicester et dans son voisinage immédiat, comprennent :

1° La bonneterie ordinaire;

2° La bonneterie de fantaisie;

MM.
J. Cove-Harris,
G. Shirley-Harris,
Richard Angrave,
Thomas Will. Hodges,
William Rowlett jeune,
Haussoullier

3° Les gants;
4° Les fils laine et laine mélangée coton;
5° Les tissus de caoutchouc;
6° Le coton à coudre sur bobines;
7° La cordonnerie;
8° Les taffetas à l'usage de la médecine et de la chirurgie.

Comparons la situation respective des industriels français et anglais.

Pour ce qui concerne la bonneterie ordinaire ou de fantaisie, les métiers employés en France et en Angleterre sont les mêmes. Les fabricants des deux pays en comprennent parfaitement l'usage; et comme ce sont principalement des métiers à main, l'avantage qu'on peut en retirer dépend de la manière de s'en servir, c'est-à-dire, de l'habileté de l'ouvrier et de l'esprit d'entreprise du fabricant. Le prix de la matière première est le même dans les deux pays, et le coût de la fabrication en Angleterre n'est certainement pas inférieur au coût de la fabrication en France; ce serait plutôt le contraire. Ainsi donc, pour ce qui concerne cette fabrication, les industriels français et les industriels anglais sont sur un pied d'égalité; et s'il y a quelques avantages, ils sont en faveur du fabricant français.

Ce que nous établissons ici se rapporte à la bonneterie fabriquée au métier.

Dans la fabrication de la bonneterie de fantaisie au crochet, le fabricant français a un avantage très-marqué sur le fabricant anglais. L'ouvrier français travaille à beaucoup meilleur marché, parce que cette industrie n'est en quelque sorte qu'un complément de sa principale occupation, un moyen d'employer son temps perdu; tandis que l'ouvrier anglais n'ayant pas d'autre occupation, le salaire qu'il lui faut retirer de ce seul travail doit le faire vivre.

On se sert très-peu de force motrice dans la bonneterie de laine; cela tient à ce que les nécessités de cette industrie exigent qu'on modifie continuellement les produits de la fabrication. Il est de grands établissements qui, n'employant pas la vapeur, peuvent lutter efficacement avec des usines qui l'emploient. Ce qui prouve que, pour cette fabrication spéciale, l'emploi de la vapeur ne produit aucun avantage pécuniaire appréciable. A ce point de vue cette industrie diffère beaucoup des autres industries textiles.

Dans la fabrication des tissus de caoutchouc, où l'on se sert généralement de machines à vapeur, le coût de la force motrice dépend essentiellement du prix du charbon. A Leicester, le charbon revient à 10 francs la tonne.

D'après des calculs soigneusement établis par un des plus grands fabricants de cet article, le coût de la force motrice employée ne dépasse pas 1/400 ou le quart de 1 p. 0/0 de la valeur totale du produit fabriqué. Il est fort difficile de faire entrer en compte cette minime dépense, comme un des éléments devant servir de base au droit à établir.

MM.
J. Dove-Harris,
G. Shirley-Harris,
Richard Angrave,
Thomas-Will. Hodges,
William Rowlett jeune,
Haussoullier.

Dans certains articles dont les tissus élastiques forment le principal élément, tels que les bretelles, par exemple, les fabricants français font une telle concurrence aux fabricants anglais, qu'ils les ont presque exclus du marché anglais lui-même.

La ganterie et la cordonnerie de notre district n'ont envoyé aucun renseignement statistique; ces industries ont complétement refusé de s'occuper d'une question de tarif à établir, parce que les fabricants de ces articles ne peuvent pas, même sur le marché anglais, lutter contre le bas prix des salaires sur le continent: tout droit équivaudrait donc à une prohibition.

Il résulte de toutes ces considérations que le manufacturier anglais ne possède aucun avantage sur le fabricant français. Il est évident qu'un droit, qui ne serait pas excessivement minime, empêcherait les articles de Leicester d'entrer en France.

Quant au mode d'établissement des droits de douane, nous dirons que, par suite de nos différents procédés de fabrication, le poids ne peut servir de guide pour établir la valeur de nos divers articles: il arrive souvent que le prix de la main-d'œuvre et les frais représentent trois à quatre fois la valeur de la matière employée. Dans d'autres cas, la valeur que la fabrication ajoute au fil est presque nominale.

Il en résulte que le poids, comparé à la valeur, varie presque autant que les articles eux-mêmes.

Pour en donner un exemple, le cas étant à peu près le même pour tous nos articles, nous allons parler de la catégorie des gilets de laine.

PRIX PAR DOUZAINE.	NOMBRE DES VARIÉTÉS.	PRIX PAR 133 GRAMMES.	VENTE.
18f 75c à 112f 50c.	300.	2f 15c à 21f 85c.	On vend les neuf dixièmes en articles dont le prix varie de 25f à 73f la douzaine.

Dans la bonneterie de fantaisie, une seule maison fait 250 variétés de chaussons d'enfants (tricot, aiguille ou crochet); on doublerait au moins ce nombre en y ajoutant les variétés fabriquées par les autres

MM.
J. Dove-Harris,
G. Shirley-Harris,
Richard Augrave,
Thomas-Will. Hodges,
William Rowlett jeune,
Hanssoullier.

industriels. Le poids varie, par douzaine, de 98 à 224 grammes; et les prix, de 1 fr. 25 cent. à 15 francs par douzaine. Le tableau suivant représente les variations actuelles dans cette fabrication.

PRIX PAR DOUZAINE.	NOMBRE DE VARIÉTÉS.	PRIX PAR 453 GRAMMES.	VENTE.
1f 35c à 10f 00c.	250	De 5f 00c à 30f 00c.	On vend les neuf dixièmes en articles dont le prix varie de 1f 35c à 5f la douzaine.

L'industrie de la bonneterie, dépendant de la mode, varie continuellement. Par exemple, dans la partie désignée sous le nom de *bonneterie ordinaire*, on a créé, depuis quelques années, de nouvelles espèces d'articles, tandis que certaines espèces ont complétement disparu. Il est très-probable que ce fait se renouvellera dans le même laps de temps, la forme des articles de bonneterie dépendant beaucoup de la forme des vêtements avec lesquels on les porte.

Dans la bonneterie de fantaisie, ces variations sont encore plus considérables : par exemple, le nombre de variétés de mitaines de femmes qui, il y a sept ou huit ans, était de 200, est actuellement descendu à 20.

Il y avait 150 variétés de manchettes de femmes; c'est à peine s'il en existe maintenant; à ces articles se sont substitués beaucoup d'autres articles énumérés dans l'appendice, tels que polkas, mitaines, crispins, etc.

Tout ceci prouve l'impossibilité d'établir un droit spécifique basé sur une énumération par classes et par catégories, pour des articles qui varient aussi continuellement que les nôtres.

De plus, la fabrication de nos articles exige l'emploi des qualités de laine les plus belles, en même temps que des qualités les plus communes; elle nécessite aussi l'emploi des fils les plus fins et des fils les plus gros : de sorte qu'une classification basée sur les numéros des fils ou la qualité de la laine serait complétement illusoire; d'autant plus que des qualités de laine de valeur différente sont souvent employées ensemble. Il est même des articles dans lesquels on a mélangé avec la laine de petites quantités de soie ou de coton.

Toutes ces remarques s'appliquent complétement aux chaussettes d'enfants; cet article est fort important dans notre industrie, ainsi que le prouveront les prix courants ci-annexés.

La fabrication des tissus de caoutchouc est également une branche importante de notre industrie. Nous avons déjà dit, en termes généraux, que cette fabrication est soumise aux mêmes causes de variations que les autres branches de nos produits. La proportion de caoutchouc, surtout dans les articles à bon marché, est si minime, que les tissus de cette fabrication peuvent, en toute justice, être rangés dans la même catégorie que les tissus de matières textiles. Ce qui ajoute à la difficulté de les frapper d'un droit autre qu'un droit *ad valorem*, c'est que les prix des meilleurs articles des catégories inférieures sont plus élevés que le prix des articles inférieurs des catégories supérieures, ainsi que le montre le tableau suivant :

MM.
J. Dove Harris.
G. Shirley-Harris.
Richard Augrave.
Thomas-Will. Hodges.
William Rowlett jeune.
Hausoullier.

MATIÈRES PREMIÈRES.	VARIATION DES PRIX PAR 833 GRAMMES.
1 Caoutchouc et coton	De 4f 05c à 15f 60c.
2 Caoutchouc, laine et coton	De 5 00 à 9 35.
3 Caoutchouc et laine	De 6 85 à 14 35.
4 Caoutchouc, soie et coton	De 10 00 à 23 10.
5 Caoutchouc et soie	De 10 00 à 30 00.

La valeur de la matière première augmente progressivement dans ces catégories, suivant l'ordre dans lequel elles sont établies; mais quant à ce qui concerne la valeur de la matière employée comme pouvant servir à une classification par catégories, rien ne serait plus incertain; car la qualité supérieure du nº 1, tissus caoutchouc et coton, est d'un prix bien plus élevé que celui de la qualité inférieure du nº 5, tissus caoutchouc et soie.

Il résulte des faits que nous venons d'établir, faits que notre expérience de fabricants vient confirmer :

1º Qu'un tarif basé sur le poids comme type, ne pourra pas frapper la marchandise d'un droit juste et équitable;

2º Qu'une classification par catégories ne pourrait fonctionner, les articles de notre fabrication disparaissant continuellement pour être remplacés par des articles nouveaux;

3º Que la quantité et la finesse ne peuvent se définir de manière à empêcher les droits de peser plus sur certains articles que sur d'autres.

Ayant donc démontré qu'il n'existe rien qui puisse empêcher le fabricant français de lutter dans des conditions d'égalité avec le fabricant anglais, tant en Angleterre qu'en France et sur les autres marchés du globe; ayant aussi démontré qu'une classification par catégories ne peut servir de base à l'établissement d'un droit spécifique, nous pen-

MM
J. Dove-Harris,
G. Shirley-Harris,
Richard Angrave,
Thomas-Will. Hodges,
William Rowlett jeune,
Haussoullier.

sons qu'un droit minime *ad valorem* est le seul qui puisse permettre l'introduction des articles de Leicester sur le marché français.

Nota. Dans la réduction des mesures anglaises en mesures françaises on a évalué :

La livre sterling à 25 francs;
Le shelling à 1 fr. 25 cent.;
Le penny à 10 centimes;
La livre anglaise à 453 grammes;
L'once anglaise à 28 grammes.

M. Ernest Baroche. Quel métier emploient ces Messieurs, est-ce le métier rectiligne ou le métier circulaire?

M. Haussoullier. Ces Messieurs emploient les deux; mais le plus usité jusqu'à présent c'est le métier rectiligne.

M. Ernest Baroche. Ces Messieurs font-il marcher leurs métiers à la vapeur?

M. Haussoullier. Ces Messieurs n'emploient pas la vapeur, excepté M. Harris.

M. Ernest Baroche. Ces Messieurs filent-ils la laine qu'ils emploient?

M. Haussoullier. Non; ils achètent leurs fils.

M. le Président. N'y a-t-il pas un métier de nouvelle invention pour la fabrication de la bonneterie?

M. Ernest Baroche. En France, on commence à se servir d'un métier à vapeur imité de l'Angleterre.

M. le Président. On en a importé un dans le département de Seine-et-Oise.

M. Ozenne, *Secrétaire*. On a cité le nom de M. Tailbouy.

M. Ernest Baroche. En somme, pour cette industrie, les métiers sont les mêmes dans les deux pays; le métier circulaire a fait révolution dans l'un comme dans l'autre.

Quelle est la valeur du caoutchouc et de la laine, au yard?

M. Haussoullier. M. Hodges pense que, dans une étoffe de caout-

MM.
J. Dove-Harris,
G. Shirley-Harris,
Richard Augrave,
Thomas-Will. Hodges,
William Rowlett jeune,
Haussoullier.

chouc d'un yard, qui vaudrait 1 shelling 10 pence, ou 2 fr. 25 cent., le caoutchouc entre pour un quart, soit 25 p. o/o.

M. Ernest Baroche. M. Hodges achète-t-il des étoffes toutes fabriquées, et se borne-t-il à les couvrir de caoutchouc?

M. Haussoullier. M. Hodges ne fait que des tissus entremêlés de fils de caoutchouc. D'après les échantillons que j'ai vus, c'est du caoutchouc mélangé avec de la laine, de la soie ou du coton.

M. le Président. Ces Messieurs pourraient-ils faire remettre à M. le Commissaire général des échantillons de leurs produits?

M. Haussoullier. Ces Messieurs laisseront des échantillons.

M. le Président. Ce sera un élément de comparaison générale.
Monsieur l'interprète, veuillez remercier ces Messieurs au nom du Conseil.

(M. Dove-Harris a remis les notes suivantes à l'appui de sa déposition.)

Appendice montrant, en termes généraux, la signification des noms dont on se sert pour décrire les catégories dans lesquelles se divise l'industrie du district de Leicester et du voisinage, avec un aperçu du nombre des variétés et de leur prix.

§ 1er. — Bonneterie ordinaire.

Bas et chaussettes de laine (hommes, femmes et enfants).
Bas et chaussettes de laine avec entrée en coton (femmes et enfants).
Bas et chaussettes de laine. imitation de tricot (hommes, femmes et enfants).
Bas et chaussettes *union* (fil laine et fil coton retordus en un fil), (hommes, femmes et enfants).
Vêtements de dessous, chemises, caleçons, pantalons, gilets sans manches, jupons, ceintures et vêtements de dessous *union*, à côtes et unis.
Maillots et *tricots* en imitation.
Chaussettes d'enfant en grand nombre.

§ 2. — Bonneterie de fantaisie.

Polkas (ou casaques) pour femmes et enfants; gilets de peau (femmes).
Spencers et gilets sans manches (enfants).
Gilets (*jackets*) avec ou sans manches (*vests*) (femmes), châles et fichus.
Pèlerines et mantelets (*capes*), écharpes pour femmes.
Écharpes, boas, mantilles et *victorias* (boas d'enfants).

MM.
J. Dove Harris,
G. Shirley-Harris,
Richard Angrave,
Thomas Will. Hodges,
William Rowlett jeune,
Houssoullier.

Cache-nez, écharpes, ceintures *sashes* (hommes).

Bonnets (hommes), (écarlates à raies noires).

Brodequins et chaussons d'enfants.

Guêtres (femmes et enfants), brodequins (femmes).

Capelines pour enfants, chapeaux et chapeaux de jardin, fanchons (femmes).

Mitaines crispin, pagodes, manches (enfants et femmes).

Mitaines et demi-mitaines (femmes et enfants).

Mitaines et manchettes (hommes).

Bretelles, laine, laine et coton.

Pièces de tricots (*pintus*) unis et à côtes (laine fine, coton pur, et mélangés laine et coton).

Articles divers (genouillères, plastrons, ceintures hygiéniques, jarretières, etc.).

Pantoufles, crinolines, bonnets pour fumer (*smoking-caps*), tissus pour ceintures, voilettes, tours de cou, etc., et une infinie variété d'articles qui sont désignés sous ces noms.

§ 3. — GANTS.

Gants comprenant ceux qui sont coupés dans le tissu, ou tissés dans la machine à bas (laine pure et laine mélangée de coton).

§ 4. — FILS.

Fils de laine de toute espèce, laine pure, laine mélangée de coton, et *union*, ou fil de coton et de laine retordus ensemble, et spécialement tous les fils pour tricots mentionnés ci-dessus.

§ 5. — TISSUS ÉLASTIQUES.

Tissus élastiques ou caoutchouc combiné avec toutes espèces de matières textiles, tels que tissus élastiques de différentes largeurs pour portefeuilles, gants, usages médicaux et chirurgicaux, jarretières, corsets, ceintures de femme, bretelles, bottines de femme et d'homme, etc.

§ 6. — COTONS À COUDRE.

Sur bobines, de toutes variétés et espèces.

§ 7. — CORDONNERIE.

Chaussures, principalement pour femmes et enfants, en cuir ou en cuir et tissus combinés.

§ 8. — TAFFETAS.

Pour usages médicaux et chirurgicaux, en vingt ou trente variétés.

Sont introduits :

MM. William WILSON, de la maison William Wilson et fils, fabricants de châles à Paisley (Écosse), délégué par les fabricants de cette ville.

John PATON, de la maison S. et D. Paton et Cie, de Tilliecoultrie (Écosse), fabricants de châles laine, écossais, dits châles tartans.

John-Cavernill SHIELS, négociant commissionnaire à Londres.

Ces Messieurs sont accompagnés de M. HAUSSOULLIER, interprète.

M. le Président. Monsieur l'interprète, veuillez nous lire les mémoires préparés par ces Messieurs.

M. Haussoullier *lisant :*

LAINES.

FABRICATION DES CHÂLES. CHÂLES ÉCOSSAIS DITS TARTANS.

PRODUCTION ANGLAISE

Écosse.

MÉMOIRE PRÉSENTÉ PAR M. WILLIAM WILSON.

Les principaux genres d'articles fabriqués à Paisley comprennent :

Les châles longs et carrés, unis et imprimés, dont suit le détail :

Châles fabriqués au métier Jacquart ;

Châles en laine et soie ou estame ;

Châles en laine et estame ;

Châles en estame, coton et soie ;

Châles en laine et coton, et quelquefois en soie seulement.

Les foulards unis et imprimés, n'ayant pas plus de 45 pouces anglais carrés, et comprenant :

Foulards en laine et estame ;

Foulards en laine et coton ;

Foulards en soie et coton.

Les fabricants de Paisley ont fait connaître l'impossibilité où ils se trouvent d'établir un droit fixe pour ces objets, par suite des variations continuelles dans les prix.

En vue de répondre aux questions soumises par un comité de fabricants, formé dans le but d'obtenir, pour le Conseil Supérieur du Commerce, des renseignements exacts et de source certaine, les prix suivants ont été fixés pour les derniers six mois, d'après les relevés établis par plusieurs fabricants :

Pour les châles fabriqués au métier Jacquart : 57 fr. 50 cent.

MM.
William Wilson,
John Paton,
John-Caverhill Stiels
Haussoullier.

56 fr. 25 cent., 22 fr. 15 cent., 21 fr. 85 cent., dont le taux moyen général est de 33 fr. 85 cent.

Pour les châles longs imprimés : 25 francs et 15 francs.

Pour les châles longs en laine et coton mixtes : 15 francs et 6 fr. 25 cent.

Les prix des châles fabriqués à Paisley au métier Jacquart varient de 12 fr. 50 cent. à 150 et 175 francs la pièce; par suite, un châle de la valeur de 21 fr. 25 cent. et un autre de la valeur de 75 francs ou 87 fr. 50 cent. seraient classés, quant au droit spécifique, dans la même catégorie que les châles d'une fabrication mixte de laine, soie, coton ou estame. En conséquence, les fabricants ont été d'accord que le seul droit qui pût être imposé avec équité à leur industrie était le droit *ad valorem*.

Il est évident que le nouveau tarif n'offrira aucun avantage au commerce de Paisley, si le droit *ad valorem* n'est pas adopté. La fixation de ce dernier droit doit d'autant plus être adoptée, que le commerce de Paisley ne comprend que l'article de fantaisie, dont les dispositions, la fabrication et les prix varient, plus ou moins, à chaque saison.

Je n'ai plus, avant de terminer ce rapport, qu'à déclarer que j'ai été plus de trente ans dans le commerce des châles, et que mon expérience m'a conduit à penser que le droit *ad valorem* était non seulement le meilleur, mais encore le seul qu'admette un échange de trafic avec Paisley.

Je dois ajouter, pour rassurer le commerce français contre les craintes qu'il pourrait éprouver relativement à notre concurrence, que, pendant des années consécutives, les châles français ont été admis à l'importation en Angleterre, sous un droit nominal, et qu'actuellement ils sont exempts de tout droit. Je suis convaincu que l'introduction de ces châles n'a servi qu'à augmenter notre commerce, au lieu de lui porter préjudice, comme on en avait exprimé d'abord la crainte.

Le taux des salaires pour le tissage des châles étant établi, à Paisley, d'après un tarif approuvé par des comités composés de fabricants et d'ouvriers, le fabricant de Paisley ne peut pas modifier ce taux, soit par suite du mauvais état du marché, soit par suite d'excès de travail. Il doit donc subir ce désavantage, et, en tout temps, payer des salaires plus élevés que le fabricant français.

Je suis tout disposé à donner toutes explications se rapportant à mon industrie, ainsi qu'à répondre à toutes les questions que le Conseil jugera convenable de me poser.

MM.
William Wilson,
John Paton,
John-Caverhill Shiels,
Haussoullier.

RENSEIGNEMENTS FOURNIS PAR M. J. PATON.

MM. J. et D. Paton et Cie, de Tillicoultrie (Écosse), emploient principalement dans leur fabrication des laines d'Australie valant de 1 shelling 9 pence à 3 shellings par livre anglaise, pour les laines lavées à dos, et une quantité relativement minime de laines écossaises.

Le seul avantage qu'ils possèdent sur le fabricant français est dans le prix de la houille; cela est cependant de peu d'importance; car la houille n'entre dans le prix coûtant de leurs productions que pour 1/2 p. o/o (50 centimes par 100 francs de production).

Par contre, le fabricant français a un avantage considérable dans le prix de la main-d'œuvre.

MM. J. et D. Paton et Cie payent, en moyenne, 4 shellings par jour aux ouvriers, 1 shelling 6 pence aux ouvrières, et 10 pence aux enfants.

La main-d'œuvre entre pour une partie très-considérable dans le prix coûtant de leur fabrication.

La laine n'entre que pour 50 p. o/o dans le coût de leurs articles.

Le prix de vente varie beaucoup, parce qu'il est basé sur la qualité de la laine employée et sur le nombre de fils en chaîne et en trame; la marchandise peut varier de 4 shellings par livre anglaise pour les sortes inférieures, à 8 shellings par livre anglaise pour les sortes supérieures. Il y a des articles plus chers encore, mais la quantité fabriquée en est tellement peu importante, qu'on n'en parlera pas ici.

A raison des nombreuses catégories de qualité, MM. Paton recommandent l'adoption de droits dits *ad valorem*. Ils croient que, ne possédant aucun avantage sur le fabricant français, ils ne pourraient arriver sur les marchés de France, qu'en tant que leur fabrication serait frappée de droits modérés.

MM. Paton pensent que leur fabrication est goûtée en France, plutôt pour son caractère écossais, que pour toute autre raison; ce genre, les fabricants français trouveront, plus tard, facilement à l'imiter.

L'établissement de droits spécifiques, basés sur une classification par catégories, est impossible, parce que les catégories se rapprocheraient tellement les unes des autres, qu'il serait impossible de les établir de manière à éviter des contestations en douane.

La fabrication consiste en châles longs et châles carrés. Les premiers ont généralement 140 pouces de long sur 70 pouces de large, et les derniers ont 70 pouces de carré.

MM.
William Wilson,
John Paton,
John-Caverhill Shiels,
Haussoullier.

MM. J. et D. Paton font observer, comme conclusion, que depuis l'abolition des droits sur les laines brutes en Angleterre, le salaire de l'ouvrier a augmenté de 15 p. o/o, et la matière première de 40 p. o/o à 50 p. o/o.

M. Ernest Baroche. Est-ce que ces Messieurs n'emploient pas de cachemire?

M. Haussoullier. M. Wilson dit qu'à Paisley on se sert un peu de cachemire pour la chaîne, et qu'il pense que le filé vient de France.

M. Ernest Baroche. Ces Messieurs font-ils des châles brochés?

M. Haussoullier. Ceux qu'ils appellent *jacquart-shawl:* sont des châles brochés; on en fait à Paisley.

M. d'Eichthal. Ce sont des châles de basse qualité.

M. Ernest Baroche. En Angleterre, on fait ces châles avec un certain succès.

Quel est, en moyenne, le poids d'un châle?

M. Haussoullier. Il varie de 2 livres à 2 livres 1/2 anglaises.

M. Ernest Baroche. Est-il possible de distinguer la valeur des châles par leur poids?

M. Haussoullier. M. Wilson dit que ce n'est pas possible, et qu'un châle d'un shelling peut peser autant qu'un châle d'une livre.

M. Ernest Baroche. Est-il possible d'établir une distinction par le nombre de fils contenus dans un quart de pouce, ainsi que cela se fait pour les châles de l'Inde?

M. Haussoullier. M. Wilson pense qu'on le pourrait; mais il faudrait, dit-il, une personne compétente. Toutefois ce ne serait pas un moyen excellent, parce qu'il y a de grandes différences dans le prix de façon des châles : il y a des châles pour lesquels on paye 4 shellings de façon, et d'autres pour lesquels on paye 20, 30 et 40 shellings.

M. John Paton me prie de faire remarquer que tout ce que dit M. Wilson s'applique à Paisley, en général, et non à sa fabrication spéciale.

(M. John Wilson remet, comme complément de sa déposition, le document suivant.)

Tableau indiquant le prix moyen des articles fabriqués à Paisley, pendant les six mois qui ont précédé janvier 1860 [1].

NOMS des FABRICANTS.	ARTICLES BROCHÉS ET UNIS — Soie, laine et coton, à armures ou brochés. Châles longs.	Soie, laine et coton, à armures ou brochés. Châles carrés.	Unis ou de fantaisie, tout laine. Châles longs.	Unis ou de fantaisie, tout laine. Châles carrés.	Unis ou de fantaisie, tout laine. Mouchoirs.	Unis ou de fantaisie, tout coton. Châles longs.	Unis ou de fantaisie, tout coton. Châles carrés.	Mélangés, unis ou fantaisie, soie et laine. Châles longs.	Mélangés, soie et laine. Châles carrés.	Mélangés, coton et laine. Châles longs.	Mélangés, coton et laine. Châles carrés.	Mélangés, coton, soie et laine. Châles longs.	Mélangés, coton, soie et laine. Châles carrés.	Bourre de soie et soie, soierie prise par 0m 91c.	Bourre de soie et soie, soierie prise par 1m 36c.	ARTICLES IMPRIMÉS — Châles longs, coton, laine et soie.	Châles longs, tout laine.	Châles longs, tout soie.	Châles carrés, coton et laine.	Châles carrés, tout soie.	Mouchoirs, coton et laine.	Mouchoirs, tout soie.
	fr. c.	fr. c.	fr. c.	fr. c.	fr. c.	fr. c.	fr. c.	fr. c.	fr. c.	fr. c.	fr. c.	fr. c.	fr. c.	fr. c.	fr. c.	fr. c.	fr. c.	fr. c.	fr. c.	fr. c.	fr. c.	fr. c.
John Morgan et Cie	56 25	»	22 50	»	6 40	»	»	20 00	»	15 00	»	17 50	»	»	»	25 00	»	»	»	»	»	»
Walkers fils et Cie	26 25	17 60	»	»	»	»	»	»	»	»	»	»	»	»	»	»	»	»	»	»	»	»
J. et J. Robertson	57 50	41 25	23 75	11 65	»	»	»	»	13 75	»	6 25	»	»	»	»	»	»	»	»	»	»	»
James Kelso	41 25	»	»	»	»	6 40	0 375	»	»	6 25	»	»	»	»	»	»	»	»	»	»	»	»
James Miller	23 10	13 75	»	»	»	7 15	»	20 06	12 50	10 00	»	17 50	»	»	»	»	»	»	»	»	»	»
Dogliel et Begg	41 65	25 75	»	»	»	»	»	»	»	»	»	»	»	»	»	»	»	»	»	»	»	»
J. et R. Kirkwood	23 75	15 00	»	»	»	»	»	»	»	»	»	12 50	6 25	»	»	»	»	»	»	»	»	»
Walter Hirol	30 15	»	»	»	»	»	»	»	»	»	»	»	»	»	»	»	»	»	»	»	»	»
Mac Arthur et Findley	»	»	18 10	21 90	»	6 65	»	21 25	»	13 10	8 10	15 00	»	»	»	10 00	15 60	15 00	4 40	7 50	»	»
Will. Wilson et fils	22 20	20 60	18 10	10 60	3 65	»	»	»	»	»	»	17 50	10 60	»	»	»	»	»	»	»	»	»
James Cunningham et Cie	21 90	23 30	»	»	»	»	»	»	»	»	»	»	»	»	»	»	»	»	»	»	»	»
John Mac Kechnie et Cie	26 35	»	»	»	»	»	»	»	»	»	6 25	20 30	10 90	»	»	»	»	»	»	»	»	»
Hugh Wallace	26 65	15 10	»	»	»	»	»	»	»	»	»	»	»	»	»	»	»	»	»	»	»	»
Abercrombie et Guill	»	»	»	»	»	»	1 00	»	»	»	»	9 40	4 40	»	»	9 40	»	»	5 00	»	1 65	»
Hutton et Mac Calman	»	»	»	»	»	»	»	»	»	»	»	»	»	3 00	3 20	10 60	»	14 05	3 75	4 40	1 55	2 05
John Hair	»	»	»	»	»	»	»	15 70	9 65	»	»	»	»	»	»	»	»	»	»	»	»	»
Prix moyen	33 86	22 90	20 60	10 60	4 65	5 60	0 78	19 25	11 90	11 10	7 05	15 60	8 10	3 00	3 20	13 75	15 60	14 45	4 40	5 95	1 70	2 05

[1] Le change a été établi ainsi : Le shelling à 1 fr. 25 cent.; Le penny à 15 centimes; Le yard à 91 centimètres; Le pouce à 25 millimètres.

LAINES.

LA SÉANCE EST LEVÉE.

MM. William Walson. John Paton. John Caverhill Shiels. Hamsoullier.

SÉANCE DU JEUDI 19 JUILLET 1860.

PRÉSIDENCE DE S. EXC. M. ROUHER,

MINISTRE DE L'AGRICULTURE, DU COMMERCE ET DES TRAVAUX PUBLICS.

TISSUS DE LAINE.

BONNETERIE ORIENTALE.

COUVERTURES.

PARIS ET ORLÉANS.

La séance est ouverte à une heure.

M. Seydoux, député au Corps législatif, préside le Conseil à l'ouverture de la séance.

Le procès-verbal de la précédente séance, lu par M. Ozenne, *Secrétaire*, est adopté.

Sont introduits :

MM. ALBINET, fabricant de couvertures à Paris.

DAUDIER, président de la Chambre de commerce et fabricant de couvertures et de bonneterie orientale à Orléans.

BUFFAULT, fabricant de couvertures à Paris.

M. Albinet. Je vais donner lecture au Conseil des réponses que j'ai préparées aux trois parties du questionnaire relatif aux laines.

ACHAT ET PRÉPARATION DES LAINES.

1re Question. — La nature des laines que nous employons varie suivant la qualité que nous voulons produire. Pour les qualités communes, ordinaires et demi-fines, nous achetons presque toujours des laines d'Afrique, quelquefois des laines du Levant. Nous payons

MM. Albinet, Baudier, Buffault.

les qualités communes 2 fr. 50 cent. le kilogramme; les laines ordinaires 3 francs à 3 fr. 15 cent.; les demi-fines, 4 francs. Pour les couvertures fines et mérinos, nous employons des laines de France que nous payons de 5 fr. 50 cent. à 7 fr. 50 cent., et même 8 francs.

2ᵉ *Question.* — Nous ne pouvons dire si nos laines nous coûtent plus cher qu'aux industriels anglais; seulement, lorsque nous les achetons aux ventes publiques en Angleterre, elles nous reviennent à 8 p. o/o de plus qu'aux fabricants anglais, par suite des frais de commission, magasinage, transport et change. Quant au bénéfice que nous aurions pu tirer de la suppression des droits, il est complétement nul; au contraire, nous avons déjà, depuis cette époque, une hausse de 10 p. o/o.

3ᵉ *Question.* — Le plus souvent, nous achetons nos laines lavées, quelquefois en suint, et alors nous faisons laver à façon, à raison de 25 centimes le kilogramme.

4ᵉ *Question.* — Nous faisons teindre en masse; nous ne nous servons de laines teintes que pour barrer nos couvertures. Nous payons 1 fr. 80 cent. l'écarlate, 2 fr. 70 cent. le bleu foncé, et 1 fr. 80 cent. le bleu clair.

M. Ernest Baroche. Vous dites, en réponse à la 3ᵉ question, que les laines anglaises vous reviennent à 8 p. o/o de plus qu'aux fabricants anglais; comment établissez-vous ce compte de 8 p. o/o?

M. Buffault, *Fabricant de couvertures à Paris.* Voici les frais que supportent les laines achetées en Angleterre :

Le transport peut être évalué à 17 francs les 100 kilogrammes. Sur une laine dont la valeur moyenne est d'environ 3 francs le kilogramme, ces 17 francs correspondent à 5 3/4 p. o/o. Le droit d'entrée est de 3 fr. 60 cent., soit 1 1/2 p. o/o. Le change est de 1/2 p. o/o, la commission et les menus frais, 1/4 p. o/o. Ensemble 8 p. o/o.

M. le Président. Quelles sont les laines que vous achetez principalement en Angleterre?

M. Buffault. Nous achetons à Liverpool ou à Londres nos laines de l'Inde; quelquefois nous avons acheté à Londres des laines du Pérou, et à Bradford des blousses. Habituellement nous achetons nos laines d'Afrique et du Levant à Marseille.

M. Ernest Baroche. Est-ce que vous ne vous servez pas de laines anglaises?

M. Daudier, *Fabricant de couvertures et de bonneterie à Orléans.* Jusqu'ici les droits qui existaient nous empêchaient de nous approvisionner sur le marché anglais; mais depuis trois mois nous faisons des tentatives pour nous procurer des laines anglaises.

MM. Albinet. Daudier. Buffault

M. Ernest Baroche. Jusqu'à présent vous en avez peu acheté?

M. Daudier. Oui, très-peu; nous achetons au Havre.

(S. Exc. M. le Ministre de l'Agriculture, du Commerce et des Travaux Publics entre en séance et prend place au fauteuil de la présidence.)

M. Albinet. Je passe à la partie du questionnaire relative à la filature.

1re Question. — Nous ne sommes pas filateurs à façon; nous ne filons que les laines que nous employons. Le tout se fait dans nos ateliers. Nous employons la carde comme préparation. Nous ne faisons pas de peigné mixte, ni de fil écru. En couleur, nous ne filons que la laine nécessaire au barrage des couvertures. Nous ne retordons pas nos fils.

2e Question. — Les machines dont nous nous servons sont les batteurs, les loups, les cardes et les métiers à filer. Ces machines sont de fabrication française. Les prix de ces machines sont en ce moment : batteur, 600 francs; loup, 800 francs; assortiment de deux cardes, 5,300 francs; métiers à filer, 9 francs la broche.

3e Question. — Nous ne pouvons répondre à cette question.

4e Question. — Nous nous servons d'une machine à vapeur construite par M. Farcot; elle est d'une force de 18 chevaux. Nous brûlons du charbon de Charleroi, tout venant, première qualité, qui nous coûte, rendu à l'atelier, 37 fr. 80 cent. les 1,000 kilogrammes; nous en consommons 120,000 kilogrammes par année.

5e Question. — Nous ne chauffons pas nos ateliers.

6e Question. —Les numéros de filatures que nous employons sont, tant pour chaîne que pour trame, du nº 2,000 mètres au nº 8,000 mètres au kilogramme.

MM. Albinet, Daudier, Boffault.

Chaque assortiment de deux cardes produit annuellement, en qualité commune, ordinaire et demi-fine, 12,000 kilogrammes, et, en laine fine, 9,000 kilogrammes.

7ᵉ Question. — Pour la filature, nous employons à peu près autant de femmes que d'hommes. Les soigneuses sont payées 1 fr. 50 cent. par journée. Le travail du batteur et des loups est fait par des hommes qui gagnent 2 fr. 50 cent. par jour. Les fileurs travaillent à façon; le prix est fixé au kilogramme, suivant les numéros et la qualité de la laine; leur journée moyenne est de 4 francs. Depuis plusieurs années, les salaires ont sensiblement augmenté, et loin de vouloir s'arrêter, cette augmentation nous menace encore; mais les logements et la nourriture sont tellement chers, malgré la progression des salaires, que la position de l'ouvrier est moins bonne actuellement que par le passé.

M. Germain Thibault. C'est à Paris que vous payez ces salaires?

M. Albinet. Oui, Monsieur.

M. Daudier. C'est la même chose à Orléans. Les ouvriers passent de la fabrique d'Orléans à celle de Paris, et réciproquement.

M. Germain Thibault. Et pour les fabriques du Midi ?

M. Albinet. Les ouvriers qui viennent du Midi sont moins habiles que les nôtres, et produisent moins dans le même espace de temps.

8ᵉ Question. — Nous employons pour la filature trois enfants, dix femmes et sept hommes. Les enfants gagnent 1 franc par jour, les femmes 1 fr. 50 cent., et les hommes 4 francs.

9ᵉ Question. — Nous graissons à 10 p. 0/0. Nous employons l'huile de colza épurée, mélangée avec du savon et de l'eau. Ce graissage accroît le prix de la filature de 7 centimes au kilogramme.

10ᵉ Question. — Le prix moyen de la filature est de 50 centimes le kilogramme.

11ᵉ Question. — Nous ne vendons jamais de laines filées.

12ᵉ Question. — Nous n'avons pas de blousses; tous nos déchets sont relavés et employés pour des couvertures très-communes.

13ᵉ Question. — Comme nous ne sommes pas filateurs, il ne nous est pas possible de répondre à cette question.

14ᵉ Question. — Notre filature a beaucoup gagné depuis plusieurs années; aujourd'hui, presque tous les fabricants sont montés avec les machines les plus nouvelles, fabriquées par les meilleurs constructeurs français; ce qui nous permet d'établir le fil à un prix bien moins élevé qu'autrefois. MM. Albinet, Daudier, Buffault.

TISSAGE ET APPRÊTS.

1re Question. — Nous fabriquons la couverture de laine et celle de coton.

2e Question. — (Voir le n° 1, pour les achats de laine.)

3e Question. — Nous ne tissons pas mécaniquement.

4e Question. — Non.

5e Question. — Nous ne savons pas.

6e Question. — Nous tissons à la main; tous nos tisserands travaillent dans nos ateliers; ils sont payés à la couverture. Les prix varient suivant la grandeur, le poids et la qualité de la laine employée. Le tisserand gagne, en moyenne, 3 fr. 50 cent. à 4 francs par jour.

7e Question. — Je crois le métier mécanique plus avantageux; il produit peut-être un peu plus et doit donner un tissu d'une plus grande régularité.

8e Question. — Nous payons pour triage, épluchage et battage, 10 centimes au kilogramme.

La filature revient à 50 centimes le kilogramme.

Le tissage varie suivant la grandeur, le poids et la qualité.

Ourdissage, 3 centimes le kilogramme.

Foulage, 8 centimes le kilogramme.

Garnissage, en moyenne 40 centimes par couverture.

Épinçage, 15 centimes par couverture.

Rentrayage, soufrage, étendage, couchage, 15 centimes par couverture.

9e Question. — Les frais varient suivant la qualité de la laine employée et suivant le poids demandé : plus la laine est fine, plus la main-d'œuvre est élevée.

10e Question. — Dans nos couvertures, il n'entre ni poil, ni basse matière. Nous fabriquons quelquefois, et sur commande, des couvertures dont la chaîne est en coton, trame laine; le coton y entre pour un dixième.

11e Question. — Nous avons fait fabriquer quelques couvertures par l'un des meilleurs fabricants anglais; ces couvertures en rapport avec

MM. Albinet, Daudier, Buffault.

nos qualités, dimensions et poids, sont d'un prix tellement inférieur aux nôtres, qu'il nous est impossible d'en donner l'explication.

12e Question. — Nos couvertures sont classées de la manière suivante : communes, ordinaires, mi-fines, fines et mérinos; elles se vendent de cette manière dans le commerce; le prix est basé sur la qualité, la dimension et le poids.

13e Question. — Nous vendons peu à l'étranger. C'est avec les États-Unis que nous avons le plus de relations.

14e Question. — Il nous est difficile de répondre à cette question; car nous n'avons jamais pu entrer dans une fabrique anglaise. Nous pensons que l'abondance et le bon marché des capitaux, un matériel beaucoup plus complet et moins cher, une production considérable, et de grands débouchés, permettent aux fabricants anglais d'établir à meilleur compte et de vendre à prix réduits, les frais généraux étant à peu près nuls pour eux. Nous sommes étonnés de leurs prix de vente, et nous restons persuadés qu'avec le droit de 30 p. o/o nous aurons encore une lutte difficile à soutenir.

M. le Président. Ainsi vous évaluez à 30 p. o/o la protection qui vous est nécessaire?

M. Albinet. Oui, Monsieur le Président.

M. le Président. MM. Daudier et Buffault ont-ils quelque chose à ajouter à ce que vient de dire M. Albinet?

M. Buffault. Nos réponses au questionnaire seraient à peu près identiques, sauf des détails tout à fait personnels. Permettez-moi seulement d'aborder quelques considérations plus générales.

Afin de comparer plus sûrement les principales qualités des produits anglais avec nos articles français, nous avons acheté, dans l'une des meilleures fabriques d'Angleterre, une certaine quantité de couvertures. Après un examen auquel ont concouru plusieurs de nos confrères de Paris, d'Orléans et de Beauvais, il a été unanimement reconnu que le prix d'un kilogramme de couverture, acheté en fabrique en Angleterre, est de beaucoup inférieur au prix de revient d'un kilogramme de couverture fabriqué en France, même sans addition d'aucuns frais généraux.

Voici à l'appui de cette assertion les comptes de revient de chacune des qualités que nous avons examinées :

MM.
Albinet,
Deudier,
Buffault.

PRIX D'UN KILOGRAMME DE COUVERTURE ACHETÉ EN FABRIQUE EN ANGLETERRE, ESCOMPTE DÉDUIT.

Qualité commune	4f 09c
—— ordinaire	3 04
—— demi-fine	6 13
—— fine	7 02

PRIX DE REVIENT EN FRANCE D'UN KILOGRAMME DE COUVERTURE, SANS ADDITION D'AUCUNS FRAIS GÉNÉRAUX.

Qualité commune	4f 80c
—— ordinaire	5 80
—— demi-fine	6 93
—— fine	7 93

Il résulte du tableau ci-dessus que notre industrie est exposée aux plus grands dangers, si elle n'est pas protégée par des droits suffisamment élevés.

Permettez-nous, Messieurs, d'examiner quelle doit être l'importance de ce droit, dans la limite de 30 p. 0/0 imposée par le traité de commerce.

Examinons quel serait le prix des couvertures anglaises, vendues en France, en les frappant du droit maximum de 30 p. 0/0 *ad valorem*.

QUALITÉ COMMUNE.

Prix du kilogramme, en fabrique, en Angleterre	4f 09c	
Transport et emballage	15	
	4 24	
Droit, 30 p. 0/0 *ad valorem*	1 27	
	5 51	
Prix de revient du kilogramme en France	4 80	
Différence	0 71	ou 14 3/4 p. 0/0.

Il serait, dans ce cas, accordé au fabricant français une marge de 14 3/4 p. 0/0 pour couvrir ses frais généraux et lui laisser un bénéfice.

QUALITÉ ORDINAIRE.

Prix anglais	5f 04c
Transport et emballage	15
A reporter	5 19

MM.
Albinet,
Deudier,
Buffault.

Report	5f 19c
Droit, 30 p. o/o	1 55
	6 74
Prix français	5 80
Différence	0 94 ou 16 p. o/o.

QUALITÉ DEMI-FINE.

Prix anglais	6f 13c
Transport et emballage	15
	6 28
Droit, 30 p. o/o	1 88
	8 16
Prix français	6 93
Différence	1 23 ou 17 3/4 p. o/o.

QUALITÉ FINE.

Prix anglais	7f 02c
Transport et emballage	15
	7 17
Droit, 30 p. o/o	2 15
	9 32
Prix français	7 93
Différence	1 39 ou 17 1/2 p. o/o

Il résulte des calculs ci-dessus qu'en appliquant un droit *ad valorem* de 30 p. o/o, il restera au fabricant français, pour couvrir ses frais généraux, intérêts de capital, dépréciation ou amortissement du capital machines, etc., et lui laisser de plus un bénéfice, il restera, disons-nous, une marge de 14 3/4 à 17 3/4 p. o/o, soit en moyenne 16 1/4 p. o/o.

Il ne nous semble pas possible de réduire cette marge, qui, pour un grand nombre de fabricants français, est insuffisante pour couvrir leurs frais généraux et leur laisser un modeste bénéfice. Nous croyons donc qu'il est nécessaire à l'existence de notre industrie de frapper d'un droit de 30 p. o/o les produits anglais.

M. Amé. Savez-vous quelle est l'espèce de couvertures françaises que nous exportons en Angleterre?

M. Buffault. La fabrication française n'est pas la même que la fabrication anglaise; il n'est pas étonnant que certaines qualités françaises entrent en Angleterre, surtout dans les très-bonnes qualités.

MM. Albinet, Daudier, Buffault.

M. le Président. Comment expliquez-vous que les conditions de fabrication soient si différentes en Angleterre et en France?

M. Buffault. Il m'est très-difficile de l'indiquer d'une manière précise.

M. le Président. La matière première ne vous reviendra pas beaucoup plus cher; la main-d'œuvre n'est pas plus chère en France qu'en Angleterre: qu'est-ce qui peut alors légitimer un droit de 30 p. 0/0?

M. Buffault. A ceci je réponds une seule chose: les faits.

M. le Président. Les faits ont des causes très-diverses. Si les causes sont mauvaises, nous ne sommes pas obligés de les rendre définitives. Vous ne pouvez pas vous expliquer comment le prix de revient est plus élevé en France qu'en Angleterre?

M. Buffault. Je ne le comprends pas.

M. le Président. Cela ne tient-il pas à ce que les articles que vous assimilez ne doivent pas l'être et ont une valeur différente?

M. Buffault. Nous avons appelé un négociant en laine, M. Lanseigne; nous lui avons fait voir les couvertures anglaises et nous lui avons demandé de faire l'estimation des laines employées à leur fabrication: les prix qu'il a indiqués ont été parfaitement conformes à ce que nous avions payé.

M. le Président. Ces couvertures que vous avez comparées, sont-elles pure laine?

M. Buffault. Les couvertures fines et demi-fines, sur lesquelles a porté l'examen que j'ai fait, sont certainement pure laine. Je n'en dis pas autant de la couverture commune, dans laquelle il peut entrer un peu de coton.

M. Ernest Baroche. La différence ne tient-elle pas à ce que les couvertures anglaises ne sont tirées à laine que d'un seul côté, tandis que les couvertures françaises sont tirées à laine des deux cotés? Dans l'état actuel, les deux fabrications diffèrent en ce que, chez les Anglais, il y a mélange du coton avec la laine.

MM. Albinet, Daudier, Buffault.

M. Albinet. Les couvertures que nous avons reçues ont été fabriquées complétement comme elles l'auraient été en France.

M. Ernest Baroche. Celles que vous avez reçues ont été faites dans un but spécial de comparaison; mais dans l'état actuel, les couvertures anglaises ne sont pas semblables aux couvertures produites en France.

Cette grande différence dans les prix de revient ne résulte-t-elle pas aussi d'une différence notable dans le perfectionnement de l'outillage? Votre outillage n'est-il pas ancien et peu complet, comparativement à l'outillage anglais?

M. Albinet. Je ne vous ai parlé que du mien; mais celui de MM. Buffault et Daudier est ce qu'il y a de plus nouveau.

M. le Président. La machine anglaise est-elle supérieure?

M. Albinet. Nous ne connaissons pas la machine anglaise.

M. le Président. Vous n'avez pas senti le besoin de la connaître?

M. Albinet. Nous en avons vainement cherché l'occasion.

M. Daudier. Ce que nous pouvons répondre, c'est que nos fournisseurs de machines et d'outils sont des lauréats de l'Exposition de Londres et de l'Exposition de Paris, et que, si leurs machines étaient inférieures, ils n'auraient pas été récompensés.

M. le Président. Combien vous coûte la filature?

M. Buffault. 50 centimes au kilogramme.

M. le Président. Ainsi vous avez 50 francs de main-d'œuvre sur une valeur de couverture de...?

M. Buffault.... 262 francs, en couvertures fines; 221 francs, en couvertures demi-fines; 188 francs, en couvertures ordinaires; et 153 francs, en couvertures communes. La proportion varie donc suivant la qualité, soit un tiers sur le commun, un peu plus du quart sur l'ordinaire, le quart sur le demi-fin, le cinquième sur le fin.

M. le Président. Donc la valeur de la matière première varie du tiers aux quatre cinquièmes.

M. Seydoux. Toutes les qualités de laine entrent-elles dans vos couvertures?

M. Daudier. Oui, toutes les qualités.

M. Ernest Baroche. Et pour les envois à l'étranger?

MM. Albinet, Daudier, Buffault.

M. Ozenne, *Secrétaire*. Voici les quantités exportées : en 1858, le total des exportations s'est élevé à 195,000 kilogrammes, soit 1,673,000 francs.

Nous avons exporté :

En Angleterre	5,555k
Aux États-Unis	59,421
En Suisse	20,000

L'importation n'a été que de 2,500 kilogrammes.

Les couvertures de laine sont frappées d'un droit de 200 francs, depuis le 26 mai 1817. Le droit est à peu près prohibitif ; cependant, si l'on compare ce chiffre de 2,500 kilogrammes aux évaluations données tout à l'heure, on reconnait que l'importation est encore de 25 p. o/o.

M. Buffault. Vous voyez de quel peu d'importance est l'exportation; et ceci montre combien les Anglais peuvent produire à des prix moindres que les nôtres.

M. le Président. Vous avez importé plus de couvertures de laine en Angleterre, que tous les pay étrangers réunis n'en ont importé en France.

M. Buffault. Il ne s'agit que de 5,555 kilogrammes. Du reste, nos exportations n'ont pas cessé de décroître depuis vingt ans; et je crois que l'inégale distribution des primes à la sortie y est pour quelque chose : tandis que l'industrie drapière recevait 70 centimes au kilogramme, à la sortie d'un drap, quelque commun qu'il fût, la fabrique des couvertures ne recevait que 65 centimes au kilogramme, quelle que fût la finesse de la laine employée.

M. le Président. A combien évaluez-vous la production française en couvertures de laine?

M. Buffault. A 14 millions de francs, en 1855. Depuis cette époque, il y a eu une augmentation assez considérable.

M. le Président. C'est un septième de la production qui est exporté, puisque l'exportation totale est d'environ 2 millions.

M. d'Eichthal. Si la matière première entre pour 80 p. o/o, la différence entre les deux fabriques, anglaise et française, ne peut donc porter que sur les 20 p. o/o de main-d'œuvre.

MM. Albinet, Daudier, Buffault.

M. le Président. Ainsi vous voulez être protégés de toute la main-d'œuvre, plus de 10 p. o/o sur la matière première.

M. Buffault. Notre main-d'œuvre est relativement plus élevée. Nous venons de faire remarquer que la matière n'entre pas toujours pour 80 p. o/o dans le prix de nos produits; par conséquent, l'observation de M. le Président n'est pas complète en ce qui concerne les qualités communes ordinaires et demi-fines; elle ne l'est que pour la qualité fine.

M. Daudier. Indépendamment de 8 p. o/o de frais de transport, que n'ont pas les Anglais, il y a la différence du prix des machines; il y a la houille qui est à bien meilleur marché en Angleterre: elle ne nous coûte pas moins de 33 à 34 francs la tonne.

M. le Président. Combien dépensez-vous de houille par année?

M. Daudier. A peu près pour 25,000 francs.

M. le Président. Combien votre établissement produit-il par année?

M. Daudier. 600,000 francs de couvertures.

M. le Président. Ainsi les 25,000 francs de houille s'appliquent à 600,000 francs d'affaires; cela représente un peu plus de 4 p. o/o.

M. Daudier. Non, Monsieur le Président; car je ne dépense que 12,000 francs de houille pour les couvertures; le surplus de la somme de 25,000 francs s'applique à ma fabrique de bonneterie orientale, pour laquelle j'ai un moteur de 16 chevaux.

M. d'Eichthal. Quelles que soient les réponses, toujours est-il que la différence ne porte que sur 20 p. o/o; en ajoutant 8 p. o/o de transport vous seriez protégés de la totalité de la main-d'œuvre, de 8 p. o/o pour les achats dans les plus mauvaises conditions, plus de 2 p. o/o.

M. Albinet. Il n'y a en effet que 20 p. o/o qui puissent occasionner une différence sur les couvertures fines; mais il y a jusqu'à 33 p. o/o qui peuvent faire une différence sur les couvertures communes. Il y a de plus 8 p. o/o de transport et autres frais indiqués ci-dessus.

M. Herbet, *Commissaire général*. Puisque M. Daudier est fabricant de bonneterie orientale, il pourrait nous donner quelques renseignements sur cette fabrication qui rentre, je présume, dans la catégorie des tissus faits avec des fils de laine cardée.

MM. Albinet, Daudier, Buffault.

M. Ernest Baroche. Ce sont des bonnets grecs.

M. Daudier. C'est de la draperie feutrée.

M. Herbet. Par conséquent nous n'anticipons pas sur la discussion relative aux étoffes de laines peignées, en nous occupant de la bonneterie orientale.

M. Daudier. Si vous voulez me le permettre, Monsieur le Président, je vous rappellerai la demande que j'ai eu l'honneur de vous adresser, sur les vives instances de la Chambre de commerce d'Orléans, dont je fus l'organe, et je saisirai cette occasion d'entretenir le Conseil de la situation actuelle de nos fabriques de bonneterie orientale, industrie éminemment orléanaise, qui, par son importance, est placée à la tête des autres fabriques similaires de l'étranger.

Cette industrie, dont les produits ne se consomment qu'à l'étranger, n'ayant pas à redouter l'introduction libre des produits anglais, n'a pas, par conséquent, de protection à demander; mais aussi la vente de ses produits n'ayant et ne pouvant avoir lieu que dans un seul pays, elle n'a pas la ressource, comme les autres industries, de chercher à les écouler dans d'autres contrées, quand des crises quelconques viennent arrêter ses débouchés ordinaires. La situation actuelle des fabricants de bonneterie orientale est, depuis deux ans surtout, pleine de graves inquiétudes; car l'état précaire et désastreux dans lequel se trouve la Turquie, sous le rapport politique et financier, fait que, ne trouvant pas à écouler leurs produits comme par le passé, ils ont dû, par prudence, ne voulant pas arrêter tout à fait leur fabrication, suspendre une partie de leurs envois dans l'espoir que, la position venant à s'améliorer, les ventes reprendraient leur activité. Malheureusement leurs espérances ne se réalisent pas, et l'état des affaires en Orient ne s'est pas amélioré. Le traité de commerce, qui affranchit l'entrée des laines et supprime les primes à la sortie, vient augmenter encore les embarras déjà assez graves de nos fabricants; car, ne pouvant écouler leurs produits que quand la situation de la Turquie sera meilleure, ils se trouvent maintenant dans cette alternative également désastreuse: ou de garder leurs produits chez eux, et alors ils perdent la prime de sortie, qui était la juste rémunération des droits payés à l'entrée; ou d'expédier leurs marchandises, pour ne pas perdre cette prime; ce qu'ils ne peuvent faire, parce qu'ils ne trouvent pas de sécurité suffisante à consigner

MM. Albinet, Deudier, Buffault.

leurs produits dans un pays où la mévente est à peu près complète, et où ces produits, par suite des chaleurs, se détérioreraient bien vite, en raison de leur grande susceptibilité. Justement inquiets de cette situation alarmante, les fabricants ont demandé que, pour rendre leurs pertes moins considérables, il leur fût accordé de déposer, dans les magasins de la douane, et dans les trois mois de leur demande, tous leurs produits fabriqués qu'ils ne peuvent expédier sans danger, par les causes que je viens d'avoir l'honneur de vous exposer; et que le Gouvernement veuille bien leur laisser le bénéfice de la prime sur ces marchandises ainsi déposées, prime dont ils ne réclameraient le remboursement qu'au fur et à mesure de la sortie de leurs produits.

Permettez-moi, comme fabricant de couvertures de laine à Orléans et Président de la Chambre de commerce de cette ville, de vous dire aussi, en présence du traité de commerce, la situation de nos fabriques de laine, qui n'occupent pas moins de 1,200 ouvriers, et de vous présenter quelques observations générales en réponse aux questions qui nous ont été adressées.

Cette industrie de la fabrication des couvertures de laine, très-importante et très-ancienne à Orléans, y a toujours prospéré, parce que les fabricants y soignaient leurs produits et se trouvaient placés au centre de contrées produisant une laine éminemment propre à leur fabrication. Depuis dix ans surtout, nos fabricants, comprenant bien qu'en industrie le progrès seul assure le succès, ont fait de tels efforts, que leur production a plus que doublé, et, qu'en continuant à marcher dans la même voie, ils pourront considérablement la développer. Nos fabriques, aujourd'hui, se sont reconstruites sur une vaste échelle; chacune d'elles est pourvue de machines à vapeur puissantes, sortant généralement des ateliers de M. Farcot, de Port-Saint-Ouen; chacune est pourvue également d'une filature, dont l'outillage vient de chez M. Mercier, de Louviers; tous deux lauréats de nos grandes expositions. Mais ce n'était pas tout que d'avoir un matériel aussi perfectionné, il fallait se procurer la laine dans les conditions les plus économiques, et pour cela supprimer tous ces intermédiaires qui, par les bénéfices qu'ils prélevaient, venaient grever notablement les prix d'achat; c'est ce qu'ont fait nos fabricants : aujourd'hui, ils achètent les laines chez le cultivateur, et concentrent dans leurs établissements le triage, le dégraissage, la filature, le tissage, le foulage, la teinture, les apprêts; enfin ils complètent entièrement la fabrication de leurs produits, qu'ils peuvent livrer de suite à la consommation.

MM. Albinet. Baudier. Buffault.

On dira peut-être que nos fabricants donnent une trop grande préférence aux laines de leurs contrées, tandis qu'ils pourraient trouver des conditions plus avantageuses à l'étranger, et surtout en Angleterre, dont le nouveau traité leur ouvre les portes. A cela je réponds que, loin de s'en tenir exclusivement aux laines de leurs environs, nos fabricants sont bien au courant des arrivages sur les différents marchés, et que de nombreux achats se font sans cesse pour leur compte sur les places du Havre et de Marseille. Les machines à égrateronner, qui fonctionnent depuis quelques années chez eux, démontrent, d'ailleurs, qu'ils admettent les laines étrangères. Quant aux marchés anglais, ils n'ont pas manqué, depuis trois mois surtout, d'y chercher ces avantages tant espérés; mais, soit que les prix soient nivelés déjà, soit que les négociants anglais n'offrent que la marchandise délaissée par leurs fabricants, lesquels, étant sur les lieux, ont pu faire leur choix par avance, nos manufacturiers ne voient rien jusqu'ici qui les engage à faire leurs achats dans ce pays. La suppression du droit de douane à l'entrée en France avait pu leur faire espérer que le prix des laines s'en ressentirait, et que, payant alors leurs matières premières meilleur marché, ils pourraient produire dans des conditions qui leur permettraient d'essayer de lutter avec les produits anglais; mais l'effet n'a pas été celui qu'on attendait; les cours des différents marchés n'ont pas varié, et sont plutôt en hausse sur les cours antérieurs au traité.

En résumé, nos fabricants sont aussi bien montés en bâtiments et en machines que les fabricants anglais.

Il est une façon cependant qui est un peu plus onéreuse chez nous que de l'autre côté du détroit, c'est celle du tissage, qui se fait mécaniquement chez les Anglais, tandis qu'en France elle se fait toujours à la main. Si la différence était importante, nos manufacturiers n'hésiteraient pas à employer les métiers mécaniques; mais elle ne s'élève qu'à environ 17 centimes par kilogramme de couvertures, ce qui est minime; aussi ont-ils reculé, jusqu'à ce moment, devant une transformation qui serait très-coûteuse et sans grands avantages, et qui surtout, je dois vous le dire, les mettrait dans la pénible nécessité de réformer une classe d'ouvriers bien dignes d'intérêt; car ce sont presque tous des pères de famille, élevés dans nos fabriques, et dont le nombre n'est pas moindre de 250 à 300.

Comparons maintenant les prix des couvertures anglaises avec les nôtres.

Il nous a été difficile d'avoir des renseignements aussi précis que nous l'aurions voulu, parce que les fabriques, en Angleterre, ne s'ou-

MM. [illegible]inet, Baudier, Buffault.

vrent pas facilement aux étrangers. Nous n'avons donc pu nous éclairer qu'en demandant, dans les manufactures les plus réputées, une série de couvertures avec les prix les plus bas. Les choses se sont passées comme vous l'a dit M. Buffault, qui, dans une opération aussi délicate, a cru devoir appeler les principaux de ses confrères. Les prix de revient des fabricants français ont été établis contradictoirement avec ceux des fabricants anglais. J'ai vérifié ce travail dont je garantis l'exactitude.

Comment expliquer la différence entre les deux prix de revient, différence qui n'est pas moindre de 30 à 35 p. o/o?

Il y a certainement des causes que nous ne connaissons pas; mais on peut expliquer jusqu'à un certain point cette différence par les motifs que j'ai donnés tout à l'heure, et aussi parce que le régime financier et commercial de l'Angleterre est l'obstacle le plus grave qu'ait à surmonter l'industrie française. Sans doute on parviendra à nous faciliter les arrivages des matières premières, à prix réduits; à abaisser le prix de la houille et des machines, en multipliant les chemins de fer et les canaux, et en faisant d'autres améliorations assurément fort utiles; mais ce qui me paraît bien difficile, c'est d'assimiler l'esprit public et les habitudes des deux pays.

En présence de toutes ces causes d'infériorité, nous nous croyons fondés à demander la protection entière de 30 p. o/o, à peine suffisante en temps ordinaire, mais certainement insuffisante en temps de crise, pour protéger notre industrie.

Il me reste à parler de l'application du droit.

Le droit *ad valorem* serait assurément plus équitable; mais les difficultés sont telles dans la pratique, que je penche pour le droit spécifique, en établissant seulement deux catégories : les couvertures communes de 4 à 7 francs et les autres de 7 francs et au-dessus.

Mes confrères de Paris vous ayant donné tous les détails de chiffres, que je reconnais très-exacts, je me borne à ces observations générales.

Sont introduits :

MM. FRANK CROSSLEY, membre du parlement pour le West-Riding (Yorkshire), représentant la maison J. Crossley et Fils, filateurs de laine et fabricants de tapis à Halifax.

JOHN HENDERSON, représentant la maison Henderson et Cie, (filature de laine et fabrique de tapis à Durham).

JOHN BRINTON, représentant la maison Brinton et Lewis (filature de laine et fabrique de tapis à Kidderminster).

Ces Messieurs sont accompagnés de M. HAUSSOULLIER, interprète.

TISSUS DE LAINES.

TAPIS.

Halifax, Durham et Kidderminster (Angleterre).

M. le Président. Monsieur Haussoullier, veuillez faire connaître la situation industrielle des déposants.

M. Haussoullier. M. Frank Crossley occupe plus de 4,000 ouvriers à son établissement d'Halifax; il a 500 à 600 métiers mécaniques et 100 métiers à la main.

M. John Henderson a 1,500 broches, 120 métiers à la main, 36 métiers mécaniques, et il occupe 400 à 500 ouvriers à Durham.

M. John Brinton, de Kidderminster, a 600 ouvriers, 2,000 broches, 50 métiers à la main et 75 métiers mécaniques.

M. le Président. Veuillez nous donner lecture de la déposition des témoins.

M. Haussoullier. Ces Messieurs ont été délégués par l'assemblée des fabricants de la Grande-Bretagne, qui a eu lieu à Manchester le 29 juin 1860.

Le principal siége de l'industrie des tapis de la Grande-Bretagne est à Kidderminster, Halifax, dans plusieurs localités du West-Riding du Yorkshire, à Durham, Kendal, Glasgow, Kilmarnock, etc.

Voici la note qui a été rédigée en commun par ces Messieurs :

Nous ferons remarquer que le tarif français actuellement en vigueur exclut presque complétement de France tous les tapis de la Grande-Bretagne, et qu'il équivaut à une prohibition absolue de tous les tapis à bon marché.

MM.
Franck Crossley,
John Henderson,
John Brinton,
[illegible].

Les tapis de luxe, tels que moquettes veloutées, moquettes à verges rondes, payent 300 francs par 100 kilogrammes; tandis que les tapis à bon marché en Angleterre, d'un usage si répandu dans la classe moyenne et dans la classe ouvrière, payent 500 francs par 100 kilogrammes. C'est, sans aucun doute, ce droit élevé qui empêche l'emploi des tapis de prendre, chez les classes moyennes, en France, ce développement qu'il ne manquerait pas d'atteindre, si l'on pouvait se procurer ces articles à bon marché.

En tout, excepté sur le prix de la houille, le fabricant français a un avantage positif sur le fabricant anglais.

La quantité de houille consommée par le fabricant anglais, pour filature, tissage, teinture, etc., représente environ 1 p. o/o de la valeur du produit fabriqué. Admettant que la houille soit trois fois plus chère en France qu'en Angleterre, ce ne serait qu'une différence de 2 p. o/o en faveur du fabricant anglais.

Cet avantage est largement compensé pour le fabricant français : il se trouve sur son marché; il a sa laine sans payer de droits; il paye moins ses ouvriers, qui ont un goût supérieur à celui des ouvriers anglais; les ouvriers travaillent aussi plus longtemps en France qu'en Angleterre. Tous ces avantages doivent lui permettre de fournir au consommateur français toute espèce de tapis à de bien meilleures conditions que ne le peuvent faire des fabricants étrangers.

Quant au mode à employer pour établir les droits de douane du nouveau tarif, nous pensons que le plus équitable est le droit *ad valorem*.

Les nombreuses qualités de nos articles, leur poids variable, poids qui n'a aucun rapport avec leur valeur, rendent impossible l'établissement d'un droit spécifique par classification en catégories; le droit pèsera toujours plus sur une catégorie que sur une autre, et, comme toujours, ce seront les articles communs, à l'usage du plus grand nombre, que ces droits frapperont le plus.

Nous sommes d'autant plus convaincus qu'un droit *ad valorem* est préférable entre tous, que notre expérience d'industriels et de négociants nous a prouvé que le tarif *ad valorem*, depuis longtemps en vigueur aux États-Unis, fonctionne à la complète satisfaction du vendeur et de l'acheteur, en même temps qu'il donne d'excellents revenus à l'État.

Si toutefois, dans l'article qui nous occupe, le Gouvernement français ne voulait pas adopter les droits *ad valorem*, et qu'il s'en tînt aux droits spécifiques, nous demanderions qu'on adoptât les droits au poids, et non les droits à la superficie. Dans la pratique, les droits au

MM. Franck Crossley, John Henderson, John Brinton, Haussoullier.

poids sont plus simples et plus équitables que les droits à la superficie.

Nous avons, en prévision des droits au poids, divisé nos articles en quatre classes : les spécimens de ces classes sont entre les mains des Commissaires anglais.

Qu'il nous soit permis de dire, en terminant, que nous osons espérer qu'un article qui contribue tant au bien-être de toutes les classes, n'acquittera que des droits qui permettront aux classes moyennes et aux classes ouvrières d'en adopter l'usage, et que, développant ainsi le commerce entre la France et l'Angleterre, il contribuera à la prospérité des deux nations.

M. Michel Chevalier. Il y a un renseignement qui manque, c'est le prix des tapis à l'usage le plus commun.

M. Haussoullier. C'est 15 pence le yard carré, soit 1 fr. 50 cent.

M. Ernest Baroche. Ce sont des tapis sans envers, excessivement communs, qu'on met dans les bureaux.

M. Haussoullier. C'est l'espèce la plus commune; il n'y en a pas au-dessous.

M. Michel Chevalier. Ainsi les tapis les plus communs coûtent 1 fr. 50 cent. par yard carré, c'est-à-dire par huit dixièmes de mètre carré, cela fait 1 fr. 80 cent. par mètre carré.

M. Herbet, *Commissaire général*. Je crois que M. Crossley est l'inventeur d'un tapis particulier, du tapis imprimé.

M. Ernest Baroche. C'est autre chose; ce sont des tapis beaucoup plus chers.

M. Michel Chevalier. Quel en est le prix?

M. Haussoullier. 2 shellings 5 pence, soit 3 fr. 10 cent. par 27 pouces anglais de large, 67 centimètres 1/2 sur un yard de longueur.

M. Ernest Baroche. Le tapis imprimé a l'apparence et presque la même contexture que la moquette; il y en a dont le prix est supérieur à 3 fr. 10 cent.

M. le Président. Il se fait de ces tapis imprimés à Aubusson.

M. Ernest Baroche. Il s'en fait à Tourcoing, chez M. Choqueel, et à Aubusson, dans l'établissement de M. Sallandrouze.

Quel est le prix des tapis imprimés les plus chers?

MM.
Franck Crossley,
John Henderson,
John Brinton,
Haussoullier.

M. Haussoullier. 5 shellings.

M. Michel Chevalier. Toujours même largeur, 27 pouces anglais, et même longueur, un yard.

M. Ernest Baroche. Le tapis commun dont on parlait tout-à-l'heure est un tapis dont la consommation peut devenir importante; mais il est bien différent du tapis imprimé.

M. Haussoullier (*après avoir fait passer, de la part de M. Crossley, un échantillon sous les yeux du Conseil*). M. Crossley dit qu'un tapis comme celui-ci vaut 4 shellings 11 pence.

M. Ernest Baroche. Pour les tapis de moquette, la hauteur de la laine n'influe-t-elle pas beaucoup sur le prix?

M. Haussoullier. Oui, Monsieur, et les Français font, en général, ces tapis plus épais que les Anglais.

M. le Président. M. Crossley, pendant son séjour à Paris, a-t-il visité des fabricants ou des marchands de tapis? A-t-il constaté des différences considérables entre les prix français et les prix anglais?

M. Haussoullier. Ces Messieurs ont trouvé que les articles français sont plus lourds, que la laine en est plus épaisse, et que, par conséquent, ils sont plus chers.

M. Michel Chevalier. Ces Messieurs n'ont-ils pas vu d'articles similaires à ceux qu'ils font?

M. Haussoullier. Ils croient qu'il n'y a pas en France d'articles identiques aux leurs; du moins, ils n'en ont pas vu.

M. Ernest Baroche. Le goût est tout à fait différent en France et en Angleterre.

M. le Président. Les tapis sont un objet de luxe en France; ils sont d'un usage commun en Angleterre.

M. Ernest Baroche. C'est ce qui fait que le tapis imprimé, qui se vend meilleur marché que la moquette, n'a pas eu de succès en France.

Quelle est la valeur d'un métier mécanique pour faire la moquette veloutée?

M. Haussoullier. 100 livres, soit 2,500 francs.

MM.
Franck Crossley.
John Henderson.
John Brinton,
Haussoullier.

M. d'Eichthal. Le grand développement de la fabrique de tapis imprimés en Angleterre ne date guère que de quinze ans. L'introduction du métier à la Jacquart, il y a environ trente ans, a beaucoup développé la fabrication des tapis.

M. Herbet, *Commissaire général.* Il y a trente ans, M. Sallandrouze avait établi des dépôts de tapis français à Londres; depuis, je crois qu'il y a peu à peu renoncé.

M. le Président. Pour la fabrication de luxe nous avons évidemment la supériorité.

Quelle est l'importance de la fabrication des tapis en Angleterre ? Cette industrie est-elle répartie entre un grand nombre de fabricants ?

M. Haussoullier. Ces Messieurs disent qu'il y a à peu près 40 fabricants, employant environ 100,000 ouvriers.

M. Michel Chevalier. Ce n'est pas possible, cela ferait 2,500 par fabrique; M. Crossley, qui a une maison tout à fait exceptionnelle, en emploie 4,000.

M. le Président. Peut-être comprend-on dans ce nombre tous ceux qui travaillent à la préparation de la laine.

M. Schneider. La question est celle-ci : la fabrication est-elle concentrée en quelques mains, ou subdivisée ? En France, le nombre des fabricants est assez étendu, par rapport au chiffre de la production.

M. Ernest Baroche. Il n'y a pas beaucoup plus de 30 fabricants de tapis, qui se partagent 15 millions d'affaires.

M. Haussoullier. M. Crossley croit que le chiffre de 40 fabricants est à peu près exact.

M. Ernest Baroche. Fabrique-t-on plus de tapis imprimés que de tapis d'autre nature?

M. Crossley. Personnellement je fabrique presque tous les tapis imprimés.

(*Messieurs les déposants présentent au Conseil différents échantillons de tapis dont ils indiquent le prix.*)

M. d'Eichthal. Voici un échantillon dont le prix est de 5 shellings 3 pences.

Ces Messieurs disent, comme renseignement, que, pour les tapis

MM.
Franck Crossley.
John Henderson.
John Brinton.
Haussoullier.

fabriqués au métier à la Jacquart, le prix dépend du nombre des couleurs : il est de tant pour deux couleurs, de tant pour trois, etc. etc.

M. Ernest Baroche. Il y a ceci de remarquable, dans les tapis que fabriquent ces Messieurs, que la chaîne, qui est en laine, fait le dessin, et que la trame ne fait que l'envers.

M. Michel Chevalier. Quel est le salaire des ouvriers que ces Messieurs emploient?

M. Crossley. Les hommes gagnent, en moyenne, 1 livre sterling pour 60 heures de travail, et les femmes, 9 shellings et demi.

M. le Président. Quel est le montant total des impôts que paye M. Crossley, et qu'est-ce que représente ce total, par rapport au chiffre de ses affaires?

M. Crossley. Je ne puis pas le dire; je ne le sais pas exactement.

M. le Président. Je fais cette question, parce qu'on nous a dit souvent ici que les impôts qui grèvent les industriels, en France, sont plus considérables qu'en Angleterre.

M. Ernest Baroche. L'*income-tax* varie chaque année en Angleterre, et la taxe des pauvres pèse surtout sur les propriétaires, soit des maisons, soit des usines ou de la terre.

M. Michel Chevalier. M. Crossley a-t-il une idée de la somme d'impôts qu'il paye?

M. Crossley. Non; mais je suis persuadé que je paye beaucoup plus que ce que je payerais en France; et, à ce point de vue-là, je serais bien aise d'avoir mon établissement en France.

M. d'Eichthal. M. Brinton dit que l'impôt varie dans chaque province, dans chaque ville; que chez lui, sans parler de l'*income-tax*, les impositions locales sont à peu près de 50 p. o/o du loyer.

M. Michel Chevalier. M. Crossley pourra-t-il, de retour chez lui, nous faire connaître le montant des impôts qu'il paye?

M. Crossley. J'ai une objection à faire, à cause de l'*income-tax*, qui est en rapport avec nos bénéfices.

M. Michel Chevalier. Pouvez-vous faire connaître le chiffre de vos contributions, abstraction faite de l'*income-tax?*

MM.
Frank Crossley.
John Henderson.
John Brinton.
Haussoullier.

M. Crossley. Oui, je le ferai connaître.

M. le Président. Quelle est l'objection pour l'*income-tax*?

M. Michel Chevalier. C'est que l'*income-tax* est proportionnelle aux revenus, aux bénéfices.

M. le Président. Est-ce qu'il y aurait inconvénient pour M. Crossley à nous dire de combien pour cent est l'*income-tax* pour lui?

M. Crossley. Elle est, cette année de 14 pence par livre, pour la catégorie à laquelle j'appartiens.

M. d'Eichthal. Ces Messieurs ont indiqué quatre classes pour le cas où, contrairement à leurs désirs, il y aurait une classification. Croient-ils qu'il sera facile à la douane de distinguer les tapis appartenant à chaque classe?

M. Henderson. Oui, très-facile; parce que les caractères des quatre classes sont distincts.

M. Ernest Baroche. Il sera facile de faire une différence entre les tapis avec envers et les tapis sans envers, et ensuite entre les tapis imprimés et les tapis non imprimés.

Est introduit :

M. MOLLET jeune, négociant exportateur de draps à Elbeuf et à Paris.

TISSUS DE LAINE.

DRAPS.

EXPORTATION.

PARIS.

M. LE PRÉSIDENT. De quels articles faites-vous le commerce ?

M. MOLLET. De tous les articles de draperie.

Je suis tout à fait indépendant : je vais, je viens ; j'examine les marchandises ; j'achète au fabricant qui fabrique bien, et j'abandonne celui qui ne veut pas travailler convenablement.

L'article *paletot*, que les Anglais font beaucoup mieux que nous, a besoin d'une protection énergique. Plus vous élèverez le droit sur cet article, mieux cela vaudra. Nous ne pouvons pas soutenir la concurrence des Anglais.

Quant à l'article *pantalon*, moyennant un droit protecteur, nous pouvons lutter.

M. LE PRÉSIDENT. Moyennant quel droit ?

M. MOLLET. 15 ou 20 p. o/o. Nous avons plus de goût que les Anglais ; mais les Anglais travaillent à meilleur marché que nous.

M. LE PRÉSIDENT. Pourquoi ?

M. MOLLET. Parce qu'ils ont plus de capitaux. Il faut que nous ayons le temps de nous préparer à la lutte ; nous ne sommes pas encore prêts.

M. LE PRÉSIDENT. Quelle est l'importance de vos exportations, comme chiffre ?

M. MOLLET. 4 à 5 millions.

M. LE PRÉSIDENT. Sur quels marchés ?

M. MOLLET. A peu près sur tout le globe. Partout où je trouve une opération à faire, je la fais.

M. LE PRÉSIDENT. Même en Angleterre? M. Mollet jeune.

M. MOLLET. Même en Angleterre, dans les temps de crise. Ainsi, en 1848, j'ai tout enlevé à Elbeuf; j'ai exporté en Angleterre pour un chiffre énorme. La marchandise se vendait 5 francs, sans prime ni escompte.

M. LE PRÉSIDENT. Dans les conditions normales, vous exportez aux États-Unis?

M. MOLLET. Oui, beaucoup.

M. LE PRÉSIDENT. Vous y rencontrez des Anglais?

M. MOLLET. Peu.

M. LE PRÉSIDENT. Pourquoi?

M. MOLLET. On préfère la marchandise française. Nous exportons en Amérique, principalement des articles fins que nous faisons fabriquer pour le goût de ce pays-là; on n'y regarde pas au prix, et quand c'est un article de bonne consommation, il se vend toujours bien. A aucune condition il n'entrerait aux États-Unis un pantalon de qualité commune ou intermédiaire.

Les articles que nous avons exportés cet hiver seront reproduits l'année prochaine aux États-Unis, même dans les fabriques de New-York, à des conditions excessivement avantageuses. Pour 11, 12 et 13 francs, on a ainsi d'excellentes marchandises; j'en reçois des échantillons.

Mais pour les paletots, je le répète, nous ne pouvons pas lutter.

La semaine dernière, un client d'Amérique est venu me voir, avec l'intention d'acheter 300 pièces de paletots. Eh bien! malgré mes efforts, il n'a acheté à Elbeuf que 30 pièces de paletots, avec une peine infinie.

M. LE PRÉSIDENT. A quoi attribuez-vous l'infériorité de l'industrie française pour le paletot?

M. MOLLET. Les Anglais y mettent quelquefois du coton; cela donne à l'étoffe un pâteux, un moelleux que la laine ne présente pas.

M. MICHEL CHEVALIER. Pourquoi les fabricants d'Elbeuf ne le font-ils pas, si cela n'a pas d'inconvénient pour la qualité de l'article?

M. AMÉ. Le consommateur français n'aime pas les étoffes mélangées de coton.

M. Mollet jeune. M. Michel Chevalier. Il s'agit d'articles pour l'exportation.

M. Ernest Baroche. Sont-ce des paletots d'homme ou de femme ?

M. Mollet. Des paletots d'homme; des paletots épais, des paletots d'hiver.

M. Ernest Baroche. Ce ne sont pas des draps unis ?

M. Mollet. Non; l'article paletot est devenu un article nouveauté. On fait des tissus qui ont l'aspect du drap.

M. le Président. Vendez-vous directement à l'étranger, ou recevez-vous des commissions des marchands du dehors?

M. Mollet. Je vends directement. Le client vient chez moi, et, d'accord avec lui, je donne des ordres à un fabricant qui exécute sous ma surveillance.

M. le Président. Vous n'envoyez pas de marchandises en consignation?

M. Mollet. Non, Monsieur le Président.

M. Michel Chevalier. Je reviens aux paletots.

Je voudrais savoir, avec un peu plus de détails, les causes de cette infériorité si énorme que vous imputez à la fabrication française sur ce point, comparativement à la fabrication anglaise.

M. Mollet. L'infériorité est bien caractérisée.

Ainsi, une maison colossale de New-York, qui fait pour 50 millions d'affaires, achète tous les ans à Elbeuf 500 pièces de pantalons, et seulement 30, 40 ou 50 pièces de paletots, tandis qu'elle en commande 500, 600 pièces à une seule maison anglaise.

Vous voyez que la supériorité des Anglais est grande.

M. Michel Chevalier. C'est la cause que je vous demande.

M. Mollet. C'est mieux fait, c'est meilleur marché. Je ne peux pas vous dire comment les Anglais s'y prennent pour fabriquer à un prix inférieur.

M. le Président. Vous avez dit qu'ils employaient du coton.

M. Mollet. Il y a certains articles dans lesquels il entre du coton; mais les fabricants le déclarent parfaitement.

J'ai étudié cette question-là à fond. J'ai comparé, avec d'autres personnes, une collection anglaise et une collection française, et nous avons été frappés d'une différence énorme. M. Mollet jeune.

M. SCHNEIDER. Admettez-vous qu'il y ait une différence, même lorsque les étoffes sont en pure laine?

M. MOLLET. Oui, Monsieur. Pour les consommateurs qui s'y entendent, qui savent que cela ne porte pas préjudice à l'étoffe, le mélange de coton n'est pas une difficulté pour vendre ces articles-là. La preuve qu'ils sont goûtés, qu'ils sont beaux, c'est que New-York en achète; et ceux qui vendent à New-York sont des producteurs de beaux articles.

M. SCHNEIDER. Ainsi vous avez constaté, pour l'article paletots, la supériorité très-considérable des Anglais, au double point de vue de la qualité et du bas prix?

M. MOLLET. Oui, Monsieur.

M. SCHNEIDER. Et vous ne considérez que comme un incident, qui n'enlève rien à cette supériorité, le fait de l'introduction du coton dans certains de ces produits?

M. MOLLET. Certainement.

M. LE PRÉSIDENT. Il n'est pas possible que l'emploi du coton, qui est moins cher que la laine, ne réagisse pas sur le prix.

M. MOLLET. Je crois qu'il y a certains articles qui ne peuvent se faire qu'à la condition qu'il y entrera du coton, et ce sont les articles les plus beaux, ceux que nous prendrions de préférence.

M. LE PRÉSIDENT. C'est ce qui prouve que les fabricants français ne dérogeraient pas en se décidant à employer ainsi le coton.

M. SEYDOUX. C'est ce qui a lieu déjà.

M. LE PRÉSIDENT. En effet, on nous a dit qu'on en employait dans certaines fabriques du Midi.

M. MOLLET. Il y a certains articles de printemps, en France, qui ne sont beaux qu'à la condition qu'on y introduise de la soie. Il en est de même de ces articles épais d'hiver, dans lesquels les Anglais font entrer le coton. Ils emploient aussi la soie comme nous.

M. ERNEST BAROCHE. Et le poil de chèvre.

M. MOLLET. Oui, très-souvent.

M. Mollet jeune

M. Schneider. Pour les pantalons, vous ne demandez pas la même protection?

M. Mollet. Je crois que, pour les pantalons, nous pouvons lutter avec une protection raisonnable.

M. Schneider. Pour les paletots, vous avez demandé tout à l'heure une protection énergique; et vous dites maintenant que, pour les pantalons, il suffirait d'une protection raisonnable.

Pourriez-vous indiquer le chiffre de cette protection raisonnable?

M. le Président. M. Mollet l'a fait. Il a demandé 15 à 20 p. 0/0 pour les pantalons, et une protection très-forte pour les paletots, c'est-à-dire le maximum de 30 p. 0/0 sans doute.

M. Mollet. Oui, Monsieur le Président.

M. Ernest Baroche. L'insuccès de la tentative de votre client à Elbeuf, dont vous parliez tout à l'heure, vient-il de ce qu'il n'a pas trouvé les articles qu'il cherchait, ou de ce qu'il ne les a trouvés qu'à un prix auquel il ne pouvait pas les prendre?

M. Mollet. On ne fait pas les mêmes articles. A prix égal, on ne trouve rien en France.

M. Schneider. Alors c'est une question de prix, et non pas une question de possibilité de fabrication?

M. Mollet. C'est une question de prix et de qualité. Il est impossible de fabriquer ici ces articles au prix auquel on les vend en Angleterre.

M. Michel Chevalier. Croyez-vous qu'il y ait, dans la nature des choses, une raison pour qu'il en soit ainsi?

M. Mollet. J'espère qu'avec ce qui se passe, notre industrie va se mettre en mesure de lutter avec l'Angleterre. Elle s'était endormie dans une grande prospérité, au point de laisser échapper quelques spécialités, irrévocablement perdues, je le crains. On exportait des draps très-bon marché; on a trouvé préférable de fabriquer des nouveautés qui se font en deux mois, au lieu de drap, dont la fabrication demande six mois. Mais si la nouveauté venait à manquer, Elbeuf serait complétement perdu. Autrefois il avait plusieurs cordes à son arc; aujourd'hui il n'en a plus qu'une.

Je suis effrayé de cette position-là, surtout quand je vois quelques fabricants s'obstiner dans cet engouement et refuser certains ordres plutôt que de se donner la peine de les exécuter. M. Mollet jeune.

Je reproche aussi beaucoup à certains fabricants de rechercher des échantillons anglais et de les imiter. On demande à M. le Ministre la permission d'introduire des échantillons anglais, et l'on fait des articles identiques; on imite les dessins anglais et l'on va même jusqu'à mettre, sur certains articles, des étiquettes anglaises, jusqu'à marquer des châles avec des noms anglais.

M. Ernest Baroche. Se servir de fausses étiquettes, c'est assurément très-répréhensible; mais imiter les dessins anglais, je ne vois pas pourquoi on ne le ferait pas.

M. Mollet. Au lieu de copier les Anglais, il vaudrait bien mieux lutter de goût avec eux.

M. le Président. Ce sont-là des accidents commerciaux qu'on ne peut pas trop juger. Si les Anglais font mieux les paletots que nous, il serait à désirer qu'on pût les imiter à Elbeuf.

M. Mollet. Comme prix.

M. le Président. Et comme genre.

M. Mollet. J'aimerais mieux voir l'industrie française prendre un genre à elle, et qu'il y eût lutte de goût.

M. le Président. Ce qu'il y a de certain, quant à présent, c'est que si les Anglais ont pris une direction plus spéciale pour la fabrication des paletots, l'industrie française s'est livrée avec plus de succès à la fabrication d'autres articles, de la nouveauté pour pantalons, par exemple.

M. Ernest Baroche. Elbeuf, en particulier, expédie beaucoup de nouveautés hors de France. Comment expliquerez-vous dès lors qu'il faille une protection élevée pour cet article?

M. Mollet. Depuis quelque temps, le commerce d'exportation souffre énormément. Il y a un stock considérable dans les mers du Sud et ailleurs.

M. le Président. Le stock qui existe dans les mers du Sud et ailleurs prouve que les habitants de ces pays n'achètent plus. Mais cela ne prouve pas que la concurrence anglaise gêne l'exportation française?

M. Mollet jeune. M. MOLLET. M. Ernest Baroche me demande comment il se fait qu'on exporte. Je réponds que l'exportation est arrêtée; que, depuis quelque temps, Elbeuf exporte très-peu.

M. LE PRÉSIDENT. Je pose la question autrement. Croyez-vous que les difficultés d'exportation que rencontre Elbeuf dans ce moment-ci tiennent à la concurrence des autres pays ou à l'encombrement des marchandises?

M. MOLLET. Il serait difficile de dire si c'est plutôt à une cause qu'à l'autre. Ce qu'il y a de certain, c'est qu'il y a encombrement de marchandises anglaises, françaises et allemandes.

M. ERNEST BAROCHE. M. Mollet a-t-il entendu parler d'un fabricant d'Elbeuf qui a fait récemment, en Angleterre, une vente considérable?

M. MOLLET. Non, Monsieur.
Je dirai, au contraire, que je connais une maison américaine s'occupant exclusivement de la draperie, qui venait autrefois à Elbeuf, et qui maintenant n'y vient plus, parce qu'elle trouve plus d'avantages en Angleterre.

M. LE PRÉSIDENT. Comment pouvez-vous admettre qu'une industrie ait besoin de protection sur le marché intérieur, lorsqu'elle a assez de puissance pour supporter la concurrence avec les autres nations sur les marchés extérieurs?

M. MOLLET. Les articles français ont une bonne réputation. L'exportation se fait infiniment mieux qu'il y a quelques années. Nous avons du goût, nous obtenons la préférence lorsque les marchés ne sont pas chargés.

M. LE PRÉSIDENT. Croyez-vous que ce goût qu'on nous reconnaît sur les marchés étrangers, et qui nous y protége, ne soit pas, à plus forte raison, de nature à nous protéger sur le marché intérieur?

M. MOLLET. Je crois que, si on laissait pénétrer les marchandises étrangères, l'industrie française ne se soutiendrait pas.

M. LE PRÉSIDENT. Vous êtes commissionnaire; vous savez que tout droit de douane se traduit en surélévation de prix; si vous établissez un droit de douane de 15 p. o/o sur les draps de fantaisie et les nouveautés de tout genre, nous les payerons en France 15 p. o/o plus cher, pendant qu'Elbeuf les exportant aux États-Unis et y rencontrant la concurrence anglaise, les y vendra 15 p. o/o moins cher : est-ce là un genre d'opération profitable et juste? M. Mollet jeune.

M. Mollet. Suivant moi, nous sommes dans de moins bonnes conditions de production que les Anglais.

M. le Président. Sous quels rapports? Vous admettez que nous avons l'avantage sous le rapport du goût?

M. Mollet. Cela peut nous échapper : un article est goûté aujourd'hui; demain on l'abandonne.

M. le Président. Il est évident que les conditions du marché peuvent se modifier toujours.

Enfin, à l'heure qu'il est, vous motivez la nécessité d'un droit de 15 p. o/o, sur ce que le goût peut changer, et que cet élément de supériorité peut nous échapper.

M. Mollet. La fabrication se déplace : Elbeuf ne fait presque plus de draps; il n'y a plus à Elbeuf que deux ou trois fabricants de draps ordinaires pour voitures, pour billards.

M. Ernest Baroche. Parce qu'Elbeuf a vu qu'il y avait plus d'argent à gagner à faire de la nouveauté.

M. Mollet. Et si ce qu'il a préféré lui échappe?

M. le Président. Elbeuf, déterminé par l'intérêt des fabricants, transformera de nouveau sa fabrication. Pourquoi l'a-t-il transformée déjà? Parce qu'en faisant du drap fin dans lequel il entre beaucoup de main-d'œuvre, le goût joue un grand rôle dans le prix, et l'on réalise un plus grand bénéfice que dans le drap commun.

Vous n'empêcherez jamais ces mouvements commerciaux, par un droit de douane quelconque.

M. Mollet. On ne peut pas prévoir l'issue de tout cela, et je crois que la prudence commande une protection.

M. le Président. Ainsi un sentiment de prudence vous détermine à demander un droit de protection de 15 à 20 p. o/o pour les pantalons, et de 30 p. o/o pour les paletots.

M. Ernest Baroche. Comment distinguerait-on les étoffes pour paletots des étoffes pour pantalons, dans le tarif des douanes? Croyez-vous que cela soit facile?

M. Mollet. Il y aurait bien quelque difficulté; mais je crois qu'on pourrait le faire.

M. Mollet jeune.

M. de Forcade la Roquette. Il y a des étoffes à pantalons avec lesquelles on fait des paletots, et réciproquement.

M. Mollet. Cela n'empêcherait pas de faire une classification.

M. d'Eichthal. Si demain la fabrication des paletots se rapproche de celle des pantalons, comment ferez-vous? Est-ce que, tous les ans, tous les jours, la fabrication ne change pas? Est-ce que, depuis vingt ans, nous n'avons pas vu vingt sortes d'étoffes? Quand le tarif sera fait, suivant votre système, l'année suivante il ne sera plus applicable.

M. Mollet. Je pense que la distinction entre les deux sortes d'étoffes serait très-facile, même à un employé de la douane.

M. Clerc. Je crois qu'il serait tout à fait nécessaire que l'agent de la douane eût une autre base d'appréciation que le goût.

M. Amé. L'étoffe à paletots dont parle M. Mollet est beaucoup plus lourde que l'étoffe à pantalons.

M. le Président. M. Mollet ne se présente pas ici comme fabricant, comme ayant fait ces articles lui-même, s'étant rendu compte des détails de leur fabrication, et par conséquent des différences notables qui peuvent exister entre la fabrication anglaise et la fabrication française. Il nous dit : « En fait, les paletots, en Angleterre, se vendent meilleur marché qu'en France; les fabricants d'Elbeuf n'ont jamais pu les livrer au même prix que les fabricants anglais; d'où je conclus qu'il faut une protection. »

M. d'Eichthal. L'opinion de M. Mollet est qu'en général c'est dans les étoffes communes que les Anglais ont la supériorité?

M. Mollet. Oui, Monsieur.

M. d'Eichthal. Alors comment se fait-il que les Belges aient exporté, en 1859, 566,000 kilogrammes de draps, d'étoffes de laine? Vous voyez donc que, sur les étoffes communes, où vous admettez la supériorité des Anglais, ceux-ci sont battus par les Belges.
Connaissez-vous les articles belges?

M. Mollet. Oui. On ne peut pas appeler cela des articles communs; ce sont de très-bons articles. C'est de la marchandise intermédiaire, loyalement et consciencieusement fabriquée, comme tout ce que font les Belges.

Les Anglais ont des articles de 6 francs, de 5 francs, de 4 francs. Les Belges et les Français n'en ont pas de ce prix-là.

Sont introduits :

MM. LIZÉ, négociant, exportateur de draps, à Elbeuf.

CHARLES PIOT, négociant en tissus de laines à Paris.

ADAM, *idem*.

GILIS, *idem*.

BOUFFARD, *idem*.

TISSUS DE LAINES.

DRAPS, TISSUS DIVERS.

EXPORTATION.

ELBEUF ET PARIS.

M. LE PRÉSIDENT. Monsieur Lizé, le Conseil Supérieur vous a fait appeler pour avoir des renseignements, non pas sur la fabrication des tissus de laine, mais sur les conditions d'exportation des produits français et sur les différences que vous pouvez connaître, sous ce rapport, entre nos produits et les produits anglais.

M. LIZÉ. Je trouve que nous sommes dans des conditions d'infériorité par rapport aux Anglais.

Une des causes de cette infériorité, c'est l'intérêt de l'argent. En Angleterre, on trouve des banquiers, des prêteurs pour les opérations d'outre-mer. En France, il n'y en a pas.

Je trouve une autre différence : le fret est bien plus cher en France qu'en Angleterre. De plus, les négociants qui viennent d'outre-mer passent forcément par l'Angleterre, tous les steamers étant anglais; en conséquence, ils ne viennent en France qu'après avoir opéré en Angleterre.

Par le même motif, les Anglais reçoivent leurs lettres vingt-quatre heures et quelquefois quarante-huit heures avant nous; car si le paquebot qui apporte les lettres arrive le samedi, après le départ de la poste, les lettres ne partent que le lundi et n'arrivent que le mardi. C'est une circonstance très-grave, en ce sens que, si le steamer qui apporte des lettres d'Amérique, par exemple, arrive la veille du jour où doit partir celui qui emporte les lettres d'Europe, les négociants anglais peuvent faire leurs réponses immédiatement; tandis que nous,

MM.
Lizé,
Charles Piot,
Adam,
Gilis,
Bouffard.

nous ne pouvons les faire que quinze jours après : or un ordre d'achat ou de vente donné quinze jours à l'avance, constitue un avantage énorme.

M. LE PRÉSIDENT. A combien évaluez-vous la protection qui doit être accordée à l'industrie française ?

M. LIZÉ. A mon avis, il faudrait établir deux catégories, qui seraient elles-mêmes l'objet de subdivisions. La première catégorie comprendrait les produits, soit en drap, soit en étoffes à pantalons ou à paletots au-dessous de 15 francs; la deuxième catégorie comprendrait les mêmes produits au-dessus de 15 francs. Quant aux subdivisions, les produits qui pèseraient 350 grammes au mètre carré seraient suffisamment protégés, je crois, par 2 fr. 50 cent., et ceux pesant moins de 350 grammes, par 3 fr. 50 cent. Pour ceux de la seconde catégorie, comprenant les qualités de 15 francs et au-dessus, le produit pesant plus de 350 grammes payerait 4 fr. 50 cent., et le produit pesant moins de 350 grammes, 6 francs.

Les tissus mélangés de coton seraient rangés dans la première catégorie.

M. LE PRÉSIDENT. Combien ces droits représenteraient-ils *ad valorem ?*

M. LIZÉ. Ils représenteraient environ 15 p. o/o au bas de l'échelle, et 30 au plus haut; soit 50 p. o/o sur notre main-d'œuvre et ce qui s'y rattache.

Dans nos produits, j'estime que la matière première peut entrer pour 55 p. o/o, et la main-d'œuvre pour 45 p. o/o.

M. LE PRÉSIDENT. Nous sommes, suivant vous, dans un grand état d'infériorité vis-à-vis de l'Angleterre, sous le rapport de la main-d'œuvre ?

M. LIZÉ. Oui, Monsieur le Président, vis-à-vis de l'Angleterre et vis-à-vis de l'Allemagne et de la Belgique.

M. LE PRÉSIDENT. A quoi attribuez-vous cette infériorité?

M. LIZÉ. Au charbon, au taux de l'argent, au coût des machines, à l'ancienneté des établissements anglais, pour la plupart amortis; enfin à la différence des salaires plus élevés en France qu'en Angleterre et surtout qu'en Allemagne.

MM.
Lizé,
Charles Piot,
Adam,
Gilis,
Bouffard.

M. Ernest Baroche. A quoi appliquez-vous la consommation du charbon? Est-ce à la filature ou au tissage?

M. Lizé. A tout ce qui est mouvement à donner.

M. Ernest Baroche. Croyez-vous que l'on tisse beaucoup au métier mécanique en Angleterre?

M. Lizé. Oui, Monsieur, par cela même qu'on fait, en Angleterre, des produits qu'on ne fabrique pas en France. En Angleterre, on fait beaucoup de tissus dont la chaîne est en coton, et ces tissus permettent plus facilement l'usage du métier mécanique.

On pourra parvenir à faire ce genre de produit en France, et alors on emploiera, pour sa fabrication, des métiers mécaniques, comme en Angleterre; mais on n'en fait pas encore, et, pour les étoffes nouveauté qui exigent l'emploi de plusieurs navettes, le métier mécanique n'est pas satisfaisant.

M. Ernest Baroche. Les Anglais sont-ils plus avancés que nous pour les métiers à plusieurs navettes?

M. Lizé. Je n'ai pas eu occasion d'étudier cette question.

M. le Président. Quelles sont, selon vous, les autres causes de notre infériorité?

M. Lizé. Il y a, en outre, l'amortissement des établissements, l'intérêt de l'argent et le prix de la main-d'œuvre.

M. le Président. Croyez-vous que les ouvriers soient payés moins cher en Angleterre qu'en France?

M. Lizé. Les Anglais donnent aux ouvriers la même journée que nous; mais ils emploient une plus grande proportion de femmes, et les femmes reçoivent un bien moindre salaire que les hommes. Leur système mécanique leur permet d'employer des bras de femmes pour le tissage. Je suis en contact, chaque jour, avec des Américains qui sont allés en Angleterre, et qui m'ont souvent répété qu'on employait beaucoup plus de femmes en Angleterre qu'en France.

M. Ernest Baroche. A combien estimez-vous la différence qu'il y a dans les prix de main-d'œuvre, en France et en Angleterre?

M. Lizé. J'estime qu'il peut y avoir, à peu près, un désavantage de 50 p. o/o pour la France, dans le prix de la main-d'œuvre et ce qui s'y rattache.

M. le Président. Messieurs les négociants de Paris, vous avez en-

MM. Lizé, Charles Piot, Adam, Gilis, Bouffard.

tendu ce que vient de dire M. Lizé; avez-vous quelque chose à ajouter sur les conditions de l'exportation française et sur la quotité du droit de protection?

M. Lizé. Je prie le Conseil de me permettre d'ajouter, au nom de la Chambre Consultative d'Elbeuf, que l'on s'est vivement préoccupé des difficultés que les agents de la douane pourraient rencontrer dans l'application et la perception du droit spécifique sur nos produits. M. Poussin vous a parlé d'un compte-fil qui pourrait aider les agents de la douane. La Chambre Consultative d'Elbeuf a fait faire des expériences; j'en ai fait moi-même sur une grande partie d'échantillons d'Elbeuf, sur des échantillons anglais et allemands, et j'ai reconnu, avec la Chambre d'Elbeuf, que ce qui avait paru une simple idée théorique, pouvait devenir une idée pratique et féconde en bons résultats. Nous avons reconnu que les draps en casimir, qui ne comptent que 18 fils dans un centimètre carré, pouvaient être classés dans la première catégorie (la plus basse); que cette même catégorie pourrait, même avec sûreté, recevoir les articles à pantalons et à paletots qui ne contiendraient que 16 fils dans ce même centimètre. Je le répète, j'ai expérimenté ce moyen, et je serais heureux que le Conseil le fît expérimenter par d'autres; car je crois qu'il trouverait ainsi la solution d'une assez grande difficulté. Si cette difficulté était résolue dans ce sens, il en résulterait un grand bien pour le commerce et l'industrie, en ce que les catégories et les classes de tissu étant facilement reconnaissables, les droits seraient d'une application commode, et l'on éviterait les préemptions.

Ceci, Messieurs, me conduit tout naturellement à un autre ordre d'idées.

La préemption, le seul moyen coercitif en cas de fausse déclaration, la préemption, qui a été un mal dans le passé, serait un danger dans l'avenir. En effet, viennent des jours de crise, et les négociants étrangers ne déclareront qu'au droit le plus bas; car s'ils sont préemptés, ils auront obtenu ce qu'ils auront cherché, une réalisation immédiate et un payement certain; puis, s'ils ne le sont pas, ils auront fait, sur le droit, une énorme économie, qui sera préjudiciable aux produits français. Si la crise de 1857 à 1858 venait à se reproduire, quelle serait d'ailleurs la douane assez riche pour pouvoir préempter tout ce qui, en un seul jour, pourrait se présenter de déclarations et non-valeurs?

M. le Président. Et après? Si ces marchandises étrangères entraient en France, qui les achèterait?

M. Lizé. On les achèterait certainement, et ce serait là le malheur.

MM. Lizé. Charles Piot. Adam. Gilis. Bouffard.

M. le Président. Comment! on ne pourrait pas même vendre les marchandises françaises en France, et vous croyez qu'on achèterait les marchandises étrangères, qu'on ne pourrait pas y vendre davantage?... Les crises proviennent de ce qu'on ne trouve pas d'acheteurs; quand il y a des demandes, les cours se relèvent immédiatement.

M. Lizé. Si j'étais Anglais, je chercherais à faire refluer mon trop plein sur la France.

M. le Président. Les Anglais ont essayé cette opération à New-York, et ils ont remporté leurs marchandises. On ne crée pas des acheteurs à volonté.

M. Ernest Baroche. Vous croyez qu'on pourrait vendre, en France, pour 50 millions de produits qui n'auraient pas été fabriqués, dans le principe, en vue de la consommation française.

M. Lizé. Je parle d'un produit étranger similaire à un produit français et de valeur égale. Ceci étant, nous achèterions tous facilement pour un million de marchandises étrangères qui entreraient en France dans des conditions de bon marché extraordinaire.

M. le Président. Je doute qu'en temps de crise, vous puissiez y parvenir.

M. Lizé. Je parle d'une crise en Angleterre, et non en France.

M. d'Eichthal. Connaissez-vous une grande crise en Angleterre, qui n'ait pas été contemporaine d'une crise égale en France?

M. Lizé. J'étais président du Tribunal de Commerce d'Elbeuf, dans un temps où une crise violente s'est produite en Angleterre, et, tant que cette crise a duré, il n'y a pas eu une seule faillite à Elbeuf. La France, il faut le dire à son honneur, est restée calme dans ce cataclysme commercial.

M. le Président. Qu'il n'y ait pas eu une seule faillite à Elbeuf pendant cette crise anglaise dont vous parlez, c'est possible; mais lisez les états de douanes qui ont été publiés il y a trois jours, vous verrez que, pendant la crise de 1858 qui s'est produite en Angleterre, le mouvement commercial, en France, a diminué de 500 millions, et que ce n'est qu'en 1859 qu'il a repris. Il faut donc conclure de ce

MM. Lizé, Charles Piot, Adam, Gilis, Bouffard.

fait que, lorsqu'une crise se produit dans un pays, elle n'est pas spéciale à ce pays, et qu'elle se fait sentir dans beaucoup d'autres.

M. Ernest Baroche. Les opinions que vous exprimez ici sont-elles celles de la Chambre Consultative d'Elbeuf?

M. Lizé. Oui, Monsieur.

M. le Président. Vous êtes exportateur de draps : pour combien en exportez-vous?

M. Lizé. Pour 4 millions.

M. le Président. Quels draps exportez-vous?

M. Lizé. Je n'exporte que des draps français.

M. le Président. Sur quels marchés?

M. Lizé. Principalement au Chili, au Pérou, au Mexique, dans la Plata; accidentellement dans les États du nord de l'Amérique.

M. le Président. Quels concurrents rencontrez-vous dans ces pays?

M. Lizé. Des Anglais, des Allemands et des Belges.

M. le Président. Si vous soutenez la concurrence anglaise sur les marchés étrangers, quel besoin de protection avez-vous donc pour soutenir cette concurrence sur le marché intérieur?

M. Lizé. Nous soutenons la concurrence anglaise à l'étranger, et cependant nous avons besoin d'être protégés, contre cette concurrence, sur le marché intérieur. Cela paraît tout d'abord, je le reconnais, un non-sens; mais voici comment on l'explique. A Elbeuf, les achats pour l'exportation ne se font qu'en solde. La plus grande partie de ces achats s'opère sur les soldes de nouveautés, quand les fabricants ne trouvent plus moyen de vendre leurs marchandises à l'intérieur; alors il y a pour eux nécessité absolue de faire ces soldes : pour quelques-uns, c'est un moyen de suppléer au capital qui leur manque; pour les autres, plus riches, c'est un moyen de se débarrasser de produits d'une vente difficile et qui, d'ailleurs, feraient concurrence, sur le marché intérieur, à leurs propres acheteurs. La vente de ces soldes se fait à 15, 20, parfois 30 p. o/o au-dessous de la vente primitive; et c'est cet écart qui nous permet de soutenir la concurrence anglaise et allemande sur les marchés étrangers.

MM.
Lizé,
Charles Piot,
Adam,
Gilis,
Bouffard.

M. d'Eichthal. Sur les 4 millions de marchandises que vous exportez, combien y a-t-il de soldes ?

M. Lizé. 3,500,000 francs. Les soldes se font pendant presque toute l'année. Nous ne pouvons acheter que par très-grandes parties; autrement nous ne pourrions pas soutenir la concurrence étrangère.

M. d'Eichthal. Ne fabrique-t-on pas spécialement en France pour l'exportation ?

M. le Président. M. Lizé dit que les fabricants de draps français produisent plus qu'il n'est nécessaire pour la consommation française; que, de cette production qui dépasse les besoins, il résulte un trop plein; que, pour éviter que ce trop plein ne soit jeté sur le marché français et ne fasse concurrence aux premiers acheteurs, les fabricants le vendent aux exportateurs à 15, 20 et même 30 p. 0/0 meilleur marché qu'ils n'ont vendu les premiers produits aux marchands français; qu'enfin cet écart entre le prix de vente primitif et le prix de solde permet aux exportateurs de vendre les produits français moins cher à l'étranger qu'ils n'ont été vendus en France, seule condition à laquelle il soit possible de soutenir la concurrence anglaise ou allemande sur les marchés de l'Amérique, notamment de l'Amérique du Sud.

M. d'Eichthal. A ma connaissance personnelle, pour le Chili et le Pérou, il y a des échantillons spéciaux. Presque toujours, pour ces pays, on est obligé de faire des étoffes autres que celles qui sont en usage en France. Je ne nie pas le fait allégué par M. Lizé; mais je suis très-étonné d'entendre dire que les étoffes exportées dans l'Amérique du Sud proviennent, pour la plus grande partie, presque pour la totalité, de soldes d'étoffes qui ont été fabriquées en vue de la seule consommation française.

M. Ernest Baroche. Un industriel que nous venons d'entendre nous a dit qu'il faisait fabriquer spécialement pour ces pays.

M. Lizé. Ce n'est pas pour l'Amérique du Sud, c'est sans doute pour l'Amérique du Nord, pour les États-Unis.

M. le Président. Il est évident que, sur les marchés de quelque pays que ce soit, la concurrence que se font entre eux les exportateurs, doit s'exercer dans les mêmes conditions. Très-probablement, l'exportateur étranger procède, comme vous, par voie de solde; car, dans toutes les questions de mode, il y a un moment où l'article

MM. Lizé, Charles Piot, Adam, Gilles, Bouffard.

passé de mode détermine cette opération-là, qui est commune à la France, à l'Angleterre, à la Belgique et à l'Allemagne.

M. Lizé. La fabrique d'Elbeuf produit exclusivement en vue de la consommation française; elle ne fait rien pour tel ou tel pays étranger.

M. le Président. Le contraire nous a été positivement dit.

M. Lizé. Il y a des commissions de fabrication qui sont données à Elbeuf, sur des échantillons français, par les négociants des États-Unis; mais ces commissions n'atteignent pas 100,000 francs; or que font 100,000 francs dans une fabrication de 90 millions?

M. Ernest Baroche. Peu importe l'origine des échantillons et des commissions; ce qu'il y a de certain, c'est que la fabrique d'Elbeuf produit directement des étoffes destinées à l'exportation.

M. Lizé. A l'exportation dans l'Amérique du Nord, dans les États-Unis, oui; mais pour l'exportation qui se fait dans l'Amérique du Sud, on opère comme je l'ai dit. C'est si vrai que, dans toute l'Amérique du Sud, les articles d'Elbeuf n'ont qu'une même dénomination : « nouveautés; » ils n'ont pas un autre nom.

M. le Président. Ces articles ne sont-ils pas passés de mode?

M. Lizé. En aucune façon. L'été et l'hiver, dans les mers du Sud, viennent plus tard que chez nous; par conséquent, lorsque nous envoyons un article de saison dans ces parages, il n'y a que trois mois qu'il a paru chez nous; il n'est pas encore passé de mode.

M. Ernest Baroche. Est-ce que vous croyez que le fabricant perd sur les soldes que vous lui achetez?

M. Lizé. Je n'hésite pas à le dire : il y perd considérablement.

M. Adam, *Négociant en tissus de laine à Paris.* Et nous aussi, nous perdons, quand nous revendons en solde les marchandises que nous avons achetées en fabrique, articles exclusifs, qui sont notre propriété comme dessin, et toujours faits selon le goût de Paris.

M. le Président. Croyez-vous donc que la fabrique d'Elbeuf n'ait jamais en vue le moment où l'on viendra lui faire des commandes pour l'exportation, et qu'elle ne règle pas là-dessus sa production?

M. Lizé. Non, Monsieur le Président.

MM.
Lizé,
Charles Piot,
Adam,
Gilis,
Bouffard.

M. le Président. Ainsi, Monsieur Lizé, la fabrique d'Elbeuf fabrique uniquement en vue de la consommation française, et jamais en vue d'une exportation quelconque; seulement, comme il lui reste chaque année, à chaque saison, des produits qu'elle ne peut plus placer sur le marché français, même à prix réduits, parce qu'elle ferait ainsi concurrence aux négociants avec lesquels elle traite habituellement, elle est obligée de vendre, par voie de solde, son excédant de production à des exportateurs; mais elle perd considérablement à cette opération, qui, cependant, est pour elle une opération ordinaire et non pas seulement accidentelle.

M. Lizé. Oui, Monsieur le Président, c'est bien cela.

M. le Président. Eh bien! c'est ce que je ne puis admettre. Je comprends parfaitement que de grands magasins de nouveautés, tels que *le Petit Saint-Thomas, les Villes de France, la Ville de Paris,* opèrent, à la fin d'une saison, par accident, une sorte de liquidation, en vendant, en solde, les articles qu'ils n'ont pu placer dans leur clientèle et qui ne sont plus de mode; mais je ne comprends pas qu'on arrive, dans une fabrique, à moins qu'elle ne soit mal organisée, à se créer régulièrement un stock considérable sur lequel on est certain de perdre.

M. Lizé. La moyenne d'exportation représente le cinquième de la production habituelle. Vous voyez qu'elle est sans analogie avec les soldes que vous citez.

M. le Président. Dans ces proportions-là, ce serait ruineux.

M. d'Eichthal. Nous entendons dire ici tous les jours : « Les Anglais nous tuent avec leurs marchandises de reste! » Mais ces marchandises de reste existent dans tous les pays et dans toutes les industries. Quand on fait dix nouveautés, elles ne prennent pas toutes aussi bien les unes que les autres, et l'on vend meilleur marché celles dont l'écoulement est plus difficile. Cela arrive partout et même en France; mais cela ne veut pas dire qu'on n'exporte que des soldes.

M. Lizé. J'ai parlé de mes opérations à moi. La fabrication ne comporte pas que des affaires de solde.

M. Ernest Baroche. Vous savez bien, par ce qui se passe, non pas chez vous qui êtes exportateur, mais chez les autres qui sont fabricants, qu'il se fait à Elbeuf des dessins en vue de l'exportation.

M. Lizé. Pas directement par le fabricant.

MM.
Lizé,
Charles Prot,
Adam,
Galis,
Bouffard.

M. Ernest Baroche. Il m'est arrivé souvent de voir chez les fabricants, à Elbeuf, certains dessins extraordinaires. Ces Messieurs me disaient : « C'est pour l'exportation; ce ne serait pas vendu en France. » Ces fabricants savent bien, en acceptant tel dessin, en le montant sur le métier, qu'ils ne le vendront pas en France, à cause de l'exagération même de ce dessin : ils fabriquent donc en vue de l'exportation.

M. Lizé. Les dessins et les étoffes étaient commissionnés : le fabricant d'Elbeuf n'exporte pas.

M. Ernest Baroche. Que le fabricant n'exporte pas directement, c'est possible; mais enfin il fait des étoffes d'après un dessin qui ne permet la vente qu'à l'étranger.

M. Lizé. Pas à ses risques et périls : il accepte une commission d'un négociant de Paris sur tel dessin, et il ne se préoccupe pas de la vente ultérieure de ce qu'il fabrique.

M. le Président. L'opération que décrit M. Ernest Baroche n'est pas du tout celle dont vous avez parlé. Le fabricant ne produit pas, si vous voulez, pour exporter directement lui-même à l'étranger; mais il produit en vue de la consommation étrangère, sur des commandes qui lui sont faites par des intermédiaires, et assurément il prélève un bénéfice sur sa fabrication, de même, très-probablement, que le commissionnaire en prélève un pour sa commission. Il n'y a donc pas là une opération consistant pour le producteur à se débarrasser d'un trop plein à vil prix.

M. Lizé. Mais cette fabrication entraîne forcément le solde dont j'ai parlé.

M. le Président. Si une commande est faite par un commissionnaire à un fabricant, d'un article déterminé, pour une quantité déterminée, le trop plein qui donne lieu au solde ne peut se produire que si le commissionnaire fait une commande exagérée, ou que si le fabricant excède la commande qui lui est faite; or, je ne puis pas croire que ni l'un ni l'autre se mettent dans ce cas uniquement pour le plaisir de s'exposer à perdre de l'argent sur un stock qu'ils créeraient ainsi contre toute espèce de prudence.

M. Lizé. Pour arriver, dans un temps donné, à pouvoir présenter à la vente un certain nombre de dispositions, de dessins, il faut bien prendre ses précautions et fabriquer à l'avance; car tout ce qui est produit ne s'écoule pas avec une égale facilité : donc il en résulte un trop plein dont on ne peut se débarrasser que par la voie du solde.

M. d'Eichthal. Le point de départ de tout ceci est l'explication que vous avez cherché à donner de ce fait, que vous aviez besoin d'être protégés par un droit, sur le marché intérieur, contre la concurrence des produits étrangers, bien que, cependant, vous pussiez soutenir sans protection la concurrence que ces mêmes produits faisaient aux vôtres sur les marchés étrangers. Vous avez dit que, cette dernière concurrence, vous ne pouviez la soutenir au dehors, que parce que vous aviez recours à des achats de soldes qui vous permettaient de présenter, sur les marchés étrangers, des produits français à des prix inférieurs à ceux auxquels ces mêmes produits étaient vendus en France. Eh bien! je vous fais remarquer que les étrangers doivent subir, comme les Français, les mêmes nécessités qui résultent d'un trop plein; que la condition de solde n'est pas spéciale à la France, qu'elle est commune à tous les pays producteurs; que, cependant, lorsque vous vous présentez sur les marchés américains, dans ces conditions qui sont communes à tous, c'est-à-dire avec des marchandises provenant, les unes d'une fabrication directement entreprise en vue de l'exportation, les autres de certains achats de solde, vous soutenez la concurrence des Anglais, des Belges et des Allemands sur ces marchés, et que, non-seulement vous soutenez leur concurrence, mais que vous leur êtes supérieurs, au moins pour certains articles.

MM. Lizé, Charles Piot, Adam, Gilis, Bouffard.

M. Lizé. Les Anglais fabriquent spécialement, et en grande quantité, pour l'exportation, parce que leurs affaires sont principalement d'outre-mer; les Français, au contraire, fabriquent très-peu pour l'exportation, parce que leurs affaires sont principalement intérieures. Voilà pourquoi, quand nous nous présentons avec les Anglais sur les marchés étrangers, nous ne pouvons rivaliser avec nos concurrents qu'au moyen des soldes seulement.

M. le Président. Messieurs les négociants de Paris, vous avez entendu la déposition de M. Lizé, avez-vous quelque chose à y ajouter?

M. Piot, *Négociant en tissus de laine à Paris*. Je ne fais pas beaucoup d'affaires d'exportation, et le peu que je fais, c'est aussi en soldes.

M. le Président. Avez-vous quelque chose à nous dire sur les conditions de production respective de la France et de l'Angleterre, et sur la quotité du droit protecteur qu'il conviendrait d'établir?

M. Piot. Non, Monsieur le Président.

M. le Président. Et vous, Monsieur Adam?

M. Adam. A une certaine époque, on a fabriqué, à Elbeuf, des

MM.
Lizé,
Charles Piot,
Adam,
Gilles,
Bouffard.

étoffes à bandes vives et à fleurs, pour pantalons. Cet article n'a pas pris en France. Il est vrai qu'il était destiné à l'exportation, notamment pour quelques villes d'Italie, pour Venise et pour la Sicile. Ce genre a été vendu avec quelque bénéfice au début, comme nouveauté; mais la fin a été désastreuse pour plusieurs maisons d'Elbeuf et de Paris. Ainsi, de grandes quantités, payées au début 14 et 15 francs, ont été soldées à 6 et 7 francs, même à moins.

M. le Président. On avait fait là une mauvaise spéculation, et voilà tout. Cela ne prouve rien, quant à la question générale de fabrication et d'exportation.

M. Adam. Nous exportons aussi de la nouveauté que nous faisons fabriquer, un peu en vue de l'exportation en Amérique; mais ce sont seulement les États-Unis qui prennent cet article à Paris et en très-petite quantité, tout au plus pour 800,000 francs par an. Nous nous préoccupons, il est vrai, du goût des Américains; mais la fabrication, dans ce genre-là, est peu de chose, relativement à l'ensemble de la fabrication générale d'Elbeuf. En somme, la plus grande partie de l'exportation se fait avec des soldes. Nous faisons 4 millions de draperie, et nous exportons pour 1,500,000 à 1,600,000 francs en Europe, en Espagne, en Portugal, en Italie, en Allemagne et en Russie, un peu à Vienne et pas en Angleterre. Cette exportation se compose de nouveautés fines achetées pour notre goût; mais deux huitièmes consistent en soldes. Nous exportons ensuite 12 à 14 millions au Chili, au Pérou et dans l'Amérique du Sud; mais cette exportation, faite par des commissionnaires de Paris, se compose des sept huitièmes de soldes, comme l'a déclaré M. Lizé, qui fait tout son chiffre d'affaires dans ces contrées. Évidemment tous les fabricants ne font pas de soldes à la fois; c'est tantôt l'un, tantôt l'autre : nous-mêmes, nous perdons, sur ce qui nous reste, des articles que nous avons fait fabriquer en vue de l'exportation américaine ou de l'exportation européenne. Mais l'exportation pour l'Europe ne constitue pas un chiffre sérieux pour Elbeuf; ce chiffre est composé, pour les trois quarts, de nouveauté fine.

M. le Président. En Russie, vous pouvez arriver à vendre dans de bonnes conditions de concurrence avec l'Angleterre et l'Allemagne?

M. Adam. Oui, parce que le goût français y est préféré; mais il est certain que nos articles sont de 2 p. 0/0 plus chers que les produits allemands, anglais et belges.

M. le Président. C'est déjà un avantage considérable, que d'avoir la supériorité par le goût.

MM. Lizé, Charles Paul, Adam, Gilis, Bouffard.

M. de Forcade la Roquette. Ainsi ces Messieurs déclarent que les deux tiers des exportations se composent d'achats de solde?

M. le Président. Le mot *solde* est très-élastique. Pour moi, le solde est ce qui se vend à la fin de chaque saison : c'est cela qui est exporté.

M. Ernest Baroche. Perdez-vous sur les soldes que vous exportez?

M. Adam. Nous ne perdons que sur les articles que nous avons achetés au commencement des saisons; nous ne perdons pas sur les articles que nous avons achetés en solde pour les exporter.

M. Ernest Baroche. Les fabricants perdent-ils sur le solde qu'ils font?

M. Adam. Nous devons le croire, puisqu'ils nous vendent 30 p. 0/0 meilleur marché à la fin des saisons.

M. Lizé. La statistique prouve que les fabricants gagnent 3 à 4 millions à peine. On peut s'en assurer auprès de la Chambre Consultative d'Elbeuf.

M. le Président. Vous supposez qu'on inscrit, à la Chambre Consultative, tous les bénéfices qui sont réalisés? Il est difficile de croire que les fabricants déclarent tout ce qu'ils gagnent et tout ce qu'ils perdent.

Monsieur Gilis, avez-vous quelque chose à ajouter?

M. Gilis, *Négociant en tissus de laine à Paris.* Je n'ai rien à ajouter à ce qu'a dit M. Adam.

M. le Président. Et vous, Monsieur Bouffard?

M. Bouffard, *Négociant en tissus de laine à Paris.* Je suis dans les mêmes conditions que ces Messieurs. Je fais, comme eux, le commerce des nouveautés; mais je fais moins celui des nouveautés d'Elbeuf : je m'occupe d'articles analogues provenant d'autres fabriques. Mon chiffre d'exportation se monte à peu près à 2 millions, dont 1,200,000 francs environ de soldes.

M. le Président. Sur quels marchés exportez-vous?

M. Bouffard. J'exporte en Italie, en Espagne, surtout en Alle-

MM.
Li[illegible],
Charles Piot,
Adam,
Gilis,
Bouffard.

magne et un peu en Russie. La partie de mon exportation qui se compose de soldes est plus particulièrement destinée pour l'Amérique du Sud.

M. le Président. Rencontrez-vous, dans l'Amérique du Sud, des marchandises à l'état de soldes, provenant des autres pays?

M. Bouffard. Il y a une moins grande quantité de ces marchandises provenant des autres pays que du nôtre. Cela tient à ce que notre goût étant très-mobile, les soldes, chez nous, se multiplient, d'une saison à l'autre, d'une manière régulière.

M. le Président. C'est aussi cette mobilité du goût français qui vous fait une condition immense de supériorité vis-à-vis de vos concurrents, sur les marchés étrangers.

M. Bouffard. C'est vrai; on préfère nos produits à raison de leurs dispositions qui varient à chaque saison.

M. le Président. Avez-vous constaté une grande différence entre le prix auquel vous vendiez un article au Chili, et le prix auquel vous vendiez le même article en France?

M. Bouffard. Oui, Monsieur le Président; cette différence peut être évaluée à 12 ou 15 p. o/o.

M. le Président. Malgré cette grande diminution de prix que vos marchandises exportées subissent sur les marchés étrangers, les vendez-vous plus cher que les marchandises similaires étrangères, qui se présentent en concurrence avec les vôtres sur ces marchés?

M. Bouffard. Nous les vendons 8, 10 et même 12 p. o/o plus cher que les marchandises étrangères similaires, parce qu'on ne les trouve que chez nous. Cependant, je dois dire que, comme nous ne présentons nos marchandises sur le marché étranger que trois mois après qu'elles ont paru sur le marché français, il arrive quelquefois que nous avons à lutter contre des copies que l'on a faites de nos produits.

M. le Président. Vous venez de dire que vous vendiez vos marchandises 12 ou 15 p. o/o meilleur marché à l'étranger qu'en France; tenez-vous compte, dans cette différence, des frais de déplacement?

M. Bouffard. Non, Monsieur le Président; nous vendons 12 ou 15 p. o/o meilleur marché à l'étranger que nous ne vendions, trois mois auparavant, en France, non compris les frais de déplacement.

MM. Lizé, Charles Piot, Adam, Gilis, Bouffard.

M. Ernest Baroche. Quelle est la différence normale entre le prix de la draperie anglaise et le prix de la draperie française?

M. Bouffard. Nous n'exportons que la draperie légère de Reims. Nous faisons très-peu de chose sur l'article d'Elbeuf, si peu de chose même que je ne pourrais vous donner, à cet égard, de renseignements précis.

· M. Ernest Baroche. Eh bien! dans cet article de draperie légère, les Anglais vendent-ils meilleur marché que nous?

M. Bouffard. Oui, Monsieur, 15 à 20 p. o/o meilleur marché. Mais ce sont surtout les Belges qui font concurrence à notre fabrication.

M. Adam. La Belgique, sur les marchés d'Europe et dans toute l'exportation, est plus à craindre que l'Angleterre. On n'achète en Angleterre que certains articles spéciaux; mais la Belgique et l'Allemagne rivalisent avec nous sur un grand nombre de produits divers, qu'elles vendent 15 p. o/o au-dessous de nos prix. La marchandise belge ou allemande est bien un peu plus légère que la nôtre, mais l'acheteur n'y fait pas attention. Quand nous l'emportons sur les Belges et les Allemands, c'est parce que nous devançons les modes, c'est parce qu'on a confiance dans notre goût. Paris fait faire, à Elbeuf et à Reims, la plus grande partie de ce qui est réellement nouveauté.

M. le Président. Je profite de cette occasion pour remercier M. Bouffard de l'empressement avec lequel il a bien voulu mettre à la disposition des membres du Conseil Supérieur du Commerce, l'importante collection d'échantillons de tissus qu'il a fait venir d'Angleterre et de Belgique.

Est introduit :

M. PERSON, négociant consignataire à New-York.

DRAPERIE.

EXPORTATION.

COMPARAISON ENTRE LA FABRICATION FRANÇAISE ET LES DIVERSES FABRICATIONS ÉTRANGÈRES.

M. LE PRÉSIDENT. Veuillez, Monsieur, nous donner quelques renseignements sur vos opérations et sur la comparaison que vous avez été à même de faire des produits français et étrangers, en ce qui concerne la draperie.

M. PERSON. Notre maison est à New-York même; c'est une maison de vente en consignation.

Pendant une longue période d'années, nous avons reçu des draps de toutes provenances, des draps belges, allemands et français.

Dans les premières années, nous avons écoulé, avec assez de facilité et d'abondance, des draps unis de Sedan et peu de draps de fantaisie. Nous avions, en même temps, des draps belges et des draps des Provinces-Rhénanes, qui étaient d'un écoulement moyen. Mais, vers 1845 et 1846, un changement s'est opéré : les draps français de Sedan se sont moins facilement vendus; les draps belges et ceux des Provinces-Rhénanes avaient la préférence. C'est arrivé à ce point, que nous avons été obligés, en 1849 ou 1850, de conseiller à nos amis, qui nous envoyaient leurs produits, de cesser de le faire, parce que la différence entre leurs draps et ceux de la Belgique et des Provinces-Rhénanes était telle, que les premiers ne pouvaient pas soutenir la concurrence contre les derniers.

Cette infériorité des draps de Sedan provenait principalement, suivant nous, de la défectuosité de l'outillage des fabriques françaises. Les Allemands ne font aucune économie sur les machines; tout ce qui leur est offert comme nouveau, ils le prennent, ils l'essayent. Ce n'est pas ce qu'on faisait alors dans la fabrique française, et nous pensions que la trop grande facilité que cette fabrique trouvait sur le marché intérieur, pour l'écoulement de ses produits, était loin de la stimuler à rechercher les améliorations et les perfectionnements qu'elle aurait dû réaliser pour se mettre à même de lutter contre ses concurrents sur les marchés étrangers.

M. LE PRÉSIDENT. Cette situation s'est-elle modifiée? M. Person.

M. PERSON. Au contraire : les articles unis de Sedan ont à peu près complétement disparu du marché américain; les Belges et les Allemands se sont emparés presque complétement de ce marché. Je ne parle pas des articles de fantaisie, je parle seulement des articles unis. Ce que je dis des articles français, je l'applique aux articles anglais; ceux-ci ont été exclus du marché américain, aussi bien que les nôtres, par les articles belges et allemands.

Ainsi, ce que la France exporte maintenant en Amérique, dans les États-Unis, c'est principalement de la nouveauté. Pour cet article-là, je ne crois pas que jamais, que de longtemps au moins, la France ait à redouter la concurrence soit des Anglais, soit des Belges, soit des Allemands. Mais, quant aux articles unis, je le répète, la France est aujourd'hui presque complétement supplantée sur le marché américain; et cela tient uniquement, selon moi, à ce que, assurée de la conservation de ses propres marchés, elle n'a pas voulu faire ce qu'il fallait pour contenter le consommateur étranger. Le marché américain est cependant très-considérable et vaut bien la peine qu'on fasse quelques efforts pour y arriver et s'y maintenir.

Il y a des riens, des échantillonnages, des emballages qui parent l'étoffe et qui plaisent au consommateur. Eh bien! jamais on n'a pu obtenir même ces petites choses du fabricant français. Aux demandes que nous lui adressions à ce sujet, il répondait : « Vous avez des exigences gênantes; nous ne voulons pas nous y plier; nous n'avons pas besoin de votre marché pour écouler nos produits; le nôtre nous suffit; il ne nous cause aucun des ennuis que le vôtre nous impose. »

Voilà ce qui a causé la diminution, la décadence, presque la disparition des draps unis de Sedan sur le marché américain.

M. LE PRÉSIDENT. Faites-vous des affaires avec Elbeuf?

M. PERSON. Très-peu; parce que l'article d'Elbeuf est un article de nouveauté d'un prix assez élevé, que certains négociants américains achètent sur échantillons, en France, pour le faire copier ailleurs à meilleur marché et en qualité inférieure.

Toutefois le marché américain est resté acquis à la fabrique d'Elbeuf; elle n'y vend peut-être que des quantités peu considérables de ses produits; mais elle les y vend avec une supériorité incontestable sur tous les autres produits similaires.

M. LE PRÉSIDENT. Savez-vous si les exportations qui se font en Amérique ne sont pas plutôt composées d'articles de nouveauté qui

M. Person provient de stocks, que de nouveautés courantes commandées à l'avance?

M. Person. Je ne crois pas que les exportations d'Elbeuf se composent d'articles de réalisations de stocks; car je ne crois pas que la fabrique d'Elbeuf ait un stock. Les articles d'Elbeuf qui sont exportés proviendraient plutôt, suivant moi, d'achats de soldes. Je suppose que, beaucoup de marchandises restant invendues, elles sont soldées à bon marché et expédiées en Amérique. L'échelle de ce genre d'exportation est très-étendue; mais je m'en occupe fort peu, parce que c'est le mauvais côté de la question.

M. le Président. Ces exportations composées de soldes sont-elles spéciales à la France, ou sont-elles communes à l'Angleterre, à la Belgique, à l'Allemagne?

M. Person. Elles doivent être plus particulières à la France qu'aux autres pays, parce que c'est la France qui fabrique le plus de nouveautés, et que les nouveautés donnent lieu à beaucoup plus de soldes que les autres articles. Un drap noir uni est toujours de mode; on le vend toujours. Il n'en est pas de même des draps façonnés et de fantaisie. Les Anglais ont été affectés de la même manière que nous sur le marché américain : ils y ont été supplantés comme nous par les Belges et les Allemands, pour les draps unis; mais ils y sont restés comme nous pour les articles qui ont un cachet national, particulier; et, pour eux comme pour nous, la partie la plus solide de la vente en Amérique est celle à laquelle donnent lieu ces articles.

M. le Président. Ne croyez-vous pas que le prix de la nouveauté, tel qu'il est établi en France, au début de chaque saison, est toujours assez élevé pour compenser les soldes qu'il peut y avoir à payer à la fin de la même saison?

M. Person. Oh! certainement. On fait payer cher la nouveauté, parce qu'on sait bien qu'on aura toujours un solde plus ou moins considérable en fin de saison; on réalise un bénéfice plus ou moins grand, selon qu'on a une plus ou moins grande vente, ou un plus ou moins petit solde.

M. le Président. Cela dépend du succès des articles; mais enfin tous les articles donnent lieu à un solde plus ou moins considérable, qu'il faut faire soit en France, soit à l'étranger?

M. Person. Plus particulièrement à l'étranger.

M. le Président. Et en province aussi, dans les petites villes; car nul n'ignore qu'un commerçant de Paris, quand il a un article qui passe de mode, le répartit dans tous les magasins de nouveautés de la province. M. Person.

M. de Forcade la Roquette. Est-ce qu'on ne fabrique pas des articles de nouveauté, spécialement pour la consommation étrangère?

M. Person. Oui, Monsieur, on en fabrique une certaine quantité, assez peu considérable pour l'Amérique du Nord, mais bien plus grande, je crois, pour l'Amérique du Sud.

M. d'Eichthal. Vous avez parlé de la fabrique de Sedan comme d'une fabrique qui faisait peu d'efforts pour se perfectionner : j'ai cependant connu des industriels de ce pays qui ne négligeaient rien pour se mettre à la hauteur de leurs concurrents étrangers, et qui obtenaient de bons résultats.

M. Person. Oui, Monsieur, il y en a quelques-uns. Un fabricant de Sedan, auquel je parlais, il y a quelques années, de l'état de choses dont je vous ai entretenu en commençant, vint avec moi aux États-Unis; il y resta deux ou trois mois; il y vit tous les produits belges, prussiens, allemands, qui se vendaient le mieux sur le marché américain, et il revint en France, après m'avoir manifesté tout le contentement qu'il avait éprouvé de son voyage. Je l'ai perdu de vue depuis, et nos rapports ont cessé; mais je suis certain qu'il a tiré bon parti de ce qu'il a vu, et qu'il a perfectionné sa fabrication à tel point, qu'il n'a plus eu besoin de m'envoyer ses produits en consignation; ils ont dû être recherchés de préférence à tous autres, sur le marché français.

M. d'Eichthal. Quel est ce fabricant?

M. Person. C'est M. Antoine fils, de la maison Antoine, Rousselet et fils, de Sedan.

M. Seydoux. Est-ce que Sedan fabrique mal?

M. Person. Non; mais il fabrique moins bien que les établissements belges et allemands; il est resté stationnaire, tandis que ces établissements faisaient de constants efforts pour progresser.

M. de Forcade la Roquette. La nouveauté ne donne-t-elle pas plus de bénéfices que l'article uni? S'il en était ainsi, on s'explique-

M. Person. rait parfaitement pourquoi l'industrie des tissus unis est restée stationnaire, tandis que celle des tissus façonnés a progressé.

M. Person. Je ne pourrais pas résoudre cette question. Mais je ne crois pas que la production française des tissus unis doive rester inférieure à la production belge et à la production allemande; quand elle voudra faire les efforts nécessaires, elle arrivera à se mettre à la hauteur des industries rivales. Ce qui me le fait croire, c'est que nous avons des tissus unis en laine, le mérinos, par exemple, pour lesquels nous n'avons aucune concurrence étrangère à redouter. Mais les fabricants de draperie unie tiennent surtout au marché français. Si les étrangers viennent leur acheter de la marchandise, ils ne refusent pas de leur vendre; mais ils ne font rien pour attirer à eux les clients et pour développer leur fabrication. Cependant, je le répète, le marché américain vaut la peine qu'on s'en occupe; il augmente d'importance chaque jour : quand nous recevions des consignations de Sedan, nous avions peut-être pour 1 million ou 1,200,000 francs de ces consignations dans notre maison; depuis qu'elles ont été remplacées par des consignations belges et allemandes, celles-ci sont montées à près de 3 millions.

M. le Président. Quel droit croyez-vous nécessaire pour protéger la draperie en France?

M. Person. Je crois que tout droit qui dépasserait 15 p. o/o équivaudrait à une prohibition. Cependant certains articles à bon marché, des articles avec chaine coton, ont besoin de cette protection.

M. le Président. N'y a-t-il pas certains autres articles, à l'égard desquels l'absence de protection ne ferait courir aucun danger à l'industrie française, la nouveauté, par exemple?

M. Person. Ne pas les protéger du tout, ce serait peut-être aller un peu trop loin. Je suis convaincu qu'il y aura, au début, une perturbation inévitable dans l'industrie française, surtout à cause de cette manie qui nous porte, en France, à trouver mieux tout ce qui vient de l'étranger. Les Anglais enverront des quantités considérables de leurs articles; et, une fois qu'ils auront payé les droits, il faudra bien qu'ils les vendent; il pourra donc y avoir une perturbation momentanée.

Mais, néanmoins, je crois que tout droit excédant 25 p. o/o, ou allant même jusqu'à cette limite, serait probibitif.

Sont introduits :

MM. CROUTELLE, fabricant de tissus de laine (flanelles et mérinos) à Reims.

LELARGE, de la maison Lelarge, Andrès et Auger, *idem*.

DE BRUNET, membre de la Chambre de commerce de Reims.

M. Croutelle. Voici mes réponses au questionnaire qui m'a été adressé :

1re Question. — Nous employons, pour les deux tiers, la laine de France, et pour un tiers la laine étrangère, particulièrement la laine d'Australie, que nous achetons généralement à Londres, par l'entremise des commissionnaires, aux ventes publiques.

Le peu de laines d'Allemagne et de Russie que nous employons est acheté de seconde main à des négociants français.

2e Question. — La laine que nous faisons acheter à Londres nous revient, avec tous les frais de commission, de courtage, de change, de transport et d'assurance, à 3 p. o/o environ de plus qu'aux fabricants anglais. Nous évaluons à 6 p. o/o la différence entre le prix des laines d'Allemagne, que nous achetons de seconde main, et le prix payé par les fabricants du pays.

3e Question. — Nous opérons par nous-mêmes le lavage des laines destinées au peignage; il se fait au savon à base de potasse.

Quant au lavage des laines destinées à la carde, cette opération constitue une industrie spéciale : on lave ces laines en rivière, après les avoir préalablement dégraissées au carbonate de soude.

4e Question. — Nous faisons teindre, avant la filature, environ un huitième des laines que nous employons pour le cardé; nous payons aux teinturiers, suivant les couleurs, depuis 50 centimes jusqu'à 4 francs par kilogramme, et même davantage.

FILATURE.

1re Question. — Nous filons pour notre propre compte. Nous employons la carde pour les laines dites cardées, destinées à la fabrica-

MM Croutelle, Lelarge, De Brunet.

tion des étoffes foulées; et la carde, ainsi que la peigneuse Heilmann, pour celles qui doivent être converties en fils dits *peignés*, dont le principal emploi est le mérinos.

Jusqu'à présent nous n'avons pas fait de fil peigné mixte; nous faisons en cardé du fil de couleur, suivant nos besoins, et du fil retors.

2ᵉ Question. — Toutes nos machines à filer, tant pour le cardé que pour le peigné, sont de fabrication française; elles datent de vingt-cinq ans; mais elles ont été transformées successivement, selon les progrès de l'industrie.

La broche de filature peignée coûte aujourd'hui 100 francs, peignage compris, 75 francs sans peignage, et de 60 à 65 francs en cardé.

La machine à battre que nous employons coûte de 600 à 800 fr.; cette machine n'est applicable qu'au cardé.

La peigneuse (système Heilmann) coûte 5,000 francs; elle produit de 30 à 35 kilogrammes de laine peignée par jour.

La peigneuse (système Lister) coûte 35,000 francs; elle produit de 100 à 120 kilogrammes de peigné par jour.

Le banc à broches n'est employé pour la laine que comme une exception; nous n'en avons pas.

La machine à étirer sous gros volume, pour préparation au peignage et à la filature, coûte 800 francs la tête; elle produit par tête 80 kilogrammes de laine étirée.

La machine à étirer, dite *bobinoir*, qui revient à 120 francs la tête, produit par jour 8 kilogrammes.

La carde nue coûte 1,200 francs.

Le métier à filer Mull-Jenny, le seul qui soit employé en France pour la laine mérinos, revient à 14 francs la broche pour le peigné, et à 9 francs pour le cardé.

Nous n'avons pas de renvideurs ni de demi-renvideurs.

Quant aux continus, il n'en existe pas en France pour la laine mérinos.

3ᵉ, 4ᵉ et 5ᵉ Questions. — Nous employons une force de 100 chevaux environ, y compris un moteur hydraulique de 30 chevaux, dont le prix de loyer, par force de cheval de 75 kilogrammes, est de 500 francs par an. C'est également la dépense d'un cheval-vapeur, y compris, avec la consommation du charbon, l'intérêt, l'amortissement et l'entretien.

Nous nous servons de plusieurs machines à vapeur de la construction de M. Powell, de Rouen. La force totale de ces machines est de 75 chevaux de 75 kilogrammes.

Nous brûlons du charbon de Charleroi, tout venant, qui coûte de 25 à 26 francs la tonne, rendu chez nous.

MM. Croutelle, Lelarge, De Brunet.

Nous en consommons 70 kilogrammes par an et par broche, y compris le peignage, le chauffage des ateliers et des bains de lavage des laines.

Pour la filature en laine cardée, la consommation de charbon, y compris le chauffage des ateliers, est un peu moindre : elle est de 50 kilogrammes environ.

6ᵉ, 7ᵉ et 8ᵉ Questions. — Les numéros des fils que nous produisons en peigné varient de 40,000 à 140,000 mètres au kilogramme, et, en cardé, de 15,000 à 40,000 mètres au kilogramme.

La production par broche en peigné, et par an, est de 800,000 à 900,000 mètres; et, en cardé, de 400,000 à 500,000 mètres en moyenne.

La production diminue proportionnellement d'un tiers, du plus gros au plus fin numéro.

La main-d'œuvre peut se décomposer comme il suit :

Pour le peigné, établissement à la ville :

Fileurs à la tâche, de 4 fr. 50 cent. à 5 fr. 50 cent. par jour, en moyenne;

Rattacheurs de quinze à dix-huit ans, de 1 fr. 75 à 2 francs par jour;

Soigneuses : femmes, jeunes gens et jeunes filles, 1 fr. 50 cent.

Les hommes fileurs entrent pour un cinquième dans la composition du personnel; les femmes, les jeunes gens rattacheurs et les jeunes filles pour les quatre cinquièmes.

Pour la filature du peigné, on n'emploie pas d'enfants au-dessous de quinze ans.

Pour les filatures en cardé, à la campagne on emploie :

Les fileurs, de 3 fr. 50 cent. à 4 fr. 50 cent. par jour : moyenne, 4 francs par jour;

Les dévideuses et soigneuses à la carderie, de 1 fr. 25 cent. à 1 fr. 50 cent.;

Les rattacheurs des deux sexes, de quinze à dix-huit ans, 1 franc;

Les rattacheurs des deux sexes, de douze à quinze ans, 90 centimes;

Au-dessous de douze ans, pour le temps employé, sur le pied de 70 centimes par jour;

Journaliers et hommes de peine, de 2 fr. 50 cent. à 3 francs;

Vieillards, anciens ouvriers, 1 fr. 75 cent.;

On emploie un tiers d'hommes, un tiers de femmes, un tiers de jeunes gens et d'enfants.

MM. Croutelle, Lelarge, De Brunet.

Les salaires ont augmenté, depuis plusieurs années, dans la proportion de 50 p. o/o pour les hommes journaliers, les femmes, les jeunes gens et les enfants. Les salaires des fileurs à la tâche sont restés stationnaires, quant au prix nominal; mais, par le fait du perfectionnement et de la vitesse des machines, il s'est élevé dans une proportion de 35 à 40 p. o/o.

Nous employons 120 ouvriers pour la filature en peigné et le peignage, et 300 pour la filature de laine cardée.

Pour le peigné, il nous faut 2 ouvriers environ pour 100 broches.

Pour la filature cardée, il faut 300 ouvriers pour 10,000 broches; ce qui fait environ 3 ouvriers, enfants compris, pour 100 broches.

La main-d'œuvre entre pour moitié dans le prix de revient de la façon de filature en peigné et en cardé; c'est-à-dire qu'elle est égale aux frais généraux de toute nature.

La main-d'œuvre augmente avec le numéro du fil. Les frais généraux suivent la même progression, puisque, proportionnellement, la production faiblit.

9e Question. — Nous filons le cardé en gras, et le peigné en maigre. Nous employons l'huile d'olive pour le graissage de la laine. La quantité d'huile que nous dépensons est de 18 à 20 p. o/o pour la filature cardée, et de 5 à 6 p. o/o pour le peignage. Cette addition d'huile accroît le prix de la filature, dans la proportion et en raison du prix de l'huile employée : soit environ de 20 ou 25 cent. par kilogramme pour le cardé, et de 10 centimes pour le peigné.

10e Question. — Le prix de façon revient en moyenne, frais généraux compris et sans l'huile, à 5 centimes les 1,000 mètres pour le fil cardé, et de 1 cent. 3/4 à 2 centimes pour le fil peigné.

11e Question. — Nous employons tous les produits de notre filature en peigné, et ils ne suffisent pas à nos besoins; car nous achetons, en outre, du fil tout fait, presque en égale quantité à celle que nous produisons.

Notre filature en laine cardée ne nous suffit pas non plus; cependant nous vendons de ces sortes de fils, et nous faisons filer à façon dans des filatures de nos environs, jusqu'à concurrence de ce qu'il nous faut en plus.

Les marchés où nous vendons nos fils sont en France. Depuis la diminution des droits sur les laines et la diminution correspondante du drawback, nous avons dû suspendre nos relations avec l'étranger. C'était principalement en Angleterre que nos exportations avaient lieu.

Autrefois, nous avions jusqu'à 1 fr. 40 cent. de drawback, et nous arrivions sur les marchés avec des facilités que nous n'avons plus aujourd'hui.

MM. Croutelle, Lelarge, De Brunet.

M. DE FORCADE LA ROQUETTE. On vous remboursait donc plus que vous n'aviez déboursé ?

M. CROUTELLE. Nous jouissions du drawback pour des laines qui n'avaient pas payé le droit; mais, par contre, il y avait d'autres laines employées dans certains articles qui n'étaient pas exportés, et qui avaient payé le droit. C'est ce qui nous permettait de soutenir la lutte avec l'Angleterre; car nous avions là un bénéfice de 4 ou 5 p. o/o.

12ᵉ Question. — Nos déchets de laine peignée sont livrés à la carde pour être convertis en fils cardés.

Il en est de même de nos blousses.

En peigné comme en cardé, nous tirons généralement parti, dans notre fabrication, de la majeure partie de nos déchets.

TISSAGE ET APPRÊTS.

1ʳᵉ et 2ᵉ Questions. — Nos produits sont la flanelle et le mérinos.

La majeure partie des laines que nous employons est d'origine française; les laines d'Allemagne et d'Australie entrent pour un tiers environ dans notre fabrication.

Nous employons tous les numéros de fils, tant en cardé qu'en peigné: quoique étant filateurs nous-mêmes, nous achetons des fils peignés; nous les payons aujourd'hui : chaîne nº 90/100, de 18 à 22 francs le kilogramme; trame nº 150/200, de 18 à 22 francs le kilogramme.

3ᵉ Question. — Nos métiers à tisser sont mus par la vapeur; nous en avons 200 depuis quinze ans; la moitié est de construction anglaise, et l'autre moitié de construction française.

Les machines préparatoires sont de notre invention et ont été construites en France.

Nous avons payé nos métiers : en Angleterre, 250 francs; en France, 475 francs. Avec les droits, l'emballage et le transport, les métiers anglais reviennent aux mêmes prix que les métiers français.

4ᵉ Question. — Ne fabriquant que les articles unis, tissés de 2 à 6 marches, nous n'avons pas recours au métier à la Jacquart, non plus qu'aux boîtes à plusieurs navettes.

La force de vapeur dépensée dépend de la vitesse, de la largeur des métiers et de la réduction des étoffes en fabrication. A cent vingt battements à la minute, la force absorbée est, chez nous, d'un huitième de cheval-vapeur par métier. A cent soixante battements,

MM. Croutelle, Lelarge, De Brunet.

elle serait d'un cinquième de cheval-vapeur, avec la mise en mouvement des préparations dans les deux cas.

5ᵉ Question. — Le salaire des ouvriers varie de 2 francs à 3 fr. 50 cent., selon leur habileté.

La majorité est composée de femmes et de jeunes filles. Chaque ouvrier ne conduit qu'un seul métier; cependant quelques-uns, les plus habiles, en conduisent deux.

M. Ernest Baroche. Espérez-vous pouvoir augmenter le nombre de ceux qui conduisent deux métiers?

M. Croutelle. Pour les tissus croisés, nous arriverons à leur faire conduire deux métiers; mais, pour les lisses, nous ne le pourrons pas; car, pour ce genre de tissus, nos fils sont généralement plus délicats.

M. Ernest Baroche. Vous avez aussi des métiers mécaniques qui qui sont menés par des femmes?

M. Croutelle. Oui, Monsieur; sur 150 ouvriers, nous n'avons guère que 30 à 40 hommes.

Nous occupons aussi près de 800 métiers à bras, qui ne nous coûtent rien, puisque chaque ouvrier fournit son métier.

6ᵉ Question. — Ces métiers sont chez l'ouvrier. Le prix de la pièce de tissu est très-variable, en raison de la grande diversité de largeur, de finesse et de réduction; aussi la façon de nos pièces, dans le tissage à bras, varie-t-elle de 15 francs à 450 francs.

L'ouvrier à bras qui fait l'article commun, gagne de 1 fr. 50 cent. à 2 francs.

L'ouvrier qui tisse le fin dans les grandes largeurs, gagne de 3 à 4 francs.

7ᵉ Question. — La rapidité de production du métier mécanique est trois fois plus grande que celle des métiers à la main.

Elle est donc six fois plus grande, dans le cas où l'ouvrier conduit deux métiers.

La régularité du tissu produit par le métier mécanique constitue, en faveur de ce dernier, une grande supériorité sur le tissage à bras; par ce seul motif, le tissu fait mécaniquement jouit d'une préférence marquée à la vente.

Le tissage mécanique offre, sur le tissage à bras, une économie de 4 à 5 p. 0/0 dans le prix de revient de la marchandise; cela tient principalement à ce que, outre l'économie de façon, il y a moins de coulage dans l'emploi de la matière.

MM. Croutelle, Lelarge, De Brunet.

8e Question. — Ces diverses manipulations varient de prix, selon le fini du travail exigé; il est impossible de fixer à cet égard des moyennes absolues.

9e Question. — Pour faire exactement le même article, la qualité supérieure de la laine n'est pas une cause d'augmentation dans le prix du travail; ce serait le plus souvent, au contraire, une cause d'économie.

10e Question. — Pour certains articles spéciaux, nous faisons entrer du coton dans les proportions demandées; nécessairement le prix du tissu s'en trouve un peu réduit, mais dans une bien faible proportion.

11e Question. — Il est difficile de connaître la valeur des tissus anglais similaires aux nôtres; il aurait fallu se livrer à des études spéciales, qui, auparavant, ne nous offraient aucun intérêt. Nous n'avons de données que pour les flanelles sur lesquelles nous nous sommes fixés en faisant venir un assortiment de types que nous ne pourrions reproduire qu'à une différence de 15 à 20 p. 0/0; cette différence serait même plus grande pour les qualités tout à fait communes.

M. Herbet, *Commissaire général.* Est-ce que vous n'avez fait venir que des échantillons communs?

M. Croutelle. Pardon; parmi les pièces qui nous ont été envoyées, il y a une pièce de flanelle courante d'Angleterre, valant 14 francs le kilogramme, qui pourrait entrer en grande quantité dans la consommation française. Les autres flanelles ne valent que 8 à 9 francs; mais ce sont des qualités très-communes.

12e Question. — Si nos produits doivent être divisés en classes, le nombre de fils au centimètre me paraît le mode le plus simple et le plus juste de classification; en effet, plus il y a de fils au centimètre, plus il y a de travail, sans acception de la valeur de la matière.

13e Question. — Depuis la diminution du droit sur les laines, dans ces dernières années, et la diminution correspondante du drawback, nous n'avons pu continuer nos exportations.

Depuis plus d'un an, les affaires dans notre genre ont éprouvé une marche très-irrégulière, mais plus souvent languissante qu'active. Par suite du prix croissant de la laine, très-souvent nos prix de vente n'atteignaient pas celui du remplacement de nos matières premières.

14e Question. — On commettrait une grave erreur, si l'on pensait que

MM. Croutelle, Lelarge, De Brunet.

la différence entre le prix de revient de la fabrication anglaise et la nôtre a pour seule cause les conditions plus favorables où se trouve l'Angleterre, en ce qui concerne le bas prix et la qualité du charbon, les transports plus faciles et à bon marché, l'abondance et le prix moins élevé des capitaux. C'est ailleurs qu'il faut chercher le véritable motif de notre infériorité manufacturière. Cette infériorité relative réside surtout dans la constitution sociale des deux pays : la France est, de sa nature, agricole et militaire; l'Angleterre est essentiellement manufacturière et commerçante.

En Angleterre, la majorité des capitaux ne trouvent leur placement que dans l'industrie et le commerce; en France, les capitaux vont à la terre ou à la spéculation.

En France, le morcellement de la propriété foncière attache à la culture du sol la plupart des bras; en Angleterre, la grande propriété, en employant à la culture de la terre des agents plus puissants, économise les bras qui affluent vers l'industrie.

En France, nous avons une armée nombreuse composée des forces les plus vives du pays; en Angleterre, l'armée peu nombreuse n'est composée, en majeure partie, que de gens que l'industrie repousse.

En France, le manufacturier, père de famille, ne peut mettre qu'une partie de son avoir dans l'industrie, et il arrive encore presque toujours, à sa mort, que ses établissements passent en d'autres mains, pour permettre de donner à chacun de ses enfants sa part de succession; de là résulte la division de l'industrie comme celle de la propriété.

Le manufacturier, réduit à ses propres ressources, ne peut immobiliser qu'une partie de son capital; il en résulte que l'accumulation des capitaux, qui a pour conséquence la grande industrie, est sinon impossible, au moins exceptionnelle dans notre pays.

En Angleterre, où le droit d'aînesse existe tant pour la noblesse que pour l'industrie, il en découle nécessairement la centralisation de celle-ci avec l'accumulation du capital.

Aussi, en Angleterre, le père de famille travaille-t-il jusqu'à sa dernière heure à perfectionner et à agrandir son industrie, certain que son œuvre subsistera après lui.

Il ressort du parallèle que nous venons d'établir, que la grande industrie est à peu près impossible en France. Ce n'est cependant que par elle qu'on peut arriver à amoindrir les frais généraux, qui sont toujours en raison inverse de la production.

L'Angleterre a encore et aura toujours sur nous un autre avantage : c'est une main-d'œuvre abondante et plus habile. En effet, dans ce pays, l'ouvrier, pour gagner son pain quotidien, est obligé, dès son enfance, de fréquenter l'atelier qu'il ne quitte plus. Il change rarement de profession et devient, par conséquent, très-habile à manier les instruments de son travail.

MM. Croutelle, Lelarge, De Brunet.

L'industrie en chambre est à peu près inconnue en Angleterre; il en résulte une grande perfection dans les produits manufacturés et une production plus considérable qu'en France. Aussi évaluons-nous à un cinquième en plus la production de l'ouvrier anglais, comparée à celle de l'ouvrier français, autant par le fait de son habileté, que par sa puissance musculaire qui lui permet de diriger un plus grand nombre d'agents mécaniques.

L'ouvrier français aime peu le régime de l'atelier; dès qu'il peut s'en affranchir, il le fait pour travailler chez lui; il est inconstant dans son travail, et fait tantôt un métier, et tantôt un autre; il est rare que les femmes ne quittent pas l'atelier avant l'âge de vingt-cinq ans; enfin l'ouvrier est, en général, moins robuste qu'en Angleterre, puisque la partie la plus valide de la population est sous les drapeaux ou bien occupée au travail des champs.

Si l'on veut bien admettre cette différence entre la production anglaise et la nôtre, différence que nous avons pu constater nous-mêmes par les observations que nous avons été à même de faire en Angleterre, il en résulte que les frais généraux qui sont égaux à la main-d'œuvre sont aussi diminués d'un cinquième par rapport à la production. Or, puisque, en général, la main-d'œuvre ajoutée aux frais généraux entre pour moitié dans le prix de revient de la marchandise, le manufacturier anglais arrive, par ce seul fait, à produire à 10 p. o/o meilleur marché que l'industriel français.

N'est-il pas juste d'ajouter à ce chiffre au moins 5 p. o/o pour la différence du prix des charbons et des capitaux? On pourrait alléguer que le travail est moins rétribué en France qu'en Angleterre; cela peut être vrai pour certaines industries, mais non pour l'industrie lainière.

Si maintenant nous faisons la part de la position qu'occupe aujourd'hui l'industrie anglaise dans le monde, de ses grands capitaux, des débouchés que sa marine a pu lui créer, de ses établissements amortis, nous considérons qu'un droit spécifique de 15 à 20 p. o/o suffit à peine pour équilibrer le prix de revient entre les deux pays.

Nous pensons qu'une protection de 2 fr. 50 cent. par kilogramme sur toutes les sortes de flanelles nous est indispensable pour soutenir la concurrence. Pour les gros articles, cette protection peut sembler exagérée, puisqu'elle va au moins à 20 p. o/o; mais, sur les articles fins, elle ne représente pas plus de 5 p. o/o.

MM. Croutelle, Lelarge, De Brunet.

M. le Président. 2 fr. 50 cent. représenteraient 20 p. o/o?

M. Croutelle. Oui, Monsieur le Président.

M. d'Eichthal. Est-ce 20 p. o/o sur les prix anglais?

M. Croutelle. Oui, sur les prix anglais. Nous n'avons pas calculé sur les prix français.

Nous avons acheté à un des premiers fabricants de Rochdale; il a vendu à un grand exportateur sur la moyenne des six derniers mois. C'est d'après le prix du kilogramme de ses produits que nous demandons la protection.

M. le Président. Monsieur Lelarge, vous n'avez pas de note écrite?

M. Lelarge, *de la maison Lelarge, Andrès et Auger, fabricants de tissus de laines à Reims.* Non, Monsieur le Président; mais j'en ferai remettre une au Conseil.

M. le Président. Il est utile au Conseil Supérieur d'avoir des renseignements sur l'état de la fabrication de chaque centre d'industrie; mais lorsqu'un industriel important, comme M. Croutelle, nous a donné déjà ces renseignements, les détails deviennent moins nécessaires pour chaque fabricant. Veuillez néanmoins faire remettre à M. le Commissaire général la note dont vous parlez; elle remplacera votre déposition. En attendant, je ne vous questionnerai que sur un point. Quel degré de protection croyez-vous nécessaire?

M. Lelarge. Je demanderais, comme M. Croutelle, 2 fr. 50 cent. par kilogramme, décimes compris.

M. Ernest Baroche. 2 fr. 50 cent. représentent 30 p. o/o au moins par rapport à 8 francs.

M. Croutelle. Il n'y a qu'une seule catégorie de pièces de ce prix-là. Pour les autres catégories, 2 fr. 50 cent. font à peine 18 p. o/o. C'est pour faciliter le travail de la douane que nous demandons une moyenne.

M. Ernest Baroche. La portée de mon observation est uniquement celle-ci: sur certains articles, 2 fr. 50 cent. représenteraient 30 p. o/o.

M. le Président. Ainsi, Monsieur Lelarge, vous acceptez les explications de M. Croutelle, et vous demandez le même droit que lui?

M. Lelarge. Oui, Monsieur le Président.

M. d'Eichthal. Le Conseil sait que c'est à la persévérance de M. Croutelle qu'on doit la première application du métier mécanique au tissage des laines peignées. MM. Croutelle, Lelarge, De Brunet.

M. Michel Chevalier. Et on lui en a été reconnaissant en mettant le feu à son établissement.

M. Croutelle. Les deux cents métiers que j'ai sont nouveaux : les autres ont, en effet, été brûlés.

M. le Président. Monsieur de Brunet, vous êtes fabricant et membre de la Chambre de commerce de Reims?

M. de Brunet. Je ne suis ni fabricant ni intéressé dans l'industrie, mais négociant intermédiaire et membre de la Chambre de commerce, délégué par elle. J'ai quelques observations particulières à présenter sur des questions auxquelles nous pouvons répondre au nom de la Chambre de commerce. Je laisse aux industriels le soin de parler de l'outillage et des détails de fabrication.

M. le Président. Nous vous écoutons.

M. de Brunet, *lisant :* Voici d'abord mes réponses en ce qui touche l'achat et la préparation des laines.

1re et 2e Questions. — L'industrie de Reims emploie surtout, pour la fabrication des tissus mérinos de qualités moyennes, les laines de France, et particulièrement celles de Champagne. Celles d'Australie, d'Allemagne et de Russie sont réservées pour les sortes plus fines.

Les laines d'Australie, achetées aux ventes de Londres, reviennent, aux maisons françaises, à 2 p. o/o plus cher qu'aux industriels anglais, pour les laines en masse, lavées à dos ou en suint, par suite des frais d'achat à Londres, commissions, change, transport, droit de 3 francs par 100 kilogrammes, etc. : soit au moins 10 à 12 centimes par kilogramme sur le prix moyen de 6 francs; ce qui fait 20 à 25 centimes par kilogramme de laine peignée; sans compter les différences qui existent dans les moyens matériels de production, dont les industriels, à la tête de grands établissements, peuvent mieux que nous préciser l'importance.

Les laines d'Allemagne, qui entrent dans la fabrication de nos tissus fins, reviennent de 5 à 6 p. o/o plus cher aux maisons françaises qu'aux Allemands, par suite des commissions d'achat, transports et droit de sortie.

En ne calculant que sur 5 p. o/o pour ces laines lavées à dos, soit 30 centimes par kilogramme, au prix moyen de 6 francs, le peigné

MM. Croutelle, Lelarge, De Brunet.

revient aux industriels français, par cette seule différence, sans compter celle sur la main-d'œuvre, à 60 centimes de plus par kilogramme.

Toutes ces différences sont établies au point de vue des grands producteurs possédant des usines et n'ayant pas besoin de crédit.

Si l'on veut tenir compte de la situation bien différente des petits producteurs ou fabricants, si nombreux en Champagne, tributaires des intermédiaires pour l'achat des laines, des peigneurs, des filateurs, des teinturiers et apprêteurs, il est évident que l'écart dans leurs moyens de production doit être apprécié à 2 ou 3 p. o/o de plus.

Je passe maintenant aux questions relatives à la filature.

7e et 8e Questions. — D'après le tableau comparatif des salaires de deux centres différents de la Saxe et de ceux de Reims, que nous joignons ici, il existe une différence de 30 à 40 p. o/o au profit de la production de la Saxe, sur tous les salaires qui entrent par moitié dans la valeur moyenne de tous les tissus similaires des produits de Reims; soit, sur un kilogramme de tissu, valant en moyenne 20 francs, 10 francs des divers salaires français, sur lesquels les Saxons ont payé 25 p. o/o de moins que nos fabricants, ou 2 fr. 50 cent. par kilogramme de tissu.

Moyenne des prix des salaires des ouvriers, calculés par semaine de travail, soit six journées de douze heures.

SAXE.	1re contrée.	2e contrée.	REIMS.		Différence sur les prix de la Saxe.
					p. o/o
Fileurs de laine peignée; métiers de 240 broches	17f 00c	19f 25c	Fileurs de laine peignée, métiers de 240 broches	25f 00c	47
Idem de laine cardée	13 30	13 75	*idem* de laine cardée	23 00	56
Manœuvres, journaliers	9 50	9 30	Journaliers, débourreurs, hommes de peine	13 50	42
			Dégraisseuses	15 00	»
Rattacheurs de 16 à 17 ans	5 70	5 10	Rattacheurs, de 13 à 15 ans	9 00	38
Bobineurs, de 12 à 13 ans, fréquentant les écoles pendant 2 à 3 heures chaque jour	2 10	3 00	Bobineurs, de 12 à 15 ans	6 00	30
Soigneuses de cardé ou de bobinier	5 70	3 70	Soigneuses en peigné, dresseuses pour le cardé	9 00	37
			Idem pour les peigneuses, les lisseuses	10 00	
Tisseurs de mérinos ou de flanelle, à l'atelier	11 30	11 00	Tisseurs et tisseuses à la mécanique	16 00	30
Idem, chez eux à la maison	13 30	»	*Idem* à la main, 1re force	30 00	
Idem de flanelle	»	6 00	*Idem*, 2e force	20 00	41
Idem de nouveautés, de 11 fr. 50 cent.	»	13 00	*Idem*, 3e force	15 00	
Tisseuses, bonnes ouvrières	9 80	»	*Idem*, 4e force, sans ménage à soigner	9 00	»
			Idem, 5e force, femme ou enfant très-occupés du ménage	6 00	»
Enfants de 12 à 13 ans, faisant des cannettes et autres petits ouvrages	1 80	»	Bobineuses, trameuses, éplucheuses, etc.	3 75	»
			Rentrayeuses, cardisseuses, noueuses	15 00	»
			Trieurs de laine	24 00	»
			Garnisseurs, tondeurs, par heure, de 20 à 25 centimes	15 00	36
			Teinturiers, apprêteurs	»	»

MM. Croutelle, Lelarge, De Brunet.

11e Question. — Reims vend généralement ses laines peignées en France.

Nos filateurs en laine cardée ont fourni longtemps des fils à Glasgow et à Paisley; mais, depuis plusieurs années, la concurrence de la Belgique et les progrès faits par les filateurs anglais n'ont plus permis cette exportation, malgré la prime de sortie de 80 centimes par kilogramme, en gras, et d'un franc, en dégraissé.

13e Question. — L'Angleterre ne produit pas, quant à présent, de fils en laine peignée mérinos, en concurrence avec ceux de France, pour ce qui concerne Reims; mais, par suite du traité, une modification dans son outillage pourra lui permettre d'établir cette concurrence.

La Chambre de commerce de Reims demande, avec les peigneurs, les filateurs en laine peignée et ceux en laine cardée :

1° Un droit unique de 60 centimes par kilogramme, pour toutes les laines peignées, mérinos, dont la valeur moyenne est de 9 à 10 francs : soit une protection d'environ 6 p. 0/0;

2° Un droit unique de 1 fr. 50 cent. par kilogramme, pour tous les fils de laine mérinos (peignage compris), sans distinction de numéros, dont la valeur moyenne est de 12 à 13 francs : soit 12 p. 0/0;

3° Un droit unique de 50 centimes par kilogramme, sur tous les fils de laine cardée en gras, sans distinction de numéros, dont la valeur moyenne est de 8 à 9 francs; et un droit de 70 centimes au kilogramme, sur les mêmes fils dégraissés, dont la valeur moyenne est de 11 à 12 francs : soit une protection de 6 à 6 1/2 p. 0/0.

14e Question. — Par suite de la mauvaise situation des affaires en tissus, dans l'Amérique du Nord et dans les mers du Sud, les achats pour l'exportation ont cessé depuis un mois, notamment pour les mérinos, et même pour l'Angleterre, malgré l'avantage de la prime, dont la durée limitée avait fait présumer que des affaires importantes seraient traitées dans les délais qui vont bientôt expirer.

Ces prévisions, qui avaient contribué à la hausse de la laine, se trouvent déçues, et les prix des tissus mérinos fléchissent en ce moment, contrairement à la cherté des matières premières.

J'arrive enfin aux questions relatives au tissage.

1re Question. — Reims produit :

Les tissus de mérinos en laine peignée pour robes; et, en châles, les mérinos écossais;

Les flanelles de santé, lisses et croisées;

Les tissus en laine cardée pour robes et châles dits *tartans;*

La petite draperie pour homme et pour femme;

MM. Gaulle, Lelarge, De Brunet.

Les tissus laine et coton, unis ou brochés.

La Chambre de commerce demande, pour ces diverses catégories, des droits spécifiques au poids, établis de la manière suivante :

1° Un droit unique de 2 fr. 50 cent. par kilogramme, pour toutes les qualités de flanelles de santé, pure laine, dont la valeur moyenne est de 19 francs le kilogramme : soit une protection d'un peu moins de 14 p. o/o; et le même droit sur celles mélangées de coton, dont la valeur moyenne est de 14 francs le kilogramme. Ce même droit protégerait nos produits de 25 p. o/o contre l'entrée des flanelles anglaises pure laine, tout à fait à bas prix, dont la valeur, au kilogramme, est de 10 francs en moyenne. Reims manque de tous les éléments nécessaires pour faire ces flanelles communes à des prix aussi bas que les fabricants anglais, et notre industrie a besoin d'être protégée, par un droit élevé, contre leur invasion;

2° Un droit unique de 3 francs par kilogramme, sur tous les tissus en pure laine cardée, dont la valeur moyenne est de 20 francs le kilogramme : soit 15 p. o/o pour la draperie légère et les autres tissus pour robes ou châles.

Le même droit de 3 francs par kilogramme, sur les mêmes tissus mélangés de coton, dont la valeur moyenne est de 14 francs le kilogramme : soit 22 p. o/o sur ces tissus que l'Angleterre, la Belgique et la Saxe établissent à plus bas prix que la France;

3° Un droit unique de 3 fr. 50 cent. par kilogramme, sur les tissus mérinos et tous ses similaires en laine peignée, à la pièce ou en châles : soit 14 p. o/o sur la valeur moyenne des mérinos tout teints, qui est de 25 francs le kilogramme.

11ᵉ Question. — La fabrique de Bradford produit des quantités considérables du tissu dit *Cobourg*, ou cachemire d'Écosse, chaîne coton, à des prix extrêmement bas, depuis 75 centimes le mètre tout teint, ayant 95 centimètres de large.

Plusieurs fabricants de Reims ont essayé de fabriquer ce tissu; ils ont tous beaucoup perdu pour écouler ce qu'ils en avaient fabriqué; ils ont été forcés d'y renoncer, parce qu'ils ne pouvaient l'établir qu'à des prix trop élevés et se rapprochant trop de ceux du cachemire d'Écosse pure laine.

Mais le Cobourg, bien fabriqué comme il l'est depuis longtemps à Bradford, avec de la filature au continu, est un joli tissu, qui certainement, par son extrême bas prix, entrera largement dans la consommation française, même avec des droits élevés, au préjudice d'autres tissus français.

En le comprenant dans la catégorie des tissus de laine et coton pour lesquels nous demandons 3 francs par kilogramme, le cobourg, dont la valeur moyenne par kilogramme est de 12 à 13 francs, sera frappé de 24 à 25 p. o/o de protection. MM. Croutelle, Lelarge, De Brunet.

C'est la concurrence la plus dangereuse pour les produits de Reims.

12e Question. — Nous venons d'indiquer plus haut, en réponse à la 1re question relative aux tissus, les classifications que nous établissons dans les produits de Reims.

Les comptes de chaînes des tissus s'apprécient toujours au quart de pouce ou au centimètre par le nombre de fils qu'ils indiquent : la plus grande quantité de fils en chaînes, dans les tissus de laine, est un mérite de fabrication qui donne à Reims une supériorité dans les tissus fins pure laine.

La croisure, dans les mérinos, est la manière habituelle de les classer, et les prix varient par chaque croisure, à conditions égales de bonne fabrication.

C'est une vérification très-facile pour ce tissu.

13e Question. — Nos tissus mérinos sont exportés en Angleterre et dans l'Amérique du Nord, dans des proportions importantes; ils le sont aussi dans les mers du Sud; il s'en expédie également en Espagne, en Italie, en Belgique, mais dans des proportions moindres.

L'Angleterre n'a pu faire ce tissu tant qu'on ne le fabriquait qu'à la main, parce que la main-d'œuvre d'un tisseur, sur un métier à bras, est trop chère; le peignage spécial pour la laine mérinos et surtout la filature Mull-Jenny, indispensable pour la fabrication du mérinos, n'ont point eu de développement en Angleterre, par ce motif tiré de la difficulté du tissage.

Mais quand le tissage mécanique, qui présente encore des difficultés, sera suffisamment perfectionné pour que cette fabrication puisse être montée en grand, l'Angleterre ne tardera pas à l'organiser.

14e Question. — Les réponses à cette question se trouvent contenues dans les réponses aux questions nos 1 et 2 relatives à l'achat et à la préparation des laines, aux questions nos 7 et 13 relatives à la filature, et aux questions nos 1 et 11 relatives au tissage.

Je prie le Conseil Supérieur de vouloir bien tenir compte de l'observation que voici : comme il a été dit, dans le traité de commerce, que le maximum des droits à établir serait de 30 p. o/o, y compris les décimes, nous avons fait tous nos calculs en comprenant les deux décimes

MM. Croutelle, Lelarge, De Brunet.

M. Croutelle. Je demande la permission d'ajouter une observation relative à la demande que nous faisons d'un droit qui, comme on l'a dit, équivaudrait à 30 p. o/o sur les flanelles communes.

J'ai besoin d'expliquer comment, sur cet article, nous ne sommes pas en mesure de lutter avec l'Angleterre.

Je n'ai pas pu naturaliser en France des métiers que j'avais achetés en Angleterre. A Rochdale, on a des métiers excessivement larges; un ouvrier fait trois pièces de largeur sur un métier, et trois sur un autre; il conduit six pièces à la fois. Nos ouvriers ont résisté quand il a fallu employer les métiers dont je parle, qui sont très-lourds et qui nous ont coûté très-cher; pendant un mois ou deux, ils s'en sont servis; puis ils sont restés inactifs pendant près de six mois, quoique les salaires fussent assez forts. De plus, un ouvrier ne conduisait qu'un seul métier. Nous avons essayé de mettre quatre pièces sur un métier (un ouvrier aurait pu conduire huit pièces à la fois); nous n'avons pu réussir.

A Rochdale, l'ouvrier qui conduit deux métiers gagne 18 shellings par semaine.

Nous serions obligés de renoncer à cet article qui, cependant, devra prendre place dans la consommation, parce que c'est une étoffe qui ne rentre pas.

Les pièces de flanelle que nous avons fait venir d'Angleterre, avec l'autorisation de M. le Ministre, sont restées malheureusement trop longtemps à la douane. Nous avons étudié cette fabrication. Comme nous ne pourrons pas nous servir de métiers anglais, nous avons besoin de la protection que nous demandons pour que nos ouvriers puissent lutter avec les ouvriers anglais qui font six pièces à la fois. C'est ce qui explique la demande de cette protection qui paraît élevée.

J'ai fait observer que le droit n'atteindrait ce taux élevé que sur une des qualités inférieures. La protection que nous demandons n'équivaut qu'à 6 ou 7 p. o/o sur les qualités supérieures; elle est de 15 p. o/o sur l'ensemble.

M. le Président. Le malheur est que cette protection porte sur les articles de plus grande consommation, et intéresse les bourses les plus pauvres.

M. Croutelle. En définitive, c'est peut-être 15 ou 20 centimes sur un mètre de flanelle, 30 centimes sur un gilet.

M. Ernest Baroche. C'est 30 p. o/o.

M. Croutelle. Ce n'est pas un article de grande consommation, c'est un article accessoire. Peut-être, dans quatre ou cinq ans, n'aurons-nous plus besoin de cette protection-là. Nous ferons tous nos efforts; nous ne quitterons pas la partie; mais il ne faut pas qu'on nous empêche de marcher.

MM. Croutelle, Lelarge, De Brunet.

M. le Président. Au contraire, le but principal du Gouvernement est de tâcher de vous faire marcher le plus énergiquement et le plus vivement possible.

M. Croutelle. Nous ferons tout ce que nous pourrons.

M. de Brunet. Je dépose toutes les pièces justificatives des assertions produites par la Chambre de commerce : elle a fait une espèce d'enquête; toutes ces pièces sont signées.

M. le Président. Messieurs, nous vous remercions des renseignements que vous avez bien voulu nous donner.

(M. Lelarge a envoyé la note suivante, destinée à compléter sa déposition.)

Tous les détails qui ont rapport à notre industrie, et que M. Croutelle a donnés au Conseil, étant parfaitement vrais, je m'abstiens de les renouveler, et je les accepte complétement.

J'aborde donc la 14e question, qui a rapport au droit protecteur que nous croyons nécessaire pour nos étoffes.

Le droit que nous demandons est de 2 fr. 50 cent. par kilogramme, décime compris, pour toutes les qualités de flanelles. Je vais énumérer les considérations qui m'ont fait arriver à demander ce chiffre, lequel, à première vue, peut paraître beaucoup trop élevé, surtout parce qu'il doit porter sur de la marchandise commune.

Les industriels anglais fabriquent une flanelle commune, faite avec la laine de leur pays; cette laine, qui est spéciale à leur contrée, et que nous ne pourrions acheter autre part, nous reviendra toujours plus cher qu'à eux, soit par les déplacements que nous serons obligés de payer à nos représentants, soit par le coût du change, et enfin par le transport. Toutes ces sommes, s'adressant à des marchandises d'un prix nominal élevé, les grèveraient peu; mais, pour des marchandises communes, elles augmentent les prix dans des proportions considérables, et qu'il est facile d'évaluer.

Je prends, par exemple, un fabricant français ayant besoin de 100,000 francs de laine, soit 33,500 kilogrammes à 3 francs, et qui fait le voyage d'Angleterre.

Le voyage demandant au moins un déplacement de huit jours, je compte :

MM.
Croutelle,
Lelarge,
De Brunet.

Coût du voyage, au minimum...	500f 00c
Commission à un représentant, 3 p. o/o.....	3,000 00
Change et autres menus frais, 1 p. o/o......	1,000 00
Transport de 33,500 kilogrammes de laine venant de Londres à Reims..............	2,450 00
Droits d'entrée par navires anglais, qui font seuls le transport entre nos deux pays, 3 francs par 100 kilogrammes......................	1,000 00
Soit................	7,950 00

Si l'on ajoute à cela l'habitude qu'ont les Anglais de fabriquer un article qui nous est étranger, la connaissance de machines dont nous n'avons jamais fait usage et qu'ils ont appropriées aux besoins de leur industrie, et enfin l'économie qu'apporte toujours dans la fabrication d'un article une longue exploitation, tout cela prouvera d'abord que notre industrie a besoin, au début, d'une large protection, qu'une étude de quelques années lui rendra ensuite bien moins nécessaire et peut être même inutile.

Il faut aussi faire mention du bon marché relatif de la houille et du fer en Angleterre, de la grande facilité avec laquelle les Anglais trouvent des capitaux pour l'industrie, facilité qui leur permet, au moyen d'une production très-importante, de restreindre leurs bénéfices à des conditions auxquelles nos producteurs français ne pourraient vivre.

La protection que nous demandons pour toute la flanelle n'a pas, il est vrai, sa raison d'être pour les flanelles fines et demi-fines, pour lesquelles nous sommes plutôt supérieurs qu'inférieurs aux Anglais; mais nous avons à craindre l'entrée des marchandises de Saxe sous pavillon anglais : la fabrique saxonne possède, à sa porte, des laines fines qu'elle peut, par conséquent, acheter à de meilleures conditions que nous; ensuite elle a sa main-d'œuvre à des prix excessivement bas; tandis que, pour nous, la main-d'œuvre qui, depuis dix ans, a augmenté dans d'énormes proportions, tend tous les jours à augmenter encore.

N'ayant pu me procurer, comme pour la marchandise anglaise, des points de comparaison, j'ai été obligé de m'en rapporter au dire des négociants étrangers qui viennent acheter, suivant leurs besoins, de la marchandise anglaise, française et saxonne.

Ils achètent de préférence la flanelle demi-fine en Saxe, parce que, pour un prix égal, ils ont une qualité de laine très-supérieure à la nôtre.

Le droit protecteur que nous demandons s'adressant à la marchandise saxonne, paraîtra, il est vrai, très-inférieur à celui que nous demandons pour la marchandise anglaise, puisque le kilogramme de marchandise fabriquée coûtant plus cher qu'en Angleterre, le droit formera un tant pour cent inférieur.

Mais c'est que, pour la marchandise de Saxe, nous avons à nous prémunir seulement contre la différence de la façon, puisque les laines de nos pays peuvent remplacer les leurs; tandis que, si nous fabriquions de la marchandise anglaise, nous deviendrions tributaires des Anglais; attendu que la laine qu'ils produisent et qui leur est propre, ne peut être remplacée avec les mêmes avantages par les laines de France.

Je dois avouer que, tout d'abord, toutes mes tendances me portaient, par instinct, à entrer d'une façon beaucoup plus large dans la voie du libre échange; mais appelé par le Conseil Supérieur du Commerce à formuler une demande, j'ai dû mettre de côté toute opinion personnelle, et me préoccuper d'une manière plus positive de la question.

MM. Croutelle, Lelarge, De Brunet.

L'espèce de responsabilité que la représentation de mes collègues en fabrication me donne dans cette circonstance, a dû me rendre plus circonspect.

En présence presque de l'inconnu, puisque nous ne pouvons prévoir d'une manière bien positive dans quelle mesure la consommation de notre pays appréciera la marchandise étrangère, et en présence surtout des termes du traité, qui ne nous donne pas à espérer, en cas d'erreur, une augmentation des droits protecteurs qui pourraient être taxés trop bas, j'ai demandé un chiffre; ce chiffre, s'il est trop élevé, je serai tout le premier disposé à le voir réduire dans les proportions que l'expérience nous prouvera être convenables.

Est introduit :

M. WARNIER, négociant en tissus et en laines à Reims.

TISSUS DE LAINE.

FLANELLES, MÉRINOS.

RENSEIGNEMENTS GÉNÉRAUX SUR LA FABRIQUE DE REIMS.

M. Warnier. Je ne suis ni fabricant ni industriel; je suis négociant, acheteur de laine et de tous les tissus de la fabrique de Reims, sans exception. Je ne puis donc vous donner que des renseignements généraux sur son commerce, sur sa situation, sur son importance, et, sous ce dernier rapport, je vous prie d'examiner le document statistique que j'ai l'honneur de déposer entre les mains de M. le Président. Ce tableau a été dressé en 1858, par les soins de la Société industrielle.

Lorsque parut, dans le *Moniteur*, la lettre du 5 janvier, la majorité des industriels et commerçants de Reims signa une adresse dans laquelle elle applaudissait sans réserve au programme du Gouvernement. Il ne s'agissait pas exclusivement, par cette adresse, d'applaudir au triomphe d'un principe ou d'une doctrine; dans une ville, réservée d'ordinaire, un élan aussi spontané était une véritable manifestation de la virilité de l'industrie.

En effet, la ville de Reims, à laquelle on a pu reprocher un peu de somnolence, due à l'uniformité, à la facilité de sa production pendant de longues années, se réveille depuis quelque temps. La dissémination du travail tend à disparaître; on marche rapidement vers la grande industrie, et les capitaux ne craignent pas de s'engager.

Ce mouvement, déjà très-remarquable, serait assurément encouragé et secondé, si l'on pouvait introduire plus facilement des machines étrangères, notamment des métiers à tisser; cela permettrait aux industriels, qui songent presque tous à monter le tissage mécanique, d'immobiliser une somme moindre dans cette industrie. Un métier à tisser, acheté à Bradford, revient, rendu à Reims, à 554 francs, droits compris, tandis que le même métier, acheté à Reims ou à Rethel, revient à 700 francs environ, suivant le système. Pour Reims, dont l'industrie du tissage est en voie de transformation, il y a là une question des plus importantes.

Nos fabricants sont habiles, capables, mais ils ont une défiance non motivée de leurs forces, malgré les faits les plus décisifs, les plus concluants en leur faveur. M. Warnier

On trouve, en effet, dans le compte rendu du Jury de l'Exposition de 1855, ces constatations officielles :

1° Que la France occupe le premier rang dans la filature de la laine peignée, par la perfection de ses produits ; que ses fils fins et extrafins ont la préférence sur les marchés étrangers ; et que son exportation, dans ce genre, s'est accrue annuellement d'une manière très-marquée ;

2° Que, dans l'industrie de la filature cardée, Reims a conservé la supériorité sur ses rivaux étrangers, grâce à MM. Croutelle, Sentis, Lachapelle et Levarlet, Benoist et Cie, Lantein, etc. ;

3° Que, dans la fabrication des draps, la France s'est placée sur la même ligne que ses rivaux ; et que, dans la nouveauté, elle occupe le premier rang. En effet, nous avons à Reims des fabricants extrêmement habiles dans cette spécialité. Leurs produits sont fréquemment vendus pour l'exportation. M. Desteuque et M. Maugin, que vous avez entendus, comptent parmi ceux dont les genres sont les plus estimés ;

4° Que, pour le mérinos, Reims ne rencontre aucune concurrence sérieuse sur les marchés étrangers ;

5° Que, pour les flanelles de santé, Reims a une supériorité incontestée dans les qualités fines. Les produits de la maison Croutelle soutiennent la concurrence de l'étranger dans les qualités au-dessous de 2 francs ; ils n'en rencontrent pas de sérieuse dans les qualités fines ;

6° Que le mérinos écossais est produit par Reims, à des prix qui soutiennent la concurrence de la Saxe ;

Et enfin que, pour les châles, on lutte avec l'Écosse, la Prusse, l'Autriche et la Belgique. La maison Machet et Paroissien est parvenue à produire le châle écossais, genre de Paisley, dans des conditions qui peuvent facilement soutenir toute concurrence.

Depuis 1855, la fabrique de Reims s'est encore développée ; l'industrie a augmenté ses moyens de production ; le tissage mécanique du mérinos et de la flanelle s'est organisé plus largement, et se substitue de plus en plus au tissage à la main ; de nouvelles maisons de commerce se sont fondées : en un mot, tout est venu confirmer et corroborer les rapports impartiaux du Jury mixte, sur l'excellente situation et l'activité des diverses branches de l'industrie rémoise.

Tous les articles de Reims sont recherchés par le commerce étranger ; on en exporte des quantités considérables. Il n'est donc pas besoin de s'appesantir longuement sur une donnée aussi concluante ;

M. Warnier. elle prouve incontestablement que notre fabrique produit aussi bien et vend à aussi bon marché que n'importe qui ; autrement elle ne vendrait rien.

La demande d'une protection contraste donc d'une manière choquante, à mon avis, avec l'état d'avancement industriel de notre ville, avec les débouchés étrangers qu'elle trouve pour ses produits, et avec les hautes récompenses de toute nature qu'elle a reçues à l'Exposition de 1855.

A notre époque surtout, alors que la rapidité des communications, la diffusion des connaissances industrielles, la promptitude avec laquelle les découvertes ou les perfectionnements dans l'art mécanique s'introduisent presque en même temps dans tous les centres manufacturiers, ont amené ce résultat, que le même progrès s'accomplit aujourd'hui partout, une protection douanière suppose une infériorité humiliante; cette infériorité, je ne la reconnais pas pour Reims; et j'ajoute que, par tactique, par intérêt bien entendu, nos fabricants devraient s'en défendre et proclamer très-haut cette vérité, qu'ils sont à même de lutter avec qui que ce soit.

Par tous ces motifs réunis, je ne vois absolument rien qui milite en faveur d'une protection quelconque à donner à l'industrie de Reims. Du reste, la plupart de nos fabricants ne demandent, en réalité, une protection que pour la forme : les uns, parce qu'il est toujours bon, disent-ils, d'être un peu protégés ; les autres, parce qu'il faut ménager la transition; ceux-ci ne craignent nullement l'Angleterre, mais ils veulent se prémunir contre l'Allemagne et la Belgique, qu'ils redoutent davantage, je ne sais pourquoi ; ceux-là parlent de 15 p. o/o de protection, parce qu'il faut demander le plus pour avoir le moins. En résumé, la protection que la grande majorité demande n'est pas à ses yeux une nécessité, mais tout simplement une mesure de précaution, un expédient pour gagner du temps.

Voilà, dans mon âme et conscience, ce qui ressort pour moi de ma connaissance de la fabrique de Reims et du contact journalier que j'ai avec tous les fabricants de cette ville.

Les fils peignés ont été, jusque dans ces derniers temps, introduits en Allemagne par des établissements de l'Alsace et de Reims: ils alimentaient cette consommation sur une vaste échelle; ils y ont trouvé de beaux résultats.

Cette exportation s'est un peu ralentie depuis deux ans, à cause de la crise de 1857 et de 1858 et de la guerre d'Italie, qui ont amoindri nos rapports commerciaux avec l'Allemagne ; mais, dans ce moment-ci, les affaires avec ce pays tendent à reprendre.

Les fils cardés se vendent en Angleterre et en Belgique; nos principaux filateurs en cardé y ont des agents. M. Warnier.

La flanelle de santé, unie ou écossaise, s'expédie dans un grand nombre de contrées. Les produits similaires de l'étranger ne s'adressent pas à la même consommation que les nôtres, et ne leur font d'autre concurrence que celle qui résulte des habitudes du consommateur.

On n'expédie au dehors qu'une petite quantité de flanelle de santé croisée, parce que ce genre, en général, ne convient pas à la consommation de l'extérieur, qui emploie des tricots en coton ou des flanelles communes, comme en Angleterre. La flanelle de Reims est trop fine pour ces pays : on n'y est pas habitué; mais, partout où l'on veut de la flanelle de santé fine et douce, Reims ne trouve pas de concurrents sérieux.

M. d'Eichthal. Pensez-vous que, lorsque nous aurons les laines longues communes d'Angleterre, nous pourrons faire plus facilement les étoffes communes?

M. Warnier. Je ne vois pas ce qui s'y opposerait; il ne peut y avoir qu'un obstacle, c'est que la consommation française n'en veuille pas, et je le crois volontiers. Quant à la consommation étrangère, elle appartient depuis longtemps aux producteurs locaux. Je suis convaincu qu'avec le temps cette consommation se modifiera dans un sens favorable aux produits de Reims.

M. Ernest Baroche. Le peuple ne porte pas de flanelle en France. Les consommateurs aisés aimeront toujours mieux porter de la laine douce que ces étoffes communes et rudes dont on parlait tout à l'heure.

M. Warnier. La flanelle pour manteaux et la draperie s'exportent également en notable quantité, soit directement, soit par l'entremise du commerce intermédiaire.

Quant aux mérinos, châles mérinos, et dérivés, ce sont des articles d'exportation par excellence. Dans l'enquête sur les laines peignées, faite en mars 1859 par le Conseil d'État, M. Pouyer-Quertier lui-même reconnaissait « que nos tissus mérinos ont une grande supériorité sur les tissus similaires anglais, et que cette supériorité est due en grande partie à notre système de filature, qui est excellent pour ces articles. »

Demander une protection pour les tissus mérinos me paraît un non-sens, à moins qu'il n'y ait un parti pris d'empêcher toute intro-

M. Warnier. duction en France des tissus anglais, quels qu'ils soient, et d'éluder ainsi le traité de commerce; ce qui reviendrait à ériger en système cette doctrine qu'il faut vendre le plus possible aux autres sans rien leur acheter.

En d'autres termes, ce serait un retour indirect à la prohibition.

M. d'Eichthal. Vous connaissez les produits anglais, allemands et belges?

M. Warnier. Oui, je les ai vus plusieurs fois, et je n'ai jamais remarqué qu'ils fussent supérieurs aux produits similaires de Reims.

M. le Président. Vous exercez principalement le commerce d'exportation?

M. Warnier. J'ai des clients en Belgique, en Italie, en Angleterre, aux États-Unis.

M. Michel Chevalier. Vous envoyez là les produits rémois?

M. Warnier. Oui, Monsieur.

M. Seydoux. Connaissez-vous les produits saxons?

M. Warnier. Ce que j'en ai vu m'a démontré qu'ils ne peuvent véritablement pas marcher de pair avec les produits de Reims de même nature que le mérinos.

M. Seydoux. Cette différence tient-elle à la nature des laines, ou à la manière dont elles sont filées et employées?

M. Warnier. En voici la raison : les laines de Champagne, de Brie, du Soissonnais et de Bourgogne, mélangées avec des laines d'Australie, forment la base de la fabrication rémoise; ces laines sont excellentes pour produire les tissus ras comme le mérinos, tandis que les laines d'Allemagne conviennent beaucoup moins à ce genre d'étoffes. Le mérinos écossais et les mérinos unis d'Allemagne ne valent pas ceux de Reims. Cela tient, je le répète, à la nature de la laine, qui est plus tendre, plus molle que celle employée généralement à Reims.

M. Ernest Baroche. Cela tient aussi à la manière d'apprêter les étoffes en Écosse et en Allemagne.

M. Warnier. Il est possible que ce soit encore là une des causes;

car un certain nombre de fabricants allemands font des articles avec des fils achetés en France, en Alsace principalement. M. Warnier

Puisqu'il est question de l'Allemagne, je dois vous dire que c'est aujourd'hui ce pays qui, avec la Belgique, a le privilége d'effrayer certains de nos producteurs. Cependant ces deux contrées ne sont nullement en cause jusqu'à présent; il sera temps de s'en inquiéter, ce me semble, lorsque l'heure sera venue.

Il est vrai que l'on affirme que leurs produits s'introduiront en France sous pavillon anglais. Ce n'est là qu'une hypothèse, dont la réalisation n'est pas chose si simple, en admettant qu'elle soit possible. Pour ma part, je ne la redoute pas. Il en sera probablement, plus tard, de l'Allemagne et de la Belgique, ce qu'il en est aujourd'hui de l'Angleterre, à Reims, du moins : on reconnaîtra, tout bien examiné, que la concurrence des produits de ces pays n'offre aucun danger sérieux pour nos articles.

M. Ernest Baroche. M. Jacquet, qui était convoqué en même temps que vous, et qui n'a pas pu venir, est fabricant de flanelles?

M. Warnier. Oui, Monsieur le Président. Presque toute sa production va à l'étranger. Il produit principalement l'article qu'on appelle *flanelle-Bolivar.*

M. Ernest Baroche. Croyez-vous que, s'il avait pu se rendre devant le Conseil, il aurait déclaré, comme vous venez de le faire vous-même, n'avoir pas besoin de protection?

M. Warnier. Oui; il me l'a dit formellement.

M. le Président. Avez-vous la même conviction à l'égard de M. Guinder, qui avait été aussi convoqué en même temps que vous?

M. Warnier. Oui, Monsieur le Président.

M. le Président. N'avez-vous pas eu connaissance d'une importation de flanelle, faite à Reims, comme moyen de vérifier le degré de protection nécessaire?

N'avez-vous rien à dire là-dessus?

M. Warnier. J'en ai entendu parler par M. Lelarge, qui était ici tout à l'heure. D'après ce qu'il m'a dit, il n'avait rien à craindre, personnellement, de la flanelle anglaise. La protection qu'il devait vous demander était uniquement dans l'intérêt général.

M. Warnier.

M. le Président. N'avez-vous pas entendu dire que cela avait excité un peu les inquiétudes des fabricants de Reims, jusqu'à ce qu'une vérification complète les eût éclairés? Un des échantillons portait un prix très-bas au profit de l'Angleterre et au préjudice de la France; mais, après une vérification plus approfondie, on avait reconnu que cet échantillon, soi-disant anglais, n'était autre chose qu'un échantillon de Reims, envoyé en Angleterre par M. Jacquet lui-même.

M. Warnier. M. Jacquet a reconnu positivement, parmi les *bolivars écossais* qui faisaient partie d'une vaste collection anglaise, deux ou trois échantillons qui venaient de sa maison : c'était le même tissu, le même lainage, le même dessin.

M. le Président. Il a reconnu que c'était de la marchandise fabriquée par lui?

M. Warnier. Oui, et j'en suis également convaincu.

Cet article était coté 50 centimes plus cher que M. Jacquet ne l'avait vendu : il l'avait vendu 2 fr. 50 cent. le mètre, avec escompte de 12 p. o/o; et il était coté 3 francs le yard.

M. le Président. Cela fait une différence de 60 à 65 centimes.

M. Warnier. Si M. Jacquet était ici, il vous le dirait lui-même.

Les Anglais faisaient autrefois des articles analogues aux nôtres, dans ce genre; mais depuis que Reims produit ces articles, ils y ont renoncé complétement.

Si vous le permettez, Messieurs, je vous dirai encore un mot sur le droit de protection que l'on vous demande pour les mérinos.

J'ai entendu dire qu'il était question de demander 3 fr. 50 cent. de protection par kilogramme, pour le mérinos.

M. Amé. On a demandé 2 fr. 50 cent.

M. d'Eichthal. Pardon ; M. Croutelle a demandé 2 fr. 50 cent. pour la flanelle, et 3 fr. 50 cent. pour le mérinos.

M. Warnier. Il y a là une double exagération, et dans la demande en elle-même, et dans le taux de protection qu'on détermine. On suppose, je le sais, que le prix du kilogramme de mérinos est de 25 francs, tandis qu'il n'est, suivant moi, que de 18 fr. 18 cent.

Voici comment je l'établis.

Ce qui se vend en mérinos représente en moyenne une finesse de 11/12 croisures. Une pièce de cette finesse pèse 11 kilogrammes, pour 80 mètres, qui, à 2 fr. 50 cent. le mètre écru, prix moyen des deux dernières années, produisent 200 francs pour la pièce entière, soit 18 fr. 18 cent. le kilogramme. M. Warnier.

On peut encore faire le calcul autrement.

Le fil, chaîne et trame, que l'on emploie pour le mérinos 11/12 croisures, coûte 13 fr. 50 cent. par kilogramme, net d'escompte, au grand maximum. Le tissage, tous frais compris, coûte 65 centimes le mètre, ou 5 francs par kilogramme; ce qui donne le prix de 18 fr. 50 cent. par kilogramme de mérinos fabriqué.

Sur 18 fr. 50 cent. une protection de 3 fr. 50 cent. équivaudrait à 19 p. o/o.

M. Ernest Baroche. Le prix que vous indiquez est celui du mérinos en écru; avec la teinture, il coûterait 20 francs environ.

M. Warnier. Avec la teinture évaluée à 25 centimes par mètre, prix moyen, la valeur du kilogramme serait juste de 20 francs; ce qui ferait encore 16 p. o/o de protection pour un article qui n'a pas de concurrence sérieuse, si on allouait 3 fr. 50 cent. par kilogramme.

M. Michel Chevalier. Faites-vous des affaires en Angleterre?

M. Warnier. Oui, Monsieur; je traite tantôt directement, tantôt par l'entremise de maisons françaises qui s'occupent du commerce d'exportation.

M. Michel Chevalier. Vous n'êtes pas le seul négociant de Reims qui fassiez des affaires de ce genre?

M. Warnier. Non; presque toutes les maisons de Reims font des affaires avec l'étranger: elles ont des voyageurs en Italie, en Suisse, en Espagne, en Belgique, en Angleterre. Il y a des maisons de Reims qui ont plus de relations que moi avec l'étranger.

M. Michel Chevalier. Avez-vous une idée de ce que peut être le montant de l'exportation de la ville de Reims et de sa banlieue, comparativement à ce qu'elle verse sur le marché intérieur?

M. Warnier. Il serait difficile de le préciser exactement, parce que le plus grand nombre des expéditions se fait à Paris.

J'affirme seulement qu'on exporte une quantité considérable de produits de Reims, en mérinos, flanelles de santé, bolivars écossais, châles mérinos, flanelles-manteau, draperies.

Dans le tableau synoptique que j'ai eu l'honneur de vous remettre, vous verrez que la Société Industrielle, d'accord avec la Chambre de

M. Warnier. commerce, a évalué au tiers de la production la quantité de tissus de Reims qui vont à l'étranger.

M. Ernest Baroche. N'exporte-t-on pas aussi des étoffes croisées?

M. Warnier. On en exporte moins que des autres articles.

C'est une affaire de consommation, de mœurs, d'habitudes. On ne peut pas comparer les tissus que les Anglais et les Américains, par exemple, sont habitués à porter, avec les tissus fins de Reims.

M. le Président. Et vous considérez cela comme étant le résultat du goût des consommateurs, plutôt que comme une conséquence des difficultés de production?

M. Warnier. Oui, assurément. La flanelle de santé lisse et croisée, est un des articles qui se font le mieux à Reims. La consommation de ces articles pour l'intérieur suit une marche croissante et non interrompue depuis plusieurs années.

En fait d'observations générales, j'ajouterai que nulle part on ne connaît la matière comme on la connaît à Reims; on sait admirablement en tirer parti. Les fabriques du Nord, de l'Alsace et d'autres encore font acheter presque toutes leurs laines par Reims.

Les industries du peignage, de la filature et du tissage prennent aussi, à Reims, de grands développements. Les établissements se complètent de plus en plus dans le sens de la concentration des diverses industries qui concourent à la production.

Avec des machines et du combustible à plus bas prix, avec les communications plus faciles, plus nombreuses, que la liberté commerciale établira entre les peuples, Reims est destiné, selon moi, à devenir l'une des plus grandes villes manufacturières de France.

C'est dans cette conviction que j'appelle de tous mes vœux un régime commercial où la liberté tiendra la première place.

Est introduit:

M. BOULOGNE, teinturier en laine à Reims.

M. le Président. Pouvez-vous, Monsieur, nous donner des renseignements sur votre industrie? Avez-vous préparé une réponse au questionnaire?

M. Boulogne. Dans le questionnaire, il n'y a aucune question qui concerne spécialement mon industrie; mais voici les renseignements que je puis donner au Conseil.

TEINTURE DES LAINES EN POILS, À REIMS.

La plus grande partie des laines que l'on nous donne à dégraisser et à teindre sont connues dans le commerce sous la désignation de *laines d'agneaux, écouailles, pelures*, provenant de la Champagne, du Berry, de la Beauce et de la Picardie; viennent ensuite les laines d'Espagne, de Buénos-Ayres, d'Australie, quelques petites parties de laines de Russie et très-peu d'Allemagne. Nous recevons les laines de France en suint, ou lavées à dos. Celles des autres provenances sont toujours lavées à dos; quelquefois même elles ont subi un dégraissage imparfait. Nous dégraissons ces laines avec de l'urine, du carbonate de soude et de la terre à foulon; nous employons plus ou moins de ces matières, selon que les laines sont plus ou moins chargées de suint.

Notre prix est de 20 francs par 100 kilogrammes, pour toute espèce de laines rendues dégraissées, et séchées, soit à l'air en été, soit à la vapeur en hiver; sur ce prix nous accordons une bonification de 6 p. o/o.

Pour 600 kilogrammes de laine dégraissée et séchée, nous dépensons, en moyenne:

6 journées d'hommes (2 dégraisseurs, 4 laveurs)....	18f 00c
Séchage, 6 centimes par kilogramme	36 00
Carbonate de soude.........................	12 50
A reporter..........	66 50

M. Boulogne.

Report	66f 50c
Urine et terre à foulon	2 50
Frais généraux, 40 p. o/o	48 00
	117 00

Nous recevons :

Pour 600 kilogrammes de laine à raison de 20 francs par 100 kilogrammes	120f 00c	
Moins la bonification, 6 p. o/o	7 20	
Net		112 80
Différence à notre préjudice		4 20

Ici, pour expliquer ce résultat, je ferai remarquer que notre établissement est nouveau. Quand on crée un établissement, les premières années sont souvent onéreuses : c'est le cas dans lequel nous nous trouvons à l'heure qu'il est.

On ne teint jamais les laines qu'après les avoir parfaitement dégraissées; et, des soins apportés au dégraissage, dépendent la solidité de la teinture et la facilité de piler, de tisser, de fouler et d'apprêter.

Avec des laines mal dégraissées, on teint mal, on est forcé de filer plus gros, et l'on a beaucoup de déchets; au tissage, le fil casse, le drap tare au foulon et enfin s'apprête très-difficilement.

Les laines de France et d'Australie se teignent bien. Après viennent les laines d'Allemagne et de Buénos-Ayres, puis les laines d'Espagne et de Russie. Quelle que soit la provenance, les laines communes se teignent plus facilement que les laines de qualités moyennes, et celles-ci plus facilement que les qualités fines. Les laines, à qualités égales, qui dépensent le plus de matières colorantes et qui demandent le plus de soin, sont les pelures, les agneaux et les écouailles. Précisément, ce sont celles auxquelles nos fabricants donnent la préférence.

Voici quelques détails sur nos prix et nos opérations :

BLEU PUR INDIGO.

Nous prenons 2 francs par kilogramme pour la teinture de laine commune, et, pour 100 kilogrammes de laine, il faut 5 kilogrammes d'indigo bengale à 22 francs le kilogramme.

2 fr. 40 cent. par kilogramme. Laine fine, 100 kilogrammes. — 6 kilog. 500 d'indigo bengale à 22 francs le kilogramme.

2 fr. 50 cent. par kilogramme. Agneaux fins, 100 kilogrammes. — 7 kilogrammes d'indigo bengale à 22 francs le kilogramme.

100 kilogrammes de laine à 2 francs de teinture par kilogramme . . . . . 200f 00c M. Boulogne.

100 kilogrammes de laine à 2 francs de teinture par kilogramme		200f 00c
Bonification		12 00
		188 00
5 kilogrammes d'indigo à 22 francs	110f	
2 journées d'ouvriers à 2 fr. 50 cent.	5	
Chauffage et entretien de la cuve	14	
Dégraissage et séchage	20	
Frais généraux	80	
Dépense	229	
Produit	188	
Perte	41	

NOIR.

100 kilogrammes de laine à 60 centimes de teinture par kilogramme		60f 00c
Escompte		3 60
		56 40
Extrait bois violet, 6 kilog. 300	12f 65c	
Santal, 4 kilogrammes	5 28	
Couperose, 6 kilogrammes	66	
Chauffage	10 00	
Main-d'œuvre et relavage	3 00	
Dégraissage et séchage	20 00	
Frais généraux	24 00	
Somme dépensée	75 59	
Somme à recevoir	56 40	
Perte	19 19	

NOISETTE.

100 kilogrammes de laine à 60 centimes		60f 00c
Escompte		3 60
		56 40
Bois jaune en poudre, 500 grammes	0f 18c	
Bois violet moulu, 250 grammes	09	
Lima, 125 grammes	10	
Garance SF, 1 kilog. 500	2 70	
Santal, 250 grammes	07	
Galle, 250 grammes	60	
Tartre rouge, 375 grammes	1 00	
A reporter	4 74	

M. Boulogne.

Report	4f 74c
Couperose, 375 grammes	04
Chauffage	10 00
Main-d'œuvre et relavage	3 00
Dégraissage et séchage	20 00
Frais généraux	24 00
Somme dépensée	61 78
Somme à recevoir	56 40
Perte	5 38

PLOMB PB.

100 kilogrammes de laine à 60 centimes	60f 00c
Escompte	3 60
	56 40

Extrait bois violet, 2 kilog. 500	5f 00c
Santal, 2 kilog. 500	70
Galle, 1 kilogramme	2 70
Tartre, 1 kilogramme	3 00
Couperose, 1 kilog. 250	15
Chauffage	10 00
Main-d'œuvre et éclairage	3 00
Dégraissage et séchage	20 00
Frais généraux	24 00
Somme dépensée	68 55
Somme à recevoir	56 40
Perte	12 15

GRENAT P C.

100 kilogrammes de laine à 60 centimes	60f 00c
Escompte	3 60
	56 40

Extrait bois jaune, 850 grammes	2f 50c
Extrait bois violet, 500 grammes	1 00
Santal, 25 kilogrammes	7 00
Sumac, 2 kilog. 500	65
Couperose, 1 kilog. 500	20
Chauffage	10 00
Main-d'œuvre et relavage	3 00
Dégraissage et séchage	20 00
Frais généraux	24 00
Somme dépensée	68 35
Somme à recevoir	56 40
Perte	11 95

CENDRÉ FT.

M. Boulogne.

100 kilogrammes de laine à 1 fr. 10 cent.		110f 00c
Escompte		6 60
		103 40
Pied de bleu	25f 00c	
Santal, 1 kilog. 500	2 42	
Garance SF, 1 kilog. 500	2 70	
Orseille, 1 kilog. 200	1 00	
Bois violet moulu, 1 kilog. 250	47	
Chauffage	10 00	
Main-d'œuvre et lavage	3 00	
Dégraissage et séchage	20 00	
Frais généraux	44 00	
Somme dépensée	106 59	
Somme à recevoir	103 40	
Perte	3 19	

MARRON BT.

100 kilogrammes de laine à 2 francs		200f 00c
Escompte		12 00
Net		188 00
Pied de bleu	25f 00c	
Extrait de bois jaune, 5 kilogrammes	15 00	
Extrait de bois violet, 68 grammes	15	
Santal, 36 kilog. 500	10 50	
Garance, OF, 5 kilogrammes	4 25	
Sumac, 1 kilog. 800	45	
Couperose, 2 kilog. 200	25	
Chauffage	10 00	
Main-d'œuvre et relavage	3 00	
Dégraissage et séchage	20 00	
Frais généraux	80 00	
Somme dépensée	168 60	
Somme à recevoir	188 00	
Bénéfice	19 40	

BRONZE LABELLE BT.

100 kilogrammes de laine à 2 francs		200f 00c
Escompte		22 00
Net		188 00
Pied de bleu	30f 00c	
Extrait de bois jaune, 5 kilogrammes	15 00	
A reporter	45 00	

M. Boulogne.

Report	45f 00c
Extrait de bois violet, 300 grammes	65
Garance OF, 6 kilog. 200	5 30
Santal, 12 kilog. 500	4 50
Sumac, 1 kilog. 500	38
Tartre, 1 kilogramme	3 00
Couperose, 1 kilog. 900	1 05
Alun, 1 kilog. 250	25
Chauffage	10 00
Main-d'œuvre et relavage	3 00
Dégraissage et séchage	20 00
Frais généraux	80 00
Somme dépensée	173 13
Somme à recevoir	188 00
Bénéfice	14 87

GRIS PERLE BT.

100 kilogrammes de laine à 1 fr. 10 cent	110f 00c
Escompte	6 60
Net	103 40

Pied de bleu	15f 00c
Acide sulfurique, 3 kilogrammes	45
Dissolution d'étain, 4 kilogrammes	1 20
Cochenille, 200 grammes	2 80
Chauffage	10 00
Main-d'œuvre et relavage	3 00
Dégraissage et séchage	20 00
Frais généraux	44 00
Somme dépensée	96 45
Somme à recevoir	103 40
Bénéfice	6 95

C'est depuis peu d'années que la teinture des laines en poils a pris du développement sur notre place. Depuis deux ans seulement, nous avons fait construire une usine spécialement destinée à ce genre de teinture, dans la prévision qu'il doit prendre une grande extension.

Nous pouvons dégraisser, teindre et sécher 1,000 kilogrammes de laine par jour. Jusqu'à présent, la journée moyenne n'a pas dépassé 150 kilogrammes : de là cette forte somme portée à nos frais généraux.

Le chiffre de nos affaires est à peu près de 80,000 francs par année; si nous arrivons à doubler ce chiffre, nos frais généraux se réduiront au moins d'un tiers; et si nous obtenons la quantité que nous pouvons teindre, c'est-à-dire une quantité six fois plus forte qu'aujourd'hui, nous aurons des résultats satisfaisants. M. Boulogne.

M. d'Eichthal. C'est une clientèle que vous formez.

M. Boulogne. Oui; nous espérons que les affaires augmenteront à Reims.

M. le Président. Vous semez en ce moment, pour récolter plus tard.

M. Ernest Baroche. Teignez-vous des mérinos?

M. Boulogne. Oui, Monsieur.

M. Ernest Baroche. Teignez-vous plus de mérinos que de laine cardée?

M. Boulogne. Nous teignons plus de mérinos.

M. Ernest Baroche. Faites-vous tous vos apprêts?

M. Boulogne. Oui, Monsieur.

M. Ernest Baroche. Connaissez-vous les prix de vos confrères en Allemagne, en Suisse ou ailleurs?

M. Boulogne. Non; je connais les prix de Paris. Nous sommes à peu près dans les mêmes conditions que les maisons de Paris qui font le mieux, que M. Boutarel, par exemple.

M. Ernest Baroche. Vous ne pourriez pas nous dire si vos prix de teinture sont plus chers ou moins chers que les prix de cette même opération en Angleterre?

M. Boulogne. Non; je ne pourrais pas le dire.
Il y a certaines nuances que les Anglais font mieux que nous; je crois que cela tient à la grande quantité de cochenille qu'ils emploient et qui leur coûte bien moins cher.

M. le Président. Quelles raisons y a-t-il pour que la cochenille leur coûte moins cher?

M. Boulogne. Cela dépend des droits.

M. le Président. La cochenille est dégrevée.

M. Ozenne, *Secrétaire*. La loi du 27 mai dernier a aboli les droits.

M. Boulogne.

M. Boulogne. Nous n'en avons pas encore profité.

M. le Président. D'après la connaissance que vous avez de la fabrication de Reims, croyez-vous à la nécessité d'une protection élevée?

M. Boulogne. A mon point de vue, je préférerais qu'il n'y eût pas de droit protecteur; je voudrais que les mérinos fussent libres d'aller en Angleterre ou de venir d'Angleterre, sans droits.

M. le Président. On ne vous envoie pas d'Angleterre des mérinos à teindre?

M. Boulogne. Non, Monsieur le Président.

M. le Président. Les rapports que vous pouvez avoir avec les fabricants de Reims vous donnent-ils la conviction qu'ils ne craignent pas la concurrence?

M. Boulogne. Pour les mérinos, je ne suppose pas qu'ils aient à la redouter.

M. le Président. En est-il de même pour les flanelles?

M. Boulogne. Pour les flanelles de corps, pour les flanelles blanches, je ne le crois pas non plus.

M. le Président. Ainsi votre opinion est que la fabrique de Reims n'a besoin de protection ni pour le mérinos ni pour la flanelle?

M. Boulogne. C'est ma conviction. Les Anglais ne sont pas en position de faire ce que Reims fait. Quand il s'agit de filature et de tissage, il faut avoir un matériel spécial et des ouvriers habiles. C'est une chose que l'on ne peut obtenir au bout de quelques mois, dans une localité, quand même on ferait tous les efforts possibles.

M. le Président. Selon vous, un droit protecteur est inutile?

M. Boulogne. Complétement inutile; suivant moi, nous ferions beaucoup plus d'affaires, sans droits. Je crois qu'il serait plus rationnel de n'avoir pas de droits protecteurs; de cette manière, toutes les localités qui peuvent teindre les mérinos n'en seraient pas privées.

Tout ce que je demanderais, ce serait, s'il était possible, d'avoir les matières tinctoriales, comme les cochenilles, les laques, les indigos, les bois, à de meilleures conditions.

M. Ozenne. Les bois entrent en franchise. M. Boulogne.

M. Boulogne. Les extraits de bois.

M. le Président. Vous demandez comme condition de votre industrie l'entrée en franchise des matières premières servant à votre teinture?

M. Boulogne. Oui : si nous sommes inférieurs, ce ne peut être qu'à cause de ces matières que nous payons un peu plus cher; car la manipulation et la main-d'œuvre sont les mêmes chez nous.

M. le Président. Et vous êtes aussi bien outillé que les étrangers?

M. Boulogne. Oui, je le crois.

Sont introduits :

MM. Ch. WEISS, négociant exportateur à Huddersfield, délégué de la Chambre de commerce de Huddersfield.

Ed. HUTH, négociant exportateur à Huddersfield, délégué de la Chambre de commerce de Huddersfield.

DYSON-TAYLOR, fabricant d'étoffes à gilets et de lainage, à Huddersfield, délégué de la Chambre de commerce de Huddersfield.

Samuel JUBB, fabricant de lainages à Batley, délégué de la Chambre de commerce de cette ville.

John JUBB, négociant et fabricant de laine artificielle (renaissance) à Batley.

James FIRTH, filateur et fabricant de draps et de couvertures à Hickmondwicke.

Robert KELL, membre de la Chambre de commerce de Bradford.

Ces Messieurs sont assistés de M. HAUSSOULLIER, interprète.

DRAPERIE.

TISSUS DIVERS.
COUVERTURES.

LAINE ARTIFICIELLE.

HUDDERSFIELD, BATLEY,
HICKMONDWICKE et BRADFORD
(Angleterre).

M. le Président. Monsieur Haussoullier, ces Messieurs ont-ils préparé une note ?

M. Haussoullier. Oui, Monsieur le Président.

M. le Président. Avant d'en commencer la lecture, voulez-vous prier ces Messieurs de nous donner quelques indications sur l'importance de leurs établissements.

M. Haussoullier. M. Dyson-Taylor occupe 550 ouvriers, emploie 10,000 broches, 350 métiers à la main, et pas de métiers mécaniques;

M. Firth, environ 1,200 ouvriers, 15,000 à 20,000 broches, 300 métiers à la main et 150 métiers mécaniques;

M. Samuel Jubb, 600 ouvriers, 5,000 broches, 200 métiers à la main et 35 métiers mécaniques;

M. John Jubb, 40 ouvriers.

Voici maintenant la note préparée par ces Messieurs :

MM.
Ch. Weiss,
Ed. Huth,
Dyson-Taylor,
Samuel Jubb,
John Jubb,
James Firth,
Robert Kell,
Haussoullier.

Les matières premières, employées dans notre district manufacturier, sont :

La laine;

Les poils (d'alpaga, de chèvre, etc.);

Le coton;

La soie;

En un mot, toutes les matières végétales ou animales susceptibles d'être filées.

Sans vous répéter ici, Messieurs, toutes les considérations dans lesquelles sont entrés à ce sujet les délégués de Bradford, nous nous contenterons de vous dire :

Il est bien difficile de faire une classification de nos articles autre que celle-ci :

Tout laine;

Tout coton;

Union, ou articles résultant de matières différentes unies dans la fabrication.

HUDDERSFIELD.

L'industrie manufacturière du district de Huddersfield s'occupe principalement de la fabrication des lainages, et sa spécialité est la draperie. Ce sont les genres d'Elbeuf, de Sedan et du midi de la France, en pure laine, ainsi que les gilets de Roubaix, etc., qui forment notre industrie.

Il y a, toutefois, une grande différence entre les produits français et ceux de l'Angleterre, en ce qui concerne les matières premières dont ces produits sont composés : en France, les étoffes pour pantalons, pour paletots et les draps en général sont faits en pure laine; les déchets de laine, dits *renaissance*, n'y entrent que pour une très-faible proportion; c'est pourquoi les étoffes françaises tout laine ont toujours le mérite d'avoir beaucoup de résistance. Les étoffes pure laine qu'on fabrique à Huddersfield et dans les environs sont, à peu d'exceptions près, des qualités supérieures; pour les qualités moyennes et ordinaires, le coton et la laine *renaissance* entrent en très-forte proportion dans la fabrication, soit dans la chaine, soit cardés, mêlés ou filés avec de la laine dans la trame. C'est une industrie toute nouvelle et peu connue en France, parce que le consommateur français donne la préférence aux qualités pure laine.

Nous avons encore à mentionner l'article poil de chèvre, dont on

MM.
Ch. Weiss,
Ed. Huth,
Dyson-Taylor,
Samuel Jubb,
John Jubb,
James Firth,
Robert Kell,
Haussoullier.

consomme de fortes quantités pour étoffes d'hiver, en toutes qualités, variant depuis 2 fr. 50 cent. jusqu'à 31 fr. 25 cent. le yard (les 91 centimètres).

Nous avons préparé, pour la Commission internationale, une collection d'échantillons représentant les types différents de notre fabrication. Nous avons essayé de faire une classification, et les échantillons ont été divisés en quatorze catégories; mais on verra qu'il est presque impossible d'accomplir cette tâche d'une façon qui puisse servir à en faire la base de droits d'entrée, surtout quand il s'agit des articles dits *union*.

Il est bien connu que les fabricants français ont, depuis longtemps déjà, fait une concurrence bien soutenue à la fabrication anglaise, sur tous les marchés du monde.

Pour les qualités supérieures et moyennes, tout laine, pour les articles de goût et pour la nouveauté, la France a conservé sa renommée de supériorité, non-seulement dans les pays d'outre-mer, mais aussi dans tous les pays de l'Europe où elle envoie ses lainages.

L'Angleterre même effectue, pour sa consommation, des importations chaque année plus fortes. Avec l'abolition des droits d'entrée sur les matières premières, en France, et dès que le fer, les machines et la houille seront admis à des droits très-minimes, les fabricants français auront plus d'avantages encore; à partir de ce moment, on peut s'attendre à voir un développement extraordinaire de l'industrie française. Les statistiques du mois de mai dernier donnent la preuve que les industriels le savent bien; car, d'après les chiffres qui sont devant nous, l'importation de la laine en France, qui montait au mois de mai 1859 à 2,027,000 kilogrammes, s'élevait en mai 1860 à 7,853,000 kilogrammes; ce qui est à peu près quatre fois la quantité de l'année précédente.

Comme nous l'avons dit plus haut, les industriels français exportent une partie de leurs qualités fines et moyennes de lainage sur tous les marchés du globe; si leurs qualités ordinaires sont moins connues à l'étranger, c'est parce que les droits d'entrée des différents pays qui n'ont pas adopté les tarifs *ad valorem*, pèsent trop lourdement sur ces articles, ou qu'on ne fabrique pas en France, dans les qualités ordinaires, des genres qui conviennent à l'exportation.

En ce qui concerne l'Angleterre, les droits d'entrée étant complétement abolis, il n'y aurait rien d'étonnant à ce que la fabrication française, qui, jusqu'ici, s'était bornée à expédier des qualités fines et moyennes, expédiât à l'avenir, dans la Grande-Bretagne, toutes ses qualités ordinaires de lainages.

MM.
Ch. Weiss,
Ed. Huth,
Dyson-Taylor,
Samuel Jubb,
John Jubb,
James Firth,
Robert Kell,
Haussoullier.

Non-seulement les fabricants français ont fait des importations en Angleterre, mais, de plus, ils sont venus vendre leurs produits jusque dans notre district manufacturier; et, au besoin, nous pourrions citer un négociant d'Elbeuf qui a fait des ventes à Leeds, ville qui, au point de vue de notre fabrication, est une des plus importantes de la Grande-Bretagne.

L'ouvrier français est au moins aussi habile que l'ouvrier anglais; son salaire est moindre, et depuis que la matière première ne paye plus de droits, il n'existe aucune raison pour que l'industriel français ne produise pas à aussi bon marché que qui que ce soit.

On trouvera plus loin, dans l'appendice, des chiffres et des renseignements à l'appui de ce que nous avançons.

Si le traité a pour but de développer les relations commerciales entre les deux pays, il sera nécessaire de limiter les droits d'entrée autant que possible, surtout si l'on veut permettre l'introduction de nos articles inférieurs, qui sont à l'usage des classes ouvrières.

On frappe de droits les marchandises étrangères :

1° Pour obtenir des revenus pour le Trésor;

2° Pour protéger l'industrie nationale.

Il est un principe d'économie politique bien constaté par l'expérience, c'est que plus un droit est modéré, plus il rapporte à l'État: les droits élevés ont toujours eu pour résultat de favoriser la contrebande au détriment du Trésor.

Quant à la protection, l'industrie nationale, en France, n'en a pas besoin, en ce qui concerne les lainages. Ces produits ont une supériorité que personne ne conteste, et se trouvent déjà protégés par un droit naturel résultant de la position des industriels au centre de leur marché. Les frais de toute espèce, commission, fret, assurances, etc., qui pèsent sur la marchandise anglaise, varient de 6 à 10 p. o/o; le fabricant français, produisant aux mêmes conditions que son concurrent étranger, peut donc vendre 6 à 10 p. o/o plus cher que lui.

Nous avons encore à remarquer que, quels que soient les droits que le Gouvernement impérial établisse pour nos produits, ils seront toujours au moins le double de ce qu'ils devraient être. On veut protéger l'industrie nationale, le travail français, et c'est en partie pour cela qu'on va établir et fixer des droits; mais en supposant qu'on charge un produit d'un droit de 5 p. o/o *ad valorem*, on lève, en ce cas, des impôts sur le travail étranger, et, de plus, on fait payer autant pour la matière première, dont la valeur est au moins de 50 p. o/o de la valeur du produit. C'est pourquoi nous sommes autorisés à dire qu'un droit d'entrée de 5 p. o/o *ad valorem* sera une

MM.
Ch. Weiss,
J.-J. Huth,
Dyson-Taylor,
Samuel Jubb,
John Jubb,
James Firth,
Robert Kell,
Haussoullier.

protection de 10 p. o/o pour le fabricant français; et, en y ajoutant les 6 à 10 p. o/o de frais de transport, etc., il y aura une protection suffisante pour calmer les appréhensions de ceux qui ont peur que l'Angleterre n'inonde la France de ses marchandises.

Il n'est guère nécessaire de dire que le seul mode d'établissement des droits d'entrée pouvant convenir à la France et à l'Angleterre pour les produits de notre industrie, est l'adoption du droit *ad valorem*; il est tout à fait impossible de le convertir en droits spécifiques, sans faire le plus grand tort au consommateur français : il pourrait y avoir, en effet, des articles ne convenant pas du tout à la consommation française, qui auraient accès en France d'après le traité; mais il y en aurait beaucoup plus contre lesquels l'application des droits serait une véritable prohibition.

Les qualités fines et moyennes d'articles tout laine ne peuvent supporter un droit élevé, à cause de la perfection des articles français; nos articles inférieurs et surtout ceux mélangés, ne peuvent supporter des droits élevés, à cause de leur peu de valeur. Un article valant 12 fr. 50 cent. le yard pourra peut-être supporter un droit de 60 centimes; mais ce droit sur un article valant 3 francs, en empêcherait toujours la vente.

Il faut remarquer que le coût de fabrication des articles tout laine est rarement aussi bon marché en Angleterre qu'en France; nous ne pouvons lutter contre ses articles tout laine qu'avec nos articles mélangés, articles qu'on n'emploie pas encore en France; il est même fort douteux que leur usage s'y introduise; car le consommateur français préfère payer plus cher des articles tout laine, même grossiers d'apparence, plutôt que d'acheter des articles mélangés de coton ayant beaucoup plus d'apparence.

Nous allons offrir au Conseil Supérieur un exemple de ce que nous venons de dire, par le tableau suivant :

Les étoffes de laine et coton (*union*), à un droit de 20 shellings les 100 livres anglaises, auront à payer un droit *ad valorem* comme suit :

DÉSIGNATION DES ÉTOFFES.	LARGEUR.	PRIX par 0m,91.	POIDS par 0m,91.	DROITS d'entrée par 0m,91.	POIDS par 91m.	DROITS d'entrée par 91m.	DROITS d'entrée ad valorem.
Cassinetts............	0m,65	1f 23c	0k,120	1f 73c	12k,68	6f 90c	5 6/10
Tweeds............	1m,20 à 1m,25	1 25	0 ,232	0 15	25 ,36	13 96	11 2/10
Flushings............	1m,25	1 25	0 ,363	0 30	36 ,83	31 25	25
Pilots............	1 ,30	4 05	0 ,633	0 34	63 ,41	25 60	5 6/10
Pilots lourds............	1m,30 à 1m,32	6 55	1 ,033	0 54	101 ,91	56 25	8 6/10
Idem............	Idem.	9 25	1 ,074	0 56	115 ,31	59 30	6 7/10

MM. Ch. Weiss, Ed. Huth, Dyson-Taylor, Samuel Jubb, John Jubb, James Firth, Robert Kell, Haussoullier.

On peut voir, d'après ce tableau, que, par l'établissement de droits spécifiques, il y aurait, suivant les catégories, un écart, une différence de 5 à 25 p. o/o *ad valorem*. En faisant une comparaison avec d'autres articles, dont nous ajoutons les échantillons, cette différence est encore plus forte et monte jusqu'à 50 p. o/o, de façon qu'avec un tarif de droits spécifiques, une étoffe aurait à payer 5 p. o/o *ad valorem*, tandis qu'une autre serait chargée de 50 p. o/o.

Nous croyons qu'il suffira d'indiquer ce fait, pour faire abandonner l'idée d'imposer des droits spécifiques pour les produits de notre rayon.

Avant de conclure, nous avons à mentionner spécialement un article très-important de notre industrie: nous voulons parler des couvertures de laine.

Nous avons ajouté à notre collection six échantillons accompagnés des prix [1], etc.; ils représentent les qualités les plus courantes. On fait aussi, en qualité inférieure, des couvertures pour la fabrication desquelles on emploie en forte proportion les déchets de laine. Le prix le plus bas pour couvertures tout laine est de 1 franc par 453 grammes, ou 10 pence par livre anglaise. Outre les couvertures tout laine, on fabrique aussi des couvertures chaine de coton de 8 pence et demi (85 centimes) à deux shellings (2 fr. 50 cent.) par livre anglaise (453 grammes); la proportion du coton est à peu près un tiers du poids de la couverture.

Il est reconnu que la fabrication des couvertures est très-simple, et que toutes les nations en savent bien les secrets, si secrets il y a. La matière première entre pour une très-forte proportion (60 à 75 p. o/o) dans la valeur de cet article, et le travail est naturellement beaucoup moins important que pour la draperie. Nous pensons qu'il n'est guère nécessaire d'insister davantage pour prouver que les couvertures de laine et de coton ne pourront jamais être importées en France qu'à des droits très-minimes.

Le traité de commerce semble impliquer que les droits à établir seraient basés sur les prix constatés pendant les six mois qui ont précédé le traité. Ces prix sont excessivement élevés, et tout à fait hors de proportion avec la valeur moyenne de nos articles, ainsi que le montrent les prix de la matière première, dont nous donnons un relevé depuis quinze ans [2].

Nous allons examiner actuellement la question du salaire et de la houille.

[1] Voir à la fin de la déposition.

[2] *Idem.*

MM.
Ch. Weiss,
Ed. Huth,
Dyson-Taylor,
Samuel Jubb,
John Jubb,
James Firth,
Robert Kell,
Haussoullier.

Il est fort difficile de donner le chiffre exact des salaires pour notre district, parce que, d'une part, nous avons beaucoup d'ouvriers à la pièce; que, d'autre part, nous employons toutes les matières premières, végétales et animales, susceptibles d'être filées, et que, par conséquent, le salaire des ouvriers varie. Cependant le tableau des salaires que nous donnons dans les pièces à l'appui[1], tableau puisé dans les renseignements dont s'est entourée la Chambre de commerce, établit aussi exactement que possible la moyenne des salaires.

Nous donnons en regard les salaires de la ville d'Elbeuf que nous avons pu nous procurer: on y verra tout l'avantage qui existe en faveur du fabricant français; les chiffres établiront mieux les faits que nous ne saurions le faire.

Il est un autre élément qu'il faut faire intervenir, quand on compare les salaires des deux pays : nous voulons parler de la différence dans la durée du travail.

En France, la journée de l'ouvrier est de 12 heures; en Angleterre, elle n'est que de 10 heures. C'est déjà un avantage de 20 p. o/o en faveur du fabricant français, qui, de plus, a le bénéfice de faire travailler plus longtemps son capital immobilisé (matériel, machines).

En Angleterre, jamais le salaire n'a été plus élevé, et il tend chaque jour à s'élever davantage.

Les protectionnistes anglais, race presque disparue aujourd'hui, se plaisaient à dire que toute réduction de droits de douane aurait pour conséquence inévitable d'abaisser les salaires.

Ce qui s'est passé en Angleterre doit rassurer complétement, à cet égard, les protectionnistes français actuels, qui se servent encore de cet argument comme d'une arme puissante.

Non-seulement le manufacturier anglais paye aujourd'hui un salaire aussi élevé pour un travail de 10 heures qu'autrefois pour un travail de douze; mais, qui plus est, les salaires ont augmenté de 15 à 20 p. o/o. De sorte que l'augmentation des salaires, depuis que l'Angleterre a adopté les principes du libre échange, a été de 30 à 35 p. o/o.

Tout ce que nous venons de dire s'applique aux ouvriers des fabriques.

Il est des articles qu'on ne peut pas faire sur métiers mécaniques; aussi les deux tiers de nos métiers sont-ils des métiers à la main; toutes les étoffes à gilets et la plus grande partie des étoffes à pantalons de fantaisie se fabriquent sur des métiers à la main.

[1] Voir à la fin de la déposition.

MM.
Ch. Weiss,
Ed. Huth,
Dyson-Taylor,
Samuel Jubb,
John Jubb,
James Firth,
Robert Kell,
Haussoullier

La condition des tisserands à la main est beaucoup meilleure qu'elle ne l'a jamais été : les métiers leur appartiennent; ils travaillent chez eux autant qu'ils veulent, et comme ils veulent; ils sont bien plus habiles et bien plus rudes au travail que les tisserands à métiers mécaniques; leur salaire varie, naturellement, suivant la durée de leur travail et leur adresse. On peut dire, toutefois, que l'ouvrier ordinaire, un apprenti en quelque sorte, gagne 17 fr. 50 cent. par semaine; la moyenne est de 22 fr. 50 cent. à 27 fr. 50 cent.; et, pour quelques-uns, le salaire s'élève de 35 francs à 37 fr. 50 cent. par semaine.

CHARBON DE TERRE.

Les industriels français peuvent acheter la matière première au même prix que nous; leurs ouvriers, tout en ayant un salaire moins élevé, font des journées plus longues que celles de nos ouvriers : pour compenser ces avantages, nous avons, il est vrai, le charbon à meilleur marché.

Voyons quel avantage résulte pour nous de cette différence dans le prix du charbon.

Les calculs, établis par un de nos plus grands industriels, et confirmés d'ailleurs par un industriel dont la position représente la situation moyenne de nos usines, font monter cette dépense à 1 p. o/o du produit fabriqué; en admettant donc que le charbon soit trois fois plus cher en France qu'en Angleterre, ce n'est donc qu'un avantage de 2 p. o/o en faveur des fabricants anglais.

Ces considérations nous semblent devoir être d'un grand poids dans l'établissement d'un droit de douane.

Il faut que ce droit soit minime, pour que le commerce entre la France et l'Angleterre prenne une extension telle, qu'elle soit profitable aux deux nations, et contribue au bien-être des classes ouvrières.

M. le Président. Ces Messieurs n'ont-ils rien à ajouter ?

M. Weiss, *Négociant exportateur à Huddersfield.* Non, Monsieur le Président.

M. le Président. Avez-vous visité des établissements français ?

M. Weiss. Non, Monsieur le Président.

M. le Président. Vous n'avez pas cherché à vous mettre en position d'apprécier les différences qui peuvent exister entre les conditions de la fabrication française et les conditions de la fabrication anglaise ?

MM.
Ch. Weiss,
Ed. Huth,
Dyson-Taylor,
Samuel Jubb,
John Jubb,
James Firth,
Robert Kell,
Haussoullier.

M. Weiss. Nous connaissons la fabrication française par le commerce, mais non par les fabriques.

M. le Président. Vous partez de l'idée que les produits français sont fabriqués dans des conditions aussi bonnes et aussi avantageuses que les produits anglais?

M. Weiss. Oui, Monsieur le Président.

M. le Président. Vous évaluez, dans votre note, la dépense de la houille à 1 p. o/o du produit fabriqué.

Combien payez-vous la houille en moyenne, par tonne de 1,015 kilogrammes?

M. Huth, *Négociant exportateur à Huddersfield*. 6 shellings 6 pence; mais il faut considérer que le charbon que les Français tirent de Newcastle est bien meilleur que celui que nous employons: la même qualité que les Français tirent de Newcastle, nous la payerions volontiers 10 shellings; mais nous employons le charbon à 6 shellings parce qu'il est à notre porte.

M. le Président. Ainsi vous dites qu'en tenant compte de la différence de qualité, le charbon pareil à celui qu'emploient les fabricants français vous reviendrait à 10 shellings; seulement, par des considérations locales, vous vous servez d'un charbon moins cher, mais d'une qualité inférieure.

M. Michel Chevalier. Ces Messieurs disent qu'ils aimeraient mieux avoir le charbon de Newcastle à 10 shellings que d'avoir celui qu'ils ont à 6 shellings 1/2.

M. le Président. Ce qui revient à dire que, comme les fabricants français se servent de charbons de Newcastle et que ces Messieurs se servent d'un charbon qu'ils considèrent comme inférieur, pour rétablir l'équilibre, il faudrait élever le prix de celui qu'ils emploient dans la proportion de 6 shellings 1/2 à 10 shellings.

M. Herbet, *Commissaire général*. Où prenez-vous votre charbon?

M. Huth. Tout près de nos établissements, dans le Yorkshire.

M. le Président. Quelle est la qualité de ce charbon?

M. Weiss. C'est une espèce de charbon particulière au district et qui n'est pas connue dans le commerce; la qualité en est mauvaise et donne beaucoup de déchets.

M. Huth. On ne peut pas s'en servir pour les travaux de forge : il brûle trop vite.

MM. Ch. Weiss, Ed. Huth, Dyson-Taylor, Samuel Jubb, John Jubb, James Firth, Robert Kell, Haussoullier.

M. d'Eichthal. Est-ce que Low-Moor n'est pas situé dans votre district ?

M. Weiss. C'est vrai ; mais il n'y a que cette seule mine qui donne du charbon de qualité supérieure ; il coûte très-cher, et d'ailleurs l'usine de Low-Moor le réserve pour son usage.

M. Ernest Baroche. La note qui vient d'être lue indique que ces Messieurs fabriquent encore avec des métiers à la main, qu'ils n'ont qu'un tiers de métiers mécaniques. Je voudrais leur demander si le nombre des métiers mécaniques augmente, et s'ils croient qu'il est appelé à augmenter considérablement.

M. Huth. Il y a beaucoup d'articles qu'on ne peut pas fabriquer avec le métier mécanique, du moins avec le métier mécanique actuel.

M. le Président. Vous croyez que, sauf les transformations que le temps pourrait amener, il y aura toujours des métiers à la main.

M. Huth. Oui, Monsieur le Président.

M. le Président. Quelle est, actuellement et en fait, la proportion des métiers à la main et des métiers mécaniques ?

M. Huth. Il y a deux tiers de métiers à la main, et un tiers de métiers mécaniques dans notre district.

M. Herbet, *Commissaire général*. J'ai visité, il y a trois ou quatre ans, les établissements de Hickmondwicke, où l'on fabrique des draps et des couvertures ; je n'y ai pas vu de métiers mécaniques.

M. Michel Chevalier. Dans la ville de Leeds où l'on fait des draps, est-ce qu'on ne se sert pas de métiers mécaniques ?

M. Huth. On s'en sert beaucoup ; mais il y a encore une grande quantité de petits fabricants qui travaillent avec les métiers à la main.

M. Michel Chevalier. Quelle espèce de draps ne peut-on pas faire avec les métiers mécaniques ?

M. Huth. Je crois qu'on peut les faire tous ; mais, dans notre district, où il y a plusieurs grands fabricants, il y a un plus grand nombre de petits fabricants qui n'ont pas le moyen d'acheter des métiers mécaniques.

M. Herbet. La fabrication est-elle disséminée dans les campagnes ?

MM.
Ch. Weiss,
Ed. Huth,
Dyson-Taylor,
Samuel Jubb,
John Jubb,
James Firth,
Robert Kell,
Haussoullier.

M. Huth. Oui, Monsieur.

M. Ernest Baroche. Je crois qu'il y a, en France, beaucoup d'exagérations et d'illusions sur la concentration des moyens d'action, en Angleterre, pour la fabrication du drap : il y a beaucoup de fabriques qui sont dans une situation analogue à celles de France ; le nombre des grands fabricants est encore assez petit ; les tisserands travaillent chez eux, dans la campagne. En résumé, il y a une grande similitude de production dans les deux pays.

M. le Président. Il y a eu récemment une adjudication de draps de troupe, en Piémont ; ces Messieurs ont-ils eu la pensée de se porter adjudicataires?

M. Huth. Les Anglais avaient traité pour une adjudication de draps de troupe en Piémont, il y a un an, pendant la guerre d'Italie. Depuis ce temps-là, il y a eu un autre contrat pour l'armée piémontaise. Je crois que les Anglais ont perdu cette fourniture, parce que les Français ont offert un prix moins élevé.

M. le Président. Parmi vous se trouve, je crois, l'adjudicataire des draps de troupe pour l'armée d'Orient, en 1855?

M. Huth. C'est M. Firth.

M. Herbet. Cette fourniture a eu lieu à des conditions très-avantageuses pour le Gouvernement français.

M. le Président. M. Firth se croirait-il encore en position de soumissionner en concurrence avec les fabricants français?

M. Firth, *Filateur et fabricant de draps et de couvertures à Hickmondwicke.* Je ne pourrais pas souscrire un contrat de fournitures à présent, parce que je perdrais de l'argent en soumissionnant aux prix auxquels on peut le faire en France.

M. le Président. Vous avez dit que l'on faisait entrer un tiers de coton dans les couvertures de laine ; quelle différence de prix cela donne-t-il par rapport aux couvertures de pure laine ?

M. Weiss. 5 p. o/o en moyenne.

M. Ernest Baroche. Je crois que ces Messieurs fabriquent des draps mélangés de coton, non pas seulement des draps où le coton forme la chaîne, mais encore des draps où le coton entre à la carde et se mélange avec la laine pour la trame.

Je voudrais demander à ces Messieurs si ce mélange est très-usité.

MM.
Ch. Weiss,
Ed. Huth,
Dyson-Taylor,
Samuel Jubb,
John Jubb,
James Firth,
Robert Kell,
Haussoullier.

M. Huth. On carde la laine avec le coton, en assez grande quantité.

M. le Président. Ainsi, vous faites des draps chaîne coton, et trame laine et coton mélangés?

M. Huth. Oui, Monsieur le Président.

M. Ernest Baroche. Le mélange ne va-t-il pas jusqu'à trois quarts de coton pour un quart de laine?

M. Huth. On mélange en toute proportion : pour les qualités supérieures, on met très-peu de coton, et, pour les qualités ordinaires, on en met davantage; il est fort difficile de préciser la limite du mélange qui varie souvent suivant les ordres qu'on donne au fabricant.

M. Herbet, *Commissaire général.* Du drap ainsi fabriqué garde-t il bien la teinture?

M. Huth. Plus il y a de coton, moins la teinture est solide.

M. Herbet. On fait de ces étoffes-là pour paletots particulièrement.

M. Huth. On se sert de ces mélanges principalement pour les étoffes de fantaisie.

M. Ernest Baroche. Fait-on des étoffes de ce genre ayant une certaine valeur?

M. Huth. Il y a des étoffes qui valent 15 shellings le yard, dont la chaîne est en coton. C'est seulement pour obtenir une fabrication particulière qu'on le fait; ce n'est pas par économie, c'est parce qu'on ne peut faire ces étoffes avec des chaînes de laine.

M. le Président. Le bon marché n'est obtenu qu'avec le mélange de la laine et du coton dans la trame?

M. Huth. Oui, Monsieur le Président, le plus généralement; mais il est presque impossible de répondre d'une manière positive à votre question : tels articles avec chaîne coton sont, dans certains cas, aussi chers que les mêmes articles tout laine; dans d'autres cas, ils seront moins chers.

M. d'Eichthal. Ces Messieurs savent-ils si les tissus et les nouveautés de l'Allemagne et de la Belgique entrent dans la consommation anglaise?

M. Huth. On en reçoit en écru, pour les teindre et pour les ache-

MM.
Ch. Weiss,
Ed. Huth,
Dyson Taylor,
Samuel Jubb,
John Jubb,
James Firth,
Robert Kell,
Haussoullier.

ver; mais il n'y a pas d'importation des articles de fantaisie d'Allemagne, parce que le goût anglais est un goût particulier.

M. d'Eichthal. De sorte que les grandes importations allemandes et belges ne se font qu'en entrepôt et pour la réexportation?

M. Huth. On n'envoie des draps allemands et belges en Angleterre, que pour les faire teindre et les finir.

M. d'Eichthal. Il n'en entre pas dans la consommation anglaise?

M. Huth. Très-peu.

M. d'Eichthal. Sont-ce des draps fins ou des draps communs?

M. Huth. Ce sont des draps moyens.

M. d'Eichthal. Quel est leur valeur par yard?

M. Huth. 6 à 8 shellings. Qant aux articles allemands qu'on introduit en assez grande quantité en Angleterre, ce sont des articles de fantaisie pour femmes et pour enfants.

Nous croyons que l'industrie française, en matière de tissus de laine, est aussi habile et aussi apte à faire tous les genres que la fabrication anglaise. Il y a même des articles pour lesquels nous ne pouvons pas lutter avec l'industrie française.

Je citerai, entre autres, la flanelle de Reims, à carreaux. Autrefois, on fabriquait cet article, en Angleterre, par milliers de pièces qui se vendaient à l'exportation; maintenant que Reims a développé cette fabrication, nous n'en vendons plus d'origine anglaise. Les Français en vendent d'assez grandes quantités en Angleterre.

Il y a encore un autre article, le satin de laine, qu'on emploie pour bottines, dont la chaine est en laine peignée et la trame en laine cardée; autrefois nos fabricants en faisaient beaucoup; maintenant les Français en introduisent une grande quantité en Angleterre, et nos fabricants ne peuvent plus en faire à moins de 10 ou 15 p. o/o de perte.

M. le Président. Ainsi, pour les mérinos, les flanelles, les damas, les satins de laine, vous dites que la production anglaise n'a pas de conditions de supériorité sur la production française; et que, si cependant ce principe de la supériorité était admis, il ne pourrait entrainer que l'établissement d'un droit de 5 p. o/o sur la marchandise, lequel représenterait une protection de 10 p. o/o sur la main-d'œuvre.

M. HUTH. Oui, Monsieur le Président.

MM.
Ch. Weiss,
Ed. Huth,
Dyson-Taylor,
Samuel Jubb,
John Jubb,
James Firth,
Robert Kell,
Haussoullier.

Je ferai encore une observation sur les laines foulées.

Tous les articles foulés pèsent beaucoup plus que les articles qui ne le sont pas, et la fabrication du district de Huddersfield est toute en laine foulée.

C'est une considération importante, dont il faut tenir compte dans l'établissement des droits.

M. HERBET, *Commissaire général*. Ces Messieurs ont parlé d'une collection d'échantillons de leurs tissus, qui devait être soumise à la Commission internationale.

Il est à désirer que ces Messieurs veuillent bien nous laisser cette collection avant leur départ.

M. WEISS. Avec beaucoup de plaisir.

M. LE PRÉSIDENT. Vous êtes devant le Conseil Supérieur, composé exclusivement de Français; croyez qu'en demandant à nous éclairer par la vue de vos échantillons, nous ne cherchons qu'à pouvoir établir les conditions de la plus parfaite sincérité entre les deux industries.

Si donc vous nous faites cette communication, elle nous aidera dans notre étude, et nous vous en serons très-reconnaissants.

M. WEISS. Nous vous laisserons cette collection avec grand plaisir.

Si vous voulez envoyer quelqu'un en Angleterre pour prendre de plus amples informations, nous nous mettons complétement à votre disposition.

M. LE PRÉSIDENT. Nous n'en doutons pas, Messieurs.

Avez-vous quelque chose à ajouter?

M. ROBERT KELL, *Membre de la Chambre de commerce de Bradford*. Je demanderai la permission de faire une observation.

En France, on semble croire que notre industrie vit plutôt de l'exportation que de la consommation intérieure.

C'est tout à fait une erreur. La consommation principale des lainages a lieu dans l'intérieur du pays.

Nous ne sommes pas ici pour un intérêt purement matériel; un intérêt supérieur nous guide : si l'on peut, par un traité de commerce libéral, développer les relations entre la France et l'Angleterre, de manière à faire disparaître tous malentendus, toutes rivalités entre ces deux grandes nations, nous croirons avoir contribué à la paix du monde entier et avoir rendu un grand service à l'humanité.

MM.
Ch. Weiss,
L.J. Huth,
Dyson-Taylor,
Samuel Jubb,
John Jubb,
James Firth,
Robert Kell,
Haussoullier.

M. LE PRÉSIDENT. Le développement des relations commerciales est assurément le meilleur moyen d'apaiser des hostilités qui peuvent s'élever entre les deux pays, puisqu'on crée ainsi, par la solidarité des intérêts, un public français en Angleterre et un public anglais en France. Si ce développement pouvait faire cesser les préjugés, les soupçons, les malentendus, les préoccupations que nous voyons se produire, à notre grand regret, en Angleterre, nous aurions atteint bien certainement l'un des résultats les plus heureux que puissent produire un traité de commerce et les relations internationales.

M. ERNEST BAROCHE. Fabrique-t-on beaucoup d'articles en Angleterre, spécialement pour l'exportation, seulement pour l'exportation? N'exportez-vous que ce qu'on appelle en France les *soldes*, c'est-à-dire les stocks qui restent à la fin de l'année dans les magasins?

M. HUTH. Très-peu, parce que généralement nous fabriquons sur commandes.

Il y a très-peu de fabricants qui travaillent spécialement pour l'exportation. Ordinairement on fabrique pour l'intérieur et pour l'étranger à la fois. Les Français ont peur que, dans les moments de crise comme ceux qui affectent plus ou moins l'Angleterre, à cause de son grand commerce, les marchandises ne diminuent beaucoup de prix en Angleterre et qu'on n'en inonde la France. C'est une grande erreur. La preuve, c'est que, dans les moments de crise, lorsque les produits coloniaux spécialement ont perdu jusqu'à 50 p. o/o de leur valeur, lorsque les produits manufacturés ont beaucoup perdu aussi au dehors, à Hambourg, aux États-Unis, la baisse n'a pas été extraordinaire en Angleterre; elle n'a pas été de plus de 12 1/2 à 15 p. o/o à Bradford; elle a même été moindre à Huddersfield.

M. LE PRÉSIDENT. La pensée de M. Ernest Baroche était de savoir si votre fabrication se divisait en deux : fabrication pour l'intérieur, fabrication pour l'étranger; ou si, au contraire, les mêmes maisons fabriquaient sur commande, soit pour l'étranger, soit pour l'intérieur, suivant que les commandes venaient d'un côté ou de l'autre?

Vous avez dit que c'était ce dernier régime qui existait en général; que l'on faisait simultanément pour l'intérieur et pour l'exportation, et que les fabricants spéciaux pour l'exportation étaient en petit nombre.

M. HUTH. Oui, Monsieur le Président; mais je vous ferai remarquer que les maisons qui ne travaillent que pour l'exportation, ne font que des articles spéciaux pour des marchés spéciaux, tels que la Chine, l'Amérique du Sud, les Indes. Il n'y a pas de maisons fabriquant spécialement pour l'exportation du continent. On fait des échantillons. Nous autres négociants, nous les envoyons de tous les côtés; nous recevons des commandes et nous faisons travailler les fabricants.

MM. Ch. Weiss, Ed. Huth, Dyson-Taylor, Samuel Jubb, John Jubb, James Firth, Robert Kell, Hauvoullier.

M. le Président. Vous avez dit que vous n'aviez pas beaucoup de *soldes* dans vos opérations. Cela ne tient-il pas à ce que vous faites moins de nouveautés que les fabricants français?

M. Weiss. Nous en faisons aussi, mais sur commission.

M. le Président. En France, la fabrication est organisée dans certains pays sous une forme un peu aléatoire. On fait de la fantaisie, de la nouveauté; on la vend cher quand elle réussit; dans le cas contraire, on fait ce qu'on appelle des *soldes*, et on s'en défait à perte.

M. Huth. Je crois que le système du fabricant français n'est pas le meilleur. Le fabricant français fait un très-grand bénéfice pour commencer, et s'il lui reste un solde, il le vend avec une très-grande perte.

Nos fabricants ne font pas cela. Ils envoient des échantillons, et en général ils ne travaillent que sur commande.

M. le Président. Ils ont un bénéfice plus nivelé et, par conséquent, moins aléatoire.

M. Huth. Les articles de fantaisie ne passent pas aussi vite en Angleterre qu'en France.

Ainsi, je vous dirai que nous avons acheté, pendant trois années consécutives, une marchandise tout à fait de fantaisie, et que nous l'avons payée plus cher la deuxième et la troisième année, à cause de la hausse des matières premières.

M. le Président. La mode est moins difficile et moins changeante chez vous qu'en France.

Voici les documents remis à l'appui des dépositions du groupe de Huddersfield, Batley et Bradford.

MM.
Ch. Weiss,
Ed. Huth,
Dyson-Taylor,
Samuel Jubb,
John Jubb,
James Firth,
Robert Kell,
Haussoullier.

Ouvriers aux pièces. — Métiers à la main, articles de fantaisie. — Ouvriers travaillant chez eux et avec leurs métiers. — Hommes, jeunes gens et femmes.

	VALEUR par 90 centimètres.	FAÇON par 90 centimètres.	SALAIRES par semaine.
Piqués en coton	2f 05c	0f 50f	25f 00c
Idem	3 10	1 25	25 00 à 31f 25c
Idem	3 50 à 3f 75c	1 35	31 25 à 37 50
	1 45	0 60	22 50 à 25 00
Gilets coton et laine	1 75	0 65 à 0f 70c	22 50 à 27 50
	3 10 à 4 35	1 10	25 00 à 30 00
Gilets soie à dessins	5 80 à 6 85	1 35 à 1 45	35 00 à 37 50

APPRÊT.

Pour des piqués ordinaires valant de 1f 75c à 2f 50c 90 centimètres, on paye 1f 45c par 91 centim.

Pour des gilets valant 2f 45c à 1f 85c 90 centimètres, on paye 0f 60c par 91 centimètres.

Le prix du tissage de ces articles dépend naturellement du dessin et du nombre de navettes employées.

Salaires des ouvriers de fabrique.

	HUDDERSFIELD. Par semaine.	ELBEUF (1860). Par semaine.
Assortisseurs de laine	31f 25c à 37f 50c	13f 50c à 18f 00c
Laveurs de laine	22 50 à 25 00	
Mécaniciens en chef	43 75 à 75 00	24 00 à 36 00
Mécaniciens aux machines	37 50 à 50 00	
Chauffeurs	25 00 à 31 25	
Louveteurs (*stubbers*)	31 25 à 37 50	15 00 à 18 00
Cardeurs, enfants et jeunes filles	9 35 à 12 50	7 50 à 12 00
Jeunes gens employés aux *condensers*	12 50	12 50
Fileurs (hommes) employés aux mull-jenny	35 00 à 37 50	15 00 à 24 00
Rattacheurs (enfants)	7 50 à 10 00	6 00 à 7 50
Tisserands, métiers mécaniques (femmes et jeunes gens)	18 75 à 25 00	9 00 à 12 00
Tisserands, métiers à la main (généralement des hommes)	22 50 à 27 50	15 00 à 25 00
Foulage; surveillants	37 50 à 50 00	25 00
Manœuvres	22 50 à 27 50	15 00 à 18 00
Teinturiers. — Ouvriers teinturiers de 1re classe	On ne peut fixer de prix moyen pour cette classe d'ouvriers; il en est que leur patron ne laisserait partir à aucun prix.	
Teinturiers ordinaires pour noirs, bleus, etc.	50f 00c à 75f 00c	13f 50c à 18f 00c
Manœuvres et journaliers	20 00 à 27 50	
Épinceuses, femmes et filles	8 75 à 11 25	9 00 à 12 00
Apprêteurs; chef	50 00 à 62 50	25 00 à 35 00
Hommes	22 50 à 27 50	12 00 à 18 00
Jeunes gens et enfants	9 35 à 17 50	9 00 à 12 00
Rentrayeurs	43 75 à 50 00	20 00 à 25 00

MM.
Ch. Weiss,
Ed. Huth,
Dyson-Taylor.
Samuel Jubb,
John Jubb,
James Firth,
Robert Kell,
Haussoullier.

NOTE ACCOMPAGNANT LES ÉCHANTILLONS DES COUVERTURES DE LAINE.

Grey army blanket, couverture pour l'armée :

Poids..........	3 3/4 livres anglaises	la couverture.
Prix...........	7 shell. 2 pence	

White army blanket, couverture pour l'armée :

Poids..........	3 3/4 livres anglaises	la couverture.
Prix...........	7 shell. 6 pence	

Medium, poids........	6 livres.	Prix..	2 sh.	1/2 pence	par liv. angl.
Super, *idem*..........	6	*Idem*..	2	6	
Extra super, *idem*......	6	*Idem*..	2	10	
Superfine, *idem*......	6	*Idem*..	3	0	

Les dimensions des couvertures pour l'armée sont de 56/92 pouces anglais, et pour les autres qualités, 60/80 à 66/86 pouces, mais on peut faire toutes les dimensions dans tous les poids.

La qualité la plus ordinaire de la couverture tout laine, et pour la fabrication de laquelle on emploie en forte proportion les déchets de laine, coûte 10 pence par livre anglaise.

Outre les couvertures tout laine, on fabrique aussi des couvertures chaîne de coton, de 8 pence 1/2 à 2 livres anglaises; la proportion du coton est à peu près un tiers du poids de la couverture.

Lot A. — Tout laine.

Largeur : 0m,69/0m,77.

29 échantillons numérotés de 1 à 29.

Le plus léger pèse..... 0k,168 par 0m,91 et coûte 4f 35c les 0m,91.
Le plus lourd pèse.... 0 ,448 par 0 ,91 et coûte 7 50

Le plus bas prix est............. 2f 20c par 0m,91 et pèse 0k,448
Le plus haut prix est............ 7 50 par 0 ,91 et pèse 0 ,448.

Ce qui fait une différence en prix de 3,58 pour le même poids.

Lot B. — Tout laine.

Largeur : 1m,43/1m,53.

9 échantillons numérotés de 30 à 38.

Le plus léger pèse.... 0k,378 par 0m,91 et coûte 10f 60c les 0m,91.
Le plus lourd pèse... 0 ,588 par 0 ,91 et coûte 16 25

Le plus bas prix est........... 8f 40c par 0m,91 et pèse 0k,392.
Le plus haut prix est.......... 21 25 par 0 ,91 et pèse 0 ,476.

Ce qui fait que le plus élevé est 1,21 plus lourd et coûte 2,50 fois plus cher.

MM.
Ch. Weiss,
Ed. Huth,
Dyson-Taylor,
Samuel Jubb,
John Jubb,
James Firth,
Robert Kell,
Haussoullier.

Lot C. — Tout laine.

Largeur : 1m,28/1m,38.

51 échantillons numérotés de 39 à 89.

Le plus bas prix est de.......... 1f 80c par 0m,91 et pèse 0k,616.
Le plus haut prix est de........ 31 25 par 0m,91 et pèse 1k,428.

Le plus léger pèse............ 0k,204 par 0m,91 et coûte 3f 75
Le plus lourd pèse............ 1,428 par 0m,91 et coûte 31 25

Le plus cher coûte $17 \frac{11}{100}$ fois plus que le moins cher et pèse seulement 2,45 fois davantage, ce qui fait une différence de 14.69.

Or, si l'on compare ceux-ci avec le lot B, qui est composé des mêmes matières (*wool*), nous trouvons-là un échantillon pesant 0k,476 et coûtant 21 fr. 25 cent.; il s'ensuit une différence, en comparaison avec le plus bas prix du lot C, de 12 fr. 95 cent.

Lot D. — Tout laine.

Largeur : 0m,67/0m,69.

53 échantillons numérotés de 90 à 142.

Lot E. — Laine et coton.

Largeur : 1m,22/1m,32.

10 échantillons numérotés de 145 à 154.

Le plus léger pèse....... 0k224 et coûte... 1f 25c par 0m91.
Le plus lourd pèse....... 0,448 et coûte... 1 45.

Le plus bas prix est...... 1f 25c et pèse.... 0k224.
Le plus haut prix est.... 5 00 et pèse.... 0,280.

Lot F. — Laine et coton.

Largeur : 1m,32/1m,37.

15 échantillons numérotés de 155 à 172.

Le plus léger pèse....... 0k196 et coûte... 5f 00c par 0m91.
Le plus cher pèse....... 0,728 et coûte... 6 25.

Le plus bas prix est..... 3f 10c et pèse.... 0k308.
Le plus haut prix est.... 7 05 et pèse.... 0,644.

Ceux-ci peuvent être comparés avec ceux du lot E qui sont moins chers et environ du même poids.

Lot G. — Laine et coton.

Largeur : 1m,25/1m,37.

27 échantillons numérotés de 173 à 199.

Le plus léger pèse....... 0k550 et coûte... 1f 43c par 0m91.
Le plus lourd pèse....... 1,018 et coûte... 8f 75.

Le meilleur marché coûte. 1f 25c et pèse.... 0k565.
Le plus cher coûte...... 8 75 et pèse.... 1,018.

Ceci montre que le prix le plus haut est seulement 1,80 fois plus lourd que le prix le plus bas, tandis que le prix est 7 fois plus élevé, de manière qu'avec un droit spécifique la qualité inférieure aurait 4 fois plus à payer que la qualité supérieure.

MM.
Ch. Weiss,
Ed. Huth,
Dyson-Taylor,
Samuel Jubb,
John Jubb,
James Firth,
Robert Kell,
Haussoullier.

Or le lot G peut être comparé au lot E, qui est composé des mêmes matières et où nous trouvons une qualité pesant seulement 0^k280, qui coûte 5 francs, ou une qualité de 0^k224 qui coûte seulement 1 fr. 25 cent.

Lot H. — Laine ou mohair et coton.

Largeur : $1^m,22/1^m,37$.

41 échantillons numérotés de 100 à 140.

Le plus léger en poids pèse. $0^k,453$ et coûte $1^f\ 65^c$ les $0^m,91$.
Le plus lourd en poids pèse. 1 ,074 et coûte 27 50

Le plus bas prix coûte..... $1^f,65^c$ et pèse $0^k,453$
Le plus haut prix coûte.... 30 ,60 et pèse 0 ,747

Le plus lourd est seulement 2,37 plus pesant que le plus léger, tandis qu'il coûte 16,50 fois plus.

Le plus cher est seulement 1,65 fois plus lourd que le meilleur marché et il coûte 18,37 fois plus. Celui-ci, avec un droit spécifique, supporterait 11 fois plus sur la qualité inférieure que sur la qualité supérieure, de sorte que 5 p. o/o sur l'une deviendraient 55 p. o/o sur l'autre.

Au lot H nous avons onze échantillons du même poids : $0^k,677$, et variant en prix depuis 2 fr. 25 cent. jusqu'à 15 fr. 60 cent., faisant une différence de 6,90 fois. A ce même lot, nous avons trois échantillons de $0^k,790$, coûtant depuis 3 fr. 75 cent. jusqu'à 22 fr. 50 cent., soit une différence de 6 fois.

Lot I. — Soie et laine.

Largeur : $1^m,33/1^m,43$.

8 échantillons numérotés de 141 à 148.

Le plus léger en poids pèse. $0^k,196$ et coûte $10^f\ 60^c$ par $0^m,91$.
Le plus lourd en poids pèse. 0 761 et coûte 15 00

Le plus bas prix coûte.... $9^f\ 35^c$ et pèse $0^k,420$
Le plus haut prix coûte... 15 00 et pèse 0 ,761

Ceci montre que le plus lourd est 3,71 fois plus pesant et seulement 1,41 fois plus cher que le meilleur marché, ce qui fait une différence de 2,30.

Soie et coton.

Largeur : $1^m,33$.

Seulement un échantillon n° 149.

Lot J. — Laine et coton : cassinets, etc.

Largeur : $0^m,64/0^m,69$.

24 échantillons numérotés de 150 à 173.

Le plus léger pèse........... $0^k,105$ et coûte $1^f\ 00^c$ par $0^m,91$.
Le plus lourd pèse.......... 0 ,217 et coûte 2 15

MM.
Ch. Weiss,
Ed. Huth,
Dyson Taylor,
Samuel Jubb,
John Jubb,
James Firth,
Robert Kell,
Haussoullier.

Le plus bas prix coûte.......................... $0^f\,90^c$ et pèse $0^k,133$.
Le plus haut prix coûte........................ 4 35 et pèse 0 ,168.

Lot K. — Laine et coton : pantalons, etc.

Largeur : $0^m,66/0^m,71$.

30 échantillons numérotés de 274 à 303.

Le plus léger pèse.............. $0^k,189$ et coûte $2^f\,90^c$ par $0^m,91$.
Le plus lourd pèse............. 0 ,480 et coûte 1 25

Le plus bas prix coûte...................... $1^f\,25^c$ et pèse $0^k,480$.
Le plus haut prix coûte.................... 5 40 et pèse 0 ,357.

Le plus léger coûte 2,33 fois plus que le plus lourd, et pèse 2,50 fois moins.

A 1 fr. 25 cent. par $0^m,91$, nous avons quatre échantillons pesant $0^k,196$, $0^k,336$, $0^k,364$ et $0^k,480$.

Nous avons aussi cinq échantillons pesant 0^k 336 par $0^m,91$ et variant en prix comme suit : 1 fr. 25 cent., 2 fr. 80 cent., 3 francs, 3 fr. 60 cent. et 4 fr. 05 cent.

Lot L. — Laine peignée et coton.

Largeur : $0^m,66/0^m,69$.

11 échantillons numérotés de 304 à 315.

Le plus léger pèse......... $0^k,088$ et coûte $1^f\,50^c$ par $0^m,91$.
Le plus lourd pèse.......... 0 ,189 et coûte 1 50

Le plus bas prix coûte...... $0^f\,80^c$ et pèse $0^k,126$ par $0^m,91$.
Le plus haut prix coûte..... 4 35 et pèse 0 ,140

Lot M. — Laine peignée, soie et coton.

Largeur : $0^m,66/0^m,69$.

19 échantillons numérotés de 316 à 334.

Le plus léger pèse......... $0^k,119$ et coûte $3^f\,75^c$ par $0^m,91$.
Le plus lourd pèse......... 0 ,280 et coûte 7 15

Le plus bas prix coûte...... $3^f\,50^c$ et pèse $0^k,140$ par $0^m,91$.
Le plus haut prix coûte..... 9 65 et pèse 0 ,217

Lot N. — Laine et soie.

Largeur : $0^m,69/0^m,74$.

12 échantillons numérotés de 335 à 346.

Le plus léger pèse........ $0,^k140$ et coûte $6^f,25^c$ par 0,91.
Le plus lourd pèse......... 0,453 et coûte 7 ,80

Le plus bas prix coûte...... $6^f,25$ et pèse $0^k,140$ par 0,91.
Le plus haut prix coûte..... 8 ,75 et pèse 0 ,182

Ceci montre que le plus pesant est 3,20 fois plus lourd, et seulement 1,25 fois plus cher; c'est donc une différence de 1,95.

Prix comparatif des laines communes employées dans les districts de Huddersfield et de Dewsbury (depuis seize ans).

		1845.	1846.	1847.	1848.
Pérou	Toisons lavées	0f 85 à 1f 25	0f 85 à 1f 25	0f 80 à 1f 10	0f 70 à 1f 05
	Toisons non lavées	0 70 0 80	0 65 0 80	0 55 0 75	0 50 0 65
	Plie	0 60 0 70	0 55 0 65	0 40 0 55	0 40 0 50
Indes	Blanche	0 60 1 00	0 60 1 00	0 65 1 00	0 65 0 95
	Jaune	0 50 0 85	0 55 0 80	0 55 0 75	0 55 0 70
	Grise, noire	0 40 0 65	0 40 0 60	0 35 0 65	0 35 0 60
	Grise commune, etc.	0 25 0 35	0 25 0 35	0 30 0 40	0 25 0 30
Russie	Toisons Donskoi	0 70 0 75	0 65 0 80	0 65 0 75	0 60 0 70
	Agneaux *idem*	0 75 0 90	0 75 0 80	0 65 0 80	0 65 0 75
	Automne *idem*	0 65 0 75	0 60 0 70	0 50 0 60	0 55 0 60
Oporto	Toisons	0 95 1 00	0 85 1 05	0 85 1 00	0 85 0 90
	Agneaux	0 65 0 75	0 65 0 80	0 65 0 75	0 65 0 75
Qualités moyennes		1f 35c	1f 28c	1f 20c	1f 00c
Laines en suint des montagnes		0 49	0 48	0 42	0 33

		1849.	1850.	1851.	1852.
Pérou	Toisons lavées	Plus bas. 0f 65 à 0f 95	0f 65 à 1f 10	0f 75 à 1f 30	0f 75 à 1f 25
	Toisons non lavées	0 50 0 60	0 55 0 65	0 65 0 75	0 65 0 75
	Plie	0 40 0 50	0 40 0 55	0 50 0 60	0 45 0 55
Indes	Blanche	0 50 0 80	0 70 0 90	0 80 1 00	0 80 0 95
	Jaune	0 40 0 60	0 55 0 75	0 65 0 85	0 65 0 85
	Grise, noire	0 25 0 50	0 30 0 50	0 50 0 70	0 50 0 70
	Grise commune, etc.	0 20 0 35	0 20 0 35	0 35 0 45	0 35 0 45
Russie	Toisons Donskoi	0 60 0 65	0 65 0 75	0 80 0 85	0 80 0 85
	Agneaux *idem*	0 60 0 70	0 65 0 75	0 75 0 80	0 75 0 85
	Automne *idem*	0 50 0 55	0 55 0 60	0 60 0 70	0 75 0 80
Oporto	Toisons	0 65 0 80	0 80 0 95	1 00 1 05	0 95 1 00
	Agneaux	0 55 0 60	0 65 0 75	0 75 0 80	0 75 0 80
Qualités moyennes		0f 95c	1f 16c	1f 28c	1f 20c
Laines en suint des montagnes		0 31	0 44	0 49	0 49

		1853.	1854.	1855.	1856.
Pérou	Toisons lavées	1f 00 à 1f 80	0f 90 à 1f 60	0f 90 à 1f 50	1f 00 à 1f 60
	Toisons non lavées	0 70 0 95	0 75 0 85	0 60 0 75	0 70 0 90
	Plie	0 55 0 70	0 65 0 75	0 45 0 60	0 45 0 60
Indes	Blanche	0 90 1 25	0 80 1 30	0 65 1 30	0 80 1 35
	Jaune	0 60 0 90	0 50 0 90	0 80 0 90	0 60 1 05
	Grise, noire	0 45 0 70	0 30 0 65	0 30 0 70	0 45 1 00
	Grise commune, etc.	0 35 0 50	0 25 0 35	0 20 0 35	0 25 0 45
Russie	Toisons Donskoi	0 90 0 95	0 95 1 05	0 80 0 95	0 85 0 90
	Agneaux *idem*	0 85 0 95	1 00 1 05	0 85 0 95	0 80 0 90
	Automne *idem*	0 80 0 85	0 75 0 85	0 70 0 85	0 75 0 80
Oporto	Toisons	1 10 1 20	1 20 1 35	1 00 1 10	1 15 1 25
	Agneaux	0 90 0 95	1 00 1 05	0 85 0 90	0 90 0 95
Qualités moyennes		1f 45c	1f 65c	1f 28c	1f 35c
Laines en suint des montagnes		0 60	0 70	0 51	0 49

MM.
Ch. Weiss,
[illegible],
Dyson Taylor,
Samuel Judd,
John Judd,
James Firth,
Robert Kell,
[illegible]

		1857.	1858.	1859.	1860.
		Plus élevé.			
Pérou	Toisons lavées	1f 00 à 2f 00	0f 80 à 1f 60	1f 00 à 1f 60	0f 90 à 1f 80
	Toisons non lavées	0 70 0 90	0 60 0 80	0 60 0 90	0 70 0 90
	Pile	0 45 0 60	0 40 0 55	0 45 0 60	0 45 0 65
Indes	Blanche	0 80 1 40	0 75 1 40	0 75 1 40	0 80 1 60
	Jaune	0 75 1 35	0 50 1 10	0 50 1 10	0 55 1 35
	Grise, noire	0 50 0 90	0 40 0 80	0 30 0 80	0 35 1 05
	Grise commune	0 35 0 60	0 30 0 55	0 30 0 40	0 15 0 40
Russie	Toisons Donskoi	0 95 1 10	0 85 0 95	0 80 1 00	0 85 1 00
	Agneaux *idem*	0 95 1 05	0 85 0 95	0 85 0 95	0 85 0 95
	Automne *idem*	0 85 0 95	0 70 0 80	0 65 0 75	0 70 0 80
Oporto	Toisons	1 40 1 60	1 10 1 30	1 35 1 40	1 35 1 45
	Agneaux	1 05 1 10	0 95 1 05	1 00 1 05	1 00 1 10
Qualités moyennes		1f 90c	1f 45c	1f 90c	1f 90c
Laines en suint de montagnes		0 78	0 65	0 67	0 60

Tableau des prix des laines d'Australie et du Cap aux enchères de Londres pendant les années suivantes.

1845.		Février.	Mai.	Juillet.	Octobre.
Australie	Toisons	1f 75 à 2f 05	1f 75 à 2f 95	1f 55 à 3f 10	1f 65 à 3f 10
	Agneaux	1 75 2 80	1 65 3 30	1 75 2 95	1 65 3 05
	Suint	0 80 1 70	1 00 1 65	1 00 1 70	1 00 1 70
Cap	Toisons	1 35 2 35	1 35 2 50	1 35 2 25	1 35 2 50
	Agneaux	1 45 2 10	1 70 2 35	1 45 2 30	1 45 2 70
	Suint	0 70 0 95	0 85 1 50	1 10 1 50	0 90 1 35

1846.		Février.	Mai.	Juillet.	Septembre.	Décembre.
Australie	Toisons	1f 55 à 3 00	1f 35 à 2f 95	1f 45 à 2f 80	1f 35 à 2f 75	1f 35 à 2f 80
	Agneaux	1 55 2 75	1 45 3 55	1 35 3 30	1 35 2 65	1 35 2 05
	Suint	0 80 1 50	0 70 1 45	0 70 1 00	0 70 1 10	0 70 1 10
Cap	Toisons	1 00 2 20	1 00 2 05	1 55 1 85	1 35 1 85	1 10 1 95
	Agneaux	1 35 1 80	1 35 2 35	1 25 1 85	1 25 2 00	1 25 2 00
	Suint	0 00 0 80	....	0 50 0 70	0 50 0 70	0 60 0 85

1847.		Février.	Mai.	Juin.	Août.	Novembre.
Australie	Toison	1f 35 à 2f 55	1f 25 à 2f 80	1f 00 à 2f 50	1f 25 à 2f 95	0f 80 à 2f 40
	Agneaux	1 35 2 50	1 35 3 15	1 35 2 75	1 35 2 90	0 70 1 95
	Suint	0 70 1 10	0 60 1 10	0 60 0 85	0 70 1 15	0 25 0 95
Cap	Toisons	1 35 1 85	0 90 1 75	0 90 1 75	0 90 1 75	0 60 1 80
	Agneaux	1 55 1 90	1 45 2 20	1 45 1 85	1 45 1 85	0 90 1 35
	Suint	0 70 1 10	0 60 0 75	0 60 0 80	0 60 0 75	0 30 0 55

		1848.				
		FÉVRIER.	MAI.	JUILLET.	AOÛT.	NOVEMBRE.
Australie	Toisons...	0f 90 à 2f 60	0f 85 à 2f 30	1f 00 à 2f 10	0f 80 à 2f 25	0f 90 à 2f 15
	Agneaux..	1 00 2 05	0 90 1 85	0 85 2 05	0 90 2 10	1 00 2 20
	Suint.....	0 50 1 00	0 50 1 00	0 40 0 70	0 40 0 70	0 55 0 85
Cap....	Toisons...	0 70 1 85	0 60 1 25	0 60 1 15	0 50 1 40	0 70 1 50
	Agneaux..	0 80 1 65	0 70 1 15	0 70 1 25	0 65 1 15	0 80 1 40
	Suint.....	0 45 0 65	0 35 0 65	0 40 0 50	0 40 0 50	0 50 0 55

		1849.				
		FÉVRIER.	MAI.	JUILLET.	SEPTEMBRE.	DÉCEMBRE.
Australie	Toisons...	1f 10 à 2f 30	1f 10 à 2f 35	1f 30 à 2f 80	1f 35 à 2f 40	1f 25 à 2f 60
	Agneaux..	1 25 2 80	1 25 2 15	1 35 2 60	1 35 2 25	1 25 2 35
	Suint.....	0 80 1 10	0 80 1 10	0 80 1 10	0 75 1 05	0 80 1 35
Cap....	Toisons...	0 90 1 75	0 90 1 55	1 00 1 65	0 90 1 65	1 10 1 90
	Agneaux..	0 80 1 60	1 00 1 60	1 00 1 65	1 10 1 40	1 25 1 85
	Suint.....	0 60 0 75	0 60 0 90	0 60 0 90	0 60 0 75	0 70 1 45

		1850.				
		FÉVRIER.	MAI.	JUILLET.	SEPTEMBRE.	DÉCEMBRE.
Australie	Toisons...	1f 55 à 2f 70	1f 35 à 2f 40	1f 35 à 2f 60	1f 45 à 2f 65	1f 45 à 2f 50
	Agneaux..	1 45 2 40	1 45 2 70	1 55 2 90	1 55 2 85	1 55 2 65
	Suint.....	0 80 1 35	0 80 1 25	0 80 1 25	0 80 1 25	0 80 1 25
Cap....	Toisons...	1 10 1 95	1 10 1 85	1 10 1 90	1 35 1 85	1 35 2 05
	Agneaux..	1 10 1 85	1 35 1 75	0 80 1 55	1 45 1 90	1 45 2 00
	Suint.....	0 80 0 95	0 70 0 85	0 70 1 00	0 70 1 00	0 70 1 30

		1851.			
		FÉVRIER.	MAI.	AOÛT.	NOVEMBRE.
Australie	Toisons..............	1f 40 à 2f 55	1f 35 à 2f 80	1f 35 à 2f 75	1f 45 à 2f 60
	Agneaux..............	1 55 2 50	1 55 2 90	1 45 2 85	1 45 2 60
	Suint................	0 65 1 10	0 70 1 10	0 70 1 00	0 70 1 00
Cap....	Toisons..............	1 00 2 00	0 80 1 85	1 00 1 80	1 10 1 80
	Agneaux..............	1 25 1 85	0 90 1 95	1 25 1 75	1 25 1 80
	Suint................	0 70 1 00	0 60 1 05	0 60 1 05	0 60 0 95

		1852.			
		FÉVRIER.	MAI.	AOÛT.	NOVEMBRE.
Australie	Toisons..............	1f 45 à 2f 35	1f 75 à 2f 90	1f 65 à 2f 80	1f 75 à 2f 95
	Agneaux..............	1 45 2 30	1 65 3 25	1 75 3 15	1 75 2 90
	Suint................	0 70 1 00	0 75 1 45	0 75 1 45	0 85 1 40
Cap....	Toisons..............	1 10 2 00	1 35 2 20	1 10 2 05	1 10 2 20
	Agneaux..............	1 25 1 80	1 45 2 15	1 55 1 95	1 55 1 95
	Suint................	0 60 0 95	0 75 1 15	0 75 1 10	0 75 1 10

1853		Février.	Mai.	Août.	Novembre.
Australie	Toisons	1f 85 à 2f 95	1f 85 à 3f 15	1f 65 à 3f 00	1f 25 à 2f 95
	Agneaux	1 75 3 10	1 85 3 90	1 45 3 20	1 45 2 70
	Suint	1 00 1 40	1 10 1 65	0 90 1 60	0 80 1 35
Cap	Toisons	1 25 2 70	1 25 2 65	1 00 2 25	1 00 2 00
	Agneaux	1 55 2 25	1 55 2 20	1 45 2 15	1 25 1 85
	Suint	0 80 1 15	0 80 1 15	0 80 1 15	0 60 1 00

1854.		Février.	Mai.	Août.	Novembre.
Australie	Toisons	1f 25 à 2 75	1f 25 à 2f 70	1f 45 à 3f 15	1f 55 à 2f 90
	Agneaux	1 45 2 70	1 25 2 80	1 45 3 10	1 45 2 90
	Suint	0 70 1 45	0 70 1 35	0 80 1 35	0 80 1 45
Cap	Toisons	1 35 2 35	0 80 2 10	0 90 1 95	0 90 2 20
	Agneaux	1 10 1 85	1 00 1 75	1 45 1 95	1 45 1 95
	Suint	0 60 1 00	0 60 0 90	0 65 1 05	0 65 1 35

1855.		Février.	Mai.	Août.	Novembre.
Australie	Toisons	1f 25 à 2f 80	1f 25 à 2f 85	1f 45 à 3f 65	1f 35 à 2f 90
	Agneaux	1 45 2 65	1 55 2 80	1 65 4 25	1 45 2 35
	Suint	0 80 1 35	0 75 1 45	0 75 1 45	0 75 1 15
Cap	Toisons	0 90 2 30	1 00 2 25	1 25 2 35	1 25 2 05
	Agneaux	1 45 2 10	1 45 2 15	1 45 2 30	1 45 1 90
	Suint	0 65 0 90	0 65 1 15	6 65 1 15	0 65 1 05

1856.		Février.	Mai.	Août.	Novembre.
Australie	Toisons	1f 75 à 3f 15	1f 75 à 3f 25	1f 75 à 3f 75	1f 95 à 3f 25
	Agneaux	1 65 3 10	1 65 3 35	1 65 4 35	1 65 3 10
	Suint	1 00 1 65	1 00 1 85	1 00 1 45	1 00 1 55
Cap	Toisons	1 55 2 55	1 55 2 85	1 65 2 25	1 85 2 40
	Agneaux	1 65 2 30	1 65 2 30	1 75 2 25	1 75 2 40
	Suint	0 90 1 35	1 00 1 45	1 00 1 25	1 00 1 25

1857.		Février.	Mai.	Août.	Novembre.
Australie	Toisons	2f 05 à 3f 35	1f 85 à 3f 50	1f 95 à 3f 90	1f 65 à 3f 00
	Agneaux	1 65 3 10	1 65 3 10	1 65 4 10	1 65 2 70
	Suint	1 00 1 75	1 00 1 60	1 00 1 75	0 80 1 45
Cap	Toisons	2 05 2 40	1 65 2 65	2 05 2 60	1 55 2 86
	Agneaux	1 95 2 50	1 65 2 10	1 95 2 50	1 35 2 25
	Suint	1 00 1 25	0 90 1 35	1 00 1 35	0 90 1 40

	1858.			
	FÉVRIER.	MAI.	AOÛT.	NOVEMBRE.
Australie — Toisons	1f 65 à 3f 10	1f 55 à 3f 30	1f 75 à 4f 10	1f 75 à 3f 35
Australie — Agneaux	1 65 2 60	1 65 2 95	1 95 3 85	1 [illegible] 2 95
Australie — Suint	0 80 1 55	0 80 1 45	0 90 1 [illegible]	0 [illegible] 1 60
Cap — Toisons	1 10 2 55	1 10 2 15	1 10 2 40	1 45 2 50
Cap — Agneaux	1 35 2 25	1 45 2 00	1 35 2 10	1 [illegible] 2 25
Cap — Suint	0 80 1 10	0 80 1 00	0 90 1 10	0 90 1 30

	1859.			
	FÉVRIER.	MAI.	AOÛT.	NOVEMBRE.
Australie — Toisons	1f 75 à 3f 25	1f 65 à 3f 80	1f 75 à 4f 25	1f 75 à 3f 10
Australie — Agneaux	1 85 3 25	1 85 2 85	1 85 3 90	1 85 2 95
Australie — Suint	1 00 1 90	1 00 1 65	1 00 1 80	1 00 1 80
Cap — Toisons	1 45 2 50	1 35 2 80	1 55 2 70	1 55 2 65
Cap — Agneaux	1 35 2 25	1 35 2 15	1 45 2 60	1 45 2 60
Cap — Suint	0 90 1 25	1 00 1 30	1 00 1 40	1 00 1 40

MM.
Ch. Weiss,
E. J. Hutt,
Dyson-Taylor,
Samuel Jubb,
John Jubb,
James Firth,
Robert Kell,
Haussoullier.

Prix des laines d'Allemagne dans le Yorkshire, avec 2 1/2 d'escompte.

	1845.	1846.	1847.	1848.
Mecklenbourg. — Toisons	2f 60 à 2f 90	2f 25 à 2f 60	2f 35 à 2f 70	2f 05 à 2f 35
Prusse. — *Idem*	2 80 3 30	2 50 3 00	2 60 3 10	2 35 2 90
Silésie. — *Idem*	3 10 3 95	2 80 3 75	3 10 3 85	2 60 3 40
	1849.	**1850.**	**1851.**	**1852.**
	plus bas.			
Mecklenbourg. — Toisons	1f 55 à 1f 85	2f 05 à 2f 35	2f 15 à 2f 50	2f 05 à 2f 35
Prusse — *Idem*	1 95 2 50	2 35 2 90	2 50 3 00	2 25 2 90
Silésie. — *Idem*	2 25 3 10	2 60 3 40	2 70 3 50	2 50 3 40
	1853.	**1854.**	**1855.**	**1856.**
Mecklenbourg. — Toisons	2f 50 à 2f 80	2f 50 à 2f 80	2f 25 à 2f 60	2f 70 à 3f 00
Prusse. — *Idem*	2 70 3 30	2 70 3 30	2 50 3 00	2 90 3 40
Silésie. — *Idem*	3 00 4 05	3 00 4 05	2 80 3 75	3 25 4 25
	1857.	**1858.**	**1859.**	**1860.**
	Plus haut.			
Mecklenbourg. — Toisons	2f 90 à 3f 25	2f 50 à 2f 80	2f 70 à 3f 00	2f 65 à 2f 95
Prusse. — *Idem*	3 10 3 60	2 70 3 20	2 90 3 40	2 85 3 35
Silésie. — *Idem*	3 40 4 45	3 00 4 05	3 20 4 05	3 25 4 05

LA SÉANCE EST LEVÉE.

SÉANCE DU VENDREDI 20 JUILLET 1860.

PRÉSIDENCE DE S. EXC. M. ROUHER,

MINISTRE DE L'AGRICULTURE, DU COMMERCE ET DES TRAVAUX PUBLICS.

LAINES

La séance est ouverte à une heure.

Le procès-verbal de la précédente séance, lu par M. Ozenne, *Secrétaire*, est adopté.

Est introduit :

M. DELLOUE-STAINCQ, fabricant de laine peignée à Fourmies (Nord).

M. le Président. Vous représentez l'industrie de votre circonscription ?

M. Delloue-Staincq. Oui, Monsieur le Président; j'ai réuni mes confrères avant de partir, et j'ai là des réponses au questionnaire, concertées entre nous; j'en ai aussi pour moi personnellement.

Je commence par les réponses générales de l'industrie entière de notre contrée.

ACHAT ET PRÉPARATION DES LAINES.

1re Question. — Nous employons de la laine propre au peigne, un tiers en laines de France, dites mérinos, et deux tiers en laines d'Australie.

Les laines de France sont en suint et lavées à dos.

Les suints valent aujourd'hui de 2 fr. 30 cent. à 2 fr. 90 cent.;

Les laines lavées à dos, de 5 francs à 6 fr. 50 cent.

Il faut ajouter à ces prix le transport qui est surtout très-élevé pour les suints, soit 4 à 5 centimes par kilogramme.

Les laines achetées sur le marché de Londres sont aussi de deux espèces, en suint et lavées. Les premières valent de 3 fr. 50 cent. à 4 fr. 25 cent.; les secondes, de 6 à 8 francs. Nous payons à Londres, courtage, commission et change, environ 2 p. 0/0. Le transport est de 8 centimes par kilogramme. Nous avons à payer en plus, pour droits d'entrée, assurance maritime et commission d'acquittement, environ 5 centimes par kilogramme.

2ᵉ Question.—Il résulte des chiffres ci-dessus que nous avons, sur la majeure partie des laines provenant de Londres que nous employons, une différence à notre préjudice de 2 à 3 p. 0/0, indépendamment des frais de déplacement et de l'obligation où nous sommes de ne pouvoir nous approvisionner qu'aux quatre enchères qui se font chaque année; tandis que les Anglais peuvent acheter par contrat privé et sur leurs marchés, et peuvent ainsi profiter des bonnes occasions qui leur sont offertes.

3ᵉ Question. — Nous opérons directement le dégraissage de la laine, avant le peignage. Nous employons le savon pour cette opération.

4ᵉ Question. — Nous ne faisons pas de teinture.

FILATURE.

1ʳᵉ Question. — Dans les 90,000 à 100,000 broches occupées à Fourmies, 70,000 environ sont munies de leur peignage et font pour leur compte. Les autres sont comme le complément de trois ateliers de peignage qui existent dans le pays, et doivent être également considérées comme travaillant pour leur compte.

Nous employons le peigné comme préparation à la filature. Nous ne faisons que des fils écrus.

2ᵉ Question. — Nous nous servons de la carde et des peigneuses Schlumberger, pour la filature des étirages et des mull-jenny. Toutes ces machines sont de construction française.

Le premier établissement date de 1825, soit..	3,000 broches.
De 1830 à 1840 on a monté..............	10,000
De 1840 à 1850 id.	25,000
De 1850 à 1860 id.	57,000
Total environ................	95,000 broches.

La broche coûte, montée, 55 francs, dont 30 francs pour métiers Mull-Jenny et machines préparatoires, et 25 francs pour bâtiment, machine à vapeur, transmissions de mouvements et accessoires. A ce prix il faut ajouter 20 à 25 francs par broche, pour le peignage. M. Delfosse-Stanecq

La machine Schlumberger coûte 5,100 francs.

La carde simple, avec avant-train, un mètre d'arasement, 1 mètre 20 de diamètre coûte	2,300f
Sa garniture	1,300
Transport et montage	150
Total	3,750

L'étirage simple, 450 francs par tête.

Les étirages avec frottoirs, 110 francs par tête.

Les métiers Mull-Jenny, 12 fr. 50 cent. la broche.

Nous employons généralement des mull-jenny à la main. Il y a quelques demi-renvideurs.

3e Question. — Nous n'avons pas de moteur hydraulique.

4e Question. — Tous les établissements sont mus par des machines à vapeur. Les premières ont été fournies par M. Cazalis, de Saint-Quentin, et les dernières proviennent des ateliers de MM. Deplechin et Thibaut, de Lille, et Powell, de Rouen.

Nous brûlons du charbon belge (tout venant), tiré des bassins de Charleroi. Les 1,000 kilogrammes nous coûtent :

Achat	11f 50c
Droits d'entrée	1 80
Transport	12 90
Total	26 20

Nous consommons annuellement, par broche, 85 kilogrammes de charbon, peignage et dégraissage compris.

5e Question. — Nos ateliers sont chauffés à la vapeur.

6e Question. — Nous produisons, en général, des chaînes 40 à 80 et des trames 56 à 140 à l'échée de 1,000 mètres. La production moyenne et annuelle d'une broche est de :

890 échées, pour les numéros les plus gros;

810 échées, pour les numéros moyens.

730 échées, pour les numéros les plus fins.

7e Question. — Nous employons moitié hommes, un quart femmes, un quart enfants. Les fileurs travaillent à façon et gagnent, en

M. Delloye-Stanneq. moyenne, 4 fr. 25 cent. par jour; les autres sont à la journée et gagnent de 2 fr. 50 cent. à 4 francs. Les femmes sont payées 1 fr. 30 cent., et les enfants de douze à seize ans, de 80 centimes à 1 fr. 20 cent.

Les prix n'ont pas varié pour les façons. Le salaire des femmes et des enfants a augmenté d'environ 30 centimes, depuis cinq à six ans. Ils n'ont pas été réduits dans ces dernières circonstances.

Sans avoir augmenté les façons, les fileurs gagnent beaucoup plus que précédemment par suite de la plus grande vitesse donnée à nos broches, et par l'emploi de mull-jenny plus grands ou plus longs.

8e Question. — Nous employons pour triage, peignage et filature, environ 28 ouvriers par 1,000 broches. Le prix annuel de la main-d'œuvre, par broche et pour les nos 84 en trame et les nos 56 en chaîne, est de 19 fr. 30 cent.

9e Question. — Nous filons en maigre.

10e Question. — Les prix de façon sont aujourd'hui de :

2 fr. 80 cent. de l'échée de 1,000 mètres pour chaînes, 42 à 56, et pour trames, 60 à 80.

3 fr. 25 cent. de l'échée de 1,000 mètres pour chaînes, 59 à 66, et pour trames, 90 à 106.

Pour les numéros plus fins, la façon varie de 3 fr. 50 cent. à 4 francs.

11e Question. — Nous ne vendons pas de laine peignée. Nous ne vendons que des fils écrus sur les marchés français.

12e Question. — Nous vendons nos blousses et déchets à Sedan et à Reims.

13e Question. — Nous ne connaissons pas les prix des fils anglais. Pour soutenir la concurrence des fils étrangers, nous croyons qu'un droit d'un franc est nécessaire.

14e Question. — Les prix ont peu varié depuis quatre ans; ils ont fléchi lors de la crise financière de 1858; mais ils se sont relevés à la fin de cette année, et se sont maintenus jusqu'à ce jour; nous croyons que cette fermeté dans les prix est due à l'empressement qu'on met à fabriquer, pour jouir de la prime de sortie.

Nous ferons remarquer qu'il ne suffit pas pour nous d'avoir un droit protecteur sur les fils étrangers, mais qu'il importe essentiellement de nous mettre en mesure de soutenir la concurrence, comme par le passé, pour l'exportation des tissus sur les marchés étrangers; résultat que nous ne pouvons atteindre que si l'on nous donne de bonnes voies de communication, et si l'on réalise la création d'un chemin de fer, dont notre pays est totalement privé. M. Delloue-Staincq.

M. Herbet, *Commissaire général*. En réponse à la 13e question, vous dites que le droit d'un franc est nécessaire. Combien ce droit d'un franc représente-t-il pour cent?

M. Delloue-Staincq. Cela fait 7 p. o/o environ.

M. le Président. Quels sont les prix du kilogramme, maximum et minimum?

M. Delloue-Staincq. Le prix minimum est de 11 francs; le prix maximum est de 20 francs; mais nous faisons beaucoup plus de numéros moyens que de numéros fins.

M. le Président. Ainsi le droit unique d'un franc représenterait 7 p. o/o en moyenne?

M. Delloue-Staincq. Oui, Monsieur le Président.

M. le Président. Veuillez maintenant nous lire la note qui vous regarde particulièrement.

M. Delloue-Staincq :

§ 1er. — ACHAT ET PRÉPARATION DES LAINES.

1re Question. — Nous employons de la laine propre au peigne, dont 85 p. o/o environ de laine de France, dite mérinos, et 15 p. o/o de laine d'Australie, achetée sur le marché de Londres.

Nos laines de France sont en suint et lavées à dos. Les premières valent de 2 fr. 30 cent. à 2 fr. 90 cent. le kilogramme, et les secondes, de 5 francs à 6 fr. 50 cent. Il faut ajouter à ce prix le transport, qui est très-élevé pour les suints, 4 à 5 centimes.

Les laines que nous achetons sur le marché de Londres sont aussi de deux espèces, en suint et lavées à dos. Les premières valent de 3 fr. 50 cent. à 4 fr. 25 cent., et les secondes de 6 francs à 7 fr. 50 cent

Nous payons à Londres, courtage, commission et change, environ 2 p. o/o. Le transport est de 8 centimes par kilogramme, plus un cinquième pour assurance maritime, commission d'acquittement et droit d'entrée.

2e Question. — Il résulte des chiffres ci-dessus, que nous avons, sur les laines provenant de Londres, une différence à notre préjudice de 2 à 3 p. o/o.

3e Question. — Nous opérons directement le dégraissage avant le peignage. Nous employons le savon.

M. Delloye Staincq

§ 2. — FILATURE.

1re Question. — Nous achetons la laine en masse, nous la dégraissons, nous la peignons et filons en maigre; nous ne faisons que du fil écru.

2e Question. — Nous nous servons : pour le peignage, de la carde et de la peigneuse Schlumberger; pour la filature, d'étirage et de mull-jenny. Ces machines sont de construction française. Nous possédons 4,000 broches depuis 1845, 3,000 depuis 1855, et le peignage depuis 1851.

La broche coûte, montée, 55 francs, dont 30 francs pour machine préparatoire et mull-jenny, et 25 francs pour bâtiment, machine à vapeur, transmission et accessoires. A ce prix, il faut ajouter 20 à 25 francs par broche pour le peignage.

La peigneuse Schlumberger coûte 100 francs.

1 carde simple, avec avant-train, d'un mètre d'arasement et de 1 mètre 20 de diamètre, coûte	2,300f
Sa garniture	1,300
Transport et montage	150
Total	3,750

L'étirage simple, la tête, 450 francs.

L'étirage avec frottoir, 110 francs.

Le métier Mull-Jenny, la broche, 12 fr. 50 cent.

Nous employons le mull-jenny.

3e Question. — Nous n'avons pas de moteur hydraulique.

4e Question. — Nous nous servons d'une machine à vapeur de la force de 35 chevaux; elle sort des ateliers de MM. Deplechin et Thibaut (de Lille).

Nous brûlons du charbon belge (tout venant), tiré des bassins de Charleroi; nous payons les 1,000 kilogrammes :

Achat	11f 50c
Droit d'entrée	1 80
Transport	12 90
Total	26 20

Nous consommons annuellement par broche 85 kilogrammes, peignage et dégraissage compris.

5e Question. — Nous chauffons nos ateliers à la vapeur; mais nous employons environ 50,000 kilogrammes de charbon à faire le gaz pour l'éclairage de l'établissement. M. Delloue-Stainco.

6e Question. — Nous produisons des chaînes de 40 à 80, et des trames de 56 à 140.

La production annuelle d'une broche est de 890 échées pour les plus gros numéros, de 810 pour les moyens, de 730 pour les plus fins.

7e Question. — Nous employons moitié hommes, un quart femmes, un quart enfants. Douze à seize fileurs travaillent à façon et gagnent en moyenne 4 fr. 25 cent. par jour; les hommes de peine et dégraisseurs, 2 fr. 50 cent. à 3 francs; et les trieurs et ouvriers de réparation, de 3 fr. 30 cent. à 4 fr. 50 cent. Les femmes sont payées 1 fr. 40 cent.; les enfants de douze à seize ans, de 80 centimes à 1 fr. 20 centimes. Le salaire des femmes et des enfants est augmenté, depuis cinq ou six ans, de 30 centimes; il n'a pas été réduit dans ces dernières circonstances.

8e Question. — Nous employons encore 200 ouvriers pour triage, peignage et filature, et 7,000 broches; ils nous coûtent annuellement 135,000 francs, ou 19 fr. 28 cent. par broche.

9e Question. — Nous filons en maigre.

10e Question. — Les prix de façon sont aujourd'hui de :

2 fr. 80 cent. l'échée pour chaînes de 42 à 56, pour trames de 60 à 80.

3 fr. 25 cent. l'échée pour chaînes de 59 à 66, pour trames de 90 à 106.

Pour les numéros plus fins, la façon varie de 3 fr. 50 cent. à 4 fr.

11e Question. — Nous ne vendons pas de peignés, nous ne vendons que des fils écrus sur les marchés français.

12e Question. — Nous vendons nos déchets et blousses pour Reims et Sedan.

13e Question. — Nous ne connaissons pas le prix des fils anglais; mais nous croyons qu'un droit protecteur de 60 centimes par kilogramme sur le peigné, et d'un franc sur le fil, est nécessaire pour soutenir la concurrence étrangère.

14e Question. — Les prix ont peu varié depuis quatre ans; ils ont baissé lors de la crise financière de 1858; mais ils se sont relevés à la fin de cette année et se sont maintenus jusqu'à ce jour. Cette fermeté

M. Delloue-Staincq

dans le prix est due à l'activité qu'a déployée la fabrique pour jouir de la prime d'exportation.

M. le Président. Est-ce que vous avez un tracé de chemin de fer qui doit passer par Fourmies?

M. Delloue-Staincq. Nous savons qu'il y a un chemin de fer qui doit passer aux environs.

M. le Président. Oui, le chemin de fer de Soissons à la frontière belge; la Compagnie du Nord s'occupe des études nécessaires pour ce prolongement.

M. Herbet, *Commissaire général.* A quelle distance êtes-vous du chemin de fer le plus rapproché du siége de votre établissement ?

M. Delloue-Staincq. A 30 kilomètres.

Est introduit :

M. HOLDEN, peigneur de laines à Saint-Denis, à Reims et à Croix (près Roubaix).

PEIGNAGE DES LAINES

Besoins.

M. LE PRÉSIDENT. Vous avez reçu le questionnaire; vous pouvez répondre aux diverses questions.

M. HOLDEN. Il y a très-peu de chose dans le questionnaire relativement au peignage, et c'est sur cette industrie que je suis en mesure de répondre.

M. LE PRÉSIDENT. Quelle est l'importance de vos établissements?

M. HOLDEN. Nous employons environ 1,300 ouvriers et 1,000 chevaux-vapeur, dont 600 pour force motrice; nous produisons, par jour, 16,000 kilogrammes de laine peignée, lorsque nous sommes en plein travail. Nous nous occupons exclusivement du peignage mécanique de la laine. Pour concentrer nos forces de production et pour produire à meilleur marché, nous transportons notre matériel de Saint-Denis, partie à Reims, partie à Croix.

M. LE PRÉSIDENT. Votre système n'a-t-il pas été l'objet d'un brevet?

M. HOLDEN. Oui, Monsieur le Président; nous avons plusieurs brevets.

M. LE PRÉSIDENT. Ils ont été maintenus par les tribunaux?

M. HOLDEN. Je vous dirai d'abord que nos brevets s'appliquent à divers systèmes de peignage, et que le système que nous exploitons en France est protégé par des brevets pris en 1843, 1846, 1847, 1849, 1851, 1853; par brevet principal pris en 1856, suivi de quatre brevets d'additions, et enfin par deux brevets pris en 1857. Ces brevets n'ont jamais été contestés. Nous nous occupons, depuis trente ans, de peignage mécanique. Nous possédons encore d'autres brevets pris par M. Lister, notre ancien associé, ou achetés par nous,

M. Holden. afin de perfectionner nos inventions. Nous possédons en tout quarante-cinq brevets, vingt-huit pris par nous, et dix-sept achetés à d'autres brevetés. Quelques-uns de ces derniers ont été attaqués et produits en justice; ils ont été maintenus. Quatre brevets de M. Lister, au contraire, viennent tout récemment de recevoir un échec.

M. le Président. Le système de peignage en Angleterre est-il plus perfectionné qu'en France?

M. Holden. Le peignage anglais et le peignage français sont d'un genre tout différent. En général, on peigne mieux en Angleterre qu'en France. Mais je crois le système appliqué dans nos établissements préférable encore au système anglais, pour la qualité et le rendement; et le commerce français, par la préférence qu'il nous accorde, témoigne en notre faveur. Nous avons trouvé nécessaire, pour perfectionner notre système, d'acheter les brevets des procédés Heilmann, qui constituent le mode de peignage le plus perfectionné de l'Angleterre. Nous avons trouvé bon d'employer chez nous quelque chose de ces brevets.

M. le Président. Savez-vous s'il existe en Angleterre des établissements aussi considérables que le vôtre?

M. Holden. Non; mon établissement est le plus grand de ce genre qui existe en Europe.

M. le Président. Où achetez-vous vos laines?

M. Holden. Nous n'achetons pas de laines; nous peignons à façon. Nos prix, en moyenne, sont de 90 centimes le kilogramme pour les laines communes, et de 1 fr. 25 cent. pour les laines fines.

M. le Président. A combien évaluez-vous les déchets?

M. Holden. Nous rendons tout ce que produit le peignage : cœur, blousses et déchets.

M. le Président. Ainsi, vous rendez à peu près poids pour poids, sauf la poussière et l'évaporation?

M. Holden. Oui, Monsieur le Président; cela représente à peu près 4 p. 0/0.

M. le Président. Vous considéreriez-vous comme atteint dans votre industrie, si les peignés anglais entraient en franchise?

M. Holden. Je ne vous parlerai pas pour mon compte, parce que je suis peut-être dans une situation particulière.

M. le Président. Parlez d'abord pour votre propre compte. M. Holden.

M. Holden. Je pense que je puis concourir avec l'Angleterre pour le peignage, et voici mes raisons : j'étais filateur quand j'arrivai en France; je vis que je devais adopter un autre système de peignage que le système français, et je suis arrivé à un système convenable; mais il m'a fallu beaucoup d'études et d'expériences. En Angleterre, on peigne d'après le principe Heilmann; les peigneurs français qui emploient le même système ont besoin de protection, si le principe de la protection est adopté.

M. le Président. Pourquoi les filateurs français qui emploieraient le même système que les Anglais seraient-ils dans un état d'infériorité?

M. Holden. Il y a plusieurs raisons qui sont communes à toutes les industries. Je citerai d'abord les prix des bâtiments, qui coûtent en France presque le double de ce qu'ils coûtent en Angleterre.

M. le Président. Dans quelles localités avez-vous construit vos usines ?

M. Holden. A Croix, près de Roubaix, et à Reims.

M. le Président. Combien avez-vous payé le mètre de terrain ?

M. Holden. 2 francs à Roubaix et 1 franc à Reims. Mais ce n'est pas dans le prix du terrain qu'est la grande différence; c'est dans les frais de construction. J'ai fait construire des hangars comme, dans les usines anglaises; ils me sont revenus au double de ce qu'ils coûtent en Angleterre.

Une autre cause d'infériorité pour le peignage français, c'est que les machines sont plus chères en France qu'en Angleterre. Il en est de même pour la houille, qui revient ici à 25 francs la tonne, alors qu'en Angleterre, à Bradford, elle coûte trois shellings.

M. le Président. Quelle est l'espèce de houille qui coûte 3 shellings à Bradford?

M. Holden. C'est le menu charbon.

M. le Président. Et ici qu'employez-vous ?

M. Holden. Le tout venant.

M. le Président. Entre le tout venant et le menu, vous avez une différence de valeur ?

M. Holden. M. Holden. Le tout venant vaut mieux; mais cette différence est loin de combler celle des prix.

Enfin j'ajouterai que l'huile, le savon et le cuir, dont le peignage fait une grande consommation, sont bien plus chers en France qu'en Angleterre.

Je dirai encore que les règlements appliqués par l'administration française aux usines — pour la salubrité et la sécurité générales, je le reconnais — imposent aux industriels français des dépenses dont sont exempts les industriels anglais.

M. le Président. A combien évaluez-vous la protection qui devrait être établie en faveur du peignage français?

M. Holden. Pour protéger efficacement, il faut à peu près 10 p. 0/0.

M. le Président. Qu'entendez-vous par ce mot « efficacement? »

M. Holden. C'est-à-dire pour que le peigneur français puisse lutter avec avantage contre le peigneur anglais.

M. le Président. Pensez-vous qu'avec ce droit de 10 p. 0/0, il puisse entrer beaucoup de peignés anglais?

M. Holden. Non, s'il n'y a pas de plus grand avantage; car les peigneurs anglais seraient forcés de changer leur peignage, pour venir vendre en France; en effet, ils peignent en gras, tandis qu'en France les filateurs ne veulent que du peigné dégraissé.

M. Ernest Baroche. 10 p. 0/0, c'est plus que le droit actuel; il y a maintenant 70 centimes par kilogramme. C'est une prime sur le peignage anglais. Cela couvre presque le droit d'entrée sur les laines brutes.

M. le Président. M. Holden avait soutenu d'une manière moins absolue qu'aujourd'hui, dans sa déposition à la précédente Enquête, que le droit sur les peignés anglais, eu égard aux déchets, n'était dans une certaine mesure que la représentation du droit sur les laines en masse. Néanmoins, M. Holden n'ignore pas qu'il n'est entré de laines peignées que dans une très-faible proportion, depuis le décret du 5 novembre 1856, alors même que les droits sur la laine en masse existaient. On avait donné pour cela une raison : c'est que les peigneurs anglais peignent en gras; mais il a été expliqué qu'une transformation dans le mode de peignage serait facile à opérer.

M. Holden. Oui, mais c'est dispendieux. Plusieurs filateurs, voyant les droits réduits, sont allés en Angleterre acheter quelques peignés, et l'opération a tourné si peu à leur profit, qu'ils n'ont pas eu envie de recommencer. M. Holden.

M. le Président. En effet, il a été fait des opérations désastreuses pour les importateurs, dans les départements du Pas-de-Calais et du Nord.

M. Ernest Baroche. Ce qui ne prouve pas la nécessité des 10 p. o/o de protection. Comment établissez-vous ce droit de 10 p. o/o?

M. Holden. J'ai dit 10 p. o/o pour protéger efficacement les peigneurs français, et leur donner un avantage sur les peigneurs anglais.

M. Ernest Baroche. C'est-à-dire pour prohiber les peignés anglais. Mais pour établir la concurrence?

M. le Président. Pour qu'il entre des peignés anglais en France, dans une proportion raisonnable, sans cependant diminuer la production française, ne trouvez-vous pas qu'un droit de 5 p. o/o suffirait?

M. Holden. Oui, dans cet ordre d'idées, je pense que le droit de 5 p. o/o suffirait.

M. le Président. Ce droit permettrait l'introduction d'une certaine quantité de peignés anglais, mais pas une trop grande quantité.

Et vous, personnellement, vous ne croyez pas avoir besoin de ces 5 p. o/o de protection?

M. Holden. Je ne le crois pas. Je puis certainement produire aux mêmes conditions que les peigneurs anglais, en jouissant comme eux de l'exemption de tous droits sur les matières premières employées dans notre fabrication.

M. le Président. Pourriez-vous nous dire à combien, en tant pour cent, montent les frais de transport, commission et assurance de la laine peignée anglaise, en France?

M. Holden. Je ne fais pas d'importation de peigné depuis plusieurs années; je ne puis pas répondre à cette question.

M. le Président. Et l'importation de la laine en masse, la faites-vous?

M. Holden.

M. Holden. Non, je ne peigne qu'à façon. Un négociant répondra mieux que moi à ces questions.

M. le Président. Voulez-vous nous dire quels sont vos avantages, pour pouvoir lutter avec l'Angleterre?

M. Holden. Personne, en Angleterre, ne s'occupe spécialement du peignage comme je le fais. J'ai donc un avantage sur les filateurs et les marchands peigneurs anglais. Comme je vous l'ai dit, je peigne à 90 centimes la laine commune, et à 1 fr. 25 la laine fine.

M. Ernest Baroche. Pouvez-vous peigner des poils de chèvre?

M. Holden. Oui, Monsieur.

M. Ernest Baroche. En peignez-vous?

M. Holden. Non, on ne nous en a jamais livré à peigner : la concurrence anglaise est trop forte pour la filature française.

M. Ernest Baroche. Les mêmes machines pourraient-elles vous servir à cet usage?

M. Holden. Oui, Monsieur.

M. le Président. Combien vous coûtent vos établissements?

M. Holden. 4 millions.

M. le Président. Vous avez 4 millions engagés dans vos trois établissements actuels?

M. Holden. Oui, Monsieur le Président. Les brevets m'ont coûté en sus au moins 2 millions. Depuis trois ans, les brevets français que j'ai achetés à M. Schlumberger, pour pouvoir perfectionner nos machines, m'ont coûté 900,000 francs.

M. Ernest Baroche. Est-ce le brevet Donisthorpe?

M. Holden. Ce n'est pas en vertu d'une acquisition que je possède ce brevet; c'est par suite d'une instance judiciaire.

M. Ernest Baroche. Vous avez acheté les nouveaux perfectionnements?

M. Holden. Oui, Monsieur.

M. Ernest Baroche. Par conséquent, vous êtes seul propriétaire du brevet Donisthorpe, Tavernier, Croft? M. Holden.

M. Holden. Oui, Monsieur.

M. Ernest Baroche. Vendez-vous des machines de cette espèce?

M. Holden. C'est la maison Schlumberger qui les vend pour moi.

M. Ernest Baroche. Je croyais que vous vous réserviez l'exploitation de la machine Donisthorpe?

M. Holden. Non; nous la vendons chez M. Schlumberger; nous ne l'exploitons pas.

M. Ernest Baroche. Est-ce que vous n'avez pas eu des procès et des difficultés très-longues?

M. Holden. Oui, Monsieur. Quand M. Donisthorpe a fait son travail, je n'étais pas encore propriétaire du brevet Heilmann. Pendant que je poursuivais le perfectionnement de notre système, mon ancien associé, M. Lister, s'occupait d'améliorations sur le système Heilmann. Ayant acquis le brevet de cet inventeur pour l'Angleterre, il a pris une certaine quantité de brevets sur ce principe. Toutes nos tentatives pour devenir acquéreurs du brevet Heilmann, en France, ont échoué; j'ai fait sans cesse des démarches auprès de MM. Schlumberger, propriétaire du brevet Heilmann et Hubner, afin de pouvoir appliquer les excellents principes de ces brevets. Nous n'avons pu réussir qu'en novembre 1856.

Environ dans le même temps, la maison Donisthorpe, Tavernier, Croft et Cie, introduisit en France une machine dite Noble, perfectionnée par Donisthorpe. Nous étions convaincus que c'était une imitation du principe de Heilmann et de Hubner; après avoir fait d'inutiles efforts pour engager cette maison à nous payer une redevance raisonnable pour droits des brevets Heilmann et Hubner, ou à laisser sa machine au repos, nous commençâmes, en 1857, une poursuite en contrefaçon. Le 8 juin 1858, le tribunal correctionnel de la Seine rendit un jugement par lequel la machine poursuivie fut condamnée.

MM. Donisthorpe, Croft et Ford acceptèrent le bien jugé, et proposèrent, comme base d'arrangement, de nous céder leur brevet et les bénéfices sur les ventes opérées, à la condition que nous nous engagerions à laisser marcher sans trouble les machines vendues et

M. Holden. livrées, à exécuter les marchés dont l'exécution avait été suspendue jusqu'à ce que la question de contrefaçon fût vidée, et à renoncer aux dommages-intérêts considérables que le jugement reconnaissait nous être dus. Nous acceptâmes cet arrangement; et voilà comment nous sommes devenus propriétaires du brevet Noble.

Cependant M. Tavernier, qui ne possédait aucun droit de propriété sur lesdits brevets, continua la lutte judiciaire; il obtint de la Cour impériale la nomination de trois experts pour décider la question de contrefaçon : MM. le général Morin, Tresca et Delaunay. Leur rapport condamna la machine Noble sur tous les points, et la Cour, par arrêt du 23 novembre 1859, confirma le jugement de première instance.

M. Ernest Baroche. Telle est la situation actuelle?

M. Holden. Oui, Monsieur. J'y ai été pour une perte de plus de 350,000 francs.

M. Ernest Baroche. Ce nouveau brevet, quoique contrefaçon, est une amélioration.

M. Holden. Oui, une amélioration du principe Heilmann.

M. Ernest Baroche. Ainsi, tout en admettant même qu'il y ait contrefaçon, vous reconnaissez qu'il y a là une contrefaçon qui améliore la machine.

Vous comptez perfectionner cette machine?

M. Holden. Oui, je les perfectionne toutes; mais j'ai un système qui est presque tout entier de mon invention, et je le préfère naturellement. L'autre système peut être bon dans d'autres mains, mais ne vaut pas le mien pour moi. J'ai fait ma réputation par le système que je pratique; je ne veux pas le changer.

M. Ernest Baroche. Quel prix vendez vous une *licence* pour une machine?

M. Holden. Le prix de la machine Noble est de 20,000 francs lorsque l'acquéreur n'a pas encore de machines à peigner, et de 10,000 francs lorsqu'il veut remplacer des machines usées ou défectueuses.

Il ne faut pas croire que ce prix soit excessif; c'est absolument le même prix que pour la machine Heilmann. Une machine Noble fait autant de travail que quatre machines Heilmann, et le prix d'une machine Heilmann est de 5,000 francs. M. Holden.

A ces conditions, quand même nous fournirions à l'industrie toutes les machines nécessaires pour suffire au peignage de la laine, en France, nous ne serions pas remboursés de tout ce que nous avons dépensé en expériences et en acquisitions de brevets.

M. Ernest Baroche. Pour la laine longue, la machine circulaire est-elle préférable à la machine Heilmann?

M. Holden. Oui, Monsieur.

M. Ernest Baroche. La peigneuse Heilmann est peut-être préférable pour la laine fine et courte?

M. Holden. Elle n'est préférable pour rien.

M. Ernest Baroche. C'est votre opinion.

M. Holden. C'est l'opinion générale, puisque notre peigné est généralement préféré.

M. Ernest Baroche. Combien avez-vous de peigneuses dans vos établissements?

M. Holden. J'en ai 84, divisées en 14 ateliers, de 6 machines chacun. Avec tous les autres appareils préparatoires, cela fait une très-grosse affaire.

M. Ernest Baroche. Vous n'employez que des peigneuses circulaires?

M. Holden. Oui, Monsieur

M. le Président. Vous n'avez rien à ajouter à votre déposition?

M. Holden. Si vous le permettez, Monsieur le Président, je dirai quelques mots sur la situation respective de la France et de l'Angleterre, par rapport aux brevets d'invention. J'ai étudié pendant trente ans le peignage mécanique, et j'emploie des peigneuses depuis vingt-sept ans. Le peignage mécanique est encore dans l'enfance et demande à l'esprit de recherche de nouveaux moyens d'action. Nous ne pouvons commencer une nouvelle machine ou appliquer un perfectionnement, à moins d'être protégés par un brevet.

Comme j'ai choisi cette périlleuse carrière d'inventeur et que je l'ai poursuivie si longtemps, je crois pouvoir signaler au Conseil, par quelques points de comparaison, les avantages de l'industrie anglaise en ce qui concerne les inventeurs.

M. Holden. L'industrie dépend du progrès des inventions, et ce progrès dépend de la sécurité et des facilités que rencontrent les inventeurs. Là se trouve encore une des causes de l'infériorité de l'industrie française vis-à-vis de l'industrie anglaise; car la propriété des inventeurs est mieux protégée dans ce dernier pays. On a proclamé souvent une grande vérité, c'est que les idées naissent en France et qu'elles fructifient seulement en Angleterre. La raison en est bien simple; un brevet est pris en France pour une idée excellente; seulement, pour que cette idée puisse être rendue utile et pratique, il faudra peut-être de longues années, et la loi veut que vous exploitiez industriellement dans deux ans. Qu'arrive-t-il? C'est que le terme rigoureux de la durée du brevet expire avant que le résultat soit obtenu. La propriété de l'inventeur devient la propriété de tous. L'inventeur se décourage, il cesse de poursuivre la réalisation d'une découverte qui ne lui appartient plus exclusivement, et il tourne ses investigations d'un autre côté, à peu près certain de ne produire encore qu'une nouvelle idée stérile en résultats. Cette même idée, brevetée en Angleterre, deviendra au contraire productive, parce que son propriétaire a tout le temps de la rendre parfaite : si les quatorze ans du premier brevet ne lui suffisent pas, il obtiendra facilement une prolongation, quand bien même il n'aurait pas encore exploité.

Cette différence dans la législation des deux pays a cette conséquence, que l'Angleterre est le refuge des inventions, même de celles qui sont tombées dans le domaine public dans les pays étrangers; qu'elles y sont respectées et productives, tandis qu'en France elles sont obligées de se défendre contre la loi qui leur impose des obligations souvent impossibles, et contre le public qui ne considère pas les brevets comme une propriété devant être respectée.

Je possède quarante-cinq brevets d'invention, qui me sont tous nécessaires pour pouvoir continuer le perfectionnement de mes machines. Je suis forcé par la loi française d'exploiter ces quarante-cinq brevets, de donner l'existence à chacune des machines brevetées dans chacun d'eux. Si j'ai une machine qui produit un meilleur résultat, je suis néanmoins obligé de faire travailler industriellement les quarante-quatre autres.

M. le Président. Cela supposerait que vous avez intérêt à conserver, à l'état de brevet d'invention, des machines qui font un mauvais peignage. Quand vous laisseriez périmer ces brevets, il n'y aurait pas grand inconvénient pour vous.

M. Holden. Je garde toutes ces machines parce que je ne sais pas laquelle peut devenir la meilleure un jour, grâce à des perfectionnements. M. Holden.

M. Ernest Baroche. Le peignage produit n'est pas mauvais; mais il est moins bon. En se servant de ces machines, un concurrent pourrait nuire à M. Holden.

M. Holden. Il y a, dans mes ateliers, une machine qui donne aujourd'hui un mauvais résultat, mais que je regarde comme devant devenir la meilleure pour la qualité et le rendement du peignage; je travaille toujours à la perfectionner; mais je perdrai courage, si je ne puis conserver le brevet.

M. le Président. La solution serait de ne pas prendre les brevets trop précipitamment.

M. Holden. Cela n'est pas possible; ma propre expérience m'en a convaincu : l'invention, même imparfaite, doit être protégée par un brevet; les perfectionnements que les recherches et la pratique font naître doivent également être brevetés; autrement on est exposé à tout perdre. En 1848, je croyais être arrivé à un résultat définitif; cependant j'ai été forcé de continuer à perfectionner, et nécessairement à augmenter le nombre de mes brevets. Aujourd'hui même, quoique je croie être arrivé à bien faire, je suis persuadé qu'il y a encore beaucoup d'améliorations à réaliser et beaucoup de brevets à prendre relativement au peignage mécanique.

L'industrie souffre beaucoup, en France, des interdictions de la loi contre l'importation des brevets étrangers. Si la loi permettait l'importation, le breveté étranger, tout en conservant son brevet, pourrait envoyer la machine qu'il a inventée, toute construite, en France; ce qui serait un grand avantage pour l'industrie française.

Je connais beaucoup de machines qui auraient été ainsi importées, si les brevetés étrangers pouvaient les vendre sans perdre leur brevet; par exemple, le *Cap frame*, qui date de 1835, et qui produit le fil à peu près à 75 p. o/o de moins que la filature française. J'ai fait tous mes efforts pour introduire en France cette machine qui a fait la fortune de plusieurs filatures en Angleterre. Il en est de même pour beaucoup d'autres machines que je pourrais citer. C'est un grand désavantage pour l'industrie française.

M. le Président. L'Enquête ne porte pas sur cette question : néanmoins je vous ai laissé la parole; car un projet de loi sur les brevets d'invention est pendant au Corps législatif, et les renseignements que vous venez de donner pourront avoir leur utilité.

Est introduit :

M. E. DE FOURMENT, filateur à Cercamp-lès-Frévent (Pas-de-Calais).

LAINES.

PEIGNAGE ET FILATURE.

Pas-de-Calais.

M. E. de Fourment. Voici mes réponses au questionnaire :

§ 1er. — ACHAT ET PRÉPARATION DES LAINES.

1re Question. — Nous employons la laine mérinos, française et étrangère, des provenances de Champagne, Bourgogne, Brie et Soissonnais; Saxe, Hongrie, Espagne, Australie, Russie méridionale.

Le prix que nous payons, en laines lavées, est de 6, 7, 8 et 9 fr. le kilogramme.

Les frais de commission sont de 3 p. o/o.

2e Question. — Les laines ne nous coûtent pas plus cher qu'aux Anglais.

3e Question. — Nous achetons la laine lavée à dos et à chaud, rarement en suint.

Pour laver la laine, nous employons du savon, de la soude, de l'eau chaude à 50 degrés, et des cylindres presseurs.

4e Question. — Nous ne teignons pas.

§ 2. — FILATURE.

1re Question. — Nous ne sommes pas filateurs à façon; nous filons des laines que nous achetons. Nous employons le peigne. Nous ne faisons pas de peigné mixte. Nous faisons du fil écru, et nous ne faisons pas de fil teint ou de couleurs mélangées. Nous ne faisons pas non plus de fil retors.

2e Question. — Nous employons, comme machines, des étirages, des bobinoirs et des mull-jenny. Ces machines sont de fabrication française. Nous les possédons, en moyenne, depuis dix ans.

Le bobinoir coûte 75 francs par tête; le mull-jenny, 12 francs par broche. M. E. de Fourment.

Voici les prix par assortiment:

Machines à battre	3,000[f]
Peigneuse	20,000
Cardes	3,000
Etirages	3,000
Mull-jenny	3,000

Nous employons des mull-jenny, des renvideurs et des demi-renvideurs.

3e Question. — Nous employons un moteur hydraulique. Le prix du loyer d'une force de cheval est très-variable.

4e Question. — Nous employons une machine à vapeur d'une force de 40 chevaux nominaux et de 65 chevaux effectifs, au maximum. Elle a été construite par M. Boyer, de Lille.

Le charbon que nous brûlons vient du bassin de Béthune; il nous coûte 22 francs la tonne, en été, et 25 francs en hiver. Nous en consommons de 800 à 1,000 tonnes par an; ce qui donne un franc par broche.

5e Question. — Nous employons aussi du charbon pour le chauffage de nos ateliers, pour le gaz, pour le dégraissage et pour le chauffage des peigneuses et des lisseuses.

6e Question. — Nous filons, en chaîne, du n° 50 au n° 85; et, en trame, du n° 60 au n° 140.

Notre produit annuel par broche est de 10 kilogrammes.

7e Question. — Voici nos prix de main-d'œuvre:

3 francs en moyenne, pour les hommes;

1 fr. 25 cent. en moyenne, pour les femmes.

Nous employons les enfants dans la proportion de 5 p. 0/0;

Les femmes dans la proportion de 20 p. 0/0.

Les salaires ont été augmentés de 20 p. 0/0 depuis quelques années. Ils ont été réduits seulement en 1848, et momentanément.

8e Question. — Nous employons 500 ouvriers, soit un ouvrier pour 50 broches.

Nous dépensons annuellement 200,000 francs de main-d'œuvre pour 300,000 kilogrammes filés au n° 50.

9e Question. — Nous filons en maigre.

M. E. de Fourment. *10ᵉ Question.* — Le prix de la filature pour nos numéros est de 60 centimes environ par kilogramme.

11ᵉ Question. — Nous ne vendons pas de laine peignée. Nous ne vendons que des fils écrus; nous n'en vendons pas à l'étranger; nous vendons à Amiens, à Saint-Quentin, à Paris et à Reims.

12ᵉ Question. — Nous vendons nos blousses et nos déchets à Reims et à Sedan.

13ᵉ Question. — Je crois que le prix des numéros que nous filons n'a pas varié.

M. le Président. Quelle est la situation de votre industrie?

M. E. de Fourment. Dans ce moment-ci, il y a un peu d'activité à cause des demandes nombreuses faites par les fabricants qui veulent profiter des derniers drawbacks, d'ici à la fin de septembre.

M. le Président. Quelle est la quotité des droits que vous croyez nécessaires pour protéger l'industrie française?

M. E. de Fourment. Je demanderais les mêmes droits que pour le coton. J'assimile complétement l'industrie de la laine à celle du coton.

M. le Président. Pouvez-vous fixer le chiffre de ces droits?

M. E. de Fourment. Pour le moment, nous pourrions parfaitement marcher avec un droit de 5 p. o/o. Mais il faut penser que les Anglais, qui n'ont pas encore avancé dans l'industrie de la laine peignée, vont monter des établissements considérables et des métiers mécaniques. Il est certain qu'avec leurs capitaux, leurs charbons, leurs machines à bon marché, d'ici à quatre ou cinq ans, l'industrie de la laine peignée, qui était nationale en France, va le devenir également en Angleterre; il est certain que les Anglais produiront les fils et les tissus de laine à aussi bon marché que les fils et tissus de coton.

M. Ernest Baroche. Vous demandez 5 p. o/o sur les peignés, les filés et les tissus?

M. E. de Fourment. Oui, actuellement; mais dans quelques années, lorsque les Anglais seront prêts, ce droit de 5 p. o/o sera insuffisant : il faudra alors des droits pareils à ceux du coton.

Dorénavant, les Anglais viendront en France acheter nos laines mérinos, qui sont indispensables pour faire les beaux mérinos; ils monteront des peignages et des tissages mécaniques, et l'avantage que nous trouvions autrefois dans le bon marché de la main-d'œuvre aura bientôt disparu. M. E. de Fourment.

M. le Président. Enfin, quant à présent, vous croyez qu'un droit de 5 p. o/o suffirait?

M. E. de Fourment. Oui, Monsieur le Président.

M. Ernest Baroche. Vous ne parlez que du fil de mérinos? Vous n'avez pas de notions sur les autres fils?

M. E. de Fourment. Non, Monsieur.

M. Seydoux. Est-ce que vous ne redoutez pas plus la concurrence de la Saxe que celle de l'Angleterre?

M. E. de Fourment. Non, quoique cette industrie soit bien plus développée actuellement en Saxe qu'en Angleterre.

Depuis quarante ans, nous avons vendu pour des millions de mérinos en Angleterre. Les Anglais sont nos tributaires en ce moment.

Mais maintenant, outre leurs laines d'Australie, qu'ils n'avaient pas il y a quinze ou vingt ans, ils vont avoir nos laines de France; je crains beaucoup leur concurrence, et je suis sûr que, d'ici à quelques années, ils vont monter cette industrie qu'ils ne connaissent pas encore.

Sont introduits

MM. ÉDOUARD TRAPP, de la maison SCHWARTZ, TRAPP ET Cie, filateurs de laine peignée à Mulhouse.

KŒCHLIN, de la maison KŒCHLIN-DOLLFUS, filateurs et peigneurs de laine à Mulhouse.

HARTMANN, de la maison HARTMANN, SCHMALZER ET Cie, peigneurs et filateurs de laines à Malmerspach (Haut-Rhin).

BLAZY, de la maison PÉRILLEUX-MICHELEZ, AKERMANN ET BLAZY, filateurs et peigneurs de laines à Paris.

LÉON BLAZY, filateur et peigneur de laines à Paris.

FILATURE ET PEIGNAGE.

LAINE À TAPISSERIE. TAPISSERIE À LA MAIN ET CANEVAS DE COTON.

Mérinos.

M. LE PRÉSIDENT. Vous êtes-vous concertés, Messieurs, pour faire une réponse collective au questionnaire; ou bien avez-vous préparé des réponses individuelles?

M. TRAPP. J'ai préparé des réponses individuelles.

M. KŒCHLIN. J'en ai fait autant de mon côté.

M. HARTMANN. Et moi aussi.

M. LE PRÉSIDENT. Nous allons en entendre la lecture.
Monsieur Trapp, vous avez la parole.

M. TRAPP. Permettez-moi une observation préliminaire. Je parle tout à fait dans ma note au point de vue de notre établissement. J'ai pris pour terme de comparaison un établissement similaire situé en Angleterre.

C'est à ce point de vue que je me suis placé.

§ 1er. — ACHAT ET PRÉPARATION DES LAINES.

1re Question. — Nous employons par an 600,000 kilogrammes de laines lavées à dos, dont deux tiers en laines de France et un tiers en laines étrangères.

Les laines de France nous reviennent en moyenne (toutes de 1859

MM.
Édouard Trapp Kœchlin,
Hartmann,
Blasy.
Léon Blass

et 1860) à 6 francs le kilogramme. Les laines étrangères varient, suivant la finesse et le lavage, de 5 francs à 8 fr. 50 cent. le kilogramme.

Nous payons à l'étranger 1 à 3 p. 0/0 de commission d'achat, et 1/2 p. 0/0 de frais de banque.

Le transport jusqu'à Mulhouse, par 100 kilogrammes, est de :

Londres	11f 75c
Vienne	23 00
Pesth	27 50
Berlin	15 75
Breslau	20 25
Moscou	40 00
Odessa	25 00

Nous payons, en outre, sur les laines que nous achetons à Londres, 3 francs par 100 kilogrammes, plus le double décime, à titre de droits d'importation.

Nous sommes exposés à payer ces mêmes droits sur la majeure partie des provenances d'Europe, vu qu'il nous est difficile et souvent impossible de nous procurer les certificats d'origine et ceux de sortie des douanes étrangères, que la douane française exige. Une disposition aussi gênante, aussi fiscale que celle prescrivant la production des titres dont il s'agit, ne devrait plus figurer dans nos lois de douanes : elle est tout au plus digne du régime prohibitif.

2e Question. — Les laines que nous achetons à Londres nous reviennent naturellement plus cher qu'aux Anglais : ceux-ci peuvent faire eux-mêmes leurs achats à Londres; nous, au contraire, nous sommes obligés de passer par des intermédiaires coûteux, et nous avons à supporter, outre le transport, des frais d'achat, de banque, des pertes de change, etc. Nous estimons la différence à 4 p. 0/0 au moins.

Le total de nos frais, y compris les voyages et la perte de temps, dépasse 5 p. 0/0, mais comme le filateur anglais a, de son côté, à supporter un léger transport sur ses laines, et qu'en important ses produits en France, il aura également à en payer le transport, nous réduisons la différence à 4 p. 0/0.

3e Question. — Nous lavons nos laines à l'eau tiède et au savon vert; nous employons des machines à laver, à bassin et à rouleaux compresseurs.

4e Question. — Nous ne travaillons et ne vendons que des laines écrues.

MM.
Édouard Trapp,
Kœchlin,
Hartmann,
Blazy,
Léon Blazy.

§ 2. — FILATURE.

1re Question.—Notre établissement se compose de 21,000 broches. Nous ne filons point à façon.

Nous achetons toutes nos laines pour les peigner et les filer pour notre compte.

Nous avons des peigneuses Heilmann et nous employons la carde comme préparation.

Nous ne faisons pas de peigné mixte.

Nous ne produisons que du fil écru, et nous faisons du fil retors.

2e Question. — Nos machines sont toutes de fabrication française; elles sortent des ateliers de nos voisins, MM. André Kœchlin et Cie, à l'exception des peigneuses, qui ont été construites par MM. Nicolas Schlumberger et Cie, à Guebwiller.

Une partie de notre matériel date de vingt ans; une autre de quinze ans; une autre de neuf ans; une autre de trois ans.

Les machines que nous employons coûtent, en ce moment, 62 fr. à 65 francs la broche, machine à vapeur, transmission de mouvement, chauffage, éclairage, bobines, courroies et accessoires compris, mais bâtiments et terrain en sus.

Les prix en détail sont les suivants :

Une machine à laver et à dégraisser la laine, dite laveuse, modèle renforcé, avec bêche et tablier, en tôle étamée	950f
Une carde avec avant-train, cylindres échardonneurs, mouvement de bobine, complète (sans les garnitures)	2,600
Un étirage réunisseur de 8 têtes	2,700
Un étirage réunisseur de 6 têtes	2,000
Un étirage réunisseur de 5 têtes, muni d'un compteur	1,800
Un étirage réunisseur de 5 têtes, sans compteur	1,750
Une machine à dégraisser, à sécher et à lisser la laine peignée, dite lisseuse, pour une largeur de 12 rubans	4,500
Une machine lisseuse, pour une largeur de 16 rubans	5,800
Une machine à mettre en bobines les rubans sortant de la lisseuse	350
Une carde avec briseur et appareil à bobines, disposée pour plaques (sans les garnitures)	1,800
Un bobinier réunisseur de 8 têtes	3,700
Un bobinier de 16 bobines	3,700

Un bobinier de 24 bobines..................	4,800f	MM.
Un bobinier de 40 bobines..................	6,200	Edouard Trapp,
Un bobinier de 80 bobines..................	6,700	Kœchlin,
Un métier à filer, Mull-Jenny de 300 broches, système perfectionné, la broche 12 fr. 50 cent...	3,750	Hartmann,
Un métier à filer, *self-acting*, de 520 broches, modèle renforcé, la broche à 15 francs.........	7,800	Blazy, Léon Blazy.

Nous n'avons que des mull-jenny, dont 18,000 broches à bras et 3,000 en *self-acting*.

3e et 4e Questions. — Nous avons trois machines à vapeur, soit une pour chacune de nos filatures; elles sortent des ateliers de MM. André Kœchlin et Cie, et représentent une force de 180 chevaux.

5e Question. — Nous employons des houilles de :

Sarrebruck, menu, très-mauvais, à..	22f 00c	la tonne,
Blanzy, menu, très-mauvais, à.....	24 00	au
Ronchamp.....................	36 50	comptant.

Notre consommation est de 2,500 tonnes par an, dont trois cinquièmes pour la force motrice, et deux cinquièmes pour le chauffage des ateliers.

Nous employons, par an et par broche, 119 kilogrammes de houille, chauffage compris pour deux cinquièmes.

6e Question. — Nous produisons, par an, 270,000 kilogrammes de fils en laine peignée, faisant en moyenne, soit n° 60, 1,000 mètres au kilogramme, soit n° 42, à raison de 700 mètres au demi-kilogramme,

$$\frac{200{,}000^k \text{ de fils}}{21{,}000 \text{ broches}} = 12 \text{ kilog. } 90 \text{ par broche et par an.}$$

M. Ernest Baroche. Vous faites 270,000 kilogrammes de fil, et vous achetez 600,000 kilogrammes de laine. Où passe la différence?

M. Trapp. Nous achetons plus de 600,000 kilogrammes de laines de toute nature. Pour plus de simplicité, je réduis le tout à 600,000 kilogrammes de laines lavées à dos; mais ces laines lavées à dos ont encore à perdre 35 à 40 p. 0/0; de sorte que nos 600,000 kilogrammes de laines lavées à dos se réduisent à 400,000 kilogrammes de laines complétement lavées.

M. Ernest Baroche. Et la différence entre 400,000 kilogrammes de laine et 270,000 kilogrammes de fil consiste en blousses, en déchets?

MM.
Édouard Trapp,
Kœchlin,
Hartmann,
Blary,
Léon Blary.

M. Trapp. Oui, ce sont les blousses, les déchets, la poussière qui se trouve toujours dans la laine.

7e Question. — Nos ouvriers gagnent en moyenne, par jour de travail :

Dégraisseurs	2f 25c
Manœuvres	2 00
Trieurs	3 73
Fileurs	3f 75c à 4 00
Soigneuses de préparation	1 40
Rattacheurs	1 30
Bobineurs	75
Dévideuses	1 50

Sur 670 ouvriers, nous employons :

190 hommes	28	p. 0/0.
270 femmes	40	
210 enfants ayant plus de douze ans	32	

Les ouvriers trieurs et fileurs, ainsi que les dévideuses, travaillent à façon; les autres sont payés à la journée.

Depuis 1846, la main-d'œuvre a subi, en moyenne, une augmentation successive de 40 p. 0/0. Ainsi, d'après nos tableaux statistiques, l'ouvrier qui, en 1846, gagnait par jour 2 francs, en 1851 2 fr. 20 cent., en 1856 2 fr. 50 cent., gagne en 1860 2 fr. 80 cent.

Nous n'avons, à aucune époque, réduit les salaires.

8e Question. — Ainsi que nous venons de le dire, nous employons 670 ouvriers pour 21,000 broches, triage, lavage, peignage et dévidage compris. C'est donc en moyenne 31,50 ouvriers par 1,000 broches.

9e Question. — Nous filons à sec, et nous peignons avec une légère addition d'huile. Nous n'employons que des huiles d'olive.

10e Question. — Nous ne filons point à façon.

11e Question. — Nous ne vendons pas de laines peignées; nous consommons nous-mêmes toute la production de notre peignage.

Tous nos fils sont vendus en écru.

Nous avons vendu, dans les dernières années, environ 15 p. 0/0 de notre production à l'étranger, notamment en Allemagne.

12e Question. — Nous vendons nos blousses et nos déchets à la filature de laine cardée.

13e Question. — N'ayant pas de rapports suivis avec l'Angleterre, nous ne sommes pas à même d'indiquer les prix de vente dans ce pays, pendant les six mois qui ont précédé la signature du traité de commerce.

MM.
Edouard Trapp.
Kœchlin.
Hartmann.
Blazy.
Léon Blazy.

Le droit protecteur devant, d'une part, équilibrer les avantages que les filateurs étrangers ont sur nous, et d'autre part protéger l'industrie nationale contre l'envahissement étranger, nous commençons par signaler la différence des conditions dans lesquelles nous nous trouvons placés.

Parlons d'abord de l'Angleterre.

La broche avec peignage, terrain et bâtiment compris, nous revient, en France, au minimum, à 110 francs.

Nos 21,000 broches représentent en conséquence.....	2,310,000f
En Angleterre, la broche ne dépasse pas 80 francs, soit donc pour 21,000 broches....................	1,680,000
Différence...............	630,000

Sur lesquels nous avons à opérer un dégrèvement annuel de 5 p. 0/0 soit 31,500 francs.

Notre consommation de combustible est de 2,500 tonnes par an, comptant en moyenne 24 francs la tonne, soit.......	60,000f
En Angleterre, des houilles de beaucoup supérieures aux nôtres coûtent 7 francs la tonne, soit pour 2,500 tonnes.	17,500
Différence..................	42,500

M. Ernest Baroche. Je ne crois pas qu'on puisse dire que des houilles supérieures aux nôtres ne coûtent, en Angleterre, que 7 francs la tonne.

M. Trapp. Je ne puis pas parler par expérience; mais des personnes très-compétentes m'ont affirmé qu'en Angleterre des houilles menues, pareilles à celles de Sarrebruck, sont données à peu près pour rien.

L'autre jour, un constructeur anglais me disait ceci : « La houille, bien meilleure que celle que vous me montrez dans votre cour, nous coûte 6 fr. 50 cent. ou 7 francs la tonne. » Voilà mes autorités.

Nous employons par an :

1° 20,000 kilogrammes d'huile d'olive, grevée d'un droit d'entrée de 10 à 15 francs par 100 kilogrammes, suivant le pavillon, soit en

MM.
Edouard Trapp,
Kœchlin,
Hartmann,
Blay
Léon Blazy.

moyenne 12 fr. 50 cent., plus le double décime de 2 fr. 50 cent., soit 15 francs pour les 100 kilogrammes............ 3,000f
que le filateur anglais ne paye pas;

2° 18,000 kilogrammes d'oléine sujette à un droit de 5 à 8 francs, soit en moyenne 6 fr. 50 cent., plus 1 fr. 30 cent. double décime; ensemble 7 fr. 80 cent., donc........ 1,400
de plus qu'en Angleterre;

3° 18,000 kilogrammes de soude caustique, frappée d'un droit fiscal de 6 francs par 100 kilogrammes, soit...... 1,100

Total.................. 5,500

Le capital engagé dans notre établissement est de 4 millions 500,000 francs, nous coûtant 5 p. o/o par an, tandis que le filateur anglais trouve ses fonds très-facilement à 4 p. o/o et même au-dessous. Il y a donc une différence d'intérêts en faveur de ce dernier de 1 p. o/o par an en moins, soit 45,000 francs.

En résumant les différences ci-dessus signalées, nous trouvons qu'une filature anglaise de la même importance que la nôtre, soit de 21,000 broches, fait sur nous les économies suivantes par an :

Dégrèvement..................................	31,500f
Combustible..................................	42,500
Huile, oléine, soude..........................	5,500
Intérêt......................................	45,500
Ajoutons à ce chiffre l'économie de 4 p. o/o que le filateur anglais réalise sur les 600,000 kilogrammes de laines qu'il se procure, à peu près sans frais, sur le marché de Londres, soit 4 p. o/o sur 3,600,000 francs........	144,000
Total..................	268,500

A propos de la différence de 4 p. o/o, que le filateur anglais n'a pas à supporter, nous avons à faire remarquer que ce surcroît de frais ne doit pas seulement porter sur les 200,000 kilogrammes que nous importons, mais bien sur l'ensemble de notre consommation.

Il est, en effet, évident que, pour que nous puissions acheter à l'étranger, il faut que les laines de cette provenance, quoique grevées de 4 p. o/o de frais, ne nous reviennent pas plus cher que celles que nous trouvons en France. Ces dernières doivent donc également nous coûter 4 p. o/o de plus que ne coûtent au filateur anglais ses laines indigènes.

Je passe à la main-d'œuvre.

On nous objectera peut-être que, quoique la main-d'œuvre soit très-élevée chez nous et tende constamment à hausser, cet état de choses existe également en Angleterre, et même à un plus haut degré.

MM.
Édouard Trapp,
Kœchlin,
Hartmann
Blazy
Léon Blazy.

A cet argument, nous répondrons que l'ouvrier anglais est plus dur au travail que l'ouvrier français; qu'il produit davantage; et que le manufacturier anglais trouve dans cette supériorité de force et de persévérance une large compensation.

On nous objectera peut-être encore que nos ouvriers travaillent douze heures, tandis que les ouvriers anglais ne travaillent que dix heures.

Mais je crois que le filateur anglais, en dix heures, n'aura pas de peine à produire autant et même plus que le filateur français en douze heures.

Jetons maintenant un coup d'œil sur les filatures allemandes.

Le prix de revient de ces établissements étant à peu près le même que le nôtre, nous n'avons pas à nous en occuper. Il en est de même du taux d'intérêt du capital engagé dans l'entreprise. Nous ne toucherons donc pas à ces deux points, et nous nous bornerons à signaler les avantages résultant pour cette industrie :

1° De la force motrice;

2° De la main-d'œuvre;

3° Et des laines indigènes.

Presque toutes les filatures allemandes sont mues par des moteurs hydrauliques. Un établissement de même importance que le nôtre réalisera donc, relativement à nous, une économie des trois cinquièmes sur 2,500 tonnes de houille, soit 1,500 tonnes à 24 francs, 36,000 francs.

Si nous comparons la main-d'œuvre payée en Allemagne à celle que nous déboursons, nous trouvons les différences suivantes :

	France.	Allemagne.
Dégraisseurs	2f 25c	1f 75c
Manœuvres	2 00	1 50
Trieurs	3 75	2 50
Fileurs .... 3f 75c à	4 00	2 50
Soigneuses	1 40	90
Rattacheurs	1 30	90
Bobineurs	75	35

soit une différence en faveur du filateur allemand, de 35 p. o/o.

Nos déboursés pour la main-d'œuvre étant de 300,000 francs par an, le filateur allemand payera, par an, 100,000 francs de moins que nous.

M. Ernest Baroche. Croyez-vous que l'ouvrier allemand vaille l'ouvrier français?

M. Trapp. Non, il vaut un peu moins. La différence n'est pas aussi sensible qu'entre l'ouvrier anglais et l'ouvrier français; mais il y a une

MM.
Léonard Lapp,
Koechlin,
Hartmann,
Blay,
Léon Blay.

différence : l'ouvrier saxon, notamment, est plus mou que l'ouvrier alsacien.

Enfin 40 p. 0/0 de frais d'achat, transport, etc., sur 600,000 kilogrammes, ou 3,600,000 francs, représentent 144,000 francs.

Une filature allemande de 21,000 broches, marchant à l'eau, déboursera donc annuellement les sommes suivantes de moins que nous, savoir :

Combustible	36,000f
Main-d'œuvre	100,000
Frais d'achat, de banque, etc., sur 600,000 kilogrammes de laines	144,000
Total	280,000

Résumons-nous et disons que la filature anglaise aura sur nous un avantage annuel de 268,500 francs, et la filature allemande un avantage de 280,000 francs : en moyenne 274,000 francs.

Ce chiffre de 274,000 francs, appliqué à notre production annuelle de 270,000 francs, représente 1 franc par kilogramme, ou 8 p. 0/0 sur le prix moyen de nos fils, qui est de 12 fr. 50 cent. à 13 francs au kilogramme.

Pour équilibrer les positions, un droit de 8 p. 0/0 est donc indispensable.

Ce point bien établi, nous croyons être très-modérés en demandant, en sus des 8 p. 0/0 ci-dessus, un droit protecteur de 4 p. 0/0, afin de mettre le travail national, notamment dans des moments de crise, à l'abri de l'envahissement de l'étranger.

C'est donc un droit de 12 p. 0/0 que nous réclamons de la sollicitude du Gouvernement.

Pour que ce droit soit et reste sérieux, il sera indispensable de le convertir en droit spécifique, et de simplifier, autant que possible, l'application du tarif, afin d'éviter la fraude.

Partant de cette idée, nous sommes d'avis de partager les fils peignés en deux catégories seulement : l'une comprenant les fils jusqu'au n° 50 inclusivement; et l'autre, ceux au-dessus de ce numéro.

Les fils de la première valant, en moyenne, 9 francs le kilogramme, et ceux de la seconde valant 13 francs le kilogramme, il y aurait lieu d'établir les droits suivants :

Fils de laine peignée, jusqu'au n° 50,000 mètres inclusivement : 1 fr. 10 cent. au kilogramme;

Fils de laine peignée, au-dessus du n° 50,000 mètres inclusivement : 1 fr. 50 cent. au kilogramme.

MM.
Edouard Trapp.
Kœchlin.
Hartmann,
Blazy.
Léon Blaz

Pour mettre la douane à l'abri de toute surprise et rendre impossible la fraude, il sera nécessaire d'exclure du bénéfice de l'importation tous les fils étrangers qui ne seront pas numérotés et dévidés sur le pied de 1,000 mètres au numéro et au kilogramme.

Les Anglais pourraient procéder de la sorte. Nous sommes obligés d'agir ainsi quand nous allons chez eux.

En prescrivant ce même métrage à l'industrie indigène, le Gouvernement lui rendra un grand service.

Il nous reste à dire un mot des fils retors et moulinés écrus.

Les frais de retordage varient d'un franc à 3 fr. 50 par kilogramme.

Ce travail absorbe une force motrice très-considérable, et donne ainsi lieu à une consommation formidable de combustible.

Le droit de 12 p. o/o ne serait donc évidemment pas suffisant; il doit, à notre avis, être porté à 15 p. o/o au moins.

Comme le prix moyen de ce genre de produits est d'environ 14 fr. 50 cent. au kilogramme, il y aura lieu de l'imposer comme suit :

Fils de laine peignée écrus, retors ou moulinés, à deux ou plusieurs brins : 2 fr. 25 cent. par kilogramme.

M. Ernest Baroche. A combien estimez-vous la façon de filature d'un fil au-dessous de 50,000 mètres, peignage et filature?

M. Trapp. A 1 fr. 10 cent. ou 1 fr. 25 cent. pour le peignage, et à 1 fr. 25 cent. pour la filature, en prenant pour base le n° 30; soit en tout, de 2 fr. 35 cent. à 2 fr. 50 cent.

M. Ernest Baroche. Vous voyez que le droit de 1 fr. 10 cent., que vous proposez, serait près de 50 p. o/o de la façon.

Et à combien estimez-vous la façon d'un fil au-dessus de 50,000 mètres?

M. Trapp. Je l'estime à 3 fr. 75 cent., tout compris, peignage et filature.

M. Ernest Baroche. Votre droit de 1 fr. 50 cent. serait ici de 40 p. o/o.

M. Trapp. Si vous parlez exclusivement de la main-d'œuvre; mais les frais de transport ne sont pas compris...

M. Ernest Baroche. Je ne discute pas. Je vous ait fait une question; vous avez bien voulu y répondre. Je vous en remercie.

MM.
Édouard Trapp,
Kœchlin
Hartmann
Wey,
Léon Blazy

M. de Forcade la Roquette. Les frais de combustible sont-ils compris dans les chiffres que vous venez de donner ?

M. Trapp. Oui, Monsieur.

M. Ernest Baroche. Vous vendez vos blousses. Les vendez-vous au même prix que la laine-mère ?

M. Trapp. Non, Monsieur, moins cher.

M. Ernest Baroche. Sensiblement ?

M. Trapp. Il y a une différence de 50 à 75 centimes par kilogramme.

M. le Président. Monsieur Hartmann, vous avez la parole.

M. Hartmann, *de la maison Hartmann, Schmalzer et Cie, peigneurs et filateurs de laines à Malmerspach (Haut-Rhin)*, lisant :

§ 1er. — ACHAT ET PRÉPARATION DES LAINES.

1re Question. — Nous employons des laines de tous les lieux de production et des qualités les plus diverses. Les frais de commission, de change, de voyage et d'appointements de nos employés pour les achats hors de France, peuvent s'évaluer à 10 p. o/o ; pour les achats en France, à 4 p. o/o. Les frais de transport dépendent du plus ou moins d'éloignement des lieux d'achat, de la saison et de la rareté ou de l'abondance des occasions.

2e Question. — Les industriels anglais n'achètent guère que des laines d'Angleterre, d'Australie ou des Indes, qu'ils trouvent chez eux sans frais ou à peu près, et sans grand déplacement; tandis que notre éloignement ne nous permet pas d'aller et venir pendant les vingt à trente jours que durent, chaque trimestre, les ventes de Londres, et nous force d'y séjourner pendant tout le temps que durent ces ventes; ce qui, naturellement, nous fait perdre beaucoup de temps et nous occasionne beaucoup de frais.

C'est ainsi que, la semaine prochaine, nous devons aller à Londres, et nous serons obligés d'y rester peut-être trois semaines ou un mois : il doit se faire une vente d'environ 100,000 balles de laine. Et cependant nous ne trouverons peut-être rien à acheter.

M. Ernest Baroche. Est-ce que les négociants anglais ne sont pas obligés de rester à Londres le même temps que vous, pour ces ventes ?

M. Hartmann. Pour eux, c'est bien différent. Les plus éloignés, ceux de Bradford, par exemple, partent de chez eux le matin; ils sont à Londres à onze heures; ils visitent les docks jusqu'à deux heures et demie; ils vont ensuite à la vente; et, à trois heures et demie, tout est fini; ils rentrent chez eux. Il y a un catalogue de ce qui doit être vendu d'ici à trois ou quatre jours; les négociants anglais savent ce qu'il leur faut, et ils ne reviennent que quand on doit vendre les qualités convenables pour leur fabrication.

MM. Édouard Trapp, Kœchlin, Hartmann, Blary, Léon Blary.

(M. le Ministre de l'Agriculture, du Commerce et des Travaux Publics quitte le fauteuil de la présidence. M. Seydoux le remplace.)

3ᵉ *Question.* — Le lavage se fait dans nos ateliers.

4ᵉ *Question.* — Nous ne faisons rien teindre; tous nos fils sont vendus en écru.

§ 2. — FILATURE.

Notre établissement se compose de 18,000 broches.

1ʳᵉ *Question.* — Nous ne filons que nos laines. Nous les peignons avec la peigneuse Heilmann. Nous ne faisons que des fils en laine pure peignée, que nous vendons en fils simples, retors et moulinés.

2ᵉ *Question.* — Nous n'avons que des machines de construction française; elles sortent, presque toutes, des ateliers de MM. André Kœchlin et Cⁱᵉ, de Mulhouse. Notre établissement, créé en 1844, a été maintenu, à notre connaissance, au niveau de tous les perfectionnements.

D'après le prix actuel, l'assortiment entier du mobilier, peignage compris, reviendrait de 60 à 65 francs la broche.

M. le Président. Non compris les bâtiments?

M. Hartmann. Je ne parle que du mobilier.

Les machines sont si variées, suivant les idées des filateurs, qu'il serait difficile d'énumérer en détail le prix du mobilier complet d'une filature de laine peignée.

Nos 18,000 broches sont moitié en mull-jenny, moitié en *self-acting*.

3ᵉ *Question.* — Nous avons un moteur hydraulique qui, dans la saison des pluies, vient en aide au moteur à vapeur.

MM.
Édouard Trapp,
Kœchlin,
Hartmann,
Blazy,
Léon Blazy.

4ᵉ et 5ᵉ Questions. — Nous avons une machine à vapeur de la force de 100 chevaux, construite par MM. André Kœchlin et Cᶦᵉ.

Nous brûlons des charbons de Sarrebruck et de Ronchamp, qui, en moyenne, nous reviennent à 32 francs la tonne. Nous comptons environ 2 francs de combustible pour la force motrice, et près de 2 francs pour le lavage des laines et le chauffage; en tout 4 francs par an et par broche.

Nous payons notre charbon plus cher qu'on ne le paye à Mulhouse, parce que nous sommes à 30 kilomètres de cette ville. La houille vient à Mulhouse par bateaux; ensuite nous sommes obligés de la faire venir par chemin de fer jusqu'à Thann, et de Thann, par voiture, jusque chez nous, c'est-à-dire à 10 kilomètres; de sorte qu'elle nous coûte 15 p. o/o de plus qu'à Mulhouse.

M. le Président. Combien payez-vous par tonne, pour le transport sur le chemin de fer?

M. Hartmann. Je ne pourrais pas vous le dire.

6ᵉ Question. — Nous produisons des fils depuis le nᵒ 30 jusqu'au nᵒ 150 par 700 mètres au kilogramme; soit 44 à 220 les 1,000 mètres.

En réduisant nos fils à une moyenne de 80 (116,000 mètres), la broche fait 12 à 13 kilogrammes par an.

7ᵉ Question. — Nous employons 30 p. o/o d'hommes, 50 p. o/o de femmes et 20 p. o/o de jeunes filles et d'enfants, au moins de quatorze ans.

Depuis quinze ans que nous existons, les salaires ont augmenté successivement de 25 à 30 p. o/o.

Jamais, pas même en 1848 et 1849, nous ne les avons réduits.

8ᵉ Question. — Nous employons environ 550 ouvriers, qui gagnent en moyenne 2 fr. 25 cent. par jour. Les enfants reçoivent de 65 à 85 centimes; les jeunes filles, de 90 centimes à 1 fr. 10 cent.; les femmes, de 1 fr. 10 cent. à 1 fr. 50 cent.; les grands garçons et les hommes, de 1 fr. 75 cent. à 4 francs et plus. Nous avons des fileurs qui gagnent jusqu'à 5 francs, et des contre-maîtres auxquels nous payons jusqu'à 8 francs.

Nous ne saurions faire de comptes spéciaux, vu la grande variété de numéros et de genres de fils que nous sommes obligés de produire.

9ᵉ Question. — Nous peignons et filons en maigre.

MM. Edouard Trapp. Kœchlin. Hartmann Blaes. Léon Blaes

10ᵉ Question. — Nous ne filons rien à façon.

11ᵉ Question. — Nous ne vendons que des fils, et tout en écru. Nous avons vendu, avant 1856, la moitié de notre production à l'étranger, de préférence en Allemagne. Depuis la réduction de la prime en 1856, notre exportation est tombée à 10 ou 15 p. o/o de notre production, et n'a plus eu lieu que pour des spécialités. Aujourd'hui nous ne pouvons plus concourir avec les filatures allemandes; le droit de 5 centimes par kilogramme qu'exige le Zollverein pour le fil simple, et de 65 centimes au kilogramme pour les fils retors et moulinés, a eu pour nous ce résultat fâcheux.

12ᵉ Question. — Nous vendons nos blousses et nos déchets à la filature de laine cardée.

13ᵉ Question. — Nous ne pouvons répondre à cette question, ne connaissant pas le prix des fils anglais.

14ᵉ Question. — Depuis quelques années, les prix des fils ont diminué, et la matière première a augmenté.

Bien que nous soyons dans de bonnes conditions, ayant, depuis quinze ans, amorti en grande partie nos meubles et immeubles, et bien que nous achetions au comptant, presque toujours par nos employés spéciaux, cependant, depuis trois ans, nous ne gagnons que tout au plus 5 p. o/o sur nos capitaux; nous ne nous plaignons pas cependant, en nous comparant aux établissements voisins : comme Bühl, qui a perdu son capital de 1,500,000 francs en quatre ans; la Chartreuse, ses 2 millions en moins de temps encore; et Erstein, qui ne date que de quatre ans au plus, et qui vient de réduire ses actions de 5,000 à 2,400 francs. Mais dans la situation que nous connaissions, nous espérions des temps meilleurs; nous ne savons ce que nous réserve celle qui nous est inconnue.

Ainsi que j'ai eu l'honneur de le dire à M. Ernest Baroche, nous avons une différence préjudiciable très-marquée sur les établissements anglais et allemands, nos concurrents.

Je ne sépare jamais les Allemands des Anglais, parce que rien n'empêcherait les Allemands d'introduire leurs produits chez nous, en passant par l'Angleterre.

Voici comme nous résumons notre situation différentielle avec ces états voisins:

Si nous réduisons le tout en laines lavées à dos, il nous faut par an en chiffres ronds, 500,000 kilogrammes de laines, à 6 francs, marchandise rendue chez nous; soit 3 millions de francs, sur lesquels le

MM.
Édouard Trapp,
Karlhlm,
Hartmann,
Blasy,
Léon Blasy

Anglais et les Allemands, qui trouvent tout à acheter à leur porte, ont un avantage d'au moins 5 p. o/o; différence à notre préjudice. 150,000[f]

Cet avantage leur serait acquis, quand bien même nous achèterions toutes nos laines en France, et voici pourquoi : les prix ne manquent jamais de s'équilibrer de suite, et la même laine qui, en Angleterre, vaut 5 francs, se paye en France, 5 fr. 25 cent. En France, le propriétaire ou détenteur de laine de France, sachant que nous avons autant d'avantage à lui payer 5 fr. 25 cent. une laine similaire à celle qui ne vaut que 5 francs à Londres, ou proportionnellement à Karcow, en Australie, à Pesth ou à Breslau, ne manque jamais de nous tenir son prix en conséquence.

Nous brûlons 2,000 tonneaux de houille, à 32 francs chez nous........................ 64,000[f]

Les Anglais ne brûlent que des houilles de premier choix, et font avec 1,600 tonneaux plus que nous avec 2,000 tonneaux; donc 1,600 tonneaux à 8 francs, et c'est plutôt 7 francs que 8 francs, soit............. 12,800

Différence.................... 51,200

Nous brûlons beaucoup de menu de MM. C. Schmidborn et Cie, qui ont l'entreprise de la fourniture du coke et de la houille pour le chemin de fer de l'Est. Ce menu nous revient à 29 francs la tonne.

A Bradford, Halifax, Leeds, etc., etc., le menu semblable à celui que nous brûlons, ne coûte guère que les frais de transport. Au sortir de beaucoup de puits, on le brûle pour s'en débarrasser.

La broche, meubles et immeubles compris, qui coûte chez nous 110 francs au moins, à établir aujourd'hui, soit pour 18,000 broches............ 1,980,000[f]
ne coûte en Angleterre que 75 à 80 francs, soit 18,000 broches à 80 francs........ 1,440,000

Différence............ 540,000

qui, à 5 p. o/o d'intérêt et 10 p. o/o d'amortissement, donnent...................................... 81,000

A reporter.................. 282,200

MM.
Edouard Tropp,
Kœchlin,
Hartmann,
Blazy,
Léon Blazy.

Report............	282,200f
Notre établissement nous a coûté 140 à 142 francs par broche, parce que nous avons voulu l'établir dans les meilleures conditions; mais je crois qu'on pourrait en établir un aujourd'hui moyennant 110 ou 112 francs la broche, peignage compris.	
Nous employons pour 80,000 francs de soude et d'huile pour graisser et faire du savon pour notre lavage, sur lesquels nous payons en droits..............	5,000
Différence totale en faveur de l'Angleterre pour un établissement de 18,000 broches, en France........	287,200

Ce qui fait, pour une production de 250,000 kilogrammes de fil, de la valeur de 3,500,000 francs, 1 fr. 15 cent. au kilogramme en faveur du fil anglais, chiffre auquel doit être ajouté un droit protecteur raisonnable.

La différence est plus grande encore pour la filature allemande, qui paye la main-d'œuvre bien moins cher que nous, et marche, en général, par moteur hydraulique.

Dans une note remise dernièrement à M. Ernest Baroche, j'avais indiqué comme suffisant un droit de 3 francs par kilogramme sur les laines à broder dites *Berlin*, teintes et moulinées; ne faisant pas ce genre, j'ai pris de sérieux renseignements, et je me suis convaincu que les avantages que les fabricants de Prusse et de Hambourg ont sur nous sont d'environ 5 francs au kilogramme, et ont pour cause en partie les droits que nous payons sur divers produits qui servent à la teinture, et en partie notre peu d'expérience de ces genres de fils, en comparaison des filatures de ces divers pays : c'est donc 5 francs et non 3 francs par kilogramme de protection qu'il faudrait actuellement au producteur français pour ces sortes de fil.

Le prix moyen de ces genres peut être estimé à 18 ou 20 francs le kilogramme.

M. Ernest Baroche. Vous ne faites pas de ces sortes de fil?

M. Hartmann. Non, nous n'en faisons pas; mais comme je vous en avais parlé, lorsque j'ai eu l'honneur de conférer avec vous, je suis bien aise de rectifier ce que j'avais pu vous dire d'erroné.

La tapisserie brodée à la main exigera sans doute une protection infiniment plus forte.

MM.
Édouard Trapp,
Kœchlin,
Hartmann,
Blay,
Léon Blay

Dans le nord de la Prusse et du Holstein, on brode énormément. A l'instar de ce qui se passe en Suisse, où les fabricants font travailler jusque dans les montagnes du Tyrol, les fabriques de Berlin et de Hambourg envoient très-loin dans les campagnes, pour faire broder. Dans les villages, tous les paysans brodent : le père, la mère et les enfants. Lorsqu'ils ont une heure, une demi-heure, ils se mettent à broder. Leur travail revient à très-bon marché : ils font, pour 15 kreutzers (50 centimes environ), ce qu'un ouvrier ordinaire ne pourrait pas faire chez nous à moins de 2 francs.

Je rectifie donc encore ce que j'ai dit précédemment à M. Ernest Baroche sur ce point.

Nous insistons aussi pour qu'à l'avenir nous soyons tenus de dévider à 1,000 mètres au lieu de 700 mètres, et pour que les étrangers ne puissent vendre qu'au dévidage de 1,000 mètres, pour tout ce qu'ils introduiront en France.

Les fils dits *poils de chèvre*, qui le plus souvent ne sont en grande partie qu'en laine anglaise, devront payer les mêmes droits que les fils de laine pure.

A cette occasion je me permettrai une petite digression.

Il y a quelques années, un industriel crut devoir établir une filature de poils de chèvre à Amiens. Il fit venir des poils de chèvre du Levant et il commença à travailler; mais il perdit trop et cessa bientôt. Je me trouvais à Amiens quelque temps après; un de mes amis m'engagea à acheter cette usine. Je fis mon calcul et me convainquis qu'il n'y avait que beaucoup à perdre à ce genre de filature. Je vis que ce que les Anglais introduisaient sous le nom de poils de chèvre était en partie un mélange de cette matière et de laine anglaise qu'ils faisaient entrer sans droits, comme poils de chèvre purs.

Il est impossible au plus habile de distinguer parfaitement un mélange de poils de chèvre et de laine anglaise ou autre laine analogue.

Nous nous référons à ce que j'ai écrit le mois passé à S. Exc. M. le Ministre de l'Agriculture, du Commerce et des Travaux Publics, et à M. Ernest Baroche, relativement aux droits de brevets d'invention, pour lesquels nous avons plus à payer que les Anglais, et dont sont entièrement affranchis les Allemands.

En estimant à 200,000 francs ce que nous payons pour droits de brevets, nous sommes au-dessous de la vérité; notre peignage seul nous coûterait 120,000 francs de moins, si nous avions pu le faire établir chez des constructeurs qui n'auraient voulu gagner que raisonnablement. Donc 200,000 francs à 5 p. o/o d'intérêts et 10 p. o/o d'amortissement font encore 30,000 fr., à ajouter aux 287,200 fr. qui précèdent.

MM
Édouard Trapp,
Kœchlin,
Hartmann,
Blary,
Léon Blary

M. le Président. Quel est votre système de peignage?

M. Hartmann. Nous employons la machine de M. Nicolas Schlumberger, système Heilmann.

M. Schlumberger nous fait payer 5,000 francs ce qui vaut 1,200 ou 1,500 francs au plus, en Allemagne, où il n'y a pas de brevets d'invention.

M. d'Eichthal. Si vous l'achetez ce prix-là, c'est que vous trouvez avantage à vous en servir. Vous ne demandez sans doute pas l'abolition des brevets d'invention?

M. Hartmann. Dieu m'en garde! Mais les Allemands n'en ont pas moins l'avantage sur nous.

Nous croyons avoir répondu, par ce qui précède, à tout ce que le questionnaire n° 7 demande relativement à notre industrie; mais nous ajouterons qu'à notre avis il serait bon d'établir, pour les droits d'entrée en France des fils de laine simples, deux classes : l'une jusqu'au n° 50, c'est-à-dire, 50,000 mètres au kilogramme, et la deuxième classe pour tout ce qui est au-dessus de ce numéro.

Le principe d'une protection de 12 p. 0/0 *ad valorem* étant admis, la taxe serait convertie en droits spécifiques; on se baserait, comme prix moyen des fils de la première catégorie, sur 9 francs le kilogramme, et pour la deuxième, sur 13 fr. 50 cent. au kilogramme; on arriverait ainsi à un droit de 1 fr. 10 cent. par kilogramme jusqu'au n° 50 inclusivement, et pour les numéros au-dessus de 51, à 1 fr. 60 cent. par kilogramme.

M. Ernest Baroche. Vous demandez qu'on porte le droit sur les fils de poil de chèvre à 1 fr. 10 cent.; croyez-vous que les fabricants d'Amiens et de Roubaix soient de votre avis?

M. Hartmann. Je demande, sur les fils de poil de chèvre, un droit égal à celui sur les fils de laine, pour que les Anglais n'aient pas le monopole de cette filature. La France emploie pour 25 millions de poils de chèvre par an, d'après les comptes que j'ai pu faire; si nous pouvions produire ces 25 millions, ce serait avantageux pour notre industrie.

M. Ozenne, *Secrétaire*. La fabrique d'Amiens s'est toujours opposée

MM.
Édouard Tapp.,
Kœchlin,
Hartmann,
Blazy,
Léon Blazy

à l'élévation des droits sur les fils de poil de chèvre: c'est la matière première de ses velours; et elle trouve avantage à s'en procurer en Angleterre à de bonnes conditions.

M. Ernest Baroche. Vendez-vous des fils de laine d'un même numéro, à des prix différents?

M. Hartmann. Nous faisons le même numéro de fil de laine avec des qualités de laine différentes; par conséquent, nous le vendons à des prix différents.

M. Ernest Baroche. Quel écart y a-t-il entre les différents prix d'un même numéro?

M. Hartmann. Il y a l'écart de la valeur de la laine: le prix d'un numéro peut varier de 1 à 3 francs, suivant la valeur de la laine et suivant les exigences de celui qui demande le filé.

M. Ernest Baroche. En général, je crois qu'on vend le même numéro un certain prix, et que le fabricant s'arrange pour choisir la laine la plus avantageuse.

M. Hartmann. Les prix varient suivant les prix de la matière première et les époques de vente. Il arrive aussi que le même numéro est fait, par exception et pour des commandes, dans un lainage supérieur à celui qu'on emploie ordinairement.

M. Ernest Baroche. Comment, dans l'état d'infériorité où vous dites que vous êtes, pouvez-vous vendre en Angleterre et en Allemagne, dans une certaine proportion?

M. Hartmann. Maintenant, nous ne pouvons plus rien vendre dans ces pays. Du jour où l'on nous a retiré un franc sur la prime d'exportation, nous n'avons plus rien fait ni avec l'Angleterre, ni avec l'Allemagne. Cette prime d'un franc compensait, en partie, l'écart qu'il y avait entre les prix étrangers et les prix français; nous avions même un petit avantage sur le prix; mais cet avantage a disparu.

M. Ernest Baroche. Ce bénéfice que vous donnait la prime n'était pas aussi élevé que la protection que vous réclamez; elle ne vous donnait pas 1 fr. 10 cent. de bénéfice. Comment se faisait-il que vous ayez pu exporter à cette époque?

M. Hartmann. Déjà, lorsque nous n'avons plus eu qu'un franc de prime, notre exportation a été réduite à 10 p. 0/0 de notre production, tandis qu'avant 1856 elle avait dépassé 50 p. 0/0.

M. Ernest Baroche. Vous avez, tout à l'heure, donné des indications sur la situation difficile de la filature. A quoi tient cette situation? Ce n'est pas, jusqu'ici, à la concurrence étrangère.

MM. Édouard Trapp, Kœchlin, Hartmann, Blary, Léon Blas

M. Hartmann. Il n'y a pas d'harmonie entre le prix de la matière première, le prix de la main-d'œuvre et le prix de vente. Non-seulement nous ne pouvons pas exporter, mais la concurrence intérieure nous tue. Si de grands établissements ferment, comme nous en avons déjà vu deux fermer en Alsace, ceux qui résisteront finiront par pouvoir vivre.

M. le Président. Monsieur Kœchlin-Dollfus, vous avez la parole.

M. Kœchlin-Dollfus. *Filateur et peigneur de laines à Mulhouse.* Voici mes réponses aux questions qui nous ont été adressées.

§ 1er. — ACHAT ET PRÉPARATION DES LAINES.

1re Question. — Nous employons des laines de toutes les provenances, françaises ou étrangères, suivant les prix des divers marchés et les besoins de notre vente.

Ces laines nous reviennent cette année, lavées à dos, rendues à Mulhouse, tous frais payés, de 5 fr. 50 cent. à 6 fr. 80 cent., soit en moyenne 6 fr. 15 cent. le kilogramme; il y a même des qualités exceptionnelles qui montent jusqu'à 8 francs.

2e Question. — Il ne devrait y avoir aucune différence entre les prix anglais et les prix français; mais il en existe une, par le fait, et elle subsistera, malgré la suppression des droits d'entrée : cette différence résulte de ce que la France ne produit pas assez de laines pour sa consommation; de ce qu'elle n'a pas de marchés de laines étrangères, et de ce que nous sommes forcés d'aller chercher nos laines sur les marchés étrangers, où nous nous rendons tous ensemble, au moment des marchés ou des ventes publiques. Notre présence provoque presque toujours une hausse momentanée, et nous payons ordinairement des prix plus élevés que les négociants du pays, qui peuvent choisir le moment opportun pour acheter. Nos achats sont chargés de frais de commission, frais de banque, frais de voyage et autres. Enfin les frais de transport par mer sont presque toujours moins chers pour l'Angleterre que pour la France. En estimant à 5 p. 0/0 la différence résultant de toutes ces causes, nous croyons être dans la vérité.

3e Question. — Nous lavons toutes nos laines par les procédés ordinaires.

MM.
Édouard [illegible],
Kœchlin,
Hartmann,
Blazy,
Léon Blazy.

§ 2. — FILATURE.

1re Question. — Nous ne filons point à façon, et nous ne produisons que des fils peignés avec les machines Heilmann, et préparés sur la carde. Nous produisons des fils simples dans tous les numéros, chaînes, trames et demi-chaînes. Enfin nous nous occupons spécialement des fils retors et moulinés à deux ou plusieurs bouts, pour broderie, tapisserie, etc.

2e Question. — Nos machines sont de construction française, prises dans les ateliers de MM. Villeminot, de Reims, André Kœchlin et Cie, de Mulhouse, et Nicolas Schlumberger et Cie, de Guebwiller.

Nous avons des assortiments qui ne datent que de deux ans; d'autres sont plus anciens; mais nous avons toujours suivi les progrès de notre industrie, en modifiant, renouvelant et perfectionnant nos machines.

Nous employons des mull-jenny, et nous n'avons des métiers renvideurs (*self-acting*), depuis trois ou quatre ans, qu'à titre d'essai et pour les étudier.

Une filature, organisée dans le meilleur système, coûterait aujourd'hui de 110 à 115 francs par broche, y compris les bâtiments, les moteurs et tous les accessoires indispensables. Dans ce chiffre, le matériel est compris pour les trois cinquièmes environ.

4e Question. — Notre moteur est une machine à vapeur de la force de 70 à 80 chevaux, construite par MM. A. Kœchlin et Cie, de Mulhouse. Notre consommation de charbon est d'environ 1,800 tonnes par an, pour la machine à vapeur, le chauffage des ateliers, le dégraissage, etc.; ce qui fait une consommation de 150 kilogrammes par broche et par an. Le charbon de Ronchamp revient à 26 fr. 50 cent. la tonne, et celui de Sarrebruck, à 27 fr. 50 cent.

6e Question. — Notre établissement est de 12,000 broches. Nous produisons tous les numéros, selon que les prix de vente sont plus ou moins avantageux; et notre production est, par cette raison, trop irrégulière pour qu'une moyenne puisse présenter quelque intérêt ou quelque utilité.

7e Question. — Nos ouvriers fileurs travaillent à la tâche et gagnent 3 fr. 75 cent. à 4 fr. 50 cent. par jour; les rattacheurs gagnent 1 fr. 35 cent. par jour; les ouvrières de carderie ou de peignage, 1 fr. 20 cent. à 1 fr. 30 cent.; les soigneuses de bobinoirs, 1 fr. 50 cent. à 1 fr. 60 cent.; les ouvrières des machines à retordre, 1 fr. 50 cent.

en moyenne; les manœuvres, ouvriers de dégraissage, etc., de 2 francs à 2 fr. 25 cent. et 2 fr. 50 cent.

MM. Édouard Trapp, Kœchlin Hartmann, Blary, Léon Blary

Les salaires ont augmenté de 15 à 25 p. o/o, en moyenne, depuis trois ou quatre ans.

Nous n'avons fait aucune diminution dans les dernières circonstances.

11e Question. — Nous ne vendons que des fils écrus ou soufrés.

Nous vendons quelquefois à l'exportation, mais dans une proportion fort irrégulière, suivant l'état de la vente en France, et principalement dans les moments de mévente.

12e Question. — Nous vendons nos blousses et nos déchets pour la filature de laines cardées.

13e Question. — Nous ne pouvons répondre directement à cette question importante, puisque l'Angleterre ne produit pas le genre de fil, en maigre ou en sec, que nous filons. Les filatures anglaises ne produisent que du fil peigné et filé avec une forte addition d'huile, parce que les tissus qu'on y fabrique exigent un fil très-brillant, et que le système de filature, entièrement différent du nôtre, permet de produire à meilleur marché; mais il n'y a pas de raison pour que la filature anglaise n'arrive pas à produire notre fil, quand elle en aura un placement assuré, et alors elle le produira avec un immense avantage sur nous.

Voyons quelle serait l'économie qu'une filature de même importance que la nôtre, soit de 12,000 broches, aurait sur nous, si elle était placée à Bradford. Nous ne pouvons juger qu'approximativement, car nous n'avons pas de chiffres positifs.

1° *Amortissement et intérêt.* Nous admettons que l'établissement, au lieu de coûter 110 francs, ne coûterait que 70 francs. Cela fait une différence de 480,000 francs, sur laquelle 5 p. o/o pour amortissement et 4 p. o/o pour intérêt, ensemble 9 p. o/o sur 480,000 francs; ce qui constitue, au profit de cette filature anglaise, une première différence de 43,200f

2° *Intérêt des capitaux.* Nous admettons une diminution de 1 p. o/o, soit, sur 2 millions 20,000

3° *Combustible.* Nous l'admettons à 7 francs la tonne au lieu de 27 francs. Différence de 20 francs sur 1,800 tonnes. 36,000

4° *Économie sur les achats* (déjà cités plus haut); 5 p. o/o sur 360,000 kilogrammes à 6 francs, ou 2,160,000 francs 108,000

A reporter 207,200

MM.

Report.................... 207,200f

5° *Economie sur les matières* (savons, huiles, soude; fer, bronze et autres objets d'entretien), 10 p. 0/0 sur 70,000 francs................................ 7,000

6° *Economie sur les transports.* Les chemins de fer gagnent, en France, 8 p. 0/0; en Angleterre, 2 à 3 p. 0/0. Nous restons bien au-dessous de la vérité en comptant 3 francs par 100 kilogrammes, soit sur notre production de 180,000 kilogrammes, une différence de......... 5,400

Différence totale........... 219,600

sur 180,000 kilogrammes de production de fil, ou 1 fr. 22 cent. par kilogramme.

Si nous admettons 13 fr. 50 cent., comme valeur moyenne du fil, pour les n°s 38 à 40, les 180,000 kilogrammes produiraient un chiffre de 2,430,000 francs, sur lesquels il y aurait, au profit de l'établissement anglais, une économie de 219,600 francs. Ce serait environ 11 p. 0/0. Jusqu'ici il n'y a qu'équilibre et pas encore de protection. Nous pensons donc qu'il serait juste d'élever le droit d'entrée à 1 fr. 50 cent. le kilogramme, au lieu de 1 fr. 22 cent. que nous venons de trouver.

Dans le calcul que nous venons d'établir, nous n'avons pas porté la main-d'œuvre en ligne de compte. Il est certain que les ouvriers anglais gagnent plus que les nôtres; mais ils sont, par contre, beaucoup plus intelligents, plus adroits, plus attachés à leur travail, qu'ils savent rendre plus productif. Par ces raisons, un ouvrier anglais pourra soigner une machine plus grande, ou bien deux ouvriers feront l'ouvrage de trois des nôtres. L'élévation plus grande du salaire est donc presque toujours largement compensée par le travail plus considérable et mieux entendu.

Si nous demandons un droit de 1 fr. 22 cent. ou plutôt de 1 fr. 50 cent. pour les fils simples, il nous paraît également juste d'accorder une augmentation pour les fils doublés ou assemblés et retordus à plusieurs bouts, qui ont subi une augmentation de main-d'œuvre et de déchet, variant de 50 centimes à 2 francs par kilogramme; nous demandons que le droit sur ces fils retordus écrus soit élevé à 2 francs par kilogramme, au lieu de 1 fr. 50 cent.

Les fils retordus et teints demandent encore plus de protection, car ils auront une concurrence redoutable de la part de l'industrie de la Saxe, de Berlin et de Hambourg. Nous ne citerons, à cet effet, qu'un exemple : en mars dernier, les laines zéphyr, pour tapisserie, qu'on appelle en France *laines Ternaux*, se vendaient en couleurs ordinaires 15 francs le kilogramme à Berlin, tandis qu'à Paris, il serait impossible de les établir au-dessous de 20 à 22 francs. Ainsi donc, si l'on porte le droit à 5 francs le kilogramme, soit environ 30 p. 0/0, cela serait à peine suffisant pour protéger cette industrie qui est très-importante.

MM. Edouard Trapp, Koechlin, Hartmann, Blazy, Léon Blazy.

Prix courant de la maison Paap et Cie, à Altona, au 28 mars 1860 (en marcs banco de 16 schillings de Hambourg, valant 1 fr. 88 cent. de France[1]).

Zéphyr, un demi-kilogramme écru, 3m. b. 9sch. soit.	13f 38c	le kilog.
——— noir et blanc, 3m. b. 12sch. soit.	14 10	
——— couleurs ordinaires, 4m. b.	15 04	
——— couleurs fines, 4m. b. 8sch. soit.	16 92	
——— rose des Alpes, 4m. b. 12sch. soit.	17 86	

En consultant les tarifs des douanes étrangères, de la Belgique, de l'Autriche et du Zollverein que nous rapportons ici, nous remarquons que partout il a été accordé une protection beaucoup plus grande aux fils retordus et teints qu'aux fils simples; dans le Zollverein, cette protection est même dans la proportion de 4 à 64.

BELGIQUE.

TARIF GÉNÉRAL.

Fils de laine écrus non tors, 120 francs les 100 kilogrammes.
Dégraissés ou blanchis, 144 francs les 100 kilogrammes.
Tors ou teints, 168 francs les 100 kilogrammes.

TARIF POUR LES FILS FRANÇAIS.

Écrus ni tors, ni teints, 52 fr. 20 cent. les 100 kilogrammes.
Tors dégraissés blancs ou teints : 69 fr. 60 cent. les 100 kilogrammes.

ZOLLVEREIN.

Fils de laine à un et deux bouts non teints, par quintal, 15 silbergroschen, soit 4 fr. 01 cent. pour 100 kilogrammes.

Fils de laine autres de toutes sortes, 8 thalers par quintal, 64 fr. 70 cent. par 100 kilogrammes.

[1] Le marc banco à 16 schillings (ne pas confondre avec le shelling anglais) vaut, suivant le cours, de 1 fr. 88 cent. à 1 fr. 90 cent.

MM
Édouard Trapp,
Kœchlin,
Hartmann,
Blazy,
Léon Blazy.

AUTRICHE.

Fils de laine à un ou deux bouts, 5 florins le quintal, soit, au cours de 40 florins pour 100 francs, 22 fr. 40 cent. par 100 kilogrammes.

Pour trois bouts et au-dessus, 12 florins le quintal, soit 56 fr. 40 cent. par 100 kilogrammes.

Il reste encore une industrie qui se rattache directement à la nôtre, et sur laquelle nous croyons devoir appeler l'attention et la sollicitude du Conseil Supérieur : c'est celle des broderies et tapisseries sur canevas faites à la main ; ces tapisseries se vendent, en Allemagne, à des prix excessivement bas, comparativement à ceux que l'on peut établir en France. Nous avons, à cet effet, fait venir de Berlin une série d'échantillons de tapisseries, qui seront soumis au Conseil par la maison Périlleux, Michelez, Ackermann et Blazy, de Paris, à laquelle nous les avons confiés, pour choisir dans leurs magasins des tapisseries françaises à peu près identiques. Vous verrez, Messieurs, des différences de prix qui sont de 40 à 50 p. o/o en faveur de l'industrie de Berlin.

Nous avons cherché le droit qu'il faudrait établir par kilogramme de ces tapisseries. A cet effet, nous avons mis sur la balance tous les échantillons de Berlin que nous avons reçus, et qui peuvent représenter une moyenne ; il y en a 2 kilog. 50 ; la facture s'élève à 195 francs ; valeur moyenne, 70 francs par kilogramme, sur lesquels 30 p. o/o feraient 21 francs de droit par kilogramme : or, ces 21 francs ne suffisent pas pour combler la différence de prix.

M. Ernest Baroche. Le fil de Berlin est du peigné mixte?

M. Kœchlin. Chez nous, c'est du peigné ordinaire.

M. Ernest Baroche. On fait du peigné mixte à Berlin.

M. Kœchlin. C'est une qualité plus ordinaire.

M. Ernest Baroche. Vous proposez de ne faire qu'une catégorie de fils, et vous demandez 1 fr. 50 cent. de droit?

M. Kœchlin. Je ne fais qu'une catégorie, parce que je ne sais comment m'y prendre pour en faire deux.

M. le Président. On avait proposé de faire deux catégories : la première comprenant les numéros jusqu'à 50 ; la deuxième, les nos 51 et au-dessus.

MM. Édouard Trapp, Kœchlin, Hartmann, Blary, Léon Blary.

M. DE FORCADE LA ROQUETTE. Vous n'auriez pas d'objections à faire contre cette classification?

M. KŒCHLIN. Non, Monsieur.

M. ERNEST BAROCHE. Dans quelle proportion employez-vous les laines allemandes et les laines coloniales?

M. KŒCHLIN. Cela varie beaucoup. Cette année, c'est la laine française que j'emploie le moins.

M. ERNEST BAROCHE. Et l'année dernière, quelles laines avez-vous employées?

M. KŒCHLIN. Moitié laines de France et moitié laines étrangères.

M. ERNEST BAROCHE. Il y avait des laines d'Allemagne dans les laines étrangères que vous avez employées?

M. KŒCHLIN. Il y avait des laines de Rome, d'Allemagne, de Hongrie, très-peu de laines coloniales, mais surtout des laines d'Italie.

M. ERNEST BAROCHE. De sorte que, relativement aux frais de transport, votre situation ne diffère pas beaucoup de celle de l'Angleterre?

M. KŒCHLIN. J'ai pourtant des frais de transport dans mes prix de revient, parce que je suis loin de la mer et que le parcours sur les chemins de fer est considérable. Les Anglais ont, à cet égard, l'avantage sur nous.

M. ERNEST BAROCHE. Est-ce que la laine coloniale est très-bonne au peigne?

M. KŒCHLIN. Il y en a de très-bonne, comme il y en a de très-mauvaise.

M. ERNEST BAROCHE. Est-ce que la laine de France n'est pas la meilleure pour le peigne?

M. KŒCHLIN. Oui, Monsieur, elle se peigne très-bien; mais elle n'est pas toujours douce, et quelquefois elle est chère; autrement elle nous convient très-bien.

M. ERNEST BAROCHE. Il y a, dans le nord de l'Allemagne et en Russie, des laines qui seraient très-propres au peigne?

M. KŒCHLIN. Oui, Monsieur.

M. ERNEST BAROCHE. Elles sont un peu molles?

MM.
Edouard Trapp,
Kœchlin,
Hartmann,
[illegible]
[illegible]

M. Kœchlin. Elles sont plus molles que les laines de France; mais elles ont assez de longueur et d'élasticité.

M. de Forcade la Roquette. Est-ce bien votre opinion, qu'un seul droit suffirait?

M. Kœchlin. Je n'ai rien à objecter, si l'on veut en établir deux.

M. Ernest Baroche. Dans quelle proportion varie le prix de façon, en comparant, par exemple, le n° 30 au n° 120?

M. Kœchlin. La façon se compte à l'échelle. Je trouve que les numéros fins ont plus de façon que les numéros gros. C'est, du moins, ce qui arrive chez nous.

M. Ernest Baroche. Combien coûte la façon d'un numéro de 1,000 mètres?

M. Kœchlin. 6 centimes au kilogramme.

M. Ernest Baroche. Si le n° 30 est multiplié par 6, le n° 100 doit être multiplié par 7 ou 8?

M. Kœchlin. Nous nous attachons à faire des fils de qualité exceptionnelle, et c'est pour cela que nos produits sont plus chers. M. Germain Thibault le sait bien.

M. Ernest Baroche. Vous n'avez pas de métiers continus, ni vous ni aucun de ces Messieurs?

M. Trapp. Il y a eu un établissement de deux mille et quelques cents broches qui a essayé de ces métiers et qui n'a pas pu continuer; il a subi une perte de 300,000 à 400,000 francs, dans deux années d'existence, et aucun de nous n'a voulu l'imiter: aujourd'hui il n'existe plus.

M. Hartmann. Je viens de retrouver dans mes notes un petit document qui pourra, je crois, me permettre de répondre à la question qui était adressée tout-à-l'heure à M. Kœchlin par M. Ernest Baroche, relativement aux prix de façon.

Le n° 120 revient à 4 fr. 08 cent. de façon; le n° 140 revient à 5 fr. 50 cent., etc. Plus le numéro s'élève, plus la différence est grande.

M. de Forcade la Roquette. Malgré ces différences, vous pensez qu'un droit unique suffit?

M. Kœchlin. Je me range à l'avis de ces Messieurs.

M. Amé. Nous vous demandons ce qui vous serait le plus avantageux; car si un droit unique suffit, ce serait beaucoup moins embarrassant pour la douane.

MM. Edouard Trapp, Kœchlin, Hartmann, Blary, Léon Blanc.

M. de Forcade la Roquette. L'échantillonnage devient inutile s'il n'y a qu'un seul droit. Comme, en définitive, tout cela doit aboutir à un tarif de douanes, je voudrais que la question fût bien discutée et bien précisée.

M. Kœchlin. Pour moi, je ne fais que des qualités chères; par conséquent, j'ai intérêt à ce qu'il n'y ait qu'un droit.

M. Ernest Baroche. Monsieur Trapp, c'est vous qui avez proposé deux catégories et deux droits : insistez-vous?

M. Trapp. Ma proposition était plus modérée; mais je me rallie bien volontiers à celle de M. Kœchlin, qui tend à l'établissement d'un droit plus élevé.

M. Ernest Baroche. Il ne s'agit pas en ce moment de la quotité du droit : il s'agit seulement de savoir s'il vaut mieux qu'il y ait deux droits qu'un seul.

M. Trapp. On ne peut pas protéger tous les intérêts avec un droit unique.

M. de Forcade la Roquette. Il est nécessaire de protéger également tous les intérêts, et c'est le but que nous cherchons à atteindre.

M. Ernest Baroche. Croyez-vous qu'on file, en Angleterre, des laines dans les mêmes conditions que vous.

M. Kœchlin. Non, Monsieur, je ne crois pas qu'on l'ait essayé, parce que mes produits ne conviennent pas au genre de fabrication anglais.

M. Ernest Baroche. Je voulais constater ce fait; il est intéressant.

M. Hartmann. On m'assure qu'il se crée des établissements anglais où l'on filera des fils semblables aux nôtres.

M. Ernest Baroche. Mais les Anglais ne font pas de mérinos.

M. Hartmann. Ils font des mérinos chaine coton, pour lesquels des fils comme les nôtres sont bons.

M. Ernest Baroche. En fait, croyez-vous que, dans une propor-

MM
Edouard Trapp,
Kœchlin,
Hartmann,
Blazy,
Léon Blazy.

tion appréciable, on ait fait en Angleterre des fils semblables aux vôtres?

M. Hartmann. Non, Monsieur.

M. Trapp. Les Anglais ont cependant l'emploi de notre fil; autrement nous ne pourrions pas leur en vendre.

M. Ernest Baroche. Je sais que des Anglais ont acheté des fils à Reims.

M. Kœchlin. A Glasgow, où il n'y a pas de filateurs, on emploie ces fils.

M. le Président. Monsieur Blazy, vous avez la parole.

M. Blazy. Pour ce qui concerne la production des laines à tapisserie, nous demandons un droit protecteur de 30 p. o/o, qui sera loin de suffire pour nous permettre de lutter contre la concurrence étrangère.

Nous redoutons, non pas la concurrence des produits anglais, mais celle des produits allemands qui pourraient venir par voie d'Angleterre.

Les laines à tapisserie sont meilleures et plus belles quand elles sont faites avec des laines de provenance allemande.

Les Allemands, se trouvant dans le pays même de la production, achètent ces laines brutes à meilleur compte que nous.

La main-d'œuvre est de 50 p. o/o moins chère en Allemagne qu'en France. Les filatures les moins bien montées peuvent faire les laines à tapisserie, qui sont toujours filées à de gros numéros; et la consommation de ces articles est trop restreinte pour qu'on puisse, par l'importance des établissements, compenser la différence de main-d'œuvre. Il en résulte que les fils allemands sont toujours au moins de 30 à 35 p. o/o moins chers que les nôtres.

Les laines à tapisserie écrues subissent, avant d'être livrées à la consommation, de nombreuses opérations qui en augmentent le prix d'une manière considérable; et comme la main-d'œuvre est moins chère en Allemagne qu'en France, le prix de revient du fil livré à la consommation allemande, est de beaucoup inférieur au prix de revient du fil que nous livrons à la consommation française.

En outre, les teinturiers allemands, habitués depuis longtemps à une industrie qui est chez nous beaucoup plus nouvelle, achètent peut-être les matières tinctoriales à meilleur compte que nous, en même temps qu'ils payent moins cher des ouvriers plus habiles que les nôtres. Leur réputation dans cet article est universelle.

MM. Édouard Trapp, Kœchlin, Hartmann, Blazy, Léon Blazy

Voici le tableau de nos prix de revient :

Triage, 2 p. 0/0 à ajouter au prix de la laine brute.		
Peignage mixte, dégraissage compris.......	1f 00c	le kilog.
Peignage Schlumberger, dégraissage compris, de 1 fr. 20 cent. à..................	1 50	
Filature, échée de 1,000 mètres au kilog., l'échée de 0f,0425 à.................	0450	
Moulinage, 40 centimes à...............	50	
Blanchiment au soufre...................	30	
Teinture en noir, suivant la beauté du noir, de 70 centimes à	90	
Teinture en couleurs ordinaires en suites pour la broderie, 1 fr. 20 cent. à............	1 40	
Teinture en rose..........................	2 10	
Teinture en groseille, cerise, cramoisi, ponceau......................................	3 10	
Teinture en rose à la fuchsine grand teint...	7 00	
Teinture en violet.......................	6 00	
Dévidage en petits écheveaux de 3 grammes.	75	
Paquetage par 250 grammes............	75	

Les Allemands peuvent avoir des prix de façon qui sont inférieurs de 5 francs par kilogramme.

M. d'Eichthal. Quelle est la différence de prix entre la teinture allemande et la teinture française?

M. Blazy. Je ne le sais pas bien par moi-même; mais des teinturiers m'ont dit que la teinture était beaucoup plus chère en France qu'en Allemagne.

M. Clerc. C'était vrai avant la réduction des droits; mais, depuis la loi du mois de mai de cette année, il n'en est plus ainsi.

M. Blazy. Le combustible joue un grand rôle dans la teinturerie.

M. Ernest Baroche. En Allemagne on ne paye pas le charbon moins cher qu'en France.

M. Ozenne, *Secrétaire*. M. Blazy vient de dire qu'il craignait la concurrence des produits allemands, qui pourraient entrer en France en passant par l'Angleterre. Je dois lui faire observer que le traité de commerce exige des certificats d'origine. Évidemment, la douane anglaise ne pourrait pas appliquer ces certificats à des produits allemands.

MM.
Édouard Tapp.
Kœchlin,
Hartmann,
Blazy,
Léon Blazy.

M. Ernest Baroche. Et surtout à des produits aussi évidemment allemands que ceux-là.

M. Kœchlin. Il n'en est pas moins vrai qu'il faut fixer les droits sur les produits anglais, en prévision des traités que l'on pourra faire avec les États allemands; car lorsqu'on traitera avec la Prusse, je suppose, on ne pourra pas changer les droits qui auront été établis pour l'Angleterre. Il me semble que l'on doit discuter aujourd'hui comme si l'on avait affaire avec le monde entier.

M. d'Eichthal. On a donné à entendre qu'on pourrait peut-être délivrer en Angleterre de faux certificats d'origine. Je n'admets pas cela : il n'y a pas de pays où ce genre de fraude se pratique moins qu'en Angleterre.

M. le Président. Monsieur Blazy, vous pouvez continuer.

M. Blazy. Comme le questionnaire ne porte que sur l'industrie lainière, je ne sais pas si je puis parler ici de la fabrication des canevas de coton.

M. Ernest Baroche. Je crois que M. Blazy est le seul qui doive être entendu sur cet objet. Il n'y aurait pas d'inconvénient, je pense, à ce qu'il s'expliquât là-dessus dès à présent.

M. le Président. Vous pouvez parler.

M. Blazy. Nous demandons que les canevas de coton soient protégés par un droit de 30 p. 0/0 qui sera à peine suffisant.

Les canevas de coton ne peuvent être faits qu'à la main, parce qu'ils demandent un soin de tous les instants que la rapidité du travail mécanique ne permet pas de leur donner.

Ils demandent un peu d'intelligence, mais surtout de la propreté et du soin; aussi tout tisserand peut en faire.

Leur valeur consiste en majeure partie dans le coût de la main-d'œuvre; or la main-d'œuvre est moins chère en Allemagne qu'en France.

Enfin le coton retors qu'on emploie pour faire le canevas est vendu, en Angleterre et en Allemagne, à des prix inférieurs à ceux de France.

Nous demandons également le maximum du droit protecteur pour les tapisseries sur canevas de coton.

Ces tapisseries, ayant subi une main-d'œuvre de plus que les laines et les canevas, pour lesquels le droit de 30 p. 0/0 est nécessaire, ont besoin, à plus forte raison, de ce même droit protecteur.

Les tapisseries à l'aiguille, telles qu'on les vend aux consommateurs ne sont pas des objets d'art et n'exigent pas de talent de la part des ouvrières.

MM. Édouard Trapp. Kœchlin. Hartmann. Blazy. Léon Blazy.

Ces dernières ne font que copier des dessins coloriés, mis en carte sur papier quadrillé par un procédé mécanique, et que nous achetons à Berlin même.

Le droit maximum de 30 p. o/o est également nécessaire pour protéger la filature des laines à tricoter.

Nos bonnes laines à tricoter sont faites avec des laines brutes venant de l'Angleterre, de l'Allemagne, de la Hollande. On fait fort peu de laines pour tricot en mérinos ou en croisé-mérinos.

Nous sommes donc dans une position inférieure à celle des Anglais et des Allemands, pour l'achat des matières.

Cet inconvénient, joint aux nombreuses raisons pour lesquelles la filature des laines autres que le mérinos, est à meilleur compte en Angleterre qu'en France, explique pourquoi les échantillons que nous avons pris en Angleterre et en Allemagne sont au moins de 30 p. o/o moins chers que nos produits.

A l'appui de notre demande nous ajouterons une observation qui sera plus convaincante que tous les raisonnements.

La France n'expédie à l'étranger :

Rien en laine à tapisseries;

Rien en canevas de coton, à l'exception de quelques pièces d'une qualité très-supérieure, et dont le nombre est insignifiant relativement à ce qui se consomme à l'étranger;

Rien en tapisseries à l'aiguille.

L'Allemagne fournit ces articles à tous les pays du monde, même à l'Angleterre, et elle les fournit dans des conditions de bon marché telles, que les Anglais, même en payant à l'entrée en France un droit de 30 p. o/o, nous feront certainement une rude concurrence.

A l'appui de ce que nous avançons, nous offrirons au Conseil de nombreux échantillons, pris en Allemagne et en Angleterre, en regard desquels nous donnerons les échantillons français.

M. Ernest Baroche. Ainsi vous demandez un droit protecteur de 30 p. o/o pour toutes les parties de votre fabrication?

M. Blazy. Oui, Monsieur.

M. Ernest Baroche. Vous supposez que les ouvriers allemands travaillent à 30 p. o/o au moins meilleur marché que les ouvriers français ?

MM.
Édouard Trapp,
Kœchlin,
Hartmann,
Blazy,
Léon Blazy.

M. Blazy. Les produits allemands que j'ai vus sont d'un prix inférieur de 30 p. 0/0 aux nôtres.

M. Ernest Baroche. Il me semble que les observations de M. Blazy reposent sur les prix de vente, et que s'il faisait le détail des prix de fabrication, il lui serait difficile de justifier le taux de la protection qu'il réclame. Je crois l'avoir entendu parler, tout à l'heure, d'une différence de 5 francs par kilogramme entre les laines françaises et les laines de Berlin, pour le prix de façon; je ne sais pas comment il pourrait justifier cette différence. Pour préciser, je lui demanderai combien il paye la filature de ces laines écrues?

M. Blazy. Les fils écrus nous reviennent, comme prix de filature, pour un numéro un peu élevé, le n° 17, par exemple, à 6 centimes à l'échelle de 1,000 mètres.

M. Ernest Baroche. Cela fait un franc.

M. Blazy. Nous comptons, en général, pour la filature des fils à tapisserie, un franc ou 1 fr. 25 cent.

M. Ernest Baroche. Vous avez ensuite le retordage?

M. Blazy. Pour le retordage, déchet compris, nous ajoutons 50 centimes.

M. Ernest Baroche. Cela fait 1 fr. 50 cent. pour la filature et le retordage du fil écru. Mettons toutes les conditions les meilleures du côté des Anglais ou des Allemands, ils ne peuvent pourtant pas filer pour rien; ils ne doivent pas le faire pour beaucoup moins de 1 fr. 50 cent. Comment pouvez-vous donc justifier une différence de façon de 5 francs sur un kilogramme?

M. Blazy. Les peignés doivent être moins chers en Allemagne qu'en France.

M. Ernest Baroche. Supposons que la différence sur le peignage soit de 1 fr. 20 cent. et même de 1 fr. 50 cent., si vous voulez, nous arrivons ainsi à 3 francs de façon, peignage compris. Comment justifiez-vous un droit protecteur de 5 francs pour une façon de 3 francs?

M. Blazy. C'est sur les fils teints et non sur les fils écrus. Du reste, je ne sais rien, à cet égard, par moi-même; j'ai seulement entendu parler des correspondants.

M. Léon Blazy. Le fil, avant de sortir de chez nous, est divisé en petits écheveaux de 3 grammes, et mis en paquet par groupe de 250 grammes; c'est une division énorme qui donne lieu à une manipulation que nous évaluons à un franc, au moins à 75 centimes.

MM. Édouard Trapp. Kœchlin. Hartmann. Blazy. Léon Blazy.

M. Ernest Baroche. La même opération se fait en Allemagne?

M. Blazy. Oui, mais à des prix inférieurs.

M. Ernest Baroche. Pour la tapisserie, vous demandez également le droit maximum de 30 p. o/o?

M. Blazy. Oui, Monsieur, et ce droit sera insuffisant.

M. Ernest Baroche. Vous supposez donc qu'en Allemagne on brode dans des conditions tout à fait extraordinaires de bon marché?

M. Blazy. En Allemagne, le canevas, la laine, la main-d'œuvre, tout est moins cher qu'en France, par conséquent le produit allemand doit être moins cher que le produit français.

M. Léon Blazy. Nous pourrions vous soumettre des échantillons types allemands et français, qui vous donneraient une idée de l'énorme différence qu'il y a entre les prix des produits de chacune des deux nations.

M. Ernest Baroche. Les prix de vente ne signifient rien. Vous pourriez vendre très-cher ce que les Allemands vendent très-bon marché.

M. Léon Blazy. Tel article que les Allemands vendent 5 francs, nous coûte 8 francs de travail à l'aiguille. Ce n'est pas la matière, c'est la main-d'œuvre qui est la cause de presque toute la différence des prix.

M. Ernest Baroche. Je ne croyais pas que les femmes fussent payées plus cher en France qu'en Allemagne, pour les ouvrages de tapisserie.

M. Léon Blazy. Ce que l'on paye 6 centimes de façon en Allemagne, on le paye un franc en France.

M. le Président. Combien occupez-vous de personnes aux ouvrages de tapisserie?

M. Léon Blazy. 500 à 600 personnes. Les femmes qui font de la tapisserie ne vivent pas de leur aiguille seulement; elles font de la tapisserie en s'occupant de leur ménage, en soignant leurs enfants. Ce sont des femmes d'ouvriers ou de petits employés, quelquefois aussi de jeunes personnes vivant dans leur famille.

MM.
Edouard Trapp,
Kœchlin,
Hartmann,
Blazy,
Léon Blazy.

M. LE PRÉSIDENT. Y a-t-il un grand nombre de fabricants de tapisserie?

M. LÉON BLAZY. Il y en a un assez grand nombre, qui occupent plusieurs milliers de personnes à Paris. Il ne faut pas croire que nous devions avoir l'avantage sur les Anglais et sur les Allemands, en ce qui concerne la tapisserie, sous le rapport de l'art. Les ouvrages en tapisserie ne sont pas du tout des ouvrages d'art; ce sont des ouvrages que l'on fait, pour ainsi dire, mécaniquement, en suivant des dessins. Ces dessins sont faits à Berlin sur des cartes préparées, d'après des sujets, des idées que les Allemands viennent chercher en France.

M. DE FORCADE LA ROQUETTE. Quel avantage peut-il y avoir à venir chercher une idée, un sujet, en France, pour aller ensuite le mettre à Berlin sur le papier. Si l'idée, si le sujet est en France, l'application doit aussi se trouver en France?

M. GERMAIN THIBAULT. Si vous achetez un dessin pour tapisserie en France, vous verrez au bas de ce dessin une légende allemande.

M. DE FORCADE LA ROQUETTE. Nous savons bien à quoi nous en tenir sur les légendes et les étiquettes étrangères que l'on voit sur certains produits achetés en France. On met sur le papier tout ce qu'on veut.

M. LÉON BLAZY. En Allemagne, un dessinateur pour tapisserie gagne 2 francs par jour; en France, un dessinateur dans le même genre gagne 20 francs.

M. LE PRÉSIDENT. Avez-vous encore quelque chose à ajouter à votre déposition?

M. LÉON BLAZY. Je crois que l'application du droit, au kilogramme, pour la tapisserie à l'aiguille, est impossible, parce qu'il y a des ouvrages qui varient depuis 40 francs jusqu'à 150 francs. Je pense que le droit *ad valorem* serait le seul applicable, parce que, dans un centimètre carré, le nombre de points peut varier énormément, d'où il résulte une très-grande différence de prix de main-d'œuvre et de valeur de travail et de produit.

(M. MICHEL CHEVALIER remplace M. SEYDOUX au fauteuil de la Présidence.)

Est introduit :

M. DE L'ESCAILLE, de la maison de l'Escaille et Montholon, négociants en fils de laine à Paris.

COMMERCE DES FILS DE LAINE

Paris.

M. LE PRÉSIDENT. Vous faites le commerce de fils de laine, mais vous n'en fabriquez pas. A quels fabricants vendez-vous les fils que vous achetez aux filateurs?

M. DE L'ESCAILLE. A des fabricants de châles, de mérinos, de tissus pour femmes, particulièrement. Nous sommes les représentants de M. Hartmann que vous venez d'entendre; nous ne pouvons que confirmer tout ce qu'il vous a dit.

Pour répondre à la seule question qui nous regarde, je dirai que nous avons, dans ces derniers temps, vendu des fils en Belgique, pour profiter de la prime d'exportation qui allait être retirée; mais, à l'heure qu'il est, cette prime n'existe plus, et nos affaires avec la Belgique ont cessé jusqu'à nouvel ordre.

M. LE PRÉSIDENT. Est-ce qu'il ne vous était pas arrivé de vendre des fils à l'étranger, avant ces derniers temps?

M. DE L'ESCAILLE. Nous avions eu déjà des occasions d'en vendre, d'une manière assez large, en Belgique.

M. LE PRÉSIDENT. En avez-vous aussi vendu en Angleterre?

M. DE L'ESCAILLE. Nous n'en avons jamais vendu en Angleterre. Mais d'autres négociants font le commerce d'exportation des fils de laine, à Glasgow principalement.

M. LE PRÉSIDENT. A quel emploi sont destinés les fils qui sont exportés en Écosse et en Belgique?

M. DE L'ESCAILLE. En Belgique, on emploie nos fils de laine à la fabrication de certains articles de fantaisie, au tissage de certaines étoffes pour robes de femme. Les fils qui sont exportés en Écosse

M. de l'Escaille. ont pour destination des tissus pour gilets, et pour robes aussi, quand ce sont des fils peignés.

M. le Président. Est-ce que vous n'estimez pas qu'il s'est vendu, d'une manière régulière, de ces produits français filés, en Belgique et en Écosse?

M. de l'Escaille. Oui, Monsieur le Président, à une certaine époque; mais ces débouchés ont dû se restreindre beaucoup, depuis plusieurs années.

M. le Président. Pouvez-vous préciser le nombre d'années?

M. de l'Escaille. Sept ou huit anénes peut-être.

M. le Président. A l'époque de l'Exposition de 1855, est-ce qu'il ne s'en était pas vendu beaucoup?

M. de l'Escaille. Antérieurement à 1855, il s'en était exporté une certaine quantité; depuis je ne crois pas qu'il s'en soit exporté considérablement.

M. le Président. A quelles circonstances attribuez-vous la réduction de cette exportation?

M. de l'Escaille. Les Anglais ont peut-être trouvé plus avantageux, soit d'acheter les tissus tout fabriqués, soit de créer des établissements de filature pour faire concurrence à nos fils. Cependant, les filateurs de l'Alsace ont dû continuer à en exporter dans une certaine proportion. Nous, dont le commerce n'avait pas la même importance, nous avons perdu ce débouché.

M. le Président. Vous êtes-vous fait une opinion sur l'avenir de cette exportation des fils alsaciens en Angleterre et en Belgique?

M. de l'Escaille. Non, Monsieur le Président, parce que je ne connais pas les conditions de la fabrication anglaise.

M. de Forcade la Roquette. Si les fils de laine anglais pouvaient entrer en France, croyez-vous qu'il y aurait une demande de ces fils de la part des fabricants français?

M. de l'Escaille. Le commerce d'exportation des filés, en Angleterre, a diminué d'importance. L'exportation des fils pourra avoir lieu si les Anglais produisent plus avantageusement. Les Anglais ne produisent pas actuellement nos genres de fils; ils n'ont pas la même manière de filer; ils filent en gras au lieu de filer en maigre. Je crois qu'en France nous avons la supériorité pour les fils de laine; nous devons chercher à conserver cette supériorité. M. de l'Escaille

M. le Président. La conséquence de cette supériorité ne serait-elle pas que l'importation en France serait peu considérable?

M. de l'Escaille. La conséquence sera peut-être, à raison de la liberté des échanges, que les Anglais s'efforceront de produire de la même manière que nous, pour ne pas acheter nos fils et nos tissus. S'ils n'ont pas produit jusqu'à présent, peut-être produiront-ils; mais si nous n'avons pas à redouter l'Angleterre, nous avons à redouter l'Allemagne et les pays circonvoisins, qui sont dans des conditions assez avantageuses pour la production. L'Allemagne se rapproche plus de nos genres de fils que l'Angleterre. Les Allemands peuvent nous envoyer des fils par l'Angleterre, jusqu'à ce que nous ayons un traité avec eux.

Je n'ai, du reste, que des renseignements peu précis sur les fabriques d'Allemagne. Je sais seulement qu'il y a dans ce pays des filatures de laine mérinos, comme celles dont nous nous occupons, et que ces filatures produisent à des conditions assez avantageuses.

M. le Président. Dans la situation d'esprit où vous êtes, il doit vous être difficile d'indiquer le droit que vous jugeriez convenable d'établir?

M. de l'Escaille. Il me serait difficile de donner des chiffres précis et de citer des prix de revient, comparativement à ceux de l'étranger. Nous aurions désiré faire venir des échantillons d'Angleterre; mais le temps nous a manqué, et nos relations ne sont pas encore établies.

M. de Forcade la Roquette. Les fils anglais, avez-vous dit, seraient moins bons que les fils français, et les procédés de fabrication ne seraient pas les mêmes dans les deux pays. Dans ces circonstances, un droit protecteur vous paraît-il nécessaire?

M. de l'Escaille. Oui, pour les fils similaires, que les Anglais produisent comme nous, quoiqu'ils n'en fassent qu'en petit nombre et pour d'autres qu'ils peuvent encore produire.

M. de Forcade la Roquette. Ce serait alors un droit protecteur pour les éventualités de l'avenir?

M. de l'Escaille. Je crois que nous avons intérêt à le demander pour les fils qui peuvent venir de l'Allemagne, en attendant ceux de l'Angleterre.

M. de Forcade la Roquette. Mais c'est plutôt pour les éventualités de l'avenir, que pour vous protéger contre l'Angleterre?

M. de l'Escaille. Oui, quant à l'Angleterre; mais quant à l'Allemagne, elle produit des fils semblables aux nôtres.

M. le Président. Un changement de tarifs ayant été fait, par rapport à l'Angleterre, on peut présumer qu'il en sera fait un aussi, prochainement, pour l'Allemagne.

M. de l'Escaille. Je dois dire qu'il nous a toujours paru étonnant que l'Angleterre n'ait pas produit les mêmes fils que nous; il lui sera facile de le faire dès qu'elle y trouvera avantage.

M. le Président. Y a-t-il, dans la nature des choses, une raison pour qu'éventuellement, quand l'Angleterre produira de ces fils, elle les produise à meilleur marché que nous?

M. de l'Escaille. Il y a toujours ces raisons de la force motrice, du capital, du combustible, de l'importance plus considérable des établissements anglais.

Vous avez entendu les principaux filateurs de l'Alsace; ce sont les représentants de maisons importantes. Je crois que les établissements qui se formeront en Angleterre, s'il s'en forme, seront peut-être plus importants encore.

M. Ernest Baroche. Les maisons dont vous parlez ont dépensé chacune 3 ou 4 millions, ce qui partout, même en Angleterre, est une somme considérable.

M. le Président. Si les raisons que vous alléguez maintenant étaient absolument valables, elles se seraient appliquées au passé, de même que vous présumez qu'elles s'appliqueront à l'avenir.

M. de l'Escaille. Je le présume, parce que la liberté du commerce développera, dans les deux pays, des idées de concurrence. Le marché étant plus grand, chacun cherchera à produire davantage et à créer de nouveaux produits semblables à ceux des contrées voisines.

M. de Forcade la Roquette. Connaissez-vous les prix courants anglais?

M. de l'Escaille. Non ; nous n'avons pas pu comparer les prix anglais avec les nôtres. M. de l'Escaille

M. Ernest Baroche. Vendez-vous des fils de laine longue, ce qu'on appelle en France de la laine commune?

M. de l'Escaille. Oui, beaucoup depuis quelques années. Nous les vendons aux fabriques de tissus pour robes. A Paris, particulièrement, en Alsace et à Rouen, il s'est monté des fabriques qui achètent ces fils pour produire le barége anglais.

M. Ernest Baroche. La fabrication du barége anglais est une industrie tout à fait tombée en Angleterre; il ne s'en fait plus du tout.

M. Legentil, *Délégué spécial pour les industries textiles*. Ces fils dont vous parlez, ce sont des fils de laine anglaise?

M. de l'Escaille. Oui, filés, dégraissés.

M. Germain Thibault. Ce qui explique l'emploi de la laine anglaise, c'est la mode : les dames veulent des robes très-roides.

M. Ernest Baroche. Il s'agit en ce moment des fils qu'on emploie dans l'orléans et dans les articles de la fabrication de Roubaix.

M. de l'Escaille. Nous en avons vendu beaucoup dans ces derniers temps. Ils sont filés dans le Nord, à Roubaix. Nous faisons filer ces fils par les filatures Mull-Jenny, les mêmes filatures qui, par des combinaisons de matières différentes, filent de la laine plus longue.

M. Ernest Baroche. Ces laines ne se filent pas très-fin?

M. de l'Escaille. Non, dans les n°s 30 à 80.

M. Ernest Baroche. Quel est le prix des fils du n° 60?

M. de l'Escaille. Suivant le cours, ils atteignent de 8 fr. 50 cent. à 10 francs; c'est la laine anglaise longue, un peu brillante. Ce seraient ces fils que les Anglais pourraient importer; car ils ont les matières spéciales qu'on ne peut se procurer que chez eux.

M. Ernest Baroche. Vendez-vous des fils de poil de chèvre?

M. de l'Escaille. Oui; c'est aussi une consommation qui a une certaine importance. Nous, nous en vendons rarement : cependant, comme on les mélange de laine, je crois qu'on commence à les filer dans le nord de la France; du moins on a cherché à les filer sans y réussir.

M. Ernest Baroche. Est-il facile de reconnaître le mélange de poils de chèvre dans la laine, quand il s'agit de laines anglaises spéciales?

M. de l'Escaille. Il est possible de reconnaître la laine dans le poil de chèvre, quoique cela ne soit pas facile; mais il me paraît difficile de reconnaître le poil de chèvre dans la laine.

M. le Président. Il a été expliqué plusieurs fois au Conseil qu'il était à peu près impossible de rien reconnaître dans ces mélanges.

M. Germain Thibault. Au bureau d'expertise, au Ministère de l'Agriculture, du Commerce et des Travaux Publics, on a presque renoncé à rechercher les fils dans ces mélanges.

M. Ozenne, *Secrétaire*. Cela présente, en effet, de grandes difficultés.

M. le Président. Pour la douane, ces difficultés seraient insurmontables.

M. Ernest Baroche. Jusqu'à cette époque, en Angleterre, a-t-on filé du fil mérinos?

M. de l'Escaille. Je n'ai jamais vu de fil mérinos en bobines, venant d'Angleterre. Les Anglais emploient le fil mérinos en gras, pour des tissus que nous ne connaissons pas.

M. Ernest Baroche. Êtes-vous en état d'indiquer un chiffre pour le droit?

M. de l'Escaille. Je m'en réfère aux chiffres donnés par les filateurs d'Alsace. Il y a certains genres de fils qui n'auraient pas besoin d'un droit aussi fort que les autres. Les fils de laine anglaise me sembleraient devoir être protégés plus fortement, ainsi que les fils en laine commune pour la bonneterie. Les fils *moulinés*, qu'on appelle *fils de Berlin*, auraient aussi besoin d'une protection plus grande, parce qu'ils sont assez perfectionnés en Allemagne, et produits à des prix plus bas qu'en France.

Il y a, par contre, le fil qu'on appelle *fil lisse*, *fil grillé*, *fil popeline*, qui se fait aussi en laine anglaise, qui n'est pas prohibé, qui entre au droit de 7 francs le kilogramme. Nous n'avons en France qu'une filature ou deux qui en produisent. C'est un fil qui pourrait être appelé à une consommation beaucoup plus grande, si le droit protecteur était diminué. M. de l'Escaille.

Je crois, sans pouvoir rien préciser, qu'il y a lieu d'accorder la plus large protection possible à la filature de laine en France, parce que, malgré ses progrès, elle n'en est pas moins dans un état de souffrance très-marqué depuis plusieurs années, et ne réalise que bien peu de bénéfices, quand elle n'éprouve pas de pertes.

Sont introduits :

MM. SAUTRET, fabricant de tissus en laine peignée, à Betheniville (Marne).

MARTEAU, négociant commissionnaire en laine, fils et tissus, à Reims.

LAINES.

TISSUS DIVERS.

IMPORTATION DES LAINES, EXPORTATION DES TISSUS.

Reims et Betheniville (Marne).

M. le Président. Si vous avez, Messieurs, préparé une note en réponse au questionnaire, veuillez bien nous en donner lecture.

M. Sautret. La note que j'ai préparée n'a pas été concertée entre M. Marteau et moi.

M. Marteau. En ma qualité de commissionnaire, j'ai de fréquents rapports avec M. Sautret; mais comme nous ne nous sommes pas concertés pour nos réponses, je demanderai la permission de lire également, après lui, quelques observations.

M. le Président. Vous aurez la parole après M. Sautret.

M. Sautret. Voici mes réponses en suivant l'ordre des questions posées:

§ 1er. — ACHAT ET PRÉPARATION DES LAINES.

1re Question. — J'emploie des laines brutes de toute provenance, lavées à dos, ou en suint, de France, d'Allemagne, d'Australie, etc.; les prix en moyenne sont de 6 fr. 50 cent. à 6 fr. 60 le kilogramme; les frais de transport, de commission, y entrent pour 2 p. 0/0 pour les laines étrangères.

2e Question. — Je ne pense pas que les laines que nous employons nous reviennent plus cher que celles employées par les industriels anglais.

3e Question. — Je fais peigner chez MM. Holden, à Reims.

4e Question. — Je ne fais pas de laines teintes.

FILATURE.

1re Question. — Je suis filateur pour mon compte; j'ai 3,400 broches; les laines que j'achète brutes, je les fais peigner pour les filer ensuite chez moi, en fil écru.

Je fais des chaînes doubles, mais sans être retorses.

2ᵉ Question. — Je me sers de métiers Mull-Jenny depuis 1824; ces métiers ont été faits, à cette époque, par M. Laurent, de Paris; en 1828, je montai des Boxerriens, de M. Villeminot, de Reims. Ces machines ont été modifiées et améliorées d'après les systèmes les plus nouveaux. En ce moment, le prix des métiers à filer est de 12 francs la broche; celui des défcutreurs et premiers passages, de 130 francs par cannelle; celui des métiers (bobinoirs préparatoires), de 100 francs, aussi par cannelle, en moyenne. MM. Sautret, Marteau.

Pour monter un établissement neuf, en comprenant tout, l'achat du terrain, les constructions, la machine à vapeur et le moteur, il faudrait calculer 65 francs par broche. Ces prix varieraient un peu suivant les localités.

M. Ernest Baroche. Dans ce prix de 65 francs par broche, le peignage est-il compris?

M. Sautret. Ce calcul est établi sans le peignage.

3ᵉ Question. — J'emploie un moteur hydraulique; le prix du loyer est de 500 francs par force de cheval; j'ai une moyenne de dix chevaux de force.

4ᵉ Question. — Je me sers aussi d'une machine horizontale à vapeur, construite chez M. Farcot, de Port-Saint-Ouen, près Paris; sa force nominale est de 30 chevaux; mais elle pourrait être poussée à 40 chevaux productifs. Le combustible que j'emploie est le charbon de terre (gailleterie); il revient à 39 francs les 1,000 kilogrammes. La quantité consommée est de 400,000 kilogrammes par an, soit 88 kilogrammes par broche. Mon chauffage est compris dans cette dépense.

5ᵉ Question. — Le chauffage de mes ateliers est pris directement au générateur; il entre pour un quart dans la dépense totale, et cela à cause des machines à encoller qui fonctionnent toute l'année, à vapeur libre.

6ᵉ Question. — Le numéro du fil que je produis est de 77 en moyenne, calculé à 1,000 mètres pour l'échée. Mon produit total annuel est de 2,600,000 échées, soit 158,260 par métier et 754 par broche, ou 2 échées 51/100 par jour et par broche.

Il pourrait se produire une variation d'un huitième en plus ou en moins, suivant les matières employées.

7ᵉ Question. — Le prix de la main-d'œuvre est de 1 fr. 30 cent., par jour pour les femmes; de 1 fr. 50 cent. à 1 fr. 75 cent. pour

MM. Sautret, Marteau. les rattacheurs; ils sont tous occupés à la journée, les femmes aux préparations, les rattacheurs avec les fileurs; ces derniers sont à la tâche: la journée leur vaut 3 francs en moyenne.

Les salaires ont augmenté depuis la réduction des droits d'entrée.

M. de Forcade la Roquette. Pourquoi les salaires ont-ils augmenté depuis cette époque?

M. Sautret. A l'époque où a eu lieu ce dégrèvement, j'ai pensé qu'il ne pouvait qu'être avantageux pour mon industrie. La prime de sortie sur les tissus devant être maintenue pendant plusieurs mois, après la suppression des droits d'entrée sur les laines, cette mesure pouvait, selon moi, occasionner, durant cette période, une demande plus active de mes articles, qui sont vendus généralement pour l'exportation.

C'est en effet ce qui est arrivé, et c'est dans cette prévision que j'ai augmenté les salaires pour m'assurer des ouvriers.

M. de Forcade la Roquette. Ainsi vous avez considéré le traité de commerce comme devant être avantageux pour votre industrie?

M. Sautret. Oui, Monsieur.

8e Question. — Le nombre d'ouvriers, hommes, femmes et enfants, que j'emploie, est d'environ 200. La part du prix de la main-d'œuvre dans le produit annuel est de 2 fr. 65 cent., en moyenne.

9e Question. — Je ne file que de la laine peignée.

10e Question. — Le prix courant de la filature pour tous numéros est en moyenne de 2 cent. 1/2; le prix de façon y est compris pour 2 centimes à 2 cent. 1/4, suivant la dépréciation faite à l'établissement. Il y a, du reste, peu de variation dans les prix, en prenant pour terme moyen le nº 90,000 mètres.

11e Question. — Je fais tisser mécaniquement mes fils, chaîne et trame (chaînes doubles et simples).

12e Question. — Je vends mes blousses pour la fabrication du drap et de la flanelle. Les déchets provenant de la filature et du tissage sont livrés à la Société des déchets établie à Reims; ils se composent de déchets de fileurs, déchets de tissage mécanique, déchets de tissage à la main, ponçage ou bourres d'épeutissage, noirs et duvets que les laines laissent en passant dans les machines, balayures des ateliers, etc. Le prix de ces déchets est de 3 fr. 50 cent. le kilogramme en moyenne.

13ᵉ Question. — Les prix moyens des fils, pendant les six derniers mois qui ont précédé la signature du traité de commerce, ont peu varié en France; je ne sais s'il en a été de même en Angleterre. MM. Sautret, Marteau.

14ᵉ Question. — La situation de mon industrie est, en ce moment, à peu près satisfaisante, relativement aux prix de vente comparés à ceux des années précédentes.

§ 2. — TISSAGE.

1ʳᵉ Question. — Mes produits se composent de mérinos double chaîne et de mérinos simples.

2ᵉ Question. — Les laines que j'emploie sont de différentes provenances, telles que la France, l'Allemagne, l'Australie, etc.

Les numéros de fil qui entrent dans ma fabrication varient du nº 65 au nº 115; ce qui donne une moyenne de 90 au kilogramme. Je n'achète pas de fils.

Les prix ont peu varié depuis trois à quatre ans.

3ᵉ Question. — J'ai des métiers à tisser au nombre de 106; ils sont mus par la vapeur et une force hydraulique conjuguées. J'ai commencé à marcher avec quelques métiers en 1852, et continué à marcher avec 104 depuis 1858. Ces métiers proviennent de plusieurs constructeurs, qui sont : MM. Félix Tierce, Lefebvre fils, Hue et Pelfrène, de Rouen. Le prix de chaque métier est de 700 francs; mais le prix moyen d'un métier monté est de 1,200 francs, tout compris.

4ᵉ Question. — Six métiers mécaniques à tisser absorbent la force d'un cheval; ils absorbent également, par chaque métier, la production de 40 broches à filer.

5ᵉ Question. — J'occupe des femmes et des jeunes filles de seize à dix-huit ans, pour les largeurs de 110 centimètres; le salaire de ces ouvrières est en moyenne de 2 fr. 25 cent. par jour.

Les hommes conduisent deux métiers et gagnent en moyenne 4 francs par jour, sur les largeurs de 140 centimètres.

6ᵉ Question. — Il me reste peu de métiers à la main; ils sont chez les ouvriers, mais le salaire de ceux-ci est bien inférieur : il ne va pas au delà de 1 fr. 25 cent. par jour.

7ᵉ Question. — La différence pour la rapidité, entre le métier mécanique à tisser et le métier à la main, est de 75 p. 0/0; la perfection est bien supérieure dans le premier, l'économie très-grande

MM. Sautret, Martrau.

Un métier mû mécaniquement peut produire au moins trois fois autant qu'un métier à bras; le tissu est beaucoup plus régulier.

8ᵉ Question. — Pour la préparation du tissage, j'ai dans mes ateliers un bobinage, un ourdissage, un encollage et un rentrayage; ces quatre parties de la préparation se font mécaniquement. J'occupe pour l'ensemble six ouvriers et ouvrières. Le prix que coûte ce travail est de 3 francs par jour par chaque ouvrier. La production journalière pourrait être de 1,200 mètres de fils encollés.

9ᵉ Question. — Les frais varient suivant les matières plus ou moins fines que l'on emploie, quoiqu'il n'y ait rien de changé dans la vitesse du moteur. Je produis toutes les qualités selon les demandes qui me sont faites.

10ᵉ Question. — Ma fabrication est spéciale en mérinos doubles et mérinos simples; il n'y entre que de la laine peignée pure.

11ᵉ Question. — Je n'ai pas connaissance que l'on fabrique en Angleterre le même genre de mérinos que moi.

12ᵉ Question. — En prenant pour base d'appréciation le poids de chacun de mes produits, on peut aussi les classer par la finesse et le nombre de croisures. Ils se vendent généralement à la quantité de croisures contenues dans un centimètre. Ces distinctions sont très-faciles à reconnaître, même à l'œil nu, pour les personnes qui en ont la pratique. Mes produits se vendent aussi suivant les matières plus ou moins bonnes qui y ont été employées, mais toujours, néanmoins, eu égard au nombre de croisures, dont le prix varie de 20 à 25 centimes la croisure pour les mérinos simples, et de 30 à 35 centimes pour les mérinos chaîne double.

13ᵉ Question. — Mes produits sont vendus sur le marché de Reims. J'écoule assez facilement, et presque toujours au fur et à mesure de ma fabrication.

La situation de mon industrie a peu varié depuis trois ou quatre ans; les prix sont restés les mêmes, malgré les fluctuations qui ont eu lieu sur les laines.

Beaucoup de mes produits sont exportés, principalement mes mérinos double chaîne, en Espagne et en Italie.

14ᵉ Question. — Je ne connais pas suffisamment ce que font les Anglais, en fait de mérinos, pour pouvoir dire s'ils sont dans de meilleures conditions que nos fabricants français. Il me paraît, et je me plais à le croire, que la suppression des droits d'entrée sur les laines étrangères contribuera considérablement à nous faciliter la concurrence principalement pour l'article mérinos, puisque nous pourrons nous les procurer aux mêmes prix que les Anglais, sauf les frais de transport qui sont presque insignifiants. Tous les ans je vends des mérinos à des maisons anglaises, pour l'exportation.

M. le Président. Vous vendez à des maisons anglaises, pour l'exportation en dehors de l'Angleterre ?

M. Sautret. Ce sont généralement des maisons anglaises qui achètent les mérinos à Reims, pour les exporter elles-mêmes en Amérique. J'ai eu souvent des rapports avec les maisons anglaises.

M. Germain Thibault. Étaient-ce des Anglais ou des Américains?

M. Sautret. Des Anglais.

M. le Président. D'après le traité de commerce, les marchandises prohibées (et les mérinos sont du nombre) ne seraient admises qu'au 1er octobre 1861, c'est-à-dire dans quatorze ou quinze mois. Pensez-vous que l'on pourrait laisser entrer les mérinos étrangers avant cette époque?

M. Sautret. Je n'y verrais pas d'inconvénient : nous sommes assez bien placés pour soutenir la concurrence et ne pas la craindre.

M. Legentil. Et vous vous croyez dans ces conditions dès à présent?

M. Sautret. Que ce soit plus tôt ou plus tard, ce sera toujours la même chose. Pour moi, je voudrais que ce fût aujourd'hui.

M. le Président. Monsieur Marteau, vous avez la parole.

M. Marteau :

1re Question. — J'achète des laines de France et des laines d'Australie.

Pour la laine de France, le prix moyen est actuellement de 6 francs le kilogramme; il est de 6 fr. 50 cent. pour la laine d'Australie. Je parle des laines lavées à dos pour le peigne.

Les frais de transport des laines achetées à Londres sont de 6 fr. 75 cent. par quintal métrique, environ 1 p. o/o. Les frais de courtage sont de 1/2 p. o/o, soit 3 fr. 25 cent. par quintal.

On paye, de la gare de Berlin à celle de Reims, savoir : transport 16 fr. 60 cent.; droits de sortie, 2 fr. 50 cent.; soit 19 fr. 10 cent. par quintal.

MM. Saulret, Marteau.

De Vienne : transport, acquit en douane, assurance, 19 fr. 55 cent.
De Pesth : pour les mêmes frais, 20 fr. 55 cent.
De Moscou : par Saint-Pétersbourg et le Havre, 35 fr. 05 cent.

FILATURE.

1re Question. — Après avoir fait peigner à façon, je fais filer.

2e Question. — Je fais filer des trames aux nos 80, 90, 100, 110.

On paye au filateur des prix de façon qui varient d'après la qualité de la laine, la nature et le numéro du fil. Pour la chaîne, on paye généralement d'un demi-centime à un centime par échée de plus que pour la trame. Le prix se paye au numéro. Il est actuellement de 2 cent. 1/4 à 2 cent. 1/2 pour les trames qui sont au-dessous du n° 100,000 mètres, et de 2 cent. 1/2 à 3 centimes pour les numéros au-dessus. Il varie selon les filateurs.

M. Ernest Baroche. Pour le n° 100, vous payez 2 cent. 1/2?

M. Marteau. 2 cent. 1/4 à 2 cent. 1/2.

M. Ernest Baroche. Est-ce le prix auquel, à Reims, tout le monde peut faire filer?

M. Marteau. Oui, Monsieur.

M. Ernest Baroche. Je fais remarquer au Conseil que tout à l'heure on a déclaré que le prix de filature était de 6 centimes, et, si ma mémoire me sert bien, en laissant le peignage en dehors de ce prix.

M. Marteau. On paye un demi-centime et un centime en plus, selon les chaînes, parce que, pour les chaînes, on cherche la qualité; mais cela ne varie pas au delà d'un demi-centime à un centime.

M. Ernest Baroche. Y a-t-il des prix courants détaillés?

M. Marteau. Oui, Monsieur.

M. Ernest Baroche. Pourriez-vous en envoyer au Conseil?

M. Marteau. Je puis envoyer les tarifs de chaque filateur. Seulement je ferai observer qu'à Reims on compte généralement par 700, 710, 720 mètres. Nous avons compté par 1,000 mètres.

M. Sautret. Quatre-vingts sur cent parmi les filateurs comptent par 720 mètres. MM. Sautret, Marteau.

M. le Président. Avez-vous quelque chose à ajouter relativement au peignage de la laine?

M. Marteau. Je vends des laines peignées et des fils aux fabricants de mérinos de la localité.

Chez plusieurs peigneurs, la façon se paye 1 fr. 10 cent., 1 fr. 20 cent. par kilogramme. MM. Holden font payer plus cher, parce qu'ils font mieux. Pour moi, je paye 1 fr. 40 cent., 1 fr. 50 cent., selon les qualités.

M. le Président. L'industrie du peignage a-t-elle besoin de protection?

M. Marteau. Je trouve qu'elle n'en a pas besoin. Il ne peut y avoir de concurrence que sur les prix des façons. Je crois qu'on paye aussi bon marché à Reims qu'ailleurs. Le prix de 1 fr. 20 cent. à 1 fr. 50 cent. est grandement rémunérateur. De l'aveu même des fabricants qui ont des peignages, la façon ne coûte pas au delà de 75 centimes.

Si M. le Président veut bien le permettre, j'entrerai dans quelques développements relatifs au mérinos que l'on vend sur le marché de Reims.

M. le Président. Nous vous écoutons.

M. Marteau. Les villages de la vallée de la Suippe et de la Retourne, situés à 25 kilomètres au nord de Reims, ont toujours été un centre très-actif de la fabrication de cet article. Jusqu'à ces dernières années, le tissage s'y faisait exclusivement à la main; il s'y fait encore activement par des ouvriers très-habiles; mais les fabricants qui possèdent des établissements de filature, y adjoignent des métiers à tisser mécaniques.

Je puis, dans le nombre, outre M. Sautret, de Betheniville, que vous venez d'entendre, citer M. Nouvion, de Pontfavarger, et MM. Paté frères, de Neuflize.

La plupart des établissements situés dans les localités dont je parle ont des moteurs hydrauliques.

Les fabricants ne vendent pas leurs produits directement; ils les envoient dans les dépôts qui constituent le marché au mérinos de Reims.

Je parle, bien entendu, des fabricants qui n'habitent pas Reims: ce sont les plus nombreux.

MM. Sautret. Marteau.

Pour ma part, je reçois une certaine quantité de leurs produits, notamment ceux des fabricants que je viens de nommer; je puis donc en parler en connaissance de cause: leurs moyens de production sont aussi économiques que possible.

La fabrication est généralement très-bonne, et les fabricants s'appliquent à l'améliorer tous les jours.

Aujourd'hui, les idées se portent vers la centralisation des moyens de production, tels que peignage, filature et tissage. On reconnait chaque jour que le succès pour l'avenir est dans cette voie, et l'on se prépare à y entrer résolûment. Au point de vue de cette transformation, il est certain que la réduction des droits d'entrée sur les fers et sur les machines procurera des résultats avantageux.

Depuis longtemps les laines propres à la fabrication du mérinos manquaient à la fin de chaque saison: les cours s'élèvent tous les ans, et cette situation contribue à arrêter le développement que notre industrie doit prendre. Aussi le traité de commerce, surtout en ce qui concerne le dégrèvement des matières premières, a-t-il été accueilli avec une satisfaction marquée.

Je puis dire que les relations journalières que j'ai avec les fabricants de mérinos m'ont démontré que ceux que je connais sont peu préoccupés de réclamer des droits protecteurs: ils sont parfaitement en mesure de pouvoir s'en passer; ce qui leur manque, pour le déclarer catégoriquement, c'est un peu plus de confiance en eux-mêmes.

Quant à moi, si je considère les ventes journalières que je fais de leurs produits, pour l'exportation, dans une proportion de 50 p. o/o, et quelquefois de 75 p. o/o pour certaine fabrication, j'estime qu'il n'y a pas nécessité d'établir des droits protecteurs pour cet article; car ce serait reconnaître une infériorité qui n'existe en aucune façon.

Le traité de commerce ne doit être mis à exécution que l'année prochaine, pour l'entrée des tissus anglais; à cet égard j'ai entendu bon nombre de personnes exprimer le désir qu'il soit mis à exécution tout aussitôt que l'Enquête sera terminée.

Je partage cette manière de voir: il faut que la transition se fasse; et plus tôt elle aura lieu, mieux ce sera.

M. Ernest Baroche. On ne fabrique pas de barége à Reims?

M. Marteau. Non, Monsieur.

M. Sautret. J'ai fait un tableau comparatif des anciens droits sur les laines, et j'ai été amené à cette conclusion : que, dans la position actuelle, nous sommes à même de pouvoir soutenir la concurrence pour les mérinos. MM. Sautret, Marteau.

M. Marteau. Je désirerais soumettre au Conseil Supérieur une observation qui n'a pas absolument trait à l'Enquête, mais qui intéresse la liberté du commerce en général.

Le commerce a beaucoup à se plaindre du retard qu'apportent les compagnies de chemins de fer à livrer les marchandises qu'elles transportent ; cela est regrettable, car il n'est pas toujours facile de recourir aux tribunaux pour se faire indemniser du préjudice qui en résulte pour le commerçant.

M. le Président. Avez-vous une idée sur les moyens qu'on pourrait prendre pour empêcher ces retards ?

M. Marteau. Non ; mais c'est une plainte que j'entends répéter tous les jours.

M. d'Eichthal. Personnellement, avez-vous éprouvé de ces retards pour vos marchandises ?

M. Marteau. Oui, Monsieur ; j'ai fait venir des marchandises de Londres et d'ailleurs ; elles ne me sont parvenues quelquefois qu'au bout de dix, quinze, vingt jours de retard. On a la lettre de voiture ; il faut demander une indemnité qu'on règle amiablement, ou bien aller devant les tribunaux. Le mieux serait de forcer les compagnies à livrer les marchandises plus rapidement.

M. Sautret. Il n'est pas un seul commerçant qui n'ait à se plaindre de ces retards.

M. le Président. Il a été pris note de vos explications. Ce que vous venez de dire sera consigné au procès-verbal, comme une observation présentée dans l'intérêt général de l'industrie.

(S. Exc. M. le Ministre de l'Agriculture, du Commerce et des Travaux Publics reprend le fauteuil de la présidence.)

Est introduit :

M. PHILIPPOT, fabricant de tissus de laine à Reims.

LAINES.

TISSUS DIVERS.

Reims.

M. LE PRÉSIDENT. Monsieur Philippot, avez-vous préparé des réponses écrites ?

M. PHILIPPOT. Oui, Monsieur le Président.

M. LE PRÉSIDENT. Veuillez nous en donner lecture.

M. PHILIPPOT. J'emploie des laines de France et d'Australie, ces dernières dans une faible proportion. Je fais mes achats à Londres directement. J'ai payé, à la vente de mai 1859 : à Londres, 5 fr. 90 cent. en magasins; en Russie, 6 fr. 42 cent. et 8 p. 0/0 ;

En juillet 1859, à Londres, 6 fr. 15 cent. en magasins; en Russie, 6 fr. 70 cent. et 8 p. 0/0;

En mai 1860, à Londres, 7 fr. 05 cent. en magasins; en Russie, 7 fr. 16 cent. et 1 1/2 p. 0/0.

Je fais peigner mes laines à façon; le prix moyen de cette opération est de 1 fr. 30 cent. pour les laines de France, et, pour les laines d'Australie, de 1 fr. 40 cent. Je fais également laver à façon mes laines pour cardes.

Je teins moi-même toutes les laines que j'emploie pour la nouveauté et les manteaux écossais; tandis que tout ce que j'emploie en laines peignées, je ne le teins pas, parce que je vends mes mérinos et la nouveauté faite avec ce genre de laine, en écru.

Je fabrique du mérinos, des manteaux unis, mélangés, et écossais pure laine, des brochés pure laine, et des brochés mélangés de laine et coton, des bolivars-écossais.

Les fils que j'emploie en laine cardée sont filés de 15,000 à

40,000 mètres au kilogramme, et, en peigné, de 50,000 à 140,000 mètres au kilogramme. M. Philippot.

Je ne suis pas filateur.

Je n'ai pas de métiers mécaniques.

La façon des manteaux, par mètre, est en moyenne :

Unis et écossais	0f 30c
Brochés	60
Écossais bolivars	35
Mérinos 9/8	56
Mérinos 5/4	74
Mérinos 7/4, 9 fr. 15 cent	1 25
Mérinos 7/4, 15 fr. 20 cent	1 60
Mérinos 7/4, 20 fr. 30 cent	2 50/75

Les ouvriers en mérinos 9/8 gagnent, en moyenne.	1f 50c	par jour.
En mérinos 5/4	1 75	
En mérinos 7/4	2 50	
En manteaux unis et écossais	1 80	
En brochés	3 25	
En bolivars écossais	1 75	
Les trieurs	6 00	
Les dégraisseurs	2 50	
Les ourdisseuses	2 25	
Les bobineuses	1 00	
Les teinturiers	2 25	

Le coton est entré, comme poids, dans ma production, pour 4 p. o/o en 1857, pour 13 p. o/o en 1858, et pour 10 p. o/o en 1859.

Les frais n'augmentent pas dans la proportion de la valeur de la matière employée.

Je n'ai pas d'articles similaires aux articles anglais.

Les tissus cardés se vendent généralement suivant le poids qu'ils ont. Il n'en est pas de même des tissus peignés, qui se vendent presque toujours au nombre de fils et suivant leur finesse.

Je vends tous mes tissus sur banque, à l'exception de quelques relations directes que j'ai avec Paris.

N'ayant pas de tissus similaires aux tissus anglais, je ne puis apprécier qu'approximativement l'avantage qu'ils ont sur les produits français; cependant je crois que les fabricants anglais ont un grand avantage sur nous pour les articles à bas prix, à cause de leur grande production. Je pense donc que, provisoirement, il est indispensable de grever les articles de grande consommation d'un droit plus fort que pour les articles chers et les hautes nouveautés, qui ont moins besoin d'être protégés.

M. Philippot. M. Ernest Baroche. Quel est le droit que vous proposeriez?

M. Philippot. Ce serait assez difficile à apprécier pour moi, parce que mes tissus n'ont pas de similitude avec les tissus anglais.

D'après le peu de tissus anglais que j'ai vus, je crois qu'il serait convenable d'établir un droit de 10 à 12 p. 0/0 provisoirement. Cela permettrait aux industriels français de se mettre à la hauteur des industriels anglais.

M. Ernest Baroche. Ou plutôt de se maintenir dans cette situation; car je crois qu'actuellement ils n'ont pas à craindre beaucoup leur concurrence.

M. Philippot. Les tissus anglais de laine et de coton, à bon marché, qui ne pouvaient pas entrer en France jusqu'ici, entreront peut-être dans une proportion assez grande pour faire tort à la production française. Les Français vont être obligés de se mettre dans les mêmes conditions de production que les Anglais, ce qui n'a pas lieu aujourd'hui, car nous ne sommes pas montés comme eux.

M. Ernest Baroche. Ce sont surtout les articles de laine et coton que vous craignez, et sur lesquels vous voudriez un droit?

M. Philippot. Tous les articles bon marché, de grande consommation.

Pour les articles de haute nouveauté, de goût, je crois que nous n'avons pas à redouter la concurrence anglaise. Mais sur les autres articles je demanderais un droit de 10 à 12 p. 0/0.

M. Herbet, *Commissaire général*. M. Dauphinot, qui avait été convoqué et qui n'a pas pu venir, a envoyé une déposition écrite. Il demande un droit protecteur de 15 p. 0/0.

LA SÉANCE EST LEVÉE.

SÉANCE DU LUNDI 23 JUILLET 1860.

PRÉSIDENCE DE S. EXC. M. ROUHER,

MINISTRE DE L'AGRICULTURE, DU COMMERCE ET DES TRAVAUX PUBLICS.

La séance est ouverte à une heure.

LAINES.

FILATURE ET TISSAGE.

FLANELLES, DRAPS; PRODUCTION EN BELGIQUE.

Verviers.

(M. Reveil, vice-président du Corps législatif, préside le Conseil à l'ouverture de la séance.)

Le procès-verbal de la précédente séance, lu par M. Ozenne, *Secrétaire*, est adopté.

Sont introduits :

MM. GOUVY, Président de la Chambre de commerce de Verviers (Belgique), filateur de laines cardées.

Jules MALI, fabricant de draps et d'étoffes de laines, membre de la Chambre de commerce de Verviers (Belgique).

Victor DEHESELLE, membre de la Chambre de commerce de Verviers, fabricant d'étoffes de flanelle à Thimister (Belgique.)

M. Reveil. Veuillez, Messieurs, faire connaître au Conseil vos réponses au questionnaire, en suivant l'ordre qu'il indique.

M. Mali. Nous sommes prêts à répondre aux questions que vous voudrez bien nous adresser.

MM.
Gouvy,
Jules Mali,
Victor Delhesselle

M. Herbet, *Commissaire général*. Ces Messieurs préféreraient, sans suivre le questionnaire, présenter des observations générales sur l'état de l'industrie drapière en Belgique. Le Conseil a entendu, dans de précédentes séances, des manufacturiers de Sedan émettre des assertions dont il n'a pu vérifier l'exactitude, en ce qui concerne les conditions générales de la production à Verviers, le prix des laines, le taux des salaires, la situation respective des fabricants de draps belges et de leurs concurrents des Provinces-Rhénanes, etc. Je ne doute pas que MM. les Délégués de la Chambre de commerce de Verviers ne soient parfaitement en mesure de nous éclairer sur ces divers points.

M. Ozenne, *Secrétaire*. On a dit surtout que l'industrie drapière s'était transformée en Belgique, par suite de la concurrence anglaise; et que, depuis l'établissement du droit fixe et invariable de 300 francs par 100 kilogrammes, on avait abandonné la fabrication des étoffes fines pour faire les étoffes ordinaires et communes. C'est particulièrement sur ce point qu'il serait bon d'avoir l'opinion des déposants.

M. Herbet. En effet, on nous a dit que, par suite des modifications apportées au tarif belge, l'Angleterre importait des quantités considérables de draps en Belgique; que la fabrique de Verviers faisait maintenant peu de draps et beaucoup d'étoffes. J'avais cependant observé, en visitant, il y a peu d'années, les principaux établissements de cette ville, que les importantes maisons Biolley et Simonis se livraient presque exclusivement à la fabrication des draps. M. Mali, associé et directeur de la seconde de ces maisons, pourrait peut-être dire au Conseil si cette transformation qu'on a signalée a eu lieu réellement, et pour quelles causes et dans quelle mesure.

M. Mali. En effet, la maison Simonis, il y a dix ans, fabriquait presque exclusivement des draps; c'était la même industrie que chez MM. Biolley.

Depuis, un changement s'est opéré dans ces deux maisons, en ce sens qu'on y fabrique beaucoup d'étoffes nouveautés en sus de l'ancienne production de draps. La raison déterminante de cette modification dans leur production, c'est que la mode a changé. L'habit noir est réservé pour les grands jours, et la consommation régulière demande des étoffes : il a bien fallu suivre le consommateur dans la demande.

Si le drap anglais avait supplanté les draps belges, il aurait dû arriver à une importation bien plus considérable que celle qu'il a atteinte : or l'importation totale des draps anglais, en Belgique, dans les années dernières, s'élève à peine à la production d'une fabrique moyenne, soit 4,800 pièces. Les états de douanes ne renseignent que sur les poids. En prenant une moyenne comparative en pièces, nous arrivons à 4,800 pièces.

MM. Gouvy, Jules Mali, Victor Delrecelle.

M. Ozenne. C'est en effet le chiffre de l'importation anglaise en Belgique.

En 1859, elle n'a pas dépassé 26,000 kilogrammes, tandis que l'importation de Belgique en Angleterre a été de 553,000 kilogrammes.

M. Mali. L'Angleterre consomme peu d'étoffes belges; elle ne fait que les recevoir en transit; de là nos étoffes passent aux pays transatlantiques.

M. Ozenne. C'est le même fait qui se produit pour la France : la Belgique importe en France 496,000 kilogrammes d'étoffes; évidemment c'est pour le transit.

M. Herbet. On comptait, il y a dix ans, à Verviers, 17 filatures qui comprenaient 120 assortiments. Ce chiffre a-t-il changé depuis cette époque?

M. Gouvy, *Président de la Chambre de commerce de Verviers, filateur de laines cardées.* La fabrique de Verviers a toujours continué de progresser, et je crois que la filature de laine cardée y est appelée à de nouveaux développements. Ce progrès doit son origine à l'abaissement des droits sur les fils, en 1846. De 1843 à 1846, le droit sur l'importation des fils de laine en Belgique a été de 120 francs les 100 kilogrammes; en 1846, ce droit a été abaissé à 60 francs. Des quantités considérables de fils ont été importées chez nous après 1846; cette importation a eu pour conséquence le développement du tissage, et nous estimons que le tissage d'un pays ne peut se développer sur une échelle un peu considérable, que quand il lui est permis d'aller chercher ses fils où il peut les avoir à bon marché.

Vos fils de France sont donc venus développer le tissage à Verviers; quand ce développement est arrivé à un certain degré, notre filature, voyant des demandes constantes et assez considérables, s'est efforcée de les satisfaire, et nous sommes parvenus à fournir une grande partie de la consommation. Mais, aujourd'hui encore, la France fait certains numéros que nous ne faisons pas en Belgique,

MM.
Gouvy,
Jules Malt,
Victor Delbeselle.

parce qu'on n'y consomme pas encore assez de ces numéros pour monter des filatures *ad hoc*.

Nous considérons que c'est un service qui nous a été rendu, que de nous donner ces fils de France à meilleur marché, et nous croyons qu'il en sera toujours ainsi : toujours l'importation des fils développera le tissage; et, en définitive, ce sont les filatures du pays qui profitent de ce développement. Cependant nous reconnaissons que chaque pays a des spécialités qu'il conserve.

La France fait certains fils que nous ne pouvons pas faire aussi bien qu'elle. L'Angleterre en fait d'autres que ni la Belgique ni la France ne peuvent produire avec la même perfection; de sorte que nous concluons qu'il y a avantage, pour tous, à ce que les relations internationales soient rendues aussi faciles qu'il sera possible.

M. Reveil. Quelle sera, selon vous, l'influence du traité de commerce sur les rapports de la France avec la Belgique?

M. Gouvy. Je vous avoue que, jusqu'à présent, je ne suis pas bien édifié sur les conséquences qui peuvent en résulter. Mais voici ce que je pense pour mon compte : c'est que l'importation en Angleterre étant libre, je ne vois pas ce qui pourrait empêcher les marchandises de tous les autres pays de vous arriver par le canal de l'Angleterre.

M. Ernest Baroche. Il y a cependant un certificat d'origine qui est demandé aux exportateurs anglais.

M. le comte de Lesseps. Il y a, de plus, les frais de transport dont il faut tenir compte.

M. Ernest Baroche. Êtes-vous filateur de laines peignées?

M. Gouvy. De laines cardées seulement.

M. Ernest Baroche. Quels sont les numéros que l'on fait chez vous et qu'on ne fait pas en France?

M. Gouvy. On ne fait guère chez nous de numéros au delà de ce que nous appelons le n° 24, soit 33,600 mètres. La majeure partie de notre production est en n° 18, soit 25,000 mètres et au-dessous.

M. Ernest Baroche. Filez-vous tous les numéros au-dessous du n° 18?

M. Gouvy. Oui, Monsieur.

MM. Gouvy, Jules Mali, Victor Dehesselle.

M. Ernest Baroche. Et au-dessus?

M. Gouvy. Nous ne produisons rien.

M. Ernest Baroche. A quoi attribuez-vous cette différence dans la production?

M. Gouvy. Je crois que nous ne produisons pas de ces numéros fins, parce qu'il n'y a pas une demande assez considérable pour fournir à l'établissement d'une filature.

M. Ernest Baroche. Quelles sont les étoffes qu'on fait avec ces numéros de 25,000 mètres au kilogramme?

M. Dehesselle, *Membre de la Chambre de commerce de Verviers, fabricant d'étoffes de flanelle à Thimister (Belgique)*. On fait toutes les étoffes de la fabrique de Saint-Nicolas, dans les Flandres. Le fil est vendu en gras, et tissé, sans recevoir aucune espèce d'apprêts; ce sont particulièrement des étoffes pour femmes.

M. Ernest Baroche. Préparez-vous vous-même vos laines?

M. Gouvy. Je suis filateur à façon de toutes les espèces de numéros et avec toutes espèces de matières.

M. Ernest Baroche. Vous avez connaissance des prix français et belges de la filature à façon. Quel prix de façon prenez-vous, par exemple, pour les numéros de fil correspondant à 12,000 mètres en France?

M. Gouvy. 1 franc et quelques centimes le kilogramme.

M. Ernest Baroche. Je prends ce numéro, parce que je crois que c'est un de ceux que vous faites le plus; c'est la fabrication moyenne.

M. Gouvy. Oui, de 12,000 à 15,000 mètres.

M. Ernest Baroche. Vous employez toute espèce de laine, allemande, coloniale, et même de France?

M. Gouvy. Oui, Monsieur.

M. Ernest Baroche. Quel est le droit, en Belgique, sur les fils de laine?

M. Gouvy. 60 francs les 100 kilogrammes pour les provenances de France, et 120 francs pour celles des autres pays.

MM.
Gouvy.
Jules Mali.
Victor Deheselle.

M. Amé. Un fait assez intéressant résulte des déclarations des déposants: c'est que la Belgique exporte en Angleterre des quantités considérables d'étoffes qui vont alimenter les marchés étrangers. Cette préférence, ainsi donnée aux produits belges, est-elle due à une fabrication supérieure ou à une infériorité de prix notable?

M. Gouvy. Je crois qu'il y a de l'un et de l'autre. Nous avons été forcés de chercher à exporter, et nous exportons au moyen de commissionnaires marchands, qui vont remettre des échantillons à l'étranger pour solliciter des commissions sur ces échantillons.

Dans le principe, nous avons eu peu de commissions; on nous a dit : « Il faut que vous nous présentiez ces marchandises à meilleur marché, pour que nous puissions vous donner des ordres. » Nous avons cherché à produire à moindre prix, comme on le fait sous l'aiguillon de la nécessité; nous avons tâché de simplifier autant que possible les moyens de fabrication, de n'employer que les matières qui permettent de produire au meilleur marché possible. Il faut satisfaire le goût du consommateur. Quand il demande du léger, de l'apparent, et qu'il ne tient pas à la qualité, il faut lui donner ce qu'il désire : voilà les conditions que nous devons remplir pour exporter.

Je crois que la France est dans les mêmes conditions de production que nous, et que si elle se trouve un jour sous l'empire du stimulant qui nous a aiguillonnés, elle fera comme nous. Nous recevons les laines des mêmes pays que la France, et aux mêmes prix. La différence des salaires entre les deux pays est à peine appréciable. Je ne vois pas sur quoi on pourrait établir une différence essentielle dans les conditions de production des deux fabrications.

M. Reveil. Vous connaissez l'outillage de la fabrique française?

M. Deheselle. Il est absolument le même qu'en Belgique. J'ai vu quelques fabriques françaises; j'ai trouvé l'analogie complète. Quand il parait une machine en France, on s'en sert immédiatement à Verviers. Il y a très-peu de distance entre les deux pays, et les constructeurs de machines nous tiennent au courant des améliorations qui s'introduisent dans l'outillage des pays voisins.

M. Ernest Baroche. Quel est le prix du charbon à Verviers?

M. Deheselle. Celui qui sert à alimenter nos machines à vapeur nous revient à 85 francs le wagon de 5,000 kilogrammes.

M. Herbet, *Commissaire général.* Cela ferait 17 francs la tonne; on m'avait donné à Verviers le chiffre de 14 à 15 francs la tonne rendue à l'usine. C'est du charbon des environs de Liége ?

MM. Gouvy, Jules Mali, Victor Deheselle

M. Gouvy. Oui, la plupart du temps.

M. Herbet. Et qui ne vous coûte que 4 à 5 francs de transport.

M. Deheselle. A quelle époque vous a-t-on donné ce renseignement ?

M. Herbet. En 1857.

M. Deheselle. Le charbon a un peu augmenté depuis.

M. Ernest Baroche. Votre charbon est mêlé de menu ?

M. Gouvy. C'est du tout venant. Nous avons beaucoup de houillères dans les environs de Liége : il y a des charbons de très-bonne qualité, qui reviennent à 85 francs les 5,000 kilogrammes, soit 17 francs la tonne; il y a d'autres houillères où l'on peut avoir le charbon à meilleur compte, à peu près dans les prix indiqués par M. le Commissaire général.

M. Reveil. Monsieur Deheselle, connaissez-vous la différence des salaires entre la France et la Belgique ?

M. Deheselle. Je ne pourrais pas faire de comparaison; mais pour les salaires à Verviers, je puis vous en dire quelque chose. Il est difficile de recueillir des renseignements sur les salaires chez les industriels; je n'oserais pas dire que je vous donne des chiffres précis; mais je crois qu'on peut calculer que les fileurs gagnent au minimum 2 francs, et au maximum 5 francs; les tisserands, de 2 à 6 francs.

M. Ernest Baroche. Un homme peut ne gagner que 2 francs ?

M. Deheselle. Oui, c'est le chiffre le plus bas. Il peut aussi gagner 6 francs.

M. Schneider. Entre ces deux extrêmes très-éloignés, pourriez-vous fixer une moyenne approximative, représentant l'ensemble des salaires des fileurs ?

M. Deheselle. C'est plus difficile, parce qu'il faudrait pour cela apprécier la quantité de fin et la quantité de commun qu'on fait dans chaque catégorie. Des renseignements plus complets peuvent être

MM. Gouvy, Jules Mali, Victor Delhesselle.

pris à Verviers; ils nous mettront en état de vous transmettre ultérieurement des moyennes exactes, par suite des questions faites aux fabricants eux-mêmes. S'il fallait vous dire tout de suite le salaire moyen, je crois pouvoir indiquer 3 francs.

M. HERBET, *Commissaire général*. En 1857, la moyenne était de 2 fr. 50 cent. pour les hommes, et de 1 fr. 25 cent. pour les femmes.

M. SCHNEIDER. Avez-vous constaté une augmentation de salaires?

M. GOUVY. Sur ce point, la Chambre de commerce de Verviers a émis un avis : elle a évalué l'augmentation à 20 p. 0/0. J'ai eu occasion de rechercher ce renseignement pour une séance publique à laquelle j'assistais; j'ai comparé les salaires des ouvriers de ma filature de 1852 à 1859 : dans cette période, l'augmentation a été de 20 p. 0/0. Dans ma filature tous les ouvriers sont aux pièces.

M. SCHNEIDER. Même ceux qui étendent la laine sur les cardes?

M. GOUVY. Oui, Monsieur.

M. D'EICHTHAL. Y a-t-il eu, dans les outils, dans les procédés, des améliorations qui aient pu donner du bénéfice pour les fabricants, en même temps qu'une augmentation de salaire pour les ouvriers?

M. GOUVY. Pour ce qui me concerne, il n'y a rien eu de nouveau chez moi; mais voici ce que je puis ajouter : c'est que dans cette période de temps, je suis parvenu à faire produire un cinquième de plus à mes ouvriers, même à ceux qui sont employés à étendre la laine. Je n'emploie que des hommes dans ma filature.

M. SCHNEIDER. Ainsi, sans augmentation de matériel, par suite de l'émulation et de la bonne direction des ouvriers, vous êtes arrivé à augmenter la production, à peu près dans la proportion de l'accroissement des salaires, et le prix du fil serait resté stationnaire pendant que l'ouvrier aurait augmenté son salaire.

M. GOUVY. Oui, Monsieur.

M. SCHNEIDER. Quel est le nombre d'heures de travail à Verviers?

M. GOUVY. Dans les fabriques qui travaillent dans les mêmes conditions que la mienne, la durée du travail est de vingt-quatre heures, avec des ouvriers de jour et des ouvriers de nuit. C'est le meilleur moyen de produire à bon marché, parce que les frais généraux sont diminués.

MM.
Gouvy,
Jules Mali,
Victor Deheselle.

M. d'Eichthal. Vous trouvez le travail de nuit aussi productif?

M. Gouvy. Oui, à peu près.

M. Ernest Baroche. La même chose a lieu à Louviers; seulement à Louviers ce sont des filatures à moteur hydraulique.

M. Gouvy. Il y en a aussi à Verviers, mais en petit nombre. Chez moi, on travaille à la vapeur.

M. Ernest Baroche. Et même à la vapeur, vous trouvez avantage à faire travailler de nuit?

M. Gouvy. Oui, Monsieur.

M. Schneider. Quel est le nombre d'heures de travail pour ceux qui ne travaillent que de jour?

M. Gouvy. Douze heures : de cinq heures du matin à sept heures du soir, avec deux heures de repos.

M. Herbet, *Commissaire général*. Il n'y a pas, en Belgique, de loi limitative des heures de travail.

M. Gouvy. C'est la règle qui s'est établie d'elle-même à Verviers, par la force de l'habitude.

M. Schneider. Précédemment, travaillait-on plus longtemps?

M. Gouvy. Toujours douze heures, dans les temps ordinaires; mais quand des ordres plus nombreux obligent les fabricants à travailler plus rapidement, il y a certains ouvriers qui font quinze heures. Ce n'est jamais une chose régulière; c'est pour remplir des ordres reçus et fournir à l'époque fixée : alors on travaille de manière à ne pas être en retard.

M. Schneider. Vous n'avez pu comparer les salaires de Belgique aux salaires de France; mais avez-vous quelque indication comparative des salaires de Belgique et des salaires des Provinces-Rhénanes?

M. Deheselle. Ce que je puis vous dire, c'est que la situation de l'ouvrier est probablement meilleure à Verviers qu'à Aix-la-Chapelle; car il y a beaucoup d'ouvriers qui viennent d'Aix à Verviers, et il y en a peu qui aillent de Verviers à Aix : on peut en conclure que le taux des salaires est plus élevé chez nous.

MM. Gouvy, Jules Mali, Victor Deheselle.

M. Schneider. C'est une indication générale; ce ne sont pas des chiffres qui puissent être comparés.

Vous n'avez pas non plus d'indications par rapport aux filatures de Saxe et de Moravie?

M. Deheselle. J'étais en Saxe, en 1855; et, d'après les renseignements que j'ai obtenus à cette époque, il y avait une petite différence en moins sur les salaires de Verviers; mais cette différence était tout au plus de 10 p. 0/0. Quand il s'agissait d'apprêts ou d'un travail plus difficile encore, comme de celui des ouvriers mécaniciens ou des contre-maîtres, le prix était au moins aussi élevé qu'à Verviers.

M. Schneider. Je crois, en effet, que, pour le travail exceptionnel, qui constitue un art, le salaire est au moins aussi élevé en Allemagne qu'en Belgique et en France; mais on nous a dit qu'il y avait, pour les fileurs, pour les tisseurs, une différence considérable entre nous et la Saxe et une certaine partie de l'Autriche.

M. Deheselle. J'ai vu, près de Leipsig, des filatures analogues à celles de Verviers, où le prix de la main-d'œuvre était à peu près le même que chez nous; il y avait tout au plus quelques pour cent de différence en moins avec les salaires de Verviers.

M. Herbet, *Commissaire général.* Pouvez-vous vous procurer aisément des ouvriers dans les Provinces-Rhénanes?

M. Gouvy. Il n'y a guère que des mécaniciens et quelques tisserands qui viennent chez nous.

M. Herbet. Je me suis trouvé à Verviers, après une grande épidémie; on manquait d'ouvriers, et les fabricants éprouvaient les plus grands embarras pour satisfaire à des commandes considérables des États-Unis. Il paraît que les tisserands des Flandres se décident très-difficilement à venir travailler à Verviers.

M. Gouvy. C'est vrai; nos populations sont sédentaires; nos ouvriers sont, en général, des environs de Verviers.

M. Ernest Baroche. Quelle est l'importance, en kilogrammes de laine, de la production de Verviers?

M. Deheselle. Le rapport de la Chambre de commerce de Verviers en donne exactement le chiffre. Il peut, d'ailleurs, être fourni également par le chef de station de Verviers. Nous pourrons vous le transmettre

MM. Gouvy, Jules Mali, Victor Delhesselle.

M. d'Eichthal. Pourriez-vous nous donner des renseignements sur le changement survenu, depuis sept ou huit ans, dans les échanges de draps entre la Belgique et l'Angleterre; il nous a été dit que les Anglais vous devenaient supérieurs pour les qualités fines, et qu'au contraire vous gagniez du terrain sur eux pour les qualités inférieures.

M. Gouvy. Je ne crois pas qu'un seul fabricant se soit aperçu de ce fait-là. Depuis quelques années, la consommation des étoffes a beaucoup augmenté; la consommation des draps a par conséquent diminué, parce que les étoffes se substituent aux draps en beaucoup de cas; mais je crois pouvoir affirmer qu'à Verviers il se fabrique autant de draps fins que par le passé, relativement à la consommation totale des draps; je crois même qu'on en fabrique davantage, vu la quantité consommée : de sorte que je ne puis admettre que les draps fins anglais se soient substitués aux draps belges. J'ajoute que je ne crois pas que ce soit dans les draps fins que l'Angleterre excelle. Dans les voyages que j'ai faits en Italie, à une époque déjà éloignée, il est vrai, j'ai vu les produits des fabriques anglaises, saxonnes et françaises; je n'ai pas remarqué de supériorité dans les draps fins anglais. Aucun de mes confrères n'a reçu, à ma connaissance, de renseignements de cette nature.

M. Herbet, *Commissaire général*. M. Mali nous a dit tout à l'heure que les maisons belges, qui ne faisaient guère autrefois que des draps, font concurremment aujourd'hui des étoffes.

M. Mali. La plupart des fabricants qui faisaient des draps ordinaires se sont mis à faire des étoffes. Ceux qui faisaient les draps fins ont continué à les produire. Beaucoup de fortunes ont été faites depuis quelques années; on en attribue la cause à la fabrication des étoffes nouveautés.

M. Ernest Baroche. L'usage des métiers mécaniques à tisser les draps se développe-t-il à Verviers?

M. Mali. Non. Il y en a une douzaine dans notre établissement.

M. Herbet. Et chez MM. Lieutenant et Peltzer?

M. Mali. M. Peltzer en a une quarantaine depuis douze ans. Nous en avons cassé, nous les avons remplacés; c'est un progrès, mais pas tel encore que nous soyons engagés à le développer; ce n'est encore qu'à l'état d'essai que l'on emploie ces métiers.

MM.
Gouvy,
Jules Mali,
Victor Deheselle.

M. Ernest Baroche. Les comparaisons que vous avez pu faire vous donnent-elles lieu de penser que le métier mécanique se développera?

M. Mali. Nous sommes persuadés qu'il doit se développer; nous sommes poussés à l'employer par le renchérissement incessant du tissage à la main.

M. Ernest Baroche. Le nombre des ouvriers a-t-il diminué, par suite de l'introduction des métiers mécaniques?

M. Gouvy. Non; mais on peut employer plus de femmes et plus d'enfants; en un mot, cela permet de substituer le travail intelligent au travail physique; et quand le métier mécanique n'aurait que cet avantage, je crois qu'il est dans sa destinée de prévaloir sur le métier à la main.

M. Ernest Baroche. Où prenez-vous vos métiers?

M. Mali. En Belgique, en Saxe et en Angleterre.

M. Ernest Baroche. Avez-vous des métiers avec changement de navettes?

M. Mali. J'en ai vu travailler un, il y a quinze jours; mais c'est un fait exceptionnel; quand nous l'avons demandé au fabricant, il nous a dit qu'il n'en avait encore fait que deux, un qu'il gardait, et un autre qu'il avait expédié à M. de Montagnac. C'est un métier à plusieurs navettes, avec un petit jacquart.

M. Ernest Baroche. Combien y a-t-il de boites à ces métiers?

M. Deheselle. Il y a des métiers à 4, à 6 et même à 8 boites. On n'a pas réussi à dépasser 35 coups à la minute. Malheureusement on en vient toujours à des frais généraux trop élevés, qui absorbent la plus grande partie des bénéfices. Il faut calculer, pour tous ces frais, 75 à 80 p. o/o sur le prix du tissage. Nous faisons partie d'une société en commandite. Notre établissement travaille à façon; nous n'avons pu réussir encore à le rendre très-prospère, parce que les frais généraux ont dépassé de beaucoup notre attente.

M. Ernest Baroche. Vous êtes fabricant de flanelles de santé, de flanelles unies?

M. Deheselle. Oui, Monsieur.

M. Ernest Baroche. En expédiez-vous à l'étranger?

MM.
Gouvy,
Jules Mali,
Victor Dehesselle.

M. Dehesselle. En Hollande et à Hambourg; ce sont nos seuls lieux d'exportation.

M. Herbet, *Commissaire général*. Vous avez à lutter sur ces marchés contre la concurrence anglaise?

M. Dehesselle. Oui, Monsieur.

M. Herbet. Les droits imposés aux flanelles de fabrication étrangères sont-ils élevés en Belgique?

M. Dehesselle. 30 p. 0/0; aussi n'entre-t-il de flanelles anglaises que dans une faible mesure.

M. Herbet. Dans les magasins de Bruxelles, d'Anvers, on vend vos flanelles comme flanelles anglaises. Il en est de même pour les draps belges; on dirait qu'il est impossible d'en trouver en Belgique : les marchands et les tailleurs vous offrent toujours des draps de France, d'Angleterre et d'Allemagne, fabriqués probablement à Verviers.

M. Amé. A ce propos, je vous demanderai si l'on a fait, en Belgique, des observations sur l'uniformité de tarification, sur le droit spécifique de 3 francs au kilogramme pour tous les draps.

M. Gouvy. On a toujours remarqué que le droit spécifique était onéreux pour les classes pauvres.

M. Amé. En fait, le droit spécifique a-t-il favorisé, en Belgique, l'introduction de beaucoup de draps fins?

M. Gouvy. C'est justement en quoi il a été mauvais; c'est qu'il a empêché l'entrée en Belgique des draps communs étrangers. C'est en cela que nous sommes restés les plus faibles, c'est-à-dire dans la production des draps de 5 à 7 francs le mètre. La cause de cette infériorité, c'est, à mon avis, que nous n'avons pas eu l'aiguillon de la concurrence sur le marché intérieur. Si les draps allemands avaient pu entrer chez nous, nous ferions probablement aussi bien que les Allemands à l'heure qu'il est. Pour ces qualités-là, nous leur sommes inférieurs; la preuve, c'est que nous n'en exportons pas une pièce : l'étranger trouve mieux ailleurs.

M. Herbet, *Commissaire général*. Ainsi les fabriques, comme celles de Dison, qui fabriquent ces draps communs, en exportent peu?

M. Gouvy. Très-peu. Ce serait du reste une erreur de penser que

MM.
Gouvy,
Jules Mali,
Victor Delbeselle.

la fabrique de Dison se borne aux draps communs; elle fait aussi des draps fins.

M. Schneider. Vous avez examiné, sur les marchés étrangers, quelle était la valeur des draps de diverses provenances : ainsi vous constatez en ce moment que la Belgique est inférieure à l'Allemagne, particulièrement pour les draps communs. Comment, à votre sens, doivent se classer les draps d'Angleterre, de Belgique et de France?

M. Gouvy. Il serait difficile, sans réflexion préalable, de répondre d'une manière catégorique à cette question.

M. Schneider. On nous a dit que les Anglais avaient fait des exportations de draps fins en Belgique; nous avons tout à l'heure reconnu que cette assertion était inexacte, ou au moins n'avait pas de portée; mais on nous a dit, d'un autre côté, que les Anglais avaient une supériorité très-marquée, sur tous les marchés du monde, pour les étoffes à paletot, pour les grosses étoffes, les étoffes largement feutrées. L'Angleterre a-t-elle réellement cette supériorité? Faites-vous cet article aussi bien, les Allemands le font-ils aussi bien que les Anglais?

M. Gouvy. Ce que je sais, c'est que nous en faisons et que nous en exportons beaucoup en concurrence avec l'Angleterre et avec l'Allemagne. Cependant nous avons, en Belgique, des importations françaises, anglaises ou allemandes de ces sortes d'étoffes, qui sont de fantaisie, et sur lesquelles le droit n'a pas d'action, parce que les personnes qui se servent de ce genre d'étoffes sont des personnes aisées qui achètent l'étoffe moins pour elle-même que pour le goût avec lequel elle est fabriquée.

M. Schneider. Quel est le pays où l'on fait, selon vous, les meilleures qualités, relativement aux prix?

M. Gouvy. A mon avis, les Anglais font le mieux les étoffes en laine commune, les étoffes de fantaisie qui n'ont pas de valeur intrinsèque, qui coûtent très-peu, et qui acquièrent toute leur valeur par le genre qu'on leur donne.

M. Schneider. Admettez-vous que le coton y soit pour quelque chose?

M. Gouvy. Les étoffes dont je parle sont en pure laine.

M. Herbet, *Commissaire général*. Le mélange du coton avec la laine s'opère-t-il à Verviers?

MM. Gouvy, Jules Mali, Victor Dehesselle.

M. Gouvy. Dans de très-petites proportions; ce n'est pas la peine d'en parler.

M. Herbet. Les Anglais mêlent ces deux matières dans une très-large proportion et avec succès.

M. d'Eichthal. L'importation anglaise des draps et des étoffes de laine, en Belgique, a été seulement de 26,000 kilogrammes en 1859; et votre exportation en Angleterre, consistant surtout en draps et étoffes ordinaires, a été de 566,000 kilogrammes. C'est une énorme augmentation sur les années précédentes, et cette augmentation a continué dans la même proportion, pendant les premiers mois de 1860.

Il semble que ce fait est en contradiction avec ce que vous venez de dire, puisque ce seraient surtout les qualités moyennes et basses qu'on aurait exportées en Angleterre.

M. Gouvy. Ne perdez pas de vue que, quand je parle d'une infériorité pour les draps communs, je ne parle que de draps, et pas d'étoffes.

M. d'Eichthal. Vous venez de dire que c'était surtout pour les étoffes de laine.

M. Gouvy. Je ne voulais parler que des draps.

M. Amé. Ces Messieurs appellent *étoffes* ce que nous nommons *nouveautés*.

M. Schneider. On nous a expliqué aussi que la qualité générale des draps de Belgique est supérieure à la qualité générale des draps d'Angleterre; que les Belges ne font pas des qualités aussi basses, et que leur moyenne est supérieure?

M. Dehesselle. C'est généralement vrai; il y a deux catégories d'étoffes : les étoffes anglaises qu'on nous envoie sur le continent sont à fond blanc, et pour ainsi dire sans aucun apprêt; les étoffes qui exigent l'apprêt et la teinture, comme la moskowa et le castor, même en qualités communes, sont des genres que la Belgique réussit très-bien et exporte beaucoup.

M. Ernest Baroche. Quel est le prix au mètre des étoffes communes?

M. Dehesselle. 8 à 9 francs le mètre pour les étoffes d'hiver; 6 à 7 francs pour les étoffes d'été.

MM.
Gouvy,
Jules Mali,
Victor Dehesselle.

M. Ernest Baroche. Vous descendez rarement au-dessous de ces qualités-là; vous n'allez pas à 4 francs?

M. Dehesselle. En général, notre minimum en étoffes d'été, c'est 6 francs.

M. Herbet. Les maisons Simonis et Biolley fabriquent-elles encore des draps de 30 francs?

M. Mali. Oui; mais ce sont des exceptions.

M. Herbet. La moyenne ne dépasse pas 17 francs.

M. Dehesselle. C'est encore très-élevé.

M. Mali. Pour le courant, c'est 14 francs.

M. Ernest Baroche. Vous ne faites pas de flanelle en laine peignée?

M. Dehesselle. Non, nous n'en faisons qu'en laine cardée.

M. Ernest Baroche. C'est de la flanelle qui se rapproche de la flanelle-bolivar?

M. Dehesselle. Non, Monsieur; c'est de la flanelle comme celle d'Angleterre, de la flanelle de santé blanche, puis teinte en diverses couleurs.

M. Ernest Baroche. Ce n'est pas de la flanelle comme celle de Reims, en laine peignée?

M. Dehesselle. Non; nous n'en faisons pas : nous faisons des flanelles en chaîne coton, et puis des flanelles pure laine.

M. Herbet, *Commissaire général.* Il a été posé, au début de la séance, une question à laquelle ces Messieurs n'ont pas encore répondu. Je demanderai la permission d'y revenir, si M. le Président veut bien m'y autoriser. Notre traité de commerce avec l'Angleterre a dû exciter l'attention de la place de Verviers, peut-être même éveiller quelques espérances. MM. les Délégués de la Chambre de commerce de cette ville verraient-ils quelque inconvénient à nous faire connaître, avec toute la réserve qu'ils jugeront convenable, l'opinion qu'a pu manifester, à cet égard, le corps auquel ils appartiennent.

M. Gouvy. La Chambre de commerce de Verviers s'est naturellement occupée du traité de commerce qui est intervenu entre la

MM.
Gouvy.
Jules Mali,
Victor Delhesselle.

France et l'Angleterre. Je dois dire que nous en avons reçu la nouvelle avec satisfaction, parce que nous avons vu la France entrer ainsi dans un courant d'idées qui se rapproche de la liberté commerciale dont nous sommes très-partisans à Verviers. Nous nous sommes dit que si la France trouvait avantage à avoir des relations plus intimes avec l'Angleterre, elle aurait plus d'intérêt à agir de même à notre égard, puisque nos rapports sont immédiats, et que le commerce entre la Belgique et la France est déjà considérable; nous avons pensé que la voie qui s'ouvrait était une preuve que l'on comprenait, en France, que certaines libertés données d'une manière mesurée, sans trop de secousses, étaient avantageuses à tous. Pour mon compte, je voudrais voir étendre aussi loin que possible les rapports qui existent entre la France et la Belgique, c'est-à-dire étendre à la Belgique le bienfait du traité de commerce qui est intervenu entre la France et l'Angleterre.

M. Amé. Je voudrais constater un point : considérez-vous le droit uniforme de 3 francs au kilogramme, appliqué aux draps, comme une prohibition pour les draps communs, et comme une protection pour les draps fins?

M. Gouvy. Nous avons calculé que le droit uniforme de 3 francs au kilogramme équivalait, pour les draps communs, à une prohibition; mais que ce n'était qu'un droit fiscal pour les draps fins. Ce droit représente 5 p. o/o pour les draps fins qui valent 30 francs le mètre.

M. Amé. Vous devez considérer ce droit de 3 francs comme suffisant pour empêcher une importation considérable, puisque cette importation n'a pas lieu.

M. Gouvy. C'est évident.

M. d'Eichthal. Combien pèse un mètre de drap?

M. Gouvy. On peut calculer qu'une pièce de drap fin de 25 mètres pèse, en moyenne, 12 à 13 kilogrammes. Ainsi, en supposant un drap à 20 francs le mètre, cela ferait 500 francs pour 25 mètres, et par conséquent, le droit de 39 francs donne un peu plus de 7 p. o/o.

M. Amé. Le drap de 20 francs est déjà un drap d'un prix un peu élevé.

M. Ernest Baroche. Ces Messieurs nous ont dit tout à l'heure

MM. Gouvy, Jules Mali, Victor Deheselle.

que la moyenne était de 14 francs. Ainsi, le droit arriverait à 10 p. 0/0.

M. Ozenne, *Secrétaire*. En Belgique, pour la formation des états de douane officiels, la valeur moyenne des draps exportés est comptée à 18 francs le kilogramme.

M. Schneider. Il peut y avoir une moyenne relativement à la fabrication et une moyenne relativement à l'exportation?

M. Gouvy. Oui, certainement, par suite de cette circonstance dont je vous parlais tout à l'heure, que les marchandises communes se consomment dans le pays.

Je vous demande la permission d'ajouter encore ceci : que nous avons toujours trouvé qu'un droit spécifique sur les lainages constituait une injustice flagrante, en ce sens que le consommateur aisé se trouve chargé d'un droit très-minime, et que le consommateur pauvre est obligé de payer un droit très-fort.

M. Schneider. Pensez-vous qu'il puisse y avoir des divisions et des catégories pour l'application de droits spécifiques?

M. Gouvy. Nous avons étudié cette question, et nous n'avons pas pu la résoudre.

Nous l'avons étudiée à propos d'un projet de réforme du régime douanier en Belgique. On avait proposé des classifications; mais nous n'avons pas trouvé moyen de bien déterminer les catégories, parce que les qualités changent à chaque instant avec la mode. Nous avons toujours soutenu que c'était le droit à la valeur qui était préférable, à l'égard des lainages, par suite des inconvénients énormes qui résultent des droits spécifiques.

M. Schneider. Les droits à la valeur ont bien aussi leurs inconvénients pour la douane.

On nous a parlé ici d'un système sur lequel je voudrais avoir votre opinion.

Ce système consisterait à faire deux catégories : l'une, comprenant les étoffes fines; l'autre, comprenant les étoffes communes. Les catégories seraient précisées par un prix et par des échantillons qui serviraient de types et qui établiraient la limite entre les deux; puis, dans chacune de ces catégories, il y aurait deux subdivisions : les étoffes légères et les étoffes lourdes, distinguées facilement par un poids qui serait fixé au mètre carré, et qui constituerait la limite.

On appliquerait ensuite à chacune de ces quatre catégories un droit particulier au kilogramme, dont le chiffre serait à calculer.

MM. Gouvy, Jules Mali, Victor Deheselle.

Croyez-vous que ce système soit susceptible d'application?

M. Gouvy. Peut-être que oui. Nous n'avons pas étudié la question à ce point de vue-là; mais je craindrais qu'il ne résultât beaucoup d'injustices de ce système.

Ainsi, avec de la laine fine, on pourrait faire une étoffe légère de 6 à 7 francs le mètre, et l'on pourrait également faire ce que nous appelons des casimirs, des croisés foulés, qui sont de magnifiques draps, et qui valent 17 à 18 francs. Dans la première étoffe, il y a très-peu de main-d'œuvre; il n'y a que la matière et le tissage. Dans la seconde, au contraire, il y a beaucoup de main-d'œuvre.

M. Schneider. La seule difficulté pratique, c'est de savoir ce qu'on doit entendre par *étoffes communes* et *fines*. On y pourvoirait en donnant à la douane des échantillons qui serviraient de type.

M. Gouvy. Pour achever de vous faire connaître nos idées relativement à la fixation des droits, je vous dirai que nous avons demandé que les droits *ad valorem* fussent très-modérés à l'importation; et nous y mettions cette condition que la préemption serait abolie, parce que, suivant nous, il y a, dans la préemption, des inconvénients énormes. Ainsi, par exemple, un négociant sachant que son concurrent est venu faire des achats en France, je suppose, charge un douanier de l'avertir lorsque celui-ci présente les marchandises, et d'en provoquer la préemption : c'est ce qui est arrivé plusieurs fois.

Nous proposions donc de supprimer la préemption, et d'établir les choses de telle manière que tout négociant, voulant introduire des marchandises étrangères dans son pays, ne fût pas forcément considéré comme un malhonnête homme, comme un fraudeur.

En partant du principe que les droits sont modérés, il y a moins d'intérêt à faire de fausses déclarations. Dans notre système, l'importateur était donc admis à faire sa déclaration. Si la douane considérait cette déclaration comme fausse, elle disait à l'importateur : « Nous vous donnons vingt-quatre heures pour la rectifier. » Dans le cas où il persistait, une expertise avait lieu aux frais du succombant, et si c'était l'importateur qui succombait, il pouvait être frappé d'un droit double ou triple, ou même d'une amende.

Voilà quel était le système que nous avions proposé.

M. Schneider. C'est un système basé sur l'honnêteté même de l'importateur.

MM. Gouvy, Jules Mali, Victor Delhaselle.

M. Gouvy. En cas de soupçon de fraude, il y avait une expertise de droit commun, et la fausse déclaration était punie d'amende ou d'un triple droit.

M. Amé. Cela existe aux États-Unis.

M. Clerc. On est plus sévère que cela aux États-Unis. Dans le cas de fausse déclaration, le navire qui a apporté la marchandise peut être saisi.

(MM. les Délégués de la Chambre de commerce de Verviers ont adressé au Conseil Supérieur la note suivante, comme complément de leurs dépositions.)

NOTE SUR L'INDUSTRIE DE LA LAINE EN BELGIQUE.

La consommation des laines, tant indigènes qu'étrangères, en Belgique, a été :

Moyenne de 1851 à 1855.............. 6,936,000k
En 1857.......................... 11,574,000
En 1858.......................... 10,745,000

La consommation des déchets de fil était :

Moyenne de 1851 à 1855.............. 831,000k
En 1857.......................... 1,103,000

INDUSTRIE DES FILS DE LAINE.

Importations.

PROVENANCES.	MOYENNES.		1857.	1858.	1859.
	1841 à 1850.	1851 à 1855.			
France............	....	....	142,000k	204,158k	281,652k
Angleterre..........	....	....	22,985	20,204	17,722
Prusse et autres pays...	....	....	9,705	11,270	17,043
	155,185k	197,000k	174,690	235,632	316,417

Exportations.

DESTINATIONS.	MOYENNES.		1857.	1858.	1859.
	1853 et 1854.	1855 et 1856.			
Angleterre..........	....	....	183,056k	194,930k	549,982k
Prusse et Suisse.......	....	....	285,539	204,815	246,385
Divers.............	....	....	8,405	20,185	"
	300,000k	397,000k	477,000	419,930	796,367

MM.
Gouvy,
Jules Mali,
Victor Delhasselle.

INDUSTRIE DES DRAPS ET SIMILAIRES.

Importations.

PROVENANCES.	1851-1855. MOYENNE.	1857.	1858.	1859.
Angleterre	9,460k	14,330k	21,650k	26,200k
France	8,260	12,700	13,000	14,000
Zollverein	9,120	6,500	6,110	7,100
Autres pays	110	470	240	100
	26,950	34,000	41,000	48,000
Évalués à 27 francs le kilogramme.	727,650f	198,000f	1,107,000f	1,305,000f

Exportations.

DESTINATIONS.	1855.	1856.			
Zollverein	....	....	192,188k	130,772k	83,855k
Angleterre (transit)	....	....	104,802	100,286	553,859
France (transit)	....	....	499,294	337,990	496,637
Autres pays	....	....	318,416	449,512	483,849
Totaux	1,122,000k	1,231,000k	1,114,700	1,024,560	1,618,200
Évalués à 18 fr. le kilog.	....	....	20,065,000f	19,442,000f	29,131,000f

Total de l'exportation moyenne, annuelle. } de 1843 à 1847, 610,000k : 10,980,000f
de 1850 à 1854, 877,000k : 15,780,000f

(S. Exc. M. Rouher, ministre de l'Agriculture, du Commerce et des Travaux Publics, entre en séance et prend place au fauteuil de la présidence.)

Est introduit :

M. SIEBER, de la maison Aug. Seydoux, Sieber et Cie, fabricants de tissus de laine peignée mérinos.

PEIGNAGE, FILATURE ET TISSAGE

TISSUS DE LAINE PEIGNÉE.

Le Cateau (Nord).

M. Sieber. Messieurs, dans les renseignements que j'ai à vous soumettre, il y a nécessairement quelque chose d'arbitraire. Pour arriver à un résultat mathématique, il faudrait pouvoir comparer un établissement d'une certaine importance en France, avec un établissement de la même importance en Angleterre, tous les deux également bien ou également mal administrés.

En ce qui concerne le charbon, je prends pour base le prix de 10 francs en Angleterre, et le prix de 20 francs en France.

Pour les machines, je calcule que les Anglais ont sur nous un avantage de 30 p. 0/0, et cela n'est certainement pas exagéré. Ainsi un métier à tisser, qui coûte, en Angleterre, 340 à 350 francs, doit payer, pour entrer en France, 240 francs de frais d'emballage, de transport et de douane, de manière qu'il revient à 590 francs. Alors les constructeurs français nous disent : « Nous vous le ferons au même prix, » c'est-à-dire pour 590 francs.

240 francs sur 340, c'est 70 p. 0/0; mais il faut espérer que nos constructeurs parviendront à produire à meilleur marché : aussi je ne compte que 30 p. 0/0 de différence.

En admettant une égalité parfaite entre la France et l'Angleterre, pour le taux de l'intérêt, la main-d'œuvre, l'aptitude industrielle et les conditions commerciales, et en ne tenant compte que des avantages que trouvent les Anglais sur le prix des machines, de la houille, des savons, des sels, des produits chimiques, et enfin sur les frais de transport des laines coloniales, aggravés d'un droit d'entrée de 3 fr. 60 cent., nous trouvons que l'industriel anglais fait, comparativement à l'industriel français, une économie de 33 fr. 40 cent. par 100 kilogrammes de laine peignée douce mérinos.

M. d'Eichthal. De quel prix est cette laine?

M. Sieber. Du prix de 9 francs à 20 francs par kilogramme; en moyenne, 12 fr. 50 cent.

Je dois dire que, comme nous avons à lutter sur les marchés étrangers contre la concurrence des Saxons qui livrent à prix réduits des tissus similaires dans les basses qualités, nous nous attachons plus particulièrement, dans notre fabrication, aux qualités moyennes et supérieures. M. Sieber.

Il en résulte que nous mettons en œuvre des laines surpassant en finesse celles employées par la même industrie qui, en général, travaille en vue de l'exportation.

Il en résulte également que les prix moyens de nos laines peignées, de nos laines filées et de nos tissus, dépassent, dans une certaine mesure, les prix moyens correspondants de la fabrique de Reims, par exemple.

Pour la laine filée, l'industriel anglais a d'abord l'avantage de 33 fr. 40 cent., dont je viens de parler, sur la laine peignée.

Je compte ensuite que le prix d'une broche, avec ses préparations, le moteur et les bâtiments, sans y comprendre le peignage, s'élève, en France, à 80 francs; tandis qu'il n'est en Angleterre que de 55 francs. Il en résulte une différence de 31 fr. 25 cent. par 100 kilogrammes de fil de 77,000 mètres au kilogramme, en moyenne.

Enfin, sur la houille, les Anglais ont encore un avantage que j'estime à 5 fr. 45 cent. par 100 kilogrammes de fil.

Ces trois chiffres réunis forment un total de 70 fr. 10 cent.[1] par 100 kilogrammes de fil, qui représentent la différence à l'avantage de l'industrie anglaise.

Ces calculs sont faits sur les résultats que nous obtenons dans notre établissement du Cateau.

M. le Président. A combien estimez-vous les 100 kilogrammes de fil?

M. Sieber. A 1,450 francs, en moyenne.

M. Ernest Baroche. La différence de 70 francs équivaut à peu près à 5 p. 0/0 de la valeur.

M. Sieber. Pour le tissage, la question est plus difficile à apprécier. Les Anglais manquent de bras. Jusqu'à présent on n'avait pas pu faire nos tissus mécaniquement. Mais aujourd'hui, on a fait de grands progrès en ce qui concerne l'usage des métiers mécaniques, et les Anglais en tireront ce grand avantage, qu'ils vont pouvoir faire aussi bien que nous, ce qu'ils n'avaient pas pu faire jusqu'à présent.

[1] Voir, pour la décomposition de ce chiffre, la note insérée à la suite de la déposition orale de M. Sieber.

M. Sieber. En calculant d'une manière extrêmement modérée, je crois que les Anglais auront sur nous, y compris le peignage et la filature, un avantage de 176 fr. 60 cent. par 100 kilogrammes de tissus d'une valeur moyenne de 2,400 à 2,500 francs.

M. d'Eichthal. Environ 7 p. o/o.

M. Sieber. Nous avons cru devoir nous rendre compte, à la même occasion, des conditions industrielles de l'Allemagne, au point de vue de la spécialité qui nous occupe, et nous avons pu nous assurer que, si les machines et la houille coûtent généralement autant en Saxe qu'en France, le prix de la main-d'œuvre est de 30 p. o/o, au moins, plus réduit en Saxe que chez nous.

L'Allemagne a, de plus, l'avantage de trouver sous sa main les laines fines que nous ne pouvons nous procurer que chez elle, avec des frais assez considérables.

Les frais de transport seuls constituent, en faveur du peigneur saxon qui voudrait vendre ses produits en France, un avantage de 30 francs par 100 kilogrammes de laine peignée, représentant le produit de 250 kilogrammes de laine brute lavée à dos.

En effet, tandis que nous payons 50 francs pour le transport de ces 250 kilogrammes de laine brute, le Saxon n'aura à payer que 20 francs pour le transport de 100 kilogrammes de laine peignée.

M. le Président. La laine peignée ne paye-t-elle pas plus que la laine brute pour le transport?

M. Sieber. Je ne le crois pas.

M. le Président. Est-ce que la laine peignée n'exige pas plus de précautions, plus de frais d'emballage, que la laine en suint?

M. Sieber. Je parle de laine lavée à dos, d'une laine fine d'un rendement de 40 p. o/o, ce qui est déjà un beau rendement pour la laine allemande.

Le volume de la laine peignée est moindre que celui de la laine lavée à dos. Je crois qu'elles sont toutes deux classées dans la deuxième catégorie des tarifs des chemins de fer.

Sur cet article, le Saxon aura donc un avantage de 30 francs. Il en aura un de 6 fr. 25 cent. sur le droit de sortie du Zollverein, que nous avons à payer, et qui est de 2 fr. 50 cent. par 100 kilogrammes de laine brute; un de 12 fr. 60 cent. sur la main-d'œuvre; et un de 5 francs sur le savon : ce qui fait un total de 53 fr. 85 cent. par 100 kilogrammes de laine peignée.

Passons à la filature. Nous trouvons d'abord pour les Allemands un avantage de 53 fr. 85 cent. sur la laine peignée. M. Sieber.

A cela il faut ajouter, comme différence de prix de main-d'œuvre (84 centimes au lieu de 1 fr. 20 cent.), 36 centimes par kilogramme, soit 36 francs par 100 kilogrammes; en tout, par 100 kilogrammes, 89 fr. 85 cent. J'admets, comme vous voyez, que le prix des laines, des machines et de la houille soit le même pour les Allemands que pour nous.

Quant au tissage, les renseignements que nous avons recueillis ne sont pas complétement concordants. Il en résulte, néanmoins, qu'en Saxe le mérinos coûte généralement 10 centimes par mètre de moins qu'en France; ce qui, à raison de 710 mètres pour 100 kilogrammes de tissu, fait une différence de 71 francs.

Pour la teinture et l'apprêt, il y a aussi une différence assez considérable. Les teintures des Allemands ne valent peut-être pas les nôtres, mais elles sont incomparablement meilleur marché; et, de ce chef, il y aurait encore 35 fr. 50 cent. à l'avantage des Allemands.

M. le Président. Tenez-vous compte de ce que les teintures allemandes sont moins bonnes que les nôtres?

M. Sieber. Elles valent moins; mais il est bien difficile d'exprimer la différence par un chiffre quelconque.

J'arrive, en définitive, pour les tissus, à une différence de 196 fr. 35 cent. par 100 kilogrammes, en faveur des Allemands.

Pour les Anglais, j'avais trouvé une différence de 177 fr. 60 cent.

Dans mes calculs, je ne tiens aucun compte des frais d'achat ni en Allemagne, ni en Angleterre, ni en France, quoique la commission à payer sur des tissus, sur des fils et sur des laines peignées, soit beaucoup moins considérable que celle à payer sur des laines brutes, pour lesquelles il faut une connaissance beaucoup plus approfondie de la matière. J'écarte cet élément-là. Je suppose que nous n'avons pas de commission à payer en Angleterre, ni en Allemagne, pour acheter nos laines, et que cela fera balance avec la commission que les Anglais et les Allemands auront à payer en France pour y vendre leurs produits.

M. Schneider. Cela peut être exact, si l'on considère une maison de l'importance de celle de M. Sieber, faisant ses achats sur les marchés étrangers au moyen d'agents attachés à son service. Mais il n'en est peut-être pas tout à fait de même pour les autres fabricants,

M. Sieber. travaillant les mêmes laines, et obligés de les faire acheter par commission dans les ventes de Londres et d'Allemagne; tandis que les fabricants anglais et les fabricants allemands peuvent faire eux-mêmes leurs achats.

M. Sieber ne croit-il pas qu'il y ait entre sa maison et les fabricants ordinaires une certaine différence dont il faille tenir compte?

M. Sieber. En Angleterre, nous achetons les uns et les autres à l'encan, dans des conditions extrêmement favorables; nous n'avons à payer que 1 ou 1 1/2 p. o/o de courtage et de commission de banque. Il est difficile aux Anglais d'échapper à ce courtage et à une petite commission de banque; de manière qu'à ce point de vue-là, nous sommes dans des conditions parfaitement identiques.

M. Schneider. Parce que vous avez un agent à Londres.

Mais pensez-vous que des fabricants de Reims, qui n'emploient qu'une petite quantité de laine, puissent opérer de la même façon et n'avoir à payer que le même courtage que vous, en envoyant un agent à Londres? Ne font-ils pas leurs achats par l'intermédiaire de marchands de Paris ou de Reims, qui, eux-mêmes, et moyennant une commission qu'on leur paye, supportent ensuite les frais de courtage dont vous parliez tout à l'heure?

On nous a dit que les achats faits ainsi en Angleterre comportaient une commission de 3 p. o/o. M. Sieber, envoyant un agent à Londres, n'a à payer que les frais de cet agent.

M. Sieber. Ce n'est pas une petite affaire,

M. Schneider. Je crois, au contraire, que c'est une affaire considérable. Je mets seulement votre situation en regard de celle des petits fabricants, qui sont obligés d'avoir affaire à des marchands de laine auxquels ils donnent une commission de 3 p. o/o, au lieu d'avoir à payer seulement, comme vous, un courtage de 1/2 p. o/o et une commission de banque de 1/2 à 1 p. o/o.

M. Sieber. Je dirai d'abord que les agents auxquels on confie des affaires de cette nature sont très-bien payés. Je dirai ensuite que les fabricants anglais ne sont pas tous de gros fabricants; qu'il y en a beaucoup, au contraire, qui sont dans la même condition que ces petits fabricants français dont vous me parlez : un seul agent achète pour cinq ou six d'entre eux, et leur fait payer une commission.

En définitive, je crois que la différence de frais entre nous et les Anglais n'est pas bien grande.

Je pense qu'elle est plus considérable par rapport aux Allemands. Mais, je le répète, je n'ai pas voulu en tenir compte, parce qu'ils auront aussi une commission à payer, s'ils viennent en France vendre leurs tissus ou leurs peignés. M. Sieber.

J'ai compté les frais de transport depuis les principaux marchés jusqu'en France. Le Saxon qui achètera des laines à Berlin, aura aussi quelque chose à payer pour le transport. Si l'on voulait entrer dans tous ces détails-là, je crois qu'on s'y perdrait, et que c'est par des fractions de centime que tout cela se traduirait.

M. Schneider. M. Sieber a dit qu'il comptait le charbon, en Angleterre, au prix de 10 francs. Dans quelle localité?

M. Sieber. A Bradford.

M. d'Eichthal. Des fabricants de Bradford nous ont dit ici qu'ils avaient le charbon à 6 shellings, mais d'une qualité très-inférieure et qu'ils préféreraient payer le charbon de Newcastle 10 shellings.

Néanmoins le prix de 10 francs, que vous avez pris pour base de vos calculs, me paraît bien élevé.

M. Sieber. Le charbon de Newcastle est, en effet, bien préférable et bien supérieur aussi à celui que nous employons.

J'ai pris le chiffre de 10 francs pour avoir un chiffre rond. Il peut y avoir de légères variations d'un jour à l'autre, et, pour vouloir être trop précis, on serait aujourd'hui dans la vérité, et demain on n'y serait plus.

Je répéterai ce que je vous ai dit en commençant, relativement à la qualité moyenne de nos tissus : comme nous exportons les trois quarts de nos produits, et que nous rencontrons sur les marchés étrangers la concurrence des Saxons, pour les qualités basses, nous nous attachons à employer des laines plus belles et à donner à nos tissus un peu plus de finesse. Il en résulte une supériorité que j'estime à 10 p. 0/0 en moyenne sur les prix d'ensemble.

Je dirai aussi que c'est en prenant pour point de départ nos frais de fabrication au Cateau, c'est-à-dire dans un établissement monté en grand et qui réunit peignage, filature et tissage, que nous sommes arrivés à constater les différences dont je viens de vous parler, et que ces différences, dans les prix de revient entre la France et l'Angleterre comme entre la France et l'Allemagne, existent en dehors de tout élément de protection.

Les frais généraux, dans notre établissement, sont répartis sur une plus grande masse d'affaires, et sont probablement moins élevés que

M. Sieber dans les établissements où l'on ferait séparément soit le peignage, soit la filature, soit le tissage.

M. le Président. Cette situation de frais généraux plus élevés doit se produire dans tous les pays qui ont de petits établissements?

M. Sieber. Évidemment; je fais cette observation pour aller au devant des objections que l'on pourrait faire à mes chiffres.

M. le Président. Employez-vous beaucoup de laines françaises?

M. Sieber. Cela dépend. On se trompe étrangement sur les qualités des laines françaises. Nous ne nous sommes jamais aperçu des avantages immenses qu'on leur prête, et, quant à nous, lorsque le prix des laines coloniales, des laines allemandes, n'est pas inabordable, nous nous passons très-bien des laines françaises, ou du moins, dans ce cas, nous en employons peu, comparativement parlant, et il arrive des années où les trois quarts des laines que nous employons sont des laines étrangères.

M. le Président. Je ne vous faisais pas ma question au point de vue des qualités relatives des différentes laines, mais au point de vue de vos frais d'achat, de commission, de transport et de déplacement.

Si vous achetez une partie de vos laines en France, il est évident que, pour cette quantité-là, vous êtes dans de meilleures conditions que le fabricant allemand.

Il est évident que si vous avez des frais que les Allemands n'ont pas, quand vous achetez des laines en Allemagne, les Allemands auraient à leur tour plus de frais que vous, s'ils venaient acheter des laines en France.

M. Sieber. Ils ne seront pas assez mal inspirés pour délaisser leurs laines et donner la préférence aux nôtres.

M. le Président. Il y a toujours pour vous un allégement en ceci: que les 3 ou 4 p. o/o que vous êtes obligés de payer pour frais de tout genre sur les laines étrangères, ne s'appliquent pas à la totalité de votre fabrication..

M. Sieber. Sans doute; mais je ne m'étonnerais pas que cela s'y appliquât, dans certaines années, pour les trois quarts.

M. Schneider. Cela s'y applique indirectement pour le tout, parce qu'il s'établit un niveau entre le prix.

M. Sieber.

M. Ernest Baroche. Pour la défense de la laine française, je dirai que les observations de M. Sieber s'appliquent peut-être à sa fabrication particulière; mais je crois que ceux qui font des étoffes d'une catégorie un peu moins élevée, trouvent, dans les laines françaises, des avantages de force et de nerf qu'ils ne trouvent pas dans les autres.

M. Sieber. La concurrence des Saxons nous oblige à soigner nos tissus et à employer des laines plus belles, en moyenne.

M. le Président. Vous nous disiez tout à l'heure que vous exportiez les trois quarts de vos produits. Il paraît, dès lors, que, par suite de la perfection de vos procédés, de la supériorité de votre goût, du développement de vos relations commerciales, vous arrivez à compenser la différence qui existe entre les Allemands et vous?

M. Sieber. Pas pour les qualités basses des Saxons.

Les Allemands ont encore beaucoup de progrès à faire; mais ils en font tous les jours. Il y a quelques années, la France leur envoyait des fils; aujourd'hui les Saxons se mettent à filer avec succès : ce débouché nous est fermé. Il est impossible qu'ils ne parviennent pas à perfectionner leur tissage; de sorte que, pour les qualités fines et moyennes, il faut tenir compte de la concurrence qu'ils seront en état de nous faire.

Quant aux Anglais, les bras leur manquaient; mais maintenant que l'on peut appliquer les métiers mécaniques au tissage de la laine, que c'est une question à peu près résolue, ils vont avoir sur nous une grande supériorité. Comme je vous l'ai dit, sur un métier que nous achetons 340 francs en Angleterre, nous avons 240 francs de droits et de frais à payer. C'est un grand désavantage; car, pour l'industrie, l'emploi d'un capital plus considérable n'est pas chose indifférente.

M. d'Eichthal. Permettez-moi de vous faire observer que, si vos concurrents, si les Saxons développent leur fabrication d'une manière assez considérable pour nuire à la vôtre, les salaires hausseront nécessairement, et qu'ils perdront l'avantage qu'ils ont sur vous, relativement à la main-d'œuvre.

M. Schneider. La main-d'œuvre ne dépend pas seulement d'une fabrication particulière, mais de l'état général d'un pays.

La main-d'œuvre s'est élevée en France de 25 à 30 p. o/o, dans ces dernières années, parce qu'on a établi des chemins de fer et des industries diverses de tous les côtés.

M. Sieber. M. d'Eichthal. Il n'en est pas moins vrai que si le travail augmente beaucoup dans une seule industrie, cela suffit pour faire augmenter les salaires dans cette industrie. On ne forme pas des fileurs et des tisserands en un jour; et, si le travail de l'industrie de la laine augmente de 10 p. o/o dans un pays, la main-d'œuvre pour cette industrie augmentera de 15 p. o/o.

Je ferai aussi observer à M. Sieber qu'il ne trouve la concurrence des tissus saxons que dans les qualités basses. Cela donne le droit de supposer que des ouvriers moins habiles ne peuvent faire que des qualités basses et non pas des qualités fines, et que l'avantage apparent de la main-d'œuvre n'est peut-être pas réel.

M. Sieber. Pour la filature on est toujours sûr d'arriver aux mêmes résultats. Pour le tissage cela peut varier. Mais comme j'ai pris pour base une façon de tissage comparativement très-élevée pour la Saxe, mes calculs ne se trouveront pas infirmés par suite d'une autre somme de travail, ou ne se trouveront infirmés que dans une proportion extrêmement minime.

Remarquez, d'ailleurs, que je n'ai évalué la différence de main-d'œuvre, en général, entre nous et les Saxons, qu'à 30 p. o/o, et qu'elle est souvent de 60 et 70 p. o/o.

M. le Président. Admettez-vous que le travail fait dans une journée par l'ouvrier saxon ait la même importance que celui de l'ouvrier français?

M. Sieber. Oui, complétement.

M. le Président. Vous croyez que, quoique moins payé, il a autant d'activité et produit autant de travail?

M. Sieber. Oui, il produit 20 à 22 pièces de 38 mètres. C'est exactement la même chose que l'ouvrier français.

M. Ernest Baroche. M. Sieber parle du tisseur?

M. Sieber. Oui, Monsieur.

M. Ernest Baroche. Et le fileur?

M. Sieber. La marche du fileur est réglée par la marche des machines. Un fileur renvidera plus ou moins promptement. Mais c'est peu sensible.

M. Schneider. Ne croyez-vous pas que l'ouvrier fileur anglais travaille davantage? Ne croyez-vous pas qu'avec des ouvriers plus soigneux, on entretient les métiers un peu mieux, de manière à leur faire produire un travail plus considérable?

M. Sieber. Je serais assez embarrassé de vous répondre; mais je crois cependant que l'ouvrier français, en douze heures de travail, ne produit pas plus que l'ouvrier anglais en dix heures.

M. Schneider. Vous admettez que la différence d'habileté entre les deux est compensée par les deux heures de travail de plus de l'ouvrier français?

M. Sieber. Oui; je le crois.

M. d'Eichthal. Vous connaissez personnellement les salaires en France. Mais comment avez-vous eu des renseignements sur les salaires en Saxe?

M. Sieber. Par des gens dignes de foi, dans lesquels nous avons la confiance la plus entière, et que je pourrais vous désigner. Pour nous, le doute n'est pas permis.

M. d'Eichthal. Nous avons tout à l'heure entendu un fabricant de Verviers, qui nous a dit avoir visité les fabriques de Saxe, et avoir trouvé que les salaires saxons présentaient très-peu de différence avec les salaires belges.

M. Sieber. La main-d'œuvre belge est moindre que la nôtre.

M. d'Eichthal. Pas beaucoup, d'après les chiffres que ce fabricant nous a cités.

M. Sieber. En Saxe, un ouvrier agricole gagne 80 à 90 centimes par jour; une femme, 60 à 70 centimes.

Cela peut vous servir de base.

M. Ernest Baroche. La moyenne que vous avez donnée pour les mérinos s'applique-t-elle aux baréges, aux satins de laine?

M. Sieber. Je n'ai parlé que des tissus en pure laine douce mérinos, et non pas des étoffes mélangées.

Toutes les fois qu'il s'agira de tissus unis mélangés de laine douce mérinos et de soie, de soie grége, de soie ouvrée, d'organsins, je crois que les Anglais n'auront pas autant d'avantages sur nous.

M. Ernest Baroche. Pour le barége, que je considère comme une

M. Sieber. étoffe de laine, quoique les deux matières y entrent dans des proportions à peu près égales, parce que c'est la laine qui enveloppe la soie. Croyez-vous que cette étoffe ait besoin de la même protection que le mérinos?

M. Sieber. Le barége n'a pas besoin de protection, parce qu'il ne peut se faire avantageusement à la mécanique; parce que nous avons des tisseurs plus habiles, et que, par conséquent, nous ne craignons aucune concurrence.

M. Ernest Baroche. Et pour la mousseline de laine, appliqueriez-vous les mêmes droits que pour le mérinos?

M. Sieber. La mousseline de laine est un tissu de pure laine. Ce n'est pas comme le barége, qui est moitié laine et moitié soie.

M. Schneider. Faudrait-il donc établir une seule catégorie pour les mérinos et les tissus légers?

M. Germain Thibault. Il n'y a que 15 à 18 p. o/o de soie dans le barége.

M. Sieber. Je dis moitié laine et moitié soie, comme valeur.

M. Germain Thibault. C'est juste. Je parlais du poids.

M. Ernest Baroche. Y aurait-il possibilité, suivant M. Sieber, d'établir des distinctions de droits pour les différents tissus légers mélangés, si nombreux, dont je viens d'indiquer quelques-uns.

M. Sieber. Cela me paraîtrait bien difficile. Il me semblerait que les droits à la valeur seraient plus justes, et que, dans une foule de cas, ils ne seraient pas plus difficiles à appliquer que les droits spécifiques. Ainsi, nous avons des peignés qui valent de 9 à 20 francs; il faudra nécessairement, si vous voulez établir des droits spécifiques, que vous adoptiez plusieurs catégories; dès lors, les difficultés auxquelles l'Administration veut échapper, se représenteront.

M. Schneider. Est-ce qu'il est nécessaire d'avoir des types différents pour les mérinos?

M. Sieber. Évidemment.

M. Schneider. Vous avez à protéger là les produits filés et les produits tissés, et vous avez donné des moyennes de droits : 176 francs pour les produits anglais, et 196 francs pour les produits saxons. Je suppose, pour un instant, sans rien préjuger, qu'on adopte les moyennes que vous avez indiquées; est-ce qu'elles ne pourraient pas s'appliquer à toutes les séries de mérinos, suivant la provenance? M. Sieber.

M. Sieber. Les qualités basses se trouveraient écrasées par un droit trop considérable. Si l'on veut absolument arriver à établir un droit spécifique, il faudra nécessairement faire des catégories, peut-être trois catégories.

M. Schneider. Combien y a-t-il de mètres de mérinos dans un kilogramme?

M. Sieber. Mes calculs sont basés sur 7 mètres 10 centimètres au kilogramme, en qualité moyenne. Mais il faudrait s'entendre sur la largeur. J'ai pris pour type une marchandise ayant une largeur de 122 centimètres en écru.

M. Germain Thibault. Est-ce qu'on ne pourrait pas se servir du quart de pouce pour déterminer la valeur ou les catégories?

M. Sieber. C'est évident; mais, dans ce cas-là, je serais d'avis qu'on adoptât un compte-fil plus grand que celui qui est en usage. En France, on se sert toujours du quart de pouce français; en Angleterre on se sert, je crois, du pouce anglais entier. On arrive à une appréciation infiniment plus juste sur un espace plus grand.

M. Schneider. Pensez-vous que, sur un article frappé de droits aussi faibles que ceux que vous demandez, l'écart entre les qualités inférieures et les qualités supérieures puisse être assez grand pour créer une injustice criante, par-dessus laquelle on ne devrait pas passer, en faveur de la simplicité de l'application du droit?

M. Sieber. L'écart serait très-considérable. Ainsi, il y a des tissus mérinos, de même largeur, dont les prix varient depuis 2 francs jusqu'à 8 et même 9 francs; par conséquent, le droit qui serait simple pour ceux-ci serait quintuple pour ceux-là.

M. le Président. Le Conseil vous prie, Monsieur, de vouloir bien lui adresser, comme complément de votre déclaration, les classifications qui vous paraîtraient les moins mauvaises, dans l'hypothèse où l'on adopterait des droits spécifiques. Je dis avec intention « les moins mauvaises, » parce qu'on ne peut arriver à quelque chose d'absolument exact; il faut s'attendre, dans ce système de classifications, que les unes pècheront par excès, les autres par insuffisance. Il est entendu

M. Sieber. que vous voudrez bien indiquer une classification pratique, permettant l'application facile du droit par les agents des douanes, qui ne possèdent point vos connaissances spéciales.

M. Ernest Baroche. Si le prix des étoffes mérinos varie de 2 à 9 fr., le prix de façon de ces étoffes ne varie pas dans la même proportion.

M. Sieber. Pardon; il y a des tissus qu'on paye 40 centimes de façon, et d'autres qu'on paye 2 francs. Le prix de la filature augmente dans la même proportion.

M. Schneider. M. Sieber nous a expliqué que, sur les marchés étrangers, il trouvait la concurrence beaucoup plus active, de la part des Saxons, pour les qualités basses, dont la consommation est assez grande, que pour les qualités supérieures, dont la consommation est moins développée. Il paraîtrait donc équitable, pour l'industrie française, d'admettre un droit *ad valorem* plus élevé, sur ces qualités basses, puisqu'elles ont plus besoin de protection, et moins élevé sur les qualités fines, qui ont moins besoin de protection.

M. d'Eichthal. Alors on grèverait le consommateur le plus pauvre, ce qui serait contraire à l'esprit dans lequel le traité de commerce a été conçu et conclu.

M. Amé. Le droit proposé par M. Sieber représenterait 25 centimes par mètre de mérinos; or ce n'est pas un droit bien considérable, pour une étoffe qui est toujours d'un prix relativement assez élevé.

M. Ernest Baroche. Est-ce qu'il y a des mérinos d'un prix tel, qu'ils seraient suffisamment protégés par un droit d'un franc au kilogramme?

M. Sieber. Non. Je me suis d'abord basé sur des prix extrêmement bas. Un franc serait trop peu. Je demande la permission d'y réfléchir.

M. le Président. Il est incontestable que, dans la théorie, le droit *ad valorem* est plus juste que le droit spécifique; mais la logique de la théorie ne succomberait-elle pas devant les difficultés pratiques de l'application? Voilà la question qui préoccupe le Conseil.

M. Sieber. J'ai vu fonctionner le système du droit *ad valorem* en Angleterre et aux États-Unis, et il ne m'a pas paru présenter les inconvénients qu'on lui reproche ici. Ce que nous redoutons surtout, nous autres fabricants, ce sont les droits spécifiques; et je comprends parfaitement bien la frayeur qu'ils inspirent aux Anglais. M. Sieber

M. Ernest Baroche. Vous redouteriez de faire des importations dans un pays où le régime des droits spécifiques serait en vigueur?

M. Sieber. Oui, pour des étoffes dont le prix serait assez bas. Le droit spécifique frappe toujours lourdement les qualités inférieures, et, bien que, par contre, il frappe légèrement les qualités supérieures, nous avons toujours, en somme, trouvé avantage à payer des droits *ad valorem*.

M. le Président. Le régime du droit *ad valorem* ne peut-il pas donner lieu à des fraudes considérables?

M. Sieber. Assurément, ce régime peut donner lieu à des fraudes et à des préemptions; mais je crois que la législation pourrait les prévenir en grande partie.

M. Ernest Baroche. Rencontrez-vous la préemption aux États-Unis?

M. Sieber. Nous y rencontrons de fortes amendes et même la confiscation.

M. Germain Thibault. Je désirerais savoir si les chiffres que M. Sieber a indiqués, établissent uniquement l'équilibre entre la production des deux pays, ou s'il y a une part pour la protection?

M. Sieber. C'est l'équilibre seulement, sans aucune espèce de protection.

M. Ernest Baroche. Dans les propositions que M. Sieber a faites, j'ai remarqué que les droits sur la filature étaient assez élevés, tandis que ceux sur les tissus étaient modérés.

M. Sieber. Vous savez que, naturellement, dans la filature, se trouve compris le peignage. Vous verrez que c'est sur le droit que j'ai indiqué pour les fils, que mes confrères réclameront. Ils trouveront que j'ai mis le fil à un prix excessivement bas. La différence est très-facile à calculer. J'ai pris pour base 1,000 broches produisant 12,000 kilogrammes par an et consommant 65 tonnes de charbon. La différence vient exclusivement du charbon qu'on brûle et qui coûte plus cher en France qu'en Angleterre, et du peignage dont j'ai réduit l'évaluation autant que possible.

M. Sieber. M. Ernest Baroche. Je ne conteste pas vos chiffres; mais, pour moi, la question se pose dans des termes un peu différents. Le Conseil rencontre ici, pour le mérinos, une question qu'il rencontrera très-vive pour les cotons: je veux dire une division assez profonde entre l'intérêt des filateurs et l'intérêt des tisseurs. Le Conseil entendra des fabricants de tissus de coton qui auront intérêt à ce que le prix du fil baisse, tandis qu'il entendra des filateurs qui auront intérêt à ce que le prix du fil hausse. Je ne prétends pas dire que M. Sieber ait raisonné dans un ordre d'idées entraînant la séparation des intérêts de la filature, d'un côté, et du tissage de l'autre; mais cet ordre d'idées existe, il a son importance, et je le signale à Messieurs les Membres du Conseil, parce que, pour les laines, ils n'ont pas encore vu naître cet antagonisme.

M. Sieber. Je n'ai pas cherché à protéger; j'ai cherché à équilibrer entre eux les prix français et anglais, et j'ai expliqué comment et pourquoi j'arrivais à une différence de 70 francs sur 100 kilogrammes de laine filée mérinos. Bien certainement on trouvera cette différence minime; car quelques-uns disent qu'elle est de 80 francs; d'autres même, de 90 francs.

M. Ernest Baroche. Nous avons entendu des producteurs de fil qui nous ont demandé 1 fr. 50 cent. Je n'examine pas ici la valeur de leurs déclarations. Au surplus, dans ce moment-ci, en Angleterre, on ne fabrique pas de fils analogues à ceux dont nous parlons actuellement. Les fils qu'on fabrique en Angleterre, en grande quantité, sont des fils d'une qualité beaucoup plus basse et d'une laine beaucoup plus commune.

M. Sieber. Ce sont des laines longues, que les Anglais filent avec une admirable supériorité. Peut-être, sur ces laines, un droit de 50 centimes serait-il plus élevé, en proportion, qu'un droit de 70 centimes sur les laines fines.

M. Ernest Baroche. C'est là que je voulais arriver. Si le droit n'est que de 4 p. o/o, sur la moyenne des laines dont vous avez parlé, il deviendrait de 10 et de 12 p. o/o, sur certaines autres laines de provenance anglaise,

M. Sieber. Évidemment.

M. Ernest Baroche. Or ces laines se filent à la broche continue, au même numéro à peu près que vous filez vos laines communes.

M. Sieber. Nous n'avons jamais pu filer à la broche continue, lorsque nous nous en servions il y a trente ans, que des chaines ou bien des trames très-médiocres, en laine douce mérinos. M. Sieber.

M. Ernest Baroche. On peut produire des laines filées au même numéro, qui, cependant, ont au kilogramme une valeur différant de 100 p. 0/0. De là vient une extrême difficulté pour la création de catégories, puisque les catégories, en général, se font aux 1,000 mètres, et non suivant la nature de la laine.

Je sais qu'il est possible de distinguer les laines longues des laines douces; mais il n'en est pas moins vrai que ce fait de laines de qualités différentes, filées au même numéro, présente une difficulté pour l'établissement des catégories. Ce que je voulais surtout faire remarquer au Conseil, c'est que 70 centimes représentant un droit de 4 p. 0/0 sur les laines douces, peuvent représenter un droit double sur les laines longues.

M. Sieber. Mais les fils se distinguent très-aisément. Nous distinguons, dans le peignage, les laines douces des laines longues anglaises; et ce sont ces dernières que les Anglais filent d'une façon supérieure.

M. Ernest Baroche. Il serait important que ces laines, que les Anglais filent supérieurement, pussent entrer en France.

En résumé, je demande à M. Sieber s'il ne sait pas bien que, pour certaines laines filées anglaises, 70 centimes ne constitueraient pas un droit trop élevé?

M. Sieber. Je l'accorde pour les laines communes anglaises seulement. Cependant, je ne parle pas des laines longues anglaises avec une grande connaissance de cause.

M. Schneider. M. Sieber ne demande que 5 p. 0/0. En supposant que ces 5 p. 0/0 soient équivalents à 10 p. 0/0, sur certains fils, ce ne serait pas encore énorme.

M. Sieber. Il n'y a pas longtemps qu'on file avec soin les laines anglaises en France; mais il se monte aujourd'hui des établissements très-sérieux.

M. Schneider. M. Sieber n'admet-il pas que, par la même raison que nous avons atteint l'habileté des Anglais, et obtenu même la supériorité sur eux, pour la filature des laines douces, nous attein-

M. Sieber. drons également cette habileté et même cette supériorité pour la filature des laines longues?

M. Sieber. Je l'admets parfaitement.

(A l'appui de sa déposition, M. Sieber a remis au Conseil la note suivante.)

TABLEAU DES PRIX DE REVIENT ANGLAIS ET FRANÇAIS.

§ 1er. — Laine peignée (100 kilogrammes de cœur).

Droits d'entrée en France, par 100 kilogrammes, sur le poids brut.......................... 3f 00c

2 décimes.......................... 60

Frais de transport de Londres à la frontière de France, 7 francs pour 100 kilogrammes.

Frais de transport sur 46 kilogrammes 1/2 de cœur, 3 fr. 25 cent.................... 3 75

7 35

à répartir sur 46 kilogrammes 1/2 de cœur, ce qui fera au kilogramme de cœur.......................... 0f 15806

Houille, par kilogramme de cœur, 2 kil. 600 à 20 francs la tonne, 5 fr. 200.

En Angleterre, à raison de 10 francs les 1,000 kilogrammes, 2 fr. 600.................................... 2600

Savon, par kilogramme de cœur, 250 grammes à 65 francs les 100 kilogrammes, 16 fr. 250.

En Angleterre, à raison de 45 francs les 100 kilogrammes, 11 fr. 250.................................... 5000

Pour produire 8,400 kilogrammes de cœur par an, soit 28 kilogrammes par jour, à 300 jours par an, il faut, en France, un matériel de 12,500 francs, comprenant : peigneuse, préparations, dégraissage, moteur, bâtiments.

En Angleterre, ce même matériel coûtera un tiers de moins, soit 4,166 fr. 65 cent.

Amortissement, 10 p. 0/0.................... 416f 66c

Intérêts, 5 p. 0/0.................... 208 34

Différence.......... 625 00

à répartir sur 8,400 kilogrammes, ce qui fait........ 7440

Sur les frais d'entretien et de réparation, les Anglais, en raison du plus bas prix de la fonte et du fer, peuvent avoir un avantage de.......................... 2554

0 33400

Soit 33 fr. 40 cent. par 100 kilogrammes d'une valeur moyenne de 12 fr. 50 cent. le kilogramme.

M. Sieber.

§ 2. — *Laine filée.*

Différence à l'avantage de l'Angleterre, sur 100 kilogrammes de cœur.................................... 33f 40c

1,000 broches, avec les préparations, moteur et bâtiments, sans y comprendre le peignage, coûteront en France, à 80 francs la broche.................... 80,000f

En Angleterre la broche ne coûtera que 55 francs, soit........................... 55,000

Différence......... 25,000

Amortissement, 10 p. o/o................... 2,500f
Intérêts, 5 p. o/o............................ 1,250

3,750

à répartir sur 12,000 kilogrammes de fil de 77,000 mètres le kilogramme en moyenne, chaîne et trame, à raison de 12 kilogrammes par broche et par an, ce qui fait sur 100 kilogrammes..................................... 31 25

Pour produire 12,000 kilogrammes de fil, il faut, pour le moteur, le chauffage et l'éclairage, environ 65 tonnes de houille à 20 francs, en France............ 1,300f
Idem, à 10 francs, en Angleterre........ ... 650

Excédant........... 650

à répartir sur 12,000 kilogrammes de fil, soit par 100 kilogrammes................................ 5 45

Ensemble.................. 70 10

par 100 kilogrammes d'une valeur moyenne de 14 fr. 50 cent. par kilogramme.

§ 3. — *Tissage mécanique.*

Différence sur le peigné et le filé, par 100 kilogrammes.. 70f 10c
Idem, sur le tissage, 5 centimes par mètre, soit pour 710 mètres, qui feront 100 kilogrammes........... 35 50
Idem, sur la teinture, 10 centimes par mètre, *idem*...... 71 00

Ensemble.................. 176 60

par 100 kilogrammes d'une valeur moyenne de 24 à 25 francs par kilogramme.

TABLEAU DES PRIX DE REVIENT FRANÇAIS ET ALLEMANDS.

§ 1er. — *Peignage (par 100 kilogrammes de cœur).*

Droits de sortie du Zollverein, 2 fr. 50 cent. par 100 kilog. de laine brute produisant 40 kilogrammes de cœur.... 6 25

A reporter................ 6 25

M. Sieber

Report		6f 25c
Frais de transport en moyenne, de Breslau, de Berlin et de Vienne, 20 francs par 100 kilogrammes représentant 40 kilogrammes de cœur, soit par 100 kilogrammes de cœur	50f	
A déduire : frais de transport de 100 kilogrammes de cœur	20	
Soit	30	30 00
En France, la main-d'œuvre, y compris le triage, coûte :		
Triage	07c	
Dégraissage	10	
Peignage	25	
Ensemble	42	
Sur ces frais, les Allemands ont une économie de 30 p. o/o, soit 0 fr. 12600 par kilogramme, pour 100 kilogrammes.		12 60
Et sur le savon ils économiseront, comme en Angleterre, 5 centimes par kilogramme de cœur, soit par 100 kilogrammes		5 00
Par 100 kilogrammes		53 85

§ 2. — *Filature.*

Avantage sur 100 kilogrammes de cœur		53f 85c
Les frais de main-d'œuvre proprement dits sont en France en moyenne de	1f 20c au kilogramme, finesse moyenne n° 77.	
En Saxe de	84 soit d'un tiers de moins.	
Différence	0 36 par kilogramme, soit pour 100 kilogrammes	36 00
		89 85

§ 3. — *Tissage.*

Avantage sur 100 kilogrammes de fil	89f 85
Le tissage de 65 centimes en moyenne pour mérinos de 9 à 16 croisures en France est de 10 centimes meilleur marché en moyenne en Saxe; ce qui, à raison de 710 mètres pour 100 kilogrammes de tissu teint, mérinos sur 112 centimètres, fait	71 00
Teinture et apprêt, 5 centimes par mètre de moins qu'en France	35 50
Pour 100 kilogrammes	196 35

Sont introduits :

MM. Théophile LEGRAND, de la maison Théophile Legrand et fils, fabricants de mérinos à Fourmies (Nord).

LARSONNIER, de la maison Bernoville frères, Larsonnier frères et Chenest, fabricants de tissus de laine à Saint-Quentin.

CHENEST, associé de la même maison.

BONJOUR, fabricant de tissus de laine à Ribemont.

JARDIN, de lamaison Jardin et Lantin, fabricants de tissus de laine à Paris.

M. Th. Legrand. Messieurs, vous avez entendu samedi dernier M. Delloue, filateur de laines peignées à Fourmies (Nord) : il vous a donné des détails sur cette industrie, tant en son nom que comme délégué des filateurs de cette contrée, centre principal en France de la filature des laines peignées dites mérinos; il vous a parlé au nom de vingt et une filatures représentant ensemble 95,000 broches.

Dans une réunion qui a eu lieu entre tous mes confrères et à laquelle j'ai assisté, j'ai concouru à ce travail qui vous a été présenté par M. Delloue. Je crois donc inutile de vous répéter ce qu'il vous a dit sur le peignage et sur la filature de la laine dite *mérinos*. Je me bornerai à répondre aux demandes qui sont contenues dans le questionnaire, relativement à la fabrication des tissus de laine peignée mérinos et à la quotité du droit à établir sur ces tissus.

Dans la note remise par M. Delloue, il vous a demandé un droit d'entrée en France de 60 centimes par kilogramme, sur la laine peignée, et d'un franc par kilogramme sur la laine filée. En adoptant la même base, nous vous proposons de porter à 1 fr. 50 cent. par kilogramme le droit à établir sur les tissus de laine peignée. Nous motivons cette demande par les mêmes considérations qu'il vous a fait valoir, et surtout par l'infériorité dans laquelle se trouve placé notre centre industriel de Fourmies, en ce qui concerne les transports.

MM.
Théophile Legrand,
Larsonnier,
Chenest,
Bonjour,
Jardin.

Nous ne saurions trop insister à cet égard, et nous appelons sur ce point important la bienveillante intervention de M. le Ministre de l'Agriculture, du Commerce et des Travaux Publics, pour faire cesser cet état de choses qui nous place dans une situation d'infériorité, non-seulement vis-à-vis des manufacturiers étrangers, mais encore vis-à-vis de nos confrères de France. En effet, Fourmies, malgré son importance industrielle, est dépourvu de toutes voies de communication; il n'a ni canal, ni chemin de fer, ni route impériale, pas même de route départementale. En présence de la lutte qu'il est appelé à soutenir, il a lieu de la redouter, si le Gouvernement ne vient à son aide en nous accordant les chemins de fer que nous sollicitons depuis longtemps: 1° celui de Soissons à la frontière belge par Hirson et Fourmies; 2° celui de Busigny, et mieux de Landrecies, à Mézières par Hirson et Fourmies, devant se relier à Momignies au chemin de fer belge de Chimay à Charleroi.

Pour vous donner une idée du préjudice que la difficulté des transports nous cause, nous vous dirons que, pour notre filature et notre tissage seulement, nous sommes forcés d'avoir constamment un capital de 350,000 à 400,000 francs, improductif. Quant à nous, nous consentirions volontiers à une protection plus faible contre les produits étrangers, à l'entrée en France, dût même la réduction des droits être considérable, si le Gouvernement nous donnait les chemins de fer que nous sollicitons.

L'importance de nos établissements industriels est de :
10 peigneuses Heilmann;
10,075 broches de filature;
80 métiers mécaniques;
140 métiers en ateliers;
1,100 métiers au dehors.

M. le Président. Maintenant, si Monsieur Larsonnier veut prendre la parole, le Conseil est prêt à l'entendre.

M. Larsonnier, *de la maison Bernoville frères, Larsonnier frères et Chenest, fabricants de tissus de laine à Saint-Quentin*, lisant :

§ 1er. — ACHAT ET PRÉPARATION DE LA LAINE.

1re Question. — Nous employons des laines de France, d'Allemagne, de Russie, d'Australie, d'Espagne et d'Italie; celles de France et d'Australie en grande majorité.

Leur prix moyen est de 2 fr. 50 cent. à 3 francs pour les suints

MM.
Théophile Legrand.
Larsonnier.
Chenest.
Boujour.
Jardin.

de France et d'Espagne; de 3 fr. 50 cent. à 4 francs pour les suints d'Australie. Le prix est de 4 fr. 75 cent. à 5 francs pour les laines lavées d'Italie; de 5 à 6 francs pour celles de France, et de 6 à 7 francs pour celles d'Allemagne, de Russie, d'Australie et d'Espagne.

2ᵉ *Question.* — Avec le nouveau droit, les laines de Russie, d'Allemagne, d'Italie et d'Espagne ne nous coûtent pas beaucoup plus cher qu'aux Anglais; nous n'avons qu'une légère différence par le fait du transport. Quant aux laines d'Australie, le transport nous coûte, de Londres, de 6 à 7 francs par 100 kilogrammes; en y ajoutant les droits, c'est environ 10 francs par 100 kilogrammes ou 10 centimes par kilogramme, sur le lavé; étant donné un prix de 6 francs à l'achat, c'est 1 1/2 p. 0/0, ou 3 p. 0/0 sur le peigné.

3ᵉ *Question.* — Nous faisons nous-mêmes le dégraissage de la laine au moyen du savon.

4ᵉ *Question.* — Nous ne faisons rien teindre avant la filature. Ce n'est qu'après le tissage que nos produits se teignent et s'impriment. Le prix de la teinture des fils varie entre un franc et 2 fr. 50 cent. le kilogramme. La moyenne est de 1 fr. 40 cent.

§ 2. — FILATURE.

1ʳᵉ *Question.* — Nous ne filons que pour notre usage, avec des matières achetées par nous. Nous sommes filateurs de peigné et non de cardé. Nous faisons du fil dit *peigné mixte* ou du fil peigné, suivant nos besoins.

Nous ne filons rien en couleur pure ou mélangée. Nous faisons des fils retors.

2ᵉ *Question.* — Nous nous servons des machines en usage pour le peignage et la filature de la laine; elles sont de fabrication française. Nous les avons dans nos ateliers depuis des époques diverses qui varient aujourd'hui de cinq à quinze ans. Les machines à battre valent, suivant leur importance et leur système, de 500 à 1,500 francs. Les peigneuses Schlumberger, qui sont surtout en usage en France, coûtent 5,000 francs; les cardes de 110 centimètres garnies, 4,000 francs; les machines à étirer, de 1,000 à 2,000 francs, suivant leur importance.

Un atelier de préparation pour la filature, garni en bancs-broches, coûte de 12 à 13 francs par broche de fileur; le métier à filer coûte également le même prix par broche; par conséquent, 10,000 broches

MM.
Théophile Legrand,
Larsonnier,
Chenest,
Boujour,
Jardin

coûteront, en métiers de préparation et en métiers à filer, 25 francs par broche, soit 250,000 francs. Nous parlons des machines seulement, sans les bâtiments et les terrains. Nous employons des mull-jenny, des renvideurs et demi-renvideurs.

3e Question. — Nous employons un moteur hydraulique; sa force varie de 30 à 80 chevaux. Il n'est pas possible de déterminer, d'une manière fixe, le prix du loyer d'une force hydraulique de cheval. Ce prix peut être très-bas ou très-haut. Il peut se multiplier dix fois, suivant les circonstances, la localité, la régularité du cours d'eau, l'importance des bâtiments annexés.

4e Question. — Nous avons deux machines à vapeur d'une force totale de 60 chevaux, construites par M. Powell, de Rouen, et par M. Casalis, de Saint-Quentin.

5e Question. — Nous brûlons du charbon de Charleroi, tout venant, qui nous revient à 22 fr. 50 cent. la tonne.

Nous estimons notre consommation à 35 ou 40 kilogrammes par an et par broche.

Nous chauffons les ateliers, l'hiver, à la vapeur; nous produisons cette vapeur par le charbon.

6e Question. — Les numéros que nous employons varient de 50,000 à 150,000 mètres au kilogramme. Nos broches produisent, par jour, 4 échées de 700 mètres, soit 2,800 mètres; soit, pour 300 jours de travail, 840,000 mètres par broche, ou 10 kilogrammes au numéro 84,000 mètres au kilogramme, qui est le numéro moyen de notre filature.

Nous venons de parler d'une production journalière de 4 échées de 700 mètres par broche; cette production augmente ou diminue d'un cinquième à un quart, suivant la nature de la laine et la différence du numéro. La moyenne se traduit par 4 échées; certaines filatures à façon vont jusqu'à 4 1/2.

7e Question. — Les hommes gagnent de 2 fr. 50 cent. à 5 francs; les femmes, de 1 fr. 10 cent. à 1 fr. 50 cent. par jour.

Nous employons moitié hommes et moitié femmes, et des enfants seulement par exception.

Les ouvriers sont à la journée ou à la façon, suivant le genre de travail.

Les salaires ont augmenté sensiblement depuis quelques années, l'augmentation est restée définitivement acquise aux ouvriers, le besoin de bras n'ayant pas permis la moindre réduction.

MM.
Théophile Legrand,
Larsonnier,
Chenest,
Bonjour,
Jardin.

8e Question. — Nous employons dans nos ateliers 250 ouvriers.

Étant donné un établissement de 10,000 broches, on désire savoir combien il emploiera d'ouvriers?

Il faudra pour la préparation 25 ouvriers.

Il faudra 40 métiers de 250 broches, pour lesquels 40 fileurs et 80 rattacheurs ou jeunes gens seront nécessaires; total, 120 hommes.

La part de la main-d'œuvre dans le produit d'une filature peut s'estimer de 75 centimes à 1 fr. 25 cent. par kilogramme de fil, suivant la différence du numéro.

9e Question. — Nous filons en maigre; nous n'avons donc pas à dire la nature de l'huile que nous emploierions dans l'autre cas, et dans quelle proportion le mélange d'huile accroîtrait et augmenterait le prix de la filature; mais nous nous servons d'huile pour graisser nos machines et pour graisser la laine après son lavage dans les baquets.

Nous donnons à la laine, avant de la faire passer à la carde, un léger graissage au moyen duquel le travail se fait beaucoup mieux tout en ménageant davantage le filament; après le passage à la carde et aux étirages, nous soumettons nos rubans à la lisseuse, qui se charge d'extraire l'huile, de donner un dernier rinçage et de dresser les filaments. En sortant de la lisseuse, le ruban, après un nouvel étirage, va à la peigneuse.

10e Question. — Si l'on parle de la façon de l'ouvrier, cette façon varie, suivant les établissements, la qualité de la laine et le numéro, de 80 centimes à un franc pour le n° 100,000 mètres de fil.

S'il s'agit d'une façon à payer par le propriétaire du peigné à un filateur, cette façon varie sensiblement en raison des circonstances ci-dessus; elle s'élèvera, pour une échée de 700 mètres, de 2 à 3 centimes, ce qui donnera, pour un numéro 100,000 mètres au kilogramme, une façon de 2 fr. 86 cent. à 4 fr. 29 cent. par kilogramme de fil.

11e Question. — Nous ne vendons pas de laine à l'état de peigné ni de fil, sinon très-exceptionnellement. Tous nos produits s'utilisent dans nos tissages.

12e Question. — Nous vendons nos blousses à Sedan, qui en fait des draps. Avec nos déchets, on fabrique, dans le midi de la France, de gros draps et des couvertures.

13e Question. — Les Anglais ne filant point ou presque point les laines mérinos au moyen du mull-jenny, on manque d'éléments

MM.
Théophile Legrand,
Larsonnier,
Chenest,
Bonjour,
Jardin.

sérieux pour établir une comparaison entre les prix de leurs fils et les nôtres.

14e Question. — L'industrie de la laine se meut dans des conditions généralement difficiles. La matière première est fort chère et le prix du fil n'est pas suffisamment rémunérateur. On aurait pu croire que la suppression des droits d'entrée sur la laine étrangère aurait eu pour résultat d'abaisser les cours en France; il n'en a pas été ainsi : la tonte, cette année, s'est vendue plus cher que les années précédentes, et les laines étrangères ont augmenté dans une proportion équivalant aux droits supprimés.

Cette anomalie est due à plusieurs causes : les producteurs français savent que la fabrique ne peut se passer de leurs laines ; le métis mérinos a des qualités qui le rendent indispensable dans beaucoup d'articles. Malgré les énormes améliorations de la laine d'Australie, il y a beaucoup de tissus auxquels elle n'est pas encore favorable; pour ces tissus, il faut l'emploi du métis mérinos, sinon d'une manière absolue, du moins dans une certaine proportion.

D'un autre côté, il s'est monté, depuis quelques années, un nombre considérable de filatures de laine, dont les produits dépassent, par moment, les besoins de la consommation; il en résulte qu'à la moindre crise commerciale, a lieu un encombrement dont l'influence pèse ensuite longtemps sur les affaires. De cette situation, il suit, à peu près généralement, que le filateur a peine à recouvrer, dans ses prix de vente, ses frais d'achat et de main-d'œuvre; il n'y trouve pas la compensation des chances qu'il a courues par sa spéculation; il rentre dans ses frais ou fait un bénéfice modique comme façonnier; mais viennent des temps difficiles, et il perd alors, dans une année, par la dépréciation des cours, plus que le mince bénéfice des années précédentes.

Nous mettons à part quelques filatures bien connues qui, par leur organisation, la supériorité de leurs produits et la puissance de leurs moyens, sont en dehors de cette situation, sans cependant que leurs profits soient jamais considérables.

Le prix des fils de laine peignée n'a pas sensiblement varié depuis deux ans; suivant l'état des affaires, il a monté ou baissé d'un franc au plus par kilogramme.

§ 3. — TISSAGE ET APPRÊTS.

1re Question. — Nous produisons des tissus pure laine, et d'autres mélangés de soie, de poil de chèvre, de coton, etc.

MM. Théophile Legrand, Larsonnier, Chenest, Bonjour, Jardin.

2e *Question.* — Nous employons des laines de France, d'Australie, de Russie, d'Allemagne, d'Espagne et d'Italie, ainsi que la laine longue anglaise. Nous achetons nos cotons en Alsace, nos soies dans les Cévennes, en Piémont et en Orient. Nos poils de chèvre sont filés en Angleterre. Les laines longues, qui sont prohibées à l'état de fil, nous sont fournies par les filateurs de Tourcoing et de Roubaix. Nos fantaisies, schappes, damas, sont surtout de provenance anglaise; nous en achetons cependant, mais en minime proportion, aux producteurs français.

Nos numéros de fils de laine varient de 50,000 à 150,000 mètres au kilogramme; indépendamment des produits de notre filature, nous achetons beaucoup de fils de laine, que nous payons de 10 à 25 francs le kilogramme, suivant la finesse et la qualité.

3e *Question.* — Nous avons 150 métiers à tisser, mus par une force hydraulique. Notre installation date de deux ans. Nos métiers ont été construits, les uns en France, les autres, et c'est la grande partie, en Angleterre; ils reviennent, mis en place avec leurs accessoires, tout prêts à fonctionner, de 600 à 1,000 francs, suivant leur largeur et leur complication.

4e *Question.* — Nous faisons mouvoir, non par la vapeur, mais par une force hydraulique, les métiers Jacquart avec une ou plusieurs navettes.

Une force de cheval par l'eau ou la vapeur fait marcher sept ou huit métiers ordinaires, et seulement cinq ou six métiers à la Jacquart.

5e *Question.* — Les ouvriers qui conduisent ces métiers gagnent de 2 à 4 francs par jour; un certain nombre de femmes y sont occupées, mais pas d'enfants. Les femmes gagnent en général un quart de moins que les hommes. Beaucoup de tissus se fabriquent par un ouvrier conduisant deux métiers; pour d'autres qui exigent plus de soins et de délicatesse, l'ouvrier ne peut conduire qu'un seul métier.

6e *Question.* — Nous faisons également tisser sur des métiers à la main; un certain nombre est réuni dans nos ateliers, mais la plus grande quantité est disséminée chez des ouvriers de la campagne.

Le prix de façon des pièces de tissu que nous produisons varie très-sensiblement, en raison de la longueur de la pièce, de sa finesse et de sa difficulté au tissage : nous avons des façons de 10 francs à la pièce, et nous en avons de 100 francs.

7e *Question.* — Jusqu'à présent, dans les tissus de laine, le tissage mécanique n'a guère donné d'économie sur le tissage à la main,

MM.
héophile Legrand,
rronnier,
henest,
njour,
rdin.

parce qu'il comporte des frais généraux plus considérables et qu'il exige des matières d'un prix plus élevé, en ce sens qu'il les lui faut plus solides et ce que l'on appelle *sous-filées;* c'est-à-dire que tel peigné, avec lequel on fera une chaîne de 56,000 mètres au kilogramme, pour le tissage à la main, doit être filé au nº 48,000 ou 50,000 mètres, pour le tissage mécanique.

Jusqu'ici, l'avantage du tissage mécanique a été, dans les établissements bien montés, de produire plus vite et mieux, et de donner toute garantie pour l'exécution, à jour fixe, d'une commission.

8e Question. — Cette question demanderait un travail très-long, puisqu'elle nécessiterait le détail des prix de revient de toutes les opérations qui concourent à la confection définitive d'une pièce de tissu.

9e Question. — Nous avons déjà répondu à cette question en répondant à la deuxième.

10e Question. — Les matières diverses entrent dans nos produits suivant des proportions qui varient à l'infini : tantôt c'est 90 p. o/o de laine et 10 p. o/o de soie; tantôt 50 p. o/o de laine et 50 p. o/o de coton; ou 25 p. o/o de soie et 75 p. o/o de poil de chèvre.

Nous faisons une infinité de genres différents, et, dans aucun d'eux, la proportion n'est la même.

11e Question. — L'Angleterre ne fabrique pas encore, en pure laine mérinos peignée, des tissus similaires aux nôtres. Elle les imite seulement sur chaînes de coton, et les tisse mécaniquement dans des conditions de prix qui leur donnent sur nous un grand avantage, surtout dans les sortes communes.

12e Question. — Si l'on prenait le poids de nos tissus mélangés pour base, on s'exposerait à des erreurs et à une grande irrégularité d'appréciation.

Certains genres, pesant moins que d'autres, ont plus de valeur vénale. Il faut être connaisseur pour se rendre compte de cette différence de valeur.

Quant aux tissus de pure laine, mérinos, cachemire d'Écosse, mousseline de laine et autres analogues, il est très-facile d'en faire une classification à peu près équitable, puisqu'il est dans les habitudes du commerce de les vendre en raison de leur largeur et du nombre de fils en chaîne et en trame qu'ils comportent.

Il en serait de même à l'égard de ceux tramés en laine sur chaîne coton ou sur chaîne soie.

MM. Théophile Legrand, Larsonnier, Chenest, Bonjour, Jardin.

Pour toute personne au courant de la fabrication des tissus unis, ces distinctions sont faciles à établir. La valeur de ces tissus pure laine augmente d'une façon régulière et apparente, en raison des distinctions ci-dessus; seulement, il faut être fabricant ou connaisseur pour la déterminer. Ainsi, prenons deux mérinos, l'un de 10 croisures, l'autre de 20; il ne faudrait pas faire la proportion de 10 à 20 pour savoir la différence de valeur entre les deux produits.

Il y a dans leur composition trois éléments : la chaine, la trame, la façon.

Le mérinos à 20 croisures comportera évidemment une chaine d'un prix plus élevé que le mérinos à 10; mais cette différence sera beaucoup moins sensible que dans la trame : en employant des trames fines, on peut doubler dans un même espace la quantité de duites ou de croisures que l'ouvrier fera entrer.

Il n'en est pas de même de la chaine : si fine et si solide qu'elle soit, on n'en peut pas doubler le nombre de fils dans le même espace de peigne, car l'ouvrier ne pourrait marcher.

Quant à la façon, elle n'augmente pas non plus d'une manière régulière, progressive, suivant la réduction du tissu : basse dans les sortes communes, s'élevant à peu près proportionnellement dans les sortes moyennes, elle prend son essor dans les qualités fines, mais pour ainsi dire, en dehors de tout calcul proportionnel.

C'est pourquoi nous disions tout à l'heure qu'on peut facilement établir les distinctions résultant de la différence dans la réduction de la chaine et de la trame d'un tissu de pure laine, mais à la condition d'être compétent. En tout cas, sur ces sortes de tissus unis, de tous genres, le mode d'appréciation dont la douane faisait usage pour les primes à la sortie, peut être parfaitement pratiqué pour la classification des droits à l'entrée, et permettre ainsi la détermination de droits spécifiques au poids, de beaucoup préférables, selon nous, aux droits *ad valorem*.

13e Question.—Nous exportons nos produits dans l'Amérique du Nord et dans tous les états de l'Amérique du Sud, en Égypte et en Turquie, en Angleterre, en Belgique, en Russie et dans tous les pays d'Europe. Mais la Saxe, la Prusse, l'Autriche, n'ont presque plus recours à nous pour les tissus unis, et ne nous achètent que les nouveautés proprement dites. L'Espagne aussi commence à nous délaisser pour ses fabriques de Catalogne. Nous ne livrons à la France quun cinquième environ de notre production.

Notre fabrique de nouveautés et de tissus de fantaisie est en pros-

MM.
Théophile Legrand,
Larsonnier,
Chenest,
Bonjour,
Jardin.

périté; quant aux tissus unis classiques, ils aboutissent à peine, malgré tous les efforts que nous faisons, à nous rendre des bénéfices nets de 3 à 4 p. o/o.

Bien que les matières premières se soient tenues constamment à des cours très-élevés, ainsi que la main-d'œuvre, les prix des tissus en général ont, en 1860, de quelques centimes au-dessous de ceux des années précédentes.

14ᵉ Question. — En résumé, nous sommes peigneurs, filateurs et tisseurs de laine mérinos par les procédés les plus perfectionnés; de plus, nous imprimons et apprêtons nous-mêmes nos tissus. Enfin nous fabriquons des tissus mélangés de fantaisie, de soie, de coton, que nous livrons directement au marché français ou à l'exportation.

A ce point de vue complexe, nous commençons par déclarer que, pris isolément, ni le peigneur, ni le filateur, ni le tisseur, soit à la main, soit à la mécanique, n'ont réalisé, depuis plusieurs années, de profits suffisamment rémunérateurs.

Nous ajouterons que les imprimeurs à façon vivent misérablement, et cela, sans qu'on puisse prévoir d'amélioration à cet état précaire. On peut donc affirmer, en présence d'une telle situation, que l'industrie de la laine peignée dans toutes les branches a été d'elle-même au devant du problème de l'approvisionnement des consommateurs au plus bas prix possible.

A l'heure qu'il est, pourtant, les Allemands seuls nous font concurrence sur les marchés étrangers, pour les articles en pure laine mérinos. Les Anglais n'ont abordé sérieusement encore aucun de ces articles, et cela par plusieurs motifs :

1° Ils n'ont point chez eux de laine mérinos; celles de l'Australie, si abondantes déjà et qui se sont si rapidement améliorées depuis quelques années, ne font que d'arriver au degré qui les classe tout près de nos meilleurs crus ;

2° Tant que les étoffes sur chaîne laine pure se sont tissées à la main, les Anglais en ont été éloignés par le prix d'une main-d'œuvre ne leur offrant sur nous aucun avantage;

3° Notre marché leur étant fermé, c'était pour eux une tentation de moins;

4° Les bénéfices notoirement restreints de nos fabricants ne les encourageaient point à les imiter.

Il semble ressortir de là que notre industrie n'a nul besoin de protection contre l'Angleterre. D'accord pour le présent. Mais en face d'un traité de longue durée, qui ne permettra pas d'élever les tarifs, une fois établis, le Gouvernement n'a pas seulement à s'occuper du présent : il est trop sage pour ne point compter avec les probabilités de l'avenir. Or, nous venons de le dire, la laine d'Australie, qui abonde de plus en plus chez nos voisins, touche déjà de près à la perfection de la nôtre et l'aura bientôt atteinte. Les Anglais sont donc, dès à présent, en possession d'un premier élément qui leur donne sur nous un avantage matériel de 1 1/2 p. o/o, sur la laine brute. Dans l'état actuel de moyens d'action maritimes, nous irions chercher directement la laine en Australie, qu'elle nous reviendrait plus cher que dans les docks de Londres.

MM. Théophile Legrand. Larsonnier. Chenest. Bonjour. Jardin.

Le peignage de la laine mérinos par nos procédés, et sa filature par les mull-jenny, sont depuis longtemps à la portée de l'Angleterre. Si elle ne s'en est point occupée, c'est qu'un complément indispensable lui manquait encore : le tissage mécanique de la laine pure. Aujourd'hui, toutes les écoles sont sur le point d'être terminées par la France, et nos voisins n'auront qu'à suivre le chemin frayé par nous. Admettons maintenant qu'ils entrent dans notre voie, et suivons-les dans la filière de nos industries spéciales à la laine peignée mérinos.

Peignage. — La laine brute ne rendant que 50 p. o/o en peigné, la différence de 1 1/2 p. o/o, existant sur la laine brute, va être, sur le peigné, de.......................... 3 p. o/o

Plus, pour différence du prix du matériel et de la houille, minimum.......................... 1 o/o

Soit.................. 4 o/o

Filature. — Le matériel compliqué de la filature reviendra à l'Anglais à 30 p. o/o de moins que le nôtre, et lui imposera, par conséquent, une dépréciation et des intérêts moindres. Le coût de la houille sera pour lui de 6 à 8 francs la tonne, tandis qu'il est de 22 fr. 50 cent. à 25 francs pour un grand nombre de nos usines ; le tout formant, au préjudice de nos industriels, une différence de.......................... 2 o/o

Soit, sur le fil........... 6 o/o

Tissage. — Pour exprimer les différences résultant des prix du matériel et de la houille, nous avons procédé par appréciations en ce qui concerne le peignage et la filature. Nous justifierons ces appréciations, que le temps ne nous a pas permis de chiffrer, en posant,

MM.
Théophile Legrand,
Larsonnier,
Chenest,
Bompou
Jardin

par rapport au tissage mécanique, des chiffres qui, par analogie, rendront sensibles ceux que nous avons appréciés en bloc précédemment.

Prenant pour exemple un tissage mécanique de 100 métiers produisant du mérinos simple à 10 croisures (35/36 duites au quart de pouce), en 110 centimètres de large en écru, abstraction faite du terrain et des bâtiments, il faudra :

1° Pour la mise en mouvement, à raison de 7 à 8 métiers par force de cheval, une machine de 15 chevaux coûtant en France	15,000f
2° Les transmissions	10,000
3° Machines à bobiner et à ourdir	4,000
4° 2 encolleuses mécaniques	10,000
5° 100 métiers (nous les prenons à Bradford) revenant, mis en marche, avec tous accessoires, à 650 francs pièce	65,000
6° Un gazomètre avec 100 becs et ses conduits	8,000
7° Forge et accessoires pour entretien et réparations	pour mémoire.
	112,000

A ce matériel de 112,000 francs, nous ferons supporter une dépréciation de 10 p. o/o	11,200f
Les intérêts à 5 p. o/o	5,600
	16,800

HOUILLE.

15 chevaux de force, avec douze heures de travail par jour et une consommation de 3 kilogrammes par heure, nous coûteront par an, à raison de 25 francs la tonne	4,080

GAZ.

100 becs fonctionnant quatre heures par jour, pendant 175 jours, emploieront 47,750 kilogrammes de houille	1,193
Pour chauffage des ateliers et service des encolleuses	1,875
Total de nos frais	23,948
Nous admettons que le matériel anglais aura coûté 30 p. o/o de moins que le nôtre, c'est-à-dire 78,400 francs.	
A reporter	23,948

Report		23,948f	MM. Théophile Legrand, Larsonnier, Chenest, Bonjour, Jardin.
Les intérêts et la dépréciation au même taux que les autres ne s'élèveront qu'à	11,750f	13,464	
Quant à la houille, le moteur, le gaz et le chauffage n'en useront, à poids égal, que pour	1,714		
Économie en faveur des Anglais.		10,484	

100 métiers, marchant à raison de 45,000 duites par jour et de 36 duites au quart de pouce pour former 10 croisures, produiront chaque jour 10 pièces de 80 mètres, soit, pour 300 jours, 3,000 pièces. Le tissu valant 2 fr. 25 cent. le mètre, soit 180 francs la pièce, c'est un total de 540,000 francs, sur lesquels l'économie de 10,484 francs donnerait aux Anglais un avantage de 2 p. o/o pour le tissage seul.

Cet avantage ressortait déjà, sur le prix de la laine, le peignage et la filature réunis, par 6 p. o/o; ce qui constitue 8 p. o/o sur le tissu écru.

Enfin, notre teinture nous coûte en moyenne 30 centimes par mètre. Elle est supérieure à celle des Anglais, mais la leur est à meilleur marché. Nous n'en savons pas les prix exacts pour la pure laine, parce qu'il n'y a pas d'articles absolument identiques pour servir de comparaison; mais à en juger par les prix auxquels les Anglais teignent les tissus en chaîne de coton, nous ne pouvons pas fixer à moins de 10 centimes par mètre l'avantage qu'ils auraient sur nous.

En résumé :

1° Notre industrie de la laine peignée, qui occupe un nombre si considérable d'ouvriers, n'obtient que des résultats médiocres comme bénéfices, en dépit des plus grands efforts industriels vers la plus grande perfection possible, et les maisons les mieux placées, comme la nôtre, par exemple, ont été forcées, depuis 1852, de doubler leur chiffre d'affaires pour n'arriver qu'à la même somme de bénéfices;

2° Si l'Angleterre ne peigne, ne file et ne tisse point encore dans une proportion considérable la laine mérinos, elle touche au moment où elle pourra entreprendre cette industrie de premier ordre, dans des conditions favorables pour elle, par l'appropriation du tissage mécanique à la laine pure;

3° Par le canal de l'Angleterre, nous semblons, jusqu'à un certain point, exposés à recevoir des tissus de pure laine de la Saxe, de l'Au-

MM.
Théophile Legrand,
Larsonnier,
Chenest,
Bonjour,
Jardin.

triche et de la Prusse, pays qui ont sur nous le double avantage d'avoir une main-d'œuvre plus économique d'au moins 30 p. 0/0, et de payer la matière première meilleur marché, puisque la laine d'Allemagne est frappée d'un droit de 7 fr. 50 cent. par 100 kilogrammes à la sortie;

4° Il faut considérer enfin que le traité intervenu est à long terme et laisse un vaste champ à l'imprévu, et que, sans craintes exagérées, les chefs d'industrie, qui procurent le travail aux masses, ont pour devoir de demander la sécurité de l'avenir.

Nous croyons qu'il y a lieu d'accorder:

A la laine peignée mérinos, une protection de 3 1/2 à 4 p. 0/0, ou, en termes spécifiques, 35 à 40 centimes par kilogramme, sur une moyenne de prix de 10 francs environ;

Aux fils de laine peignée mérinos, une protection de 5 à 6 p. 0/0, ou spécifiquement, de 60 à 70 centimes par kilogramme, sur un prix moyen de 12 francs;

Aux tissus écrus en pure laine, une protection de 7 à 8 p. 0/0, ou, en droits spécifiques, de 1 fr. 50 cent. à 1 fr. 70 cent. par kilogramme, sur une valeur moyenne de 21 francs par kilogramme de tissu;

Aux tissus teints en pure laine (en raison de la réduction de poids qui s'opère par le tondage et le dégorgeage, et d'où il résulte que le droit appliqué porte sur un poids réduit d'au moins 10 p. 0/0), une protection de 10 p. 0/0, ou, en droits au poids, de 2 fr. 50 cent. par kilogramme, sur une moyenne de 25 francs pour le prix du tissu.

Ne rien faire du tout, ou faire beaucoup moins, c'est engager, c'est encourager l'Angleterre à entrer bientôt dans notre voie. Quand elle y aura mis le pied, nos ouvriers s'apercevront bien vite de sa présence, non-seulement sur le marché français, mais encore sur les marchés de nos exportations, vers lesquels ces nouveaux concurrents seront rapidement poussés par la puissance de leur production.

L'industrie semble réclamer de préférence l'établissement de droits spécifiques, sauf à examiner s'il y a lieu de former des catégories, ce qui sera facile pour tous les tissus unis.

M. Ernest Baroche. Est-ce que, entre le droit sur les tissus écrus et le droit sur les tissus teints, vous ne proposez pas un écart un peu trop considérable?

M. Larsonnier. Ce matin, un de mes clients m'a donné une commission de tissus écrus pour l'Angleterre. Ces tissus sont commandés dans la perspective de leur donner la teinture en Angleterre. Des

MM.
Théophile Legrand.
Larsonnier,
Chenest,
Bonjour,
Jardin.

commissions de ce genre ne sont pas ordinaires, c'est vrai, mais enfin j'en avais déjà reçu quelques-unes. On avait prétendu que les Anglais ne réussiraient pas; que l'opération qu'ils voulaient tenter ne les satisferait pas : il paraît qu'il n'en a pas été ainsi, et qu'ils trouvent avantage à la continuer. Ils nous avaient seulement demandé une certaine quantité de pièces en violet et en bleu de France. J'induis de tout cela que s'ils ne réussissent pas pour ces deux couleurs, ils réussissent pour les autres.

M. Ernest Baroche. Vous demandez 1 fr. 50 cent. ou 1 fr. 70 cent. pour les tissus écrus, et 2 fr. 50 cent. pour les tissus teints : cette différence d'un franc me paraît considérable.

M. Larsonnier. Les tissus, lorsqu'ils sont teints, ont pris une très-grande valeur, à raison des opérations qu'ils ont subies, comparativement à celle qu'ils avaient quand ils n'étaient encore qu'écrus : du prix de 21 francs ils se sont élevés au prix de 25 francs. Ils ont subi un déchet considérable, par suite du dégorgeage, du tondage; par conséquent, le droit portant sur un produit plus léger doit être plus élevé.

M. Ernest Baroche. Malgré tout cela, l'écart entre les deux droits que vous proposez, je le répète, me paraît bien large.

M. Larsonnier. A mon point de vue, vouloir établir, entre deux industries telles que l'industrie française et l'industrie anglaise, des conditions d'équilibre presque mathématiques me paraît impossible. Il se manifestera des différences notoires qu'on n'aura pas prévues.

M. Ernest Baroche. Combien un kilogramme représente-t-il de mètres de mérinos?

M. Larsonnier. 7 à 8 mètres.

M. Ernest Baroche. Combien coûte la teinture de ces 7 à 8 mètres?

M. Larsonnier. 2 fr. 40 cent. à 2 fr. 50 cent.

M. d'Eichthal. Vous augmentez ainsi le droit de 66 p. 0/0, du tissu écru au tissu teint.

M. Larsonnier. Je ne me suis pas préoccupé de ce que les quotités de droits que je proposais pouvaient produire en les décomposant ainsi. J'ai suivi la ligne que je m'étais tracée, à savoir que la protection à accorder aux tissus, suivant leur nature, devait être de

MM.
Théophile Legrand,
Larsonnier,
Chenest,
Bonjour,
Jardin.

tant pour cent *ad valorem*, et que ce tant pour cent *ad valorem* se traduisait par un droit spécifique de 1 fr. 50 cent. ou 1 fr. 70 cent. pour les tissus écrus, et un droit de 2 fr. 50 cent. pour les tissus teints.

M. Ernest Baroche. Vous reconnaissez la supériorité de la teinture française sur la teinture anglaise?

M. Larsonnier. Oui, Monsieur. Actuellement, je reconnais même que notre industrie est supérieure à l'industrie similaire anglaise sur tous les points.

M. le Président. Monsieur Chenest, avez-vous quelque chose à ajouter à la déposition de M. Larsonnier?

M. Chenest, *Associé de la maison Bernoville frères, Larsonnier frères et Chenest.* Absolument rien, Monsieur le Président. Je suis l'un des associés de M. Larsonnier. Je ne l'ai accompagné ici que pour répondre, s'il en était besoin, aux questions touchant la mécanique qui est ma spécialité.

M. le Président. Avez-vous quelque chose de particulier à nous dire sur ce point?

M. Chenest. J'ai seulement à dire qu'un métier à tisser du mérinos, de 1 mètre 20 de largeur, qui coûte en Angleterre 308 francs, coûte, en France, 600 francs. Ainsi, en supposant même une réduction de moitié sur les droits actuels à l'entrée des métiers anglais, c'est-à-dire en supposant qu'on ne payât que 54 francs, au lieu de payer 108 francs, nous aurions, avec les frais d'emballage et de transport, des métiers de Hodgson qui nous reviendraient encore à plus de 500 francs.

D'ailleurs, les considérations que j'aurais à présenter sous le rapport mécanique, comportent un développement qui dépasserait les limites du temps que le Conseil peut consacrer à l'audition de chacun de nous. Je préfère déposer, sous quelques jours, un travail général embrassant l'industrie de la laine peignée dans ses trois opérations: le peignage, la filature et le tissage.

M. le Président. Monsieur Bonjour, vous avez la parole.

M. Bonjour, *Fabricant de tissus de laines à Ribemont*, lisant :

ACHAT ET PRÉPARATION DES LAINES.

1re Question. — J'emploie les laines fines mérinos, soit en suint, soit lavées à dos. J'emploie indistinctement les laines de France ou les laines étrangères, principalement les laines d'Australie.

MM. Théophile Legrand, Larsonnier, Chenest, Bonjour, Jardin.

En fait de laines étrangères, il n'y a que les laines d'Australie que j'achète directement à Londres. Les prix de la laine que j'emploie sont essentiellement variables. Les bons suints de France se payent, cette année, de 2 fr. 30 cent. à 2 fr. 80 cent. le kilogramme; les laines lavées à dos (toujours en laine fine mérinos), de 5 francs à 6 francs. Les bons suints d'Australie valaient à Londres, en mai et juin derniers, de 3 fr. 50 cent. à 4 fr. 25 cent. le kilogramme; les bonnes laines lavées à dos, de 6 francs à 7 francs, suivant le lavage et la qualité. Pour celles-là, les frais de commission sont de 1 p. 0/0 pour l'achat; le droit d'entrée, de 3 fr. 60 cent., double décime compris, par 100 kilogrammes; et le transport de Londres à Saint-Quentin (tous frais de camionnage compris), de 6 fr. 25 cent. par 100 kilogrammes.

2ᵉ *Question.* — Je ne vois pas que les laines d'Australie que j'emploie puissent coûter sensiblement moins cher aux Anglais qu'à moi. Ils payent, comme moi, 1 p. 0/0 de courtage pour l'achat. Ils ont seulement moins de frais de transport, et ils n'ont pas à payer le droit de 3 fr. 60 cent. par 100 kilogrammes. J'estime que cela peut faire, en leur faveur, une différence de 1 p. 0/0 sur les prix des laines lavées à dos, et 1 3/4 à 2 p. 0/0 sur les laines en suint. Sous l'empire de la nouvelle législation du 5 mai 1860, les laines d'Allemagne, de Russie et d'Espagne doivent coûter au moins aussi cher aux Anglais qu'aux Français.

3ᵉ *Question.* — A proprement parler, je ne lave pas la laine; je lui fais subir dans mes ateliers un seul et unique dégraissage à fond. Je procède par un trempage préparatoire et par trois bains successifs d'eau très-chaude avec une très-forte adjonction de savon d'oléine.

4ᵉ *Question.* — Je ne fais teindre mes laines, ni en masse, ni avant ni après filature.

FILATURE.

1ʳᵉ *Question.* — Je ne suis pas filateur à façon. Je ne file que les laines que j'achète. J'emploie le peigné comme préparation à la filature. Je ne fais pas de peigné mixte. Je ne fais que des fils écrus. Je ne fais ni fils teints, ni fils de couleurs mélangées, ni fils retors.

2ᵉ *Question.* — Pour le peignage, j'emploie les peigneuses Schlumberger, avec les machines préparatoires qui sont nécessaires à ce système, soit la carde, puis trois étirages successifs avant le peignage.

MM.
Théophile Legrand,
Larsonnier,
Chenest,
Bonjour,
Jardin

Toutes ces machines sont de fabrication française. La plupart fonctionnent chez moi depuis l'année 1850.

Pour la filature, je me sers des métiers mull-jenny, avec le système de préparations généralement adopté sous les noms de *défeutreurs*, *réunions* et *bobinoirs*. Toutes les machines que j'ai sont de construction française; la plupart sont très-anciennes, et je ne pourrais dire quel serait aujourd'hui leur prix d'achat, soit à l'assortiment, soit à la broche, n'en ayant pas acheté depuis plusieurs années.

Je n'emploie pas la machine à battre.

Le prix des peigneuses Schlumberger est de 5,000 francs.

Mes cardes avec avant-train, qui sont de petites machines système Pierrard, m'ont coûté 1,500 francs; elles peuvent produire 35 kilogrammes de préparation par 12 heures de travail. La garniture de rubans de carde vaut 800 francs. Les étirages Schlumberger et Pierrard, pour préparation de peignage, m'ont coûté, savoir :

Étirage Schlumberger à 4 têtes, 1,700 francs l'un.

Étirage Pierrard à 4 têtes, 1,500 francs l'un.

Étirage Pierrard à 6 têtes, 2,800 francs l'un.

Un assortiment de 4 peigneuses Schlumberger, pouvant produire, par journée de 12 heures de travail, 140 à 160 kilogrammes de laine peignée fine, telle que celle que j'emploie, coûte 40,000 francs.

Un assortiment pour la filature m'a coûté 42,600 francs. Ce prix se décompose ainsi qu'il suit :

1 défeutreur à 2 têtes	1,600f
1 défeutreur à 4 têtes	1,800
3 réunions de 12 en 6 têtes	9,000
5 bobinoirs de 12 à 20 têtes	11,500
1,700 broches de mull-jenny, à 11 francs la broche.	18,700
Total	42,600

Ce qui porte la broche à 25 francs.

Par suite de la réduction des prix des mécaniciens constructeurs, la broche ne coûterait pas maintenant, pour l'établissement d'une filature neuve, plus de 24 francs.

En ajoutant aux dépenses d'acquisition de machines le coût du bâtiment de filature, d'une machine à vapeur, des transmissions de mouvement, de l'outillage, etc., le coût de la broche se trouve élevé à 50 francs environ.

3e Question. — Je ne me sers pas de moteur hydraulique.

4e Question. — Je me sers de la vapeur comme moteur.

J'ai deux machines à vapeur :

MM. Théophile Legrand, Larsonnier, Chenest, Bonjour, Jardin.

L'une, construite par M. Saulnier aîné, de Paris, en 1840, est à haute pression; elle sert de moteur pour le dégraissage et le peignage; elle fournit la vapeur pour les bains du dégraissoir; ce qui réclame une consommation de 400 à 500 kilogrammes de charbon par 12 heures de travail. La vapeur perdue chauffe les ateliers. La machine est de la force de 18 chevaux et brûle 1,200 kilogrammes de charbon par jour.

L'autre machine de 14 chevaux, est à condenseur; elle fait marcher la filature avec ses préparations. Cette machine ne brûle que 500 kilogrammes de charbon par 12 heures de travail; elle a été construite en 1857, par MM. Déplechin et Thibaut, de Lille.

J'emploie du charbon tout venant, de Charleroi; il me revient de 21 à 22 francs les 100 kilogrammes.

5e Question.—Je brûle encore, pour le séchage des laines, environ 500 kilogrammes de charbon en été, et 800 kilogrammes en hiver, y compris le chauffage de deux poêles dans des ateliers isolés.

6e Question. — Les fils que je produis sont :

1° Des chaînes depuis le n° 60 jusqu'à 80, — mais la moyenne n'est que de 65;

2° Des trames depuis le n° 80 jusqu'à 120, — mais la moyenne n'est que de 90.

Je produis environ 10 kilogrammes de fil par an et par broche, dans la proportion de deux tiers en chaîne au n° 65, et d'un tiers en trame au n° 90.

La proportion se modifie ainsi suivant le numéro, en prenant les deux extrêmes en chaîne et en trame. Un métier de 180 broches fera, en 10 heures de travail, 6 kilogrammes de chaîne au n° 60, et, dans le même temps, 4 kilog. 80 de chaîne n° 80. Un métier de trame fera, en 10 heures de travail, 4 kilog. 72 de trame au n° 80, et, dans le même temps, 3 kilogrammes de trame au n° 120. Entre le numéro le plus gros et le numéro le plus fin, c'est une différence de 20 p. o/o sur la chaîne et de 36 5/100 sur la trame.

7e Question. — Pour les hommes, le prix de journée varie de 3 fr. 50 cent. à 4 francs;

Pour les femmes, il est de 1 fr. 25 cent;

Pour les enfants des deux sexes (tous âgés de plus de douze ans): les filles, de 75 centimes à 1 franc; les garçons, de 85 centimes à 1 fr. 50 cent.

Aux métiers à filer, j'emploie 20 hommes et 23 garçons de treize

MM.
Théophile Legrand,
Laroumier,
Chenest,
Bonjour,
Jardin.

à dix-huit ans; aux préparations, 17 femmes ou filles adultes et 5 jeunes filles de douze à seize ans.

Les ouvriers fileurs travaillent à façon. Tous les autres sont à la journée. — Je ne parle ici que des ouvriers employés à la filature ou aux préparations pour filature.

J'ai augmenté les salaires de 10 p. o/o environ depuis 1857, époque de la plus grande cherté du pain; je ne les ai pas réduits depuis; et du reste, dans aucune circonstance, je n'ai abaissé le salaire de mes ouvriers.

8e Question. — J'emploie pour la filature et ses préparations 65 ouvriers, et le prix du salaire que je leur paye équivaut à 11 fr. 50 cent. par broche, faisant, en moyenne, en chaine, le nº 65, et en trame, le nº 90. Le salaire, par broche, suivrait la progression de 20 p. o/o en chaine, et 36 p. o/o en trame, que j'ai établie ci-dessus dans la production de mes plus bas numéros aux plus élevés; et ceci doit être, parce que le salaire devant rester toujours le même, sera d'autant plus élevé que la production en kilogrammes de fil sera moins forte.

9e Question. — Je ne file pas en gras.

10e Question. — Je ne file jamais à façon, et je suis moins que personne à même de donner le renseignement demandé.

11e Question. — Je ne vends de laine ni en peigné ni en fil.

12e Question. — Je vends en France toutes mes blousses et tous mes déchets, et, je le crois, à des prix aussi élevés, si ce n'est plus, que ceux que je pourrais obtenir, soit en Angleterre, soit en Belgique, même depuis la suppression des droits.

13e Question. — Je ne suis pas apte à répondre à cette question, n'étant ni vendeur ni acheteur de fil. Je sais seulement qu'en France, depuis le traité de commerce, les fils ont plutôt haussé que baissé, suivant en cela l'impulsion de la matière première qui a haussé même en France, quoique l'effet du traité eût dû amener, dans notre pays, une baisse correspondant à la suppression des droits.

14e Question. — Cette question ne me concerne pas.

TISSAGE ET APPRÊTS.

1re Question. — Les seuls tissus que je produise sont : la mousseline pure laine, les mérinos pure laine et les mérinos ou cachemires d'Écosse pure laine.

2e Question. — J'ai répondu en partie à cette question, dans mes réponses précédentes; j'ajoute que j'emploie en moyenne des chaînes 65 et des trames 90, et que je n'achète pas de fils.

MM. Théophile Legrand, Larsonnier, Chenest, Bonjour, Jardin.

3e Question. — Je n'ai pas de métiers à tisser mus par la vapeur.

4e Question. — Je ne fais pas tisser à la mécanique.

5e Question. — Je n'ai pas d'atelier de tissage.

6e Question. — Je fais tisser à la main. Les métiers sont chez les tisseurs.

Le prix de façon d'une pièce varie essentiellement, selon la nature, la finesse et la largeur du tissu.

Aujourd'hui que les façons sont très-chères, je paye :

Pour une pièce mousseline de 83 mètres, 65 centimètres de large, 22/23 duites, 19 fr. 40 cent.

Pour une pièce mérinos de 82 mètres, 120 centimètres de large, 11 croisures, pleines, 51 fr. 30 cent.

Dans les mousselines, la façon augmente environ d'un centime par chaque duite de plus, et, dans les mérinos, de 5 centimes par croisure.

7e Question. — Je ne puis répondre à cette question, n'ayant pas de métiers mécaniques.

8e Question. — Voici les prix approximatifs de revient que je puis indiquer pour les différentes opérations qui se font chez moi :

Le triage revient à 2 francs les 100 kilogrammes pour les laines en suint;

Il revient à 4 francs pour les laines lavées à dos.

Le dégraissage, à 33 centimes le kilogramme de laine dégraissée.

Le peignage, à 45 centimes le kilogramme de laine peignée.

La filature, à 1 fr. 98 cent. par kilogramme de chaîne au n° 65 en moyenne.

La filature, à 1 fr. 60 cent. par kilogramme de trame au n° 90 en moyenne.

L'ourdissage revient à 50 centimes par chaîne de mousseline; 1 franc par chaîne de mérinos.

L'encollage est fait par le contre-maître et à son compte. Je n'ai donc aucune donnée précise à cet égard.

L'épinçage revient à 1 fr. 75 cent. par pièce de mousseline, fait à la main; à 1 fr. 50 cent. par pièce de mérinos, par le système David-Labbé.

Le tissage mousseline de laine, qualité moyenne, 23 centimes le mètre.

MM.
Théophile Legrand,
Larsonnier,
Chenest,
Bonjour,
Jardin.

Le tissage mérinos, qualité moyenne, 63 centimes le mètre.

9e Question. — Les frais ne varient pas pour le triage ni pour le dégraissage.

Pour les autres opérations, ils varient en proportion directe de la plus grande finesse de la laine, qui en augmente la valeur, ainsi que celle du tissu produit.

10e Question. — Je ne fabrique que des tissus de laine pure.

11e Question. — Je ne connais pas les produits similaires anglais.

12e Question. — La classification peut avoir lieu par nombre de fils de chaine, par nombre de duites et par nombre de croisures.

Les distinctions sont facilement reconnaissables.

La valeur des produits augmente d'une manière régulière, en raison de ces distinctions apparentes.

En ce qui concerne les 13e et 14e questions, je n'admets pas que les Anglais vendent meilleur marché que nous. Ce qu'ils vendent bon marché, c'est de la marchandise inférieure qui ne fait aucun tort à la nôtre.

Depuis vingt ans que je produis, je n'ai pas vendu une seule pièce de tissu en France, en Angleterre ou en Allemagne; j'ai toujours tout expédié aux États-Unis. Là, j'ai à lutter contre les produits de l'Angleterre, de l'Allemagne, de tous les pays; jamais aucun d'eux ne m'a fait une concurrence fâcheuse, et j'ai toujours trouvé très-facilement l'écoulement de mes marchandises. Je vous avoue que, quant à moi, je ne conçois pas qu'un droit protecteur puisse être demandé pour la France. Cependant si l'état de choses actuel changeait, et ce sont là des prévisions qu'il ne m'appartient pas de sonder, si les Anglais, de fabricants inférieurs qu'ils sont aujourd'hui, par rapport à nous, devenaient des fabricants supérieurs, s'ils pouvaient établir la marchandise à meilleur compte que nous, évidemment ils nous feraient une concurrence contre laquelle il serait bon que nous fussions protégés; mais aujourd'hui ils ne sont pas à même de nous faire cette concurrence, puisque c'est nous, au contraire, qui les primons sur les marchés de l'Amérique du Nord.

M. le Président. Votre conclusion serait, en ce qui concerne votre industrie, que vous n'éprouvez pas le besoin d'une protection quelconque?

M. Bonjour. Je dirai même que cette protection ne serait pas sans avoir son côté dangereux. Par exemple, maintenant qu'il n'existe plus de droit sur l'entrée des laines étrangères, si vous mettez

MM. Théophile Legrand, Lorsonnier, Chenest, Bonjour, Jardin.

un droit protecteur sur les fils de laine, vous permettrez aux industriels français de payer la laine à un prix correspondant au droit que vous fixerez. Si ce droit, je suppose, est de 5 p. o/o, l'industriel français pourra acheter la laine 5 p. o/o plus cher sur les marchés d'Angleterre, d'Allemagne ou de Russie. Sans ce droit de 5 p. o/o, il aurait cherché à payer sa laine de 5 p. o/o moins cher, pour l'avoir à des prix correspondant à ceux qu'auraient payés les industriels étrangers. Le droit protecteur sur les fils de laine tendrait donc à l'élévation du prix de la matière première. Je ne sais pas si cela pourrait avoir quelque avantage pour la consommation française, mais cela n'en aurait aucun pour la consommation générale qu'alimente l'exportation. Or l'exportation a bien son mérite, même pour nous, même pour la France. Nous usons notre argent, en France, en le changeant à l'intérieur, tandis que l'on enrichit le pays en faisant arriver celui de l'étranger. La protection tendrait donc à nous mettre dans le cas de payer, à l'avenir, la matière première plus chère que nous ne la payons aujourd'hui.

Si, au contraire, nous n'avons pas à la payer plus que les Anglais ne la payent eux-mêmes et ne peuvent la payer, nous resterons naturellement dans des conditions identiques à celles où nous étions précédemment; car précédemment, lorsque la laine étrangère était frappée d'un droit à son entrée, nous avions une prime de sortie qui établissait la compensation; et lorsque nous nous trouvions sur un marché étranger, c'était dans les mêmes conditions que s'il n'y avait pas eu de droit sur la laine. Par conséquent, il n'y a rien de changé pour nous par la suppression du droit, puisqu'en même temps on nous retire le drawback et la prime de sortie.

M. le Président. Ainsi, pour vous, l'ancien régime avait ce caractère, que, s'il y avait prohibition des produits étrangers pour toute la consommation intérieure, il y avait au moins égalité en ce qui concernait la concurrence sur les marchés extérieurs, parce que, si l'on payait un droit à l'importation de la laine, on en obtenait la restitution à l'aide du drawback; tandis que si, aujourd'hui, on paye un droit sur la laine filée, ce droit tendra tout simplement, selon vous, à l'élévation du prix de la laine, parce que, dans votre expérience, vous avez constaté que tout droit de douane s'incorpore au prix et l'élève d'autant. Le prix de la laine filée augmentera, et il en résultera que, n'obtenant pas de restitution à la sortie, ou de prime, vous serez placés dans des conditions inférieures sur les marchés étrangers, où vous étiez auparavant dans des conditions supérieures. Est-ce là votre raisonnement?

MM.
Théophile Legrand,
Larsonnier,
Chenest,
Bonjour,
Jardin.

M. Bonjour. Oui, Monsieur le Président.

M. le Président. De telle sorte que, selon vous, le droit sur la laine filée doit être le plus faible possible, si tant est qu'il y en ait un?

M. Bonjour. Oui; mais j'ai déclaré que jamais je n'achetais de filés, et que jamais je n'en avais vendu.

M. le Président. Vous filez pour votre compte; vous convertissez les produits de votre filature, et vous exportez vos étoffes dans l'Amérique du Nord?

M. Bonjour. Oui, Monsieur le Président.

M. le Président. Monsieur Jardin, avez-vous préparé une réponse?

M. Jardin, *de la maison Jardin et Lantin, fabricants de tissus de laine à Paris.* Non, Monsieur le Président; j'ai été obligé de faire un voyage qui m'a empêché de préparer des réponses au questionnaire. Mais j'ai entendu les réponses de M. Larsonnier; je ne pourrais rien ajouter aux considérations qu'il a exposées; je m'associe complétement à ce qu'il a dit.

M. le Président. Vous êtes fabricant de tissus?

M. Jardin. Oui, Monsieur le Président.

M. le Président. Exportez-vous beaucoup, et pour quels pays?

M. Jardin. Nous exportons à peu près la moitié de notre production en Amérique et en Angleterre.

M. le Président. Éprouvez-vous des difficultés pour l'écoulement de vos produits en Angleterre?

M. Jardin. Nous produisons principalement des tissus nouveautés, des articles fantaisie, dans lesquels la laine se marie au coton et à la soie. Ces articles se vendent facilement, surtout à raison du goût.

M. le Président. Vous êtes, d'ailleurs, dans la situation d'esprit de M. Larsonnier : vous ne demandez de protection qu'en vue de l'avenir et non du présent, parce que l'industrie pour les produits similaires et pour d'autres articles aussi n'existerait pas en Angleterre?

M. Jardin. Elle n'y existe que sur une échelle extrêmement restreinte; mais elle peut s'y développer : l'avenir décidera.

MM.
Théophile Legrand,
Larsonnier,
Chenest,
Bonjour,
Jardin.

M. Schneider. En supposant un droit, et un droit spécifique, pensez-vous qu'il y ait lieu d'établir une division entre les différentes natures d'étoffes, ou d'appliquer au contraire un seul droit au poids sur tous les produits que vous fabriquez?

M. Jardin. Je crois que, pour procéder d'une manière équitable et pour protéger efficacement les différentes qualités de produits, il serait naturel et nécessaire d'établir un droit proportionnel à la qualité.

M. le Président. Ce droit devrait-il être *ad valorem* ou spécifique?

M. Jardin. Je crois qu'on pourrait l'appliquer d'une manière spécifique sur les tissus en pure laine.

M. le Président. Avez-vous préparé une classification?

M. Jardin. Non; mais je connais la classification du drawback, du remboursement des droits que le mérinos reçoit à la sortie : cette classification ne m'a pas paru mauvaise; je crois qu'on pourrait la prendre pour base; seulement on devrait déterminer le chiffre afférent à chaque catégorie.

M. Ernest Baroche. C'est une classification fondée uniquement sur la valeur de la laine?

M. Jardin. Elle est fondée sur la valeur du tissu et sur la croisure, sur le nombre de fils pour la mousseline de laine, et sur la croisure pour le mérinos.

M. Schneider. Vous demanderiez, pour l'entrée, sauf à fixer le chiffre, un droit spécifique sur les mêmes catégories. Mais ceci s'applique à des tissus en pure laine. Que croyez-vous qu'on doive faire, par rapport aux tissus mélangés de coton ou de soie, ou de coton, de soie et de laine, — car il y en a des variétés infinies?

M. Jardin. Je crois qu'il serait très-difficile d'appliquer le droit d'une manière rationnelle.

M. Schneider. En supposant qu'on fit une certaine moyenne?

M. Jardin. Je ne sais pas si l'on arriverait à faire ainsi quelque chose de raisonnable et d'équitable.

MM.
Théophile Legrand,
Larsonnier,
Chenest,
Bonjour,
Jardin.

M. Schneider. Votre conclusion serait donc qu'il faudrait appliquer le droit *ad valorem*, pour les tissus mélangés?

M. Jardin. Oui; sinon on serait exposé à une foule d'erreurs et de mécomptes.

M. Amé. Un droit qui serait suffisamment protecteur pour les tissus en pure laine, le serait-il pour les tissus mélangés?

M. Ernest Baroche. Le droit qu'a proposé M. Larsonnier, 1 fr. 50 cent., par exemple, vous paraîtrait-il suffisant?

M. Jardin. Oui, pour les tissus mérinos écrus.

M. Larsonnier. J'ai parlé de ce droit en ce qui concerne les tissus unis; je laisse de côté les tissus mélangés : on aura une chaîne de soie et une trame de laine; il y aura des accessoires soit en laine, soit en coton. C'est ce qui se présentera fréquemment dans la fabrication de Roubaix, à laquelle M. Jardin touche, et moi aussi. Je serai donc obligé de subir en cela le sort que vous ferez à cette manufacture. Mais enfin, nous tissons une grande quantité de ces articles; et il me paraît impossible de les taxer autrement qu'à la valeur, parce que l'application des droits spécifiques entraînerait des détails exigeant, de la part des agents de la douane, une compétence qu'on ne saurait leur demander.

On a demandé à M. Jardin si, avec le droit maximum que j'ai indiqué, les tissus mélangés se trouveraient suffisamment protégés.

Je ne le crois pas, parce que leur valeur monte, dans une proportion énorme, dès l'instant qu'il y entre de la soie, et parce qu'il y a une façon qui est relativement quatre, cinq, six fois plus considérable.

M. Schneider. Dans ce cas, effectivement, la protection s'accroîtrait proportionnellement, quand le tissu prendrait une valeur plus élevée. Mais, par compensation, quand vous avez la soie à aussi bon marché qu'en Angleterre, quand vous êtes, en France, si habiles à la manier, il n'est peut-être pas besoin d'une protection aussi considérable que quand il s'agit du coton ou de la laine; la proportion du droit *ad valorem* pourrait baisser très-sensiblement sans que l'industrie fût en péril, comparativement à la concurrence étrangère.

M. Ernest Baroche. Cela est d'autant plus présumable, que le métier mécanique ne peut pas être appliqué; nous parlons du barége particulièrement.

MM.
Théophile Legrand.
Larsonnier,
Chenest.
Bonjour,
Jardin.

M. Jardin. Nous produisons des baréges dans lesquels il entre du coton, de la laine et de la soie. Naturellement, le tissu augmente de prix si l'on emploie une certaine quantité de soie; si l'on en emploie peu, le tissu reste dans les prix modérés. A cela vient s'ajouter une façon très-élevée, si le tissu est compliqué, difficile. Il en résulte que, de deux pièces de tissu de poids égal, l'une peut valoir le double de l'autre.

M. Ernest Baroche. Mais il n'en résulte pas que les Anglais aient un avantage pour faire ces tissus compliqués.

M. Jardin. Non; mais nous faisons ces tissus avec des métiers que les Anglais ont à meilleur marché.

M. Amé. Vous avez demandé un droit pour les tissus de laine pure; la question qui s'agite est celle de savoir si ce droit ne suffit pas pour les tissus de laine mélangée.

M. Jardin. Mon opinion est qu'il ne suffit pas.

M. Ernest Baroche. Cependant, en Angleterre, on ne fait pas beaucoup de barége?

M. Jardin. Pardon, on en fait une certaine quantité. On lui a donné le nom de barége anglais.

M. Ernest Baroche. Quoique les Anglais aient le coton, ils ne font pas le barége dans les mêmes conditions que nous.

M. Chenest. Les Anglais feraient le barége mécaniquement, comme nous le ferions nous-mêmes, si ce tissu n'était pas aujourd'hui abandonné par la consommation. A plus forte raison feraient-ils le barége dit anglais qui se tisse sur une chaîne coton.

M. le Président. Vous êtes certain qu'ils pourraient faire du barége en quantité appréciable, sur métiers mécaniques?

M. Chenest. Je l'affirme.

M. le Président. M. Sieber ne nous a pas dit la même chose.

M. Chenest. J'en ai fait, et c'est un article que je ferais encore s'il venait à rentrer dans la consommation. Mais il est bien d'autres articles mélangés que le métier mécanique peut produire : tels sont les articles d'Amiens, dans lesquels la chaîne est en soie et la trame en laine, ce que les fabricants d'Amiens appellent *barpour*, *alépine bombazine*, *satin grec;* tous ces articles sont très-faciles à faire mécaniquement.

Sont introduits :

MM. MOTTE-BOSSUT, fabricant de tissus de laine à Roubaix.
DELFOSSE, *idem.*
Henri DELATTRE, *idem.*
LEFEBVRE DU CATEAU, *idem.*
Louis MAZURE, *idem.*

LAINES.

ACHAT, PRÉPARATION, FILATURE, TISSAGE, APPRÊTS.

TISSUS EN PURE LAINE, TISSUS MÉLANGÉS.

Roubaix.

M. le Président. Messieurs, vous avez entre les mains le questionnaire. Comme vous êtes fabricants dans la même cité, vous avez dû probablement vous entendre sur les réponses à faire aux diverses questions qu'il renferme.

M. Delfosse. Oui, Monsieur le Président.

M. le Président. Veuillez donner lecture de ce travail au Conseil.

M. Delfosse, *lisant :*

ACHAT ET PRÉPARATION DES LAINES.

1re Question. — Roubaix emploie des laines de toute nature et de toute provenance, à raison de la diversité de sa fabrication. Néanmoins, la laine d'origine anglaise, c'est-à-dire la laine longue, est celle qui prédomine à une différence considérable sur toutes les autres.

Le prix de ces laines, qui sont lavées à dos, varie de 4 fr. 50 cent. à 5 francs le kilogramme brut.

La commission d'achat est d'environ 2 p. o/o.

Le transport coûte de 8 à 12 centimes le kilogramme; ce qui fait de 1 1/2 à 2 p. o/o.

L'assurance maritime coûte de 1/4 à 1 p. o/o.

L'emballage coûte environ 1 p. o/o.

2e Question. — Par les raisons que nous venons de déduire, on peut considérer que les laines anglaises, rendues à Roubaix, coûtent de 3 à 4 p. o/o de plus qu'elles ne reviennent aux manufacturiers anglais.

Cela provient de ce que ces derniers évitent au moins une partie de la commission d'achat et une grande partie des frais de transport, d'emballage, d'assurance, etc., etc.

MM. Motte-Bossut, Delfosse, Henri Delattre, Lefebvre du Cateau, Louis Mazure.

3e Question. — La façon du lavage des laines est comprise dans celle du peignage, qui est, à Roubaix, une industrie spéciale s'exerçant en dehors de celle de la filature et du tissage.

4e Question. — La teinture est aussi une industrie toute spéciale. Nos laines sont indifféremment teintes en masse, en écheveaux ou en pièces; cela dépend du genre de tissu que l'on veut fabriquer.

Le prix du noir et du gris-mode est de 70 centimes le kilogramme.

Le prix des autres nuances varie de 90 centimes à 4 francs.

FILATURE.

1re Question. — A Roubaix, la filature s'exerce de deux manières : les uns filent à façon pour tout le monde, et les autres filent pour leur consommation particulière. Toutefois, la filature à façon domine. La fabrication de Roubaix comporte presque exclusivement la laine peignée. Quelques articles seulement sont fabriqués avec des laines mixtes.

Nous employons du fil écru, teint ou mélangé. Le fil chaîne est toujours retors, à cause des difficultés que nous avons éprouvées, de la part de nos ouvriers tisserands, pour l'emploi de la chaîne simple.

2e Question. — Pour nos filatures de laine, nous nous servons généralement du mull-jenny de construction française, et cela depuis l'origine de la filature. Dans les dix dernières années, le nombre des broches s'est accru, à Roubaix, du double au moins. On estime que la broche coûte 45 francs, en comprenant dans l'évaluation le prix du terrain, du bâtiment, du moteur, etc., etc.

Depuis quelques années seulement, les métiers dits *continus* ont été importés à Roubaix. Ils sont de construction anglaise; le nombre en est jusqu'ici assez restreint, mais il augmente tous les jours, parce que la supériorité de ces métiers est reconnue; leur emploi devient même indispensable pour le tissage à la mécanique des orléans et articles similaires. Les hommes spéciaux affirment que le mull-jenny, pour la filature de la laine longue, sera complétement mis au vieux fer avant peu d'années. On sait, du reste, que le métier dit *continu* est le seul en usage en Angleterre; c'est son emploi qui donne aux tissus unis anglais une supériorité incontestable et incontestée.

La broche du métier continu revient, en France, à 72 francs, en comprenant aussi dans l'évaluation, comme nous l'avons fait ci-des-

MM.
Motte-Bossut,
Delfosse,
Henri Delaure,
Lefebvre du Cateau,
Louis Mazure.

sus, le prix du terrain, du bâtiment, du moteur et des autres accessoires.

Le renvideur mécanique n'est pas employé parmi nous, parce que cette machine est surtout convenable pour faire la chaine simple qui ne s'emploie pas à Roubaix.

3ᵉ Question. — Roubaix emploie généralement la machine à vapeur à haute pression, à cause du manque d'eau.

Les locations de force motrice se font ordinairement à raison de 800 francs par force de cheval.

4ᵉ Question. — Nous consommons des charbons belges et français, dont les prix varient de 1 fr. 60 cent. à 1 fr. 80 cent. l'hectolitre. On estime que la dépense en combustible, nécessaire pour faire mouvoir 10 métiers de 200 broches chacun, est de 3,600 francs par an.

5ᵉ Question. — Tous nos ateliers sont chauffés par la vapeur.

6ᵉ Question. — La laine anglaise, qui fait la base de la consommation de Roubaix, se file du nº 21 au nº 63 métrique: la moyenne est le nº 43.

Au mull-jenny, la broche produit annuellement, en moyenne, 21 kilog. 250, nº 43 métrique.

Au métier continu, la broche produit annuellement, en moyenne, 24 kilogrammes, nº 43 métrique.

7ᵉ Question. — Le prix de la main-d'œuvre se décompose comme suit :

Pour l'ouvrier fileur (à la façon), en moyenne, 4 francs par jour;
Pour le rattacheur (à la journée), en moyenne, 2 francs;
Pour l'enfant (à la journée), obligé d'aller encore à l'école, 1 franc;
Pour les filles ou femmes employées aux préparations, 2 francs par jour.

On emploie ces ouvriers dans les proportions suivantes :
Hommes au-dessus de dix-huit ans, moitié;
Femmes ou filles, un quart;
Enfants, un quart.

Le prix des salaires a sensiblement augmenté dans les dix dernières années.

Les dernières circonstances n'ont pour ainsi dire pas amené de réduction dans le tarif de la main-d'œuvre. Nos filateurs ont attendu qu'il fût statué sur leur sort, avant de toucher aux salaires.

Les choses se sont passées différemment pour le tissage : les salaires ont été abaissés de 20 à 30 p. o/o.

MM.
Motte-Bossut,
Delfosse,
Henri Delattre,
Lefebvre du Cateau,
Louis Mazure.

M. le Président. Depuis quelque temps, le salaire n'a-t-il pas été relevé?

M. Delfosse. Non, Monsieur le Président, la réduction a été maintenue.

M. Schneider. Avez-vous continué à trouver des ouvriers après une réduction aussi forte? Ou la production totale de Roubaix a-t-elle diminué faute de bras?

M. Delfosse. Quand l'ouvrier ne trouve pas d'ouvrage à un prix, il en prend à un autre.

M. Schneider. Mais y a-t-il eu une diminution de travail?

M. Delfosse. A Roubaix, non; mais il s'en est produit une sensible au dehors. Roubaix fait tisser dans les villages; ceux qui ont voulu réduire leur fabrication ont laissé travailler les ouvriers de Roubaix et ont fait chômer les ouvriers du dehors. Il est résulté de là une réduction de travail; mais nous ne pouvons la préciser, parce que chacun de nous ne sait pas ce que font ses concurrents.

M. le Président. Les achats de laines ont-ils diminué?

M. Delfosse. Les achats de laine ont été considérables au dernier marché de Londres, pour Roubaix comme pour Reims, parce qu'il y a eu une réduction des droits, et que, depuis longtemps, on n'avait pas acheté de laine : on était arrivé au dernier moment; il a fallu acheter quand même; c'est ce qui explique la grande quantité de laines fines qui ont été achetées à Londres; quant aux laines longues, on en a acheté très-peu.

M. Ernest Baroche. La diminution des salaires, pour le tissage à la main, n'a-t-elle pas été une sorte de réaction contre l'augmentation exagérée qui s'était précédemment produite?

M. Delfosse. Les salaires avaient, en effet, subi à Roubaix une notable augmentation depuis 1852; mais cette hausse était devenue en quelque sorte normale : on s'y était habitué. Seulement, les circonstances ayant changé, on a cherché des moyens de production plus économiques. La mévente étant survenue, on a dit: « Il y a un moyen d'obtenir une économie, c'est d'abaisser les salaires. » On l'a fait, et les ouvriers qui n'ont pas voulu accepter cette réduction ont été privés de travail.

M. Schneider. Pourriez-vous donner le chiffre de la hausse qui a eu lieu sur les salaires, depuis 1852?

MM.
Motte-Bossut,
Delfosse,
Henri Delattre,
Lefebvre du Cateau.
Louis Mazure.

M. Delfosse. Le salaire de l'ouvrier tisserand peut être aujourd'hui ce qu'il était en 1851 — et il avait été réduit alors de 20 p. o/o. J'estime que c'est à peu près dans la même proportion qu'il avait été augmenté depuis 1852.

M. Ernest Baroche. Par quels motifs les salaires pour la filature n'ont-ils pas été diminués ?

M. Delfosse. Voici pourquoi. En 1849, il y eut des émeutes, des coalitions d'ouvriers. On se mit d'accord avec ces derniers pour faire un tarif. Ce tarif a été conservé depuis, et jusqu'à ce qu'il soit statué sur le sort de l'industrie, on a résolu, à Roubaix, de le maintenir. Mais, les circonstances devenant difficiles, il y aura des réductions plus ou moins considérables.

M. Ernest Baroche. Combien y a-t-il d'ouvriers belges à Roubaix ?

M. Delfosse. Roubaix compte à peu près 50,000 âmes. Il y a 18,000 Belges, je ne dirai pas naturalisés, car nous touchons à la frontière, mais à demeure. Il y a, de plus, beaucoup d'ouvriers belges qui sont *en logement*, dont les livrets sont déposés chez le commissaire, et qui n'ont pas fait élection de domicile.

M. le Président. Veuillez continuer la lecture de votre note.

M. Delfosse :

8e Question. — Pour un assortiment de 10 métiers Mull-Jenny, de 200 broches chacun, ce qui fait 2,000 broches, on emploie 43 ouvriers ou ouvrières.

Pour la filature au métier continu, même nombre de broches, on emploie 60 femmes et enfants.

9e Question. — Le métier Mull-Jenny file en maigre.

10e Question. — Le prix moyen, pour la filature Mull-Jenny varie de 1 fr. 05 cent. à 1 fr. 50 cent. pour le n° 43 métrique au kilogramme, suivant l'état plus ou moins prospère des affaires, et aussi suivant la nature des laines à filer.

11e Question. — Il se fait, à Roubaix, un commerce très-important de laines peignées, de fils écrus et teints. Il s'en vendait seulement en Belgique; la suppression de la prime de sortie a arrêté ce commerce, au moins momentanément.

12e Question. — Les blousses et les déchets de laine sont employés pour la filature cardée.

MM. Motte-Bossut, Delfosse, Henri Delattre, Lefebvre du Cateau, Louis Mazure.

13e Question. — Nous ne saurions dire, faute de renseignements positifs, quels ont été les prix comparatifs de la France et de l'Angleterre, pendant les six mois qui ont précédé la signature du traité.

Si nous examinons les moyens de production respectifs des deux pays, nous pouvons dire que pour établir l'équilibre seulement entre eux, il faut, ainsi qu'on le démontrera par un travail spécial, pour la filature un droit de.................... 0f 70c par kilog.

Quant au peignage, il faut, pour équilibrer ses moyens de production avec ceux de l'Angleterre, un droit de.................... 50

En tout.... 1 20

A cette tarification, nous proposons d'ajouter 25 centimes pour les laines teintes et 25 centimes pour les laines retorses à deux ou plusieurs bouts, et d'assimiler à la laine pure tout fil mélangé de laine.

Je répète que ces chiffres ne feraient qu'établir l'équilibre, mais ne nous protégeraient pas. Or l'industrie compte sur la protection qui lui a été promise.

M. Ernest Baroche. Vous demandez qu'on assimile au fil de laine pure, tout fil où il entrerait de la laine, et cela malgré le grand intérêt que vous avez à employer du poil de chèvre ?

M. Delfosse. Nous croyons qu'il a été peu équitable de ne pas protéger les filatures de poil de chèvre ; aussi leur a-t-il été impossible de se soutenir. Le poil de chèvre ne se file pas pur, mais mélangé à la laine; nous demandons qu'il soit assimilé à la laine.

M. Ernest Baroche. Mais cela pourrait faire hausser de beaucoup le prix du fil de poil de chèvre, dont vous vous servez, qui est presque toujours mélangé, et qui entre en ce moment au droit de 20 centimes. Vous proposez de substituer à ce droit un droit de 1 fr. 20 cent. Avez-vous cherché à vous rendre compte de l'aggravation qui résulterait, pour toute la fabrication qui emploie du poil de chèvre, de l'établissement d'un semblable droit ?

M. Delfosse. C'est par un sentiment d'équité que nous demandons ce droit, car nous ne filons pas de poil de chèvre; mais, dans le pays, on considère le droit réduit sur le fil de poil de chèvre comme une mesure peu équitable.

M. le Président. Pour celui qui le tisse et pour celui qui le consomme, croyez-vous que ce soit une mesure peu équitable ?

MM.
Motte-Bossut,
Delfosse,
Henri Delattre,
Lefebvre du Cateau,
Louis Mazure.

M. Delfosse. Pourquoi ne protégerait-on pas les filatures de poil de chèvre aussi bien que les filatures de laine?

M. le Président. Les gouvernements ne doivent pas protéger un intérêt au préjudice d'un autre; ils ne doivent protéger que l'intérêt général. Si des intérêts industriels s'élèvent à la hauteur d'intérêts généraux, le Gouvernement doit les protéger; mais il ne faut pas dire, en principe, qu'on doit protéger tel intérêt particulier, telle industrie particulière.

M. Delfosse. Je signale ce que je crois être un défaut de la législation.

M. le Président. C'est votre avis; mais vos confrères d'Amiens, qui sont aussi très-partisans du système protecteur, se sont plaints bien souvent qu'on ne laissât pas entrer le fil de poil de chèvre à de meilleures conditions. Il y a huit jours encore, je recevais d'eux les réclamations les plus instantes, pour que ce fil, qu'ils emploient, soit admis à un droit très-réduit.

M. Delfosse. L'intérêt du fabricant de tissu est toujours de demander le fil au meilleur marché possible, et il ne faut pas s'étonner que le fabricant, à Amiens, désire voir anéantir la filature de poil de chèvre; en fait, elle n'existe plus.

M. le Président. Vous parlez d'un fait qui s'est passé il y a vingt ans.

M. Delfosse. Nous disons que la filature du poil de chèvre n'aurait pas péri en France, si elle avait été protégée contre les produits étrangers. C'est par un sentiment de justice que nous disons que la filature du poil de chèvre aurait dû être protégée.

M. Ernest Baroche. Mais quel intérêt pouvez-vous avoir, vous, fabricants de Roubaix, à ce que le fil de poil de chèvre n'entre pas à un droit réduit?

M. Delfosse. Nous demandons un droit élevé sur ce fil, pour éviter des abus. Nous savons qu'il entre des fils de laine sous le nom de fils de poil de chèvre. Du reste, personne de nous n'est intéressé directement dans cette question. J'ai dû seulement signaler la pensée qui existe dans notre pays.

14e Question. — La situation actuelle de l'industrie est mauvaise;

le prix de la matière première est très-élevé, pendant que le tissu est vendu en baisse.

MM. Motte-Bossut, Delfosse, Henri Delattre, Lefebvre du Catrau, Louis Mazure.

La suppression prochaine de la prime d'exportation a, toutefois, amené quelques ventes pour l'étranger.

TISSAGE ET APPRÊTS.

1re Question. — Nos produits manufacturés consistent en tissus de pure laine ou mélangés de coton, d'alpaga, de poils de chèvre, de soie et même de fils de lin.

L'article pur coton se fait très-peu dans notre centre manufacturier.

2e Question. — Les laines employées à Roubaix sont de toute origine et de toutes qualités; on emploie toute espèce de numéros; le n° 43 métrique est le numéro moyen pour la laine anglaise, et le n° 85 est le numéro moyen pour les laines mérinos d'Australie ou de France.

On ne vend pas de fils similaires aux fils anglais, parce que les filatures au métier continu, qui existent à Roubaix depuis peu de temps, appartiennent à des fabricants qui en consomment eux-mêmes les produits.

Quant aux fils Mull-Jenny, leurs prix varient, selon la qualité de la matière employée, de 9 à 12 francs le kilogramme pour le n° 43 métrique moyen. Ces prix augmentent en raison des mélanges d'alpaga, de poil de chèvre, etc., qu'on peut y ajouter. Le prix du n° 85 métrique varie de 15 à 17 francs le kilogramme. Tous ces prix ont varié de 25 p. o/o dans ces dernières années.

3e Question. — Nous n'avons pas de force hydraulique. Le nombre approximatif des métiers à la mécanique est de 3,500; ils sont mus par la vapeur. Ces métiers sont, pour les neuf dixièmes, de construction anglaise. Les plus anciens, de construction anglaise, ont été importés à Roubaix, il y a cinq ans. Leur prix d'achat en Angleterre varie de 250 à 650 francs, selon leur dimension et leur poids; il faut y ajouter le transport et les droits d'entrée en France.

4e Question. — Les métiers dits *à la Jacquart* ne fonctionnent pas jusqu'ici à la vapeur; néanmoins on fait quelques essais. 5 à 10 métiers à tisser, selon la dimension et la nature du tissu, exigent la force d'un cheval.

5e Question. — Le salaire de l'ouvrier tisseur varie de 2 à 3 francs par jour. On emploie des hommes pour les trois quarts, et des

MM.
Motte-Bossut,
Delfosse,
Henri Delattre,
Lefebvre du Cateau,
Louis Marme.

femmes ou filles dans la proportion d'un quart. La filature Mull-Jenny ne permet pas à un ouvrier de suivre deux métiers; aucun ne parvient à le faire.

6e Question. — La fabrique de Roubaix fait beaucoup tisser à la main : elle a des ouvriers dans les quatre départements limitrophes. Le nombre des métiers peut être estimé à 50,000 environ, qui sont presque tous chez les ouvriers. Le salaire varie de 1 fr. 50 cent. à 6 francs par jour. La façon de la pièce varie de 10 à 90 francs, selon la nature du tissu.

7e Question. — Le métier à la mécanique produit trois fois plus que le métier à la main; il offre un avantage considérable pour l'article uni, sous le rapport de la rapidité, de la perfection et de l'économie.

8e Question. — Il n'est pas possible de donner séparément le prix de revient de chacune des opérations de la fabrication, à cause de leur multiplicité.

9e Question. — Les frais varient en proportion de la valeur du tissu produit.

10e Question. — L'article de Roubaix, comme nous l'avons dit dans la réponse à la première question, se compose de toute espèce de matières, dans une proportion qu'il est impossible de préciser; mais ce qui domine, c'est la laine mélangée de coton.

11e Question. — Roubaix est, sans contredit, de tous les pays de France, celui dont les articles ont le plus de similitude avec ceux qui sont fabriqués en Angleterre; c'est ce qui explique l'émotion qui s'est emparée de nos esprits à la nouvelle du traité. Nous dirons plus, c'est que les deux seuls articles qui ont eu à Roubaix un succès immense, sont d'origine anglaise : nous voulons parler du stoff de pure laine, qui date de vingt-cinq ans, et dont le succès en a duré quinze; ainsi que de l'orléans, tissu de chaîne coton, trame laine, qui date de dix années au plus, et qui, en se transformant de toutes les façons, a beaucoup contribué au développement de l'industrie de Roubaix. C'est donc une erreur de croire que l'Angleterre ne crée rien, puisque les articles de grande consommation viennent de l'Angleterre. Nous ne croyons mieux faire, pour répondre plus complétement au questionnaire, que de vous remettre un tableau détaillé relatif à 100 pièces de tissus anglais, similaires aux nôtres, et dont la valeur par kilogramme, pris à Bradford, varie de 8 fr. 55 cent. à 50 fr. 22 cent. De l'examen de ces 100 pièces, fait par un nombre considérable de nos fabricants, est résultée pour nous cette conviction, qu'il y a, entre la

MM.
Motte Bossut,
Delfosse,
Henri Delattre,
Lefebvre du Cateau,
Louis Mazure.

production anglaise et la nôtre, un écart de 25, de 30 et même de 40 p. o/o sur quelques articles.

12ᵉ Question. — Le prix de nos tissus varie selon la qualité de la matière employée, leur apparence, mais nullement suivant le nombre de fils ou de duites. Les distinctions de nos diverses qualités sont toutefois difficiles à apprécier; elles exigent un œil très-expérimenté.

13ᵉ Question. — La prime accordée jusqu'à ce jour a facilité quelques affaires d'exportation sur divers articles de pure laine fine et sur quelques articles de goût. Ces exportations ont eu lieu particulièrement pour la Belgique, les États-Unis, l'Angleterre; mais les quantités exportées sont insignifiantes. La situation est mauvaise : il y a encombrement de produits et il se produit des inquiétudes très-vives pour l'avenir.

14ᵉ Question. — La laine nous coûte de 3 à 4 p. o/o plus cher qu'aux Anglais; le peignage est plus coûteux; la filature au continu et le tissage mécanique sont encore, chez nous, dans l'enfance; la teinture et les apprêts sont de moitié moins chers en Angleterre qu'en France. Machines, métaux, charbon et capitaux, tout est pour nous d'un prix plus élevé.

Si vous voulez bien le permettre, je donnerai lecture de quelques considérations générales qui résument ce que nous venons de dire.

M. LE PRÉSIDENT. Nous vous écoutons.

M. DELFOSSE, *lisant* :

Après avoir cherché longtemps un mode de tarification qui pût protéger efficacement nos diverses catégories de tissus, nous avons dû renoncer, à regret, à cause des difficultés que la douane rencontrerait dans la pratique, au moyen qui consisterait à décomposer le tissu, pour en déterminer la nature et reconnaître les numéros métriques des matières employées. C'était pourtant là une base rationnelle.

Nous n'y avons renoncé qu'en présence des difficultés d'exécution. Nous appelons sur ce point toute l'attention du Conseil Supérieur; car de la tarification dépend le sort de plusieurs industries qui, faute de protection suffisante, périront infailliblement.

Reportons-nous, au préalable, vers la Belgique où nous voyons établi un droit de 3 fr. 60 cent. par kilogramme, pour tous les tissus non foulés. Qu'est-il résulté de ce droit unique? Nous avons hâte de le dire, la Belgique a été condamnée à ne fabriquer que des articles gros ou moyens, que le poids seul pouvait protéger; l'article fin lui a échappé complétement.

MM.
Motte-Bossut,
Delfosse,
Henri Delattre,
Lefebvre du Cateau,
Louis Mazure.

De là, cette autre conséquence, que la filature elle-même ne s'y est pas développée comme elle aurait pu le faire, puisqu'elle ne produit que des numéros bas, faute d'emploi des numéros élevés.

Le mode de tarification ci-après aurait cet avantage qu'il protégerait tout le monde, dans une certaine mesure. C'est là évidemment le but du Gouvernement, qui est de stimuler l'industrie.

PROJET DE TARIFICATION.

Avant d'entrer dans les détails de ce projet, je ferai remarquer que le tarif que nous proposons n'a été établi que pour les tissus communs et moyens. Je crois que c'est pour ceux-là que nous avons le plus à craindre.

Dans ce travail, nous ne sommes peut-être pas d'accord avec les fabricants d'articles fins; mais pour les tissus moyens et communs, nous le donnons comme ayant été fait avec toute la sincérité possible.

1° Toutes les étoffes de pure laine, ou mélangées de soie, coton, alpaga, poils de chèvre ou fils de lin, payeraient un droit unique de 3 francs par kilogramme, jusqu'à la valeur de 12 francs le kilogramme inclusivement;

2° Pour tous les tissus dont la valeur au kilogramme excéderait 12 francs, le droit serait de 30 p. o/o *ad valorem;*

3° La préemption serait appliquée rigoureusement en cas de fausse déclaration, moyennant la remise de 5 p. o/o, comme l'indique le traité. Mais, pour rendre la préemption utile, il serait indispensable que le nombre de bureaux ouverts à l'importation fût limité à un ou deux; celui de Paris, par exemple, offrirait l'avantage d'avoir sous la main des tissus de comparaison, et aussi celui de trouver immédiatement des acheteurs pour la marchandise préemptée.

En fixant à 3 francs par kilogramme le droit unique pour la première catégorie, nous ne nous sommes pas dissimulé qu'il arrivera très-souvent que les tissus d'une valeur de 15 à 16 francs seront acceptés par la douane dans la catégorie de 12 francs, et que la menace même d'une préemption sera impuissante pour obtenir de l'importateur une déclaration vraie; car nous savons combien il est difficile d'apprécier la valeur exacte d'un tissu, et nous connaissons surtout la difficulté de trouver acheteur pour l'objet préempté. Les tissus sont ordinairement des objets de mode, qui n'ont souvent qu'une valeur de vogue, et par conséquent indéterminée.

Du reste, ce chiffre de 12 francs par kilogramme, n'a pas été adopté par nous sans motif: il résulte de la récapitulation de trente-six prix anglais, relevés depuis le plus bas jusqu'à celui de 16 francs,

MM.
Motte-Bossut,
Delfosse,
Henri Delattre,
Lefebvre du Cateau,
Louis Mazure.

et qui donnent une valeur moyenne de 12 fr. 47 cent., valeur prise à Bradford, où nous avons fait acheter 100 pièces de tissus, dont les types ont été envoyés à M. le Ministre du Commerce, avec indication de leur valeur au kilogramme. Nous sommes, du reste, munis de la facture originale. Ces 100 pièces de tissus, qui sont les similaires de la fabrication de Roubaix, ont une valeur qui varie de 8 fr. 55 cent. au kilogramme jusqu'à 55 fr. 22 cent., pris à Bradford. Ces chiffres démontrent surabondamment qu'il ne serait pas possible de s'arrêter à la pensée de ne faire qu'une seule catégorie pour l'application du droit, puisque l'article moyen et l'article fin perdraient toute protection.

On objectera peut-être que le chiffre de 3 francs par kilogramme, qui représente 30 p. o/o sur une valeur de 10 francs, est trop élevé pour les articles, peu nombreux du reste, ne valant que 8 francs.

A cette objection, nous avons à répondre que nous avons voulu faire une moyenne, et qu'il ne saurait en être autrement, sans créer de très-nombreuses catégories. Or nous disons que si nous protégeons trop en bas, nous ne protégeons pas suffisamment en haut, et qu'évidemment, il y a là une compensation raisonnable pour tout le monde.

Si pourtant ce système de compensation ne pouvait être admis, nous serions obligés de créer une troisième catégorie, et de faire la classification suivante :

1° Droit de 2 fr. 50 cent., pour les tissus valant moins de 10 francs le kilogramme;

2° Droit de 3 fr. 75 cent., pour ceux valant de 10 à 15 francs;

3° Droit *ad valorem* de 30 p. o/o, pour les tissus valant plus de 15 francs.

Dans le cas, au contraire, où deux catégories paraîtraient suffisantes, ainsi que nous les avons établies plus haut, nous avons maintenant à expliquer la seconde catégorie, c'est-à-dire celle qui comprend les tissus d'une valeur supérieure à 12 francs le kilogramme, pour laquelle nous ne voyons de tarification possible qu'à la valeur, soit 30 p. o/o.

Au premier abord, ce chiffre peut paraître exagéré; il n'en est pourtant pas ainsi pour certains tissus que nous avons sous les yeux. Il y a une considération toute-puissante pour le faire admettre, c'est que, comme nous l'avons dit plus haut, la déclaration de la valeur sera toujours au-dessous de la vérité; on spéculera sur les difficultés de la préemption pour amoindrir la valeur déclarée, et il n'est pas exagéré de penser que ces atténuations de valeur seront toujours de 25, de 30 et même de 40 p. o/o.

MM.
Motte-Bossut,
Delfosse,
Henri Delattre,
Lefebvre du Cateau,
Louis Mazure.

Si donc le Gouvernement est intimement convaincu, comme nous le sommes nous-mêmes, que la déclaration en douane sera toujours faite à 70 p. o/o de la valeur réelle, il reconnaîtra que la protection nominale de 30 p. o/o se trouvera ainsi réduite à une protection réelle de 21 p. o/o; elle ne sera même plus en rapport avec les 12 p. o/o énoncés plus haut pour le peignage et la filature, pour lesquels le droit perçu sera *effectif*, tandis qu'il sera atténué pour les tissus.

Nous ne parlons ici que des temps ordinaires; mais qu'arrivera-t-il dans les temps de crise, alors que l'Angleterre déverse son trop plein sur les marchés étrangers, à des prix désastreux?

Nous avons une dernière considération à faire valoir, et qui, à cette heure solennelle pour l'industrie française, doit être examinée avec tout l'intérêt que comportent les circonstances: c'est qu'en 1864 le droit qui va être établi sera réduit de 5 p. o/o. Ne savons-nous pas tous que 5 p. o/o sont toujours, pour l'industrie, une question de vie ou de mort?

Nous ne saurions trop insister auprès du Gouvernement pour qu'aujourd'hui la base de la protection soit aussi rapprochée que possible du maximum, puisque nous croyons avoir démontré que le chiffre de 30 p. o/o sera toujours éludé par la force des choses.

Et d'ailleurs le Gouvernement ne sera-t-il pas toujours libre d'abaisser la quotité du droit, si l'expérience lui démontre que le but qu'il s'est proposé n'est pas atteint?

Notre devoir ne serait pas accompli si, avant de terminer, nous ne plaidions pas aussi la cause de l'ouvrier. Ne savons-nous pas que son salaire est le premier atteint, lorsque l'industrie souffre ou qu'elle s'exerce dans des conditions difficiles? Nous l'avons dit déjà, la Belgique nous offre un exemple frappant de la situation que peuvent engendrer des salaires abaissés. Ne savons-nous pas la misère des Flandres, et ne voyons-nous pas, dans le département du Nord seulement, plus de 100,000 ouvriers belges cherchant un salaire meilleur? Il suffit de consulter à cet égard M. le Préfet du Nord. Nous appelons sur ces considérations diverses toute l'attention du Conseil Supérieur et celle du Gouvernement.

Pourquoi, Messieurs, ne constaterions-nous pas aussi l'anxiété des classes moyennes, qui, préjugeant les conséquences probables du traité de commerce, sont portées à croire que l'industrie, avec ses difficultés nouvelles, ne sera plus désormais que l'apanage du riche, et que la création d'usines importantes, au moyen des nombreux capitaux dont celui-ci dispose, lui permettra peut-être encore de

MM.
Motte-Bossut,
Delfosse,
Henri Delattre,
Lefebvre du Cateau,
Louis Mazure.

marcher, mais fermera, à coup sûr, l'accès de cette même industrie à ceux qui ne sont pas favorisés de la fortune !

Qui ne sait, en effet, qu'à Roubaix, sur 300 manufacturiers qui y exercent la filature et la fabrication des tissus, les trois quarts, artisans par leur origine, n'ont dû qu'à leur intelligence, à leur probité constatée et au crédit que ces qualités leur ont valu, le bonheur de sortir du rang dans lequel ils étaient nés!

Le Gouvernement, nous n'en saurions douter, voudra parer aux conséquences funestes que nous redoutons, en accordant à l'industrie toute la protection dont il peut encore disposer.

M. Ernest Baroche. M. Mazure fabrique-t-il les mêmes étoffes que M. Delfosse et ces Messieurs?

M. Mazure, *de la maison Mazure-Mazure, de Roubaix.* Nous faisons les étoffes pour meubles.

M. Ernest Baroche. Êtes-vous dans les mêmes conditions que ces Messieurs?

M. Mazure. Pour les reps, nous ne pourrions pas lutter avec les Anglais, sans une assez forte protection.

M. Ernest Baroche. Il y a cependant un grand nombre de fabricants d'étoffes pour meubles, qui ne sont pas effrayés au même degré que vous.

M. Mazure. Les Anglais font généralement leurs tissus à la mécanique; ce qui leur permet d'employer des chaines simples, tandis que nous travaillons à la main.

M. Ernest Baroche. Ainsi, vous appliquez aux étoffes pour meubles les mêmes raisonnements que ces Messieurs appliquent aux étoffes qu'ils fabriquent, et vous croyez avoir besoin de la même protection qu'eux?

M. Mazure. Oui, Monsieur.

M. Ernest Baroche. Achète-t-on les filés pour chaine, à Roubaix?

M. Motte-Bossut. Tout ce qui est au-dessous du n° 60 est filé à Roubaix. Lille produit tout ce qui est au-dessus de ce numéro.

M. Ernest Baroche. Un abaissement de droit sur les filés de coton ne serait-il pas avantageux à la fabrication de Roubaix?

M. Motte-Bossut, *Fabricant de tissus de laines à Roubaix.* Cela diminuerait évidemment le prix de la chaîne; mais la chaîne entre pour si peu de chose dans la valeur de l'étoffe, que l'abaissement ne serait jamais considérable.

M. Ernest Baroche. Les raisonnements qu'on a faits pour les fils de poil de chèvre vous paraissent-ils applicables aux fils d'alpaga? N'auriez-vous pas intérêt à ce que ces derniers fils entrassent à un droit réduit?

M. Motte-Bossut. On ne file véritablement bien l'alpaga à Roubaix, que depuis l'introduction des métiers continus; mais, comme l'a dit M. Dellosse, ces métiers ne sont encore employés que par un nombre restreint de fabricants.

M. Ernest Baroche. Vous ne voyez donc pas d'intérêt, au point de vue de l'amélioration de vos conditions de fabrication, à ce que les fils d'alpaga, ces fils spéciaux que vous employez beaucoup, ces fils mélangés, de filature anglaise, puissent vous arriver d'Angleterre à bon marché?

M. Motte-Bossut. En entrant dans cette voie, on rencontrerait de grandes difficultés. Tous les alpagas se tissent au métier mécanique. Or les filatures à métiers continus sont toutes, jusqu'à présent, des annexes du tissage mécanique. Il faudrait donc qu'on ne reçût ces fils que sur fuseaux, et cela paralyserait l'extension de cette filature spéciale qui, à Roubaix, cherche à se développer.

M. Ernest Baroche. Je précise ma question. En Angleterre on fait le commerce des fils d'alpaga et de poil de chèvre. Ce commerce pourrait amener de ces fils, que, chez nous, on ne file que très-peu au métier continu. Si ces fils nous arrivaient à meilleur marché, les conditions de la fabrication de Roubaix ne seraient-elles pas améliorées?

M. Motte-Bossut. Oui, pour ceux qui n'ont pas encore de métiers continus; mais cela créerait une position désavantageuse à ceux qui en ont récemment fait venir, à grands frais, d'Angleterre. De plus, la suppression de la filature entraînerait celle du peignage, qui est monté à Roubaix sur une échelle considérable

M. Ernest Baroche. Combien y a-t-il actuellement de filatures à métiers continus, à Roubaix?

M. Motte-Bossut. Sept ou huit.

M. Schneider. Et combien y a-t-il de broches aujourd'hui?

MM.
Motte-Bossut,
Delfosse,
Henri Delattre,
Lefebvre du Cateau,
Louis Masure.

M. Delfosse. 18,000, pour Roubaix seulement.

M. Ernest Baroche. Vous avez demandé 30 p. 0/0 sur les tissus valant plus de 12 francs. Pourquoi n'appliquerait-on pas le système *ad valorem* à toutes les catégories de vos tissus, à ceux valant 12 francs, comme à ceux qui valent moins?

M. Delfosse. Nous avons craint que, dans la pratique, l'application du droit *ad valorem* aux tissus de 12 francs ou moins, ne présentât trop de difficultés pour la douane, parce que ces tissus sont de plus grande consommation.

M. le Président. Ainsi la difficulté qui vous a arrêtés tient uniquement à ce que, dans les prix inférieurs, les tissus introduits seraient beaucoup plus nombreux que dans les prix supérieurs ?

M. Delfosse. Oui, Monsieur le Président.

M. Schneider. N'avez-vous pas, sur l'Angleterre, pour les produits élevés, une certaine supériorité, qui ferait qu'un droit unique serait efficace et suffisant pour toute la classe supérieure, quoique ce droit ne donnât pas la même protection *ad valorem* pour tous les articles de cette classe ?

M. Delfosse. Il y a des articles qui vont jusqu'à 70 francs le kilogramme.

M. Schneider. Permettez. Il y a quelque chose dans votre proposition qui, au premier abord, ne satisfait pas l'esprit. Vous commencez par établir deux catégories avec un tarif spécifique ; puis vous établissez une troisième catégorie avec un droit à la valeur, et vous établissez justement ce dernier droit pour les produits les plus difficiles à apprécier en douane, pour ceux qui ont peut-être le moins besoin de protection ; lorsque vous aurez les éléments nécessaires pour la perfection des couleurs et du tissage, vous vous défendrez plutôt contre l'Angleterre pour les produits fins que pour les produits courants et communs, qui se font à la mécanique et en grande manufacture.

M. Delfosse. Nous nous sommes préoccupés des articles courants et communs, plutôt que de la nouveauté. On pense généralement qu'à Roubaix on ne fait que de la nouveauté; c'est une grande erreur: la nouveauté n'entre que pour un dixième dans notre fabrication; les neuf dixièmes sont en articles courants et communs.

MM.
Motte-Bossut,
Delfosse,
Henri Delattre,
Lefebvre du Cateau,
Louis Masure.

M. Schneider. Vous êtes arrivés cependant à ce résultat assez singulier, que, tout en vous préoccupant surtout des produits courants et communs, vous établissez, pour ces produits, des droits spécifiques par catégorie, qui donnent une certaine latitude; tandis que, pour les produits exceptionnels, vous devenez beaucoup plus timides, et vous demandez une appréciation exacte relativement à la perception du droit de 30 p. 0/0.

M. Delfosse. Nous avons craint que l'article fin, véritablement fin, ne fût pas protégé du tout avec le droit spécifique.

M. Amé. Il sera difficile à la douane de distinguer entre les tissus valant plus de 12 francs et les tissus valant moins de 12 francs.

M Delfosse. Dans la pratique, malgré nous et malgré la douane, les tissus de 16 francs entreront dans la catégorie des tissus de 12 francs et au-dessous; et alors notre protection diminuera.

M. Ernest Baroche. N'y a-t-il pas des articles mélangés, dans lesquels le coton est employé à la carde, qui ne valent pas plus de 5 à 6 francs le kilogramme?

M. Motte-Bossut. La valeur la plus basse des articles qui nous ont été expédiés de Bradford, est de 8 fr. 50 cent.

M. Delfosse. Nous ne parlons que des tissus en laine peignée, et nous ne nous occupons pas des tissus en laine cardée. La laine cardée se fait avec les déchets de notre fabrication. En laine peignée, il n'y a pas de tissus qui vaillent moins de 8 francs.

Sont introduits :

MM. LOUVET, fabricant de passementerie de laine à Paris.

FERGUSON, fabricant de dentelles de laine et poil à Amiens.

LAINES.

PASSEMENTERIE, DENTELLES.

PARIS ET AMIENS.

M. LE PRÉSIDENT. Voulez-vous nous dire ce que vous pensez de votre industrie, et du degré de protection dont, à votre avis, elle aurait besoin vis à-vis de l'Angleterre?

M. LOUVET. Nous ne réclamons aucun droit de protection. Nous sommes fort heureux du traité de commerce, puisqu'il nous permet de faire entrer nos produits plus facilement en Angleterre. Nous en importions déjà lorsque l'Angleterre était protégée par un droit; mais à présent que tout droit est supprimé, nous ne pouvons qu'y trouver un plus grand avantage.

La laine entre surtout dans la passementerie pour les articles militaires; et les articles militaires de France jouissent d'une très-grande préférence sur tous les marchés de l'Europe, soit pour leur bonne fabrication, soit à cause de leur prix peu élevé. Il n'y a que les gouvernements ayant de grandes armées qui préfèrent faire fabriquer ces articles-là chez eux; mais d'autres pays, comme la Suisse et la Hollande, les tirent de France.

M. LE PRÉSIDENT. Ainsi vous considérez que, pour la passementerie de laine, aucune protection n'est nécessaire?

M. LOUVET. Du moins, vis-à-vis de l'Angleterre.

M. LE PRÉSIDENT. N'en est-il pas de même vis-à-vis des autres pays?

M. LOUVET. Oui, excepté vis-à-vis de l'Allemagne, et encore pour un certain article.

M. LE PRÉSIDENT. Serait-il possible de distinguer en douane cet article dont vous parlez?

MM. Louvet, Ferguson.

M. Louvet. Très-facilement. Cet article est déjà, en ce moment, frappé d'un certain droit. Le droit est suffisant; car, s'il était augmenté, cet article ne se fabriquerait pas davantage en France : les fabricants français ne le font pas.

M. le Président. Qu'arriverait-il si le droit était diminué?

M. Louvet. Il ne s'en vendrait pas davantage. C'est un article d'une qualité fort ordinaire, qui sert pour garniture de tailleurs.

M. le Président. Votre réponse, en ce qui concerne la protection, simplifie singulièrement les questions que nous avions à vous faire.

Je m'adresse maintenant à M. Ferguson.

Vous êtes, Monsieur, fabricant de dentelles de laine et de poil?

M. Ferguson. Oui, Monsieur le Président.

M. le Président. Que pensez-vous de la protection nécessaire à votre industrie ?

M. Ferguson. Nous sommes les créateurs de notre article; après l'avoir exploité quelque temps à l'étranger, nous l'exploitons en France de puissept ou huit ans. Quelques autres fabricants l'exploitent comme nous en France.

L'Angleterre ne le fait pas encore; mais comme cet article entre chaque jour davantage dans la consommation, et que l'Angleterre suit la mode de la France, il finira par pénétrer aussi dans ce pays. Alors la fabrique anglaise le fera naturellement et voudra l'introduire en France. Dans ce cas-là, nous demanderions une protection.

Les filateurs français de poils de chèvre ne filent pas les matières que nous employons. Il faut que nous les demandions à l'Angleterre. Ce sont des numéros très-élevés.

Lorsque nous avons commencé, les filateurs anglais ne filaient que les n°s 60 à 70. Nous leur avons demandé le n° 80, et peu à peu nous sommes arrivés à leur faire faire le n° 120. Je dois dire qu'il n'y a encore qu'un seul filateur qui le fasse; mais les autres y arriveront inévitablement.

Nous demanderons un droit aussi élevé que possible, parce que si les Anglais font pour les dentelles de poils de chèvre ce qu'ils font pour la dentelle de soie, ils arriveront sur le marché français avec des prix beaucoup moins élevés que les nôtres.

M. le Président. Seriez-vous d'avis qu'on établit, à l'importation des fils de poil de chèvre en France, un droit plus élevé que le droit actuel de 20 centimes? MM. Louvet, Ferguson.

M. Ferguson. Non, Monsieur le Président.

M. le Président. Cependant la filature des poils de chèvre ne peut pas s'installer en France, et il nous a été rapporté qu'à Amiens même elle avait été victime de la faiblesse du droit. Pour protéger cette industrie, il semblerait assez logique d'établir un droit élevé.

M. Ferguson. Les filateurs, en achetant des machines convenables, fileraient le poil de chèvre de la même manière que les Anglais.

M. le Président. Ainsi vous pensez que si les fabricants français ne réussissent pas à filer le poil de chèvre, c'est parce qu'ils dirigent mal leurs efforts, et non pas parce qu'ils sont en face d'une impossibilité absolue?

M. Ferguson. C'est parce que leurs contre-maîtres ne connaissent pas la machine qui file le poil.

M. le Président. Vous considéreriez l'établissement d'un droit plus élevé sur les fils de poil de chèvre, comme préjudiciable pour l'industrie d'Amiens?

M. Ferguson. Oui, relativement à nous qui ne sommes que des consommateurs. Mais l'industrie d'Amiens comprend surtout des velours et des tissus de laine. Je ne parle donc, en ce moment, que de ceux qui emploient le fil de poil de chèvre; ou plutôt je ne puis répondre que pour moi-même.

M. Ernest Baroche. Quant à vous, vous désirez que le droit sur les fils de poil de chèvre ne soit pas relevé?

M. Ferguson. Oui, Monsieur.

M. Ernest Baroche. Exportez-vous une partie de vos produits en ce moment? Dans quels pays?

M. Ferguson. Je fais des expéditions en Amérique, en Italie et en Belgique.

M. Ernest Baroche. Vous n'exportez pas en Angleterre, parce que la consommation anglaise, avez-vous dit, ne demande pas vos articles.

MM. Louvet, Ferguson.

M. Ferguson. Non; nos articles sont chers : ce sont des articles de luxe et de goût. Les Anglais font, avec des matières inférieures, des articles analogues qui conviennent davantage à leur consommation.

M. Ernest Baroche. Quel droit demandez-vous pour protéger votre industrie?

M. Ferguson. Le plus élevé possible.

M. Ernest Baroche. Est-ce un droit au poids, ou un droit *ad valorem?* Quel chiffre, en outre, proposez-vous?

M. Ferguson. Nous demandons un droit au poids, soit un droit de 65 francs par kilogramme de dentelle.

M. Ernest Baroche. Quelle est la valeur d'un kilogramme de dentelle? Dites-nous la valeur la plus élevée et la valeur la plus basse.

M. Ferguson. Il me serait difficile de vous répondre, parce que nous n'avons pas l'habitude de vendre au kilogramme, mais au mètre courant, et parce que le prix varie suivant la largeur.
Un mètre courant, d'un centimètre de large, vaut 30 centimes.

M. Ernest Baroche. Combien faut-il de mètres pour faire un kilogramme?

M. Ferguson. Je ne puis pas vous le dire; mais nous avons calculé qu'un droit de 65 francs par kilogramme équivaudrait à 30 p. 0/0 de la valeur.

M. Ernest Baroche. La dentelle fine est imposée à la valeur. Est-ce que vous ne pensez pas qu'on pourrait faire la même chose pour vos produits?

M. Ferguson. Non; car il faut être très-connaisseur pour pouvoir apprécier une dentelle. Cela dépend tout à fait de sa provenance. Voilà pourquoi nous demandons un droit au poids, comme cela se fait en Amérique.

M. Amé. Cela ne se fait pas aux États-Unis, où le droit est établi à la valeur.

M. Ernest Baroche. Est-ce que le régime appliqué à la dentelle de soie ne vous conviendrait pas?

M. Ferguson. Nous préférerions le droit au poids. MM. Louvet, Ferguson.

M. Ernest Baroche. Votre dentelle est très-semblable à la dentelle de soie; c'en est en quelque sorte une contrefaçon.

M. Ferguson. Oui, absolument.

M. Ernest Baroche. Ce sont les mêmes dessins, les mêmes dispositions. Sont-ce les mêmes prix?

M. Ferguson. Ce sont aussi les mêmes prix.

LA SÉANCE EST LEVÉE.

SÉANCE DU LUNDI 26 JUILLET 1860.

PRÉSIDENCE DE S. EXC. M. ROUHER,

MINISTRE DE L'AGRICULTURE, DU COMMERCE ET DES TRAVAUX PUBLICS.

LAINE PEIGNÉE.

FILATURE ET TISSAGE.

MÉRINOS.

Reims.

La séance est ouverte à une heure.

(M. REVEIL, Vice-Président du Corps législatif, préside le Conseil à l'ouverture de la séance.)

Le procès-verbal de la précédente séance, lu par M. OZENNE, *Secrétaire*, est adopté.

Est introduit :

M. VILLEMINOT-HUARD, filateur de laines peignées, fabricant de tissus mérinos et ancien constructeur de machines à Reims.

M. REVEIL. Quelle est votre industrie à Reims?

M. VILLEMINOT. Je suis filateur de laines peignées, fabricant de tissus mérinos, et ancien constructeur de machines.

M. REVEIL. Veuillez faire connaître au Conseil vos réponses au questionnaire.

M. VILLEMINOT :

ACHAT ET PRÉPARATION DES LAINES.

1re *Question*. — Nous employons, pour notre industrie, des laines

M. Villeminot-Huard. de France, d'Allemagne et d'Australie. Le prix de ces laines est variable; mais, en moyenne, il est de 6 francs à 6 fr. 50 cent. le kilogramme. Les frais de transport et de commission qui incombent à ces laines sont : pour celles qui viennent de Londres, de 11 fr. 96 cent. les 100 kilogrammes; de Vienne, 19 fr. 75 cent.; de Pesth, 22 fr. 75 cent.; de Moscou, 35 fr. 85 cent.

2ᵉ *Question* — Les laines que nous employons ne sont pas d'un prix plus élevé que celles qu'emploie l'Angleterre, hormis les laines anglaises, qui ont à payer en sus le droit dont elles sont grevées, soit 1/2 p. 0/0 de plus.

3ᵉ *Question*. — Nous lavons nos laines à l'eau de savon.

FILATURE.

1ʳᵉ *Question*. — Nous sommes filateurs à façon, et nous filons aussi pour notre propre compte.

2ᵉ *Question*. — Nous employons la carde comme préparation du peignage. Nous nous servons de mull-jenny. Nos machines sont fabriquées en France.

Nos prix de machines, par broche, sont les suivants:

Peignage		10ᶠ 00ᶜ
Machines, préparation et métiers		22 00
Meubles et accessoires		2 60
Machines à vapeur	4ᶠ 35ᶜ	6 65
Transmission de mouvement	2 30	
Appareil de chauffage		1 15
Appareils à gaz		1 30
Terrain	2ᶠ 70ᶜ	29 00
Bâtiment	26 30	
Total		72 70

C'est le prix de revient de la broche, tout compris : bâtiment, terrain, etc.

3ᵉ *Question*. — Nous nous servons de deux machines à vapeur de la force nominale de 60 chevaux, construites par M. Powell, de Rouen.

6ᵉ *Question*. — Les charbons que nous brûlons sont des charbons belges de Chatelineau et Boubier; nous en consommons 540 tonnes, soit, à 26 fr. 25 cent. la tonne, 14,000 francs pour la marche de nos broches. Nous employons aussi, pour l'éclairage au gaz, jour et nuit, 234 tonnes, soit, à 22 fr. 65 cent. la tonne, 6,000 francs; c'est en tout environ 20,000 francs par année. La quantité de charbon consommée pour le gaz, et afférente au travail de jour, est de 67 tonnes. M. Villeminot-Huard.

5e Question. — Les numéros de fils que nous produisons sont, en moyenne, de 76,000 mètres au kilogramme.

Le produit moyen annuel, par broche, est de 785 échées de 1,000 mètres.

Le prix de la main-d'œuvre, chez nous, est celui-ci : nos fileurs gagnent, en moyenne, 3 fr. 50 cent. par jour; les rattacheurs, 2 francs; les bobineurs, 1 franc; les femmes, 1 fr. 37 cent. Nous employons 190 hommes et 57 femmes.

M. Schneider. Le salaire est-il à la journée ou à la tâche?

M. Villeminot. Les fileurs sont à la tâche; les rattacheurs, les bobineurs et les femmes sont à la journée; les rattacheurs sont payés par les fileurs qui les emploient.

M. Schneider. Y a-t-il une grande différence entre le taux nominal des salaires et le salaire réellement obtenu à la tâche? Chacun des ouvriers a-t-il un salaire nominal, pour le cas où il y a quelque temps perdu?

M. Villeminot. Non; le salaire est invariablement fixé à la tâche. Les fileurs ne sont jamais appelés à travailler autrement.

Leur travail moyen représente un salaire de 3 fr. 50 cent. Il y a des ouvriers dont le salaire s'élève jusqu'à 5 francs; il y en a pour lesquels il s'abaisse jusqu'à 2 fr. 50 cent.

10e Question. — Voici les prix de façon des fils que nous avons produits dans les cinq dernières années, peignage non compris :

En 1855	2f 8745
1856	2 8213
1857	2 5674
1858	2 4999
1859	2 80
1860	2 4853

Le prix de 1860 est calculé sur celui des cinq premiers mois, jusqu'au 31 mai dernier. A présent, le prix est de 2 fr. 50 cent.

M. Schneider. C'est là le résultat du taux moyen de toutes les échées que vous filez dans l'année? Le numéro moyen auquel il s'applique était-il sensiblement le même?

M. Villeminot. Le numéro moyen annuel n'a pas varié de 105 à 113, à l'ancien guindage : soit nº 76,000 mètres en moyenne.

M. Villeminot-Huard.

M. Schneider. Ainsi il y a assez peu d'écart entre les numéros moyens des diverses années, pour qu'on puisse considérer comme moyen le prix de façon que l'on signale.

M. Villeminot. Précisément; d'autant plus que le prix de façon ne varie pas en raison de la quantité d'échées que contient un kilogramme.

13e Question. — Nous n'avons pas examiné quelle pourrait être la quotité du droit à établir, en nous basant sur la valeur qu'avait le fil dans les six derniers mois qui ont précédé la signature du traité de commerce, parce que cette base échappait à notre appréciation, et que, d'ailleurs, elle ne nous paraissait pas suffisamment sûre. En effet, par suite de l'approvisionnement, la valeur des fils pouvait être inférieure au prix normal; l'inverse aurait pu se produire, et peut se produire encore. Nous avons cru prendre une base plus certaine en examinant comparativement les moyens de production en France et en Angleterre. Nous aurons l'honneur de vous l'expliquer tout à l'heure.

TISSAGE ET APPRÊTS.

1re Question. — Nos produits sont les mérinos.

2e Question. — J'ai dit l'origine, la qualité et le prix des laines que nous employons.

3e Question. — Depuis quinze à dix-huit mois, nous avons quelques métiers à tisser, seulement à l'état d'essai; nous sommes en train d'en monter cinq à six cents autres. Ces métiers sont construits par M. Hodgson, de Bradford, et par M. Stehelin, de Bitschwiller.

M. Schneider. Dans l'outillage que vous faites construire en ce moment, n'y a-t-il pas une moitié commandée en Angleterre, et l'autre en France?

M. Villeminot. Nous venons de commander 200 métiers en Alsace, chez M. Stehelin, et 100 autres à Bradford, chez M. Hodgson. Les métiers que nous avons commandés à M. Stehelin, doivent nous être livrés au même prix que ceux que nous avons commandés en Angleterre.

M. Schneider. Le constructeur a consenti à assumer sur lui les chances du droit nouveau?

M. Villeminot. Le constructeur s'est engagé à fournir ces métiers d'ici à la fin de décembre. Si je suis bien informé, la réduction des droits sur les machines ne doit avoir lieu qu'après cette époque. Dans le cas où les droits seraient abaissés avant le 31 décembre, nous profiterions de la différence. M. Villeminot-Huard.

M. d'Eichthal. Pour être en avance de quelques mois, vous avez mieux aimé payer les droits anciens?

M. Villeminot. L'impérieuse nécessité où s'est trouvée notre manufacture nous a déterminés à ce sacrifice.

M. d'Eichthal. Vous n'avez pas été arrêté par quelques pour cent de différence?

M. Villeminot. Nullement.

4e Question. — La force de cheval nécessaire pour faire marcher un métier est d'un huitième de cheval-vapeur.

5e Question. — Le salaire de l'ouvrier tisseur est de 3 francs à 3 fr. 10 cent.

M. Schneider. A la journée ou à la tâche?

M. Villeminot. A la tâche.

M. Schneider. Un homme conduit-il deux métiers ou un seul?

M. Villeminot. Il en conduit deux.

M. Schneider. Une femme le pourrait-elle?

M. Villeminot. Oui, Monsieur.

M. Schneider. Y en a-t-il des exemples?

M. Villeminot. Oui, dans nos contrées. A Reims même, des femmes conduisent des métiers à tisser.

M. Schneider. On nous a dit que, dans certains cas, on conservait les hommes comme tisserands, parce qu'un homme conduisait deux métiers, tandis qu'une femme ou un enfant n'en conduisait qu'un; de sorte que l'économie qui pouvait résulter de l'emploi de la femme et de l'enfant était très-modérée.

M. Villeminot. Je ne comprends pas comment il en serait ainsi: le métier à tisser ne donne aucun travail fatigant; il n'y a qu'à surveiller, et si un fil casse, à le rattacher; la main de la femme semble plus propre à ce travail que celle de l'homme.

Villeminot-Huard. M. Schneider. Comment se fait-il que vous employiez des hommes à 3 francs et 3 fr. 10 cent., tandis que vous pourriez employer des femmes ?

M. Villeminot. Jusqu'ici le petit nombre de métiers que nous employons n'a pas amené notre attention sur ce point. Nous n'avons que cinq à six métiers qui fonctionnent; nous faisons tisser à façon. Mais nous nous proposons, avec nos nouveaux métiers, d'employer le plus de femmes et d'enfants que nous pourrons.

Nous devons ajouter qu'on éprouve d'assez grandes difficultés à se procurer des ouvriers pour le tissage mécanique.

7ᵉ *Question*. — La différence qui existe entre le tissage à la main et le tissage mécanique est celle-ci :

Un tisseur à la main lance, par jour, 25,000 duites; avec un métier mécanique, il lance de 50,000 à 55,000 duites, et, en conduisant deux métiers, de 90,000 à 100,000. Il y a moins d'inégalités dans le travail à la mécanique; les tissus sont meilleurs.

M. Schneider. Quel peut être, suivant vous, l'avantage des métiers mécaniques, pour la nature des tissus dont vous vous occupez ? A combien l'évaluez-vous, en tenant compte de toutes les différences : moteurs, qualités de tissus, déchets, etc.?

M. Villeminot. L'avantage peut s'élever à 6 p. 0/0 de la valeur des tissus, ou à 27 p. 0/0 de la façon à la main. Voici la décomposition : nous trouvons une économie de 3 francs par pièce, pour la façon avec le tissage mécanique, soit 3 cent. 75 par mètre; une économie sur le gaspillage et le détournement produits par les ouvriers, qu'on peut évaluer à 5 centimes par mètre; enfin une plus-value des tissus de 5 centimes par mètre.

M. Ernest Baroche. Ainsi l'économie résulte plutôt de la surveillance et de la plus-value des tissus que du travail lui-même : vous ne comptez qu'une économie de 3 centimes pour la façon; mais vous comptez 10 centimes pour les détournements et la plus-value des tissus.

M. Seydoux. Vous tenez compte de l'intérêt de la valeur de la machine et de l'amortissement ?

M. Villeminot. Oui, Monsieur.

8ᵉ *Question*. — Les prix de revient de chacune des opérations de notre fabrication sont les suivants :

Le triage revient à 7 centimes le kilogramme de laine lavée à dos, et à 3 centimes le kilogramme de laine en suint. M. Villeminot-Huard.

Le dégraissage coûte 16 centimes;

Le séchage, 3 centimes;

Le cardage et le peignage, 80 centimes;

La filature, 1 fr. 90 cent.

Ce qui fait que le kilogramme de filé coûte 2 fr. 95 cent., peignage compris.

L'ourdissage à la main (nous n'avons pas encore monté d'appareil à la mécanique) coûte, les 30 mètres.....	0f 60c
L'encollage.....	1 75
Le tissage.....	25 00
Le tramage.....	4 00
L'épinçage.....	1 00
Harnais.....	1 50
Transport, aller et retour.....	75
Employés et autres frais.....	5 40
	40 00

40 francs est le prix d'une pièce de tissus de 80 mètres.

9e *Question.*—Les frais sont proportionnels à la valeur de la laine ou à la qualité du tissu.

11e *Question.* — Nous n'avons pas chez nous de produits similaires aux produits anglais.

12e *Question.* — Voici la classification des produits de notre industrie. Cette classification s'établit en raison du nombre de fils et de croisures au quart de pouce. On fait de 6 à 25 croisures; les qualités courantes sont de 9 à 15 croisures, et, pour l'exportation, de 11 à 13 et 14 croisures. La grande consommation est du 9/8 de 102 à 112 centimètres. On fait des largeurs espacées de 10 en 10 jusqu'à 2 mètres 20. Au-dessus d'un mètre 25, c'est pour châles. La valeur du mérinos est proportionnelle à la croisure. Le bon mérinos moyen, de 10 à 14 croisures, pèse de 125 à 130 grammes le mètre carré.

13e *Question.* — Le tiers de nos produits est exporté à l'étranger. Depuis le 5 janvier, la vente est difficile; elle a repris un peu le 15 mai; mais la reprise n'a pas duré. Les prix de vente sont supérieurs à ceux de l'année passée à pareille époque; la hausse des laines a motivé cette différence. L'augmentation du prix des tissus est inférieure à la progression du prix des laines. La position, en somme, est plus mauvaise qu'elle ne l'était, l'année dernière, à cette époque.

M. Villeminot-Huard. *14e Question.* — Les causes qui permettent aux producteurs anglais de vendre à des prix inférieurs aux nôtres, sont les suivantes :

1° Les Anglais ont sur nous l'avantage de l'économie du droit d'entrée sur les laines, que nous payons et qu'ils ne payent pas. Les droits sur les laines d'Australie sont de 3 fr. 60 cent. et grèvent notre production de 1/2 p. 0/0, soit 50 centimes;

2° Un établissement de 10,000 broches, peignage compris, revient, en France, à 727,000 francs, savoir :

Terrain et bâtiments....................	290,000f
Machines..............................	437,000
En tout..........	727,000

Un établissement de même importance, en Angleterre, coûte, pour les bâtiments et le terrain, le même chiffre de 290,000 francs; mais, pour les machines, 262,200 francs seulement : en tout 552,200 fr. Il en résulte une différence avec le prix de l'établissement français de 174,800 francs, qui, à raison de 10 p. 0/0, pour l'amortissement et répartis sur une production annuelle de 110,000 kilogrammes de fils, à 12 fr. 50 cent., soit 1,375,000 francs, donne $\frac{174800}{1375000}$=1,27 p. 0/0;

3° Un établissement de cette importance dépense en charbon 600 tonnes pour force motrice, chauffage et éclairage; soit, à raison de 26 fr. 40 cent., 16,000 francs la tonne.

En Angleterre, ce charbon coûterait 6 shellings ou 7 fr. 50 cent. la tonne, soit 4,500 francs : différence, 11,500 francs. Cette différence de 11,500 francs constitue encore, sur la production ci-dessus indiquée, 1 p. 0/0 de frais de moins.

La somme de ces charges, 50 centimes, 1 fr. 27 cent. et 1 franc, représente 2,77 p. 0/0.

Il me paraît évident que, si nous avions des instruments de travail aussi parfaits que ceux des Anglais, cette différence de 2,77 p. 0/0 n'affecterait pas la puissance productive de notre pays; elle n'en serait pas moins égale à celle de l'Angleterre. Mais, en Angleterre, on emploie les métiers continus, qu'on appelle *Cap Frame*, qui font 6,000 à 7,000 tours par minute, et dont le prix de façon, pour fileurs, n'est que 25 centimes par kilogramme de fil; tandis qu'en France, où la plupart des métiers sont de 200 à 220 broches, la façon du kilogramme de fil revient à 72 centimes : différence, 47 centimes; ce qui constitue une économie de 3,76 p. 0/0 pour la production anglaise. Si nous ajoutons cette économie aux autres déjà constatées, savoir 2,77 p. 0/0, nous aurons une économie totale de 6,53 p. 0/0. Ainsi la différence pour les frais de production, entre la France et l'Angleterre, est de 6,53 p. o/o. M. Villeminot-Huard.

M. Schneider. Vous avez raisonné en vue d'une comparaison entre les métiers dont on se sert en France et ceux qu'on emploie en Angleterre. Mais pensez-vous qu'on se serve de métiers continus en Angleterre, pour la filature des mérinos? Ne comparez-vous pas la filature des laines longues en Angleterre avec la filature française? Nous avons entendu dire que, pour la filature des laines françaises, les mull-jenny étaient préférables.

M. Villeminot. Les métiers continus dont nous parlons s'emploient pour la fabrication du mérinos en laine d'Australie. Les fils produits ne vont pas, je pense, à la production de nos tissus mérinos, mais ils vont à la production des nouveautés. Pour établir les prix anglais, nous devions tenir compte de ces métiers. En ce moment nous employons des *self-acting*, et pas de métiers continus.

M. Ernest Baroche. J'insiste sur l'observation de M. Schneider. Il y a une distinction entre les produits des métiers continus et ceux des métiers Mull-Jenny, distinction surtout dans l'application des fils produits : pour la fabrication des étoffes pure laine, en laine douce, le mull-jenny est préférable; mais on emploie plutôt le métier continu pour la laine longue, destinée, par exemple, à la production de l'orléans. Cette distinction ne vous paraît-elle pas aussi radicale?

M. Villeminot. On faisait cette distinction avant l'application du métier continu aux laines courtes. En Angleterre, on ne file guère qu'au métier continu; il n'y a plus de mull-jenny à Bradford, à l'exception d'une seule maison; on a monté aussi des métiers continus en Allemagne et en Saxe.

M. Ernest Baroche. On produit des mérinos analogues aux vôtres?

M. Villeminot. C'est la même composition, le même grain; mais les fils sont plus tordus; les étoffes sont moins légères et moins douces. Ces mérinos n'ont pas le même caractère que les nôtres, et cependant ils font concurrence aux nôtres.

M. Ernest Baroche. Il y a cependant cette différence que, pour produire des mérinos, l'Angleterre serait obligée de revenir aux mull-jenny, de même que, réciproquement, les fabricants qui s'occupent de tissus en laines brillantes, à fils tordus, seraient obligés de recourir aux métiers continus; il semble que cet échange serait nécessaire pour rétablir l'équilibre dans la production.

M. Villeminot-Huard.

M. VILLEMINOT. Je crois que nous devons maintenir la distinction que vous avez parfaitement établie. Mais, tout en la maintenant, il faut reconnaître que, si les Anglais veulent faire des mérinos comme nous, ils feront les chaines avec les métiers continus.

M. ERNEST BAROCHE. Pour ces métiers continus, vous avez chiffré une différence considérable entre les prix de filature français et anglais, la différence de 72 à 25, soit 47 centimes. Est-ce que vous admettez que cette différence ne disparaîtra pas lorsque l'usage des métiers continus se sera répandu en France?

M. VILLEMINOT. Il ne restera alors que 2,77 p. 0/0 de différence dans les frais de production. C'est pour cela que j'ai scindé les diverses charges.

M. ERNEST BAROCHE. Ainsi, en comparant ensemble des métiers continus français et anglais, et des mull-jenny français et anglais, vous croyez que l'avantage est encore de 2,77 p. 0/0 pour les Anglais.

M. VILLEMINOT. Oui, Monsieur.

M. ERNEST BAROCHE. Et vous estimez que cette différence est la même entre deux métiers continus ou deux mull-jenny, en France et en Angleterre; seulement vous dites que les Anglais font des continus, et qu'ils travaillent à meilleur marché que nous au mull-jenny.

M. VILLEMINOT. Les machines leur donnent l'avantage sur nous.

M. SCHNEIDER. Les 2,77 p. 0/0 sont le résultat des dépenses qu'il faut pour les mull-jenny; je ne sais pas si, pour les mêmes quantités de fil, l'emploi de machines continues ne ferait pas une plus grande dépense de capital et de moteurs.

M. LE PRÉSIDENT. Peut-être cette différence serait-elle compensée par l'élévation des produits?

M. VILLEMINOT. La compensation se produirait sans doute; mais la différence n'en existerait pas moins dans les rapports des prix de revient.

M. LE PRÉSIDENT. Votre réponse est celle-ci : « Peut-être y a-t-il une différence de dépense entre l'emploi des métiers continus en Angleterre et en France; mais comme on arrive à une production plus considérable que par les mull-jenny, la proportion reste la même. »

M. VILLEMINOT. Ce n'était pas là ma pensée. J'admettais que si l'on montait en France des métiers continus, au lieu de monter des mull-jenny, on ferait une bien plus grande dépense de capital et de force motrice. Or la différence de 2,77 p. o/o, résultant des quantités de charbon et de force immobilisée, reste la même; car j'ai comparé les mull-jenny montés en France et en Angleterre. Eh bien! il y aurait la même économie sur les continus que sur les métiers Mull-Jenny; il y aurait la même économie sur le capital immobilisé, pour les uns comme pour les autres. D'où je concluais que, quelle que soit la machine qu'on emploie, il n'y en a pas moins la différence de 2,77 p. o/o sur le fil.

M. Ernest Baroche. Sur le fil, oui; mais sur les tissus?

M. Villeminot. Pour les tissus, les termes restent les mêmes; ils pourraient être légèrement augmentés, mais cette augmentation n'influerait que peu sur les conditions de production.

M. Ernest Baroche. Ces 2,77, à quelle valeur sont-ils rapportés?

M. Villeminot. A la valeur nominale de 12,50.

M. le Président. C'est environ 35 centimes.

M. Villeminot. Nous avons fait nos calculs pour établir les moyennes des qualités des deux pays; nous pensons que les droits pourraient être élevés de 6,53 à 8 p. o/o, ce qui ferait à peu près 1 franc par kilogramme : ce serait 1,47 à ajouter à 6,53, en raison de ce que les Anglais ont de vastes débouchés pour leur industrie, et qu'ils peuvent recourir à la division et à la spécialisation du travail, dont les avantages ne peuvent pas être établis d'une manière précise, mais n'en existent pas moins.

M. Ernest Baroche. La conclusion ne me parait pas tout à fait d'accord avec les chiffres que vous avez posés. Vous continuez à établir, dans l'application, une confusion entre deux natures de fils complétement distincts. Supposez qu'il ne se fasse pas de fils continus, qu'il ne se fasse que des fils de mull-jenny; vous reconnaitrez bien que, dans cette hypothèse, vous n'auriez pas besoin de 8 p. o/o, à raison des conditions de votre production.

M. Villeminot. Nous ne produisons pas seulement des fils qui servent au mérinos; nous en produisons qui sont employés à des articles de nouveautés. Ainsi les chaînes pour ces articles peuvent être parfaitement faites de fils continus, tout aussi bien que de fils de mull-jenny.

M. Villeminot Huard.

M. Ernest Baroche. Maintenant, supposez que la production se développe dans les deux pays; qu'on fasse, en France, ce qu'on fait en Angleterre, et réciproquement; croyez-vous que pour ces fils de mérinos, faits au mull-jenny, il y aurait encore besoin de 8 p. o/o de protection?

M. Villeminot. Nous ne le croyons pas.

M. Ernest Baroche. Ainsi, la protection que vous demandez serait temporaire et transitoire, jusqu'au moment où l'emploi des métiers continus se serait généralisé en France.

M. Schneider. Seulement M. Villeminot établit que la fabrication générale, en France, est encore le fil de mull-jenny, et qu'il n'y a pas de moyen de distinction, à la douane, entre les deux genres de fils.

M. Ernest Baroche. Il y a cette distinction possible, c'est qu'on réserve les continus pour certaines fabrications, et qu'on peut reconnaître la fabrication par la nature de la matière première. Laissant de côté les provenances, ne croyez-vous pas qu'en fait les Anglais filent peu de laines douces?

M. Villeminot. Cela est parfaitement vrai.

M. Ernest Baroche. Par cette excellente raison qu'ils ne font pas les tissus où l'emploi des laines douces est recherché; de sorte qu'on pourrait dire que l'emploi des continus se reconnaîtrait à la nature de la laine.

M. Villeminot. Quand vous leur aurez ouvert la porte, les Anglais sauront parfaitement faire, avec des continus, des fils de laines douces, s'ils trouvent utilité à les produire.

M. Ernest Baroche. Je ne crois pas qu'ils le puissent avec des continus.

M. Villeminot. Ils pourront certainement produire des fils de chaîne avec des laines d'Australie; et je crois qu'il faut nous préserver de cette invasion.

Les forces productives d'un pays doivent être appréciées par l'importance moyenne de ses fabriques, et cette importance, chez nous, est encore très-éloignée de celle de l'Angleterre; mais, à cet égard, les choses tendent à se niveler chaque jour. Je vous citerai un exemple : il y a vingt ans, la houille coûtait, à Reims, 5o à 55 francs la tonne; elle revient aujourd'hui à 25 ou 26 francs. Au contraire elle valait, à Bradford, 3 francs, et elle y est montée, aujourd'hui, à 5 et 6 francs. Donc un jour viendra où la concurrence des marchandises de l'Angleterre ne nous effrayera plus, parce que les simples frais d'introduction chez nous feront équilibre aux avantages que lui réserveront toujours les charbons et les fers à bas prix.

M. le Président. Vous avez été constructeur de machines avant de porter votre activité sur la filature et le tissage; que pensez-vous des droits de protection à établir au profit des machines de construction française, vis-à-vis des machines anglaises?

M. Villeminot. Pour répondre à cette question, il faudrait être fixé sur les droits des fers et des houilles.

M. le Président. Dans l'état actuel, si le régime reste tel qu'il est?

M. Villeminot. Mes ateliers de construction ne sont en chômage que depuis quelques mois. On les transforme en ce moment; avant d'opérer cette transformation, j'ai examiné s'il n'y aurait pas convenance à produire, pour nous, les métiers à tisser que nous faisons exécuter en Angleterre; nous y avons renoncé en raison des conditions où nous sommes placés: les ouvriers sont à un prix très-élevé.

M. Schneider. Pas plus cher que dans les autres centres de fabrication.

M. Villeminot. Pardon; ils sont sensiblement meilleur marché dans les Vosges.

M. Schneider. Vous avez dit que les tisseurs gagnaient 3 fr. 10 cent.; ce n'est pas meilleur marché dans les Vosges.

M. Villeminot. Les ouvriers de construction sont notablement meilleur marché à Thann qu'ils ne le sont à Reims. Cette nature de population ouvrière n'y a point pris racine. Les immenses ateliers des chemins de fer ont enlevé les bras, même aux filatures. Les ouvriers sont devenus très-exigeants, en raison des offres qui leur ont été faites, et ils sont très-peu disposés à échanger, contre notre salaire, autant de travail que nous serions en droit de leur en demander. Par ces différents motifs, nous nous sommes aperçus que ce ne serait qu'avec infiniment de temps que nous parviendrions à produire les métiers à tisser au prix auquel ils seront rendus chez nous; de sorte que, dans l'état actuel des choses, si les prix des fers ne va-

M. Villeminot-Huard. riaient pas, si la houille ne changeait pas de prix, les droits qui protègent notre construction de métiers à tisser, soit 15 francs par 100 kilogrammes, plus le double décime, — ce qui fait 18 francs *ad valorem*, et environ 37,50 p. 0/0 du prix de ces métiers à Bradford, — ces droits seraient difficilement abaissés, et je crois qu'ils ne devraient pas l'être.

M. Schneider. Notre comparaison, en ce moment, porte sur les métiers à tisser, dont le droit est le moins élevé, puisqu'il n'est que de 15 francs en principal. Pour les autres machines servant aux filatures, les droits sont beaucoup plus élevés. Que pensez-vous de tous ces droits?

M. Villeminot. Je crois qu'on pourrait prendre le droit qui protège le métier à tisser, comme étalon de mesure, et apprécier que ce droit-là ne pourrait point être abaissé, pour permettre aux constructeurs de faire, avec quelque bénéfice, des machines en France. Il est certain qu'il s'est produit un fait, en Angleterre, qui frappe tous les esprits, c'est que l'industrie, largement organisée, a d'immenses commandes et peut se contenter de très-légers bénéfices. M. Hodgson, constructeur à Bradford, auquel nous avons donné 100 métiers à fabriquer, n'a pour chaque métier qu'une rémunération très-faible, mais satisfaisante, à cause du grand nombre de métiers qu'il construit. Malheureusement, chez nous, cette industrie est encore presque dans l'enfance, relativement à ce qu'elle est en Angleterre. A part quelques ateliers, elle ne s'est pas largement développée. Il n'y a que l'industrie locale qui vienne lui demander les instruments dont elle a besoin, et nous n'avons que bien peu de demandes de l'étranger. Un constructeur français qui fait 300 à 400 métiers par an, ne peut pas se contenter d'un bénéfice de 7 à 8 francs par métier. Ce qui peut être un bénéfice chez les Anglais se traduirait en une perte chez nous. Nous sommes dans une infériorité relative très-prononcée, et il ne serait pas possible que les droits fussent abaissés.

M. Schneider. Pensez-vous que les cardes, les préparations, les métiers continus, enfin tout ce qui est instrument de filature, pourraient être protégés avec ce droit de 15 francs? C'est ce qui me paraîtra résulter de vos indications.

M. Villeminot. Je crois que le droit de 37,50 p. 0/0, qui ressort du droit spécifique de 15 francs appliqué aux machines à tisser, pourrait s'appliquer à toutes les machines et instruments de filature.

M. Michel Chevalier. Vous raisonnez dans la supposition d'une industrie peu développée, d'un constructeur qui ne fait qu'un nombre de machines restreint. M. Villeminot-Huard

M. Schneider. M. Villeminot raisonne d'après l'état des ateliers français, lequel est relatif au peu de commandes qui ont été faites précédemment.

M. Villeminot. On ne peut pas développer un atelier de construction comme une autre manufacture. Pour exporter sur les marchés étrangers, il est possible de fabriquer des fils et des tissus sur une grande échelle; c'est une question d'aptitude et de capitaux; mais ce qui est possible pour l'industrie en général, ne l'est pas pour l'industrie des constructions en particulier.

M. Seydoux. On ne peut construire des métiers que sur commande, on n'en construit pas par spéculation.

M. d'Eichthal. N'est-il pas à votre connaissance que, plusieurs fois, on a été obligé de s'adresser à l'étranger, à cause de l'insuffisance de la production française?

M. Villeminot. Non, Monsieur; je crois que les ateliers français sont assez largement organisés pour fournir à toutes les demandes de l'industrie française.

M. Ernest Baroche. Peut-être pas assez promptement. Quand on fabrique ordinairement peu, on ne fabrique pas vite.

M. Villeminot. Lorsque nous avons voulu monter notre usine, nous nous sommes adressés en Angleterre, où le métier à tisser, pris à Bradford, était annoncé à 300 francs. Après avoir importé et expérimenté notre modèle, nous avons fait une commande. On nous avait promis la livraison de cent métiers dans six semaines, et on devait faire au bout de trois semaines une première livraison : on nous a fait attendre cinq mois sans rien livrer. Nous avons été obligés de résilier notre marché et de remettre la commande à M. Stehelin. Si nous avions été en France, nous aurions demandé aux tribunaux la réparation du dommage. Je crois d'ailleurs que les moyens de production sont suffisants en France.

M. Ernest Baroche. En supposant les mêmes conditions dans les deux pays, seriez-vous en mesure de lutter?

M. Villeminot. Dans cette hypothèse, je crois que le droit de 7 p. o/o sur les fils serait suffisant.

M. Villeminot-Huard. M. le Président. Vous n'augmenteriez pas le taux de la protection pour les tissus?

M. Villeminot. Non, Monsieur le Président.

M. Ernest Baroche. Parce que M. Villeminot suppose le droit établi *ad valorem*.

M. le Président. Alors vous faites votre majoration sur la main-d'œuvre : vous prenez un tant pour cent sur la main-d'œuvre, et cependant la main-d'œuvre constitue un terme qui est généralement considéré comme équipollent entre la France et l'Angleterre.

M. Ernest Baroche. Craindriez-vous pour les fils, si le droit était moindre?

M. Villeminot. Pas précisément : s'il y avait un droit de 6,53 p. o/o sur les fils, je me croirais suffisamment protégé.

M. Ernest Baroche. Vous ne considérez pas que ce droit de 6,50 p. o/o équivaudrait à un droit prohibitif?

M. Villeminot. Non, quant à présent; il le deviendrait plus tard, lorsque nous nous serions organisés, en France, pour faire ce qu'on peut faire en Angleterre; mais, quant à présent, je suis convaincu que la concurrence anglaise pourrait avoir lieu avec un droit de 6,53 p. o/o.

M. Ernest Baroche. Vous supposez aux fils une valeur moyenne de 12 fr. 50 cent. : 8 p. o/o sur 12 fr. 50 cent., cela fait un franc. Cependant vous reconnaissez qu'il y a des fils qui ne valent que 8 francs, 6 francs même, et que ces fils sont ceux qui manquent le plus en France?

M. Villeminot. C'est la raison pour laquelle je propose 8 p. o/o.

M. Ernest Baroche. Vous admettez avec moi qu'un droit d'un franc sur des fils à 6 francs serait prohibitif?

M. Villeminot. Évidemment.

Est introduit :

M. NAPOLÉON KŒNIG, fabricant de tissus à Sainte-Marie-aux-Mines.

TISSAGE ET APPRÊTS.

ARTICLES DE FANTAISIE.

TISSUS MÉLANGÉS DE LAINE, DE COTON, DE SOIE, DE POIL DE CHÈVRE, ETC.

Sainte-Marie-aux-Mines

M. LE PRÉSIDENT. Monsieur Kœnig, vous êtes fabricant de tissus de laine?

M. KŒNIG. De tissus de laine et de coton.

M. LE PRÉSIDENT. Vous occupez-vous de filature?

M. KŒNIG. Non, je ne m'occupe que du tissage.

M. LE PRÉSIDENT. Vous avez reçu le questionnaire; veuillez répondre à celles de ses questions qui concernent votre industrie.

M. KŒNIG, *lisant :*

§ 3. — TISSAGE ET APPRÊTS.

1re Question.—La fabrication de Sainte-Marie-aux-Mines consiste en tissus divers, dits de fantaisie, formés de cotons simples ou retors, de laines simples ou retorses de toute nature, de poils de chèvre, de soies fantaisie et schappes, employés isolément ou mélangés entre eux, soit en chaîne, soit en trame, dans des proportions très-variées.

On y fabrique aussi des tissus de pur coton teint. Ce sont principalement des mouchoirs pour la tête ou le cou, dits *Bombay*, *Pignas*, *Madras*, etc., ainsi que des mouchoirs de poche de couleur et des cotonnades.

2e Question. — La majeure partie des laines employées à Sainte-Marie sont :

Pour les étoffes de printemps, des laines peignées, filées en Alsace et dans le Nord;

Pour les articles d'hiver, des laines cardées, filées à Reims, et pour les qualités communes, à Vienne (Isère).

En laines peignées les numéros les plus usités sont :

M. Kunz. N° 20, guindage de 700 mètres, pour la trame des meubles, valant 7 fr. 50 cent. le kilogramme.

N° 28-30, même guindage, pour les tissus ordinaires, chaîne coton, trame laine; ces laines valent de 8 fr. 75 cent. à 9 fr. 50 cent., selon la qualité.

N° 40-42, même guindage, pour les tissus fins, soit avec chaîne coton ou chaîne schappe; elles valent 12 fr. 25 cent. le kilogramme.

N° 34, 2 bouts pour les trames popeline, chaînes schappe; elles valent 13 fr. 25 cent. le kilogramme.

N° 30, chaîne laine simple, pour les mérinos écossais; à 12 francs le kilogramme.

N° 60, 2 bouts, chaîne laine, pour les mérinos amazone; à 16 fr. 50 cent. le kilogramme.

N° 35, 2 bouts, chaîne laine, pour les velours épinglés à 13 fr. 75 cent. le kilogramme.

N° 25-30, laine brillante de provenance anglaise, filée en France, à 9 francs le kilogramme.

En laines cardées, on emploie les numéros suivants :

N° 28-30, 1,000 mètres au kilogramme, valant 10 fr. 50 cent. le kilogramme.

N° 8-10, idem, valant 7 fr. 50 cent.

En schappe suisse, on emploie principalement :

Le n° 80, simple, valant, la première qualité, 30 francs le kilogramme; la seconde, 25 francs le kilogramme.

N° 100, double, valant 33 francs le kilogramme.

N° 120, double, valant 34 francs le kilogramme.

Tous ces prix ont subi peu de variations depuis plusieurs années.

En 1853, les laines peignées valaient :

Le n° 28-30, 8 fr. 75 cent. à 10 francs le kilogramme.

Le n° 40-42, 13 fr. 25 cent. à 14 francs le kilogramme.

Les laines cardées valaient :

Le n° 28-30, de 9 francs à 11 fr. 50 cent.

Le n° 80, simple, de 24 fr. 50 cent. à 40 francs le kilogramme.

Les schappes suisses ont éprouvé des fluctuations beaucoup plus fortes.

En cotons filés les numéros les plus usités sont :

Le n° 26, 1,000 mètres, pour chaîne, valant 3 fr. 20 cent. le kilogramme.

En 1848, ce numéro valait........	3f 60c	le kilogramme.
En 1851..........................	4 00	
En 1859..........................	3 80	

Le n° 30, 1,000 mètres, pour chaîne, valant 3 fr. 50 cent. le kilogramme. M. Kœnig.

En 1848, ce numéro valait........	2f 60c	le kilogramme.
En 1851........................	4 30	
En 1859........................	4 00	

Le n° 36, 1,000 mètres, pour chaîne, valant 3 fr. 90 cent. le kilogramme.

En 1848, ce numéro valait........	3f 10c	le kilogramme.
En 1851........................	4 80	
En 1859........................	4 40	

Le n° 40, 1,000 mètres, pour chaîne, valant 4 fr. 40 cent. le kilogramme.

En 1848, ce numéro valait........	3f 40c	le kilogramme.
En 1851........................	5 20	
En 1859........................	5 00	

Le n° 50, 1,000 mètres, pour chaîne, valant 5 fr. 80 cent. le kilogramme.

En 1848, ce numéro valait........	5f 00c	le kilogramme.
En 1859........................	6 50	

Le n° 26, 1,000 mètres, pour trame, valant 3 fr. 10 cent. le kilogramme.

En 1848, ce numéro valait........	2f 40c	le kilogramme.
En 1859........................	3 70	

Le n° 40, 1,000 mètres, pour trame, valant 3 fr. 80 cent. le kilogramme.

En 1848, ce numéro valait........	3f 10c	le kilogramme.
En 1859........................	4 30	

3e Question. — On ne tisse, à Sainte-Marie, qu'avec des métiers à la main : la grande variété des articles et les changements continuels que la mode force d'y apporter, empêchent l'emploi des métiers mécaniques.

4e et 5e Questions. — Ces deux questions, se rapportant au tissage mécanique, ne peuvent être résolues par nous.

6e Question. — Pour les articles qui se fabriquent et se tissent à la main, les métiers sont en partie dans des ateliers, et en partie disséminés chez les ouvriers de la campagne.

Les prix de façon varient trop, en raison des nombreux articles qui se fabriquent, pour qu'il soit possible d'établir une moyenne.

M. Kœnig. Les ouvriers des ateliers, comme ceux de la campagne, gagnent depuis 1 fr. 50 cent. jusqu'à 4 francs par jour, selon leur habileté.

7e Question. — Je n'ai rien à répondre à cette question, tout se faisant chez nous à la main.

8e Question. — Dans cette question, il n'y a que la teinture, le bobinage, l'ourdissage, le tissage et l'apprêt qui aient rapport aux produits de Sainte-Marie.

La teinture se paye :

Pour le coton, 1 fr. 10 cent. le kilogramme, en moyenne;

Pour la laine, 2 francs;

Pour la soie, 3 fr. 50 cent.

Le bobinage se paye 32 centimes le kilogramme.

L'ourdissage se paye 26 centimes.

Le tissage se paye :

Pour articles ordinaires, 2 fr. 46 cent. le kilogramme, ou 32 centimes le mètre;

Pour articles fins, 4 fr. 20 cent. le kilogramme, ou 60 centimes le mètre.

L'apprêt se paye 37 cent. le kilogramme, ou 5 centimes le mètre.

En raison de la diversité des articles, il n'est pas possible d'établir une moyenne pour la main-d'œuvre; elle varie de 25 centimes le mètre, prix le plus bas, à 1 franc le mètre, prix le plus élevé.

9e Question. — L'augmentation des frais n'est pas en rapport direct avec l'augmentation de la valeur des matières employées.

10e Question. — Nous ferons la même réponse que pour la 1re question.

11e Question. — L'Angleterre, tout en fabriquant des articles qui ont du rapport avec les nôtres, n'a cependant pas produit de genres identiques : il est donc difficile d'établir, dès à présent, une comparaison entre les prix anglais et les nôtres; mais il est probable que, dès que le marché français sera ouvert, on se hâtera d'y produire les genres goûtés en France; et la régularité des filés anglais, ainsi que la qualité et le lustre que les Anglais savent donner à la laine, et que nous n'avons pas encore pu atteindre en France, feront donner la préférence à ces tissus.

Outre l'Angleterre, la Saxe et la Suisse seront à craindre pour notre industrie : la première, par ses tissus pure laine, et coton et laine; la seconde, par ses tissus de coton teints, principalement les mouchoirs pour le cou et la tête. Le danger de cette concurrence vient surtout du prix peu élevé de main-d'œuvre dont se contentent les ouvriers de ces deux pays. M. Kœnig.

Ces nations ne sont pas comprises dans le traité de commerce, mais elles se serviront de la voie de l'Angleterre pour livrer leurs produits sur le marché français.

12ᵉ Question. — Cette question est celle dont la solution présente le plus de difficultés; elle est en même temps la plus grave, et celle dont les conséquences influeront directement sur l'industrie des tissus de fantaisie.

On est intimement convaincu, à Sainte-Marie, que le droit *ad valorem*, si l'on devait s'arrêter à ce mode de procéder, pour les tissus étrangers, amènerait des conséquences funestes. En effet, par suite de la variété multipliée des combinaisons de matières diverses dans les tissus similaires à ceux de cette fabrique, où le goût, la disposition et les procédés de fabrication établissent le prix, plus encore que la matière employée, il sera à peu près impossible de déterminer la valeur d'une manière exacte; et en admettant qu'on reconnût la fausseté d'une déclaration, la préemption présenterait des difficultés également insurmontables, puisqu'on ne trouverait point, ou bien rarement, des acheteurs pour la marchandise préemptée.

A cela il faut ajouter qu'en temps de crise en Angleterre, alors que la marchandise se vend avec des différences de prix de 40 à 50 p. 0/0, la protection *ad valorem* serait par trop insuffisante.

En conséquence, il est urgent de convertir les droits *ad valorem* en droits spécifiques. Bien des recherches et des essais ont été faits pour atteindre ce but, mais sans résultat satisfaisant; car il faudrait diviser les articles en un nombre considérable de catégories, ce qui présenterait des inconvénients et des complications pour la perception.

Le premier essai a été fait en comptant le nombre de fils, chaîne et trame, d'un carré donné, soit du quart de pouce ou du centimètre, ce qui, combiné avec le poids du mètre d'étoffe, détermine la finesse de la matière.

Ce système, qui peut être applicable aux tissus unis de coton ou autres matières, écrus, blancs ou teints, ne peut plus s'appliquer aux étoffes façonnées; car, soit qu'il s'y trouve des rayures satinées ou brochées, ou que le tissu soit fait avec des montages de velours, une partie des fils est toujours dissimulée par une autre qui la couvre, et dès lors elle est inappréciable à la loupe.

Un autre essai a été fait : il consiste à exiger de l'importateur la déclaration de la nature et de la finesse de la matière dont se compose

M. Kœnig. l'étoffe. Cette déclaration ayant été vérifiée par la loupe ou l'éfilement d'un échantillon de 10 centimètres carrés, et le produit ayant été soumis à une balance de précision, on en déterminait le prix d'après les cotes officielles qui se publient en Angleterre, et l'on ajoutait à ce prix un chiffre représentant les frais de fabrication; mais ces frais, qui peuvent se déterminer d'une manière assez exacte pour un tissu uni ou un tissu qui se fait mécaniquement comme l'orléans, subissent des variations très-grandes, c'est-à-dire de 56 à 140 p. o/o, pour les tissus façonnés, qui se font par les métiers à bras, variations presque toujours en raison inverse du prix de la matière.

Il faudrait donc trouver un troisième moyen qui fît disparaître les inconvénients des deux premiers, ou adopter un système mixte consistant à appliquer un droit spécifique à certains articles, et un droit *ad valorem* à certains autres.

Ainsi, pour les articles ordinaires :

1° Ceux dont le kilogramme ne dépasserait pas	8 francs.	4f 40c
2° *Idem*	9	2 70
3° *Idem*	10	3 00
4° *Idem*	11	3 30
5° *Idem*	12	3 60
6° *Idem*	13	3 90
7° *Idem*	14	4 20
8° *Idem*	15	4 50

Quant aux articles plus chers, on les admettrait avec un droit *ad valorem* de 30 p. o/o.

Reste à trouver le moyen de classification de ces catégories d'après la valeur anglaise des six mois qui ont précédé le traité de commerce. La collection d'échantillons déposée par moi, comprenant une bonne partie des articles qui se fabriquent à Sainte-Marie, et qui est accompagnée de l'analyse des matières et du prix de revient, peut servir à établir des bases pour arriver à ce but.

13e Question. — Jusqu'en 1851, Sainte-Marie exportait une certaine quantité de ses produits à l'étranger; mais, depuis cette époque, l'augmentation des salaires ne nous a pas permis de lutter avec l'Angleterre, la Saxe et la Suisse, qui produisent à meilleur marché que nous, à cause des charges plus lourdes qui pèsent sur notre industrie.

La situation actuelle des affaires est peu favorable sur notre place. Depuis le mois de janvier dernier, la nouvelle du traité de commerce avec l'Angleterre ayant fait penser que tous nos produits subiraient une forte baisse, par suite de l'introduction des marchandises anglaises, la vente s'est considérablement ralentie, et nos articles ont éprouvé une baisse de 15 à 20 p. o/o, ce qui met tous les fabricants en perte. M. Kœnig.

La fabrication anglaise se divisant par spécialités, grâce à ses immenses débouchés, et pouvant dès lors produire chaque article par grandes masses, a, par ce seul fait, une notable économie sur ses frais généraux, comparativement à ceux des fabriques françaises qui, restreintes à un marché insuffisant, sont obligées de faire un grand nombre d'articles par petites quantités. Il faut joindre à ce premier avantage les capitaux à bon marché, le bas prix du combustible et les grandes facilités de communication.

Pour parer à toutes les éventualités d'un système qui, jusqu'ici, a jeté la perturbation dans la marche de nos affaires, et qui nous mène vers un état de choses inconnu, et en admettant que la valeur déclarée sera toujours atténuée, grâce à la difficulté de l'appréciation exacte, il paraît équitable d'établir tous les droits d'entrée sur les tissus fantaisie, d'après la base de 30 p. o/o.

Il serait aussi à désirer, comme complément de cette mesure, que les importateurs fussent astreints à former leurs colis d'un seul et même article, pour en rendre la vérification plus facile, et que les bureaux de réception fussent réduits, sinon à Paris seul, au moins à un nombre peu considérable.

M. Schneider. Vous n'avez rien trouvé de mieux pour l'établissement des droits, que ces deux systèmes que vous venez d'indiquer : la valeur, ou la valeur et le poids avec des divisions?

M. Kœnig. Pour tout ce qui a rapport aux tissus unis, l'analyse est très-facile; mais dès qu'on entre dans les tissus façonnés, cela devient fort difficile, parce qu'il y a une partie des fils qui échappe à la vue. Nous avons cherché longtemps et nous n'avons rien trouvé.

M. Schneider. Les brochés, les tissus dont l'analyse échappe à la vue vous paraissent avoir besoin de la même protection *ad valorem* que les articles unis?

M. Kœnig. Je crois que l'industrie française n'est pas encore assez avancée pour pouvoir lutter à armes égales contre l'industrie étrangère.

M. Schneider. Ce n'est pas là la question que je vous pose. Ma question est celle-ci :

D'après la note que vous venez de nous lire, vous avez appliqué, d'une façon uniforme, une protection de 30 p. o/o à toute espèce de produits, quelle que soit leur valeur et quelles que soient d'ailleurs

M. Kœnig. leur confection et les matières employées. Croyez-vous qu'il y ait besoin de la même protection *ad valorem* pour toute espèce de produits? Par exemple, lorsque vous employez la soie, croyez-vous que vous ayez besoin de cette même protection *ad valorem* de 30 p. 0/0, qui serait nécessaire, peut-être, pour des produits très-simples et dont la façon serait aisée?

M. Kœnig. La soie ne s'emploie jamais que par petites quantités, et quoique ce soit une matière qui se produise en partie en France, je crois qu'on peut l'employer à l'étranger au même prix et dans des conditions aussi avantageuses.

M. Schneider. Vous dites « dans des conditions aussi avantageuses. » Cela semble indiquer que, sur ce chef, au moins, la protection de 30 p. 0/0 ne serait plus également nécessaire; et, comme cela peut ajouter, dans une certaine mesure, à la valeur du produit, il y a au moins une fraction qui n'est pas susceptible de la même protection.

Je n'entends pas par là discuter vos chiffres; je veux seulement arriver à une simplification du tarif.

En effet, si vous admettiez ce principe, qu'il n'y a pas lieu à une protection *ad valorem* absolument égale pour tous ces articles, peut-être ne craindrait-on pas d'établir des divisions moins compliquées que celles que vous proposez.

M. Kœnig. Il y a peut-être des articles qui pourraient lutter avec des droits moins élevés; mais je crois qu'aujourd'hui on ne les connaît pas encore, et qu'il serait impossible de les déterminer.

Nous faisons certains articles mélangés avec des soies qui nous viennent d'Angleterre; nous ne pouvons donc pas avoir d'avantages sur ces articles-là.

M. Schneider. Vous avez intérêt à chercher la solution la plus pratique; car vous adoptez le maximum partout, et vous l'adoptez dans une forme que l'Administration des Douanes pourrait bien ne pas accueillir favorablement. De là, nécessité pour l'Administration et pour le Conseil Supérieur, qui a son avis à donner, de rechercher, avec une connaissance de cause que nous ne pouvons pas avoir au même degré que les fabricants, s'il n'y aurait pas moyen d'arriver à un système qui aurait le mérite d'être plus pratique.

Vous avez établi que l'appréciation serait presque impossible par la douane; vous avez établi que le compte-fils n'est pas applicable pour certains produits; et, en définitive, vous nous proposez des combinaisons qui présentent les impossibilités que vous avez signalées vous-même.

M. Kœnig. Quant à la protection que nous croyons devoir être appliquée, nous avons pensé qu'il serait équitable de protéger la fabrique, en général, par le maximum. M. Kœnig.

M. Schneider. Je ne discute pas la quotité; je n'ai pas qualité en ce moment pour indiquer une opinion. Je m'applique uniquement au mode de perception, indépendamment de la quotité du droit qu'il y aura lieu de déterminer plus tard. Je dis que le mode de perception indiqué dans votre note ne m'apparaît pas comme très-pratique, et que je verrais volontiers les fabricants l'étudier eux-mêmes; car il me semble que ce sont les meilleurs juges, au moins en ce qui concerne le mode d'établissement du droit. Quant à la quotité, ils ont à émettre leur opinion, mais je ne prétends pas les faire juges.

M. Kœnig. Tous nos articles contiennent du coton, de la laine; les uns un peu plus, les autres un peu moins. Et c'est de cet état de choses que naît la difficulté de faire des catégories.

M. Seydoux. Les Anglais font-ils vos articles?

M. Kœnig. A peu près; mais ils ont un autre système : ils font tout par masses, et cela leur donne un grand avantage.

M. Seydoux. Font-ils le même genre de tissus que vous?

M. Kœnig. Oui; ils emploient les mêmes matières; mais la préparation des tissus n'est pas tout à fait la même.

J'ai ici une collection de nos produits et des produits similaires anglais qui vous permettra d'apprécier.

M. le Président. Veuillez-bien remettre cette collection d'échantillons à M. le Commissaire général.

M. Ernest Baroche. Ce que vous avez dit s'applique également au coton?

M. Kœnig. Oui; à tous les tissus de Sainte-Marie.

M. le Président. Le système de droits que M. Kœnig propose s'applique-t-il à tous ces tissus?

M. Ernest Baroche. Aux tissus de coton pur également?

M. Kœnig. Oui, Messieurs.

M. Ernest Baroche. Je fais cette question parce qu'alors le

M. Kœnig. Conseil croira peut-être inutile de faire revenir M. Kœnig, lorsqu'il s'agira de l'industrie du coton.

M. le Président. Évidemment.

M. Ernest Baroche. Pensez-vous, Monsieur Kœnig, que les fabricants de Sainte-Marie-aux-Mines aient la même opinion que vous?

M. Kœnig. Oui. Lors de la conclusion du traité, nous avons formé, à Sainte-Marie, un comité pour rechercher les moyens pratiques d'établir les droits. Quand j'ai reçu l'invitation de me présenter devant le Conseil Supérieur, j'ai préparé le travail que je viens de lire, et je l'ai communiqué au Comité, qui l'a approuvé.

Sont introduits :

MM. PAYEN, fabricant de velours d'Utrecht à Amiens.

BARIL fils, *idem*.

VELOURS D'UTRECHT.

Amiens.

M. LE PRÉSIDENT. Messieurs, vous êtes-vous concertés pour faire au questionnaire des réponses communes?

M. PAYEN. Non, Monsieur le Président. Notre industrie n'est pas tout à fait la même : M. Baril fabrique mécaniquement, et moi je ne fabrique qu'avec des métiers à la main.

M. LE PRÉSIDENT. Monsieur Payen, veuillez prendre la parole.

M. PAYEN. Nous faisons du velours d'Utrecht, depuis 600 fils jusqu'à 1,100 fils de chaine; il se compose de :

Une chaine fil de lin, pesant 2 kilogrammes, valant 10 francs, ou 5 1/2 p. o/o de la valeur, ou 15 p. o/o sur le poids;

Une trame coton rouge, chaine continue, valant 20 francs, ou 11 1/2 p. o/o de la valeur, ou 22 p. o/o sur le poids;

Un velouté en fil de poil de chèvre, valant 153 francs, ou 83 1/2 p. o/o de la valeur, ou 63 p. o/o sur le poids.

Cette appréciation est prise sur la qualité moyenne de 800 fils en chaine.

La façon se paye depuis 15 francs jusqu'à 60 francs la pièce; la moyenne est de 30 francs par pièce de 36 mètres.

Ourdissage, 1 fr. 10 cent.; bobinage, 2 fr. 50 cent.; épinçage, 50 centimes; teinture, 20 francs; apprêts, 2 francs; emballage, 1 franc par pièce de 36 mètres.

Les frais sont les mêmes pour tous les comptes; soit 15 francs par pièce.

On établit quatre catégories, en prenant pour base les fils de chaines sur toute la largeur, et non le poids.

On vend par pièces de 36 mètres; les prix varient suivant le nombre des fils de chaines.

On vend la moitié de la fabrication des velours aux États-Unis

MM. Payen, Baril fils

et en Europe, à l'exception de l'Allemagne et de l'Autriche qui fabriquent, et nous font même une grande concurrence sur les marchés étrangers : cette concurrence et les prix élevés des fils de poil de chèvre font décroître notre production; elle a diminué de près d'un tiers depuis deux ans. L'Angleterre, qui étudie depuis quelque temps la fabrication mécanique du velours d'Utrecht, et qui réussit assez bien, dit-on, menace de nous enlever la vente de ce produit à l'étranger.

Les Anglais ont, du reste, un grand avantage sur nous : nous tirons de chez eux les fils de poil de chèvre, et nous trouvons que, sur un velours qui nous coûte 243 francs, ils ont, en moins, les différences suivantes :

La chaîne	3f
Le coton	6
Les fils de poil de chèvre	23
La main-d'œuvre	20
La teinture	4
Les frais généraux	6
	62

soit 26 p. o/o.

C'est pourquoi nous demandons un droit de 30 p. o/o, sur les velours d'Utrecht étrangers.

Quant aux fils de poil de chèvre, que l'on ne peut filer en France, nous demanderons pour cette matière l'entrée libre, comme pour les matières brutes; car il ne faut pas perdre de vue la concurrence allemande, qui possède, par sa main-d'œuvre, une position meilleure que la nôtre, et qui n'a pas de droits sur les fils de poil de chèvre purs ou mélangés.

M. Ernest Baroche. Ainsi vous demandez que les poils de chèvre soient déchargés de tout droit?

M. Payen. Oui, Monsieur.

M. le Président. C'est une demande qui avait déjà été faite par les fabricants et par la Chambre de commerce d'Amiens, il y a un certain temps.

Monsieur Baril, vous avez la parole.

M. Baril fils :

1re Question. — Je fabrique du velours d'Utrecht pour ameublements. Mon établissement est situé à Amiens.

MM. Payen, Baril fils.

2ᵉ Question. — Il n'entre pas de laine proprement dite dans ce tissu, mais du poil de chèvre que l'industrie française tire d'Angleterre, tout filé, doublé et retordu en deux fils, en un mot disposé pour cet emploi.

La qualité de ces fils varie en raison de celle du tissu, ainsi que du numéro. J'emploie depuis le nᵒ 26 jusqu'au nᵒ 56. Le prix varie depuis 9 francs jusqu'à 32 francs le kilogramme.

Ces prix ont subi, depuis 1854, une augmentation progressive qui s'élève aujourd'hui jusqu'à 25 p. 0/0.

3ᵉ Question. — Je suis, jusqu'à présent, le seul en France qui possède des métiers mécaniques pour le tissage des velours d'Utrecht; ces métiers sont mus par la vapeur.

J'en ai actuellement trente-quatre en activité, et six tant en construction qu'en cours de montage.

La création de ce nouveau genre de tissage date de 1858.

Ces métiers sont brevetés en France, et, antérieurement, en Angleterre où ils ont été inventés.

J'ai fait venir d'Angleterre, en vertu d'une autorisation spéciale de S. Exc. M. le Ministre de l'Agriculture, du Commerce et des Travaux Publics, les métiers destinés à servir de modèles aux constructeurs français qui ont établi ceux qui fonctionnent chez moi. Le prix d'achat en Angleterre est de 35 livres, soit 875 francs. Ils me coûtent en France 1,100 francs.

4ᵉ Question. — La force motrice, pour ce métier, est évaluée à un sixième de cheval-vapeur.

5ᵉ Question. — Le salaire des ouvriers qui conduisent ces métiers est encore très-élevé actuellement; il est basé sur la qualité et sur la quantité du tissu qu'ils produisent; il varie depuis 20 centimes le mètre jusqu'à 80 centimes; ce qui donne une moyenne de 50 centimes au mètre. Avec ce prix de façon, si les ouvriers savaient bien conduire leurs métiers, leur salaire journalier atteindrait le chiffre de 4 francs par jour, somme évidemment trop forte pour un ouvrier en atelier, sans autre fatigue que celle de surveiller la marche d'un métier.

Il faut un ouvrier par chaque métier, et c'est un homme ou un jeune homme d'au moins quinze ans. J'espère pouvoir, plus tard, employer des femmes.

6ᵉ Question. — J'ai cessé de faire tisser à la main.

Les métiers de mes confrères sont tous chez les ouvriers.

Le prix de la façon à la main est payé, pour une pièce de velours

MM. Payen, Baril fils. mesurant 36 mètres 50 et 37 mètres, depuis 15 francs jusqu'à 60 francs. La moyenne est de 30 francs; c'est le prix de façon de la qualité qui se produit en plus grande quantité.

7ᵉ Question. — En ce qui concerne,

1° La rapidité :

La moyenne de la fabrication du velours d'Utrecht, à la main, ne donne pas plus de cinq pièces fabriquées par année et par ouvrier; ce qui représente un délai de soixante jours pour le tissage d'une pièce. A la vérité, des ouvriers produisent une pièce en trois ou quatre semaines; mais le résultat général constaté est que cent ouvriers ne produiront pas plus de cinq cents pièces par année.

Avec mes métiers mécaniques, j'obtiens, dès à présent, une moyenne de production de 5 mètres 50 par jour. S'ils fonctionnaient sans interruption, ils produiraient près de 9 mètres; mais en faisant la part raisonnée des temps d'arrêt forcés, je dois atteindre une moyenne de 7 mètres 50 par jour.

2° La perfection :

Je considère la perfection du travail du métier à la mécanique, comme le résultat d'abord d'une préparation plus régulière des matières premières qu'on emploie, et de leur placement sur le métier à la mécanique, et ensuite de la rectitude de la marche du métier, qui, étant toujours la même, produit un tissu plus régulier que ne saurait l'obtenir le meilleur ouvrier à la main, quelle que fût son aptitude, attendu que cette aptitude ne saurait l'exempter de la fatigue résultant de la rapidité et de la continuité de son travail.

3° L'économie :

Cette question se divise en deux points :

D'abord économie sur l'emploi des matières.

Il y a incontestablement économie sur l'emploi des matières. Pour le tissage à la main, le fabricant donne à l'ouvrier, qui habite toujours la campagne : 1° une chaîne de fils de lin; 2° les chaînes de fils de poil de chèvre; 3° le coton bobiné pour trame. Or, chaque fois que l'ouvrier remonte une nouvelle chaîne sur son métier, il perd une portion de cette chaîne de lin qu'il ne peut tisser autant au commencement qu'à la fin; il en est de même pour celles de fils de poil de chèvre, qu'il faut renouveler presque toujours deux fois pour une pièce; puis, quant au coton, le fabricant, ne pouvant en surveiller l'emploi, qui a lieu mouillé, ne peut se rendre un compte exact du déchet que lui fait incontestablement l'ouvrier, tant dans la confection de ses cannettes qu'au tissage.

En outre, l'ouvrier à la main ne peut ou ne veut donner aux chaînes de fils de poil de chèvre une tension suffisante, de sorte qu'une portion de ce fil se trouve ainsi employée sans résultat pour le tissu. MM. Payen. Davil fils.

Par le tissage mécanique, j'évite en grande partie cette perte de matières. Les chaînes de fils de lin, préparées et encollées mécaniquement, contiennent la quantité pour produire dix pièces, ce qui réduit la perte, sur cette chaîne, à un dixième.

Les chaînes de fils de poil de chèvre, préparées aussi mécaniquement, contiennent la production de trois pièces; le remontage s'en opère avec une perte moindre de moitié que pour celles à la main, et la tension sur le métier a lieu aussi fortement qu'il est nécessaire pour qu'il n'en résulte aucune perte. Quant au coton, la cannette en est faite aussi mécaniquement; elle s'emploie entièrement et sans déchet, et l'ouvrier, constamment surveillé, ne peut ni en soustraire, ni en gaspiller par négligence.

Ensuite, économie par l'emploi des métiers à la mécanique.

Il devra y avoir également économie par la substitution de ce métier à celui à la main; mais je n'obtiendrai ce résultat que lorsque je pourrai avoir un plus grand nombre de ces métiers en activité et plus de travail journalier par chaque métier, afin de répartir, sur une plus grande production, la masse importante des frais généraux que nécessite ce mode de fabrication; obtenir par ce surcroît de production l'amortissement des premiers frais de création et de mise en œuvre, et enfin avoir une réduction sensible sur le salaire, qui, tout en laissant encore à l'ouvrier un gain journalier de près de 2 fr. 50 cent. par jour, réduira, d'une manière notable, pour moi, le prix de la façon par chaque pièce.

8ᵉ Question. — Les opérations de ma fabrication consistent dans le bobinage des matières premières d'abord, dans l'ourdissage ensuite. Ces deux opérations, quoique faites mécaniquement, me reviennent au même prix que si elles étaient faites à la main, à cause des frais de marché et d'amortissement des machines d'un prix très-élevé. L'avantage que je retire est d'éviter une partie du déchet qui se fait à la main.

Je compte le bobinage ainsi :

Le lin, à 25 centimes le kilogramme; le fil de poil de chèvre, à 20 centimes le kilogramme; et le coton, à 30 centimes le kilogramme.

L'ourdissage :

Le lin, à 15 centimes le kilogramme ; le poil de chèvre, à 10 centimes le kilogramme.

Cela se résume, sur le revient d'une pièce de velours d'Utrecht, savoir :

MM. Payen, Baril fils. Pour le bobinage, de 2 francs à 2 fr. 10 cent., selon les poids;

Pour l'ourdissage, de 1 fr. à 1 fr. 10 cent., selon les poids.

Après la fabrication, les pièces de velours subissent les opérations d'épinçage, de teinture, de tonte et d'apprêts. Ces opérations coûtent, savoir :

Épinçage	1f
Teinture	20
Tonte	1
Apprêts	1
Soit, par pièce	23

9e Question. — Les frais généraux ne varient pas en proportion de l'augmentation de la valeur des matières premières employées dans le tissu. Pour le tissage à la main, ils sont généralement calculés à la pièce, bien que payés en raison du poids, attendu que le poids des pièces de velours ne varie lui-même que fort peu. Ils peuvent différer en raison du plus ou moins d'importance de la production.

Dans le tissage à la main, les frais généraux se composent, outre les prix des opérations du bobinage et de l'ourdissage, que j'ai énumérés plus haut, des autres frais de fabrication, qui sont le coût et l'entretien des accessoires donnés aux ouvriers, tels que lames, peignes, tringles dites verges, couteaux qu'il faut quelquefois renouveler deux fois pour une pièce; puis des frais généraux de commerce, qui varient en raison de l'importance de l'industrie et des affaires.

Pour le tissage mécanique, ces frais sont beaucoup plus importants, bien que le coût et l'entretien des lames, des peignes, des verges, soient moins onéreux, parce que ces accessoires durent plus longtemps.

Il y a en plus :

1° L'achat et l'amortissement du matériel, qui est excessivement coûteux;

2° L'intérêt du capital immobilisé par cet achat; le loyer de l'atelier évité par le tissage à la main; le combustible; l'impôt qui frappe les métiers; leur entretien annuel; et enfin le personnel nécessaire à leur conduite. Il ne me serait pas possible de dire encore aujourd'hui à combien s'élèvent exactement ces frais, et de combien ils grèvent le prix de revient des velours, ni dans quelle proportion, combinée avec le coût de la façon, ils entrent dans ce prix de revient.

10e Question. — Le velours d'Utrecht se compose de fils de lin, de poil de chèvre et de coton. Le lin et le coton sont de filature française. Le poil de chèvre est de filature anglaise; tous les essais tentés jusqu'ici par les filateurs français pour produire ce genre de filés, sont demeurés infructueux. MM. Payen, Baril fils.

Ces matières entrent dans le tissu, dans les proportions suivantes.

En poids, savoir :

Lin	15	p. o/o.
Coton	22	
Fils de poil de chèvre	63	

Moyenne en valeur, savoir :

Lin	5f 50c	p. o/o.
Coton	11 00	
Fils de poil de chèvre	83 50	

11e Question. — On fabrique en Angleterre des velours similaires aux nôtres. Ce tissu n'étant pas d'une consommation aussi importante, en quantité surtout, que tous les autres, il est difficile de préciser exactement quels en ont été les prix moyens de vente, en raison des catégories.

Il résulte néanmoins des renseignements qui m'ont été transmis, que des fabricants anglais, employant les mêmes qualités de matières premières, ont pu vendre, sur le marché de Londres, des velours à un prix inférieur de plus de 30 p. o/o des miens.

12e Question. — La classification qui pourrait être adoptée pour ces tissus serait de quatre catégories. Le poids seul ne saurait servir de base à leur appréciation, par ce motif, qu'il ne diffère presque pas entre la première et la quatrième catégorie.

En effet, la première catégorie vaut, en moyenne :

La pièce	352f 00c
Le mètre	9 65
Le kilogramme	28 62

le poids du tissu prêt à la vente étant de 12 kilog. 300.

La quatrième catégorie ne vaut en moyenne que :

La pièce	157f 65c
Le mètre	4 32
Le kilogramme	12 63

le poids de la pièce étant de 12 kilog. 400.

Il est donc indispensable de prendre une autre base d'appréciation. Cette autre base serait le nombre de fils *en chaîne* dont se composerait le tissu : c'est, au surplus, de cette manière que s'en opère la vente ; les acheteurs s'en rendant facilement compte, au moyen du compte-fil, et en opérant le calcul par centimètre pris sur la largeur du tissu.

MM. Payen. Baril fils.

Il va sans dire qu'à compte égal les acheteurs savent encore faire l'appréciation de la qualité des matières premières, du plus ou moins de fourni du velours, et enfin de la meilleure fabrication.

Ces distinctions de compte sont donc facilement appréciables, et la valeur des produits augmentant dans une proportion à peu près régulière, en raison des différents comptes, il me paraît possible d'établir de cette manière les droits à percevoir à l'entrée en France.

A cet égard, je m'en réfère à la note de renseignements que j'ai eu l'honneur d'adresser, sur sa demande, à M. Ernest Baroche, délégué du Gouvernement, après sa visite dans mes ateliers.

A cette note est jointe une carte d'échantillons des différentes qualités des velours d'Utrecht.

13e Question. — Mes produits, comme ceux des autres fabricants, se vendent à l'étranger. Jusqu'ici je puis évaluer à plus du quart de notre fabrication la quantité vendue pour l'exportation; cependant cette vente à l'étranger va chaque année en décroissant.

Nous alimentions autrefois de ce tissu toute l'Europe et l'Amérique. Actuellement ces mêmes velours se fabriquent mécaniquement en Prusse et à Elberfeld, à des prix de beaucoup inférieurs aux nôtres; aussi l'industrie française a vu se fermer successivement devant elle les marchés de l'Allemagne, de la Prusse, puis de toute l'Europe : elle commence à être menacée sur le marché américain.

Les documents des douanes à la sortie devront facilement justifier mes assertions à cet égard.

Donc la situation de cette industrie est loin d'être prospère, d'autant plus que la hausse existant actuellement sur le fil de poil de chèvre (hausse qui n'est pas moindre de 22 à 25 p. o/o) a considérablement contribué aussi à réduire la consommation intérieure : effectivement, quoique ces fils coûtent aussi cher, leur qualité, au lieu de s'améliorer, s'est amoindrie, et la consommation s'est portée sur d'autres tissus.

Les causes qui permettent aux fabricants allemands et prussiens de vendre à meilleur marché que nous, sont celles-ci :

Non-seulement nos velours sont frappés chez eux de droits d'entrée; mais ces fabricants se procurent les mêmes matières que nous en Angleterre; s'ils ont un supplément de transport en plus à supporter sur ces matières pour les recevoir chez eux, en revanche, il n'est pas à ma connaissance qu'ils aient un seul droit de douane à l'entrée; et nous, nous payons 20 francs les 100 kilogrammes, plus le double décime, soit 24 francs, ou 24 centimes au kilogramme.

Les Allemands et les Prussiens fabriquent mécaniquement; ils ont pu tirer leurs métiers d'Angleterre à un tiers meilleur marché que nous; de là, réduction considérable des frais d'amortissement. MM. Payen, Baril fils.

La main-d'œuvre y est aussi à un prix beaucoup moins élevé : leur fabrication a commencé longtemps avant la nôtre; l'apprentissage de leurs ouvriers est terminé; ils ont recouvré leurs premiers frais de création et de mise en œuvre; et enfin ils ont, m'a-t-on dit, le combustible à meilleur marché.

14e Question. — Ces causes, qui permettent déjà aux fabricants allemands et prussiens de vendre à des prix inférieurs aux nôtres, sont aussi les mêmes, et dans des proportions plus grandes, pour les producteurs anglais, qui trouvent chez eux, à leur porte, toutes les matières premières servant à la production de ces tissus; les agents mécaniques perfectionnés, et des ouvriers formés depuis longtemps et habiles à les conduire; le combustible à un prix à peu près nul; des capitaux faciles et à un intérêt bien moindre que chez nous; et enfin, dans les opérations qui suivent la fabrication, des établissements montés sur une grande échelle, des produits tinctoriaux en plus grande quantité et à des prix beaucoup plus bas.

Il me serait difficile de préciser exactement ces différences; cependant, en coordonnant les divers renseignements que j'ai pu me procurer à cet égard, j'ai établi, par pièce de velours, les différences suivantes :

Sur le fil de lin	3f
Sur le coton	6
Sur le fil de poil de chèvre	23
	32
Sur les matières premières, j'estime qu'en réunissant les frais de main-d'œuvre, teinture, apprêts et frais généraux, la différence est de	30
Ce qui donne une différence totale de	62

en calculant sur la moyenne d'un tissu coûtant en France 290 francs : soit 27 p. o/o sur le prix de revient du producteur anglais.

C'est pour ces motifs que je suis conduit à demander que le droit à établir soit de 30 p. o/o.

M. Ernest Baroche. Vous avez connaissance qu'en Angleterre on fabrique du velours d'Utrecht dans des proportions assez considérables?

M. Baril. Oui, Monsieur.

MM. Payen, Baril fils.

M. Payen. Voici une annonce qu'on trouve dans le *Mémorial d'Amiens*, du 8 avril 1860 :

« On demande immédiatement quelqu'un connaissant bien la teinture et les apprêts du velours d'Utrecht. S'adresser à M. Hodgson, café du Globe. »

Cette annonce a été plusieurs fois répétée. La voici encore dans le numéro du *Napoléonien*, du 20 juillet dernier.

M. Ernest Baroche. Pouvez-vous donner le nom des localités en Angleterre où existe la fabrication des velours d'Utrecht?

M. Payen. Il y a un fabricant à Halifax, M. Brown, qui doit avoir maintenant de 25 à 30 métiers.

M. Baril. On m'a assuré qu'il se montait aussi des métiers à Bradford et à Manchester. M. Hodgson, qui était d'abord associé avec M. Brown, s'est séparé de lui, et il monte maintenant un tissage de velours d'Utrecht pour son compte.

M. Ernest Baroche. Le fil de poil de chèvre que vous recevez d'Angleterre est-il pur ou mélangé de laine?

M. Payen. L'un et l'autre.

M. Ernest Baroche. Vous n'en savez rien?

M. Payen. En général, nous n'en savons rien.

M. le Président. Ces Messieurs ont même intérêt à ne pas le savoir, parce qu'on leur ferait des difficultés pour l'entrée.

M. Payen. Malgré notre désir et malgré nos ordres, on nous envoie des fils mélangés.

M. Ernest Baroche. Vous demandez qu'il n'y ait pas de droits sur les fils de poil de chèvre?

M. Baril. Oui, autant que possible. Avant le traité, cela ne nous portait pas grand préjudice; mais maintenant ce ne serait plus la même chose.

M. le Président. Comme vous exportez la moitié de vos produits à l'étranger, vous avez évidemment un grand intérêt à voir diminuer les charges qui pèsent sur votre fabrication.

M. Baril. C'est pourquoi nous demandons la suppression des droits sur les fils de poil de chèvre.

MM. Payen, Baril fils.

M. Ozenne, *Secrétaire*. Vos tissus sont-ils en fils de poil de chèvre pur, ou ne sont-ils pas quelquefois en fils de laine pour lesquels vous demandez la prime?

M. Payen. Les velours d'Utrecht proprement dits sont en fils de poil de chèvre pur.

M. Ozenne. Dans les tableaux de douane, je ne vois figurer aux *tissus de poil* que 30,000 kilogrammes exportés, d'une valeur de 90,000 francs, à raison de 3 francs le kilogramme.
Évidemment le kilogramme de vos tissus a une autre valeur que celle-là.

M. Payen. Le kilogramme de velours d'Utrecht en poil de chèvre vaut 20 francs.

M. Ozenne. D'après ce qui nous a été dit, on en exporte plus de 30,000 kilogrammes.

M. le Président. Ils doivent être portés dans les *étoffes diverses*.

M. Amé. Ou plutôt dans les *tissus de laine*.

M. Ozenne. Je le croirais volontiers; car j'ai vu réclamer au Ministère la prime pour ces tissus, comme composés de laine. M. Germain Thibault, qui a fait des expertises et qui a eu des échantillons entre les mains, sait très-bien que cela est arrivé souvent.

M. Germain Thibault. Oui, très-souvent on réclame la prime pour ces tissus; on nous en présente pour la sortie desquels on réclame des primes, et il nous est impossible souvent d'y distinguer la présence d'un mélange quelconque; il faut bien que nous les laissions sortir en leur accordant la prime.

M. Baril. J'ai avancé tout à l'heure un fait, et en voici la preuve. J'ai su, par suite de rapports avec quelques clients, qu'on avait vendu à Londres récemment, aux prix de 100 et 110 francs par pièce, une partie de velours d'Utrecht fabriqués à la mécanique. J'ai vu les échantillons, et je déclare que les qualités équivalentes, fabriquées en France, ne pourraient pas être vendues à moins de 160 et 170 fr.

M. Ernest Baroche. L'exportation des velours d'Utrecht français, pendant un temps, s'est faite en Angleterre.

MM. Payen, Baril fils.

M. Baril. Elle s'y fait encore aujourd'hui; mais il y a en Angleterre une fabrique de 1,800 métiers mécaniques qui tissent l'alpaga, le poil de chèvre et le velours d'Utrecht. Ces produits mécaniques peuvent lutter avec les produits similaires faits à la main; et c'est ce qui nous fait craindre la concurrence anglaise, sous le rapport de l'exportation et sous le rapport du commerce intérieur.

Sont introduits :

MM. SALLANDROUZE DE LAMORNAIX, député au Corps législatif, fabricant de tapis à Aubusson.

TÉTARD, fabricant de tapis à Beauvais.

BRAQUENIÉ, fabricant de tapis à Paris.

MAURY, de la maison SOULAS AÎNÉ ET MAURY, fabricants de tapis à Marguerittes près Nîmes.

CHOCQUEEL, de la maison REQUILLART, ROUSSEL ET CHOCQUEEL, fabricants de tapis à Tourcoing et à Aubusson.

TAPIS.

TAPIS MOQUETTE VELOUTÉS OU BOUCLÉS ; TAPIS A POINTS NOUÉS ; TAPIS VELOUTÉS EN CHENILLE ; TAPIS DOUBLE FACE ; TAPIS EN JUTE OU CHANVRE.

AUBUSSON, BEAUVAIS, PARIS, NÎMES ET TOURCOING.

M. LE PRÉSIDENT. Messieurs, vous êtes-vous entendus pour que l'un de vous présente au Conseil, au nom de tous, des renseignements sur votre industrie?

M. TÉTARD. Nous avons rédigé un mémoire que nous aurons l'honneur de vous remettre ; mais ce mémoire a été fait à un point de vue général, et non pas en suivant tous les détails de la fabrication, tels qu'ils sont indiqués dans le questionnaire ; il porte principalement sur les droits protecteurs à établir.

M. LE PRÉSIDENT. Vous pouvez en donner lecture au Conseil.

M. TÉTARD. Avant tout, le point principal, presque vital pour les fabricants de tapis français, c'est que le droit spécifique remplace entièrement le droit *ad valorem*.

Le droit *ad valorem* ne pourrait être à peu près réel que sur des matières premières ou des produits simples, facilement appréciables et d'une vente courante qui permettrait à la douane de préempter sans courir des chances de pertes : dans ce cas même, la protection *ad valorem* serait encore illusoire ; car l'introducteur comptant sur les 5 p. o/o que la douane, en préemptant, ajoute au prix déclaré, et comptant aussi sur ce qu'elle est obligée, pour vendre facilement et de suite, de vendre au-dessous du cours, déclarera toujours au-dessous de la valeur réelle.

Ainsi, lorsque les droits sur les laines étaient, *ad valorem*, de

MM.
Sallandrouze,
Braquenié,
Létard,
Maury,
Chocqueel.

20 p. o/o et le décime, soit 22 p. o/o, le commerce n'estimait ces droits qu'à 15 ou 16 p. o/o, à cause de la manière de déclarer.

Les tapis, en général, sont en France d'une vente encore limitée; le placement en est spécial, à cause des dessins et du genre, et la douane, en préemptant sur des déclarations faites à 35 p. o/o au-dessous de la valeur, sera encore certainement exposée à perdre sur presque toutes ses préemptions.

Ainsi le fabricant anglais, introduisant en France, déclarera en diminuant de son prix de vente :

1° Ce que la douane devra ajouter au prix déclaré, c'est-à-dire 5 p. o/o;

2° Son bénéfice de 15 p. o/o;

3° Plus, encore, au moins 15 p. o/o, sachant bien que la douane préemptant des tapis, même dans ces conditions, y perdrait encore 15 p. o/o;

En tout, 35 p. o/o.

Ainsi le fabricant anglais pourrait facilement déclarer 65 francs ce qu'il vendra 100 francs ; il en résulterait bien certainement qu'un droit *ad valorem* de 30 p. o/o ne serait que nominal, et qu'il n'atteindrait pas effectivement 20 p. o/o.

Nous ajouterons à ces chiffres, qu'il est facile d'apprécier, que l'introducteur de tapis aura encore des moyens pour déclarer plus bas.

Ainsi les acheteurs de tapis, s'approvisionnant habituellement à une époque de l'année, en septembre, tous les arrivages se feront en même temps, ce qui arrêtera la douane, car elle n'oserait préempter des masses de tapis qu'elle ne pourrait vendre.

Le droit spécifique, une fois établi, présente beaucoup moins de facilité à la fraude ; avec lui, la protection est au moins fixée, et l'on sait sur quoi compter.

La fabrique française ne saurait demander avec trop d'instance l'exclusion, quand même, du droit *ad valorem*.

L'Angleterre produit les tapis de pied à meilleur marché que la France, principalement dans les sortes fabriquées mécaniquement.

Les avantages de la fabrique anglaise sont ceux-ci :

1° Les laines employées dans la fabrication des tapis sont, ou des laines anglaises indigènes, pour certaines sortes, ou de provenance hors d'Europe, qui arrivent généralement sur le marché anglais. Il y a, pour la fabrique française qui doit s'approvisionner de ces sortes en Angleterre, une différence d'à peu près 6 p. o/o, en commission, change, transports et surtaxe de pavillon;

2° Les fils de lin, de *phormium* ou chanvre de l'Inde, et de coton,

MM. Sallandrouze, Braquenié, Tétard, Maury, Chocqueel.

qui s'emploient avec la laine dans cette fabrication, se produisent, en Angleterre, à des prix inférieurs à ceux auxquels on peut les produire en France ;

3° La main-d'œuvre pour la fabrication des tapis est à peu près la même dans les deux pays; mais le tissage mécanique est d'un prix de revient beaucoup moindre en Angleterre, à cause :

Du prix de la houille ;

Du prix des machines ;

De l'habileté de l'ouvrier anglais formé depuis longtemps déjà à ce tissage;

Des vastes proportions des ateliers anglais;

Et surtout à cause de la réduction des frais généraux sur un matériel qui maintenant est amorti;

4° Les dessins qui pèsent si lourdement sur le prix de revient français, à cause de l'importance relative de la fabrication française, sont presque inappréciables dans le prix de revient anglais, par suite des quantités produites par chaque dessin, en Angleterre. La supériorité des dessins en tapis n'est plus un avantage exclusif pour la fabrication française; car, depuis quelques années déjà, les fabricants anglais font faire leurs dessins en France;

5° Les fabriques anglaises de tapis étant d'une importance beaucoup plus grande que les fabriques françaises, ont des frais généraux de toute espèce relativement moindres, et leur production étant aussi beaucoup plus forte, elles peuvent se contenter d'un bénéfice plus restreint.

A ces causes si vraies et si connues, on peut ajouter les considérations suivantes.

La fabrique anglaise, qui, par les causes indiquées ci-dessus, produit à une réduction de prix à laquelle les autres nations ne peuvent arriver, est en possession de tout le marché étranger; pour pouvoir y prendre place à côté d'elle, il faudrait que la fabrique française pût venir y lutter pour les prix et les qualités : elle le pourrait, pour quelques sortes, quant aux qualités; elle ne le pourra jamais quant aux prix.

La fabrique française n'a donc que son propre marché pour consommer sa production en tapis; si ce marché ne lui est pas suffisamment garanti, elle est exposée à le voir constamment partagé par la production anglaise, et souvent encombré par le trop plein anglais qui viendra s'y écouler.

L'industrie des tapis, en France, n'est pas restée stationnaire; elle a fait tous les progrès qui lui étaient possibles avec les moyens dont

MM. Sallandrouze, Braquenié, Tétard, Maury, Chocqueel.

elle dispose. Depuis quinze ans, les prix de ses produits ont baissé de 20 à 25 p. o/o.

Malgré cela, elle ne peut pas lutter avec l'industrie anglaise, dont la production dépasse 60 millions, tandis que la sienne atteint à peine 12 millions. Sans une large et efficace protection, la production française, au lieu de s'étendre, diminuera donc forcément.

Ce qui vient appuyer cette opinion, c'est qu'avec les droits actuels, qui représentent à peu près 50 p. o/o, les Anglais importent déjà des tapis en France. Qu'est-ce que ce sera quand les droits ne seront que de 30 p. o/o?

Les quelques tapis exportés de France ne sont pas une preuve de la possibilité où se trouve la fabrique française de lutter sur le marché étranger avec la fabrique anglaise. Cette petite exportation ne repose que sur quelques tapis de luxe et de prix élevés, qui ne peuvent entrer en considération dans toutes les sortes qui font la masse de la consommation.

La fabrique française, qui peut se trouver suffisamment protégée par 20 p. o/o sur certaines sortes, ne pourra pas conserver entièrement son propre marché avec 30 p. o/o sur d'autres sortes. Elle demande que le tarif des douanes soit établi comme suit, pour le tapis de pied :

1° Tapis moquette, veloutés ou bouclés, ayant au décimètre jusqu'à 35 points sur le large, et jusqu'à 40 sur le long, les 100 kilogrammes, 195 francs;

2° Tapis à points noués, ras ou veloutés, les 100 kilogrammes, 140 francs;

Tapis veloutés, en chenille, dits haute laine, les 100 kilogrammes, 140 francs;

Tapis double face, à dessins ou à carreaux, à l'endroit et à l'envers, les 100 kilogrammes, 140 francs;

Tapis en feutre de laine, imprimés, 140 francs;

3° Tapis en jute, en chanvre teint, sans laine ni coton, à dessins ou à carreaux, les 100 kilogrammes, 60 francs.

Ces désignations comprennent toutes les sortes de tapis de pied.

Les droits ci-dessus, qui sont en rapport avec l'esprit du traité de commerce avec l'Angleterre, résultent des calculs et renseignements suivants.

TAPIS MOQUETTE, VELOUTÉS OU BOUCLÉS.

Les genres et qualités de cette sorte coûtent, en moyenne, en Angleterre, 6 fr. 30 cent. le mètre de 70 centimètres de large, pesant 1 kilogramme.

MM. Sallandrouze, Braquenié, Tétard, Maury, Chocqueel.

Soit, le kilogramme	6f 30c
Frais	20
	6 50

Le droit est calculé à 30 p. 0/0.

Ce prix moyen au kilogramme résulte de l'ensemble des divers prix de ces sortes en Angleterre; il est plutôt au-dessous de la moyenne, car la Commission des valeurs, dans son travail de 1857 et 1858, le porte à 7 francs.

TAPIS A POINTS NOUÉS.

Ces sortes coûtent en moyenne 18 francs le mètre carré, pesant 2 kilogrammes.

Soit, le kilogramme	9f 00c
Frais	25
	9 25

Le droit est calculé à 16 p. 0/0.

TAPIS VELOUTÉS EN CHENILLE.

Ces sortes coûtent en moyenne 8 fr. 50 cent. le mètre de 70 centimètres de large, pesant 1 kilog. 250 grammes.

Soit, le kilogramme	6f 80c
Frais	20
	7 00

Le droit est calculé à 20 p. 0/0.

TAPIS DOUBLE FACE.

Ces sortes coûtent en moyenne, en Angleterre, 3 fr. 15 cent. le mètre de 90 centimètres de large, pesant 700 grammes.

Soit, le kilogramme	4f 50c
Frais	15
	4 65

Le droit est calculé à 30 p. 0/0.

MM.
Sallandrouze,
Braquenié,
Tétard,
Maury,
Chocqueel.

TAPIS DE JUTE OU CHANVRE.

Ces sortes coûtent en moyenne, en Angleterre, 1 fr. 20 cent. le mètre de 90 centimètres de large, pesant 650 grammes.

Soit, le kilogramme	1f 90c
Frais	10
	2 00

Le droit est calculé à 30 p. o/o.

M. de Forcade la Roquette. Est-ce que vous n'employez pas de laines françaises?

M. Tétard. Généralement les laines françaises ont un meilleur emploi que celui de servir à faire des tapis. Grâce aux progrès de toute nature qui ont été réalisés dans nos races ovines, les laines qu'elles produisent sont avantageusement employées à la fabrication des draps, des mérinos et autres étoffes fines.

M. de Forcade la Roquette. En employez-vous dans une certaine proportion?

M. Tétard. Nous en employons peut-être dans la proportion de 10 p. o/o.

M. de Forcade la Roquette. Et les laines allemandes et espagnoles?

M. Tétard. Nous n'en employons pas. Nous employons presque exclusivement des laines de l'Inde, qui viennent sur le marché anglais.

M. Ernest Baroche. Il vient des laines de Perse sur le marché français, par Marseille.

M. Tétard. Oui, Monsieur, il en vient même des quantités très-importantes; mais les laines que nous employons principalement sont des laines de l'Inde et des laines d'Irlande. Ces laines ont du nerf; elles sont brillantes; elles prennent bien la couleur dans le genre qui est le plus convenable pour la fabrication des tapis.

M. Amé. M. Tétard a dit qu'aujourd'hui, malgré un droit équivalant à 50 p. o/o, il entrait en France des tapis anglais. Je suppose que ces tapis anglais sont des objets de grand luxe, qui sont achetés par des gens riches qui veulent, coûte que coûte, satisfaire une fantaisie?

MM. Sallandrouze, Braquenié. Tétard. Maury. Chocqueel.

M. Tétard. Non, Monsieur, ce sont des tapis anglais ordinaires, des tapis moquette imprimés, dont le propriétaire du magasin *le Pauvre Diable* achète de très-grandes quantités.

M. Ernest Baroche. Pour certaines sortes de tapis, vous demandez des droits de 195, de 140 et de 60 francs les 100 kilogrammes : est-ce que vous ne croyez pas que ces droits, non pas *ad valorem* mais spécifiques, ne dépassent pas, pour certains articles, le maximum de 30 p. o/o?

M. Tétard. Quand on établit des catégories pour l'application d'un droit spécifique, on ne peut les établir que sur des moyennes. Je sais bien que, lorsque je demande un droit de 195 francs sur toutes les moquettes, il y en aura qui payeront plus de 30 p. o/o; mais il y en aura qui payeront moins.

M. Maury, *de la maison Soulas aîné et Maury, fabricants de tapis à Marguerittes près Nîmes.* Il s'agit de savoir si le droit sera perçu sur une moyenne. Si l'on prend la moyenne de la valeur des tapis moquette, il est certain que le droit de 195 francs est parfaitement établi.

M. Ernest Baroche. Sans vouloir interpréter le traité, je crois pouvoir dire qu'il est hors de doute que le sens de ce traité est qu'aucun article ne doit être frappé d'un droit au-dessus de 30 p. o/o. Pour un industriel tel que M. Crossley, qui fait d'énormes expéditions de toutes sortes de tapis, un droit frappant, en moyenne, de nombreuses séries de produits, peut être indifférent; mais il ne peut pas en être de même pour un industriel qui ne produit que des sortes de tapis très-limitées; celui-ci a le droit, d'après le traité, d'exiger qu'aucun de ses produits ne soit frappé d'un droit dépassant 30 p. o/o de sa valeur, que ce droit soit spécifique ou *ad valorem*.

M. de Forcade la Roquette. Il faudrait que vous établissiez des classifications d'après lesquelles aucun des produits contenus dans chacune d'elles ne payerait un droit spécifique dépassant 30 p. o/o de la valeur.

M. Maury. Quelles que soient les catégories qu'on établira, du moment qu'elles comprendront plusieurs objets, suivant que ces objets seront plus ou moins élevés en prix ou en qualité, ils payeront plus ou moins cher à l'entrée, bien qu'acquittant tous le même droit.

M. Ernest Baroche. Cela est vrai; mais ils doivent toujours rester dans les limites de 30 p. o/o.

MM Sallandrouze, Braquenié, Tétard, Maury, Chocqueel.

M. d'Eichthal. Quelles sont les qualités de tapis dont vous craignez le plus l'importation ?

M. Maury. Ce sont les qualités moyennes.

M. Tétard. Les Anglais font principalement des tapis de consommation courante.

M. d'Eichthal. Par conséquent, il y a un grand intérêt à ce que vous ayez une incitation à faire des qualités de tapis plus ordinaires que celles que vous produisez, et qui puissent servir à la masse de la population. C'est sur ces tapis de vente courante que vous répartirez le mieux vos frais généraux; c'est sur ceux-là qu'il faut que les droits soient faibles, tandis qu'ils seront plus élevés sur ceux qui ne s'adressent qu'à la consommation de luxe. Vous, au contraire, vous proposez des droits exorbitants sur les tapis communs, et des droits très-bas sur les tapis de prix élevés. C'est aussi peu favorable à votre propre intérêt, qu'à celui du plus grand nombre des consommateurs.

M. le Président. Quoi qu'il en soit, je pense que les catégories que vous avez présentées doivent être subdivisées de manière à ce qu'aucun des produits qu'elles renferment ne soit frappé d'un droit excédant 30 p. o/o.

M. Tétard. J'ai parfaitement compris les observations qui ont été faites à cet égard.

M. le Président. Monsieur Sallandrouze, veuillez bien présenter vos explications au Conseil.

M. Sallandrouze. Pour que la protection soit efficace, c'est-à-dire qu'elle permette à l'industrie des tapis communs de vivre et de se développer en France, le droit de 30 p. o/o me paraît nécessaire, au moins pendant les premières années. L'industrie des tapis communs est, en ce moment, dans une très-mauvaise situation; un trop grand abaissement de droits la ruinerait complétement. Les tapis communs, il y a quelques années, ne se fabriquaient pas en France, ou, du moins, ne s'y fabriquaient que sur une très-petite échelle. On a pensé qu'en abaissant le prix des tapis, on en augmenterait considérablement la consommation; de grands établissements ont été montés dans cette espérance; mais depuis trois ans, la consommation des tapis, malgré l'abaissement considérable des prix, a diminué au lieu d'augmenter. Il en est résulté un encombrement, un stock énorme qu'on retrouve, et chez le fabricant, et chez le marchand en gros, et chez

MM. Sallandrouze, Braquenié, Téturl, Maury, Chocqueel.

le marchand en détail. Aujourd'hui, ce stock équivaut à trois années de consommation : la consommation annuelle s'élève à 12 millions, tandis que le stock en magasin dépasse 30 millions. Si, dans ces circonstances, on laisse entrer les marchandises anglaises dans une proportion assez considérable, sans protéger la fabrication française par un droit qui lui permette un bénéfice de 10 p. o/o, cette fabrication ne pourra pas se soutenir. Il est évident pour moi que le droit qui doit être appliqué ne peut être inférieur à 30 p. o/o, si l'on veut que la fabrication des tapis à bon marché se développe dans notre pays.

M. le Président. Comment justifiez-vous cette demande du droit maximum pour la protection de l'industrie des tapis communs en France ? Quelles sont les différences qui existent, dans ce genre de fabrication, entre la France et l'Angleterre ?

M. Sallandrouze. Je prends pour termes de comparaison un mètre de tapis moquette pesant 1 kilog. 40, qui se vend en Angleterre 5 fr. 65 cent., et un mètre du même genre de tapis, se vendant en France 7 fr. 05 cent., et je trouve, en décomposant les prix de revient de l'un et de l'autre, les différences suivantes.

Détail du prix de revient d'un mètre de moquette anglaise, vendu en gros 5 fr. 95 cent. le mètre.

Laine filée, 300 grammes à 5 fr. 60 cent. le kilogramme	1f 68c
Coloration et fixation des couleurs, 2 francs par kilogramme	60
Réglage et bobinage, par mètre	25
Trame lin, 245 grammes à 1 fr. 60 cent. le kilogramme	39
Chaîne coton n° 7, 165 grammes à 2 fr. 03 cent. le kilogramme	33
Teinture, encollage, bobinage, montage et ourdissage des chaînes et de la trame	25
Chaîne coton gros (déchets), 330 grammes à 1 fr. 30 cent. le kilogramme	43
Façon	20
Brevet, redevance	15
Charbon et vapeur	10
Tondage et repassage	03
	4 41
Frais généraux de toutes sortes et bénéfice, 25 p. o/o. (Dans ces 25 p. o/o les frais entrent pour 5 p. o/o, et le bénéfice pour 20 p. o/o.)	1 10
	5 51

MM. Sallandrouze, Braquenié, Tétard, Maury, Chocqueel.

Les fabricants anglais vendent 5 fr. 65 cent. avec 1 fr. 02 cent. de bénéfice.

Détail du prix de revient d'un mètre de moquette française vendu en gros 7 fr. 05 cent. le mètre.

300 grammes de laine filée n° 12, à 7 francs le kilogramme	2f 10c
Coloration et fixation des couleurs, formation du dessin, 2 fr. 50 cent. par kilogramme	75
Montage de la chaîne laine, bobinage, réglage	25
245 grammes trame lin, à 2 francs le kilogramme	49
165 grammes chaîne coton n° 7 retors, à 2 fr. 90 cent. le kilogramme	48
330 grammes chaîne coton n° 253, à 2 fr. 20 cent. le kilogramme	69
Bobinage, teinture, encollage, ourdissage, montage des chaînes de coton et de la trame	25
Façon et tissage	25
Brevet	20
Charbon et vapeur	15
Tondage et repassage	03
	5 64
Frais généraux, contre-maîtres, dessinateurs, éclairage, chauffage, usure, entretien et réparation des métiers, et bénéfice, 25 p. o/o	1 41
(Dans ces 25 p. o/o, les frais de toute nature entrent pour 15 p. o/o et les bénéfices pour 10 p. o/o.)	
	7 05

Nous vendons 7 fr. 05 cent. avec 56 centimes de bénéfice.

En déduisant le bénéfice de chacune des deux sommes ci-dessus, nous trouvons, entre les prix de revient, une différence de 1 fr. 86 cent.

Le prix de revient français est donc de 40 p. o/o supérieur au prix de revient anglais.

M. d'Eichthal. Comment savez-vous que, dans les 25 p. o/o que vous attribuez au prix de revient anglais pour bénéfices et frais généraux, ceux-ci sont de 5 p. o/o et ceux-là de 20 p. o/o?

M. Sallandrouze. Je le sais par les fabricants anglais eux-mêmes. Nous avons fait plusieurs fois des relevés de ce genre ensemble et d'accord.

M. Ernest Baroche. Je crois qu'on peut, en effet, compter à peu près comme vient de le faire M. Sallandrouze.

MM. Sallandrouze, Braquenié, Tétard, Maury, Chocqueel.

M. Sallandrouze. Le tapis anglais dont je viens de parler est le A *patent velvet* du tarif Crossley, qui équivaut à notre qualité C. Le droit protecteur, actuellement établi sur cette qualité de tapis, est de 3 fr. 12 cent. ou de 55 p. 0/0; et ce droit de 55 p. 0/0 est le plus bas du tarif actuel; car, pour la moquette à chaîne coloriée, le *best patent velvet* du tarif Crossley, équivalant à notre qualité A, et valant 4 shellings 6 pence le yard, ou 6 fr. 05 cent. par mètre pesant 1 kilog. 150, le droit est de 3 fr. 45 cent., ou de 57 p. 0/0; et, pour le *patent tapestry* du tarif Crossley, équivalant à notre *bouclé* de 5 fr. 30 cent., et valant en Angleterre 2 shellings 8 pence 1/2 le yard, soit 3 fr. 60 cent. le mètre, le droit est de 2 fr. 61 cent., ou de 70 p. 0/0.

Tels sont les droits qui protégent actuellement la fabrication du tapis commun en France, et à l'abri desquels elle vient de se créer; nous demandons qu'ils ne soient pas réduits au-dessous de 30 p. 0/0.

M. Ernest Baroche. Vous avez établi votre comparaison, sans tenir compte de la suppression des droits sur les matières premières.

Vous avez raisonné d'après l'état de choses qui existait l'année dernière.

M. Sallandrouze. Le prix de revient que j'ai présenté est établi sur les marchandises formant le stock; la suppression des droits sur les laines donnera une différence en moins de 25 centimes par mètre seulement.

M. le Président. Vous n'avez rien diminué, à raison de la suppression des droits sur les cotons?

M. Sallandrouze. Non, Monsieur le Président, parce que les fils gros de coton anglais ne sont pas encore entrés en France, et que nous ne savons pas dans quelle catégorie ils seront placés.

M. Tétard. Il n'en entrera pas en France.

M. Sallandrouze. Le coton et le lin jouent un rôle assez important dans la fabrication des tapis communs dont ils composent les chaînes et les trames. Pour les chaînes de remplissage, les Anglais emploient des fils provenant de déchets de coton qu'ils font filer en gras, et qui leur reviennent à 1 fr. 30 cent. Nous avons longtemps cherché à faire filer ces sortes de déchets par les filateurs français, et nous n'avons pas pu obtenir d'eux de fil convenable, malgré nos tentatives réitérées. Nous payons en France 2 fr. 20 cent. le coton que nous employons pour les chaînes de remplissage.

MM. Sallandrouze, Braquenié, Tétard, Maury, Chocqueel.

M. le Président. Pourquoi ne feriez-vous pas entrer ces déchets de coton anglais, dont vous parlez, pour les faire filer en France?

M. Tétard. Ce n'est pas le déchet que nous voudrions avoir pour le faire filer, c'est le fil même provenant du déchet; mais nous trouverions peu de bénéfices à faire venir ce fil, à cause des droits.

M. Ernest Baroche. Les Anglais payent la chaine de remplissage, suivant ce que vient de dire M. Sallandrouze, 1 fr. 30 cent., tandis que vous la payez 2 fr. 20 cent.; la différence est donc de 90 centimes; or, si vous faisiez entrer le fil qui peut vous servir à cet usage, vous ne pourriez pas payer un droit supérieur à 30 p. o/o : vous auriez donc encore avantage à faire entrer ce gros fil de coton.

M. le Président. Vous calculez que le fil de lin vous coûte plus cher en France qu'en Angleterre?

M. Sallandrouze. Nous ne trouvons pas les mêmes qualités dans la filature française que dans la filature anglaise : les fils de lin anglais sont plus forts, plus réguliers, moins coûteux.

M. Ernest Baroche. Si vous pouviez avoir vos matières premières aux mêmes prix que les Anglais, dans quelles conditions vous trouveriez-vous?

M. Sallandrouze. Bornés au marché intérieur, nous serions dans les conditions de fabricants qui ne trouvent pas de consommateurs et dont les frais généraux pèsent sur une très-petite production. En Angleterre, on fabrique pour 80 millions de tapis, dont on trouve l'écoulement; en France on fabrique pour 10 millions seulement de tapis, dont on ne trouve pas la vente : les conditions entre les deux pays sont donc bien différentes. Quand nous avons entrepris la fabrication des tapis à bon marché, nous pensions, et tout le monde avec nous, que la consommation allait augmenter dans de fortes proportions; et nous avons monté des établissements considérables, devant produire beaucoup et par conséquent avec économie. Nous comptions alors uniquement sur le marché intérieur. Mais nos espérances ne se sont pas réalisées, puisque, comme je le disais tout à l'heure, la consommation, depuis deux ou trois ans, au lieu de se développer, s'est, au contraire, restreinte.

M. d'Eichthal. La question que vous adressait M. Ernest Baroche est celle-ci : « Si vous aviez les matières premières dans les mêmes conditions que les Anglais, si la main-d'œuvre était à peu près au

MM. Sallandrouze, Braquenié, Tétard, Maury, Chocqueel.

même prix en France et en Angleterre, dans quelles conditions de fabrication vous trouveriez-vous, indépendamment de la question de consommation intérieure, et par rapport seulement à la consommation extérieure que vous pourriez disputer aux Anglais? » Il résulte de ce que vous avez dit, que, si la réduction que vous avez faite dans vos prix n'a pas amené une augmentation dans la consommation intérieure, c'est par des causes étrangères à la fabrication, à la production elle-même. Mais, pour la consommation extérieure, quelle est votre position? Existe-t-il, en votre défaveur, des causes d'inégalité autres que celles que vous avez énumérées? A quoi tiennent toutes ces causes d'infériorité que vous avez signalées dans votre industrie, et qui ne nous ont été signalées dans aucune autre? Comment se ferait-il que, même en supposant toutes choses égales, quant aux matières premières et à la main-d'œuvre, vous ne pussiez pas soutenir la concurrence de l'industrie anglaise?

M. Sallandrouze. Il est assez difficile de raisonner, en se plaçant, par hypothèse, dans un autre milieu industriel que celui où l'on est. Cependant, en supposant que nous ne fussions plus dans l'obligation d'aller chercher nos laines sur le marché anglais, c'est-à-dire de les recevoir grevées de frais de commission et de transport; en supposant que, comme les Anglais, nous fussions à même de choisir le moment le plus opportun pour faire nos achats, au lieu d'être obligés de les faire de loin et à un moment donné; en supposant qu'une fois nos laines achetées, nous pussions, après avoir pris dans ces laines les parties qui nous conviennent le mieux, vendre le reste dans de bonnes conditions à d'autres industries groupées autour de la nôtre, comme cela a lieu en Angleterre; en supposant les fils français de lin et de coton égaux en qualité aux fils anglais et coûtant le même prix, le charbon et le fer à bon marché, les transports moins coûteux, les diverses industries dont notre fabrication est tributaire perfectionnées à ce point de nous faire profiter de tous les avantages que le fabricant anglais trouve autour de lui; en supposant enfin nos établissements amortis, notre personnel expérimenté, je dirais que nous pourrions lutter à armes égales contre l'Angleterre, et sur le marché intérieur et sur les marchés extérieurs.

Mais notre situation est bien différente. Nous sommes au début de notre industrie, et nous n'avons à compter sur aucun des avantages que j'ai énumérés. Nous n'avons pas trouvé autour de nous les industries accessoires dont le concours nous est nécessaire; nous avons été dans l'obligation de les créer. Les navettes, les battants,

MM. Sallandrouze, Braquenié, Tétard, Maury, Chocqueel.

les broches, tous ces objets qu'il faut renouveler très-souvent, nous coûtent deux et trois fois plus cher qu'aux Anglais.

M. d'Eichthal. Cela tient à l'isolement dans lequel se trouvent les diverses fabriques de tapis, en France.

M. Ernest Baroche. Aubusson est cependant un centre important de fabrication de tapis.

M. Chocqueel. En Angleterre, on se sert du métier mécanique, mû à la vapeur, pour le tissage des tapis moquette; il n'en est pas de même en France, où nous n'avons pas encore organisé cette fabrication : nous tissons à la main, et entre le tissage mécanique et le tissage à la main, pour les tapis, il y a une différence comme celle d'un franc à 20 centimes.

Nous ne pourrions pas avoir, d'ailleurs, les métiers mécaniques aux mêmes conditions que les Anglais; car, outre les frais de transport et d'entrée dont ils seraient grevés, nous serions obligés de payer une prime pour les brevets qui protégent la fabrication de ces métiers. Ainsi, M. Sallandrouze, qui a acheté le métier Crossley, paye une redevance de 15 centimes au breveté; et nous, qui avons acheté le métier Sharp, nous avons payé fort cher le privilége pour la France.

M. Tétard. Quand on fait une commande de 50 métiers en Angleterre, on vous demande une redevance de 5 centimes par yard; mais quand on ne fait qu'une commande de 10 métiers, on en exige une de 10 centimes.

M. Chocqueel. Et si nous faisons exécuter les métiers en France, nous payons 4,500 francs ce qui ne coûte que 1,500 francs en Angleterre.

M. le Président. Monsieur Braquenié, avez-vous quelque chose à ajouter à ce que viennent de dire ces Messieurs?

M. Braquenié. Je ne fabrique que des tapis très-riches; je suis désintéressé dans la question.

M. le Président. Monsieur Maury, vous avez la parole.

M. Maury. Je présenterai mes réponses dans l'ordre du questionnaire :

ACHAT ET PRÉPARATION DES LAINES.

1re Question. — Nous achetons nos laines à Marseille; elles proviennent des divers ports de la Méditerranée et de la mer Noire, et aussi de France. MM. Sallandrouze, Braquenié, Tétard, Maury, Chocqueel.

Nous les payons :

En suint, depuis 1 fr. 26 cent. jusqu'à 1 fr. 61 cent. le kilogramme (perte, au lavage, de 50 à 60 p. o/o);

En mi-suint, depuis 1 fr. 43 cent. jusqu'à 1 fr. 57 cent. le kilogramme (perte de 30 à 38 p. o/o);

Mal lavées, depuis 1 fr. 53 cent. jusqu'à 2 fr. 30 cent. le kilogramme (perte de 15 à 20 p. o/o);

Lavées à fond, depuis 2 francs jusqu'à 4 francs.

Le marché de Londres, qui offre des qualités propres à la fabrication de nos articles courants, nous est interdit, par suite de notre éloignement. Il faudrait payer plus de 10 p. o/o de frais, en sus du prix d'achat, pour commission, change, fret, surtaxe de pavillon, etc. Pour certaines basses sortes des Indes, par exemple, ce serait au moins 12 p. o/o.

2ᵉ *Question.* — La suppression des droits de douane n'a eu aucune influence sur le cours des laines : nous payons de 3 à 5 p. o/o plus cher qu'il y a six mois. De pareils résultats avaient déjà suivi les réductions antérieures des droits, qui ont eu lieu en 1854, 1855 et 1856.

3ᵉ *Question.* — Nous lavons nos laines à chaud sans préparation alcaline. La laine se dépouille de son suint complétement, par un deuxième lavage à l'eau courante.

4ᵉ *Question.* — Nos laines sont teintes, à l'état de fils, dans nos ateliers. Cette opération nous revient à 70 centimes le kilogramme.

FILATURE.

1ʳᵉ *Question.* — Nous filons nous-mêmes dans notre principal établissement, et de plus nous alimentons pendant toute l'année un atelier de filature, situé près de Lodève, qui nous est exclusivement consacré. A Marguerittes comme à Lodève, nos laines sont préparées à la carde. Nous filons toujours en écru.

2ᵉ *Question.* — Nos machines sont de construction française. Elles valent de 700 à 800 francs. Un métier à filer en gros, de 50 broches, coûte 400 francs environ. Un métier Mull-Jenny coûte 7 fr. 50 cent. par broche au-dessous de 200 broches, et 7 fr. 25 cent. au-dessus de 200 broches.

3ᵉ *Question.* — Notre atelier de Marguerittes emploie un moteur à vapeur; celui de Lodève, un moteur hydraulique et une machine à

MM. Sallandrouze, Braquenié, Fétard, Maury, Chocqueel.

vapeur pendant les basses eaux. Le loyer d'une force de cheval est de 700 francs.

4e Question. — Notre machine à vapeur est de la force de 6 chevaux; elle a été construite en France. Nous brûlons du charbon de la Grand'Combe. Ce charbon nous a coûté, jusqu'au mois de mai dernier, 31 fr. 50 cent. la tonne. Aujourd'hui il nous revient à 27 fr. 50 cent. Notre consommation annuelle est de 220 tonnes; notre teinturerie en absorbe plus de la moitié.

5e Question. — Nos ateliers sont chauffés, en hiver, par un calorifère à vapeur et aussi par des poêles.

6e Question. — Nous produisons des fils nos 2-2 1/2 et 8-10. Un assortiment produit, par jour, 50 kilogrammes de fil 2-2 1/2, ou 23 kilogrammes de fils 8-10. C'est, pour les gros fils, à raison de 1,000 grammes par broche; pour les fins, à raison de 180 grammes par broche. Nos deux filatures forment ensemble 650 broches.

7e Question. — Nous avons des ouvriers à façon et à la journée. Les salaires sont de 1 fr. 25 cent à 3 fr. 50 cent., pour les adultes, et de 50 à 75 centimes, pour les enfants. Nous les avons augmentés depuis quatre ans de 10 à 12 p. o/o, à cause de la cherté des vivres.

Notre personnel se répartit comme suit :

Hommes	18	p. o/o.
Femmes	62	
Enfants	20	

Dans ces dernières circonstances, nous n'avons pas réduit le taux des salaires; mais nous avons diminué d'un quart la durée du travail journalier.

8e Question. — Nous employons au moins 360 ouvriers; nos travaux de préparation ou de filature en absorbent près d'un tiers.

9e Question. — Nous filons en gras, avec addition de 8 p. o/o d'huile; nous en employons 5,000 kilogrammes. C'est de l'huile d'olive provenant de nos contrées, et du prix moyen de 1 fr. 30 cent. le kilogramme. Le mélange d'huile représente de 10 à 12 p.o/o du prix de revient général de la filature.

10e Question. — La façon de la filature ressort ainsi :

Fils gros, nos 2 à 2 1/2, à 35 francs les 100 kilogrammes;

Fils fins, nos 8 à 10, à 80 francs les 100 kilogrammes;

Assemblés à plusieurs bouts.

11e Question. — Nous ne vendons aucune laine filée.

MM. Sallandrouze, Braquenié, Tétard, Maury, Chocqueel.

12ᵉ Question. — Nous employons des déchets après les avoir fait effilocher, et en les mêlant aux laines destinées à être teintes en noir.

13ᵉ et 14ᵉ Questions. — Je ne connais pas exactement le prix des laines filées en Angleterre, ni la situation de l'industrie de la filature proprement dite en France. Ce que je puis en dire, pour ma part, se rattache aux explications générales qui termineront ma réponse.

TISSAGE ET APPRÊTS.

1ʳᵉ Question. — Nous produisons :

1° Des tapis en rouleaux en tissu double face, reps, unis ou brochés, et genre cachemire;

2° Des tissus veloutés haute laine à chenille, en rouleaux, tapis volants, devants de canapés, descentes de lit, etc.

2ᵉ Question. — J'ai, au commencement de ma déposition, expliqué d'où proviennent les laines que nous filons.

Outre ces laines, nous en achetons d'autres toutes filées; c'est ordinairement du n° 22 peigné mixte, à deux ou trois fils, qui nous coûte 7 fr. 50 cent. le kilogramme. Un article analogue propre à notre usage, quoique plus commun, se produit en Angleterre à 30 p. 0/0 au moins meilleur marché.

3ᵉ, 4ᵉ et 5ᵉ Questions. — Nous n'avons pas de métiers à tisser mus par la vapeur.

6ᵉ Question. — Toutes nos étoffes se tissent à la main. Nos métiers sont réunis en ateliers dans trois communes différentes. Le prix de façon d'une pièce varie beaucoup selon la richesse du dessin, car nous avons des unis et des brochés. Nous estimons, en moyenne, le tissage à 12 p. 0/0 de la valeur totale d'un tapis.

7ᵉ Question. — Nos tissus unis pourraient se tisser mécaniquement. Les avantages que nous y aurions seraient, par rapport aux métiers à la main, comme 2 1/2 est à 1, pour la rapidité; et comme 4 est à 5, pour le prix de façon.

La différence de perfection ne serait pas importante. Mais ces machines ne conviennent qu'aux grandes exploitations. Les limites de nos débouchés ne nous ont pas permis de les adopter encore.

8ᵉ Question. — Les opérations constitutives de notre fabrication ne sont pas toutes distinctes. Le triage, le dégraissage, le séchage, l'apprêt, l'épinçage, etc., sont faits par des ouvriers payés à la journée ou à l'année, qui n'y travaillent pas consécutivement. Il n'est pas possible de fixer le prix de revient détaillé de ces opérations.

MM.
Sallandrouze,
Braquenié,
Letard,
Maury,
Chocqueel.

9e et 10e Questions. — Nous employons, outre les laines filées :

1° Du coton retors nos 6 à 30, qui nous coûte de 3 francs à 4 fr. 45 cent. le kilogramme;

2° Du fil de lin monté pour chaine n° 18, de 5 francs à 5 fr. 50 cent.;

3° Du fil de jute ou *phormium* nos 2 à 7, de 1 fr. 05 cent. à 1 fr. 26 cent.

Le coton entre pour environ 6 p. o/o de la valeur dans nos tissus.

Le fil de lin y entre pour environ 3 p. o/o.

Le fil de *phormium* y entre pour environ 6 p. o/o.

11e Question. — Les Anglais fabriquent les mêmes sortes de tapis que nous, comme on le verra dans la pièce annexée à cette réponse. C'est un tableau général, formé d'après divers tarifs imprimés en Angleterre pendant les six mois qui ont précédé le traité de commerce. A la suite de ce tableau, j'ai indiqué les prix de vente français, pour les deux catégories de tapis les plus répandues dans la consommation. Ces prix, mis en regard des prix anglais, présentent, par rapport à ceux-ci, un écart de 34,31 p. o/o.

PRIX MOYENS ANGLAIS.

TAPIS EN CHANVRE.

(Par mètre sur 91 centimètres de large.)

	Poids moyen.	Moyenne.
Divers fabricants : 74^{c}, 1^{f} 09^{c}, 1^{f} 43^{c} 1/2, 1^{f} 55^{c}, 79^{c} 1/2, 1^{f} 25^{c} 1/2	620 grammes	1^{f} 14^{c}

TAPIS KIDDERMINSTER.

(Par mètre sur 91 centimètres.)

		Moyenne.	
Crossley et fils : 3^{f} 97^{c} 1/2, 3^{f} 67^{c} 1/2, 3^{f} 21^{c} 1/2, 2^{f} 52^{c} 1/2	3^{f} 35^{c}	3^{f} 35^{c}	Moyenne générale. 3^{f} 28^{c}.
Divers fabricants : 4^{f} 71^{c}, 4^{f} 82^{c}, 4^{f} 36^{c} 1/2, 4^{f} 48^{c}, 3^{f} 27^{c} 1/2, 3^{f} 33^{c}, 3^{f} 56^{c}, 2^{f} 98^{c} 1/2, 3^{f} 21^{c} 1/2, 2^{f} 41^{c}, 2^{f} 47^{c}, 2^{f} 13^{c}, 1^{f} 83^{c} 1/2, 1^{f} 64^{c}	3 23		

TAPIS CARREAUX DE HOLLANDE.

(Par mètre sur 91 centimètres.)

Crossley et fils : 2^{f} 65^{c}, 2^{f} 87	2 76	2 67 1/2	Poids moyen. 670 grammes[1].
Divers fabricants : 2^{f} 58^{c} 1/2, 2^{f} 75^{c} 1/2, 2^{f} 41^{c} 1/2	2 59		

[1] Nous ferons observer que le poids moyen de la 2e catégorie se constaterait inexactement sur des types de petite dimension. Ces tissus se contractent et sont d'autant plus réduits et lourds qu'ils se trouvent peu développés en longueur. Le raccourcissement des Kidderminster, par exemple, est au moins de 12 p. o/o; en sorte que si l'on divisait en 62 coupons égaux une pièce de 70 mètres, chacun de ces coupons, mesuré à part, aurait à peine un mètre.

MM.
Sallandrouze,
Braquenié,
Tétard,
Maury,
Chocqueel.

TAPIS TWILL OU JASPÉ ANGLAIS.

(Par mètre sur 91 centimètres.)

		Moyenne.	Moyenne générale.
Crossley et fils : 3f 50c, 4f 36c 1/2, 3f 33c, 4f 24c 1/2, 4f 47c 1/2, 4f 82c 1/2, 3f 44c 1/2, 3f 09c 1/2, 2f 98c 1/2, 2f 58c.....	3f 68c	3f 89c	3f 28c.
Divers : 3f 79c, 4f 13c, 3f 94c 1/2, 4f 39c, 3f 88c, 4f 45c 1/2................	4 10		Poids moyen. 670 grammes.

TAPIS MOQUETTES DIVERSES.

(Tous les prix sont exprimés pour une longueur d'un mètre sur 69 centimètres de large.)

MOQUETTE BOUCLÉE IMPRIMÉE.

		Moyenne.	
Crossley et fils (dimensions) :			
Rouleaux, 5f, 4f 31c, 3f 73c, 3f 44c 1/2, 3f 04c, 2f 92 (en 1860), 3f 04c (en 1859).....................	3f 75c	4f 37c	
Foyers, 4f 37c, 4f 27c............	4 32		
Divers fabricants : Rouleaux, 4f 30c 1/2, 3f 73c, 3f 61c 1/2, 3f 04c, 3f 24c, 3f 13c, 3f 48c, 3f 47c, 3f 12c............	3 46		
Canapés, 4f 33c 1/2................	4 33 1/2		
Moquette fine................	5 97 1/2		

MOQUETTE COUPÉE IMPRIMÉE.

		Moyenne.	Prix moyen.
Crossley et fils (dimensions) : 7f 58c..	7 58	6 63	5f 94c.
Rouleaux, 7f 12c, 6f 08c, 5f 50c, 5f 69, 5f 23c....................	5 92 1/2		Poids moyen. 935 grammes.
Foyers, 5f 91c, 5f 77c............	5 84		
Tapis de table, 5f 85c (en 1860), 5f 97c (en 1859), 5f 33c, 5f 32c, 5f 03c...	5 40		
Moquette fine, 10f 36c, 8f 77c......	9 56 1/2		
Foyers Crossley, 8f 25c, 8f 92c, 4f 97c, 7f 90c, 5f 90c, 5f 36c, 4f 83c......	6 60		
De porte, 7f 03c................	7 03		
Divers fabricants (dimensions) : 7f 38c, 7f 42c, 7f 97c, 7f 80c............	7 64		
Rouleaux, 6f 08c, 5f 68c 1/2, 5f 05c 1/2, 5f 22c 1/2, 9f 07c............	6 22		
Foyers, 3f 70c, 5f 62c, 5f 50c.......	5 60		
Moquette fine, 5f 78c, 7f 17c, 3f 55c, 7f 28c, 7f 88c............	6 33		
De porte, 6f 81c, 5f 54c...........	6 18		
De table, 5f 85c, 7f 02c, 6f 29c......	6 42		
Canapés, 5f 77c, 6f 25c 1/2, 6f 95c 1/2, 6f 97c, 6f 75c 1/2, 6f 03c 1/2......	6 45		

MM.
Sallandrouze,
Braquenié,
Tétard,
Maury,
Chocqueel.

MOQUETTE BOUCLÉE JACQUART.

Crossley et fils : rouleaux, 6f 31c, 5f 51c 1/2, 5f 28c 1/2, 5f 05c 1/2, 4f 30c 1/2, 4f 42c, 4f 13c 1/2 ... 5f 05c

Divers fabricants : rouleaux, 5f 51c 1/2, 5f 05c 1/2, 4f 48c ... 5 02

Moyenne. 5f 04c

MOQUETTE COUPÉE JACQUART.

Crossley et fils : rouleaux, 9f 55c, 8f 27c, 7f 81c, 7f 23c, 6f 77c, 6f 20c ... 7 65 1/2

Foyers, 8f 53c, 6f 44c, 9f ... 7 99

Divers fabricants : rouleaux, 7f 81c, 7f 24c, 6f 78c, 6f 43c ... 7 06

Foyers, 8f 15c ... 7 15

De porte, 8f 26c, 9f 37c ... 8 81

7 72

Prix moyen. 3f 94c.

Poids moyen 935 grammes.

FOYERS ET ÉCRANS MOSAÏQUE CROSSLEY ET FILS.

(Le mètre sur 69 centimètres.)

Foyers, 11f 55c, 21f 52c, 16f 76c, 16f 73c, 15f 56c, 16f 01c ... 18f 02c

Écrans, 21f 83c, 10f 33c, 20f 88c, 21f 24c, 20f 41c, 19f 85c, 21f 95c, 20f 40c, 28f 17c, 21f 91c, 21f 13c, 19f 81c, 20f 10c, 21f 90c ... 20 71

Moyenne. 19f 36c.

TAPIS HAUTE LAINE À CHENILLE.

D'après divers renseignements : moyenne, le mètre sur 69 centimètres. 8f 24c. pour un poids moyen de 1,200 grammes.

TAPIS À POINTS NOUÉS.

(Le mètre sur 69 centimètres.)

Crossley et fils : 23f 41c, 19f 11c, 14f 04c, 10f 88c, 9f 78c, 8f 97c, 6f 04c ... 13f 17c

Divers fabricants : 16f 78c, 18f 70c, 8f 97c ... 14 80

Moyenne. 13f 97c 1/2.

TAPIS FEUTRE IMPRIMÉ.

(Le mètre sur 91 centimètres.)

Divers fabricants : feutres divers, 2f 13c 1/2, 2f 10c, 1f 96c 1/2, 1f 92c 1/2 ... 2f 02c 1/2

Tissé et feutré, 1f 83c ... 1 83

Moyenne. 1f 92c 1/2.

(Poids moyen : pour 1 mètre sur 91 centimètres, 420 grammes.)

DRUGGETS IMPRIMÉS.

Divers fabricants : 1f 71c 1/2 ... 1f 51c 1/2.

BAIZES.

Divers fabricants : 0f 94c 1/2 ... 1f 94c 1/2.

Le rapport entre les deux catégories de tapis français et anglais, laine ou laine mélangée d'autres matières, qui sont le plus répandues dans la consommation, s'établissent comme suit, quant au prix de vente :

MM. Sallandrouze, Braquenié, Tétard, Maury, Chocqueel.

TAPIS À SURFACE RASE (Kidderminster, carreaux Hollande, *twill*, etc.).

Prix français (les tissus ont 98 centimètres de large) :

3f 80c, 4f 04c, 4f 28c, 4f 75c, 5f 23c, 5f 75c, 6f 65c. Moyenne. 4f 94c.

Soit, sur 91 centimètres, largeur anglaise........................ 4f 58c

Prix anglais (les tissus ont 91 centimètres de large) :

Moyenne, suivant le tableau d'autre part........	3f 28c	3f 41c	4f 58c
Frais d'importation................	13		
Écart, 34 p. o/o environ....................		1 17	

TAPIS À SURFACE VELOUTÉE OU ÉPINGLÉE (Moquettes diverses).

Prix français (sur 69 centimètres de large) :

4f 75c, 5f 70c, 6f 65c, 7f 60c, 8f 55c, 9f 50c, 10f 45c, 11f 40c. Moyenne.... 8f 07c

Prix anglais : Sur 69 centimètres de large.......	5f 94c	6f 14c	8f 07c
Frais d'importation............	20		
Écart, 31 p. o/o environ...............		1 93	

12e Question. — Nous estimons que l'on pourrait réduire à trois le nombre des catégories pour les tapis anglais :

1° Les tapis en chanvre ou matières textiles analogues, à carreaux ou à dessins;

2° Les tapis en laine ou mélangés de laine et autres matières, à surface rase. Cette catégorie comprendrait :

Les carreaux dits *de Hollande* sans envers;

Les tissus dits *Kidderminster* à dessin, avec ou sans envers;

Les tissus *twill*, sorte de jaspés anglais;

Les feutres imprimés;

3° Les tapis en laine et autres matières à surface veloutée ou épinglée. Cette catégorie comprendrait :

Les moquettes à dessin Jacquart, bouclées et coupées;

Les moquettes imprimées;

Les moquettes rayées, chinées ou unies;

Les moquettes fines Jacquart, bouclées et coupées;

Les moquettes appliquées, dites *mosaïque*,

Les veloutés haute laine;

Les veloutés à nœuds.

Cette classification aurait l'avantage de simplifier la perception des droits; car chaque genre est très-caractérisé et facilement recon-

MM. Sallandrouze, Braquenié, Tétard, Maury, Chocqueel.

naissable. Le rapport des articles groupés resterait, quant au poids et à la valeur, dans les limites du traité de commerce.

13e Question. — Nos exportations sont très-faibles; elles atteignent tout au plus le vingtième de nos affaires générales. Nous exportons en Suisse, en Italie et dans l'Amérique du Sud. La situation de notre industrie, qui n'a jamais été brillante, est devenue fort précaire depuis six mois, nos acheteurs réduisant tous les jours leurs demandes, en prévision de la diminution qui peut résulter de l'exécution du traité de commerce.

14e Question. — Par les notes que nous avons eu l'honneur de remettre à la Chambre de commerce de Nîmes, pour le Conseil Supérieur, nous nous sommes attachés à démontrer les causes qui permettent aux Anglais de vendre meilleur marché que nous. Je ne répéterai pas ces démonstrations. Il est cependant un côté de la question qu'on ne saurait trop mettre en relief, et sur lequel nous appelons avec instance l'attention de Messieurs les Membres du Conseil Supérieur.

Les Anglais ont des débouchés six fois plus importants que les nôtres, et leur fabrication, concentrée dans un petit nombre d'établissements, est d'une puissance prodigieuse.

Tous les avantages sont acquis à de pareils concurrents :

Achats de matières premières aux meilleures conditions;

Économie de façon, non parce que l'ouvrier est moins rétribué, mais parce que, faisant toujours la même chose, il produit plus et mieux;

Économie à tous les degrés et dans toutes les dépenses de l'exploitation, par suite de l'extrême division du travail.

Filature, teinture, tissage, dessins, transports, voyages, capitaux fixes et circulants, frais généraux de commerce, il n'y a pas un des éléments constitutifs du prix de revient qui ne soit à meilleur compte en Angleterre qu'en France.

Le maximum des droits ne pourra, dans la plupart de nos articles, établir la balance de ces différences, surtout quand la marchandise anglaise aura pris une part de nos ventes actuelles. Notre fabrication tendra, dès lors, à se limiter; et comme elle restera grevée des mêmes frais généraux, notre prix de revient se trouvera encore augmenté. L'industrie des tapis devra donc faire les plus grands efforts pour se soutenir, même avec 30 p. 0/0 de protection.

Nous supplions Messieurs les Membres du Conseil Supérieur de prendre en considération cet exposé, qui est exact, et à l'appui du-

MM.
Sallandrouze,
Braquenié,
Tétard,
Maury,
Chocqueel.

quel voici un tableau des éléments généraux de fabrication comparés pour les deux pays :

Prix de revient comparatif.

NOMENCLATURE.	ÉLÉMENTS CONSTITUTIFS des prix français.	des prix anglais.	OBSERVATIONS.
Laines en masse	30f 00c	27f 30c	Nous payons 10 p. o/o plus cher que les Anglais.
Cotons filés	6 00	5 21	——— 15 p. o/o idem.
Phormium et lins filés	6 00	5 00	——— 20 p. o/o idem.
Teinture	7 00	4 90	Les Anglais peuvent teindre à 30 p. o/o meilleur marché que nous.
Façons diverses	20 00	15 00	Nos façons, par rapport à celles des Anglais, sont comme 4 à 3.
Intérêts des capitaux	5 00	3 00	
Transports	2 00	4 00	Les frais d'importation en France compris pour les Anglais.
Houilles	1 00	50	
Frais généraux de fabrication ou de commerce	16 00	5 00	
Risques, faillites	1 00	1 00	
Bénéfices nets	6 00	4 00	La permanence des débouchés anglais multiplie le bénéfice. Le capital circulant anglais, par rapport à l'ensemble des affaires, est comme 1 à 4.
	100 00	74 91	Le capital circulant français est comme 1 à 1 1/3.
Nous restons découverts de	....	25 09	Soit d'environ 33 1/2 p. o/o du prix anglais.

Il y a encore, Messieurs, un autre élément d'infériorité dont on n'a pas parlé : c'est l'intérêt des capitaux, qui est de 5 p. o/o en France, et de 3 p. o/o seulement en Angleterre. C'est un fait que je n'ai pas besoin d'établir; il est notoire.

M. le Président. En quoi est-il notoire? Avez-vous relevé et comparé tous les taux d'escomptes de la banque d'Angleterre et de la banque de France?

M. Maury. Non, Monsieur le Président; mais je sais parfaitement que le taux de l'intérêt commercial du capital est de 5 p. o/o en France, et qu'il est de 3 p. o/o en Angleterre.

M. le Président. Pensez-vous donc que les taux des escomptes de la banque d'Angleterre et de la banque de France ne soient pas les régulateurs de l'intérêt commercial des capitaux dans les deux pays?

M. Maury. Non, Monsieur le Président, ce n'est pas le même capital qui se place dans la banque et dans l'industrie. Ainsi, de ce

MM. Sallandrouze, Braquenié, Tétard, Maury, Chocqueel.

que la banque de France donne un intérêt de 3 1/2 p. o/o, il ne résulte pas que l'intérêt commercial en France soit à ce taux. Nous savons, en outre, qu'il y a une foule de valeurs publiques très-solides, qui produisent un intérêt supérieur.

M. le Président. Vous venez de dire que le capital servant au mouvement de la banque de France n'est pas le même que celui qui sert à l'outillage ou à l'organisation des fabriques. Mais vous savez bien que les capitaux qui se placent dans les fonds publics anglais ne sont pas non plus les mêmes que ceux qui se placent dans l'industrie?

M. Maury. Non, Monsieur le Président.

M. le Président. Je ne crois pas que, sérieusement, on puisse dire devant le Conseil Supérieur qu'il y a une différence constante, normale, de 2 p. o/o entre le taux du capital industriel en France et le taux de ce même capital en Angleterre.

M. Maury. J'aurai l'honneur de vous démontrer que cette différence est plus grande encore.

M. le Président. Veuillez continuer.

M. Maury. En admettant que l'écart ne soit que de 1 p. o/o, il y aurait encore un grand avantage, de ce chef, pour les Anglais; attendu que, par l'importance de leurs débouchés, ils renouvellent plusieurs fois leurs capitaux. Chez nous, au contraire, les capitaux ne se renouvellent pas. Pour faire un million d'affaires, il nous faut un million de capital. Les Anglais renouvellent au moins quatre fois leur capital.

Pour les transports, nous avons 2 p. o/o. Nous admettons, d'après les prix comparatifs, que ce sera 4 p. o/o pour les Anglais, y compris les frais d'importation.

La houille figure pour 1 franc dans notre production; elle figure chez les Anglais pour 50 centimes.

Les frais généraux de fabrication et de commerce, sans comprendre le loyer des capitaux, sont portés à 16 p. o/o; pour les Anglais, ils ne sont que de 5 p. o/o.

Pour les risques et faillites, nous comptons 1 p. o/o pour nous, et 1 p. o/o pour les Anglais.

Enfin, pour les bénéfices, il nous reste 6 p. o/o; nous attribuons aux Anglais 4 p. o/o, et c'est fort raisonnable, car en dépensant la même activité, la même énergie, le même temps que nous, les Anglais peuvent faire des affaires quatre ou cinq fois plus considérables que les nôtres : par conséquent, ils peuvent se contenter d'un bénéfice moindre.

MM. Sallandrouze, Braquenié, Tétard, Maury, Chocqueel.

En additionnant les deux colonnes de mon tableau, je trouve : d'une part, pour les prix français, 100 francs, et de l'autre, pour les prix anglais, 74 fr. 91 cent.; la différence est de 25 fr. 09 cent., ce qui représente 33 1/2 p. 0/0 sur les prix anglais.

Je crois que ce tableau est extrêmement exact; je l'ai fait, du moins, avec toute la sincérité possible.

M. le Président. Il serait à désirer que vous établissiez des sous-divisions.

M. Tétard. Nous ferons ce travail.

M. Ernest Baroche. Il est indispensable; à moins que vous ne demandiez un droit *ad valorem*.

M. Maury. Notre conclusion est qu'on fasse deux catégories pour les tapis de laine, les tapis à surface lisse, rase, et les tapis à surface veloutée ou épinglée. Je proposerais 140 francs pour les tapis à surface lisse, et 195 francs pour les autres. Il y aurait ainsi beaucoup d'articles qui ne seraient pas taxés à 30 p. 0/0.

M. Tétard. Nous ferons une autre classification.

M. Sallandrouze. Il s'agit d'une industrie qui s'est élevée, en France, sous la protection d'un droit de 60 p. 0/0; à l'abri de ce droit protecteur, nous avons fait de grandes dépenses, de grands efforts. Pour encourager l'industrie des tapis à bon marché et lui permettre de vivre, il lui faut une protection équivalant à 30 p. 0/0, pendant les premières années. Je suis convaincu qu'elle fera rapidement des progrès, et que ce droit pourra bientôt être abaissé; mais je pense qu'au début elle a besoin de la protection la plus grande.

Par tapis communs, j'entends les tapis imprimés et tous les tapis similaires de la fabrication anglaise.

M. Ernest Baroche. Vous appelez tapis communs les moquettes imprimées?

M. Sallandrouze. J'appelle tapis communs tout ce qui ne dépasse pas le prix de 10 francs le mètre. Les tapis de M. Crossley vont jusqu'à 7 fr. 50 cent.

M. Ernest Baroche. N'y a-t-il pas un stock énorme en ce moment?

M. Tétard. Quant à moi, je n'ai pas de stock; mais j'ai des confrères qui ont jusqu'à un million de production à écouler.

MM. Sallandrouze, Braquenié, Tétard, Maury, Chocqueel.

M. le Président. Vous invoquez deux considérations qui peuvent avoir un caractère transitoire, indépendant des considérations générales et permanentes que vous faites valoir: l'une, c'est que votre industrie est à son début; l'autre, c'est que vous avez un stock considérable, dû à des causes étrangères à la question économique actuelle. C'est là ce qui comporterait pour vous la nécessité d'une possession paisible du marché intérieur, pendant un certain temps, afin que vous puissiez écouler vos marchandises, et sauf à entrer plus résolûment dans la lutte, à une époque plus éloignée.

M. Tétard. Nous sommes bien déjà en lutte. Nous, fabricants français, nous sommes liés d'intérêts dans la question actuelle; mais il n'en est pas de même en dehors de cette enceinte : nous nous faisons la guerre les uns aux autres, et il en est souvent, parmi nous, qui restent sur le terrain.

Nous n'avons donc pas besoin d'appeler la concurrence étrangère pour établir la lutte : elle existe entre nous, et elle est incessante.

M. Chocqueel. En Angleterre, la maison Crossley ayant baissé ses prix, cinq ou six autres maisons, qui se trouvaient à côté d'elle, ont été obligées de fermer.

En France, la fabrication mécanique vient à peine de prendre naissance. Il y a trois ou quatre ans que les premières mécaniques ont été montées à la faveur de la protection; si aujourd'hui la protection n'était pas suffisante, si les produits anglais venaient inonder la place de Paris, nous serions forcés de démonter au moins ce genre de métiers; aucun fabricant français ne pourrait continuer. Cette fabrication doit être faite sur une grande échelle, parce qu'elle comporte des frais généraux très-considérables : pour un million d'impressions, les frais généraux s'élèvent à une somme tout aussi considérable que si l'on en faisait pour 3 à 4 millions. Chez M. Crossley, il y a une grande économie, sous ce rapport, parce qu'il a des débouchés pour 30 millions, et que ses frais sont répartis sur une production énorme.

M. le Président. Vous ne redoutez pas la fabrication des tapis turcs?

M. Chocqueel. Ils pourront venir diminuer la consommation des autres tapis; mais ils sont moins à craindre que les autres, parce qu'ils sont très-lourds.

(MM. Sallandrouze de Lamornaix, Braquenié, Tétard, Maury et Chocqueel se retirent.)

M. Herbet, *Commissaire général*. M. Arnaud Gaidan, fabricant de tapis et d'étoffes riches pour meubles, à Nîmes, avait été convoqué; il n'a pu venir à Paris; mais il a adressé à M. le Président de la Chambre de commerce de Nîmes une lettre résumant son opinion, et ainsi conçue :

M. A. Gaidan.

(Nord.)

TAPIS ET ÉTOFFES POUR MEUBLES.

Nîmes.

Avant de répondre, en ce qui me concerne, aux demandes du questionnaire, permettez-moi, Monsieur, de vous dire en quelques mots quelle est actuellement la position de l'industrie des tapis à Nîmes, position que le traité de commerce ne peut pas même aggraver.

Depuis deux ans environ, la fabrication des tapis ordinaires, dits anglais, écossais, camaïeux, moquette, est perdue et sans espoir de se relever jamais.

La consommation s'est dégoûtée de ces produits de qualités trop inférieures et de prix néanmoins élevés; et la création, dans le nord de la France, de plusieurs manufactures de moquette imprimée, imitation anglaise, avec des métiers à vapeur anglais, a porté le dernier coup à notre industrie.

Il nous reste un seul article; le tapis velouté haute laine, pour lequel nous n'avons pas de rivaux; et c'est si vrai que, malgré le haut prix de ce genre de tapis (13 francs le mètre sur 70 centimètres de large), nous avons l'espoir de le vendre en Angleterre.

Devant une situation comme celle que je viens de vous tracer, il ne nous reste, à Nîmes, que deux routes à suivre :

La première, c'est d'imiter les fabricants de tapis du Nord, et d'essayer de lutter contre les produits anglais;

La seconde, c'est de transformer notre fabrication, et de transporter la lutte sur un terrain qui nous soit plus favorable.

C'est ce qui a été déjà compris par plusieurs d'entre nous.

Le traité de commerce nous a ouvert le marché d'Angleterre pour les étoffes d'ameublement et pour les tapis extrariches, et avec le temps, ce nouveau débouché peut nous indemniser de tout ce que nous avons perdu.

Je passe au questionnaire auquel vous trouverez peut-être, Monsieur le Président, qu'il est à propos d'arriver.

Je n'achète pas de laines brutes; je ne suis pas filateur. Ce n'est donc que comme fabricant d'étoffes riches pour meubles, et de tapis veloutés haute laine que j'ai à répondre.

Je suis aussi teinturier pour mon compte.

Nos laines teintes nous reviennent, une couleur dans l'autre, à 1 fr. 25 cent. le kilogramme.

Les laines que nous employons sont des laines cardées du pays, et des laines peignées de provenance anglaise; en voici les prix :

Laines de pays cardées n° 4, 2 bouts, 4 francs, 4 fr. 25 cent., 5 fr. 50 cent., 6 fr. 50 cent.

Laines de pays cardées n° 13, 1 bout, 7 francs, 7 fr. 50 cent.

———————— n° 14, 2 bouts, 10 fr. 50 cent., 11 francs.

M. A. Gaidan.

Note 1

Laines anglaises n° 25, 2 bouts, 10 fr. 50 cent.
——————— n° 32, 2 bouts, 13 francs.
——————— n° 35, 3 bouts, 12 fr. 50 cent.

Les prix des laines filées ont peu varié depuis plusieurs années.

La récente suppression des droits de douane n'a pas eu pour nous d'effet sensible.

Nous employons, en outre, dans nos tissus, des cotons de divers numéros, comme chaîne et trame de liage, et le *phormium* comme trame de nos tapis haute laine.

Ces fils entrent dans le poids de nos tissus pour un quart et, comme valeur, pour un vingtième environ.

Nous n'avons pas de métiers à la vapeur; tous nos métiers sont à la main, nous en avons dans des ateliers, pour certains articles, et le plus grand nombre en ville, pour les articles courants.

Le prix de la façon varie à chaque article, et presque à chaque dessin.

Nous payons comme suit:

Tapis velouté et foyers haute laine, 90 centimes les 100 coups.

L'ouvrier gagne près de 3 francs dans sa journée, sans aucuns frais.

Étoffes reps pour meubles : en ville, 20 centimes les 1,000 brochés, 40 centimes les 1,000 lancés.

L'ouvrier peut gagner 5 francs par jour, mais il a des frais.

Étoffe riche, genre Aubusson : dans nos ateliers, 30 centimes les 1,000 brochés, 2 fr. 50 cent. le mètre de fond.

L'ouvrier peut gagner jusqu'à 5 francs par jour, sans aucun frais.

L'Angleterre ne fabrique aucun produit similaire aux miens.

Jusqu'à présent, ce pays s'est borné à la fabrication d'articles courants, en laissant de côté les articles riches, de goût, qui demandent un soin particulier et des ouvriers exercés.

La valeur de mes produits augmente par la richesse des dessins et par la qualité supérieure des matières employées.

Mes produits se vendent en Russie, en Belgique, en Italie, en Espagne, en Amérique, et enfin, depuis peu de temps, en Angleterre.

Ces ventes absorbent environ le quart de ma fabrication.

La situation de notre industrie n'est pas prospère en ce moment, et cela tient à des causes qui ne peuvent s'expliquer ici.

Nos prix actuels sont les mêmes que ceux des années précédentes.

Je n'ai pas à répondre à la 14e et dernière question du questionnaire, les produits anglais ne faisant pas concurrence aux miens.

Il y aurait d'ailleurs trop à dire sur ce sujet, et le temps me manque absolument pour m'expliquer comme je le voudrais.

Je crois devoir ajouter cependant qu'un droit protecteur est nécessaire à l'industrie des tapis en France; mais je doute qu'il puisse la sauvegarder suffisamment, si les produits anglais peuvent venir se présenter sur notre marché aux mêmes prix que les nôtres.

Est introduit :

M. GALLERAD, fabricant de tapis à Paris.

TAPIS.

NOUVEAUX PROCÉDÉS DE FABRICATION MÉCANIQUE.

PARIS. — Usine à Meaux.

M. LE PRÉSIDENT. Quelle est la nature de votre fabrication?

M. GALLERAD. Nous fabriquons les tapis riches et les tapis communs.

M. LE PRÉSIDENT. Quel serait, selon vous, le degré de protection nécessaire à la fabrication française des tapis?

M. GALLERAD. Pour ce qui nous concerne, nous n'aurions besoin d'aucune protection; nous pouvons lutter très-avantageusement contre les Anglais. Nous produisons tous les tapis anglais qu'on appelle *Crossley patent velvet*.

M. LE PRÉSIDENT. A l'heure actuelle, la laine vous revient-elle plus cher qu'aux anglais?

M. GALLERAD. Nous employons la laine des Indes, qui nous coûte de 3 à 4 francs le kilogramme, c'est-à-dire 6 ou 7 p. o/o plus cher qu'elle ne revient à M. Crossley.

M. LE PRÉSIDENT. Quels métiers employez-vous?

M. GALLERAD. Des métiers spéciaux brevetés; nous sommes les seuls qui les utilisions. Il y a deux ans et demi ou trois ans que nous avons monté une partie de nos métiers; l'autre partie a été montée très-récemment; nous avons même encore en ce moment des métiers qui sont en voie de construction.

M. LE PRÉSIDENT. Avez-vous un stock considérable?

M. GALLERAD. Non; ce que nous avons à vendre à présent représente environ de 60,000 à 70,000 francs. Nous écoulons nos produits au fur et à mesure qu'ils sont fabriqués; quelquefois même, ils sont vendus d'avance.

L'année dernière, nous avons fait un traité pour exporter une

M. Gallerad. partie de nos marchandises dans les États-Unis d'Amérique; il s'agit, dans ce traité, d'une valeur de 200,000 à 300,000 francs par an.

Je viens de passer, à Londres même, un traité par lequel je m'engage à vendre aux Anglais des tapis communs. Ce traité a été fait sur les prix courants de M. Crossley, et avec 10 p. 0/0 de remise. C'est une affaire considérable, qui s'élève à 2,500,000 francs par an.

M. de Forcade la Roquette. Quelle a été jusqu'à présent l'importance de votre fabrication?

M. Gallerad. Elle n'a pas encore été considérable; nous sommes presque à nos débuts.

M. le Président. Attribuez-vous à votre outillage les conditions de supériorité dans lesquelles vous vous trouvez?

M. Gallerad. Oui : nos métiers produisent 40 et même 45 mètres par jour, alors que les métiers ordinaires ne produisent que 7, 8 et 9 mètres.

M. le Président. Où est installée votre fabrication?

M. Gallerad. A Meaux.

M. le Président. La main-d'œuvre y est-elle chère?

M. Gallerad. Elleest plus chère qu'à Paris, mais meilleur marché qu'en Angleterre.

M. le Président. Ainsi, soit pour les tapis communs, soit pour les tapis de luxe, vous vous considérez, eu égard à l'invention dont vous êtes propriétaire, comme au-dessus des conditions de la fabrication anglaise, et vous vendez sur les marchés anglais eux-mêmes?

M. Gallerad. Oui, Monsieur le Président.

M. Ernest Baroche. Quelle différence y a-t-il entre les tapis que vous faites et ceux dits *tapis de Neuilly?*

M. Gallerad. Neuilly fait surtout de la tapisserie, des tissus pour meubles et pour tentures; ce sont des articles plus chers que les nôtres. Nous fabriquons également de la tapisserie par le procédé dont nous sommes propriétaires, mais nous en avons peu fabriqué jusqu'à ce jour; nous nous sommes principalement adonnés à la fabrication des tapis de pied, qui sont d'une consommation plus grande.

M. Ernest Baroche. De quel prix, en moyenne, sont les tapis que vous avez à fournir en Angleterre?

M. Gallerad. La moyenne est de 6 francs le mètre. J'ai des tapis de 3 fr. 75 cent. et d'autres de 6, 7, 8 et 9 francs. M. Gallerad

M. le Président. Employez-vous beaucoup de jute?

M. Gallerad. Le jute entre dans notre fabrication à peu près pour les trois quarts. Pour un kilogramme de tapis, nous avons 250 grammes de laine et 750 grammes de jute.

M. le Président. Est-ce que vous n'employez pas de coton?

M. Gallerad. Jusqu'à présent nous avons employé le coton pour les tapis de luxe. Mais, pour les tapis communs, nous avons besoin de remplacer le coton, qui fait la surface inférieure, par le jute.

M. le Président. Le jute vous revient-il en France à des prix beaucoup plus élevés qu'il ne revient en Angleterre?

M. Gallerad. Oui, à cause des droits d'entrée et de la différence des prix du fret.

M. le Président. Le jute entre pourtant en franchise, comme matière première.

M. Gallerad. Oui; mais nous le recevons en fil.

M. le Président. Et si le fil de jute entrait à des droits plus réduits?

M. Gallerad. Cela constituerait un avantage pour nous.

M. le Président. Quant au fret, la différence se comprend; car les importations de jute ne se font pas, des Indes en France, d'une manière directe.

M. Gallerad. Nous sommes obligés de demander les jutes à l'Angleterre; c'est dans les docks de Londres que nous les trouvons.

M. le Président. Les jutes entrent pour les trois quarts, comme poids, dans votre fabrication; pour combien entrent-ils dans la valeur?

M. Gallerad. Ils y entrent en proportion inverse.

M. le Président. Ainsi ils représenteraient un quart de la valeur et trois quarts du poids.

M. Gallerad. A peu près.

M. le Président. Si, dans les questions que je suis obligé de vous adresser, j'allais au delà des limites que comporte la discrétion dont a besoin votre industrie, vous pouvez ne pas me répondre.

M. Gallerad. Je ne vois, jusqu'à présent, aucun inconvénient à répondre aux questions que vous avez bien voulu me faire.

M. Clerc. Depuis combien de temps fabriquez-vous à des prix si différents de ceux de vos collègues? Avez-vous fait des expériences de fabrication commerciale, sur une certaine échelle; ou donnez-vous seulement les résultats de procédés à mettre en usage?

M. Gallerad. Nous avons été entraînés à changer nos métiers précisément par l'imminence du traité de commerce. Jusqu'alors nous ne nous étions préoccupés que de fabriquer de beaux tapis, dans le genre *savonnerie*.

M. le Président. Vous n'êtes entré dans cette carrière que depuis deux ans. Auparavant, à quelle profession vous livriez-vous?

M. Gallerad. J'étais avocat.

M. Germain Thibault. N'est-ce pas un Hollandais qui a fondé cette fabrique?

M. Gallerad. La personne à laquelle il est fait allusion n'a qu'un intérêt dans notre fabrique.

Nous avons d'abord fabriqué sur une petite échelle; puis nous nous sommes étendus; nous allons fabriquer très-prochainement avec un matériel de 150 métiers, qui sont en voie de construction.

M. le Président. Combien avez-vous de métiers fonctionnant actuellement?

M. Gallerad. Douze.

M. le Président. Quelle somme représentent les marchandises que vous avez livrées jusqu'à présent?

M. Gallerad. Environ 150,000 francs; mais notre établissement n'est en activité que depuis très-peu de temps.

M. le Président. Vos approvisionnements sont-ils faits pour la campagne prochaine?

M. Gallerad. Oui, Monsieur le Président.

M. le Président. A combien pensez-vous que, dans la campagne prochaine, vous élèverez votre fabrication?

M. Gallerad. Je suis obligé de fournir pour 2,500,000 francs en Angleterre, et pour 300,000 francs aux États-Unis : j'ai donc des engagements pour 2,800,000 francs. M. Gallerad.

M. Clerc. Avez-vous acheté des jutes en Angleterre?

M. Gallerad. Oui, et j'en ai acheté aussi en France, à Amiens: j'ai trouvé une grande différence.

M. Clerc. En Angleterre, les jutes sont soumis à des classements; ils varient depuis 14 jusqu'à 22 livres sterling la tonne.

La question est de savoir le genre de jute qu'on achète. On a reçu en France des jutes de Calcutta, de belle qualité; ils ont été vendus 29 francs, hier, au Havre.

M. Germain Thibault. M. Clerc parle de jutes en balle; tandis que M. Gallerad parle de jutes en fil.

Sont introduits :

MM. TAILBOUIS, fabricant de bonneterie à Saint-Just (Oise) et à Paris.

LAVALARD, *idem* à Roye (Somme).

DELACOUR, *idem* à Villers-Bretonneux (Somme).

BONNETERIE.

Somme, Oise

M. HERBET, *Commissaire général.* M. Lavalard a eu l'obligeance de remettre au Commissariat une très-belle collection de bonneterie.

M. LE PRÉSIDENT. Je profite de cette occasion pour remercier M. Lavalard.

Ces Messieurs s'occupent de la fabrication de la bonneterie de laine?

M. LAVALARD. Oui, Monsieur le Président.

M. LE PRÉSIDENT. Monsieur Lavalard, avez-vous un établissement considérable?

M. LAVALLARD. Je fabrique environ pour 900,000 francs annuellement.

M. LE PRÉSIDENT. Et vous, Monsieur Delacour?

M. DELACOUR. Je produis pour 1,200,000 francs à peu près, par année.

M. LE PRÉSIDENT. Monsieur Tailbouis, votre établissement est-il important? Où est-il situé?

M. TAILBOUIS. Je fabrique pour 1,300,000 ou 1,400,000 francs par an, dans l'établissement que j'ai à Saint-Just (Oise).

M. LE PRÉSIDENT. Vous êtes-vous entendus, Messieurs, sur les réponses à faire au questionnaire?

M. TAILBOUIS. Nous avons préparé des réponses que nous demandons la permission de lire.

M. LE PRÉSIDENT. Nous vous écoutons.

M. Tailbouis, *lisant :*

MM. Tailbouis, Lavalard, Delacour

§ 3. — TISSAGE ET APPRÊTS.

1re Question. — Nous faisons de la bonneterie de laine peignée et cardée.

2e Question. — Nous employons de la laine peignée et cardée de France et d'Allemagne, dans les numéros de 14,000 à 80,000 mètres par kilogramme, et dans les prix de 9 à 20 francs le kilogramme; le cours de ces laines s'est maintenu en hausse depuis 1857.

Cette réponse concerne seulement mon genre de fabrication. Ces Messieurs ayant un genre différent auront d'autres réponses à faire.

M. Lavalard. J'ai préparé une réponse écrite que je remettrai au Conseil.

M. Tailbouis :

3e Question. — Nous n'avons encore que huit machines mécaniques mues par la vapeur; nous construisons nos métiers nous-mêmes, dans notre établissement, depuis trois ans. La difficulté que nous avons eue pour former les ouvriers à ce genre de construction nous a causé une grande perte de temps et beaucoup de sacrifices; cela explique pourquoi le nombre de ces machines est encore très-restreint; le prix est de 4,500 francs. Nous ferons remarquer qu'elles sont d'une construction lente, vu leur importance et le travail de précision qu'elles exigent.

4e Question. — La force nécessaire pour chacune de ces machines est d'un dixième de cheval-vapeur.

5e Question. — Le salaire d'un ouvrier travaillant sur nos machines est d'environ 4 fr. 50 cent. à 5 francs par jour. Un seul ouvrier peut en conduire deux; mais le travail est moins soigné qu'en en conduisant une seule.

6e Question. — Les métiers d'ancien système sont des métiers à la main; ce sont ceux qui servent encore aujourd'hui pour produire la presque totalité de la bonneterie; ils appartiennent aux ouvriers et sont chez eux.

Nous occupons peu d'anciens métiers dans notre établissement.

Le prix de façon des articles de bonneterie est trop varié pour fixer un chiffre.

7e Question. — Un métier mécanique produit cinq fois plus qu'un métier à la main. Le travail est aussi bien fait sur l'un que sur l'autre. L'économie de façon est d'environ 40 p. 0/0; la différence de rap-

MM. Taillbouis, Lavalard, Delacour.

ports qui existe entre les quantités produites et l'économie sur la façon, provient de ce que ceux de nos ouvriers qui sont occupés sur les anciens métiers, gagnent beaucoup moins que ceux employés sur nos métiers mécaniques.

8ᵉ *Question.* — Je n'ai rien à répondre à cette question.

9ᵉ *Question.* — Les frais de fabrication augmentent généralement dans la proportion des qualités des matières employées et de la finesse du tricot.

10ᵉ *Question.* — Nous mélangeons des fils de coton avec des fils de laine, mais en petite quantité; ce genre de travail est imparfait, comparé à ce qui est fait en Angleterre avec un filé de laine et coton dont le mélange s'opère en filant.

11ᵉ *Question.* — Les produits de la bonneterie anglaise sont, en grand nombre, similaires aux nôtres; nous en exceptons cependant ceux en laine et coton, faits avec un fil mélangé dont la fabrication n'a pas encore réussi en France. Nous ferons observer que cet article de bonneterie est souvent vendu comme tout laine; il est très-estimé des consommateurs étrangers; sans aucun doute il sera également adopté par la consommation française, et portera un grave préjudice aux produits que nous savons faire.

12ᵉ *Question.* — Nous pensons que le droit spécifique est le seul qui puisse donner une protection à peu près régulière à la bonneterie; le droit *ad valorem* ne peut nous offrir aucune garantie de protection.

La bonneterie peut se diviser en deux classes bien distinctes :

L'une dite : *bonneterie proportionnée à lisières, avec ou sans diminution* et aussi *sans lisières avec diminutions;*

L'autre dite : *bonneterie sans lisières et sans diminutions.*

Ces deux genres de fabrication établissent une grande différence de prix; il est donc indispensable de les séparer.

Dans chacune de ces deux classes, il faudrait établir diverses catégories. La finesse de la maille nous semble être la seule base pratique, la seule facilement applicable pour l'Administration, au moyen du compte-fils.

13ᵉ *Question.* — Nous vendons à l'étranger, dans une proportion de 20 p. o/o sur le chiffre général de nos affaires; cette proportion est très-élevée par rapport à l'exportation totale de la bonneterie, qui est sans importance; mais nous faisons exception, à cause des articles de fantaisie que nous produisons et des métiers mécaniques qui sont notre propriété.

MM. Taillbouis. Lavalard. Delacour.

Les marchés étrangers qui nous achètent le plus sont ceux de l'Amérique du Nord et de l'Amérique du Sud.

La concurrence et l'élévation du prix des matières premières depuis quelques années ont placé la bonneterie dans une situation qui est actuellement défavorable; car le prix des marchandises fabriquées a peu varié, malgré le cours élevé des matières et surtout l'augmentation de la main-d'œuvre.

14e Question. — Les causes principales qui permettent aux producteurs anglais de vendre à des prix bien inférieurs aux nôtres, sont: 1° l'existence d'établissements importants montés de métiers mécaniques, mus par la vapeur; 2° l'expérience de ces métiers; 3° un capital puissant; 4° un matériel déjà amorti en partie.

M. le Président. Je donne maintenant la parole à M. Lavalard.

M. Lavalard, *Fabricant de bonneterie à Roye (Somme)*. Voici mes réponses au questionnaire.

1re Question. — Notre fabrication consiste en articles de bonneterie de laine peignée, mailles de bas et à côtes.

2e Question. — Les laines que nous employons sont des laines anglaises et allemandes pour la plus grande partie, des laines françaises, et quelque peu de laines d'Afrique; les prix de ces diverses provenances varient de 7 à 20 francs le kilogramme.

Elles sont filées du n° 4 1/2 au n° 22,000 mètres au kilogramme.

Nous n'achetons en laines filées que des mérinos qui nous coûtent de 12 fr. 50 cent. à 20 francs le kilogramme, et qui sont filées du n° 30 au n° 120,000 mètres au kilogramme.

Les prix de ces fils ont varié proportionnellement à l'augmentation de la matière première, mais cependant d'une manière moins sensible que la laine brute elle-même.

3e, 4e et 5e Questions. — Nous n'avons pas de métiers mécaniques.

7e Question. — La différence qui peut exister entre le travail par métiers mécaniques et celui de nos métiers à la main est, pour nous, difficile à préciser, attendu que nous n'en avons pas encore fait l'expérience personnelle. Mais sur la quantité produite dans le même temps par les uns et par les autres, la différence doit être très-sensible.

Quant à la perfection, nous la croyons, en général, à l'avantage du métier à la main.

Nous estimons que la différence de prix, pour le même article, peut être de 40 p. 0/0 en faveur du métier mécanique.

MM. Tailbouis, Lavalard, Delacour.

Les droits considérables qui existaient sur les machines étrangères nous plaçaient jusqu'à ce jour, vis-à-vis de l'Angleterre, dans un état évident d'infériorité; en effet, nos établissements, montés d'après le nouveau système, devaient nous revenir à un prix plus élevé que les établissements anglais : cet état d'infériorité nous a empêchés de nous organiser pour une lutte à l'étranger, parce que nous ne pensions pas pouvoir la soutenir dans de pareilles conditions, aggravées encore par les droits dont étaient chargées nos matières premières, tirées presque toutes d'Angleterre.

9e Question. — La main-d'œuvre est généralement, à peu de chose près, en proportion de la valeur de la matière employée; cette règle ne peut cependant être donnée comme absolument fixe : une matière tout à fait supérieure étant quelquefois employée sur de très-gros métiers.

10e Question. — Nous faisons quelques articles avec un fil de coton mélangé à un ou plusieurs fils de laine, mais en très-minime proportion comparativement à ce que produit l'Angleterre, où l'on fabrique d'immenses quantités de bonneterie en mélange de laine et coton cardés ensemble : c'est une sorte de filé qui, jusqu'ici, n'a été faite en France que d'une manière trop imparfaite pour pouvoir lutter en aucune façon avec les filés anglais.

11e Question. — La bonneterie anglaise comprend, à de légères variations près, les mêmes articles qui se font en France; avec cette différence, toutefois, qu'elle emploie le plus souvent la laine cardée là où nous employons toujours la laine peignée.

Les fabricants anglais ont, en outre, leurs articles mélangés de laine et coton, pour lesquels leur supériorité est telle, que la lutte ne nous est pas possible.

Ces articles étant appelés, dans notre opinion, à être vendus en France en très-grande quantité, comme ils le sont déjà à l'étranger, enlèveront sans aucun doute aux fabriques françaises une grande partie de la consommation intérieure; si donc nous n'avons pas le maximum de la protection, la vente de nos articles tout laine sera menacée de la manière la plus grave.

12e Question. — Nous pensons que les droits spécifiques sont les seuls qui puissent nous assurer une protection à peu près efficace; les droits *ad valorem* ne pouvant nous offrir aucune sécurité dans l'application.

On emploie, pour la fabrication de la bonneterie, deux sortes de métiers : le *métier circulaire* et le *métier rectiligne*.

Ces deux modes de fabrication entrainent des différences très-sensibles dans les prix; ils forment deux classes de marchandises bien distinctes et qu'on pourrait qualifier ainsi :

MM. Tailbouis, Lavalard, Delacour.

1° Articles proportionnés, à lisières, avec ou sans diminutions, et aussi sans lisières avec diminutions.

2° Articles sans lisières et sans diminutions.

Nous croyons nécessaire d'établir plusieurs catégories dans chacune de ces deux classes.

Le prix de la bonneterie fabriquée ne se raisonne pas uniquement d'après la finesse de la maille; mais nous pensons, néanmoins, que cette base d'appréciation sera la seule facile pour l'Administration.

Le compte-fils pourra être très utilement employé pour le classement des catégories.

Pour rendre possible aux employés de l'Administration l'appréciation des droits à appliquer, nous croyons qu'il serait bon d'exiger qu'un colis ne contînt que des marchandises d'une seule des catégories qui seront établies. Nous pensons aussi qu'un certificat d'origine serait indispensable pour nous défendre contre l'entrée des marchandises allemandes, qui ne manqueraient pas de passer par l'Angleterre pour entrer en France.

13e Question. — L'exportation de nos articles est complétement insignifiante; le bas prix des produits anglais et allemands nous a toujours fermé les marchés étrangers.

La hausse des matières et surtout des façons a été constante depuis trois ans, et, malgré cela, la concurrence intérieure a empêché d'augmenter dans une proportion sensible le prix des articles fabriqués.

14e Question. — Les causes principales qui, dans notre opinion, doivent mettre les fabriques anglaises à même de vendre meilleur marché que les nôtres, sont :

L'emploi de la laine cardée; — nous n'employons que du peigné; ce qui constitue une grande différence, comme prix, sinon comme qualité, au profit de la laine cardée;

L'emploi des fils laine et coton, que nous n'avons pas en France;

Leur grand chiffre d'affaires, qui leur a permis de réduire leurs frais généraux dans une proportion considérable;

Leurs métiers mécaniques, organisés sur une vaste échelle, et dont presque tout le capital est aujourd'hui amorti; tandis que pour nous tout est encore à faire, organisation et amortissement.

Ces métiers sont d'une construction très-lente, à cause de la précision qu'ils réclament, et il nous faudra bien du temps pour être

MM. Tailbouis, Lavalard, Delacour.

convenablement montés et en avoir en nombre suffisant. De plus, leur prix est très-élevé. Combien de fabricants de notre pays seront à même de réunir le capital nécessaire à un établissement d'une certaine importance?

L'introduction des articles anglais va nécessairement diminuer, dans une proportion considérable, l'écoulement de nos produits qui ne se vendent qu'à l'intérieur; il faudrait donc, tout d'abord, trouver sur les marchés étrangers un débouché équivalant à ce que nous perdons sur le marché français.

Comment pourrions-nous y arriver, en présence de l'infériorité que constitue pour nous la différence des prix?

Nous serons donc contraints de réduire notre fabrication d'une manière très-sensible, et de diminuer le nombre de nos ouvriers, si nous n'obtenons pas des droits réellement suffisants pour nous protéger et nous défendre contre un excès d'importation.

Il ne nous a pas été possible de nous rendre compte d'une manière exacte du prix de revient des produits anglais. Mais nous nous sommes procuré une collection de leurs articles, et nous trouvons souvent leur prix de vente, en fabrique, au-dessous de nos prix de revient pour l'article similaire.

Nous pensons donc que le maximum des droits fixés par le traité de commerce nous est indispensable, et qu'il ne nous protégera même que d'une manière insuffisante pour beaucoup d'articles.

M. Tailbouis. Je demande à ajouter quelques observations. J'ai indiqué plus haut la situation des fabricants anglais. Voici, à peu d'exceptions près, quelle est la position des fabricants de bonneterie en France.

L'ouvrier travaille chez lui, le métier lui appartient; c'est un métier d'ancien système, qui est mû à la main; ce système de métiers rectilignes est défectueux, car l'ouvrier qui l'emploie gagne peu, et la façon est cependant d'un prix élevé. Ce sont, on le voit, autant de causes d'infériorité.

D'autres ouvriers travaillent sur des métiers circulaires à la main; ces métiers produisent également d'une manière moins avantageuse que les métiers circulaires anglais.

M. Ernest Baroche. Pourquoi cela?

M. Tailbouis. Parce qu'ils vont moins vite. Tous les métiers circulaires peuvent marcher à la vapeur: seulement il faut une machine à vapeur, et, dans les fabriques françaises de bonneterie, il n'y en a pas généralement. Notre fabrication fait exception. MM. Tailbouis, Lavalard, Delacour.

M. Ernest Baroche. A Troyes, M. Douine a des métiers circulaires mus par la vapeur, et il n'admet pas que ces métiers procurent une économie sur les métiers à la main.

M. Tailbouis. Plus des neuf dixièmes des métiers sont à la main et sont chez l'ouvrier.

M. Lavalard. Si la généralité des métiers circulaires et réunis en atelier ne marchent pas à la vapeur, c'est uniquement faute d'avoir la force motrice, car l'économie est évidente. En effet, plusieurs métiers circulaires marchant à la vapeur peuvent être surveillés par un seul ouvrier, tandis qu'un métier marchant à la main occupe à lui seul un ouvrier.

M. Ernest Baroche. Le métier circulaire ne peut pas marcher très-vite; on en retarde le mouvement pour que le fil ne casse pas.

M. Lavalard. C'est surtout parce que l'ouvrier ne pourrait pas travailler toute la journée avec un mouvement trop accéléré; car on peut adapter aux métiers un décliquetis qui *débraye* le métier par le fait même de la rupture du fil, et l'on peut alors marcher aussi vite que les opérations du métier le permettent.

M. d'Eichthal. Si l'on applique la vapeur, c'est qu'on y trouve un avantage.

M. Tailbouis. J'ai chez moi un métier circulaire, système anglais. Cette machine marche à la vapeur; elle se compose de six métiers: une jeune fille de dix-huit ans les surveille. A côté, j'ai des métiers circulaires du système français; il faut six hommes pour les conduire.

M. Ernest Baroche. En général, ce sont des femmes qui font mouvoir les métiers circulaires.

M. Tailbouis. C'est vrai pour Troyes; mais en Picardie c'est le contraire, parce que les métiers demandent plus de force; une femme ne suffirait pas.

M. Ernest Baroche. La grande difficulté que j'ai remarquée dans les métiers circulaires, c'est qu'il faut surveiller le fil pour qu'il ne casse pas. Un cheval-vapeur peut faire marcher dix ou vingt métiers

MM. Tailbouis, Lavalard, Delacour.

circulaires, mais, pour surveiller tous ces métiers, il faut un personnel nombreux.

M. Tailbouis. Cependant il est à remarquer que, dans une machine composée de six têtes circulaires à six *débrayages*, quand un fil casse à une tête, les cinq autres marchent encore, les six têtes étant indépendantes les unes des autres: c'est le système anglais.

Pendant qu'on rattache le fil d'une tête, les cinq autres marchent.

M. Ernest Baroche. Je me résume et je dis que rien n'empêche, en France, de mettre une machine à vapeur à des métiers circulaires, attendu que, la force circulaire étant infiniment minime, la dépense en charbon représenterait fort peu de chose. Je ne vois donc pas pourquoi, en France, il y aurait lieu de demander une grande protection pour la fabrication qui se ferait par métiers circulaires.

M. Lavalard. Ce qui existe en Angleterre n'existe pas encore en France.

M. Ernest Baroche. Mais cela existera le jour où vous le voudrez. Vous avez les métiers circulaires, il suffirait d'y appliquer une machine à vapeur. Ces métiers ne sont pas très-avancés en Angleterre non plus.

M. Lavalard. Pardon; il y a, en Angleterre, des établissements qui ont 200 ou 300 métiers, rectilignes ou circulaires, sous le même toit; j'en ai visité qui sont dans ce cas.

M. le Président. Combien y a-t-il de temps, Monsieur Tailbouis, que vous avez adopté les métiers rectilignes?

M. Tailbouis. Il y a trois ans.

M. le Président. Et vous n'avez reçu aucune demande de la part de vos confrères?

M. Tailbouis. Non, sauf d'un seul. Ces métiers étaient encore à l'essai chez moi. Il m'a fallu beaucoup de temps pour les monter. Ce sont des métiers qui *diminuent*, c'est-à-dire qui font les diminutions.

M. le Président. D'après les renseignements que j'ai recueillis sur les métiers que vous avez, vos confrères ne paraissaient pas pressés d'en adopter le système?

M. Tailbouis. Pour avoir des métiers de ce genre, il faut un établissement complet, et, parmi les fabricants de bonneterie de France, il y en a peu qui aient une machine à vapeur, tout ce qui constitue ce qu'on appelle une manufacture. Ensuite on n'est pas encore habitué à avoir des ateliers réunis et renfermant des métiers. Il y a seulement quelques exceptions.

MM. Tailbouis. Lavalard. Delacour.

M. le Président. Avez-vous achevé la lecture de vos réponses ?

M. Tailbouis. J'ai quelques mots à ajouter relativement à la question n° 14.

Nous croyons que le maximum du droit ne protégera qu'insuffisamment la plus grande partie de la bonneterie française, pendant tout le temps qui sera nécessaire au renouvellement du matériel; or, pour cela, il faut des années.

Il est bon de remarquer que cette branche d'industrie occupe environ 200,000 personnes. Sans affirmer ce chiffre d'une manière positive, nous croyons, en l'énonçant, ne pas nous éloigner de la vérité.

M. Ernest Baroche. Nous nous occupons seulement, en ce moment, de la bonneterie de laine. Fabriquez-vous plutôt des bas que des gilets?

M. Tailbouis. Je fabrique de tout : bas, gilets, caleçons; mais je fais plus de bas que de gilets et de caleçons.

M. Ernest Baroche. C'est ce qui fait que le métier rectiligne occupe une place importante dans votre fabrication?

M. Tailbouis. Le métier rectiligne à diminution est aussi avantageux pour les gilets ou les caleçons que pour les bas.

M. Ernest Baroche. Le métier circulaire s'applique surtout avec avantage aux gilets et aux caleçons. Dès que la couture n'a aucun inconvénient dans le gilet ou le caleçon, elle n'a pas non plus d'inconvénient dans les bas.

M. Lavalard. Le consommateur, en France comme en Angleterre, trouve un grand inconvénient à la bonneterie faite sur métier circulaire.

M. Ernest Baroche. Vous employez très-peu de mélanges de laine et de coton?

M. Lavalard. Très-peu.

M. Ernest Baroche. Cependant c'est un article important dans l'Aube.

MM. Tailbouis, Lavalard, Delacour.

M. Lavalard. Oui; mais on l'y fait très-mal, ainsi qu'en Picardie, comparativement à ce qui se fait en Angleterre.

M. Tailbouis. Nous avons fait, avec les produits anglais, des comparaisons que vous n'avez peut-être pas pu faire?

M. Ernest Baroche. Vos produits ne s'exportent-ils pas dans le Levant et en Italie?

M. Delacour. Oui, Monsieur.

M. Ernest Baroche. Dans ces pays, la concurrence anglaise vous empêche-t-elle de faire des affaires?

M. Lavalard. M. Delacour et moi, nous produisons identiquement les mêmes articles; notre exportation est presque nulle.

M. Ozenne, *Secrétaire*. C'est surtout la bonneterie orientale qui s'exporte.

M. Ernest Baroche. Je parle du gilet de laine tricoté et du caleçon. Dans ce que vous faites, est-ce que le métier rectiligne n'entre pas pour une plus grande proportion que le métier circulaire?

M. Tailbouis. J'occupe environ 400 métiers rectilignes au dehors, chez l'ouvrier; et je n'ai que 8 métiers circulaires.

M. Lavalard. Dans tout le Santerre et dans la Picardie, cette proportion est la même. J'occupe 500 métiers rectilignes.

M. Delacour. Et moi j'en emploie 700.

M. Ernest Baroche. Proposez-vous une classification?

M. Lavalard. Nous sommes convaincus que les droits *ad valorem* sont tout à fait impuissants à nous donner une protection efficace.

M. Ernest Baroche. La bonneterie est un article qui se vend dans les marchés.

M. Lavalard. Elle se vend de la sorte à Troyes seulement.

M. Ernest Baroche. Si elle se vend dans les marchés, elle peut avoir des cours qui sont très-connus.

M. Lavalard. Je n'ai jamais compris qu'il y eût des cours.

M. Ernest Baroche. Il y en a cependant.

MM. Tailbouis, Lavalard, Delacour.

M. Lavalard. Je ne le crois pas ; je pense que vous êtes dans l'erreur.

M. Ernest Baroche. Il y a un marché à Troyes, et il y a des cours.

M. Lavalard. Il y a bien quelque chose de semblable pour le mérinos mélangé de coton, comme pour le coton, mais il n'en est pas de même pour la bonneterie de laine. Tout cela se vend à Troyes ; mais il n'y a pas de marché en Picardie où se fabrique la bonneterie de laine.

M. de Forcade la Roquette. Quel est l'obstacle à l'existence d'un marché ?

M. Lavalard. Jamais personne n'y a songé. Il y a une quantité de petits fabricants faisant quelques centaines de douzaines de bas par an, qui viennent apporter leur marchandise tous les huit ou quinze jours, qui touchent leur argent et rachètent du *coton* pour le même espace de temps. Les fabricants importants ne vendent pas sur le marché.

M. Ernest Baroche. Il se fait pour 40 millions d'affaires de cette façon-là.

M. d'Eichthal. Le marché est une exception ; c'est un état anormal qui tient à ce que l'industrie ancienne est divisée, mais qui devra disparaître le jour où il y aura de grands établissements de production.

M. Clerc. C'est comme à Rouen.

M. d'Eichthal. C'est aussi comme au Mans, où il y a une halle pour la toile.

M. Delacour. Autrefois il y avait un marché pour les bas de laine communs, près de Beauvais. Depuis que la fabrication s'est améliorée, ce marché a cessé d'exister.

M. de Forcade la Roquette. Ces Messieurs considèrent que le marché est l'enfance de l'industrie.

M. Tailbouis. Nous pouvons même dire que notre industrie est encore dans l'enfance.

M. Ernest Baroche. En ce cas, c'est un vieil enfant.

M. Tailbouis. Oui, il a cent cinquante ans.

MM. Tailbouis, Lavalard, Delacour.

Voici le projet de classification que nous avons préparé :

1re CLASSE. Bonneterie de laine et de laine mélangée de coton, proportionnée, à lisières avec ou sans diminutions, et aussi sans lisières avec diminutions.

2e CLASSE. Bonneterie de laine et de laine mélangée de coton, sans lisières ni diminutions.

Nous pensons que les deux classes ci-dessus devraient être subdivisées en plusieurs catégories.

Nos recherches pour trouver une base qui pût être à peu près juste et facilement praticable, nous ont décidés pour celle que nous proposons. Elle consisterait à compter la quantité de mailles renfermées dans un espace d'un centimètre, ces mailles étant comptées dans le sens de l'élasticité du tricot.

CATÉGORIES.	NOMBRE DE MAILLES.	VALEUR DU KILOGRAMME.	DROIT AU KILOGRAMME.
	1re CLASSE.		
1re	Au-dessous de 4 mailles	8f 00c	2f 40c
2e	De 4 à 5	11 00	3 40
3e	De 6 à 7	16 00	4 80
4e	De 8 à 9	26 00	7 80
5e	De 10 à 11	37 00	11 10
6e	Au-dessus de 11 mailles	45 00	13 50
	2e CLASSE.		
1re	De 2 à 5 mailles	7f 50c	2f 25c
2e	De 6 à 8	15 00	4 50
3e	De 9 mailles et au-dessus	25 00	7 50

Nous proposons de réunir le tout-laine avec la laine mélangée de coton, parce que nous avons constaté, après examen, que la supériorité des matières qui s'emploient en Angleterre pour faire l'article mélangé, produit un prix, par kilogramme, à peu près équivalent à celui de la laine pure; mais alors la marchandise représente une qualité bien supérieure aux articles de laine pure de même prix et de finesse égale pour la maille.

M. Ernest Baroche. Ces droits s'appliquent aussi bien aux bas qu'aux autres articles de bonneterie?

M. Lavalard. Oui, Monsieur.

M. Tailbouis. Nous avons cherché à simplifier autant que possible;

MM. Tailbouis, Lavalard, Delacour.

et nous avons cherché, en même temps, à rester dans les limites d'une proportion exacte avec le traité de commerce.

M. DE FORCADE LA ROQUETTE. Est-ce que toutes les qualités ont besoin d'une protection égale?

M. TAILBOUIS. Non; puisque nous établissons des taux bien différents.

M. DE FORCADE LA ROQUETTE. Différents, suivant le prix de la marchandise, soit; mais dans la même proportion et toujours à raison de 30 p. o/o de protection?

M. TAILBOUIS. Nous avons établi les droits tels que nous les avons reconnus nécessaires, d'après les échantillons que nous avons vus.

M. LAVALARD. Il y aurait encore, dans notre système, des qualités qui ne seraient pas protégées suffisamment.

En Angleterre, les laines ne sont pas employées telles que nous les employons: toute la marchandise anglaise est en laine cardée; chez nous, c'est toujours de la laine peignée qu'on emploie. C'est peut-être moins bon dans une hypothèse que dans l'autre; mais, quoi qu'il en soit, nous aurons à lutter contre la marchandise anglaise, dans ces conditions-là.

M. ERNEST BAROCHE. Mais rien ne vous empêche d'avoir de la laine cardée.

M. LAVALARD. La laine blanche cardée pour la bonneterie n'a jamais été filée en France, dans les conditions où elle est filée en Angleterre. Je pourrai, d'ici à quelques jours, soumettre au Conseil des laines cardées en Angleterre, pour bonneterie, que j'ai demandées et qui doivent m'arriver prochainement.

M. LE PRÉSIDENT. Si l'on n'en file pas en France, croyez vous qu'on n'en pourrait pas faire venir d'Angleterre?

M. LAVALARD. Cela dépendra des droits.

M. LE PRÉSIDENT. Et si vous demandiez des laines cardées aux filateurs français, croyez-vous qu'ils ne vous en donneraient pas?

M. LAVALARD. Ils ne nous donneraient pas des laines comme celles d'Angleterre.

MM.
Tailbouis,
Lavalard,
Delacour.

M. d'Eichthal. Il n'y a pas infériorité en France pour ces laines-là.

M. Lavalard. Je crois qu'il y a infériorité.

M. d'Eichthal. Encore faudrait-il en avoir demandé aux filateurs.

M. Lavalard. Nous leur en avons demandé; mais leurs laines n'ont jamais eu aucun rapport avec celles que nous nous sommes procurées en Angleterre. En fait de laines blanches, par exemple, jamais on n'en a fait, en France d'aussi belles qu'en Angleterre : je parle de laines cardées, pour bonneterie, dans les bas prix.

M. Ernest Baroche. Quelles sont les catégories dans lesquelles vous fabriquez le plus? Sont-ce des espèces très-fines ou des espèces ordinaires?

M. Lavalard. La plus grande partie de notre fabrication s'applique à la troisième, à la quatrième et à la cinquième catégorie.

M. Amé. Vos droits sur vos troisième, quatrième et cinquième catégories, sont de 4 fr. 80 cent., 7 fr. 80 cent. et 11 fr. 10 cent.; ce qui peut faire, en moyenne, 8 francs. Eh bien! le droit, en Algérie, est de 6 francs, et il est tout à fait prohibitif. Et c'est lorsque le tarif de 6 francs est prohibitif en Algérie, que vous en demandez un de 8 francs, en moyenne, pour les qualiés que vous fabriquez le plus?

M. Lavalard. On ne peut porter ici ses appréciations sur ce qui se passe en Algérie. Les articles que nous y expédions sont généralement d'un prix très-bas, et alors le droit spécifique de 6 francs peut être prohibitif. Mais la consommation française est toute différente.

M. Ernest Baroche. Le droit que vous réclamez sur la sixième catégorie, celle des articles au-dessus de 11 mailles (13 fr. 50 cent.), représente l'intégralité de la valeur du fil.

M. Lavalard Les fils employés pour ces qualités nous coûtent de 18 à 20 francs : 13 fr. 50 cent. n'équivalent donc pas à l'intégralité de la valeur.

M. Ernest Baroche. Ce serait toujours 13 francs et plus, pour des fils qui en valent 18 ou 20.

M. Lavalard. C'est surtout la façon qu'il faut, nous le pensons, chercher à protéger, et, dans ces articles, la façon est pour beaucoup.

MM. Tailbouis, Lavalard, Delacour.

M. le Président. Est-ce que le prix de façon est aussi cher en France qu'en Angleterre?

M. Lavalard. Au moyen des métiers mécaniques, les Anglais produisent à meilleur marché que nous.

M. le Président. En produiriez-vous au même prix, si vous aviez aussi des métiers mécaniques? M. Tailbouis a des métiers mécaniques: fait-il, par suite, à meilleur marché que vous?

M. Lavalard. M. Tailbouis a 8 métiers mécaniques et 400 métiers à la main. On ne peut pas raisonner sur une fabrication où les métiers mécaniques sont dans une si faible proportion, par rapport aux métiers à la main.

M. Ernest Baroche. S'il y avait un si grand avantage que vous le dites à employer les métiers mécaniques, tout le monde le reconnaitrait.

M. le Président. Je comprends très-bien qu'il y ait intérêt à conserver le métier à la main.....

M. Lavalard. Il y a un intérêt immense pour la population ouvrière.....

M. le Président. Oh! ne vous préoccupez pas tant de la classe ouvrière, à ce point de vue. La classe ouvrière est ici dans une situation moins favorable que vous, en ce sens que, quand il y a des chômages, c'est elle qui les supporte, puisque c'est elle qui a les métiers, et que, vis-à-vis d'elle, vous êtes pour ainsi dire à l'état de commerçants. Quand il y a quelque chose à faire, vous lui dites: « Travaillez. » Et quand il n'y a rien à faire, vous la laissez chômer. Voilà sa situation. C'est la classe ouvrière qui supporte directement tout le poids des chômages et des accidents commerciaux; tandis que, s'il y avait une fabrication organisée avec des métiers mécaniques, il faudrait bien que le chef de l'industrie continuât ses opérations, même en temps de crise, attendu qu'il n'éviterait pas la charge des frais généraux, en les suspendant. A l'heure actuelle, vous n'avez pas de frais généraux dans votre industrie.

M. Lavalard. Mais pardonnez-moi.

M. le Président. Vous avez les frais généraux d'achats de vos laines.

MM. Tailbouis, Lavalard, Delacour.

M. Lavalard. Nous avons des frais de toute nature; nous avons des maisons de vente, le salaire de nos ouvriers.....

M. le Président. Je ne vous parle pas du commerçant qui vend, mais de l'industriel qui fabrique. Je vous parle, en votre qualité d'industriel, et je dis que, lorsque vous avez des métiers à la main pour la fabrication de vos produits, c'est-à-dire des métiers qui sont chez l'ouvrier et qui lui appartiennent, vous n'avez pas de frais généraux comme chef d'industrie.

M. Lavalard. C'est vrai; nous n'avons pas d'intérêt de capital pour les métiers; c'est incontestable.

M. le Président. Qu'est-ce qui s'oppose donc à la création de métiers mécaniques?

M. Lavalard. Il y a beaucoup de causes qui s'y opposent. D'abord, pour monter un établissement de métiers mécaniques, il faut des capitaux énormes, qui ne sont pas à la disposition de tous les industriels de notre pays. Quelques maisons pourront faire de telles avances de capitaux, mais neuf sur dix ne le pourront pas, dans notre centre manufacturier, du moins.

M. le Président. Croyez-vous que les classes inférieures, qui portent des bonnets de laine, les payeraient moins cher s'ils venaient d'Angleterre sans droits?

M. Lavalard. Dans les classes ouvrières, il ne s'en porte pas beaucoup. Il y a quelques articles bon marché sur lesquels la réduction serait très-peu de chose, parce que nous ne sommes pas, pour ces articles, aussi éloignés des Anglais que pour les articles faits sur métiers rectilignes, mus par la vapeur, qu'ils ont et que nous n'avons pas.

M. le Président. Et pour les articles faits sur métiers circulaires, quelle différence y a-t-il?

M. Ernest Baroche. Il n'y en a pas.

M. Lavalard. Je dirai qu'il y en a moins que sur les autres articles, mais non point qu'il n'y en a pas; elle est encore très-forte, par suite des prix des laines.

M. Ernest Baroche. Il y a un fabricant qui, s'il avait été entendu, aurait pu dire qu'il n'y en a pas. Malheureusement il n'est pas venu, et je le regrette.

M. TAILBOUIS. Je propose de prouver, si l'on m'en donne le temps, qu'il y a une différence de plus de 40 p. o/o.

MM. Tailbouis. Lavalard. Delacour.

M. LE PRÉSIDENT. Si vous en êtes là, vous feriez mieux de renoncer à fabriquer.

M. TAILBOUIS. Cette différence existe pour les bas sur métiers circulaires en coton. Je demanderai aux fabricants de Troyes ce qu'ils font dans ce genre.

M. LE PRÉSIDENT. C'est d'une industrie primitive, en quelque sorte, que nous parlons en ce moment. Elle ne comporte ni grand mouvement de capitaux ni grand mouvement industriel, et c'est pour une pareille fabrication que vous venez accuser une différence de 40 p. o/o entre les deux pays! En vérité, c'est vous montrer d'une modestie, d'une humilité dont l'aveu est aussi triste à entendre qu'il doit être pénible à faire.

Voyez combien les exagérations de ce genre ont de danger. Savez-vous ce que cela veut dire, pour les hommes qui réfléchissent, et pour les hommes d'État chargés de concilier les intérêts de la production et ceux de la consommation? Cela veut dire que, pour conserver telle ou telle industrie, il faut faire payer au public 40 p. o/o plus cher ce dont il a besoin.

Vous ne vous préoccupez, vous, que d'un seul intérêt, qui est le vôtre; mais nous avons, nous, deux natures d'intérêts à étudier pour donner satisfaction à l'un et à l'autre dans une juste mesure : le premier, c'est celui du consommateur, qui reçoit souvent le bienfait d'une mesure gouvernementale sans en être reconnaissant, mais auquel on ne saurait refuser ce bienfait, parce que le consommateur, c'est tout le monde; le second, c'est celui du producteur, qui a été protégé assez longtemps et assez énergiquement dans notre pays, pour avoir eu tout le temps de grandir et de se fortifier. Et cependant quel langage tenez-vous devant le Conseil Supérieur? Vous venez dire, après cent cinquante ans de fabrication (car vous appeliez tout à l'heure votre industrie un enfant de cent cinquante ans) : « Nous n'arrivons à produire qu'à 40 p. o/o plus cher que l'industrie voisine! » D'où il suit qu'il faudrait, pour vous protéger, continuer à faire payer aux consommateurs français 100 francs ce qu'ils pourraient avoir pour 60 francs!... Cela n'est pas admissible.

M. TAILBOUIS. Nous produirions au même prix que les Anglais avec les mêmes machines, avec des métiers, par exemple, qui auraient douze têtes...

MM. Tailbouis, Lavalard, Delacour.

M. le Président. Ces métiers-là, pourquoi donc ne les faites-vous pas venir?

M. Tailbouis. Laissez-nous nous organiser.

M. le Président. Il y a deux manières de poser une question telle que celle-ci. Si vous venez nous dire, comme l'ont fait des industriels de Nogent-le-Roi : « Nous avons vécu jusqu'ici dans la quiétude; nous n'étions pas pressés par la concurrence, et nous n'avons rien fait pour nous développer. Mais, maintenant, nous sommes en face d'une concurrence et d'un stimulant possibles : donnez-nous le temps de nous retourner, de nous réorganiser. Nous sommes prêts à aborder le terrain de la concurrence, et à nous mettre en mesure de soutenir la lutte. » C'est là un langage qui serait digne d'attention.

M. Tailbouis. Nous ne disons pas autre chose....

M. le Président. Mais si vous posez en principe qu'il existe une différence permanente de 40 p. o/o entre les prix de production, dans les deux pays, vous découragez tout le monde par de pareilles exagérations.

M. Tailbouis. On a soutenu, et c'est ce que nous avons contesté, que nous produirions, sur métiers circulaires, au même prix qu'en Angleterre....

M. Ernest Baroche. Je n'ai parlé que de certains métiers.

M. Tailbouis. Mais, en général, nous n'avons pas demandé ni exprimé autre chose que ce que M. le Président vient de dire.

M. le Président. Précisons. Croyez-vous que l'industrie française soit, sur les métiers circulaires, sur ceux-là spécialement, dans un état d'infériorité qu'on puisse évaluer à 40 p. o/o?

M. Tailbouis. J'ai parlé des métiers circulaires auxquels il avait été fait allusion

M. le Président. Ainsi vous faites une distinction entre les métiers circulaires eux-mêmes : il y en a à l'égard desquels vous n'avez pas cette infériorité de 40 p. o/o, et d'autres pour lesquels vous l'avez?

M. Tailbouis. Oui, Monsieur le Président. J'ai signalé des métiers circulaires existant dans des manufactures d'Angleterre, métiers qui ont douze têtes. Il y a douze métiers qui marchent, dirigés par une femme, et qui donnent un produit où la façon en quelque sorte a

MM. Tailbouis, Lavalard, Delacour.

disparu, où tout est réduit au prix de la matière. Eh bien! si l'on venait mettre les produits de ces métiers en concurrence avec ceux de nos métiers circulaires français, nous trouverions une différence qui serait véritablement fabuleuse. Mais, en définitive, c'est une exception.

M. le Président. Dans les rapports qui m'ont été adressés, on a constaté que l'emploi des métiers rectilignes pouvait procurer une économie considérable. Cela a été reconnu et établi par l'ingénieur même qui est allé étudier la question; et il ajoutait que, malgré les avantages qu'on pouvait trouver à l'emploi de ces métiers, personne ne semblait se préoccuper d'en avoir.

M. Lavalard. Des métiers rectilignes, mais nous ne pouvons en avoir! M. Tailbouis en a parce qu'il en construit.

M. le Président. M. Tailbouis a offert des licences à ceux qui en voudraient.

M. Lavalard. Nous n'avons pas pu nous faire constructeurs.

M. le Président. Commandez-en à un constructeur, et il se mettra immédiatement en position d'en faire, si vous lui en commandez un certain nombre.

M. Lavalard. Il y a un constructeur qui a commencé à en faire, un constructeur de Colmar dont je ne me rappelle pas le nom.

Il a commencé 80 métiers; mais ces 80 métiers n'ont pu être finis faute d'argent; il a fait faillite, et ces métiers sont aujourd'hui à la ferraille. Ainsi, voilà 80 métiers que nous aurions, s'ils avaient été établis, et que nous n'avons pas. Nous étions déjà, même à une époque où nous ne nous attendions pas au traité de commerce, entrés dans une voie d'amélioration, et chaque fois que je suis allé en Angleterre.....

M. le Président. Etiez-vous allé en Angleterre avant le traité de commerce?

M. Lavalard. J'avais l'intention d'y aller au mois de novembre dernier; j'en ai été empêché par la maladie de mon frère qui est mon associé, et je n'ai pu faire ce voyage que dernièrement.

M. le Président. Ce qu'il y a de vrai, non-seulement pour votre industrie, mais aussi pour d'autres, c'est qu'il n'est venu à l'idée d'aucun des industriels français de demander des échantillons de produits anglais, avant qu'ils fussent en face de la nécessité.

MM. Taillbouis, Lavalard, Delacour.

M. Lavalard. Je vous demande pardon, Monsieur le Président. Je vais en Angleterre tous les deux ans; mais comme les articles de bonneterie étaient prohibés, je ne m'en suis pas inquiété.

M. le Président. J'ai des lettres d'une époque récente, ou d'une époque contemporaine de celle du traité, par lesquelles on me demande l'autorisation d'introduire des échantillons, et qui toutes commencent ainsi : « Jusqu'à présent, nous n'avions pas senti la nécessité de nous préoccuper des produits anglais et des conditions d'une concurrence avec l'Angleterre. Nous ne sommes pas en état d'apprécier la différence existant entre les produits anglais et les nôtres. »

M. Ernest Baroche. Il faut ajouter que beaucoup de déposants, quand on leur demandait quelle est cette différence, répondaient qu'ils n'en savaient rien.

M. Lavalard. Nous n'en sommes pas là, Dieu merci!

M. le Président. Je ne dis pas cela pour vous décourager, Messieurs, mais pour bien vous faire voir qu'il faut vous pénétrer de l'esprit de concurrence, et vous mettre en mesure de soutenir une lutte qui vous sera avantageuse, j'en suis convaincu, si vous le voulez.

M. Tailbouis. Il n'en faut pas moins constater la position actuelle, et nous l'avons exposée très-exactement.

M. Lavalard. Nous désirons la changer; mais il nous faut le temps.

M. Tailbouis. J'ai, pour mon compte, dépensé plus de 200,000 francs pour entrer dans la voie des améliorations. C'est là une somme très-considérable pour moi, pour un homme qui n'est pas riche. Nous ne demandons pas mieux que d'entrer dans une voie progressive, mais notre devoir n'en est pas moins de constater la position telle qu'elle est aujourd'hui; nous ne pouvons pas la présenter autrement qu'elle n'est.

M. Lavalard. Je suis allé en Angleterre pour mes affaires aussi bien que pour me renseigner sur la fabrication de la bonneterie. Je me suis adressé à un industriel qui est considéré comme le premier constructeur des métiers rectilignes, et je lui ai dit : « Si je vous faisais une commande, sur combien de métiers pourrais-je compter par mois? » Il m'a répondu : « J'ai déjà de nombreuses commandes à servir, et vous ne pourriez compter que sur deux métiers par mois. » Je le répète, c'est la maison de construction la plus importante et la plus renommée, et vous voyez, par le langage que le chef de cette maison m'a tenu, qu'il s'écoulerait encore, avec la meilleure volonté du monde, un certain temps avant que nous pussions être pourvus de métiers rectilignes.

MM. Tailbouis, Lavalard, Delacour.

M. le Président. A combien évaluez-vous le nombre de ces métiers, qui serait nécessaire pour remplacer tous les métiers à la main?

M. Lavalard. Il faut compter qu'un métier rectiligne remplacerait 5 métiers à la main.

M. le Président. Il me semble que, d'après son tableau, M. Tailbouis arrivait à établir qu'il faudrait 10,000 métiers rectilignes.

M. Tailbouis. C'est peut-être beaucoup.

M. le Président. Combien y a-t-il de métiers à la main dans la France entière?

M. Lavalard. Peut-être 40,000.

M. Tailbouis. S'il y a 40,000 métiers, une machine rectiligne produisant cinq fois autant, il en faudrait environ 8,000. Du reste, c'est un compte à faire, dont nous ne connaissons pas exactement les éléments.

M. le Président. Il me reste à vous remercier, Messieurs.

(MM. Lavalard, Tailbouis et Delacour se retirent.)

Sont introduits :

MM. TIMMERMANN, fabricant de châles à Paris et à Seboncourt (Aisne).

DUCHÉ, *idem.*

AUDRESSET, fabricant de tissus de cachemire unis et de filés pour châles, à Paris et à Louviers.

DUVERGER, fabricant de châles à Paris.

CHALES.

TISSUS DE CACHEMIRE.
FILÉS POUR CHALES.

PARIS, SEBONCOURT (Aisne), LOUVIERS.

M. LE PRÉSIDENT. Messieurs, vous avez entre les mains le questionnaire relatif à votre industrie. Vous êtes-vous concertés pour y répondre; ou chacun de vous entend-il répondre individuellement?

M. DUCHÉ. Je crois que nous sommes à peu près d'accord.

M. LE PRÉSIDENT. Vous êtes fabricant de châles à Paris?

M. DUCHÉ. Oui, Monsieur le Président.

M. AUDRESSET. Je vous ferai observer, Monsieur le Président, que je ne suis pas fabricant de châles montés; je suis fabricant de tissus de cachemire unis.

M. LE PRÉSIDENT. Vous habitez Paris?

M. AUDRESSET. Paris et Louviers.

M. LE PRÉSIDENT. Vous fabriquez les filés pour châles?

M. AUDRESSET. Oui, Monsieur le Président.

M. LE PRÉSIDENT. Et ces deux autres Messieurs sont fabricants de châles à Paris?

MM. TIMMERMANN et DUVERGER. Oui, Monsieur le Président.

M. HERBET, *Commissaire général.* Je prierai Monsieur le Président de vouloir bien demander à ces Messieurs, qui ont des maisons de vente à Paris, où sont situés leurs établissements de fabrication.

MM. Timmermann, Duché, Audresset, Duverger.

M. le Président. Vos établissements sont situés.....?

M. Duché. Dans le département de l'Aisne.

M. Timmermann. A Paris et dans l'Aisne.

M. Duverger. A Paris et dans l'Aisne.

M. le Président. Ainsi, vous avez tous votre établissement commercial à Paris. Quelle est l'importance de vos affaires annuelles?

M. Duché. Un million.

M. Audresset. De 700,000 à 800,000 francs.

M. Timmermann. 1,500,000 francs.

M. Duverger. Et moi, 1,200,000 francs.

M. le Président. Si l'un de vous veut prendre la parole, nous l'écoutons.

M. Duché. Je dirai, Messieurs, que notre industrie est toute spéciale; que son succès consiste dans un goût plus ou moins sûr; que nous reconnaissons notre supériorité sur les fabriques de l'étranger; que nous n'avons aucune espèce de concurrence à en redouter; et que nous n'avons pas de droits protecteurs à demander.

M. le Président. D'une manière absolue, vous acceptez que les produits anglais puissent entrer chez nous en franchise?

M. Duché. Oui, Monsieur le Président.

M. le Président. Et vous ne redoutez pas leur concurrence?

M. Duché. Non, Monsieur le Président. Si nous avions une protection à demander, ce serait contre les châles de l'Inde, parce qu'ils arrivent en très-grande quantité, et qu'il y a un préjugé très-grand en leur faveur sur le marché français.

M. le Président. A l'heure qu'il est, les droits sur les châles de l'Inde sont très-élevés.

M. Duché. Oui; mais ils entrent presque tous en fraude.

M. le Président. C'est une question qui concerne M. le Directeur Général des Douanes.

M. Michel Chevalier. C'est l'élévation des droits qui produit ce résultat.

MM. Timmermann, Duché, Audresset, Duvergier.

M. DE FORCADE LA ROQUETTE. La douane a fait dernièrement des saisies très-importantes. Il y a une maison de Paris qui a été condamnée à 50,000 francs d'amende.

M. DUCHÉ. Il y a des maisons qui affichent à 75 francs des châles qui auraient eu à payer 160 francs de droits.

M. LE PRÉSIDENT. Croyez-vous qu'une diminution des droits ne préviendrait pas ces manœuvres frauduleuses et ne déterminerait pas les commerçants de Pari sà se soumettre aux tarifs d'introduction, plutôt que de s'exposer aux saisies, ou de payer des primes de contrebande?

M. DUCHÉ. Je le crois. Il est des châles de l'Inde qui sont estimés très-bon marché; il en est qui sont estimés 2 livres, 3 livres sterling. Ces châles s'écoulent en France et pas à l'étranger. A l'étranger, comme en Angleterre, comme en Allemagne, nous vendons les châles français; mais en France il y a un préjugé tellement fort...

M. LE PRÉSIDENT. Nous avons un peu la passion de l'exotique; mais je crois que plus nous marcherons, plus nous la perdrons.

M. DUCHÉ. En Russie et en Allemagne, même avec les châles de l'Inde, nous ne redoutons pas la concurrence.

M. LE PRÉSIDENT. Vous parlez comme fabricant. Vous, Monsieur Audresset, qui êtes fabricant de tissus de cachemires, voulez-vous nous dire votre sentiment?

M. AUDRESSET. Mon sentiment est le même. On ne fabrique les châles unis qu'en France.

M. LE PRÉSIDENT. Vous vous considérez comme à l'abri de la concurrence?

M. AUDRESSET. Nous ne la craignons nulle part.

M. LE PRÉSIDENT. C'est une position que je souhaiterais à tous les industriels français. Vous faites, Monsieur Duché, des châles de qualité moyenne?

M. DUCHÉ. Oui, Monsieur le Président.

M. LE PRÉSIDENT. Et votre réponse s'applique aux uns et aux autres?

M. DUCHÉ. Oui, Monsieur le Président.

M. ERNEST BAROCHE. Et les châles écossais?

MM. Timmermann, Duché, Audresset, Duverger.

M. Duché. La France peut faire, aussi bien que l'Angleterre, des châles écossais.

M. le Président. Vous ne pourriez pas nous donner des échantillons pour les châles unis?

M. Duverger. Très-volontiers, Monsieur le Président.

M. le Président. Et pour les châles fins?

M. Duché. Je pourrai en donner; j'en ai apporté.

M. le Président. Je sais bien qu'il doit être difficile d'avoir des échantillons de châles. C'est comme si l'on demandait des échantillons de redingote : si on les donnait, la redingote n'existerait plus... Mais c'est qu'il est très-important, eu égard à la déclaration de ces Messieurs, de la limiter, de la circonscrire dans leurs produits.

(MM. Timmermann, Duché, Audresset et Duverger se retirent.)

M. le Président. Il y a encore quatre témoins indiqués sur la liste.

M. Herbet, *Commissaire général.* Oui, Monsieur le Président. Ce sont :

MM. Boutarel, teinturier à Asnières;
Francillon, teinturier à Puteaux;
Maheu, imprimeur sur étoffes à Saint-Denis;
Hoffer-Grosjean, imprimeur sur étoffes à Mulhouse.

On m'avertit qu'aucun d'eux n'est présent dans la salle d'attente.

Du reste, M. Boutarel s'est excusé en disant que son industrie rentrait plutôt dans celle des produits chimiques et qu'il priait M. le Président de le faire convoquer, lorsque viendra cette partie de l'Enquête.

Avant que le Conseil se sépare, je dois lui dire que la fabrique de châles de Nîmes n'a point envoyé de délégué à Paris, mais que la Chambre de commerce de cette ville a chargé M. Constant fils, l'un de ses membres, de lui faire un rapport. Ce rapport m'a été transmis, et je puis le communiquer au Conseil.

En voici les passages les plus intéressants :

M. Constant fils.

(Note.)

FABRIQUE DE CHALES DE NIMES.

Comme manufacturiers, nous n'avons rien à dire sur le premier et le second paragraphes du questionnaire, relatifs à l'achat et à la préparation des laines, ainsi qu'à la filature.

Nous achetons en effet les laines filées, et notre industrie se borne à faire tisser et confectionner les tissus, objet de notre commerce.

Comme négociants, nous avons peu de rapports directs avec les marchés étrangers en général; nous n'en n'avons que d'indirects avec l'Angleterre. Nous

M. Constant fils.
(Suite.)

vendons la généralité de nos produits aux commissionnaires et aux maisons de gros de Paris et de Lyon et aux commissionnaires de notre place, qui ordinairement ne nous rendent pas compte de leur destination. Ce n'est que par accident qu'on nous fait connaître les marchés sur lesquels sont dirigés nos châles; et, dans tous les cas, nous n'avons aucun rapport immédiat avec l'acheteur.

Nous ne pensons pas être téméraires en affirmant que ceci n'est pas particulier à notre maison, mais peut s'appliquer à toutes les maisons de fabrique de notre place, de sorte que les questions de commerce international trouvent chez nous des juges très-peu versés et même incompétents.

De plus, nos produits n'ont jamais eu à craindre la concurrence anglaise; jamais nous n'avons appris que, sur aucun marché, les châles anglais vinssent en lutte avec les nôtres; aussi nous sommes-nous peu préoccupés des effets du traité de commerce sur notre industrie. Tandis que les fabricants de tapis, qui se croient réellement menacés, se sont livrés aux recherches les plus sérieuses et se sont procuré tous les documents capables d'éclairer le Gouvernement sur leur position et leurs craintes, pour nous, qui n'avons à attendre que de bons résultats d'une plus grande facilité de relations avec l'Angleterre, nous n'avons fait aucune recherche, et nous ne sommes en mesure de présenter ni renseignements ni chiffres positifs.

Nous allons donc répondre, numéro par numéro, dans la limite des données que nous pouvons fournir, à chacune des questions du paragraphe relatif au tissage.

Nous produisons spécialement des châles brochés, longs et carrés, à galerie avec fond, rayés, à bouquets, dans toutes les variétés de dispositions et dans les diverses qualités que comporte ce genre, en nous arrêtant à des limites de prix au delà desquelles commence ce qu'on appelle le châle riche de Paris.

Nous employons des laines cardées et des laines peignées. Nous ne les achetons que filées. Pour les laines cardées, nous employons depuis le n° 13,000 mètres au kilogramme jusqu'à 40,000 mètres au kilogramme; pour les laines peignées depuis le n° 16, soit 22,000 mètres au kilogramme, jusqu'à 70, soit 98,000 mètres au kilogramme. Nous employons aussi, pour le fond de nos châles de qualité supérieure, des cachemires peignés du n° 65, soit 91,000 mètres au kilogramme, jusqu'à 80, soit 112,000 mètres au kilogramme. Les cardés en numéros bas, c'est-à-dire de 13 à 21, proviennent de filatures du Midi, de Bédarieux, de Prémian et de Carcassonne, et nous coûtent de 5 francs à 8 francs le kilogramme. Les cardés en numéros élevés, c'est-à-dire de 24 à 40, proviennent de filatures établies dans les départements avoisinant Paris, et nous coûtent de 9 fr. 25 cent. à 13 fr. 50 cent. le kilogramme. Les laines peignées proviennent, en partie, des filatures du département de la Somme, mais surtout des filatures alsaciennes de MM. Schwartz et Cie, Hartmann et Cie, Kœchlin, Dolfus, etc. Le prix des laines peignées n°s 16 à 17 est de 7 fr. 25 cent. à 18 et 21 francs, le même numéro étant employé par nous dans des qualités différentes, selon la finesse du châle auquel nous devons l'affecter. Nous n'achetons tous ces fils que par commissionnaire, soit à Paris, soit à Nîmes. Nous tirons seulement quelques fils peignés directement des filateurs. Si nous devons expliquer ce maintien d'intermédiaires entre le filateur et le fabricant, à une époque où toutes les relations tendent à devenir directes, nous dirons que, d'un côté, la plupart des commissionnaires marchands de laine à Paris sont associés ou commanditaires de filateurs et se réservent la vente des produits de ces derniers, et que, d'autre part, le plus grand nombre des filateurs entretiennent des dépôts sur les places de fabrique, à cause de la concurrence qu'ils y rencontrent, et pour que leurs fils soient journellement présentés et recommandés à la consommation par leurs commissionnaires. M. Constant fils.

Les prix auxquels nous achetons nos fils n'ont pas varié d'une manière sensible depuis quelques années, sauf les alternatives habituelles de hausse et de baisse de toute marchandise; toutefois, comme résultat, nous aurions plutôt à signaler un mouvement de hausse.

N'ayant pas de métiers à tisser mus par la vapeur, nous n'avons rien à répondre aux questions n°s 3, 4 et 5.

Nous faisons tisser sur des métiers à la main. Les métiers sont chez les ouvriers et leur appartiennent. Les ouvriers viennent dans nos magasins chercher la matière propre à être tissée, et reviennent nous rapporter l'ouvrage tissé. Il est rare que chaque ouvrier, appelé chef d'atelier, n'ait chez lui qu'un seul métier; ordinairement il en a de deux à quatre, en général deux; lui-même en fait aller un, et les autres sont confiés à des compagnons qui n'ont à faire qu'à lui seul. Des essais ont été faits à plusieurs reprises pour introduire des ateliers dans notre fabrique; mais chaque fois on a dû y renoncer, d'abord à cause de la difficulté de fournir aux métiers un travail continu, en présence des intermittences habituelles de la fabrication nîmoise, et de plus à cause des frais nécessités par l'achat et l'entretien des métiers. Le prix des façons se règle à tant les 1,000 coups de navette ou duites. Le chef d'atelier donne à ses compagnons un prix équivalant à peu près aux deux tiers de celui qu'il reçoit. Selon la complication du métier ou la difficulté du travail, ce prix varie, pour le chef d'atelier, de 30 centimes à 47 centimes les 1,000 coups. Un ouvrier peut gagner, comme journée moyenne, 2 francs dans les châles de bas prix, et 3 francs dans les châles riches.

La 7e question, comme les questions n°s 3, 4 et 5, ne s'applique pas à notre industrie.

Les opérations de triage, dégraissage, et tout ce qui a rapport à la préparation et à la filature des laines ne nous concernent point, puisque nous n'achetons que des laines filées. Nous n'avons donc à répondre que sur le *tissage*, la *presse* et la *teinture*. Le prix de revient du tissage, établi, comme nous venons de le dire, à tant les 1,000 coups de navette, représente pour nous environ 25 p. o/o du prix de revient total dans les châles de bas prix, c'est-à-dire du prix de 10 à 30 francs, et 33 p. o/o dans les châles riches, c'est-à-dire du prix de 50 à 150 francs. La teinture nous coûte en moyenne 1 fr. 50 cent. par kilogramme de laine filée, et entre pour 4 p. o/o environ dans nos prix de revient. L'apprêt de nos châles est confié à des apprêteurs qui les décousent, c'est-à-dire enlèvent avec des machines l'excédant de matière tissée ne servant point à produire le dessin et flottant à l'envers du tissu, les tondent pour enlever le duvet, et les mettent à la presse après les avoir soumis à un courant de vapeur pour adoucir l'étoffe. Ces manipulations ne nous coûtent presque rien, et peuvent s'établir, en moyenne, à 10 centimes par châle, l'apprêteur étant à peu près rétribué par la vente des laines provenant du découpage, desquelles il retire de 1 fr. 25 c. à 2 francs par kilogramme. Ces déchets sont achetés par les fabricants de draps communs de Lodève, de Bédarieux, de Saint-Chinian et surtout de Vienne, qui les recardent et les filent.

M. Constant fils.

—

(Nîmes.)

La valeur de la laine employée pour nos châles est toujours en rapport avec leur qualité.

La seule matière employée dans nos châles est la laine. Nous avons toutefois un mélange qui nous sert exclusivement pour toutes nos chaînes nécessitant des fils n°s 85,000 mètres à 98,000 mètres au kilogramme; c'est un fil de laine peignée et un fil de soie retordus ensemble. Ce mélange est devenu nécessaire pour obtenir un fil assez fin et assez solide à la fois; l'introduction de la soie permet au fil de résister aux mouvements de levée et de baisse et à la tension produite par le travail du tissage. Ces chaînes laine et soie entrent dans le poids de nos châles environ pour 10 p. 0/0. Leur prix d'achat est de 40 à 45 francs le kilogramme. Nous les tenons à peu près directement des producteurs. Nous employons aussi, en très-petite quantité, du coton n° 80,000 à 120,000 mètres au kilogramme, pour un coup de trame supplémentaire introduit dans nos châles les plus riches, dans le but de donner la solidité nécessaire à l'étoffe.

Comme nous l'avons dit déjà, et par les motifs que nous avons exposés, nous manquons des éléments nécessaires pour répondre à la question relative aux produits similaires anglais. Nous savons seulement, par les châles admis à l'Exposition de 1855, et par les rapports de fabricants anglais que nous avons eu occasion de voir assez récemment, que Paisley, en Écosse, est la ville où des produits similaires aux nôtres se fabriquent plus spécialement; seulement les procédés de fabrication (ainsi le battant sans lameur), la combinaison des matières (ainsi l'emploi du coton pour certaines couleurs) et surtout le manque de goût dans certaines parties de la fabrication nous paraissent tenir les produits écossais dans une infériorité bien sensible relativement aux produits français. Ces appréciations nous semblent fondées, puisque jamais ces produits ne nous ont été opposés. C'est là tout ce que nous pouvons dire. Nous ignorons complétement les prix de vente des châles anglais.

Nos châles ne sont classés d'après aucune règle fixe et apparente. La qualité, c'est-à-dire la finesse de l'étoffe et la beauté des matières premières, sont les bases du prix que l'habitude seule permet d'apprécier. S'il était nécessaire d'établir des catégories, nous ne saurions indiquer qu'une distinction, dont il avait été déjà question, du reste, dans de précédentes études sur les droits d'entrée des châles étrangers : c'est le nombre de croisures au centimètre ou au demi-centimètre; ce nombre de croisures étant, en règle générale, un signe indicateur de la qualité, et par suite du prix des châles.

Nous répondrons, sur la 13e question, que nous n'avons de relations directes avec l'étranger qu'en Hollande et en Belgique, et dans une très-faible proportion par rapport à notre fabrication. Nos produits vont bien en Allemagne, en Espagne, en Italie et en Angleterre, notamment les châles longs dans ce dernier pays, mais c'est par l'intermédiaire de commissionnaires soit de Paris, soit de Nîmes. Depuis la signature du traité de commerce, une maison de Londres est venue à Nîmes exprès pour acheter l'article châle, mais toujours avec un commissionnaire. Il ne nous est donc pas possible de savoir dans quelle proportion les châles que nous achètent les commissionnaires sont destinés à l'étranger.

Notre industrie est loin d'être en prospérité. Comme industrie générale, elle vieillit, elle a à lutter contre l'introduction toujours progressive des *confections* dans le costume des femmes. Comme industrie locale, elle subit la concurrence très-sentie des fabriques créées par des industriels de Paris, dans la Picardie. Elle

M. Constant fils.

(N[illegible])

est également amoindrie par la production assez récente des châles en Autriche, en Prusse et en Écosse. Nos châles, il est vrai, sont toujours supérieurs à ceux de ces fabriques; mais les quantités qu'elles apportent sur les marchés étrangers y viennent toujours au détriment de nos produits. Si nous voulons le maintien de la situation actuelle de notre industrie, nous ne pouvons l'attendre que de nos efforts toujours renouvelés pour inventer des dessins, créer des genres nouveaux et de bon goût (rayés et bouquets), et soutenir, dans les genres classiques (longs et carrés à galerie), notre supériorité dans la combinaison des matières, l'harmonie des nuances, et l'économie de la fabrication.

Nos prix, mis en rapport avec ceux des années précédentes, sont de beaucoup inférieurs. Pour avoir quelque rémunération de notre travail, il faut chercher dans l'augmentation du chiffre d'affaires une compensation à la réduction de nos bénéfices, qui, depuis quinze ans, sont, en moyenne, diminués presque de moitié.

Nous arrivons à la 14ᵉ question: la seule cause qui pourrait permettre aux producteurs anglais de vendre à des prix inférieurs aux nôtres, serait la fabrication sur une vaste échelle, au moyen des immenses capitaux que le commerce anglais ne craint pas de consacrer à une industrie, contrairement aux traditions, aux habitudes et aux ressources de notre commerce local.

Mais, autant que nous pouvons en juger par les évolutions de l'industrie des châles en Autriche, il y aurait, en fin de compte, danger à produire le châle dans de trop grandes proportions; la vente d'un tel article étant excessivement soumise aux fluctuations de la mode, et ne pouvant être active qu'à la condition d'une prospérité générale qui permette l'achat des objets de luxe.

L'excès de production entraîne à des amas de marchandises, pousse à la nécessité fatale de vendre à vil prix, et finit par amener la ruine de la fabrique. Nous ne voyons donc, pour le moment, aucun motif de craindre une concurrence permanente et sérieuse des châles anglais, en supposant le prix de revient de ces derniers égal à celui des nôtres. Les données nous manquent tout à fait pour affirmer si ces prix de revient sont supérieurs ou inférieurs aux nôtres; mais tout nous fait supposer qu'ils doivent être à peu près égaux. Nous espérons donc que, quels que soient les progrès de la fabrication du châle en Angleterre, nous pourrons toujours lutter à armes égales. Nous ne pensons pas devoir nous effrayer de l'application d'un principe, que nous croyons vrai et utile, en fin de compte, à la masse des consommateurs, c'est-à-dire la liberté dans les transactions.

Toutefois, pour répondre aux intentions du Gouvernement, et pour demeurer dans les limites de la prudence, nous croyons que le droit à établir serait suffisant pour protéger notre industrie, s'il était fixé à 15 p. 0/0 *ad valorem*.

LA SÉANCE EST LEVÉE.

SÉANCE DU SAMEDI 28 JUILLET 1860.

PRÉSIDENCE DE M. REVEIL,

VICE-PRÉSIDENT DU CORPS LÉGISLATIF.

LAINES.

FILATURE.

ROUBAIX ET TOURCOING.

La séance est ouverte à une heure.

Le procès-verbal de la séance précédente, lu par M. Ozenne, *Secrétaire*, est adopté

Sont introduits :

MM. DURIEZ fils, filateur de laines à Roubaix (Nord).

DUVILLIER, filateur de laines à Tourcoing (Nord).

HERBAUX-TIBAUT, *idem*.

M. Duriez :

1re Question. — Nous sommes filateurs de laine à façon, parfois à forfait; nous filons des laines peignées, simples ou mélangées, teintes ou retorses.

M. le Président. Quelle qualité de laine?

M. Duriez. Des laines longues, de provenance anglaise.

M. Ernest Baroche. Et ces Messieurs?

MM. Duvillier et Herbaux-Tibaut. Les mêmes laines.

M. Duriez :

2e Question. — Toutes mes machines sont anglaises. Je viens de

MM.
Duriez fils,
Duvillier,
Herbaut-Tibaut.

renouveler complétement ma filature de laine, en remplaçant mes anciens métiers *continus* par d'autres plus perfectionnés.

Les prix d'achats sont mentionnés dans la note adressée au Conseil par M. le Président de la Chambre Consultative de Tourcoing. En voici le résumé : les machines préparatoires coûtent en Angleterre, pour un assortiment de filature de laine longue, 12,015 francs; ces mêmes machines, rendues en France, me reviennent à 22,026 fr. 25 cent.

M. le Président. Ces 22,026 francs comprennent tous les frais?

M. Duriez. Ils comprennent le prix principal 12,015 francs, auquel il faut ajouter les frais d'emballage et de transport jusqu'au port d'embarquement, l'assurance, la traversée, la perte au change, le transport en France et les droits d'entrée. Tous ces frais s'élèvent à 75 p. o/o : soit, sur 12,015 francs, 9,011 fr. 25 cent. Il faut encore ajouter, pour les pièces cassées, nettoyage de machines rouillées en route, réparation pour regarnir les cuirs des cylindres des métiers à filer et des préparations, 1,000 francs : total 22,026 fr. 25 cent.

13 métiers à filer, composés chacun de 132 broches, coûtent aux filateurs anglais 22,737 francs. Lorsqu'ils sont rendus dans nos établissements, ils nous reviennent à 45,737 francs : différence, 23,000 francs.

Les bobinets nécessaires à un assortiment coûtent, en Angleterre, 5,100 francs; et, avec les frais divers et les droits d'entrée, ils nous reviennent à 8,000 francs; en tout, pour les 13 métiers, 53,737 francs : ce qui porte la dépense totale d'un assortiment, préparations et métiers, à 75,763 fr. 25 cent. pour 1,716 broches; soit, par broche, 44 fr. 15 cent.

M. le Président. Comment décomposez-vous cette différence de 23,000 francs?

M. Duriez. La différence résulte encore de frais divers, emballage, perte au change, transport de Bradford à Hull, fret, transport en France, droits et formalités de douanes, enfin pièces cassées et rouillées. Nous devons aussi faire venir, à nos frais, un mécanicien que le constructeur anglais nous envoie, pour monter ces mêmes machines. Tous ces frais réunis doublent à peu près la somme.

M. Michel Chevalier. Est-ce que vous ne pouvez pas prendre des machines chez des constructeurs français?

M. Duriez. Malheureusement non, à cause des progrès incessants que font les Anglais en filature continue. Ainsi j'ai récemment demandé l'autorisation d'introduire un métier continu, breveté pour perfectionnement; et, d'ici à un mois, je serai obligé de demander l'autorisation d'importer encore un autre métier continu, qui doit produire le double de ceux qu'on possède en ce moment. L'Angleterre, sous le rapport des constructions, marche sans cesse de progrès en progrès.

MM. Duriez fils. Duvillier. Herbaux-Tiban.

M. Michel Chevalier. Donc, vous considérez comme indispensable de vous adresser, pour les machines, aux constructeurs anglais?

M. Duriez. Oui, tant que la marche progressive de la fabrication des métiers pour filature, en Angleterre, ne s'arrêtera pas.

M. Michel Chevalier. La conséquence ne serait-elle pas qu'il faudrait établir des droits modérés sur ces machines?

M. Duriez. Non, parce que, de temps en temps, lorsque le progrès se ralentit en Angleterre, nous pouvons faire faire des machines en France.

M. Michel Chevalier. N'y a-t-il pas une contradiction dans ces deux réponses. Je vous demande si vous pouvez prendre des machines ailleurs qu'en Angleterre vous me répondez : « Non, malheureusement. » Et puis, quand je vous dis : « La conséquence n'est-elle pas qu'une des nécessités de votre industrie serait d'avoir les machines à des droits de douane très-modérés? » vous me répondez que vous considérez comme possible de tirer des machines des fabriques françaises.

M. Duriez. C'est-à-dire que, chaque fois que des progrès se manifestent dans la construction, nous devons faire venir d'Angleterre les premières machines. Ainsi, dans le département du Nord, l'emploi du métier continu date de quelques années, et il n'y a pas encore un seul de nos constructeurs qui ait fait des métiers continus; nous sommes obligés, quant à présent, de faire venir ces métiers d'Angleterre.

M. Michel Chevalier. « Quant à présent, » cela veut dire pour quelques mois.

M. Duriez. Depuis quelques années.

M. Michel Chevalier. Il me semble que les constructeurs français pourraient faire venir la machine d'Angleterre, et la reproduire aus-

MM. Duriez fils, Duvillier, Herbaut-Tibaut.

sitôt. Dans ces conditions, vous seriez dispensés de vous adresser à l'Angleterre, et de payer des droits de 75 p. o/o.

M. Duriez. C'est évident; mais nos constructeurs ne le font pas.

M. Michel Chevalier. Mais s'ils ne veulent pas le faire, il faut laisser entrer les machines anglaises à des conditions modérées.

M. d'Eichthal. Pourquoi le fabricant lui-même n'a-t-il pas fait venir le modèle et commandé la machine?

M. Duriez. Lorsqu'on commande des machines en Angleterre, elles sont promptement exécutées; mais lorsqu'on les commande en France, il faut attendre longtemps.

M. Duvillier. Pour mon compte particulier, indépendamment de ma filature de laine, j'ai des machines à filer le coton. J'ai essayé d'importer des modèles anglais et de les faire reproduire par un constructeur français. J'ai perdu presque la valeur de ces machines; elles n'ont pas fonctionné, à beaucoup près, comme les machines anglaises. Jusqu'à présent, tous les essais de cette nature ont amené des résultats à peu près semblables.

M. Michel Chevalier. C'est-à-dire que vous et vos confrères, qui avez commandé à des constructeurs français des machines à filer, vous n'avez pas eu à vous en applaudir.

M. Duvillier. Parce qu'ils ne sont pas outillés comme les constructeurs anglais. Et puis nous n'avons pas, dans nos contrées, des fontes aussi bonnes.

M. Michel Chevalier. Quelles que soient les causes, il faudrait conclure de vos dires que les constructeurs de machines français ne sont pas en état de fournir des machines; dans ce cas, il serait de votre intérêt de laisser entrer les machines étrangères à des droits très-modérés.

M. Duvillier. Il y a certainement quelque chose de vrai dans ce raisonnement; mais les constructeurs français, à leur tour, auront à réclamer. Si nous étions des égoïstes, nous ne verrions que le meilleur marché pour nous; mais nous sommes trop Français, nous avons trop à cœur la satisfaction de tous les intérêts français pour raisonner comme des égoïstes.

MM. Duriez fils, Duvillier, Herbaux-Tibaut.

M. d'Eichthal. En raisonnant comme des égoïstes, que diriez-vous?

M. Duvillier. Il est évident que nous aurions intérêt à avoir des machines à bas prix.

M. Duriez. Nous ne désirons pas cette réduction de droits, parce que notre industrie perdrait trop sur son outillage. Il ne serait pas juste de nous faire perdre 35 à 40 p. o/o sur notre matériel qui est tout neuf.

Je continue le résumé de la note du président de la Chambre Consultative de Tourcoing.

La main-d'œuvre en Angleterre est de 350 francs par semaine, pour un assortiment; en France, elle est de 643 francs pour la même filature: différence en plus, 293 francs.

Les frais généraux pour cette même filature sont, en Angleterre, de 18,722 francs par année; soit, par semaine, 360 francs. En France, ils s'élèvent à 37,272 francs; soit, par semaine, 716 fr. 75 cent. La production anglaise est, par semaine, de 720 kilogrammes du n° 28 français. La production française est inférieure d'un cinquième; soit, par semaine, 600 kilogrammes du n° 28 français.

Nous arrivons ainsi aux prix de revient comparatifs, en Angleterre et en France, d'un kilogramme de laine filée du n° 28 français.

La main-d'œuvre par semaine est, en Angleterre, de 350 francs sur 720 kilogrammes produits; soit, par kilogramme........ 48c 1/4

Les frais généraux s'élèvent à 360 francs; soit, par kilogramme.................................... 50

Le prix de revient anglais du kilogramme est donc de... 98 1/4

La main-d'œuvre par semaine, en France, est de 643 francs sur 600 kilogrammes de produits; soit, par kilogramme... 1f 07c

Les frais généraux s'élèvent à 716 fr. 75 cent.; soit, par kilogramme.................................... 1 19 1/2

Le prix de revient français du kilogramme est donc de. 2 26 1/2

Dans ce prix de revient de 2 fr. 26 cent., il n'y a aucun bénéfice pour le filateur français, et il n'est pas tenu compte du capital roulant.

M. Amé. Ainsi la différence de ces deux prix de revient, 2 fr. 26 c. et 98 centimes, serait de 1 fr. 28 cent., en nombre rond 1 fr. 30 cent.; c'est-à-dire que vous produiriez à 130 p. o/o plus cher que les Anglais.

MM.
Duriez fils,
Duvillier,
Herbaux-Tibaut.

M. Ernest Baroche. Vous estimez que les Anglais peuvent filer à 98 centimes, peignage compris?

M. Duriez. Non; le peignage n'est pas compris : je parle seulement de la filature à façon.

M. Ernest Baroche. Combien cela fait-il, à l'échelle de 1,000 mètres?

M. Duriez. 98 centimes 1/4 au kilogramme, c'est 3 centimes 1/2 le numéro; et 2 fr. 26 cent. 1/2, c'est 8 centimes le numéro.

Jusqu'au mois de janvier dernier, on me payait 10 centimes le numéro; depuis cette époque, nos prix ont baissé de 2 centimes, à l'échelle de 700 mètres.

M. Ernest Baroche. Vous filez avec des métiers continus?

M. Duriez. Oui, Monsieur.

M. Ernest Baroche. Je m'explique qu'il y ait une différence entre les prix de la filature continue et les prix de la filature Mull-Jenny; mais vous savez que le prix de l'échée de 1,000 mètres, en filature Mull-Jenny, s'évalue à 2 centimes 1/2.

M. Duriez. Je ne parle pas de la filature Mull-Jenny. J'en ai une; mais dans l'état actuel des prix de façon, si réduits depuis quelques mois, j'ai préféré l'arrêter que de travailler à perte.

M. Ernest Baroche. Je connais des filatures de Reims employant des mull-jenny, qui font des affaires, et dont les prix courants sont de 2 centimes 1/2.

M. Duvillier. A Reims, ce prix de 2 centimes 1/2 s'applique à la livre.

M. Ernest Baroche. Que ce soit à la livre ou au kilogramme, l'échée est toujours de 1,000 mètres.

M. Duvillier. Pardon, c'est une façon de parler; chez nous, c'est 5 centimes l'échée de 1,000 mètres au kilogramme; à Reims, c'est 2 centimes 1/2 l'échée de 1,000 mètres au demi-kilogramme.

M. Ernest Baroche. On nous a produit des prix courants de filateurs à Reims, qui portent à 2 cent. 1/2 l'échée de 1,000 mètres. Je comprends que la filature continue coûte plus cher; mais je vous demande de m'expliquer comment ce qui coûte 2 centimes 1/2 avec un métier Mull-Jenny, peut coûter 8 centimes au métier continu.

MM. Duriez fils, Duvillier, Herbaux-Tibaut.

M. Duvillier. Il serait bon, auparavant, de s'entendre sur le guindage de 1,000 mètres et sur notre guindage. Dans notre pays, nous sommes encore à l'ancien système; nous ne facturons pas aux mille mètres. Notre guindage, à Tourcoing, est de 700 mètres. Ainsi notre n° 30 à la livre fait un n° 42 au kilogramme, par 1,000 mètres.

Pour passer de notre guindage ancien au guindage nouveau, je multiplie par 700 le numéro ancien, et je double le produit. Ainsi le n° $30 \times 700 \times 2 = 42{,}000$, c'est-à-dire 42,000 mètres au kilogramme, ou n° 42 nouveau. De même le n° 40 ancien fait 56,000 mètres au kilogramme, ou n° 56. Nous numérotons toujours sur l'ancien guindage. Je ne sais pas s'il en est de même avec le métier continu.

M. Duriez. Il n'y a pour nous que la différence de 700 à 1,000; nous facturons au kilogramme; tandis qu'à Reims, où l'on parle de 2 centimes 1/2, ce prix s'applique à la livre.

M. Michel Chevalier. Cependant, quand on parle de 1,000 mètres?...

M. Duvillier. J'ai ici le tarif payé aux ouvriers, tarif très-exactement suivi, le plus élevé de France, et fixé d'un commun accord, en 1848, entre ouvriers et patrons. Avant le mois de janvier dernier, notre prix de façon de filature était de 4 centimes 1/2 le numéro au kilogramme par 700 mètres; et aujourd'hui, j'ai le regret de le dire, nous filons au bas prix de 3 centimes 1/2. Si malheureusement l'état de choses actuel continue, il y aura des catastrophes, comme en 1846, 1847 et 1848, époque à laquelle nous filions au même prix de 3 centimes 1/2. Depuis ces désastres, la main-d'œuvre a augmenté de 20 p. o/o. Je dis donc que si nous restons dans cette position, il y aura chez nous des ruines dans un an ou dix-huit mois. Tous ceux qui filent à un prix inférieur à 4 centimes, courent à leur ruine.

Nous sentons bien notre situation; mais nous ne pouvons pas reculer; nous attendons.

M. Ernest Baroche. Vous employez le métier Mull-Jenny?

M. Duvillier. Oui, à raison de 3 centimes 1/2 les 700 mètres au kilogramme.

M. Ernest Baroche. Vous filez de la laine longue, et en maigre?

M. Duvillier. Oui, Monsieur.

M. Ernest Baroche. Et vous, Monsieur Duriez, vos métiers continus filent en gras?

MM.
Duriez fils,
Duvillier,
Herbaux-Tibaut.

M. Duriez. Je file en gras, et j'ajoute 5 p. o/o d'huile d'olives.

M. le Président. Vos ouvriers sont-ils à la journée ou à la tâche?

M. Duriez. Ceux qui sont pour les métiers à filer sont à la tâche; ceux des préparations sont à la journée. En Angleterre, c'est exactement la même chose.

M. le Président. Combien payez-vous vos ouvriers à la journée?

M. Duriez. Nous n'avons que des ouvrières; elles sont à la journée et gagnent 12 à 13 francs par semaine.

M. le Président. Et combien gagnent les ouvriers anglais de la même catégorie?

M. Duriez. 10 francs par semaine. Tout cela est exposé avec la plus grande exactitude dans la note de M. le Président de la Chambre Consultative de Tourcoing; il n'y a pas la plus petite erreur.

M. Ernest Baroche. Filez-vous les mêmes numéros que vos confrères, avec votre outillage différent du leur?

M. Duriez. Oui, je file les mêmes numéros, de 15 à 60.

M. Ernest Baroche. Comment, vos confrères vendant moins cher, pouvez-vous soutenir la concurrence?

M. Duriez. Il doit arriver nécessairement ceci : c'est que la filature au métier Mull-Jenny tombera et sera remplacée par la filature continue, dont le travail est irréprochable; nos fabricants de tissus en viendront à ne vouloir plus que de ces produits-là.

M. Duvillier. C'est aussi mon opinion : je crois que le mull-jenny va disparaître de France. Il y a, dans le métier continu, une supériorité manifeste. Généralement, tout ce que nous filons au mull-jenny est pour retordre; et, avec le retordage, cela revient plus cher que le fil au métier continu. S'il ne s'est pas monté plus de métiers continus en France, c'est que la dépense première est considérable comparativement aux mull-jenny. Mais lorsque nous pourrons avoir les machines à meilleur marché, lorsque le charbon, et par conséquent la force motrice, coûtera moins cher, je crois qu'on montera en France beaucoup de ces métiers.

MM. Duriez fils, Davillier, Herbaux-Tibaut.

M. Seydoux. Quelle est la production de la broche continue, et combien produit la broche Mull-Jenny?

M. Davillier. Pour la broche Mull-Jenny, j'ai fait le calcul sur l'ensemble d'une année : elle produit environ 21 kilog. 250 par an de filé n° 30, par 700 mètres à la livre, soit le n° 42,000 mètres au kilogramme.

M. Duriez. Pour la filature continue, je n'ai pas fait le calcul; je le ferai et j'en transmettrai le résultat au Conseil.

Il résulte des prix de revient que j'ai établis, que la protection nécessaire à la filature continue, pour la mettre en état de lutter avec l'Angleterre, est de 1 fr. 28 cent. par kilogramme : c'est la différence des prix de revient, 2 fr. 26 cent. et 98 centimes.

M. Amé. D'où vous tirez la conclusion qu'il vous faudrait, pour vous sauvegarder, un droit de 130 p. o/o?

M. Duriez. Nous disons qu'il est nécessaire à notre filature à façon, rien que comme filature à façon, d'avoir un droit de 1 fr. 28 cent. par kilogramme.

M. Michel Chevalier. Vous admettez bien que cela fait 130 p. o/o?

M. Duriez. Oui, à peu près, pour la filature à façon. Veuillez vous rappeler que nos machines nous reviennent de 80 à 90 p. o/o plus cher.

M. Michel Chevalier. Et vous ne paraissez pas vouloir les avoir à meilleur marché.

M. le comte de Lesseps. Est-ce que vous ne pouvez pas vous procurer, en Alsace, des machines à un prix moins élevé?

M. Duriez. On en fait en Alsace; mais pour nous, habitants du Nord, il nous est plus facile de nous adresser à l'Angleterre, et cela ne coûte pas plus cher. Acheter un métier en Angleterre ou en Alsace, cela revient au même prix.

M. Michel Chevalier. Ne croyez-vous pas que si vous payez aussi cher la machine en Alsace, cela tient à ce que le constructeur règle son prix sur les droits de douane, et que, par conséquent, si l'on supprimait les droits de douane, le constructeur alsacien vous vendrait meilleur marché?

M. Duriez. Il est vraisemblable que, depuis le traité de com-

MM. Duriez fils, Duvillier, Herbaux-Tiliaut.

merce, les fers baissant, la marchandise baissera aussi, et que nous achèterons à meilleur marché en France. On m'a dit que M. Pouyer-Quertier avait commandé en Alsace tous ses métiers à filer le coton, afin d'être plus promptement servi qu'en Angleterre, où les constructeurs ont des ordres jusqu'à des époques très-reculées.

M. Duvillier. Je suis, autant que qui que ce soit, disposé à donner, en toute circonstance, la préférence à mon pays. Mais je suis fabricant, et je dois, avant tout, chercher à bien produire. Quand j'ai monté mon établissement de coton, il y a quelques années, je suis allé en Alsace et en Angleterre. J'ai essayé les machines des deux pays, et je ne voudrais pas, pour 50,000 francs, avoir tout commandé en Alsace.

M. Seydoux. Pourquoi?

M. Duvillier. A cause de la supériorité que j'ai trouvée en Angleterre.

M. Seydoux. C'est le même système de machines.

M. Duvillier. On m'a dit qu'on m'avait donné le même système; mais la différence dans les résultats était grande. J'ai mis les constructeurs en concurrence, en demandant les prix partout, à Mulhouse, chez M. Nicolas Schlumberger, et j'ai acheté le meilleur marché possible. J'ai fait la même chose en Angleterre. Le métier anglais me revient plus cher, c'est vrai; mais j'ai obtenu une différence de près de 50 centimes au kilogramme sur le filé. En Angleterre, j'ai pu avoir des machines de 800 broches : la perfection de la fabrication des machines permet d'atteindre ce nombre; tandis qu'en Alsace je n'ai eu que des métiers de 300 broches, et j'ai de la peine à trouver des fileurs.

M. le Président. Cette supériorité des machines anglaises, à quoi l'attribuez-vous?

M. Duvillier. L'Angleterre est aujourd'hui la première puissance industrielle du monde; mais aussi, tant qu'elle n'a pas eu cette supériorité reconnue, elle a défendu la sortie des machines et frappé de la peine de mort les contrevenants. Je connais un négociant de Tourcoing, qui, ayant acheté, il y a trente ans environ, un petit assortiment de métiers continus, ne put obtenir la livraison que par pièces et par morceaux; on avait dû attacher ces morceaux et ces pièces à droite et à gauche jusque sous le navire, pour les faire sortir en fraude.

MM. Duriez fils. Duvillier. Herbaux-Tibaut.

Ce n'est que quand l'Angleterre s'est vue en possession de la supériorité dans la construction des machines, qu'elle les a laissées sortir. Il faut bien le dire, parce que c'est la vérité, chaque fois que j'ai visité les établissements anglais pour la fabrication des machines, j'ai été très-peiné en voyant la grande différence qui existait non-seulement avec nos établissements, mais aussi avec nos ouvriers. Si vous entrez dans une manufacture anglaise, l'ouvrier ne détourne pas la tête; on dirait que l'ouvrier et la machine ne forment qu'un. Entrez dans nos établissements; nous sommes loin de produire autant et de la même manière : cela tient à ce que l'Angleterre est devenue le grand mécanicien industriel du monde, et que toujours la tête du mécanicien anglais travaille à remplacer le bras de l'homme par la machine.

C'est un fait notoire que, depuis peu de temps, l'Angleterre a augmenté ses usines d'un tiers, et qu'en même temps elle a diminué le nombre des bras employés.

M. le Président. Cette perfection, la France l'a déjà acquise pour plusieurs industries; il faut espérer qu'elle y arrivera aussi pour celle-là.

M. Duvillier. En attendant, ce qu'il y a de mieux pour nous, c'est d'employer les machines anglaises.

M. Michel Chevalier. A ce point de vue-là, vous devez désirer que la France puisse tirer des machines d'Angleterre à meilleur prix.

M. Duvillier. Comme filateur, je désire avoir toutes machines anglaises; mais je suis Français, et je ne dois pas songer à mes intérêts seulement; ce n'est pas possible.

M. Amé. Quel est le nombre d'ouvriers belges employés à Roubaix?

M. Duriez. 18,000 environ.

M. Amé. Et à Tourcoing?

M. Herbaux. 8,000 environ.

M. Duvillier. Ces ouvriers belges viennent chez nous de préférence, parce que nous les payons un tiers de plus que nos confrères de Reims, d'Amiens, de Fourmies, etc. Nos fileurs gagnent 4 à 5 francs par jour; dans beaucoup d'autres localités ils ne gagnent que de

MM. Duriez fils, Duvillier, Herbaux-Tibaut.

3 francs à 3 fr. 50 cent. Ainsi les Belges quittent leur pays pour venir gagner de l'argent chez nous; mais il est évident que, du moment où les filés belges pourront entrer en France, ils resteront à travailler chez eux.

M. Ernest Baroche. Dans la différence de 1 fr. 28 cent., ne se trouve pas comprise la façon du peignage?

M. Duriez. Non, c'est la façon de la filature seule.

Je sais que les représentants de Roubaix ont parlé de 1 fr. 20 cent.; mais nous croyons qu'il faut à la filature un droit plus élevé; sans cela, c'est notre conviction bien profonde, la filature sera écrasée. Nous disons ceci : 1 fr. 28 cent. est la différence des prix de revient. Le chiffre de la protection, nous le laissons à votre appréciation; ce sera celui que vous jugerez à propos d'accorder.

M. Amé. Le Conseil Supérieur doit formuler un projet de tarif; on vous appelle devant le Conseil précisément pour que vous lui soumettiez les chiffres que vous jugez convenables, dans l'intérêt de votre industrie.

M. Duriez. Je regrette alors de ne pas avoir commencé ma déposition par la lecture de la pétition qu'ont adressée au Conseil Supérieur plus de 80 filateurs de notre localité.

M. le Président. Lisez-la.

M. Duriez, *lisant :*

Les soussignés, filateurs à façon, au mull-jenny ou au continu, en laines longues ou mélangées de poils longs d'alpaga, de poils de chèvre ou autres poils longs, dont l'industrie spéciale ne trouve pas de représentants auprès de vous, croient devoir vous exposer leur situation.

Le travail ci-joint que nous vous remettons, par tableaux comparatifs de la filature continue en Angleterre et dans notre contrée, fait ressortir, à notre désavantage, une différence de prix de revient de 1 fr. 25 cent. par kilogramme.

Mais il convient, Messieurs, de vous soumettre les observations suivantes.

Le filateur à façon anglais reçoit toujours des laines peignées, graissées de 5 p. o/o, l'usage en Angleterre étant de toujours peigner la laine avec cette addition d'huile. Le filateur français reçoit toujours la laine peignée sans huile, l'usage en France étant toujours de vendre ou peigner cette matière parfaitement dégraissée. C'est un

MM.
Luries fils,
Duvillier,
Herbaux Tibaut.

surcroît de dépense qui, pour un établissement de 2,000 broches environ, s'élève à 3,000 francs par année, laquelle somme est portée dans le tableau des frais généraux.

En Angleterre, les filatures sont beaucoup plus considérables; aussi ont-elles moins de frais généraux.

Parmi les soussignés, il se trouve beaucoup de filateurs qui, d'ouvriers, sont devenus contre-maîtres, puis, par suite de leur bonne conduite, de leur intelligence, de leur labeur, et, en même temps, grâce à leurs épargnes, sont arrivés chacun à posséder une filature plus ou moins importante; cette classe si intéressante doit-elle vivre ou succomber? Et positivement elle succomberait, si on ne lui accordait pas la protection promise par S. M. l'Empereur, dans sa lettre du 4 janvier.

Il existe dix établissements qui filent à façon, contre un qui file et tisse ses produits; tous payent des impôts; tous espèrent en la légitime protection du Gouvernement: l'Empereur l'a promis, il le voudra.

Les soussignés, filateurs à façon, reçoivent presque toujours de petites parties de laine peignée, soit blanche ou teinte: après le passage de chaque lot de laine, on doit à chaque machine préparatoire défiler, nettoyer la machine, souvent changer le laminage; il en est de même pour le métier à filer: ce qui occasionne une grande perte de production et une augmentation de frais généraux.

Cette circonstance s'aggrave de ce fait si capital, que très-souvent on doit filer des laines moins bonnes et moins longues que celles des filateurs anglais, lesquelles exigent plus de torsion. Ces motifs réunis expliquent suffisamment la réduction d'un cinquième dans la production française, comparativement à la production anglaise, comme elle est portée au tableau résumé du travail ci-joint.

Le fabricant qui nous fait filer à façon doit nous payer 1 fr. 25 cent. par kilogramme de plus qu'on ne paye au filateur anglais; il devra payer la laine peignée 50 centimes de plus aussi, si toutefois le droit actuel de 80 centimes sur la laine peignée est justement réduit à 50 centimes. Ces différences réunies donnent un total de 1 fr. 75 cent. de protection par kilogramme sur le fil simple venant de l'étranger, de 2 francs sur la laine retorse, 2 fr. 25 cent. sur la laine teinte ou blanchie, 2 fr. 50 cent. sur celle ourdie, et 3 francs sur celle lisse, c'est-à-dire gazée.

Les soussignés font remarquer qu'on importe aussi beaucoup de filés de laines mélangées de poils de chèvre, lesquels, contrairement à la loi, sont admis au droit de 20 centimes le kilogramme. Aussi

MM.
Duriez fils,
Dovillier,
Herbaux-Tibaut.

l'importation, qui était, dans la moyenne décennale de 1827 à 1836, d'une quantité de 23,909 kilogrammes, est arrivée, dans celle de 1837 à 1846, à 112,469 kilogrammes; dans celle de 1847 à 1856, à 168,325 kilogrammes; et enfin dans les années 1857 et 1858, à plus de 310,000 kilogrammes. Nous ne connaissons pas les importations de 1859, mais nous ne doutons pas que le chiffre de 400,000 kilogrammes ne soit dépassé. Si la loi était exécutée, si l'on saisissait toutes les marchandises importées avec des déclarations fausses, évidemment plus des trois quarts de cette quantité ne seraient pas introduits en France. On voit donc par là que c'est un débouché important qui se trouve fermé à la production de la filature française. Nous redoutons les importations infiniment plus considérables de laines filées en matières longues, imitant le poil de chèvre, par suite de l'admission d'un plus grand nombre de laines filées de l'étranger, lors de la levée des prohibitions.

Nous croyons qu'il serait de toute justice que les filés de poils de chèvre payassent les mêmes droits que la laine filée, puisque, aujourd'hui déjà, un assez grand nombre de filatures au continu sont en activité, et qu'avec la diminution des droits sur les machines et une protection pour notre industrie, le nombre s'en accroîtra encore, de manière à satisfaire à tous les besoins possibles de la fabrication française.

M. Ernest Baroche. Nous avons entendu ici des fabricants qui ont demandé qu'on supprimât les droits sur les fils de poil de chèvre.

M. Duriez. Oui, nous savons qu'il y a, dans une ville de France, une dizaine de fabricants qui demandent un monopole pour leur industrie.

Mais dans le velours d'Utrecht il entre du coton, du fil de lin et du poil de chèvre. Ce qu'Amiens ignore, c'est que les villes de Sainte-Marie-aux-Mines, de Roubaix et d'autres, emploient des fils de poil de chèvre simples, mais très-souvent ne contenant pas plus d'un dixième de cette matière; c'est tout simplement de la laine anglaise brillante dans laquelle on mêle un peu de poil de chèvre. Le filateur français, qui paye des impôts de toute nat re, n'est pas protégé; le filateur anglais, qui ne paye rien, importe ses produits sans droit, au détriment de la filature française et du Trésor. Dans le velours d'Utrecht, d'Amiens, c'est seulement le poil de chèvre retors qui est employé. Le fil simple n'a d'emploi que dans les articles fantaisie pour robes et nouveautés.

M. Michel Chevalier. Ces Messieurs viennent de nous dire qu'ils étaient patriotes. Dans l'intérêt patriotique se trouve compris l'intérêt des consommateurs, qui ne seraient peut-être pas fâchés de voir la question résolue dans le sens de la demande des fabricants d'Amiens. MM. Duriez fils, Duvillier, Herbaux-Tibaut.

M. Duriez. Les fabricants d'Amiens ne font que deux articles : le velours de coton, dans lequel il n'entre pas un atome de poil de chèvre, et le velours de poil de chèvre qui est un article de luxe, qui ne sert qu'à très peu d'usages, pour les rideaux, pour les canapés, pour les fauteuils. Peu importe aux consommateurs de ces articles de payer 25 centimes de plus ou de moins.

M. Michel Chevalier. Les avez-vous consultés? En êtes-vous sûr ?

M. Duriez. Cela tombe sous le sens.

(Pour compléter les dépositions qui précèdent, M. le Président de la Chambre Consultative de Tourcoing a fait parvenir au Commissariat général une note contenant les détails suivants.) Chambre Consultative de Tourcoing. (Note.)

DÉTAIL D'UN ASSORTIMENT DE FILATURE LAINE LONGUE OU MÉLANGÉE DE POILS LONGS, COÛTANT EN ANGLETERRE 40,000 FRANCS.

Il est composé des machines suivantes :

Un double *gill box* à 2 pots tournants, valant 35 l. st. ou....	875f
Un deuxième *gill box* à 2 pots tournants, valant 35 l. st. ou.	875
Un troisième *gill box* à 2 broches, valant 26 l. st. ou.....	650
Trois étirages ou *drawing head* à 2 broches, valant 22 l. st. ou.	550
Deux étirages ou *finishing head* à 6 broches chacun, valant 26 l. st. ou....	1,300
Cinq bancs à broches ou *rowing head* à 8 broches chacun, valant 27 l. st. ou....	3,375
Quatre bancs à broches de 30 broches, à 25 shellings la broche ou....	3,710
Total..........	11,335
Pièces de rechange, 6 p. o/o....	680
Total à reporter pour les machines........	12,015f

Chambre Consultative de Tourcoing.

Note.

Report		12,015f
Treize métiers à filer de 132 broches, soit 1,716 broches, à 10 shellings la broche ou 12 fr. 50 cent.	21,450f	
Pièces de rechange, 6 p. o/o	1,287	
Bobinets divers	5,100	
Total pour métiers à filer et bobinets		27,837
Total		39,852

Ainsi, 1716 broches coûtent au filateur anglais 39,852 francs.
Soit 23 fr. 25 cent. la broche.

DÉTAIL DE CE MÊME ASSORTIMENT DE FILATURE LAINE LONGUE OU MÉLANGÉE DE POILS LONGS, RENDU EN FRANCE.

Coût des machines préparatoires en Angleterre	12,015f 00c	
A cette somme, il faut ajouter les frais d'emballage, de transport jusqu'au port d'embarquement, la perte au change, le transport en France, les droits d'entrée s'élevant à 75 p. o/o sur 12,015 fr., soit :	9,011 25	
Pièces cassées, nettoyage de machines rouillées en route, réparations pour regarnir les cuirs des cylindres des métiers à filer et des préparations.	1,000 00	
Total pour les machines préparatoires		22,026f 25c
Coût de 13 métiers de 132 broches en Angleterre	22,737f 00c	
Perte au change, frais d'emballage, de transport en Angleterre, assurance de transport en France, frais de douane et montage	23,000 00	
Bobinets divers, emballage, transports, droits, etc.	8,000 00	
Total par métiers à filer et bobinets		53,737 00
Total		75,763 25
Revient en Angleterre		39,852 00
Différence en plus		35,911 25

Ainsi 1,716 broches coûtent au filateur français 75,763 fr. 25 cent.
Soit 44 fr. 15 cent. par broche.

MAIN-D'ŒUVRE EN ANGLETERRE.

Une filature anglaise occupe :

1° Un directeur, gagnant 32 shellings par semaine, soit	40f
2° Un surveillant, gagnant 16 shellings par semaine, soit	20
A reporter	60

	Report	60[f]
3°	Un graisseur, gagnant 12 shell. 6 d. par semaine, soit	15
4°	Sept soigneuses aux préparations, gagnant 8 shellings ou 10 francs par semaine, soit	70
5°	Quatorze fileuses[1], gagnant 8 shellings ou 10 francs par semaine, soit	140
6°	Deux petites fileuses, gagnant 6 shellings ou 7 fr. 50 cent. par semaine, soit	15
7°	Deux baqueleuses, gagnant 6 shellings ou 7 fr. 50 cent. par semaine, soit	15
8°	Quatre démonteuses, gagnant 7 shellings ou 8 fr. 75 cent. par semaine, soit	35
	Total	350

MAIN-D'OEUVRE EN FRANCE.

La même filature en France occupe :

1°	Un directeur[2], gagnant par semaine	60[f]
2°	Un surveillant, gagnant par semaine	20
3°	Un graisseur, gagnant par semaine	15
4°	Onze soigneuses, gagnant 12 francs chacune par semaine	120
5°	Vingt-six fileuses, gagnant 13 francs chacune par semaine	338
6°	Trois caqueteuses, gagnant 10 francs chacune par semaine	30
7°	Six démonteurs, gagnant 10 francs chacun par semaine	60
	Total	643
	Revient en Angleterre	350
	Différence en plus	293

FRAIS GÉNÉRAUX EN ANGLETERRE.

Les frais généraux en Angleterre, d'un assortiment, s'élèvent à 18,722 francs.

Capital immobilisé	40,000 francs, intérêt à 5 p. o/o	2,000[f]
———	40,000 francs, dépréciation 8 p. o/o	3,200
———	40,000 francs, assurance 3 p. o/o	120
	A reporter	5,320

[1] Une ouvrière, en Angleterre, soigne les deux côtés d'un métier à filer; en France, il faut une ouvrière par chaque côté; pas une seule filature, soit des établissements de la Chartreuse, près Strasbourg, ou de Guebwiller, chez MM. Ziegler-Frey et Cie, soit de Lille ou des diverses filatures de Roubaix et Tourcoing, ne peut faire différemment; partout il faut une fileuse par chaque côté de métier. Il en est de même des autres ouvrières, soigneuses, baqueleuses, démonteuses.

[2] Nous devons faire venir nos directeurs d'Angleterre; ils doivent former nos ouvriers à ces nouvelles machines, aussi devons-nous les payer plus cher, sinon ils ne quitteraient point leur pays; c'est du reste un prix modéré en France

Chambre Consultative de Tourcoing.

Nord.

Report	5,320f
Assurance sur bâtiment, transmissions, etc. 40,000 francs, 3 p. o/o	120
Assurance sur 4,000 kilogrammes de laine peignée, à 7 francs, 28,000 francs, 3 p. o/o	84
Contributions, patentes ou *income tax*	500
Huile à graisser les machines et les transmissions seulement	800
Courroies et draps pour flottes, etc	300
Cordes à broches	120
Réparations et renouvellement des bobinets, paniers, brosses, burettes, lanières, etc	700
Réparation et entretien des machines, des rouleaux, des cuirs de cylindres, etc	2,500
Comptable	1,500
Gaz	300
Frais imprévus	400
Le loyer du local et de la force motrice, en Angleterre, est calculé par 120 broches (les préparations comprises) pour 1 cheval, ou 3 shellings par broche; le prix varie entre 16 et 18, soit comme prix moyen, 425 francs. Ainsi, 13 métiers de 132 broches, soit 1,716 broches, demandent une force de 14 chevaux 3/10 à 425 francs	6,078
Total	18,722

soit par semaine 360 francs.

FRAIS GÉNÉRAUX EN FRANCE.

Les frais généraux d'un assortiment s'élèvent à 37,272 fr. 20 cent.

Capital immobilisé 75,800 francs, intérêt à 6 p. o/o	4,548f 00c
——— 75,800 francs, dépréciation à 8 p. o/o	6,064 00
——— 75,800 francs, assurance à 3 p. o/o	227 00
Assurance sur bâtiment, transmissions, etc., 50,000 francs à 3 p. o/o	150 00
Assurance sur 4,000 kilogrammes de laine peignée, à 7 fr. 50 cent., 30,000 francs à 3 p. o/o	90 00
Contributions et patentes	800 00
Huiles à graisser les machines et les transmissions seulement	900 00
Courroies et draps pour flottes, etc	400 00
Cordes à broches	150 00
Réparations et renouvellement des bobinets, paniers, brosses, burettes, lanières, etc	900 00
Réparations et entretien des machines, des rouleaux, des cuirs de cylindres, etc	3,000 00
Comptable	1,500 00
Gaz	800 00
A reporter	19,529 00

Chambre Consulta de Tourcoing

Nota.

Report	19,529f 00c
Frais imprévus	500 00
Le loyer du local et de la force motrice est aussi calculé par 120 broches (les préparations comprises) pour un cheval; mais le prix en France est de 1,000 francs. Ainsi, 13 métiers de 132 broches, soit 1,716 broches, emploient une force de 14 chevaux 3/10, soit	14,300 00
Le peignage en France étant au sec, tandis qu'en Angleterre il est au gras, le filateur français doit graisser la laine peignée de 5 p. o/o d'huile sur 708 kilogrammes, soit 35 kilog. 400 d'huile à 1 fr. 60 cent. le kilogramme, soit, par semaine, 56 fr. 60 cent.; par année	2,943 20
Total	37,272 20

Soit par semaine	716f 75c
Prix de revient en Angleterre	360 00
Différence en plus	356 75

Nota. Les établissements anglais étant plus importants que les nôtres, il en résulte pour eux des frais généraux bien moins élevés.

RÉSUMÉ DE LA FILATURE LAINE LONGUE OU MÉLANGÉE DE POILS LONGS EN ANGLETERRE.

La production anglaise est de 720 kilogrammes par semaine de n° 28 français.

La main-d'œuvre par semaine s'élève à	3f 50c, soit.	48c 1/4	par kilogramme.
Les frais généraux s'élèvent à	3 60, soit.	50	par kilogramme.
Prix de revient en Angleterre		98 1/4	ou 3c 1/2 le numéro.

RÉSUMÉ DE LA FILATURE LAINE LONGUE OU MÉLANGÉE DE POILS LONGS EN FRANCE.

On sait que la production française est inférieure à la production anglaise. Nous donnons moins de vitesse à nos métiers, nos ouvrières étant moins expérimentées. Elles n'ont jamais cette assiduité qui tient au caractère anglais; de là moins d'habileté et de pratique. N'oublions pas non plus que cette industrie est de récente importation; elle prend pour ainsi dire son développement dans l'importation du tissage mécanique de laine dans notre pays; ce qui est encore une cause de l'infériorité de nos ouvrières.

Aussi, la production française est-elle inférieure d'environ un cinquième à la production anglaise, soit 600 kilogrammes par semaine de n° 28 français.

Chambre Consultative de Tourcoing.

Note 1

La main-d'œuvre par semaine s'élève à 643 francs sur 600 kilogrammes, soit................................	1f 07c	par kilogramme.
Les frais généraux par semaine s'élèvent à 716 fr. 75 cent., soit..................	1 19 1/2	par kilogramme.
Revient par kilogramme en France..	2 26 1/2	ou 08c le numéro.
Revient en Angleterre............	98 1/4	
Différence en plus....	1 28 1/4	

NOTA. Dans ce prix de revient, on remarquera qu'il n'est compté aucun intérêt du capital roulant. De plus le filateur doit vivre et élever sa famille.

FIN DE L'ENQUÊTE SUR LES LAINES.

TABLE ANALYTIQUE

DE

L'ENQUÊTE SUR L'INDUSTRIE DE LA LAINE.

A

ALPAGA. — Les laines d'alpaga sont tirées du Pérou, 297, M. Robert Kell.

Comment l'Angleterre se pourvoit d'alpaga, 298, M. Robert Kell.

Il n'y a pas d'étoffe en alpaga pur, 297, M. Robert Kell.

La France produit beaucoup moins d'étoffes d'alpaga que l'Angleterre, 297, 298, M. Robert Kell.

Prix de la laine d'alpaga en Angleterre, 288, MM. les Délégués de Bradford.

Quantité employée en Angleterre, 302, MM. les Délégués de Bradford.

APPRÊTS. — Les frais varient en raison de la finesse de la laine et du tissu produit, 249, M. Bordeaux.

Apprêts de la laine en Angleterre, 273, MM. les Délégués de Bradford.

Prix de revient à Louviers, 110, 111, M. Poitevin; — 116, 117, M. Dannet; — 133, 134, M. Chennevière (de Louviers); — 95, M. Delandemare; — 144, 145, M. Ollivier; — 151, 152, M. Bernier : — à Sedan, 160, M. de Montagnac; — 174, M. Cunin-Gridaine; — à Abbeville, 197, M. Randoing; — à Bischwiller, 205, M. Roederer; — à Reims, 233, M. Desteuque; — 435 et suiv. M. Boulogne; — 645, M. Villeminot; — à Lisieux, 248, 249, M. Bordeaux; — à Vire, 268, M. J. Desmares; — à Châteauroux, 306, M. Balsan; — à Vienne (Isère), 313, M. Bouvier; — à Lodève, 320, 321, 322, M. Jourdan; — dans l'Ariége, 332, M. Dastis; — dans le Tarn, 337, M. Cormouls; — à Paris, 359, M. Albinet; — à Bétheniville (Marne), 540, M. Sautret; — à Ribemont, 609, M. Bonjour; — à Sainte-Marie-aux-Mines, 658, M. Koenig; — à Amiens, 665, M. Payen.

Le lavage de la laine se fait à la mécanique ou en rivière, 27, M. Blay.

Lavage à la mécanique, ses avantages, 106, M. Poitevin; — 230, M. Desteuque.

Déchet de la laine au lavage, 290, M. Robert Kell.

Lavage de la laine à Elbeuf, 18, M. Blay; — à Abbeville, 195, M. Bandoing; — à Bischwiller, 200, M. Roederer; — à Reims, 213, M. Lefèvre; — à Lisieux, 243, M. Bordeaux; — à Chateauroux, 303, M. Balsan; — à Vienne (Isère), 311, M. Bo[illegible]zen; — à Lodève, 316, M. Jourdan; — dans l'Ariége, 330, M. Dastis; — dans le Tarn, 334, M. Cormouls — à Paris, 356, M. Albinet; — en Angleterre, 290, M. Robert Kell.

Différence entre le dégraissage de la laine en rivière et le dégraissage mécanique, 28, M. Blay.

Le dégraissage de la laine est plus parfait en France qu'en Angleterre, 29, M. Blay.

Il est plus cher en France qu'en Angleterre, 29, M. Blay.

Les produits du dégraissage de la laine pourraient être utilisés, 28, 29, M. Blay.

Déchet que subit la laine par suite du dégraissage, 42, M. Fromont.

Dégraissage de la laine à Elbeuf, 29, M. Blay; — 95, M. Delandemare; — 42, M. Fromont; — à Sedan, 170, M. Cunin-Gridaine; — à Reims, 435, M. Boulogne; — à Fourmies, 472, 475, M. Delloue-Staincq.

Renseignements sur la teinture et le dégraissage à Reims, 436 et suiv. M. Boulogne.

ASSORTIMENT. — Voir *Filature*, *Machines*.

ASSURANCES (Frais d') d'une usine en Angleterre, 298, 299, MM. les Délégués de Bradford.

B

BARÉGES. — Cet article n'a pas besoin de protection, 580, M. Sieber.

BLOUSSE. — Différence de la blousse française et de la blousse étrangère, 24, M. Off.

Son prix en France, 24, M. Off; — à Mulhouse, 504, M. Trapp.

Vente des blousses de Saint-Quentin à Sedan, 593, M. Larsonnier.

Emploi des blousses pour la filature cardée, 620, MM. les Fabricants de Roubaix.

Elles sont vendues pour la fabrication du drap et de la flanelle, 538, M. Sautret.

BONNETERIE. — Les ouvriers travaillent chez eux et possèdent leurs métiers, 711, M. Tailbouis.

Nombre d'ouvriers employés à cette fabrication en France, 719, M. Tailbouis.

Nombre des métiers à la main en France, 731, M. Lavalard.

Métiers employés : provenance, 711, M. Tailbouis.

Métiers employés, 714, 717, M. Lavalard.

Différence entre les métiers mécaniques et les métiers à la main, 713, M. Lavalard.

Avantage du métier mécanique, 711, M. Tailbouis.

Dans quelle proportion sont employés les métiers rectilignes et les métiers circulaires dans l'Oise et dans la Somme, 720, MM. Tailbouis et Lavalard.

Un métier rectiligne peut remplacer cinq métiers à la main, 731, M. Lavalard.

Nature et provenance de la laine employée à Saint-Just (Oise); prix, 711, M. Tailbouis.

Provenance des laines employées à Roye (Somme); prix, 713, M. Lavalard.

Numéros filés à Roye (Somme), 713, M. Lavalard.

Produits de Roye (Somme), 713, M. Lavalard.

Mélange de la laine et du coton dans les articles de bonneterie, 712, M. Tailbouis.

La Somme fait peu d'articles coton et laine, 714, 719, M. Lavalard.

Importance de la fabrication de Leicester, 341, MM. les Délégués de Leicester.

Supériorité marquée de la France sur l'Angleterre pour la bonneterie de fantaisie. Parité pour la bonneterie ordinaire, 342, 343, MM. les Délégués de Leicester.

Prix à Leicester, 343, 344, MM. les Délégués de Leicester.

La bonneterie anglaise comprend les mêmes articles que la bonneterie française, 714, M. Lavalard.

La France est inférieure à l'Angleterre pour la bonneterie fabriquée avec des métiers circulaires, 727, 728, M. Tailbouis.

Avantages de l'Angleterre dans cette fabrication, 713, 716, 727, M. Tailbouis; — 715, 723, 724, 726, M. Lavalard.

Les laines blanches cardées sont plus chères en France qu'en Angleterre, 724, M. Lavalard.

BROCHE. — Voir *Filature, Machines.*

C

CARDE, CARDAGE.—Voir *Filature, Apprêts.*

CHÂLES. — Cette industrie ne craint pas la concurrence, 733, M. Duché.

Avantages de la France dans cette fabrication, 738, M. Constant.

La France seule fabrique les châles unis, 734, M. Audresset.

Préjugé des Français en faveur des châles de l'Inde, 734, M. Duché.

Danger d'une trop grande production pour l'article châle, 739, M. Constant.

Situation de la fabrication de Reims, 240, M. Desteuque.

Constitution de cette industrie à Nîmes, 737, M. Constant.

Les châles de Nîmes sont, en général, pure laine, 738, M. Constant.

Nature et numéros des laines employées à Nîmes: prix et provenance de ces laines, 736, M. Constant.

Prix de la teinture pour châles, 737, M. Constant.

Produits de Nîmes, 736, M. Constant.

Paisley, en Écosse, fabrique des produits similaires à ceux de Nîmes, 738, M. Constant.

Tableau indiquant le prix moyen des articles fabriqués à Paisley dans les six derniers mois, 353, M. le Délégué de Paisley.

CHARBON. — Voir *Houille.*

CLASSIFICATION proposée pour les fils de laine peignée, 502, M. Trapp; — 511, M. Hartmann.

Pour les draps, 73, 74, M. Flavigny; — 80, 81, 82, M. Poussin; — 98, M. Delandemare; — 113, M. Poitevin; — 123 et suiv. M. Dannet; — 164, M. de Montagnac; — 175, 184, M. Cunin-Gridaine; — 252, 253, M. Bordeaux; — 266, M. J. Desmares; — 307, M. Balsan.

Pour les draps et nouveautés, 388, 390, M. Lizé.

Pour les mérinos, 413, M. Croutelle; — 420, 421, M. de Brunet.

Pour les flanelles, 413, M. Croutelle; — 420, 421, M. de Brunet.

Pour les tissus de laine peignée pure, 613, M. Jardin.

Pour les tissus de laine peignée pure ou mélangée, 277, MM. les Délégués de Bradford; — 626 et suiv. MM. les Fabricants de Roubaix.

Pour les articles laine et coton, 445, 446, MM. les Délégués anglais; — 660, M. Koenig.

Pour le velours d'Utrecht, 671, M. Baril.

Pour la bonneterie, 712, 722, M. Tailbouis; — 715, M. Lavalard.

Pour les tapis, 680 et suiv. M. Tétard; — 697, 701, M. Maury.

Mode de classification proposé pour les châles, 738, M. Constant.

Il est difficile de faire une classification pour les tissus légers de laine, 581, M. Sieber.

Elle est très-facile pour les tissus de laine peignée pure, 596, M. Larsonnier.

Classification en usage à Reims pour les tissus de mérinos, 645, M. Villeminot.

COMMISSION (Frais de) sur l'achat des laines, 2, 3, 4, M. Lanseigne; — 24, M. Opp; — 67, M. Flavigny; — 91, 92, M. Delandemare; — 119, M. Dannet; — 142, M. Ollivier; — 195, M. Randoing; — 166, 167, M. Cunin-Gridaine; — 200, M. Roederer; — 303, M. Balsan; — 490, M. de Fourment; — 495, M. Trapp; — 504, M. Hartmann; — 605, M. Bonjour; — 616, MM. les Fabricants de Roubaix.

Ces frais sont les mêmes pour les Anglais que pour les Français, pour l'achat des laines australiennes, 147, M. Berrier; — 229, M. Destuouqe; — 574, M. Sieber.

COTON. — Numéros filés employés à Sainte-Marie-aux-Mines, 656, 657, M. Koenig.

COUVERTURES. — Évaluation de la production française, 365, M. Buffault.

Production de Mazamet (Tarn), 334, M. Cormouls.

Production de Lodève, 317, 318, M. Jourdan.

Prix de fabrication de Lodève, 320, M. Jourdan.

Lodève emploie de la laine pure, 323, M. Jourdan.

Différence de prix entre les couvertures tout laines et celles en laine et coton, 454, M. Weiss.

Causes de la supériorité de l'Angleterre pour la fabrication des couvertures, 366, 369, 370, MM. Albinet, Buffault, Daudier.

Comparaison des prix anglais et français, 361, 362, M. Buffault.

Couvertures anglaises : renseignements sur le poids et le prix, 449, 461 et suiv. MM. les Délégués anglais.

Les Anglais font des couvertures de laine contenant un tiers de coton, 329, M. Fournier.

D

DÉCHET. — Voir *Laine, Filature, etc.*

DÉGRAISSAGE de la laine. — Voir *Apprêts.*

DENTELLES de laine et poil. — Numéros des fils de laine employés pour cette fabrication.

Leur provenance, 634, M. Ferguson.

DRAPS. — Les draps fins français ne craignent aucune concurrence, 37, M. Fromont.

La fabrication française peut lutter avec la fabrication étrangère, 263, M. le baron Seillière.

Elle ne saurait résister sans protection, 183, M. Cunin-Gridaine.

Numéros des fils de laine employés pour la fabrication à Elbeuf, 94, M. Delandemare; — 143, M. Ollivier; — à Louviers, 109, M. Poitevin; — 133, M. Chennevière (de Louviers); — à Sedan, 159, M. de Montagnac; — à Bischwiller, 203, M. Roederer; — à Reims, 232, M. Destuouqe.

Produits d'Elbeuf, 70, 71, 74, M. Flavigny; — prix, 73, M. Poussin; — 145, M. Ollivier.

Prix moyen de revient d'un kilogramme de l'ensemble de la fabrication d'Elbeuf, 78, M. Chennevière; — 79, M. Poussin; — 152, M. Berrier.

Production annuelle, 131, M. Chennevière (de Louviers).

Produits de Sedan, 173, M. Cunin-Gridaine; — de Lisieux, 247, M. Bordeaux.

Destination des draps de Lisieux, 243, 252, M. Bordeaux.

Situation de cette industrie à Lisieux, 247, 252, M. Bordeaux.

Importance de la fabrication des draps de troupe à Pierrepont : supériorité marquée, 257, 262, M. le baron Seillière.

Produits de Vire; prix, 266, 267, 269, M. J. Desmares.

Désavantage résultant pour Vire de sa situation, 265, M. J. Desmares.

Nombre des fabriques de Vire, 268, M. J. Desmares.

Produits de Châteauroux; leur destination, leurs prix, 306, 307, M. Balsan.

Produits de Mazamet (Tarn), 333, 334, 336, M. Cormouls.

Les produits de Carcassonne sont en pure laine, 310, M. P. Lignières.

Production de Lodève; prix, 317, 318, 328, M. Jourdan.

Les produits de Lodève sont en pure laine, 323, M. Jourdan.

Prix de fabrication à Lodève, 320 321, 322, M. Jourdan.

Produits de Vienne (Isère); prix, 313, M. Bouvier.

Détermination de la valeur des draps pour l'application du droit, 80, M. Poussin.

Leur poids au mètre, 266, M. J. Desmares.

Le prix varie selon la valeur et la qualité de la laine, 310, M. P. Lignières.

Le prix du blé influe sur les prix de vente, 254, M. Bordeaux.

Tous les draps peuvent se faire au métier mécanique, 453, M. Huth.

La draperie française n'est pas inférieure à la draperie anglaise, 25, M. Ott.

La France l'emporte sur l'Angleterre pour les articles pure laine, 307, M. Balsan; — 323, M. Jourdan, — 446, MM. les Délégués anglais.

Prix de revient inférieur à celui d'Angleterre, pour les draps de troupe, 259, M. le baron Seillière.

Écart entre les prix de revient anglais et français, 75, M. Flavigny.

Comparaison de la condition de la fabrication française avec les conditions des fabrications anglaise, belge, et allemande, 153, 154, M. Berrier.

Différence entre le mode de fabrication en France et le mode de fabrication en Angleterre, 183, M. Cunin-Gridaine.

Avantages de l'Angleterre dans la fabrication des draps, 176, M. Cunin-Gridaine; — 146, 156, 157, M. Ollivier; — 160 et suiv. M. de Montagnac; — 189 et suiv. M. Randoing; — 252, 253, M. Bordeaux; — 257, 258, 260 et 261, M. Seillière; — 269, M. J. Desmares; — 327, M. Fournier.

Avantages de l'Angleterre et de l'Allemagne, 136 et suiv. 154, M. Chennevière (de Louviers); — de l'Angleterre, de l'Allemagne et de la Belgique, 387 et suiv. M. Lizé.

Concurrence à redouter de la Belgique et de l'Allemagne, 235, M. Destuques; 403, M. Person.

Comparaison des draps allemands et belges avec les draps français, 268, 269, M. J. Desmares.

Les draps belges soutiennent la concurrence des draps anglais, 559, M. Gouvy.

Les draps noirs belges ont exclu la France de divers marchés, 310, M. P. Lignières.

Caractère de l'exportation des draps belges et allemands en Angleterre, 456, M. Huth.

La fabrication des draps fins a été abandonnée à Verviers, 182, M. Cunin-Gridaine.

Les maisons de draperies anglaises ne sont pas, en moyenne, plus importantes que celles de Sedan, 25, M. Ott.

A Leeds, on emploie beaucoup de métiers mécaniques, 453, M. Huth.

La fabrication est disséminée dans la campagne, même en Angleterre, 453, 454, M. Huth.

DRAPS MÉLANGÉS. — Pour faire les tissus de laine et coton, il faut changer l'outillage de Lisieux, 250, 251, M. Bordeaux.

Mélange de laine et coton fait à la carde, 251, M. Bordeaux.

Il est impossible d'apprécier à l'œil la proportion de la laine et du coton, dans le mélange à la carde, 251, 252, M. Bordeaux.

Moyen de reconnaître le mélange, pour la douane, 253, M. Bordeaux.

Plus il y a de coton dans un drap, moins la teinture est solide, 455, M. Huth.

La fabrication des draps mélangés est peu développée à Reims, 233, 234, M. Desteuque.

Reims occupe le premier rang dans cette fabrication, 427, M. Warnier.

La fabrication d'Elbeuf s'est concentrée sur les draps de fantaisie, 383, 385, M. Mollet.

Matières employées pour cette fabrication, à Elbeuf, 97, M. Delandemare; — 145, M. Ollivier; — 381, M. Mollet; — à Vienne (Isère), 314, M. Bouvier; — à Sedan, 175, M. Cunin-Gridaine.

Augmentation de valeur résultant de l'emploi des fils de soie, pour les draps d'Elbeuf, 72, M. Flavigny; — d'Abbeville, 197, M. Randoing.

Une certaine quantité des draps de fantaisie est fabriquée spécialement pour l'exportation, 405, M. Person.

Différence des prix au commencement et à la fin de la saison, 399, M. Adam.

Différence de prix d'un drap de fantaisie vendu en France ou en Amérique, 400, M. Bouffard.

Les étoffes laine et coton, anglaises, sont supérieures aux nôtres. Elles auront un débouché important en France, 250, M. Bordeaux.

Matières employées dans la fabrication anglaise, 455, M. Huth.

Matières employées à Huddersfield, 445, MM. les Délégués anglais.

Supériorité de la fabrication anglaise pour les draps de fantaisie, 233, M. Desteuque; — 378 et suiv. 385, M. Mollet; — 562, M. Gouvy.

Différence des prix français, anglais, belges et allemands, 401, M. Bouffard.

Prix belges, 563, 564, M. Dehesselle.

Concurrence redoutable des Belges et des Allemands, 401, M. Adam.

Concurrence entre les Anglais et les Belges, 386, M. Mollet; — 562, M. Gouvy.

(Voir *Classification*, *Droit proposé*, *Exportation*, *Main-d'œuvre*.)

DROITS proposés pour la laine peignée mérinos, 570, M. Sieber; — 602, M. Larsonnier; — pour la laine peignée, 621, MM. les Fabricants de Roubaix.

Pour les fils de laine cardée, 57, M. Moreau; — 224, M. Lefèvre; — 231, M. Desteuque; — pour les fils de laine peignée, 474, 477, M. Dellous-Stainco; — 482, 483, M. Holden; — 492, M. de Fourment; — 502, 521, M. Trapp; — 511, M. Hartmann; — 516, M. Kœchlin; — 534, M. de l'Escalle: — 571, 572, 583, 584, M. Sieber; — 602, M. Larsonnier; — 749, 752, M. Dubier; — 649, 654, M. Villeminot; — pour les fils de laine peignée écrus, retors ou moulinés, 503, M. Trapp; — pour les fils de laine peignée, pour les fils teints, pour les fils retors, pour les fils mélangés, 621, MM. les Fabricants de Roubaix; — pour les fils doublés et retordus à plusieurs bouts, 516, M. Kœchlin; — pour les fils de laine à tapisserie, 516, M. Kœchlin; — 522, M. Blart; — pour les fils de laine à tricoter, 525, M. Blart; — pour les fils de poils de chèvre, 520, 521, M. Hartmann.

Pour les draps, 74, 75, M. Flavigny; — 81, 84, M. Poussin; — 98, M. Delandemare; — 113, M. Poitevin; — 123 et suiv. M. Darnet; — 137, 140, M. Chennevière (de Louviers); — 157, M. Borderel; — 164, 165, M. de Montagnac; — 177, M. Cunin-Gridaine; — 193, M. Randoing; — 205, 208, 209, M. Bordeaux; — 210, M. Bacot; — 236, 237, 238, M. Destuequr; — 252, 253, M. Bordeaux; — 265, 267, M. J. Desmares; — 307, M. Balsan; — 311, M. P. Lichières; — 314, M. Fouvier; — 324, M. Jourdan; — 328, M. Fournier; — 338, M. Cormouls; — 406, M. Persom; — pour les articles paletots et pantalons, 378, 382, 386, M. Mollet; — pour les draps et nouveautés, 388, M. Lizé; — pour les mérinos et la flanelle, 415, 416, MM. Croutelle et Lelarge; — 419, 420, M. de Brunet; — 428, 432, M. Warnier; — pour les flanelles écossaises, 237, 238, M. Destuequr; — pour les tissus divers, 548, M. Philippot.

Pour les tissus de pure laine mérinos, 572, 573, M. Seiber; — 649, M. Villeminot; — 587, M. Legrand; — pour les tissus teints en pure laine peignée, 602, M. Larsonnier; — pour les tissus écrus en pure laine peignée, 602, M. Larsonnier; — pour les tissus en pure laine peignée, 612, 614, M. Jardin; — pour les tissus de laine peignée, pure ou mélangée, 626 et suiv. MM. les Fabricants de Roubaix; — pour les tissus mélangés (droit ad valorem), 614, M. Jardin; — pour les articles en laine pure ou mélangée, 275 et suiv. MM. les Délégués de Bradford; — pour les tissus mélangés, 659, 661, 662, M. Koenig.

Pour les châles, 240, M. Destuequr; — 739, M. Constant; — pour les châles (droit ad valorem), 350, 351, M. le Délégué de Paisley et M. Paton; — pour la velours d'Utrecht, 666, M. Paten; — 672, M. Barbe; — pour la bonneterie, 712, 719, M. Taillbois; — 714, 716, M. Lavalard; — pour la bonneterie (droit ad valorem), 345, 346, MM. les Délégués de Leicester; — pour les tapis, 680 et suiv. M. Tétard; — 684, 687, M. Sallandrouze; — 698, M. Maury. — 705, M. Gallerad; — pour les tapis, 678, M. Tétard; — pour les tapis (droit ad valorem), 372, M. Crossley, et suiv.; — pour les couvertures, 370, M. Daudier; — 360, 361, 362, MM. Albinet et Buffault; — 449, MM. les Délégués anglais; — pour les tapisseries à l'aiguille, 518, M. Koechlin; — 527, M. Blazy; — pour les caneva de coton pour tapisseries, 524, M. Blazy; — pour les étoffes de Roubaix pour meubles, 629, M. Mazure; — pour les dentelles de laine et poil, 636, M. Ferguson.

Inconvénients d'un droit ad valorem pour les articles de Roubaix, 631, M. Delfosse.

Le droit ad valorem est préférable pour tous les articles en laine, 566, M. Gouvy.

Avantages du droit ad valorem pour les tissus de laine mérinos, 580, 582, 583, M. Sieber.

Le droit ad valorem est seul équitable pour articles laine et coton, 449, MM. les Délégués anglais.

Le droit ad valorem est seul possible pour les articles de Bradford, 289, MM. les Délégués de Bradford.

Demande de la franchise ou d'un droit faible pour les lainages, 447, 448, MM. les Délégués anglais.

Le droit spécifique est indispensable pour les draps, 179, 180, M. Cunin-Gridaine.

Il est onéreux pour les classes pauvres, 561, M. Gouvy.

Difficulté qu'on éprouverait à établir des droits spécifiques sur les articles de Bradfort, 281 et suiv. MM. les Délégués de Bradford.

Motifs de la demande du droit maximum sur la flanelle commune, 422, M. Croutelle.

Circonstances qui motivent la demande d'une protection pour la fabrique de Reims, 423, 424, M. Lelarge.

Les articles similaires à ceux de

Reims devraient entrer en franchise, 442, M. Boulogne.

Droit proposé sur les machines pour la filature et le tissage, 650 et suiv. M. Villeminot.

Considérations sur le droit de douane appliqué aux draps, en Belgique, 561, 565 et suiv. M. Gouvy.

E

ÉTABLISSEMENT (Frais d') d'une filature par broche, à Reims, 216, 217, 221, M. Lefèvre; — à Mulhouse, 514, M. Koechlin; — dans la Marne, 537, M. Sautret; — à Ribemont, 606, M. Bonjour.

D'une filature française et d'une filature anglaise par broche, 508, M. Hartmann; — 515, M. Koechlin.

EXPORTATION de fils de laine de Reims, en Suisse, 223, M. Lefèvre; — en Angleterre, 231, M. Destrucque.

De fils de laine français, en Angleterre, 61, M. May; — 273, MM. les Délégués de Bradford.

De fils de laine peignée d'Alsace, 498, M. Trapp; — 507, 512, M. Hartmann; — 515, M. Koechlin; — 529 et suiv. M. de l'Escaille.

Des fils de laine de Belgique, 568, MM. les Délégués de Verviers.

Reims n'exporte plus de fils de laine cardée en Angleterre, 419, M. de Brunet.

La France n'exporte plus de fils de laine mérinos en Allemagne, 577, M. Sieber.

Exportation des produits d'Elbeuf, 72, M. Flavigny; — 99, M. Delandemare; — 153, M. Berrier; — 378, 383, M. Mollet; — 392, et suiv. M. Lizé; — 398, M. Adam.

Exportation des produits de Louviers, 112, M. Poitevin; — 118, M. Dannet; — 134, M. Chennevière (de Louviers).

Des produits de Reims, 240, M. Destrucque; — 399, 400, M. Bouffard; — 419, 421, M. de Brunet; — 429, 431, 433, 434, M. Warnier; — 540, 541, M. Sautret; — 544, M. Marteau; — 645, M. Villeminot.

Exportation des produits de Sedan, 160, M. de Montagnac; — 175, M. Cunin-Gridaine; — 403, M. Person.

Des draps de troupe de Pierrepont, 258, M. le baron Seillière.

Des produits de Bischwiller, 206, M. Roederer; — de Châteauroux, 307, M. Balsan; — de Carcassonne, 310, M. P. Lignières; — de Vienne (Isère), 314, 315, M. Bouvier; — de Lodève, 323, 325, M. Jourdan; — du Tarn, 338, M. Cormouls; — du Cateau, 575, 577, M. Sieber; — de Saint-Quentin, 597, M. Larsonnier; — de Ribemont, 610, M. Bonjour; — de Roubaix, 625, MM. les Fabricants de Roubaix.

Des draps noirs français, à l'étranger, 37, M. Bray.

Exportation des tissus français pure laine, en Angleterre, 446, 447, MM. les Délégués anglais.

Des mérinos, des étoffes diverses et mélangées en Angleterre (1858), 279, 280, MM. les Délégués de Bradford.

Des mérinos français, en Angleterre, 301, MM. les Délégués de Bradford.

Des tissus, nouveautés de Paris, 612, M. Jardin.

Exportation des velours d'Utrecht, 665, M. Paten.

De la bonneterie, 713, M. Taillbouis.

Des châles français, en Angleterre, 350, MM. les Délégués de Paisley.

Des châles de Nîmes, 738, M. Constant.

Des tapis de Nîmes, 704, M. Gaidan.

Des tapis de Meaux, 706, M. GALLERAND.

Des tapis de Marguerittes (Gard), 698, M. MAURY.

Des couvertures de Paris, 365, M. BUFFAULT.

Des dentelles de laine et poil d'Amiens, 635, M. FERGUSON.

L'exportation de la bonneterie est insignifiante, 715, 720, M. LAVALARD.

L'exportation des velours d'Utrecht fabriqués à Amiens décroît chaque année, 672, M. BARIL.

Les exportations de draps français se composent souvent de soldes, 404, M. PERSON.

Les exportations de draps anglais se font rarement de cette manière, 458, 459, M. HUTH.

Les Anglais exportent en France et dans le Zollverein des fils de laine, 274, MM. LES DÉLÉGUÉS DE BRADFORD.

Exportation des tissus allemands fabriqués avec du fil anglais, 274, MM. LES DÉLÉGUÉS DE BRADFORD.

Caractère de l'exportation de tissus belges en Angleterre, 551, M. MALI.

Exportation des draps et tissus divers de Belgique, 561, 562, 569, MM. LES DÉLÉGUÉS DE VERVIERS.

F

FILATURE. — État de la filature en France, 60, M. MAY.

Cette industrie est très-divisée en France, 60, M. MAY.

Proportion, à Elbeuf, des ouvriers à la journée et des ouvriers à la tâche; 50, 51, M. MAY.

Le travail à la tâche devrait se substituer autant que possible au travail à la journée, 52, M. MOREAU.

La laine noire peut se filer, 38, 39, M. BLAY.

Constitution de la filature en Angleterre, 57, M. MAY.

L'Angleterre file les gros numéros, 273, MM. LES DÉLÉGUÉS DE BRADFORD.

Comparaison de la filature de la laine longue ou mélangée de poils longs, en Angleterre et en France, 759, 760, CHAMBRE CONSULTATIVE DE TOURCOING.

Différence entre les mull-jenny et les continus, 295, M. PRELLER.

En France on file sur des mull-jenny, en Angleterre sur des continus, 294, M. PRELLER.

La filature continue donne un produit plus parfait que la filature Mull-Jenny, 748, MM. DURIEZ et DUVILLIER.

Le prix de la filature a baissé, 60, M. MAY.

La finesse seule est considérée dans le prix de façon du filé, 56, M. MOREAU.

Différence entre les frais de la filature en France et en Angleterre, 62, 63, M. MOREAU.

Frais généraux d'une filature, 65, M. MOREAU.

Chiffre de l'amortissement, 66, MM. MOREAU et MAY.

Dépense annuelle d'un assortiment, 54, 64, 65, M. MOREAU.

Prix de revient par assortiment et par an, 246, M. BORDEAUX.

Prix au kilogramme des filés à façon, 59, M. MOREAU.

Prix de revient d'un kilogramme de laine filée en France et en Angleterre, 745, 746, M. DURIEZ.

Écart possible entre les différents prix d'un même numéro, 512, M. HARTMANN.

Le prix varie suivant le numéro, 312, M. BOUVIER; — 318, M. JOURDAN.

Le prix des mêmes numéros varie selon la qualité de la laine, 291, MM. ROBERT KELL et MORRIS.

Le prix de façon est en raison du numéro du fil et surtout du retors, 173, M. CUNIN-GRIDAINE.

Le prix de façon s'élève avec le numéro, 520, MM. KOECHLIN et TRAPP.

Prix de façon du fil cardé et du fil peigné à Reims, 410, M. CROUTELLE.

Il y a plus d'avantages à filer pour

son compte, comme marchand de fils, qu'à travailler à façon, 222, M. Lefèvre.

Le filateur à façon rend la laine au fabricant, en fil et en déchet, 56, MM. May et Moreau.

Nombre de broches de plusieurs grandes filatures anglaises, 272, MM. Whitworth, Stead, Morris; — 414, MM. les Délégués anglais.

Nombre de broches à Fourmies, 472, Delloue-Staincq.

Nombre de broches de la filature de la maison Schwartz et Cie, 496, M. Trapp; — de la filature Hartmann et Cie, 505, M. Hartmann; — de la filature Kœchlin-Dollfus, 514, M. Kœchlin.

Production par broche, 150, M. Bernier; — 172, M. Cunin-Gridaine; — 304, M. Balsan; — 335, M. Cormouls; — 473, 477, M. Delloue-Staincq; — 491, M. de Fourment; — 497, M. Trapp; — 506, M. Hartmann; — 537, M. Sautret; — 592, M. Larsonnier; — 607, M. Bonjour; — 618, MM. les Fabricants de Roubaix; — 641, M. Villeminot.

Production annuelle par broche Mull-Jenny, 749, M. Duvillier.

Production par assortiment, 131, M. Chennevière (de Louviers); — 202, M. Rœderer; — 218, M. Lefèvre; — 245, M. Bordeaux; — 305, M. Balsan; — 330, M. Dastis; — 335, M. Cormouls; — 692, M. Maury.

Production annuelle, par carde, de filés pour couvertures, 358, M. Albinet.

Le déchet à la filature est plus considérable en Angleterre qu'en France, 29, M. Blay.

Emploi des déchets, 313, M. Bouvier; — 318, M. Jourdan; — 331, M. Dastis; — 336, M. Cormouls; — 568, MM. les Délégués de Verviers; — 593, M. Larsonnier; — 620, MM. les Fabricants de Roubaix; — prix des déchets à Reims, 538, M. Sautret.

Filature en gras. — On file en gras ou en maigre, 54, M. May.

En Angleterre on file en gras; pourquoi, 294, MM. Preller et Robert Kell.

Filature en gras à Elbeuf, 70, M. Flavigny; — à Sedan, 173, M. Cunin-Gridaine.

Proportion d'huile employée: quelle est sa valeur dans le prix de la filature, 54, 55, M. May; — 70, M. Flavigny; — 132, M. Chennevière (de Louviers); — 144, M. Ollivier; — 173, M. Cunin-Gridaine; — 203, M. Rœderer; — 220, M. Lefèvre; — 230, M. Desteuque; — 247, M. Bordeaux; — 305, M. Balsan; — 312, M. Bouvier; — 331, M. Dastis; — 336, M. Cormouls; — 358, M. Albinet; — 410, M. Croutelle; — 692, M. Maury.

Quantité d'huile employée, 150, 151, M. Bernier; — 748, M. Duriez.

Filature de la laine cardée. — Emploi de la carde dans la filature comme préparation, 244, M. Bordeaux.

Produit d'une carde, 70, M. Flavigny.

Le produit d'une carde varie suivant la finesse de la laine, 245, M. Bordeaux.

Les fabricants français ne mélangent pas le coton avec la laine dans le cardage: ce mélange a lieu en Angleterre, 71, M. Flavigny.

On file mieux la laine cardée en France qu'en Angleterre, 223, M. Lefèvre.

Supériorité de la France pour les fils fins, 231, M. Desteuque.

La filature comprend deux saisons à Elbeuf, 48, M. May.

Production en hiver et production en été à Elbeuf, 49, M. May.

Constitution de la filature à Louviers, 108, M. Poitevin.

Causes de sa situation précaire à Reims, 232, M. Desteuque.

Cause de son progrès à Verviers, 551, M. Gouvy.

Sa constitution à Lisieux, 244, M. Bordeaux.

Guindage adopté à Elbeuf, 48, M. May.

Numéros filés à Elbeuf, 48, M. MAY; — 150, M. BERRIER; — à Louviers, 131, M. CHENNEVIÈRE; — à Sedan, 172, M. CUNIN-GRIDAINE; — à Bischwiller, 202, M. RŒDERER; — à Reims, 218, M. LEFÈVRE; — à Lisieux, 245, M. BORDEAUX; — à Châteauroux, 304, M. BALSAN; — à Vienne (Isère), 312, M. BOUVIER; — dans l'Ariége, 330, M. DASTIS; — dans le Tarn, 335, M. CORMOULS; — à Verviers, 552, M. GOUVY; — dans le Gard, 692, M. MAURY; — à Paris, pour couvertures, 357, M. ALBINET.

Prix de revient par numéro, à Elbeuf, 55, MM. MAY et MOREAU; — 95, M. DELANDEMARE; — à Louviers, 132, M. CHENNEVIÈRE; — à Bischwiller, 203, M. RŒDERER; — à Reims, 220, 221, 227, M. LEFÈVRE; — 230, 231, M. DESTEUQUE; — à Sedan, 172, M. CUNIN-GRIDAINE; — à Lisieux, 247, M. BORDEAUX; — à Châteauroux, 305, M. BALSAN; — dans l'Ariége, 331, M. DASTIS; — dans le Tarn, 336, M. CORMOULS.

Prix de façon en Belgique, 553, M. GOUVY.

Genre de fil produit à Lisieux, 244, M. BORDEAUX; — à Châteauroux, 304, M. BALSAN; — à Vienne (Isère), 311, M. BOUVIER; — à Lodève, 317, M. JOURDAN; — dans le Tarn, 334, M. CORMOULS.

Avantages de l'Angleterre pour la filature du cardé, 120 et suiv. M. DANNET; — 226, M. LEFÈVRE.

FILATURE DE LA LAINE PEIGNÉE. — Cette industrie n'a pas besoin de protection: un droit serait nuisible, 611, M. BONJOUR.

Causes de son état de souffrance, 594, M. LARSONNIER.

Concurrence possible de la part de l'Allemagne, 531, M. DE L'ESCAILLE.

Avantages du métier continu employé en Angleterre, 646 et suiv. M. VILLEMINOT.

Renseignements sur l'industrie de Roubaix, 752, M. DURIEZ.

Fourmies emploie le peigné comme préparation à la filature, 472, M. DELLOUE-STAINCQ.

Guindage adopté à Tourcoing, 747, M. DUVILLIER.

Numéros filés à Cercamp, 491, M. DE FOURMENT; — à Mulhouse, 497, M. TRAPP; — à Malmerspach (Haut-Rhin), 506, M. HARTMANN; — à Bétheniville (Marne), 537, M. SAUTRET; — à Reims, 542, M. MARTEAU; — à Saint-Quentin, 592, M. LARSONNIER; — à Ribemont, 607, M. BONJOUR; — à Roubaix, 618, MM. LES FABRICANTS DE ROUBAIX; — 748, M. DURIEZ; — à Roubaix et à Lille, 629, M. MOTTE-BOSSUT; — à Reims, 641, M. VILLEMINOT.

Prix de revient par numéro, à Cercamp, 492, M. DE FOURMENT; — dans la Marne, 538, M. SAUTRET; — à Reims, 562, M. MARTEAU; — à Saint-Quentin, 593, M. LARSONNIER; — à Reims, 641, M. VILLEMINOT; — à Fourmies, 474, 477, M. DELLOUE-STAINCQ.

Tableaux des prix de revient français, anglais et allemands, 587, 588, M. SIEBER.

Prix de façon de la filature Mull-Jenny, 620, MM. LES FABRICANTS DE ROUBAIX.

Fil produit à Fourmies, 476, M. DELLOUE-STAINCQ.

Avantages qu'auront les Anglais pour se livrer à la filature du peigné, 599, M. LARSONNIER.

Avantages de l'Angleterre et de l'Allemagne dans cette fabrication, 499 et suiv. M. TRAPP; — 507 et suiv. M. HARTMANN; — 515, 516, M. KŒCHLIN; — 571, 572, M. SIEBER; — 753, M. DURIEZ.

Filature de laine peignée pour tapisserie. Prix de revient des diverses opérations de cette fabrication, 523, M. BLAZY.

Avantages de l'Allemagne pour cette fabrication, 524, M. BLAZY. — Sa supériorité, 525, M. BLAZY.

(Voir *Classification, Droit proposé, Force motrice, Machines, Main-d'œuvre, Ouvriers.*)

FILS DE LAINE. — Le fil doit être admis en franchise, 273, MM. LES DÉLÉGUÉS DE BRADFORD.

Perfection des fils de laine fins français, 273, MM. les Délégués de Bradford.

En général, les achats de fils tout faits n'ont pas lieu en France, 59, M. May.

Les fabricants français pourraient-ils s'accommoder de fils anglais? 58, 59, MM. Moreau et May.

Avantages de l'Angleterre sur la France dans la fabrication du fil, 275, 277, MM. les Délégués de Bradford.

Ce qu'on entend en Angleterre par fils de laine, 272, 273, 277, MM. les Délégués de Bradford.

Analogie de position entre la France et le Zollverein pour les fils de laine, 273, MM. les Délégués de Bradford.

On ne peut pas distinguer le poil de chèvre de la laine dans un tissu, 276, MM. les Délégués de Bradford.

De combien les fils d'alpaga et de poil de chèvre augmentent le prix des filés anglais, 302, MM. les Délégués de Bradford.

Prix du fil pour le mérinos, 433, M. Warnier.

Procédé nouveau pour le feutrage du fil, 121, 122, 123, M. Dannet.

Fils de laine peignée. — Supériorité de la France sur l'Angleterre dans cette fabrication, 531, M. de l'Escaille.

Prix à Saint-Quentin, 595, M. Larsonnier.

Valeur du kilogramme de fils au Cateau, 571, M. Seydel.

Prix des fils fabriqués à Roubaix avec la laine anglaise, 533, M. de l'Escaille.

Fils retors. — Prix, 231, M. Destuoque.

Fils de laine pour tapisserie. — Prix en Allemagne, 517, M. Kœchlin.

Fils mélangés. — Nature du mélange, 273, MM. les Délégués de Bradford.

FLANELLES. — Numéros des fils employés à Reims, tant en cardé qu'en peigné, pour la fabrication de la flanelle, 411, M. Croutelle; pour la fabrication du bolivar écossais, 546, 547, M. Philippot.

Conditions d'infériorité de la France par rapport à l'Angleterre, pour la fabrication de la flanelle, 414, 415, M. Croutelle.

Reims n'a pas les éléments nécessaires pour soutenir la concurrence des flanelles anglaises communes, 420, M. de Bruneт.

Supériorité de la fabrication de Reims pour les qualités fines de flanelles de santé, 427, 434, M. Warnier; — pour les flanelles à carreaux, 456, M. Huth.

Genre de la fabrication belge, 564, M. Derbelle.

FORCE MOTRICE. — Moteur employé, 47, M. May; — 69, M. Flavigny; — 268, M. J. Desmares; — 309, M. P. Lignières; — 317, M. Jourdan; — 479, M. Holden.

Force nécessaire par métier mécanique, 173, M. Cunin-Gridaine; — 539, M. Sautret; — 595, M. Larsonnier; — 643, M. Villeminot; — 667, M. Baril; — 711, M. Taillbouis.

Valeur des forces hydrauliques et à vapeur à Louviers, 107, M. Poitevin; — 130, M. Chennevière; — à Elbeuf, 143, M. Ollivier; — à Bischwiller, 201, M. Roederer; — à Reims, 216, M. Lefèvre; — 408, M. Croutelle.

Valeur du cheval-vapeur à Lisieux, 244, M. Bordeaux; — à Châteauroux, 304, M. Balsan; — à Lodève, 326, M. Fournier; — à Roubaix, 610, MM. les Fabricants de Roubaix; — dans le Gard, 692, M. Maury.

Valeur du moteur hydraulique dans l'Isère, 311, M. Bouvier; — dans l'Ariége, 330, M. Dastis; — dans le Tarn, 335, M. Connoclé.

FRAIS GÉNÉRAUX. — D'une filature, 65, M. Moreau.

De la filature en France et en Angleterre par an et par semaine, 745, M. Duriez.

De la filature en France et en Angleterre, 757, 758, Chambre consultative de Tourcoing.

FRET. — Voir *Transport* (*Frais de*).

H

HOUILLE. — Provenance et prix de la houille à Elbeuf, 31, M. Fromont; — 39, M. Blay; — 48, 64, M. May; — 69, 87, M. Flavigny; — 150, M. Bernier; — à Louviers, 108, M. Poitevin; — 130, M. Chennevière; — 194 et suiv. M. Randoing; — à Sedan, 171, M. Cunin-Gridaine; — à Bischwiller, 201, M. Bordeaux; — à Reims, 217, M. Lefèvre; — 409, M. Croutelle; — 640, 650, M. Villeminot; — à Lisieux, 245, M. Bordeaux; — 255, M. Méry-Samson; — à Vire, 265, M. J. Desmares; — à Châteauroux, 304, M. Balsan; — à Vienne (Isère), 312, M. Bouvier; — à Lodève, 317, M. Jourdan; — 326, M. Fournier; — dans l'Ariége, 330, M. Dastis; — dans le Tarn, 335, M. Cormouls; — à Paris, 357, M. Aubinet; — à Orléans, 366, M. Daudier; — à Fourmies, 473, 476, M. Delloue-Stainco; — à Cercamp, 491, M. de Fourment; — dans le Haut-Rhin, 506, M. Hartmann; — à Mulhouse, 497, M. Trapp; — 508, M. Hartmann; — 514, 515, M. Koechlin; — dans la Marne, 537, M. Sautret; — à Saint-Quentin, 592, M. Larsonnier; — à Ribemont, 607, M. Bonjour; — à Roubaix, 618, MM. les Fabricants de Roubaix; — dans le Gard, 692, M. Maury.

Prix en France et en Angleterre, 481, M. Holden; — 570, 575, 586, 587, M. Sieber; — en Angleterre, 301, MM. les Délégués de Bradford; — 452, M. Huth, — 646, 650, M. Villeminot; — à Leicester, 342, MM. les Délégués de Leicester; — à Verviers, 555, MM. Gouvy et Dehesselle.

Qualité employée à Huddersfield: provenance, 452, M. Huth.

Avantages de l'Angleterre sur la France pour la houille, 451, MM. les Délégués anglais.

Consommation par année, 130, M. Chennevière; — 194, 195, M. Randoing; — 409, M. Croutelle; — 592, M. Larsonnier; — 607, M. Bonjour; — 618, MM. les Fabricants de Roubaix; — 640, M. Villeminot.

Consommation annuelle par broche, 170, M. Cunin-Gridaine; — 473, M. Delloue-Stainco; — 497, M. Trapp; — 514, M. Koechlin; — 537, M. Sautret.

Consommation par heure et par cheval, 69, M. Flavigny.

Quantité de houille employée par assortiment, 48, M. May.

I

IMPORTATION des laines d'Autriche en France, 25, M. Ott; — des fils de laine en Belgique, 568, MM. les Délégués de Verviers; — des draps et tissus divers en Belgique, 569, MM. les Délégués de Verviers.

INDUSTRIE DE LA LAINE. — Avenir de l'industrie française, 446, MM. les Délégués anglais.

La France n'a pas besoin de protection, 447, MM. les Délégués anglais.

Causes d'infériorité de la France, 257, 260, M. le baron Seillière; — 414, 415, M. Croutelle.

Avantages de l'Angleterre pour les

articles à bas prix, 547, M. Philippot.

L'industrie anglaise des lainages ne vit pas plus de l'exportation que de la consommation intérieure, 457. M. Robert Kell.

La France et la Belgique sont dans les mêmes conditions de production, 554 et suiv. M. Gouvy.

Transformation de la fabrication belge depuis dix ans, 550, 559, M. Mali.

L

LAINE. — Le commerce des laines fait rarement l'objet de spéculations, 17, M. Lanseigne.

Les achats de laine ne se font par intermédiaires qu'exceptionnellement, 1, 2, 17, 18, M. Lanseigne.

Le grand marché des laines est à Londres, 17, M. Lanseigne.

La France n'a pas de marché, 119, M. Danset.

Les marchés de Rouen et du Havre, pour la laine, sont de création récente, 168, 169, M. Cunin-Gridaine.

La France deviendra un marché important pour les laines, 15, M. Lanseigne.

Achats au Havre de laines de Buénos-Ayres, par des Anglais et des Belges, 129, M. Chennevière (de Louviers).

Les ventes publiques se font mal en France, 34, MM. Fromont et Blay.

La laine d'Allemagne arrive en France par Hambourg, 19, M. Lanseigne.

Les laines sont généralement vendues à l'état brut, 13, M. Lanseigne.

La vente de la laine en suint a prévalu, 21, M. Lanseigne.

Importance de la production française, 20, M. Lanseigne.

La production des laines en France est inférieure à la consommation, 18, M. Lanseigne.

Qualité de la laine française, 21, M. Lanseigne.

Elle est supérieure à toutes les autres pour la fabrication, 2, 18, M. Lanseigne.

Les laines françaises n'ont pas une supériorité bien marquée, 576, M. Siber.

Les belles laines d'Allemagne, de Russie et d'Australie sont consommées en France, 18, M. Lanseigne.

La France n'a pas de comptoir dans la Plata ni dans l'Australie, 168, 170, M. Cunin-Gridaine.

On emploie peu de laine de Buénos-Ayres en France, 169, M. Cunin-Gridaine.

Déchet au lavage, 290, M. Robert Kell.

Déchet que subit la laine par suite du dégraissage, 42, M. Fromont.

Prix de la laine dégraissée à Reims, 485, M. Boulogne.

Déchet sur le suint et sur la laine lavée à dos, 20, M. Lanseigne.

Emploi, à Lisieux, des déchets, 247, M. Bordeaux.

Emploi des déchets à Châteauroux; leur prix, 366, M. Balsan.

Proportion des laines en suint et des laines lavées à dos, employées à Elbeuf, 27, M. Blay; — 28, M. Fromont.

Lisieux achète ses laines aux ventes publiques en France, 242, M. Bordeaux.

Avantages résultant pour l'Angleterre du marché de Londres, 167, 168, M. Cunin-Gridaine.

Quantité de laine employée en Angleterre, 302, MM. les Délégués de Bradford.

Emploi de la laine anglaise, 291, M. Robert Kell.

Provenance des laines employées à Sedan; prix, 21, 23, M. Orr; — 158.

M. Montagnac; — 166, M. Cunin-Gridaine; — à Elbeuf, 42, M. Fromont; — 67, 71, M. Flavigny; — 142, M. Ollivier; — 147, 151, M. Bernier; — à Louviers, 106, M. Poitevin; — 114, M. Dannet; — à Abbeville, 195, 209, M. Randoing; — à Bischwiller, 200, M. Roederer; — à Reims, 212, M. Lefèvre; — 232, M. Desteuque; — 417, M. de Brunet; — 435, M. Boulogne; — 541, M. Marteau; — 640, M. Villeminot; — à Lisieux, 242, M. Bordeaux; — à Pierrepont, 258, 263, M. le baron Seillière; — à Vire, 267, 268, M. J. Desmares; — à Châteauroux, 303, M. Balsan; — à Carcassonne, 309, M. P. Lignières; — à Vienne (Isère), 311, M. Bouvier; — à Lodève, 316, M. Jourdan; — dans l'Ariége, 329, 331, M. Dastis; — dans le Tarn, 334, M. Cormouls; — à Paris (pour couvertures), 358, M. Albinet; — à Fourmies, 471, 472, 475, M. Delloue-Staincq; — à Cercamp, 490, M. de Fourment; — à Mulhouse, 495, M. Trapp; — 508, M. Hartmann; — 513, M. Koechlin; — dans la Marne, 536, M. Sautret; — au Cateau, 570, M. Seydoux; — à Saint-Quentin, 590, M. Larsonnier; — à Ribemont, 605, M. Bonjour; — à Roubaix, 616, MM. les Fabricants de Roubaix; — 741, M. Dubiez; — à Tourcoing, 741, M. Devillers.

Provenance des laines employées pour tapis, 682, M. Tétard.

Nature des laines employées à Roubaix, 741, M. Dubiez.

Prix des laines achetées sur les principaux marchés d'Europe, 91, 94, M. Delandemare; — 546, M. Philippot.

Prix au Havre des laines de Buénos-Ayres, 128, 141, M. Chennevière (de Louviers.)

Prix des laines en Angleterre, 288, MM. les Délégués de Bradford.

Prix en Angleterre de 1845 à 1860, 465 et suiv. MM. les Délégués anglais.

Prix en Angleterre des laines australiennes, 351, M. Paron.

La laine est plus chère en France qu'en Angleterre, 472, M. Delloue-Staincq.

Situation des Français et des Anglais pour les achats dans l'Australie et dans l'Amérique du Sud, 12, 13, 14, 15, M. Lanseigne.

Avantages des Anglais pour l'achat des laines australiennes, 67, M. Flavigny; — 495, M. Trapp; — 504, M. Hartmann, — 513, M. Koechlin.

Tableaux des frais à faire pour les achats de laine sur les différents marchés d'Europe, 2, 3 et suiv. M. Lanseigne.

La France paye, à l'étranger, le même prix que l'Angleterre, 303, M. Balsan.

Le prix est plus élevé en France qu'en Angleterre; pourquoi, 242, M. Bordeaux.

Les prix français et anglais sont les mêmes, sauf le bénéfice des intermédiaires, 24, M. Off.

La laine d'Australie et de Buénos-Ayres coûte moins en Angleterre qu'en France, 167, M. Cunin-Gridaine.

Les Français ont les laines allemandes aux mêmes conditions que les Anglais, 19, M. Lanseigne; — 22, M. Off.

Les prix des laines tendent à s'égaliser sur tous les marchés, 3, 12, 14, 15, M. Lanseigne.

Reims paye ses laines plus cher que les Anglais et les Allemands, 417, M. de Brunet.

Combien représente la matière première, dans la fabrication d'Elbeuf, 76, 77, M. Flavigny.

Différence des prix de la laine à Sedan et à Brunn, 26, M. Off.

Pour le fret, les Anglais ont un avantage en Australie et dans la Plata, 168, M. Cunin-Gridaine.

Prix du transport en France, des laines achetées sur les divers marchés d'Europe, 23, M. Off; — 167, M. Cunin-Gridaine; — 67, M. Flavigny.

Taux des frais de transport et des droits de sortie des laines d'Allemagne, 23, M. Off.

Consommation des laines indigènes et étrangères en Belgique, 368, MM. les Délégués de Verviers.

Voir *Commission* (*Frais de*), *Transport* (*Frais de*).

LAVAGE DES LAINES. — Voir *Apprêts*.

M

MACHINES. — Prix des machines pour filature en France et en Angleterre, 63, MM. MOREAU et MAY.

Détail d'un assortiment de filature : prix en France et en Angleterre, 755, 756, CHAMBRE CONSULTATIVE DE TOURCOING.

Machines employées pour la filature, prix, 69, M. FLAVIGNY; — 130, M. CHENNEVIÈRE; — 149, 150, M. BERNIER; — 170, M. CUNIN-GRIDAINE; — 196, M. RANDOING; — 200, 201, 203, M. ROEDERER; — 214, 215, M. LEFÈVRE; — 244, M. BORDEAUX; — 304, M. BALSAN; — 311, M. BOUVIER; — 317, M. JOURDAN; — 330, M. DASTIS; — 335, M. CORMOULS; — 357, M. ALBINET; — 408, M. CROUTELLE; — 472, 476, M. DELLOUE-STAINCQ; — 496, 497, M. TRAPP; — 537, M. SAUTRET; — 630, M. MOTTE-BOSSUT; — 742, M. DURIEZ.

Prix de revient par broche du métier continu à Roubaix, 618, MM. LES FABRICANTS DE ROUBAIX.

Prix d'une peigneuse, système Heilmann, de M. Nicolas Schlumberger, 511, M. HARTMANN.

Prix d'un assortiment en France et en Angleterre, 63, M. MOREAU.

Prix d'un assortiment, 68, M. FLAVIGNY; — 491, M. DE FOURMENT; — 505, M. HARTMANN; — 45, M. MAY.

Prix du loup, 47, M. MAY.

Prix de batteuses et d'égrateronneuses anglaises, 215, M. LEFÈVRE.

Prix, par broche, des machines pour la filature de la laine peignée, 591, M. LARSONNIER; — 606, M. BONJOUR; — 640, M. VILLEMINOT.

Prix par broche, en France et en Angleterre, du métier à filer la laine peignée, 571, 587, M. SEEBER.

Nombre de broches et de cardes par assortiment, 45, 46, M. MAY.

Essai du métier continu, 520, M. TRAPP.

Emploi du métier continu, 746, M. DURIEZ.

Avantage du métier continu pour la filature du mérinos, 646, M. VILLEMINOT.

Essai du *self-acting*, 514, M. KOECHLIN.

Emploi du *self-acting*, 497, M. TRAPP, 505, M. HARTMANN.

Les machines anglaises sont supérieures aux machines françaises, 750, 751, M. DUVILLIER.

La France doit se fournir de métiers à filer en Angleterre, pour suivre le progrès, 743, 744, M. DURIEZ.

Emploi des machines à vapeur dans la filature, 69, M. FLAVIGNY.

Métiers employés pour le tissage, 71, M. FLAVIGNY; — 88, 89, M. POUSSIN; — 133, M. CHENNEVIÈRE; — 173, M. CUNIN-GRIDAINE; — 248, M. BORDEAUX; — 255, M. MÉRY-SAMSON; — 261, M. le baron SEILLIÈRE; — 272, MM. WITHWORTH et STEAD; — 306, M. BALSAN; — 309, M. P. LIGNIÈRES; — 313, M. BOUVIER; — 319, M. JOURDAN; — 332, M. DASTIS; — 336, M. CORMOULS; — 411, M. CROUTELLE; — 539, M. SAUTRET; — 595, M. LARSONNIER.

Prix du métier mécanique, 109, M. POITEVIN; — 114, M. DANNET; — 133, M. CHENNEVIÈRE; — 306, M. BALSAN; — 326, M. FOURNIER; — 336, M. CORMOULS; — 539, M. SAUTRET; — 595, M. LARSONNIER.

Prix du métier mécanique en France et en Angleterre, 570, 577, M. SEEBER.

Prix des métiers mécaniques anglais, 623, MM. LES FABRICANTS DE ROUBAIX.

Prix, en France et en Angleterre, des machines pour tisser la laine peignée, 411, M. CROUTELLE.

Proportion, à Huddersfield, des métiers mécaniques et des métiers à la main, 453, M. Huth.

Prix des machines pour le tissage du mérinos, 600, M. Larsonnier.

Prix en France et en Angleterre du métier à tisser le mérinos, 604, M. Cunnest.

Prix en Angleterre d'un métier mécanique pour faire la moquette veloutée, 374, M. Crossley.

Prix des métiers pour tapis en France et en Angleterre, 690, M. Tétard.

Prix des métiers pour tapis, 691, M. Maury.

Métiers à navettes pour tissus, 71, M. Flavigny.

Commandes de métiers mécaniques pour Reims, en France et en Angleterre, 642, M. Villeminot.

Métiers mécaniques construits à Verviers, 159, M. de Montagnac.

Métiers employés pour la bonneterie, 711, M. Taillbouis; — 714, 717, M. Lavalard.

Renseignements sur les métiers circulaires et rectilignes, 717, 718, 719, MM. Lavalard et Taillbouis.

Emploi des métiers rectiligne et circulaire pour la bonneterie, 346, MM. les Délégués de Leicester.

Les machines à laver ne donneront jamais un résultat aussi satisfaisant que le lavage à la main pour la laine fine, 32, M. Blay.

Grand avantage résultant de l'emploi des machines anglaises à laver la laine, 30, M. Blay.

Motifs qui ont empêché leur introduction en France, 31, M. Fromont.

MAIN-D'ŒUVRE. — Avantages de la France sur l'Angleterre pour la main-d'œuvre, 450, MM. les Délégués anglais; — de l'Allemagne et de la Belgique sur la France, 236, M. Destruque.

Prix de la filature en France et en Angleterre, 756, 757, Chambre consultative de Tourcoing.

La main-d'œuvre est presque aussi chère en France qu'en Angleterre, 63, M. Moreau.

Renseignements sur les salaires en Angleterre, 450, 451, MM. les Délégués anglais.

Salaires en 1850, à Bradford, 300, MM. les Délégués de Bradford.

Salaires en Angleterre, 460, MM. les Délégués anglais.

La main-d'œuvre est au même prix en France qu'en Angleterre, 78, M. Flavigny.

La filature à façon est moins chère en Angleterre qu'en France, 61, M. Moreau.

Proportion à Lisieux du travail à façon et du travail à la journée, 245, M. Bordeaux.

Prix de la main-d'œuvre dans le produit d'un assortiment, 53, M. May; — 54, M. Moreau.

Prix de la main-d'œuvre en Angleterre et en France pour un assortiment, 745, M. Dubief.

Prix de la main-d'œuvre en France et en Saxe, 109, 110, 115, 127, M. Poitevin; — 572, 578, M. Sieber.

Tableau comparatif des salaires en Saxe et à Reims, 418, M. de Bruney.

Prix de la main-d'œuvre à Elbeuf, 44, M. Fromont; — 50, M. May; — 70, M. Flavigny; — 143, M. Ollivier; — 150, 151, M. Bernier; — à Louviers, 115, M. Dannet; — 131 et suiv. M. Chennevière; — à Sedan, 159, M. de Montagnac; — 172, 174, M. Cunin-Gridaine; — à Abbeville, 196, M. Randoing; — à Bischwiller, 202 et suiv. M. Roederer; — à Reims, 219, M. Lefèvre; — 233, M. Destruque; — 409, 410, 412, M. Croutelle; — 547, M. Philippot; — 641, 643, M. Villeminot; — 746, M. Duvillier; — à Lisieux, 245, M. Bordeaux; — dans la Moselle, 260, M. le baron Seillière; — à Vire, 268, M. J. Desmares; — à Châteauroux, 304, 306, M. Balsan; — à Carcassonne, 310, M. P. Lignières; — à Vienne (Isère), 312, 313, M. Bouvier; — à Lodève, 317, 319, M. Jourdan; — dans l'Ariége, 330, 332, M. Dastis; — dans le Tarn, 335, 337, M. Cormouls; — à Paisley, 351, M. Paton; — à Paris, 358, 359,

364, MM. Albinet et Buffault; — à Halifax, 376, M. Crossley; — à Fourmies, 474, 477, M. Dellouë-Staincq; — à Cercamp, 491, M. de Fourment; — à Mulhouse, 498, M. Trapp; — 514, M. Kœchlin; — dans le Haut-Rhin, 506, M. Hartmann; — dans la Marne, 538 et suiv. M. Sautret; — à Verviers, 555 et suiv. M. Dehesselle; — à Saint-Quentin, 592, 593, 595, M. Larsonnier; — à Ribemont, 607, 609, M. Bonjour; — à Roubaix, 618 et suiv. 623, MM. les Fabricants de Roubaix; — 748, M. Dubiez; — à Sainte-Marie-aux-Mines, 658, M. Kœnig; — à Amiens, 667, M. Basil; — dans le Gard, 692, M. Maury; — 704, M. Gaidan; — 737, M. Constant; — à Saint-Just (Oise), 711, M. Tailbouis; — à Tourcoing, 747, 751, M. Duvillier.

Prix de filature à Tourcoing et à Reims, 746, M. Duvillier.

Prix de la main-d'œuvre à Saint-Quentin; sa valeur dans le prix de revient, 592, 593, 595, M. Larsonnier.

Elle est moins élevée dans les Vosges qu'à Reims, 651, M. Villeminot.

Sa valeur dans le prix de revient du drap en France et en Angleterre, 388, 389, M. Lizé.

Prix du tissage, 174, M. Cunin-Gridaine.

Prix de façon du velours d'Utrecht, 665, M. Payen; — 668, M. Basil.

Prix de la main-d'œuvre pour la teinture, 33, M. Blay.

Augmentation des salaires depuis la réduction des droits d'entrée, 538, M. Sautret.

Différence des salaires à Verviers et dans les Provinces-Rhénanes, 557, 558, M. Dehesselle.

Augmentation dans la production de la main-d'œuvre à Verviers, 556, M. Gouvy.

Salaires en France et en Allemagne du dessinateur pour tapisseries à l'aiguille, 528, M. Blay.

MÉRINOS. — Cette fabrication n'a pas besoin de protection, 610, M. Bonjour.

Son état prospère à Reims, 543, M. Marteau.

Supériorité de la fabrication de Reims : causes, 426 et suiv. 430, M. Warnier.

Conditions d'infériorité de la fabrication de Fourmies, 589, 590, M. Legrand.

Numéros des fils de laine employés à Reims, 411, M. Croutelle; — 546, M. Philippot; — à Bétheniville (Marne), 539, M. Sautelet.

Prix du fil employé à Reims, 411, M. Croutelle; — 433, M. Warnier.

Prix de façon du tissage à Reims, 433, M. Warnier; — au Cateau, 582, M. Sieber.

Prix de revient des diverses façons à Reims, 645, M. Villeminot; — à Saint-Quentin, 600, M. Larsonnier.

Mode et prix de vente du mérinos à Reims, 540, M. Sautret.

Écart des prix, 581, M. Sieber.

Avantages qu'auront les Anglais pour la fabrication du mérinos, 600, 601, M. Larsonnier; — 571 et suiv. M. Sieber; — 646 et suiv. M. Villeminot.

L'Angleterre ne produit pas de fils de laine peignée mérinos, en concurrence avec ceux de France, 419, M. de Brunet.

Essai en Angleterre du métier mécanique pour la fabrication du mérinos, 293, M. Robert Kell.

Le tissage mécanique perfectionné donnera aux Anglais la faculté de fabriquer le mérinos, 421, M. de Brunet.

Concurrence à redouter de l'Allemagne, 572 et suiv. M. Sieber; — 601, M. Larsonnier.

MÉTIERS. — Voir *Machines*.

MÉTRAGE usité à Reims pour les fils de laine, 542, M. Marteau.

Nécessité d'imposer le métrage français aux fils importés, 503, M. Trapp; — 510, M. Hartmann.

O

OUVRIERS. — Ils travaillent à la journée ou à la tâche : dans quelle proportion, 50, 51, M. May.

Les ouvriers français sont inférieurs aux ouvriers anglais, 260, 261, M. le baron Seillière.

Comparaison des ouvriers français, anglais et saxons, 578, M. Sieber.

Nombre d'ouvriers employés, 50, M. May; — 257, M. le baron Seillière; — 272, MM. Withworth et Stead; — 305, M. Balsan; — 318, M. Jourdan; — 444, MM. les Délégués anglais; — 479, M. Holden.

Nombre d'ouvriers employés : proportion par sexe; — 50, M. May; — 103, M. Normant; — 131, M. Chennevière; — 196, M. Randoing; — 268, M. J. Desmares; — 305, M. Balsan; — 330, 331, M. Dastis; — 335, M. Cormouls; — 409, 412, M. Croutelle; — 473, 474, 477, M. Delloue-Staincq; — 491, M. de Fourment; — 498, M. Trapp; — 506, M. Hartmann; — 592, 593, M. Larsonnier; — 618, 624, MM. les Fabricants de Roubaix; — 641, M. Villeminot; — 692, M. Maury.

Nombre d'ouvriers employés par assortiment; — 53, M. May; — 132, M. Chennevière; — 150, M. Bernier; — 172, M. Cunin-Gridaine; — 203, M. Rœderer; — 220, M. Lefèvre; — 246, M. Bordeaux; — 312, M. Bouvier; — 331, M. Dastis.

Nombre d'ouvriers par cardes, 53, M. May.

Proportion d'ouvriers par broches à Mulhouse, 498, M. Trapp.

Nombre d'ouvriers par métier mécanique, 539, M. Sautret; — 595, M. Larsonnier.

Proportions d'ouvriers employés pour les métiers Mull-Jenny et continus, 620, MM. les Fabricants de Roubaix.

Leur répartition par métiers à filer et à tisser, 410, 412, M. Croutelle; — par métier à tisser, 644, M. Villeminot.

Nombre d'ouvriers belges employés à Roubaix et à Tourcoing, 751, MM. Duriez et Herbaux.

Nombre d'ouvriers belges employés à Roubaix, 620, M. Delfosse.

Durée du travail à Verviers, 556, M. Gouvy.

P

PASSEMENTERIE de laine. — Supériorité de la France dans cette fabrication, 633, M. Louvet.

PEIGNAGE. — Le peignage anglais diffère du peignage français, 480, M. Holden.

Le peignage français a besoin de protection, 481, M. Holden.

Emploi des peigneuses circulaires, 487, M. Holden.

Il ne se vend pas en France de laine peignée anglaise : on peigne en France au même prix qu'en Angleterre, 295, M. Preller.

Prix de façon à Reims, 543, M. Marteau; — 546, M. Philippot.

Peignage à façon, prix, 480, M. Holden.

Avantages qu'auront les Anglais pour se livrer au peignage de la laine mérinos, 599, M. Larsonnier.

Avantages des Anglais et des Allemands pour cette fabrication, 570, 572 et suiv. M. Sieber.

Tableaux des prix de revient français, anglais et allemands, 586, 587, 588, M. Siebers.

POIL DE CHÈVRE. — Il n'y a pas de filature de poil de chèvre en France, 292, M. Preller.

Prix du poil de chèvre en Angleterre, 288, MM. les Délégués de Bradford.

Quantité employée en Angleterre, 302, MM. les Délégués de Bradford.

Le poil de chèvre que l'Angleterre envoie en France, est mélangé de laine, 674, M. Paten.

Demande de l'entrée en franchise du poil de chèvre, 666, M. Paten.

Le droit actuel n'est pas suffisant, 621, MM. les Fabricants de Roubaix.

Le droit actuel n'est pas trop élevé, 292, M. Preller; — 635, M. Ferguson.

Le droit sur les poils de chèvre doit être le même que celui sur les laines: pourquoi, 292, M. Preller.

Les filés de poils de chèvre devraient payer les mêmes droits que les filés de laine, 754, M. Duriez.

On ne peut pas distinguer, dans un tissu, le poil de chèvre de la laine, 276, MM. les Délégués de Bradford: — 534, M. de l'Escaille.

PRÉEMPTION. — Son danger en temps de crise, 390, 391, M. Lizé.

Mesures nécessaires pour la rendre utile, 626, MM. les Fabricants de Roubaix.

Demande de la suppression de la préemption, 567, M. Gouvy.

S

SALAIRES. — Voir *Main-d'œuvre*.

SATIN DE LAINE. — La fabrication française est très-supérieure à la fabrication anglaise, 456, M. Huth.

T

TAPIS.—Provenance des laines employées, 682, M. Tétard.

Provenance des laines employées; prix, 691, 693, M. Maury; — 705, M. Gallerad.

Nature des laines employées; prix, 703, M. Gaidan

Matières employées dans cette fabrication, 687, M. Sallandrouze; — 694, M. Maury; — 704, M. Gaidan; — 707, M. Gallerad.

Lavage des laines pour cette fabrication, 691, M. Maury.

Teinture des laines; prix, 691, M. Maury.

La laine est préparée à la carde: le fil produit est écru, 691, M. Maury.

Métiers employés à Meaux, 705, M. Gallerad.

Prix des métiers employés, 691, M. Maury.

Avantages du tissage mécanique, 693, M. Maury.

La fabrication mécanique prend naissance en France, 702, M. Chocqueel.

Production d'un métier par jour, 706, M. Gallerad.

Valeur du tissage par rapport à la valeur totale d'un tapis, 693, M. Maury.

Prix de revient d'un mètre de moquette française, 686, M. Sallandrouze.

Produits de Marguerittes (Gard), 693, M. Maury.

Situation de l'industrie des tapis à Nîmes, 703, M. Gaidan.

Nature des tapis produits à Meaux; prix, 705, 707, M. Gallerad.

Importance de la fabrication de Meaux, 709, M. GALLERAD.

Genre des tapis de Neuilly, 706, M. GALLERAD.

L'industrie des tapis a besoin de protection en France, 701, M. SALLANDROUZE.

Les fabricants français peuvent soutenir la concurrence anglaise, 372, M. CROSSLEY.

Importance de cette industrie en Angleterre. — Ses principaux centres, 371, 375, M. CROSSLEY.

Chiffres de la production française et de la production anglaise, 688, M. SALLANDROUZE.

Avantages de l'Angleterre dans cette fabrication, 678, 679, M. TÉTARD.

Différence entre le mode de fabrication en Angleterre et en France, 690, M. SALLANDROUZE.

Les Anglais font surtout des tapis de consommation courante, 684, M. TÉTARD.

Prix de revient d'un mètre de moquette anglaise, 685, M. SALLANDROUZE.

Prix des tapis en Angleterre, 373, 374, M. CROSSLEY; — 694 et suiv. M. MAURY.

Différence entre les prix de revient français et anglais, 686, M. SALLANDROUZE.

Avantages de l'Angleterre pour la fabrication des tapis, 698, 699, 700, M. MAURY; — 689, M. SALLANDROUZE.

Rapport, quant au prix de vente, entre les deux catégories de tapis français et anglais, laine pure ou mélangée, 697, M. MAURY.

Différence entre les fils de lin français et anglais, 688, M. SALLANDROUZE.

Demande d'entrée en franchise des fils provenant des déchets de coton anglais, 688, M. TÉTARD.

Le jute est plus cher en France qu'en Angleterre : prix, 707, 709, M. GALLERAD.

Les tapis turcs ne sont pas à redouter, 702, M. CROCQUEZEL.

(Voir *Classification, Droit proposé.*)

TAPISSERIES A L'AIGUILLE. — Supériorité de l'Allemagne pour cet article, 518, M. KOECHLIN; — 527, M. BLAZY.

TEINTURE. — Importance de cette industrie à Elbeuf, 32, M. BLAY.

Sa constitution à Elbeuf, 43, M. FROMONT.

Mode de teinture à Sedan, 170, M. CUNIN-GRIDAINE; — à Lisieux, 243, M. BORDEAUX; — à Lodève, 316, M. JOURDAN; — dans l'Ariége, 330, M. DASTIS; — dans le Tarn, 334, M. CORMOULS.

Renseignements sur la teinture à Reims, 436 et suiv. M. BOULOGNE.

Matières tinctoriales employées à Elbeuf, 34, 35, M. BLAY; — 43, M. FROMONT.

Importance de la valeur des matières tinctoriales dans le prix de la teinture, 40, M. FROMONT.

Les procédés de teinture constituent, pour chaque fabricant, des secrets d'atelier, 39, M. BLAY.

Augmentation de la valeur de la laine par suite de la teinture, 32, M. BLAY.

Quantité d'indigo employée en France; son prix, 33, M. BLAY.

La laine se teint en masse ou en drap, 36, M. BLAY.

Teinture faite avant la filature, 32, M. BLAY; — 303, 304, M. BALSAN.

La teinture en masse est plus chère que celle en drap; pourquel motif, 38, M. FROMONT.

Quotité de l'escompte sur les prix de teinture à Elbeuf, 41, M. BLAY.

Prix de la teinture à Elbeuf, 68, M. FLAVIGNY; — 93, M. DELANDEMARE; — 149, M. BERRIER; — à Louviers, 107, M. POITEVIN; — 130, M. CHENNEVIÈRE; — à Sedan, 170, M. CUNIN-GRIDAINE; — à Abbeville, 195, M. RANDOING; — à Reims, 213, M. LEFÈVRE; — 230, M. DESTEUQUE; — 407, M. CROUTELLE; — 433, M. WARNIER; — à Lisieux, 243, 249, M. BORDEAUX; — à Châteauroux, 303, M. BALSAN; — à Vienne (Isère), 311, M. BOUVIER; — dans l'Ariége, 330, M. DASTIS; — dans le Tarn, 334, M. CORMOULS; — à Paris, 356, M. ALBINET; — à Saint Quentin,

591, M. Larsonnier; — à Roubaix, 617, MM. les Fabricants de Roubaix; — à Sainte-Marie-aux-Mines, 658, M. Kœnig; — à Amiens, 665, M. Payen; — à Nîmes, 737, M. Constant; — 703, M. Gaidan.

Prix de la teinture noire à Elbeuf, 79, M. Poussin.

Prix de la teinture des laines en poil à Reims, 435 et suiv. M. Boulogne.

Prix de la teinture des tissus de mérinos, 603, M. Larsonnier.

Prix de la teinture en Angleterre, 286, MM. les Délégués de Bradford.

Prix en France des matières tinctoriales, 34, M. Blay.

Les matières tinctoriales sont plus chères en France qu'en Angleterre; pourquoi, 32, M. Blay.

L'industrie de la teinture en France est-elle supérieure à celle d'Angleterre? 33, MM. Fromont et Blay.

Différence radicale entre les deux industries, 35, M. Blay.

La teinture est moins chère en Angleterre, 36, 40, M. Blay.

Les Anglais font certaines nuances mieux que les Français, 441, M. Boulogne.

L'outillage français n'est pas inférieur à celui de l'étranger, 443, M. Boulogne.

TISSAGE. — La facilité du tissage augmente en raison de la bonté du fil, 76, M. Flavigny.

Causes de variations des frais du tissage, 117, M. Dannet; — 205, M. Rœderer.

Les frais n'augmentent pas en proportion de l'augmentation de la laine, 314, M. Bouvier.

Motifs justifiant la demande d'un droit protecteur, 73, M. Flavigny.

Causes d'infériorité vis-à-vis de l'Angleterre, 89, 90, M. Poussin; — 119, 120, 121, M. Dannet; — 314, M. Bouvier.

Causes de la prospérité du tissage des fils de laine cardée à Verviers, 551, M. Gouvy.

Le prix du tissage est moins élevé en Saxe qu'en France, 573, M. Sieber.

Tissage à la main. — Jusqu'à présent il est préféré à Elbeuf, 72, M. Flavigny.

Certains articles ne peuvent être fabriqués qu'avec le métier à la main, 453, M. Huth.

Son importance à Roubaix, 624, MM. les Fabricants de Roubaix; — à Sedan, 173, M. Cunin-Gridaine; — à Vire, 267, M. J. Desmares; — à Carcassonne, 309, M. P. Lignières; — à Vienne (Isère), 313, M. Bouvier; — dans le Tarn, 337, M. Cormouls; — à Sainte-Marie-aux-Mines, 657, M. Kœnig.

Son prix à Louviers, 109, M. Poitevin; — 115, M. Dannet; — à Elbeuf, 95, M. Delandemare; — 144, M. Olivier; — 151, M. Bernier; — à Lodève, 319, M. Jourdan; — à Lavelanet, 332, M. Dastis; — à Reims, 412, M. Croutelle; — à Ribemont, 609, M. Bonjour.

Tissage mécanique. — Essais à Elbeuf, 71, M. Flavigny; — 88, 89, M. Poussin; — à Louviers, 109, 110, M. Poitevin; — 114, 115, M. Dannet; — 133, M. Chennevière (de Louviers); — à Sedan, 159, M. de Montagnac; — à Bischwiller, 203, 208, M. Rœderer; — à Reims, 233, M. Destrouque; — 642, M. Villeminot; — à Lisieux, 255, M. Méry-Samson; — à Châteauroux, 306, M. Balsan; — à Vienne (Isère), 313, M. Bouvier; — à Verviers, 559, M. Mall.

Nombre des métiers employés à Pierrepont, 261, M. le baron Seillière; — à Roubaix, 623, MM. les Fabricants de Roubaix.

Le tissage mécanique est très-répandu en Angleterre, 389, M. Lizé.

Sa supériorité sur le tissage à la main, 174, M. Cunin-Gridaine; — 255, M. Méry-Samson; — 267, M. J. Desmares; — 412, M. Croutelle; — 596, M. Larsonnier; — 624, MM. les Fabricants de Roubaix; — 644, M. Villeminot.

Évaluation de sa supériorité, 539, M. Sautret.

Le tissage mécanique peut s'appliquer à la fabrication des baréges et des articles d'Amiens, 615, M. Jardin.

Ses avantages pour le velours d'Utrecht, 668, M. Baril.

Comparaison du tissage mécanique avec le tissage à la main, 319, M. Jourdan.

Le tissage mécanique n'est pas très-utile pour la fabrication de Carcassonne, 309, 310, M. P. Lichtlaes.

Essai des métiers mécaniques à navette, 71, M. Flavigny.

Tableaux des prix de revient français, anglais et allemands, 587, 588, M. Sieber.

(Voir *Machines*, *Main-d'œuvre*, *Ouvriers*.)

TISSUS ÉLASTIQUES. — Valeur du caoutchouc dans le prix de l'étoffe, 347, M. Hodges.

Supériorité très-marquée de la France, 343, MM. les Délégués de Leicester.

TISSUS MÉLANGÉS. — Produits de Bradford, 276, MM. les Délégués de Bradford.

Les tissus laine et soie sont faits en France mieux et à meilleur marché qu'en Angleterre, 279, MM. les Délégués de Bradford.

Quels sont les avantages de l'Angleterre dans la fabrication de l'orléans, 280, MM. les Délégués de Bradford.

Cet article est plus cher en France qu'en Angleterre; pourquoi, 296, M. Robert Kell.

Les Anglais l'emportent sur les Français, surtout dans les qualités supérieures de l'orléans, 296, 297, M. Robert Kell.

La laine anglaise est seule employée pour l'orléans, 298, M. Robert Kell.

Variété des combinaisons du lasting, 283, MM. les Délégués de Bradford.

Prix élevé des articles de Bradford pendant les six mois qui ont précédé le traité de commerce, 287, MM. les Délégués de Bradford.

Analogie entre la fabrication de Bradford et la fabrication de Roubaix, 293, M. Robert Kell.

Différence entre la production française et la production anglaise, 297, M. Robert Kell.

Valeur du coton dans les étoffes dont la chaîne est en coton, 298, M. Robert Kell.

Prospérité de la fabrication des tissus de fantaisie à Saint-Quentin, 597, 598, M. Larsonnier.

Matières employées pour cette fabrication, à Saint-Quentin, 596, M. Larsonnier; — à Paris, 612, M. Jardin; — à Roubaix, 623, 624, MM. les Fabricants de Roubaix.

Produits de Sainte-Marie-aux-Mines, 655, M. Kœnig.

La fabrication de Sainte-Marie-aux-Mines ne peut soutenir la concurrence de l'étranger, 658, M. Kœnig.

Avantages de l'Angleterre dans la fabrication des tissus mélangés, 661, M. Kœnig.

TISSUS DE LAINE. — Voir *Draps*, *mérinos*, *etc. Classification*, *Droit*.

TRAITÉ DE COMMERCE. — Opinion sur l'époque de la mise à exécution, 228, M. Lefèvre; — 239, M. Desteuque; — 308, M. Balsan; — 541, M. Sautret; — 544, Mr Marteau.

Résultat probable du traité pour la Belgique, 552, M. Gouvy.

Opinion de la Chambre de commerce de Verviers, 564, M. Gouvy.

TRANSPORT (Frais de). — Des laines achetées sur les divers marchés d'Europe, 2 et suiv. M. Lanseigne: — 23, M. Off; — 67, M. Flavigny; — 91, 92, M. Delandemare; — 119, M. Dannet; — 158, M. de Montagnac; — 166, 167, M. Cunin-Gridaine; — 195, M. Randoing; — 200, M. Roederer; — 225, M. Lefèvre; — 228, M. Desteuque; — 356, M. Albinet; — 407, M. Croutelle; — 472, 475, M. Delloue Staincq; — 495, M. Trapp; — 536, M. Sautret; — 541, M. Marteau;

— 591, M. Larsonnier; — 605, M. Bonjour; — 616, MM. les Fabricants de Roubaix; — 640, M. Villeminot.

Ces frais sont les mêmes pour les Anglais que pour les Français, en ce qui concerne les laines d'Australie, 147, 148, M. Berrier.

Pour le fret, les Anglais ont un avantage en Australie et dans la Plata, 168, M. Cunin-Gridaine.

Les frais de transport sont plus élevés pour les Anglais que pour les Français, en ce qui concerne les laines d'Allemagne, 147, 148, M. Berrier.

Frais de transport dans l'intérieur de l'Angleterre, 300, MM. les Délégués de Bradford.

U

USINES. — Frais d'assurances en Angleterre, 298, 299, MM. les Délégués de Bradford.

V

VELOURS D'UTRECHT. — Composition de ce tissu, 667, M. Baril.

Préparation des matières employées, 670, 671, M. Baril.

Comparaison entre la production à la main et la production mécanique, 668, M. Baril.

Fabrication à Amiens, 665, M. Payen.

Opérations de cette fabrication; prix de revient, 669, 670, M. Baril.

Prix du kilogramme de velours, 675, M. Payen.

Le prix de revient est moins élevé en Angleterre qu'en France, 671, M. Baril.

Centres de cette fabrication en Angleterre, 674, M. Payen.

Avantages de l'Angleterre dans cette fabrication, 666, M. Payen; — 672, M. Baril.

Avantages de l'Allemagne et de la Prusse dans cette fabrication, 672, M. Baril.

(Voir *Apprêts*, *Main-d'œuvre*, *Teinture*, etc.)

FIN DE LA TABLE.

www.ingramcontent.com/pod-product-compliance
Lightning Source LLC
Chambersburg PA
CBHW060539280326
41932CB00011B/1342

* 9 7 8 2 0 1 2 6 6 0 0 2 1 *